PORTUGUÊS

COLEÇÃO
ESQUE
MATI
ZADO®

Histórico da Obra

- **1.ª edição:** jan./2012; 2.ª tir., fev./2012; 3.ª tir., mar./2012; 4.ª tir., jun./2012; 5.ª tir., set./2012
- **2.ª edição:** jan./2013
- **3.ª edição:** jan./2014; 2.ª tir., abr./2014
- **4.ª edição:** jan./2015
- **5.ª edição:** jan./2016; 2.ª tir., ago./2016
- **6.ª edição:** dez./2016; 2.ª tir., set./2017
- **7.ª edição:** jan./2018; 2.ª tir., set./2018
- **8.ª edição:** jan./2020
- **9.ª edição:** jan./2021
- **10.ª edição:** nov./2021; 2.ª tir., mar./2022
- **11.ª edição:** dez./2022
- **12.ª edição:** fev./2025

Agnaldo Martino

Doutor em Língua Portuguesa pela
Pontifícia Universidade Católica de São Paulo

PORTUGUÊS
GRAMÁTICA ▪ INTERPRETAÇÃO DE TEXTO ▪ REDAÇÃO OFICIAL ▪ REDAÇÃO DISCURSIVA

12ª edição
2025

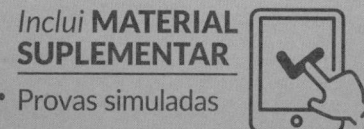

Inclui **MATERIAL SUPLEMENTAR**
- Provas simuladas

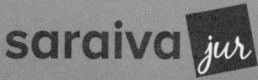

- O autor deste livro e a editora empenharam seus melhores esforços para assegurar que as informações e os procedimentos apresentados no texto estejam em acordo com os padrões aceitos à época da publicação, *e todos os dados foram atualizados até a data de fechamento do livro*. Entretanto, tendo em conta a evolução das ciências, as atualizações legislativas, as mudanças regulamentares governamentais e o constante fluxo de novas informações sobre os temas que constam do livro, recomendamos enfaticamente que os leitores consultem sempre outras fontes fidedignas, de modo a se certificarem de que as informações contidas no texto estão corretas e de que não houve alterações nas recomendações ou na legislação regulamentadora.

- Fechamento desta edição: 28/12/2024

- O autor e a editora se empenharam para citar adequadamente e dar o devido crédito a todos os detentores de direitos autorais de qualquer material utilizado neste livro, dispondo-se a possíveis acertos posteriores caso, inadvertida e involuntariamente, a identificação de algum deles tenha sido omitida.

- Direitos exclusivos para a língua portuguesa
  Copyright ©2025 by
  Saraiva Jur, um selo da SRV Editora Ltda.
  Uma editora integrante do GEN | Grupo Editorial Nacional
  Travessa do Ouvidor, 11
  Rio de Janeiro – RJ – 20040-040

- **Atendimento ao cliente: https://www.editoradodireito.com.br/contato**

- Reservados todos os direitos. É proibida a duplicação ou reprodução deste volume, no todo ou em parte, em quaisquer formas ou por quaisquer meios (eletrônico, mecânico, gravação, fotocópia, distribuição pela Internet ou outros), sem permissão, por escrito, da **SRV Editora Ltda.**

- Capa: Lais Soriano
  Diagramação: Fabricando Ideias Design Editorial

- **DADOS INTERNACIONAIS DE CATALOGAÇÃO NA PUBLICAÇÃO (CIP)**
  VAGNER RODOLFO DA SILVA – CRB-8/9410

M386c Martino, Agnaldo
   Coleção Esquematizado® – Português: gramática, interpretação de texto, redação oficial, redação discursiva / Agnaldo Martino, Pedro Lenza; coordenado por Pedro Lenza. – 12. ed. – São Paulo: Saraiva Jur, 2025.

   664 p.
   ISBN 978-85-5362-788-2

   1. Português. 2. Gramática. 3. Interpretação de texto. 4. Redação oficial. 5. Redação discursiva. I. Lenza, Pedro. II. Título.

	CDD 469.5
2024-4658	CDU 81'36

Índices para catálogo sistemático:
1. Língua portuguesa: Gramática   469.5
2. Língua portuguesa: Gramática   81'36

Respeite o direito autoral

Dedico este livro aos meus caros alunos —
que, com suas indagações, me ajudaram a
aprimorar conhecimentos para tentar
oferecer sempre o melhor de mim.

AGRADECIMENTO

Sou grato à Atanagildetina, ao Childerico, à Radegondes, à Pascoalina, ao Asdrúbal, à Âni — personagens que me acompanham há muito tempo em minha jornada pelo magistério e me ajudam a deixar nos meus "aluninhos" um pouco do amor que sinto pela Língua Portuguesa.

METODOLOGIA ESQUEMATIZADO

Durante o ano de **1999**, portanto, **há 25 anos**, pensando, naquele primeiro momento, nos alunos que prestariam o exame da OAB, resolvemos criar uma **metodologia de estudo** que tivesse linguagem "fácil" e, ao mesmo tempo, oferecesse o conteúdo necessário à preparação para provas e concursos.

O trabalho, por sugestão de **Ada Pellegrini Grinover**, foi batizado como *Direito constitucional esquematizado*. Em nosso sentir, surgia ali uma **metodologia pioneira**, idealizada com base em nossa experiência no magistério e buscando, sempre, otimizar a preparação dos alunos.

A metodologia se materializou nos seguintes "pilares" iniciais:

- **Esquematizado:** verdadeiro método de ensino, rapidamente conquistou a preferência nacional por sua estrutura revolucionária e por utilizar uma linguagem clara, direta e objetiva.
- **Superatualizado:** doutrina, legislação e jurisprudência, em sintonia com os concursos públicos de todo o País.
- **Linguagem clara:** fácil e direta, proporciona a sensação de que o autor está "conversando" com o leitor.
- **Palavras-chave (*keywords*):** a utilização do negrito possibilita uma leitura "panorâmica" da página, facilitando a recordação e a fixação dos principais conceitos.
- **Formato:** leitura mais dinâmica e estimulante.
- **Recursos gráficos:** auxiliam o estudo e a memorização dos principais temas.
- **Provas e concursos:** ao final de cada capítulo, os assuntos são ilustrados com a apresentação de questões de provas de concursos ou elaboradas pelo próprio autor, facilitando a percepção das matérias mais cobradas, a fixação dos temas e a autoavaliação do aprendizado.

Depois de muitos anos de **aprimoramento**, o trabalho passou a atingir tanto os candidatos ao **Exame de Ordem** quanto todos aqueles que enfrentam os **concursos em geral**, sejam das **áreas jurídica** ou **não jurídica**, de **nível superior** ou mesmo os de **nível médio**, assim como **alunos de graduação** e demais **operadores do direito**, como poderosa ferramenta para o desempenho de suas atividades profissionais cotidianas.

Ada Pellegrini Grinover, sem dúvida, anteviu, naquele tempo, a evolução do *Esquematizado*. Segundo a Professora escreveu em **1999**, "a obra destina-se, declaradamente, aos candidatos às provas de concursos públicos e aos alunos de graduação, e, por isso mesmo, após cada capítulo, o autor insere questões para aplicação da parte teórica. Mas será útil também aos operadores do direito mais experientes, como fonte de consulta rápida e imediata, por oferecer grande número de informações buscadas em diversos autores, apontando as posições predominantes na doutrina, sem eximir-se de criticar algumas delas e de trazer sua própria contribuição. Da leitura amena surge um livro 'fácil', sem ser reducionista, mas que revela, ao contrário, um grande poder de síntese, difícil de encontrar mesmo em obras de autores mais maduros, sobretudo no campo do direito".

Atendendo ao apelo de "concurseiros" de todo o País, sempre com o apoio incondicional da Saraiva Jur, convidamos professores das principais matérias exigidas nos concursos públicos das *áreas jurídica* e *não jurídica* para compor a **Coleção Esquematizado®**.

Metodologia pioneira, vitoriosa, consagrada, testada e aprovada. **Professores** com larga experiência na área dos concursos públicos e com brilhante carreira profissional. Estrutura, apoio, profissionalismo e *know-how* da **Saraiva Jur**. Sem dúvida, ingredientes indispensáveis para o sucesso da nossa empreitada!

O resultado foi tão expressivo que a **Coleção Esquematizado®** se tornou **preferência nacional**, extrapolando positivamente os seus objetivos iniciais.

Para o **Português**, tivemos a honra de contar com o primoroso trabalho de **Agnaldo Martino**, que soube, com maestria, aplicar a **metodologia Esquematizado** à sua vasta e reconhecida trajetória profissional. Licenciado em Letras (Português, Inglês e Literatura), mestre e doutor em Língua Portuguesa pela PUC-SP e festejado professor de Gramática, Interpretação de Texto, Redação Oficial e Redação Discursiva, tendo começado a lecionar em 1987.

Trata-se de professor completo, ovacionado por seus alunos e com muita experiência em cursos regulares (fundamental, médio e superior), pré-vestibulares e preparatórios para concursos públicos.

Agnaldo já foi professor da Rede Pública Estadual de São Paulo, do Colégio Benjamin Constant e da Escola Morumbi, bem como de cursos preparatórios para concursos e vestibulares: Rede LFG, Prima, Complexo Educacional Damásio de Jesus, Marcato, Central de Concursos, Meta, Formação, Qualidade, UniEquipe, Solução, entre outros.

Estamos certo de que este livro será um valioso aliado para "encurtar" o caminho do ilustre e "guerreiro" concurseiro na busca do "sonho dourado", além de ser uma **ferramenta indispensável** para estudantes de Direito e profissionais em suas atividades diárias.

Esperamos que a **Coleção Esquematizado®** cumpra plenamente o seu propósito. Seguimos juntos nessa **parceria contínua** e estamos abertos às suas críticas e sugestões, essenciais para o nosso constante e necessário aprimoramento.

Sucesso a todos!

Pedro Lenza
Mestre e Doutor pela USP
Visiting Scholar pela Boston College Law School

✉ pedrolenza8@gmail.com
📷 http://instagram.com/pedrolenza
▶ https://www.youtube.com/pedrolenza
f https://www.facebook.com/pedrolenza

https://www.editoradodireito.com.br/colecao-esquematizado

APRESENTAÇÃO

Todos os anos, milhões de pessoas, com os mais variados perfis e histórias de vida, resolvem ingressar no mundo dos concursos públicos. Trata-se de um movimento contínuo, crescente, inesgotável e tipicamente brasileiro.

Portanto, se a ideia já passou pela sua cabeça, saiba que você não está sozinho. A constatação serve, a um só tempo, tanto como estímulo para os estudos quanto para que possamos compreender o calibre do desafio que aguarda os candidatos.

Quais os motivos para esse fenômeno, que só faz crescer?

A resposta mais simples e direta reside no fato de que o **Estado**, para a nossa realidade, é um **excelente empregador**. Se compararmos a remuneração da iniciativa privada com a de carreiras públicas equivalentes, em termos de exigências e atividades, na maioria dos casos, o valor percebido pelos servidores será igual ou superior. Some-se a isso a **estabilidade**, o **regime diferenciado de previdência** e a possibilidade de **ascensão funcional** e teremos a perfeita equação para a verdadeira legião de "concurseiros" que existe no Brasil.

Como vencer o desafio dos concursos, se a concorrência é tão grande?

Ao contrário do que muita gente imagina, a dificuldade certamente não é quantitativa, pois o número de concorrentes, na prática, pouco importa. Todos os grandes concursos oferecem vagas suficientes, capazes de premiar os candidatos que conseguirem obter médias elevadas. O **fator determinante para o sucesso** é de natureza **qualitativa** e exige o domínio de duas metodologias: **saber estudar** e **resolver questões**.

Há muitos anos digo aos alunos que o segredo dos concursos não é simplesmente estudar mais (muito embora os vencedores estudem bastante), mas, principalmente, **estudar melhor**.

E o que significa isso? Estudar melhor implica escolher uma fonte de referência segura, completa e atualizada para cada matéria, absorvê-la ao máximo e, depois, verificar o aprendizado por meio de questões.

Costumo ponderar que, se um candidato ler dois autores sobre o mesmo tema, provavelmente "elevará ao quadrado" suas dúvidas, pois não saberá como enfrentar, nas provas, as divergências de pensamento que, apesar de comuns e salutares no meio acadêmico, devem ser evitadas a todo custo nos concursos.

Essa é uma das propostas da presente **Coleção Esquematizado®**. Quando o amigo Pedro Lenza me convidou para ajudá-lo na coordenação das obras voltadas para as matérias não jurídicas, imediatamente vislumbrei a possibilidade de oferecer aos alunos das mais diversas carreiras a mesma **metodologia**, testada e aprovada no consagrado *Direito Constitucional Esquematizado*.

Sabemos que a grande dificuldade dos concursos de ampla concorrência, abertos a candidatos de qualquer formação, reside na quantidade e variedade de matérias, de tal sorte que não seria exagero afirmar que ninguém conhece, *a priori*, todos os temas que serão exigidos, ao contrário das carreiras jurídicas, nas quais os alunos efetivamente travaram conhecimento com as disciplinas durante a faculdade.

Ninguém faz "faculdade para concursos", até porque, na prática, ela não existe. Os candidatos provêm de áreas diferentes e acumularam conhecimento em temas que normalmente não são objeto de questões. É comum o relato de candidatos iniciantes que tiveram pior desempenho justamente nas matérias que conheciam a partir da experiência profissional.

Os **concursos não jurídicos** exigem **preparação específica**, na qual os candidatos normalmente "iniciam do zero" seus estudos.

A metodologia empregada na **Coleção Esquematizado®** permite que o leitor, de qualquer nível, tenha acesso à mais **completa** e **atualizada teoria**, exposta em linguagem **clara, acessível** e **voltada para concursos**, acrescida de **questões** especialmente selecionadas e comentadas em detalhes.

O projeto, apesar de audacioso, se sustenta pela **qualidade dos autores**, todos com larga experiência na preparação de candidatos para as diferentes provas e bancas examinadoras. As matérias são abordadas de forma teórico-prática, com farta utilização de exemplos e gráficos, que influem positivamente na fixação dos conteúdos.

A abordagem dos temas busca esgotar os assuntos, sem, no entanto, se perder em digressões ou posições isoladas, com o objetivo de oferecer ao candidato uma **solução integrada**, naquilo que os norte-americanos chamam de *one stop shop*.

Com a estrutura e o suporte proporcionados pela **Saraiva Jur**, acreditamos que as obras serão extremamente úteis, inclusive para os alunos dos cursos de graduação.

Lembre-se de que o sucesso no mundo dos concursos não decorre do "se", mas, sim, do "quando".

Boa sorte e felicidade a todos!

Roberto Caparroz
Mestre, Doutor e Pós-Doutor em Direito
http://www.caparroz.com
http://instagram.com/caparrozcom
https://www.linkedin.com/in/robertocaparrozm

NOTA DO AUTOR À 12.ª EDIÇÃO

Apresentamos a 12.ª edição do **Português Esquematizado**! Garantindo o mesmo cuidado de sempre, asseguramos ao leitor que se sinta atualizado em todos os níveis – tanto na teoria quanto na prática.

Desde a sua primeira edição, **Português Esquematizado** contempla as alterações linguísticas implantadas pela **Reforma Ortográfica de 2009**; ele também está atualizado em relação à **Redação Oficial**, com base na terceira edição do *Manual de Redação da Presidência da República*, aprovada pela Portaria n. 1.369, de 27 de dezembro de 2018. Assim, nesta edição, não há que se fazerem alterações. A edição, que ora se apresenta, conta já com as diversas modificações que visam à adaptação do *Manual* às alterações trazidas pelo Decreto n. 9.191, de 1.º de novembro de 2017, no âmbito da elaboração normativa, à Reforma Ortográfica e às novas tecnologias.

O livro tem sido muito bem aceito pelo seu público-alvo, cujos comentários, nos vários meios – redes sociais, cursinhos, escolas etc. –, dão-nos a certeza de que atendemos a todas as necessidades daqueles que se dedicam a estudar a Língua Portuguesa, seja para concursos e vestibulares ou, simplesmente, pelo prazer que o conhecimento linguístico proporciona. Isso porque, desde o lançamento da obra, procuramos sempre atender às expectativas daqueles que desejavam um livro prático e completo para o estudo da Língua Portuguesa, seguindo, ortodoxamente, a estrutura consagrada da **Coleção Esquematizado®**.

Ao escrever este livro, foi minha intenção oferecer ao estudante de **Língua Portuguesa** um volume completo, com tudo de que necessita para realizar uma prova de **concurso público**, porém de estilo simples e direto. O texto se apresenta de forma clara e objetiva, com destaque para aquilo que o leitor deve guardar na memória para um ótimo desempenho nas provas.

A obra discorre sobre os quatro grandes temas presentes nos concursos de vários níveis: **Gramática, Interpretação de Texto, Redação Oficial e Redação Discursiva**. Dessa maneira, ao estudar por este livro, o candidato tem diante de si todo o arsenal para treinar a Língua Portuguesa.

Quanto à **Redação Discursiva**, além das informações técnicas a respeito do processo de produção do texto, o Capítulo 10 discorre sobre as suas qualidades (e os defeitos que se devem evitar!) e traz, ainda, uma **técnica prática** que permite, com treino e dedicação, atingir um excelente resultado.

A divisão da obra foi pensada para facilitar a pesquisa e a leitura. Basta verificar o programa de Português da prova para a qual deseja preparar-se e, em seguida, localizar esses assuntos no livro. Assim, você tem uma obra que contempla o conteúdo de concursos, com o benefício de estudar aquilo que lhe é necessário para aquela prova específica.

Como todo livro da **Coleção Esquematizado®**, este também apresenta as **ideias principais destacadas, esquemas gráficos e quadros com curiosidades**, tudo para tornar o aprendizado mais ágil e agradável. Além disso, traz muitos exercícios, para fixar todo o conteúdo.

Muito do aprendizado dos fatos da língua vem da prática — e não apenas da leitura da teoria —, por isso este volume privilegia as **questões**. Ao final de cada unidade, há exercícios com **respostas comentadas** para a fixação dos conceitos, tanto gramaticais quanto de interpretação de texto ou redação oficial. Há também uma unidade dedicada especificamente a questões: são 350, divididas em 35 grupos de dez questões cada um, com os assuntos mais cobrados em provas, são as **PROVAS SIMULADAS**. Assim, paulatinamente, o leitor poderá testar seus conhecimentos, para continuar ampliando o seu nível de domínio linguístico. Essas questões foram retiradas de provas das mais conceituadas bancas examinadoras de todo o País, tais como **Cesgranrio, Cespe-UnB, Cetro, Consulplan, ESAF, FCC, FGV, FUNRIO, NCE-UFRJ, Vunesp**, entre outras. Algumas questões foram publicadas exatamente como apareceram nas provas, outras foram adaptadas, atualizadas, recicladas ou alteradas para a publicação neste livro.

Agradeço a todos aqueles que, com sua leitura crítica, perceberam algum problema com o texto ou com a digitação e, gentilmente, enviaram a este autor seus apontamentos sobre tais deslizes, contribuindo para que este meu trabalho se tornasse referência de bom livro para concursos.

Faço um **agradecimento especial aos nossos coordenadores, Pedro Lenza e Roberto Caparroz**, pois muito do sucesso desta já prestigiada Coleção deve-se a eles.

Sou **grato, ainda, a toda a equipe editorial**, por todo o apoio dispensado à divulgação de nosso trabalho. *Bom estudo!*

Agnaldo Martino
agnaldomartino@gmail.com
https://www.instagram.com/agnaldo_martino/

SUMÁRIO

Agradecimento VII
Metodologia Esquematizado IX
Apresentação XI
Nota do autor à 12.ª edição XIII

1. **FONOLOGIA** 1
   1.1. Fonema 2
   1.2. Fonemas Vocálicos 2
       1.2.1. Vogais 2
       1.2.2. Semivogais 2
   1.3. Fonemas Consonantais 3
   1.4. Encontros Vocálicos 3
       1.4.1. Ditongo 3
           1.4.1.1. Crescente 3
           1.4.1.2. Decrescente 3
           1.4.1.3. Oral 3
           1.4.1.4. Nasal 3
       1.4.2. Tritongo 3
           1.4.2.1. Oral 3
           1.4.2.2. Nasal 4
       1.4.3. Hiato 4
   1.5. Encontros Consonantais 4
       1.5.1. Encontros consonantais perfeitos 4
       1.5.2. Encontros consonantais imperfeitos 4
   1.6. Dígrafo 4
   1.7. Sílaba 4
   1.8. Tonicidade 5
   1.9. Formas Variantes 5
   1.10. Divisão Silábica 6
       1.10.1. Separam-se 6
       1.10.2. Não se separam 7
       1.10.3. Outras dicas 7
   1.11. Questões 7

2. **ORTOGRAFIA** 11
   2.1. Dificuldades Ortográficas 13
       2.1.1. Uso do "S" 13
       2.1.2. Uso do "Z" 13
       2.1.3. Uso do "H" 14
       2.1.4. Uso do "X" 14
       2.1.5. Uso do "CH" 15

- 2.1.6. Uso do "SS" 15
- 2.1.7. Uso do "Ç" 15
- 2.1.8. Uso do "G" 15
- 2.1.9. Uso do "J" 15
- 2.1.10. Uso do "I" 15
- 2.1.11. Uso do "E" 16
- 2.1.12. Uso do "SC" 16
- 2.2. Formas Variantes 16
- 2.3. Palavras que não admitem forma variante 17
- 2.4. Emprego do hífen 18
  - 2.4.1. Hífen com prefixos e pseudoprefixos 18
  - 2.4.2. Hífen com sufixos 19
  - 2.4.3. Hífen em locuções 20
- 2.5. Acentuação Gráfica 20
  - 2.5.1. Regras gerais 20
    - 2.5.1.1. Monossílabas tônicas 20
    - 2.5.1.2. Oxítonas 21
    - 2.5.1.3. Paroxítonas 21
    - 2.5.1.4. Proparoxítonas 21
  - 2.5.2. Regras especiais 21
    - 2.5.2.1. Ditongos abertos 21
    - 2.5.2.2. I e U tônicos 21
    - 2.5.2.3. Acento diferencial nos verbos ter e vir (e seus derivados) 22
    - 2.5.2.4. Outros acentos diferenciais 22
  - 2.5.3. Formas variantes de som aberto ou fechado 22
- 2.6. Uso do PORQUÊ 22
  - 2.6.1. Por que / por quê 22
    - 2.6.1.1. Preposição + pronome interrogativo 22
    - 2.6.1.2. Preposição + pronome relativo 23
  - 2.6.2. Porque 23
  - 2.6.3. Porquê 23
- 2.7. Questões 23

3. MORFOLOGIA 35
- 3.1. Estrutura e Formação de Palavras 36
  - 3.1.1. Estrutura das palavras 36
    - 3.1.1.1. Radical (ou morfema lexical) 36
    - 3.1.1.2. Desinência (ou morfema flexional) 36
    - 3.1.1.3. Vogal temática 36
    - 3.1.1.4. Tema 36
    - 3.1.1.5. Afixos 37
    - 3.1.1.6. Vogal e consoante de ligação 37
  - 3.1.2. Formação das palavras 37
    - 3.1.2.1. Derivação 37
      - 3.1.2.1.1. Prefixal (ou prefixação) 37
      - 3.1.2.1.2. Sufixal (ou sufixação) 37
      - 3.1.2.1.3. Prefixal-sufixal (ou prefixação-sufixação) 37
      - 3.1.2.1.4. Parassintética (ou parassíntese) 37

			3.1.2.1.5. Regressiva	38
			3.1.2.1.6. Imprópria	38
		3.1.2.2.	Composição	38
			3.1.2.2.1. Justaposição	38
			3.1.2.2.2. Aglutinação	38
		3.1.2.3.	Hibridismo	38
		3.1.2.4.	Onomatopeia	38
		3.1.2.5.	Abreviação	38
		3.1.2.6.	Sigla	45
	3.1.3.	Radicais e prefixos gregos e latinos		45
		3.1.3.1.	Radicais gregos	45
		3.1.3.2.	Radicais latinos	46
		3.1.3.3.	Prefixos gregos	47
		3.1.3.4.	Prefixos latinos	47
3.2.	Classes de Palavras			48
3.3.	Classes Nominais Variáveis			49
	3.3.1.	Substantivo		50
		3.3.1.1.	Classificação dos substantivos	50
			3.3.1.1.1. Próprio ou comum	50
			3.3.1.1.2. Simples ou composto	50
			3.3.1.1.3. Concreto ou abstrato	50
			3.3.1.1.4. Primitivo ou derivado	50
			3.3.1.1.5. Coletivo	50
		3.3.1.2.	Flexão de gênero	52
			3.3.1.2.1. Biformes	52
			3.3.1.2.2. Uniformes	52
			3.3.1.2.2.1. Epicenos	52
			3.3.1.2.2.2. Sobrecomuns	52
			3.3.1.2.2.3. Comuns de dois gêneros	52
			3.3.1.2.3. Formação do feminino	52
			3.3.1.2.4. Particularidades do gênero	53
		3.3.1.3.	Flexão de número	53
			3.3.1.3.1. Formação do plural dos substantivos simples	53
			3.3.1.3.2. Plural dos diminutivos	54
			3.3.1.3.3. Particularidades do número dos substantivos simples	54
			3.3.1.3.4. Formação do plural dos substantivos compostos	54
			3.3.1.3.5. Particularidades do número dos substantivos compostos	55
		3.3.1.4.	Flexão de grau	55
			3.3.1.4.1. Normal	55
			3.3.1.4.2. Aumentativo	55
			3.3.1.4.3. Diminutivo	55
	3.3.2.	Adjetivo		56
		3.3.2.1.	Classificação dos adjetivos	56
			3.3.2.1.1. Uniforme	56
			3.3.2.1.2. Biforme	56
			3.3.2.1.3. Simples	56
			3.3.2.1.4. Composto	56
		3.3.2.2.	Adjetivo pátrio	56

	3.3.2.3.	Locução adjetiva	58
	3.3.2.4.	Flexão de gênero	59
		3.3.2.4.1. Adjetivos simples	59
		3.3.2.4.2. Adjetivos compostos	59
	3.3.2.5.	Flexão de número	59
		3.3.2.5.1. Adjetivos simples	59
		3.3.2.5.2. Adjetivos compostos	60
	3.3.2.6.	Flexão de grau	60
		3.3.2.6.1. Grau comparativo	60
		3.3.2.6.1.1. De igualdade	60
		3.3.2.6.1.2. De superioridade	60
		3.3.2.6.1.3. De inferioridade	60
		3.3.2.6.2. Grau superlativo	61
		3.3.2.6.2.1. Relativo	61
		3.3.2.6.2.2. Absoluto	61
3.3.3.	Artigo		62
	3.3.3.1.	Artigos definidos (o, a, os, as)	62
	3.3.3.2.	Artigos indefinidos (um, uma, uns, umas)	62
	3.3.3.3.	Particularidades do artigo	62
3.3.4.	Numeral		63
	3.3.4.1.	Flexão dos numerais	64
	3.3.4.2.	Emprego dos numerais	64
	3.3.4.3.	Leitura dos numerais	65
3.3.5.	Pronome		65
	3.3.5.1.	Pronomes pessoais	65
		3.3.5.1.1. Caso reto	65
		3.3.5.1.2. Caso oblíquo	66
		3.3.5.1.3. Pronomes de tratamento	66
		3.3.5.1.3.1. Emprego dos pronomes de tratamento	66
	3.3.5.2.	Pronomes demonstrativos	67
	3.3.5.3.	Pronomes relativos	68
	3.3.5.4.	Pronomes interrogativos	68
	3.3.5.5.	Pronomes indefinidos	69
	3.3.5.6.	Pronomes possessivos	69
3.4. Classe Verbal			70
3.4.1.	Classificação dos verbos		71
	3.4.1.1.	Regulares	71
	3.4.1.2.	Irregulares	72
	3.4.1.3.	Anômalos	72
	3.4.1.4.	Defectivos	72
	3.4.1.5.	Abundantes	73
	3.4.1.6.	Auxiliares	74
		3.4.1.6.1. Locução verbal	74
	3.4.1.7.	Unipessoais	75
	3.4.1.8.	Pronominais	75
3.4.2.	Flexão dos verbos		75
	3.4.2.1.	Pessoa	75
	3.4.2.2.	Número	75

	3.4.2.3.	Modo	75
		3.4.2.3.1. Indicativo	76
		3.4.2.3.2. Subjuntivo	76
		3.4.2.3.3. Imperativo	76
	3.4.2.4.	Tempo	76
		3.4.2.4.1. Pretérito	76
		3.4.2.4.2. Presente	76
		3.4.2.4.3. Futuro	76
	3.4.2.5.	Voz	76
		3.4.2.5.1. Voz ativa	76
		3.4.2.5.2. Voz passiva	77
		3.4.2.5.2.1. Analítica	77
		3.4.2.5.2.2. Sintética	77
		3.4.2.5.3. Voz reflexiva	77
3.4.3.	Formação dos tempos verbais		78
	3.4.3.1.	Derivação	78
		3.4.3.1.1. Derivados da 1.ª pessoa do singular do presente do indicativo	78
		3.4.3.1.1.1. Presente do subjuntivo	78
		3.4.3.1.1.2. Imperativo negativo	79
		3.4.3.1.1.3. Imperativo afirmativo	79
		3.4.3.1.2. Derivados da 3.ª pessoa do plural do pretérito do indicativo	79
		3.4.3.1.2.1. Pretérito mais-que-perfeito do indicativo	79
		3.4.3.1.2.2. Futuro do subjuntivo	80
		3.4.3.1.2.3. Pretérito imperfeito do subjuntivo	80
		3.4.3.1.3. Derivados do infinitivo impessoal	80
		3.4.3.1.3.1. Futuro do presente do indicativo	80
		3.4.3.1.3.2. Futuro do pretérito do indicativo	80
		3.4.3.1.3.3. Pretérito imperfeito do indicativo	81
		3.4.3.1.3.4. Infinitivo pessoal	81
		3.4.3.1.3.5. Gerúndio	81
		3.4.3.1.3.6. Particípio	81
	3.4.3.2.	Tempos compostos	82
		3.4.3.2.1. Formados a partir do presente (indicativo / subjuntivo)	82
		3.4.3.2.2. Formados a partir do pretérito imperfeito (indicativo / subjuntivo)	82
		3.4.3.2.3. Formado a partir do futuro do presente do indicativo	82
		3.4.3.2.4. Formado a partir do futuro do pretérito do indicativo	82
		3.4.3.2.5. Formado a partir do futuro do subjuntivo	82
3.4.4.	Formas nominais		82
	3.4.4.1.	Infinitivo	82
	3.4.4.2.	Particípio	83
	3.4.4.3.	Gerúndio	83
3.4.5.	Emprego dos tempos verbais		83
	3.4.5.1.	Presente	83
	3.4.5.2.	Pretérito perfeito	83
	3.4.5.3.	Pretérito imperfeito	83

	3.4.5.4. Pretérito mais-que-perfeito	83
	3.4.5.5. Futuro do presente	84
	3.4.5.6. Futuro do pretérito	84
	3.4.5.7. Infinitivo pessoal	84
	3.4.5.8. Infinitivo impessoal	84
3.4.6.	Verbos da primeira conjugação que merecem destaque	84
3.4.7.	Verbos da segunda conjugação que merecem destaque	87
3.4.8.	Verbos da terceira conjugação que merecem destaque	93
3.4.9.	Verbos defectivos que merecem destaque	97

3.5. Classes Nominais Invariáveis 99
    3.5.1. Advérbio 100
        3.5.1.1. Locuções adverbiais 100
        3.5.1.2. Advérbios interrogativos 100
        3.5.1.3. Grau do advérbio 101
            3.5.1.3.1. Grau comparativo 101
            3.5.1.3.2. Grau superlativo 101
    3.5.2. Preposição 101
        3.5.2.1. Classificação da preposição 102
            3.5.2.1.1. Essenciais 102
            3.5.2.1.2. Acidentais 102
        3.5.2.2. Locução prepositiva 102
        3.5.2.3. Combinação, contração e crase 102
            3.5.2.3.1. Combinação 102
            3.5.2.3.2. Contração 103
            3.5.2.3.3. Crase 104
    3.5.3. Conjunção 104
        3.5.3.1. Conjunções coordenativas 104
            3.5.3.1.1. Aditivas 104
            3.5.3.1.2. Adversativas 105
            3.5.3.1.3. Alternativas 105
            3.5.3.1.4. Conclusivas 105
            3.5.3.1.5. Explicativas 105
        3.5.3.2. Conjunções subordinativas 105
            3.5.3.2.1. Integrantes 105
            3.5.3.2.2. Adverbiais 106
                3.5.3.2.2.1. Causais 106
                3.5.3.2.2.2. Comparativas 106
                3.5.3.2.2.3. Concessivas 106
                3.5.3.2.2.4. Condicionais 106
                3.5.3.2.2.5. Conformativas 106
                3.5.3.2.2.6. Consecutivas 106
                3.5.3.2.2.7. Finais 107
                3.5.3.2.2.8. Proporcionais 107
                3.5.3.2.2.9. Temporais 107
    3.5.4. Interjeição 107
        3.5.4.1. Locuções interjetivas 107
3.6. Questões 108

4. SINTAXE 119
- 4.1. Frase, Oração e Período 119
  - 4.1.1. Frase 119
  - 4.1.2. Oração 119
  - 4.1.3. Período 120
- 4.2. Sintaxe da Oração 120
  - 4.2.1. Termos essenciais da oração 121
    - 4.2.1.1. Sujeito 121
      - 4.2.1.1.1. Sujeito determinado 121
      - 4.2.1.1.2. Sujeito indeterminado 122
      - 4.2.1.1.3. Sujeito oracional 122
    - 4.2.1.2. Oração sem sujeito 122
    - 4.2.1.3. Predicado 123
      - 4.2.1.3.1. Verbo de ligação 124
      - 4.2.1.3.2. Verbo nocional 124
        - 4.2.1.3.2.1. Verbo intransitivo 124
        - 4.2.1.3.2.2. Verbo transitivo 124
      - 4.2.1.3.3. Predicativos 125
        - 4.2.1.3.3.1. Predicativo do sujeito 125
        - 4.2.1.3.3.2. Predicativo do objeto 126
      - 4.2.1.3.4. Classificação do predicado 126
        - 4.2.1.3.4.1. Predicado nominal 126
        - 4.2.1.3.4.2. Predicado verbal 127
        - 4.2.1.3.4.3. Predicado verbo-nominal 127
  - 4.2.2. Termos integrantes da oração 128
    - 4.2.2.1. Objeto direto 128
      - 4.2.2.1.1. Objeto direto preposicionado 128
      - 4.2.2.1.2. Objeto direto pleonástico 129
      - 4.2.2.1.3. Objeto direto interno 129
    - 4.2.2.2. Objeto indireto 129
      - 4.2.2.2.1. Objeto indireto pleonástico 129
    - 4.2.2.3. Complemento nominal 130
  - 4.2.2.4. Agente da passiva 130
  - 4.2.3. Termos acessórios da oração 130
  - 4.2.3.1. Adjunto adnominal 130
    - 4.2.3.2. Adjunto adverbial 132
    - 4.2.3.3. Aposto 133
  - 4.2.4. Vocativo 133
- 4.3. Sintaxe do Período 134
  - 4.3.1. Período composto por coordenação 135
    - 4.3.1.1. Orações coordenadas assindéticas 135
    - 4.3.1.2. Orações coordenadas sindéticas 135
      - 4.3.1.2.1. Oração coordenada sindética aditiva 135
      - 4.3.1.2.2. Oração coordenada sindética adversativa 136
      - 4.3.1.2.3. Oração coordenada sindética alternativa 136
      - 4.3.1.2.4. Oração coordenada sindética conclusiva 136
      - 4.3.1.2.5. Oração coordenada sindética explicativa 136
  - 4.3.2. Período composto por subordinação 136

4.3.2.1. Oração principal... 137
4.3.2.2. Oração subordinada 137
    4.3.2.2.1. Oração subordinada substantiva 137
        4.3.2.2.1.1. Oração subordinada substantiva subjetiva 138
        4.3.2.2.1.2. Oração subordinada substantiva objetiva direta...... 138
        4.3.2.2.1.3. Oração subordinada substantiva objetiva indireta .. 138
        4.3.2.2.1.4. Oração subordinada substantiva completiva nominal 138
        4.3.2.2.1.5. Oração subordinada substantiva predicativa........... 139
        4.3.2.2.1.6. Oração subordinada substantiva apositiva 139
    4.3.2.2.2. Oração subordinada adjetiva 139
        4.3.2.2.2.1. Oração subordinada adjetiva explicativa................. 139
        4.3.2.2.2.2. Oração subordinada adjetiva restritiva.................... 139
    4.3.2.2.3. Oração subordinada adverbial... 139
        4.3.2.2.3.1. Oração subordinada adverbial causal 140
        4.3.2.2.3.2. Oração subordinada adverbial comparativa 140
        4.3.2.2.3.3. Oração subordinada adverbial concessiva............... 140
        4.3.2.2.3.4. Oração subordinada adverbial condicional 140
        4.3.2.2.3.5. Oração subordinada adverbial conformativa......... 140
        4.3.2.2.3.6. Oração subordinada adverbial consecutiva 141
        4.3.2.2.3.7. Oração subordinada adverbial final........................ 141
        4.3.2.2.3.8. Oração subordinada adverbial proporcional........... 141
        4.3.2.2.3.9. Oração subordinada adverbial temporal................. 141
4.3.2.3. Orações reduzidas.. 141
    4.3.2.3.1. Oração reduzida de infinitivo... 141
    4.3.2.3.2. Oração reduzida de gerúndio 142
    4.3.2.3.3. Oração reduzida de particípio 142
4.4. Regência 142
  4.4.1. Regência nominal 143
  4.4.2. Regência verbal 144
  4.4.3. Particularidades da regência 153
    4.4.3.1. Um único complemento para dois ou mais verbos........................... 153
    4.4.3.2. Regência com pronome interrogativo 154
    4.4.3.3. Regência com pronome relativo... 154
    4.4.3.4. Regência com pronome pessoal do caso oblíquo átono 156
    4.4.3.5. Verbos que pedem dois complementos 158
  4.4.4. Sujeito e regência... 158
4.5. Crase.. 159
  4.5.1. Crase com pronome demonstrativo... 160
  4.5.2. Crase com artigo.. 161
4.6. CONCORDÂNCIA 164
  4.6.1. Concordância nominal... 164
    4.6.1.1. Particularidades da concordância do adjetivo 165
        4.6.1.1.1. Dois ou mais substantivos determinados por um adjetivo 165
        4.6.1.1.2. Um substantivo determinado por dois ou mais adjetivos 165
    4.6.1.1.3. Substantivo usado como adjetivo.. 166
    4.6.1.1.4. Adjetivos compostos 166
    4.6.1.2. Casos especiais de concordância nominal.. 166
        4.6.1.2.1. Muito, bastante, meio, todo, mesmo.................................... 166

4.6.1.2.2. Anexo, só, junto, incluso, excluso, próprio, quite, obrigado ... 167
4.6.1.2.3. O mais / menos (adjetivo) possível 168
4.6.1.2.4. Menos, alerta, pseudo 168
4.6.1.2.5. Silepse de gênero 168
4.6.1.2.6. Tal qual 168
4.6.1.2.7. Um e outro / nem um nem outro + substantivo 168
4.6.1.2.8. Um e outro / nem um nem outro + substantivo + adjetivo 169
4.6.1.2.9. Particípio + substantivo 169
4.6.1.2.10. Verbo ser + predicativo do sujeito 169
4.6.1.2.11. Plural de modéstia: nós + verbo + adjetivo 169
 4.6.2. Concordância verbal 169
  4.6.2.1. Concordância do sujeito simples 170
   4.6.2.1.1. Particularidades da concordância do sujeito simples 170
   4.6.2.1.2. Silepse de pessoa 172
   4.6.2.1.3. Silepse de número 172
  4.6.2.2. Concordância do sujeito composto 172
   4.6.2.2.1. Particularidades da concordância do sujeito composto ... 172
  4.6.2.3. Concordância do sujeito indeterminado 175
  4.6.2.4. Concordância da oração sem sujeito 176
  4.6.2.5. Casos especiais de concordância verbal 177
  4.6.2.6. Concordância do verbo ser 178
   4.6.2.6.1. Verbo ser impessoal 179
4.7. Colocação Pronominal 180
 4.7.1. Próclise 180
 4.7.2. Mesóclise 181
 4.7.3. Ênclise 181
 4.7.4. Caso especial 182
 4.7.5. Com locuções verbais 182
4.8. Questões 182

5. PONTUAÇÃO 207
5.1. Vírgula 207
5.2. Ponto e vírgula 210
5.3. Dois-pontos 210
5.4. Ponto final 211
5.5. Ponto de interrogação 211
5.6. Ponto de exclamação 212
5.7. Reticências 212
5.8. Parênteses 212
5.9. Travessão 213
5.10. Aspas 213
5.11. Questões 214

6. SEMÂNTICA 229
6.1. Sinônimo 229
6.2. Antônimo 229
6.3. Homônimos 229
6.4. Parônimos 230

6.5. Polissemia 236
6.6. Denotação e Conotação 236
6.7. Questões 237

7. **ESTILÍSTICA** **245**
    7.1. Figuras de Linguagem ou Estilo 245
        7.1.1. Figuras de som 246
            7.1.1.1. Aliteração 246
            7.1.1.2. Onomatopeia 246
        7.1.2. Figuras de construção ou de sintaxe 246
            7.1.2.1. Anacoluto 246
            7.1.2.2. Anáfora 247
            7.1.2.3. Apóstrofe 247
            7.1.2.4. Assíndeto 247
            7.1.2.5. Elipse 247
            7.1.2.6. Hipérbato 248
            7.1.2.7. Pleonasmo 248
            7.1.2.8. Polissíndeto 248
            7.1.2.9. Silepse 248
                  7.1.2.9.1. Silepse de pessoa 248
                  7.1.2.9.2. Silepse de gênero 248
                  7.1.2.9.3. Silepse de número 248
        7.1.2.10. Zeugma 248
        7.1.3. Figuras de pensamento 249
            7.1.3.1. Antítese 249
            7.1.3.2. Antonomásia 249
            7.1.3.3. Catacrese 249
            7.1.3.4. Comparação 250
            7.1.3.5. Gradação 250
            7.1.3.6. Eufemismo 250
            7.1.3.7. Hipérbole 250
            7.1.3.8. Ironia 250
            7.1.3.9. Metáfora 250
            7.1.3.10. Metonímia 251
                  7.1.3.10.1. O autor pela obra 251
                  7.1.3.10.2. O continente pelo conteúdo 251
                  7.1.3.10.3. A causa pelo efeito, e vice-versa 251
                  7.1.3.10.4. O lugar pelo produto feito no lugar 251
                  7.1.3.10.5. A parte pelo todo 251
                  7.1.3.10.6. A matéria pelo objeto 251
                  7.1.3.10.7. A marca pelo produto 251
                  7.1.3.10.8. O concreto pelo abstrato, e vice-versa 252
                  7.1.3.10.9. O indivíduo pela espécie 252
                  7.1.3.10.10. O instrumento pela ideia que ele representa ... 252
            7.1.3.11. Prosopopeia 252
            7.1.3.12. Sinestesia 252
    7.2. Vícios de Linguagem 252
        7.2.1. Barbarismo 252

	7.2.2.	Solecismo	252
	7.2.3.	Ambiguidade ou anfibologia	253
	7.2.4.	Cacófato	253
	7.2.5.	Pleonasmo vicioso	253
	7.2.6.	Neologismo	253
	7.2.7.	Eco	253
	7.2.8.	Arcaísmo	253
7.3.	Questões		253

8. INTERPRETAÇÃO DE TEXTO 259

- 8.1. Noção de Texto 259
  - 8.1.1. Texto literário e texto não literário 261
  - 8.1.2. Níveis de linguagem 264
  - 8.1.3. Funções da linguagem 269
    - 8.1.3.1. Função referencial (ou denotativa) 270
    - 8.1.3.2. Função emotiva (ou expressiva) 271
    - 8.1.3.3. Função conativa (ou apelativa) 272
    - 8.1.3.4. Função metalinguística 272
    - 8.1.3.5. Função fática 274
    - 8.1.3.6. Função poética 275
- 8.2. TIPOLOGIA TEXTUAL 276
  - 8.2.1. Descrição 276
  - 8.2.2. Narração 277
    - 8.2.2.1. Foco narrativo 277
    - 8.2.2.2. Tipos de discurso 278
  - 8.2.3. Dissertação 279
- 8.3. Compreensão e Interpretação 280
  - 8.3.1. Interpretação subjetiva 282
  - 8.3.2. Interpretação objetiva 282
    - 8.3.2.1. Vocabulário 282
      - 8.3.2.1.1. Palavras-chave 283
      - 8.3.2.1.2. Ideias-chave 284
    - 8.3.2.2. Gramática 285
    - 8.3.2.3. Raciocínio lógico verbal 286
- 8.4. Coesão e Coerência 286
  - 8.4.1. Coesão 286
    - 8.4.1.1. Coesão referencial 287
      - 8.4.1.1.1. Substituição 287
      - 8.4.1.1.2. Reiteração 288
    - 8.4.1.2. Coesão recorrencial 290
      - 8.4.1.2.1. Recorrência de termos 290
      - 8.4.1.2.2. Paralelismo 290
      - 8.4.1.2.3. Paráfrase 290
      - 8.4.1.2.4. Recursos fonológicos, segmentais ou suprassegmentais 291
    - 8.4.1.3. Coesão sequencial "stricto sensu" 291
      - 8.4.1.3.1. Sequenciação temporal 291
      - 8.4.1.3.2. Sequenciação por conexão 292
  - 8.4.2. Coerência 296

8.4.2.1. Coerência semântica 297
8.4.2.2. Coerência sintática 298
8.4.2.3. Coerência estilística 298
8.4.2.4. Coerência pragmática 298
8.4.2.5. Itens produtores de coerência 298
    8.4.2.5.1. Inferências 299
    8.4.2.5.2. Fatores pragmáticos 299
    8.4.2.5.3. Situacionalidade 299
    8.4.2.5.4. Intencionalidade e aceitabilidade 299
    8.4.2.5.5. Informatividade 300
    8.4.2.5.6. Focalização 300
    8.4.2.5.7. Intertextualidade 300
    8.4.2.5.8. Relevância 300

8.5. Paráfrase, Resumo e Síntese 301
  8.5.1. Paráfrase 301
  8.5.2. Resumo 303
  8.5.3. Síntese 308

8.6. Inferência 308
8.7. Questões 309

9. REDAÇÃO OFICIAL 387

9.1. Correspondência 387
9.2. Correspondência Oficial 387
9.3. Características da Redação Oficial 388
  9.3.1. Impessoalidade 389
  9.3.2. Uso da norma culta da língua portuguesa 390
  9.3.3. Formalidade e padronização 391
    9.3.3.1. Pronomes de tratamento 391
      9.3.3.1.1. Emprego dos pronomes de tratamento 391
        9.3.3.1.1.1. Vossa Excelência 391
        9.3.3.1.1.2. Vossa Senhoria 392
        9.3.3.1.1.3. Vossa Magnificência 393
        9.3.3.1.1.4. Vossa Santidade 393
        9.3.3.1.1.5. Vossa Eminência ou Vossa Eminência Reverendíssima 393
        9.3.3.1.1.6. Vossa Excelência Reverendíssima 393
        9.3.3.1.1.7. Vossa Reverendíssima ou Vossa Senhoria Reverendíssima 393
        9.3.3.1.1.8. Vossa Reverência 393
  9.3.4. Clareza e precisão 395

9.4. Manual de redação da Presidência da República 396
9.5. Instrução Normativa n. 4/92 396
9.6. O Padrão Ofício 396
  9.6.1. Partes do documento no padrão ofício 397
  9.6.2. Tipo do documento 397
  9.6.3. Local e data 397
  9.6.4. Destinatário 397
  9.6.5. Assunto 397
  9.6.6. Texto 398

   9.6.7. Fecho 398
   9.6.8. Identificação do signatário 399
  9.7. Forma de diagramação 399
  9.8. Comunicações oficiais 399
   9.8.1. Apostila 400
   9.8.2. Ata 401
   9.8.3. Aviso 402
   9.8.4. Certidão 403
   9.8.5. Circular 405
   9.8.6. Contrato 405
   9.8.7. Convênio 408
   9.8.8. Correio eletrônico (*e-mail*) 411
   9.8.9. Declaração 411
   9.8.10. Decreto 412
    9.8.10.1. Decretos regulamentares 413
    9.8.10.2. Decretos individuais ou coletivos 413
   9.8.11. Edital 416
   9.8.12. Exposição de motivos 417
   9.8.13. Fax 420
   9.8.14. Informação 421
   9.8.15. Instrução e instrução normativa 421
   9.8.16. Memorando 423
   9.8.17. Mensagem 424
   9.8.18. Ofício 425
   9.8.19. Ordem de serviço 427
   9.8.20. Parecer 428
   9.8.21. Requerimento 430
   9.8.22. Portaria 431
   9.8.23. Relatório 432
   9.8.24. Resolução 434
   9.8.25. Telegrama 436
  9.9. Questões 437

10. REDAÇÃO DISCURSIVA **451**
  10.1. Qualidades Fundamentais do Texto 453
  10.2. Tipologia Textual 454
  10.3. Figuras e Temas 455
  10.4. Dissertação Objetiva 456
   10.4.1. Argumentação 457
    10.4.1.1. Argumento baseado na estrutura da realidade 457
    10.4.1.2. Argumento baseado no consenso 457
    10.4.1.3. Argumento baseado em fatos 457
    10.4.1.4. Argumento lógico 458
   10.4.2. Defeitos da argumentação 459
    10.4.2.1. Tautologia 459
    10.4.2.2. Noção semiformalizada 459
    10.4.2.3. Noção confusa 459
    10.4.2.4. Generalização 460

    10.4.2.5. Erro pelo exemplo ou ilustração 460
    10.4.2.6. Erro pela conclusão 460
  10.4.3. Discurso dissertativo de caráter científico 460
 10.5. Progressão Discursiva 461
 10.6. Dicas para se Escrever Bem 462
 10.7. Técnica de Redação 463
 10.8. Temas de Atualidades 472
 10.9. Temas Técnicos 493
 10.10. Estudo de Casos 495

11. PROVAS SIMULADAS **499**
 Prova Simulada 1 501
 Prova Simulada 2 505
 Prova Simulada 3 509
 Prova Simulada 4 512
 Prova Simulada 5 517
 Prova Simulada 6 520
 Prova Simulada 7 525
 Prova Simulada 8 529
 Prova Simulada 9 533
 Prova Simulada 10 537
 Prova Simulada 11 541
 Prova Simulada 12 544
 Prova Simulada 13 548
 Prova Simulada 14 552
 Prova Simulada 15 556
 Prova Simulada 16 560
 Prova Simulada 17 565
 Prova Simulada 18 569
 Prova Simulada 19 573
 Prova Simulada 20 576
 Prova Simulada 21 580
 Prova Simulada 22 584
 Prova Simulada 23 589
 Prova Simulada 24 594
 Prova Simulada 25 597
 Prova Simulada 26 600
 Prova Simulada 27 605
 Prova Simulada 28 608
 Prova Simulada 29 611
 Prova Simulada 30 614
 Prova Simulada 31 618
 Prova Simulada 32 621
 Prova Simulada 33 624
 Prova Simulada 34 627
 Prova Simulada 35 630

Referências 633

1
FONOLOGIA

A fonética e a fonologia estudam o aspecto físico-fisiológico, isto é, o aspecto fônico.
A fonética se ocupa do aspecto acústico e fisiológico dos sons reais e concretos dos atos linguísticos: sua produção, articulação e variedades.
Já para a fonologia, a unidade básica não é o som, mas o fonema, visto como unidade acústica que desempenha função linguística distintiva de unidades linguísticas superiores dotadas de significado.

Evanildo Bechara

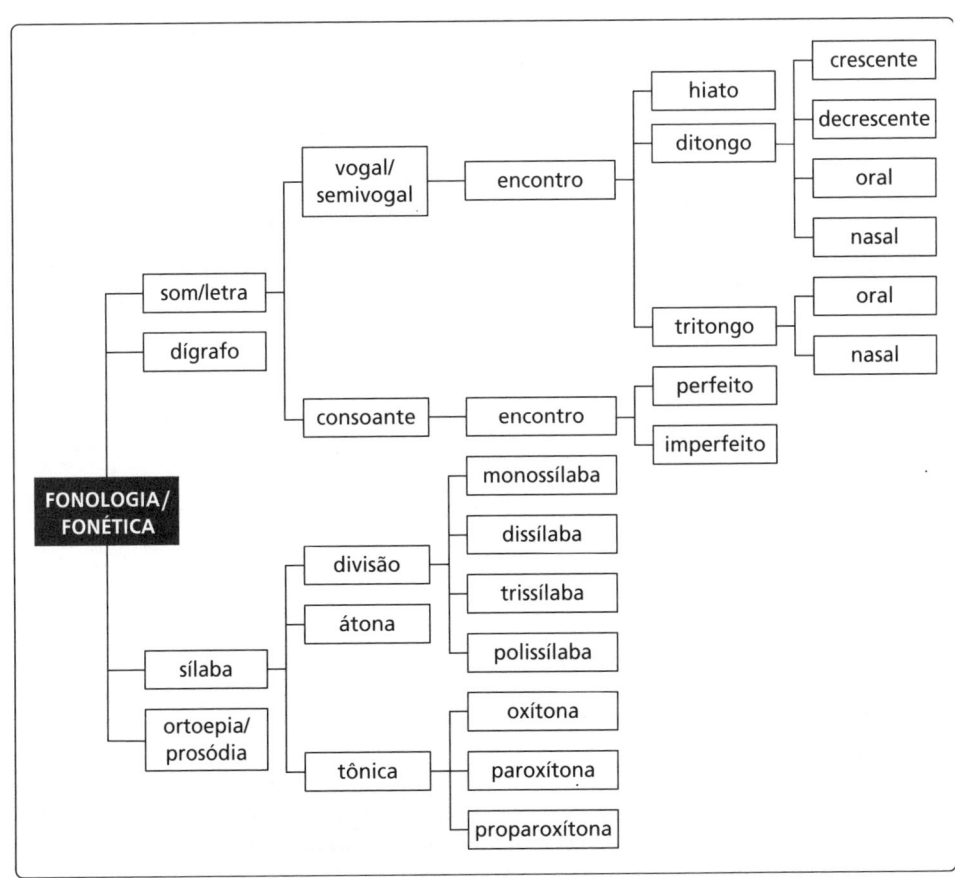

Fonologia é a parte da gramática que trata dos **sons produzidos pelo ser humano para a comunicação**, em relação a determinada língua.

> **Curiosidade:** O estudo dos sons, de forma geral — sem levar em conta a região geográfica ou a cultura a que se aplica —, recebe o nome de FONÉTICA.

1.1. FONEMA

Os **fonemas** são os **elementos sonoros** mais simples da língua, capazes de estabelecer **distinção entre duas palavras**. Como em: *sua* e *tua*. Note que a distinção entre uma e outra palavra são os fonemas /se/ e /te/.

> **Curiosidade:** Graficamente expressamos os fonemas entre barras: /me/; /ce/; /ve/.

Não podemos confundir letras com fonemas, pois **letra** é a **representação gráfica** de um som.

M — letra eme > som /me/.

J — letra jota > som /je/.

H — letra agá > não existe som para essa letra.

Nem sempre ao número de letras corresponde o mesmo número de fonemas. Veja:

CALHA
5 letras: c, a, l, h, a.
4 fonemas: /ke/, /a/, /lhe/, /a/.

TÁXI
4 letras: t, a, x, i.
5 fonemas: /te/, /a/, /ke/, /se/, /i/.

Os fonemas se dividem em dois grupos:

- **Fonemas vocálicos:** representam as **vogais**.
- **Fonemas consonantais:** representam as **consoantes**.

1.2. FONEMAS VOCÁLICOS

Chamamos **fonemas vocálicos** os sons resultantes da emissão de **ar que passa livremente pela cavidade bucal**. São eles: A, E, I, O, U. Dividem-se em dois grupos:

1.2.1. Vogais

São a **base da sílaba** em Língua Portuguesa. Há **apenas uma vogal em cada sílaba:** sa-pa-to; ca-fé; u-si-na.

1.2.2. Semivogais

São **fracas** em relação à vogal. As letras *I* e *U*, quando acompanham outra vogal numa mesma sílaba, são as semivogais. As letras *E* e *O* também serão semivogais quando forem átonas, acompanhando outra vogal. Veja:

cá-rie	tou-ro	mãe	pão
/i/ é semivogal	/o/ é vogal	/a/ é vogal	/a/ é vogal
/e/ é vogal	/u/ é semivogal	/e/ é semivogal	/o/ é semivogal

1.3. FONEMAS CONSONANTAIS

Chamamos de **fonemas consonantais** os **ruídos** ocasionados pela obstrução da passagem de ar pelo aparelho fonador (língua, dentes, lábios etc.). São: B, C, D, F, G, H, J, K, L, M, N, P, Q, R, S, T, V, W, X, Y, Z.

1.4. ENCONTROS VOCÁLICOS

É a **união de dois ou mais fonemas vocálicos** em uma única sílaba. São eles: o ditongo, o tritongo e o hiato.

1.4.1. Ditongo

Ocorre quando juntamos **dois sons** vocálicos numa única sílaba: ca-**iu**; v**iu**; t**ou**-ro; den-t**ais**.

Os ditongos são classificados de acordo com a sua formação e a sua pronúncia.

De acordo com a **formação**, o ditongo pode ser:

1.4.1.1. Crescente

Começa com semivogal e termina com vogal: cár**ie**, histór**ia**, tên**ue**.

1.4.1.2. Decrescente

Começa com vogal e termina com semivogal: t**ou**ro, dent**ais**, p**ei**xe.

De acordo com a **pronúncia**, o ditongo pode ser:

1.4.1.3. Oral

Quando o som sai completamente pela boca: tên**ue**, dent**ais**.

1.4.1.4. Nasal

Quando o som sai pelo nariz: p**ão**, m**ãe**, també**m**, cantara**m**.

> **Curiosidade:** *AM* e *EM*, em final de palavras, representam ditongos decrescentes nasais. Perceba que os sons que ouvimos são: /tã-bei/ e /cã-ta-rau/.

1.4.2. Tritongo

Ocorre quando juntamos **três sons** vocálicos numa única sílaba: ig**uais**; q**uão**.

O tritongo se classifica, quanto à **pronúncia**, como:

1.4.2.1. Oral

Quando o som sai apenas pela boca: ig**uais**.

1.4.2.2. Nasal

Quando o som sai pelo nariz: qu**ão**.

1.4.3. Hiato

Ocorre quando colocamos, simultaneamente, em uma palavra **duas vogais**, que pertencem a **sílabas diferentes:** sa-í-da; co-o-pe-rar; ga-ú-cho.

1.5. ENCONTROS CONSONANTAIS

É o encontro de **sons consonantais simultâneos** dentro da palavra. Podem ser classificados de acordo com o modo como se apresentam.

1.5.1. Encontros consonantais perfeitos

Sons consonantais que pertencem à **mesma sílaba: pr**o-**bl**e-ma; **ps**i-co-lo-gi-a; pe-**dr**a.

1.5.2. Encontros consonantais imperfeitos

Sons consonantais que pertencem a **sílabas diferentes:** di**g-n**o; pe**r-f**ei-to; a**r-t**is-ta.

> **Curiosidade:** Repare que nos encontros consonantais, apesar de as consoantes aparecerem lado a lado, cada uma conserva o seu som próprio, característico.
> pro-ble-ma = /pe/ + /re/ + /o/ + /be/ + /le/ + /e/ + /me/ + /a/
> af-ta = /a/ + /fe/ + /te/ + /a/

1.6. DÍGRAFO

Ocorre quando **duas letras** representam um **único som:**

CH — chá	SC — descer	OM — tombo
LH — telha	SÇ — desço	UM — tumba
NH — ninho	XC — exceto	AN — anta
GU — foguete	XS — exsudar	EN — entortar
QU — quilo	AM — tampa	IN — interno
RR — carro	EM — tempo	ON — onda
SS — assado	IM — tímpano	UN — untar

> **Curiosidade:** Os grupos *GU* e *QU*, quando trazem o *U* pronunciado, não representam dígrafos, pois nesse caso *G* e *Q* têm um som e *U* tem outro: ag**u**entar; sag**u**i; tranq**u**ilo; aq**u**oso.

1.7. SÍLABA

É a **junção de fonemas** numa única emissão de ar. Cada vez que se expele o ar do pulmão passando pelo aparelho fonador (boca ou boca e nariz), temos uma sílaba.

A base da sílaba em Língua Portuguesa é sempre uma vogal; portanto, **não existe sílaba sem vogal**.

De acordo com o número de sílabas, a palavra será classificada como:

- *Monossílaba* — **uma** única sílaba: chá, pé, me, lhe.
- *Dissílaba* — **duas** sílabas: café, sofá, onça, digno.
- *Trissílaba* — **três** sílabas: copinho, socorro, agora, adrede.
- *Polissílaba* — **quatro ou mais** sílabas: limonada, chocolatezinho, Atanagildetina, desoxirribonucleico.

1.8. TONICIDADE

As sílabas de uma palavra podem ser fortes ou fracas.

As sílabas **fortes** são chamadas de **TÔNICA**, e as sílabas **fracas** são chamadas de **ÁTONAS**.

paralelepípedo: *pí* é a sílaba tônica, as outras são átonas.

sapato: *pa* é a sílaba tônica, as outras são átonas.

> **Curiosidade:** Em cada palavra, há apenas uma sílaba forte; todas as outras serão fracas.

As palavras monossílabas, por possuírem apenas uma sílaba, devem ser chamadas de tônicas ou átonas:

- *Monossílaba tônica* — possui sentido próprio quando está só: chá, pá, mês.
- *Monossílaba átona* — não possui sentido próprio quando está só: com, em, lhe.

Palavras com duas ou mais sílabas são classificadas de acordo com a posição que a sílaba tônica ocupa dentro da palavra:

- *Oxítona* — é a palavra cuja última sílaba é forte: café, maracujá, ananás.
- *Paroxítona* — é a palavra cuja penúltima sílaba é forte: sapato, educado, revólver.
- *Proparoxítona* — é a palavra cuja antepenúltima sílaba é forte: lâmpada, metafísica, pássaro.

1.9. FORMAS VARIANTES

Algumas palavras podem ter **pronúncia variável**. Veja:

acróbata ou acrobata
alópata ou alopata
ambrósia ou ambrosia
autópsia ou autopsia
Bálcãs ou Balcãs
biópsia ou biopsia
biótipo ou biotipo
boêmia ou boemia

crisântemo ou crisantemo
Dário ou Dario
dúplex ou duplex
Gândavo ou Gandavo
geodésia ou geodesia
hieróglifo ou hieroglifo
homília ou homilia
Madagáscar ou Madagascar

necrópsia ou necropsia
nefelíbata ou nefelibata
Oceânia ou Oceania
ortoépia ou ortoepia
projétil ou projetil

réptil ou reptil
sóror ou soror
tríplex ou triplex
xérox ou xerox
zângão ou zangão

Há palavras em que a letra *U* do grupo *QU* pode ou não ser pronunciada: antiquíssimo; equidade; equivalente; equivaler; liquidação; liquidar; liquidificador; líquido; retorquir.

> **Curiosidade:** Ortoépia é a parte da gramática que trata da correta pronúncia das palavras. Quando cometemos um engano de pronúncia, surge a prosódia.
> ru**bri**ca — sílaba tônica = bri.
> O erro prosódico comum é pronunciar a sílaba **ru** como forte.
> **ín**terim — sílaba tônica = ín.
> O erro prosódico comum é pronunciar a sílaba **rim** como forte.
> São **oxítonas:** cateter; Cister; harém; Gibraltar; masseter; mister (necessário); Nobel; novel; recém; sutil; ureter.
> São **paroxítonas:** acórdão; alcácer; algaravia; âmbar; acerdiago; avaro; aziago; azimute; barbaria; batavo; boêmia; cânon; caracteres; cartomancia; cenobita; ciclope; clímax; decano; edito (lei); efebo; epifania; erudito; exegese; filantropo; flébil; ibero; impio (cruel); ímpio (sem fé); índex; látex; libido; maquinaria; misantropo; necropsia; nenúfar; omicro; opimo; pudico; Quéops; quiromancia; recorde; têxtil; tétum; tulipa.
> São **proparoxítonas:** acônito; aeródromo; aerólito; ágape; álacre; álcool; alcíone; alcoólatra; álibi; alvíssaras; âmago; amálgama; anátema; andrógino; anódino; antífona; ápode; aríete; arquétipo; autóctone; ávido; azáfama; barbárie; bávaro; bímano; écloga; édito (ordem judicial); êmbolo; ímprobo; ínterim; leucócito; monólito; protótipo; revérbero; úmbrico; zênite.
> Palavras com /é/ — som **aberto:** badejo; blefe; cedro; cervo; besta (arma); incesto; medievo; obsoleto.
> Palavras com /ê/ — som **fechado:** adrede; besta (animal de carga); cerda; destro; escaravelho; extra; fechar (e suas flexões: fecho, fechas, fecha, feche, feches etc.); magneto; quibebe; reses.
> Palavras com /ó/ — som **aberto:** amorfo; canoro; coldre; dolo; inodoro; molho (feixe); sinagoga; tropo.
> Palavras com /ô/ — som **fechado:** alcova; alforje; algoz; boda; bodas; choldra; desporto; foro (jurisdição); transbordo.

1.10. DIVISÃO SILÁBICA

A **divisão** da palavra em sílabas é feita pela **soletração**. Basta pronunciar com calma a palavra para sabermos quantas sílabas ela contém.

Há algumas regras que facilitam a separação de sílabas:

1.10.1. Separam-se

a) *hiato:* sa-í-da, ba-la-ús-tre;

b) *encontro consonantal imperfeito:* dig-no, ca-rac-te-rís-ti-ca;

c) *dígrafos RR, SS, SC, SÇ, XC, XS:* car-ro, as-sa-do, des-cer, des-ço, ex-ce-ção, ex-su-dar.

1.10.2. Não se separam

a) *ditongo:* cá-rie, á-gua;

b) *tritongo:* i-guais, quão;

c) *encontro consonantal perfeito:* pro-va, clas-se;

d) *dígrafos CH, LH, NH, GU, QU, AM, EM, IM, OM, UM, AN, EN, IN, ON, UN:* cha-lei-ra, te-lha, vi-nho, guer-ra, que-ro, âm-bar, Em-bu, im-pa-la, om-bro, um-bi-go, can-to, ven-to, tin-ta, ton-to, tun-dra.

1.10.3. Outras dicas

a) Qualquer consoante solta dentro da palavra, que não forme sílaba com vogal posterior, pertencerá sempre à sílaba anterior: tungs-tê-nio; e-clip-se; e-gíp-cio; felds-pa-to.

b) *prefixo + vogal* — formam sílaba normalmente: tran-sa-tlân-ti-co; su-ben-ten-der.

c) *prefixo + consoante* — isola-se o prefixo e depois separam-se as sílabas restantes: sub-li-nhar; ab-rup-to; trans-por-te.

1.11. QUESTÕES

1. (UFRJ) Nesta relação, as sílabas tônicas estão destacadas. Uma delas, porém, está destacada incorretamente. Assinale-a.
  a) inteRIM.
  b) puDIco.
  c) ruBRIca.
  d) graTUIto.
  e) inauDIto.

2. (FAU-Santos) Nas palavras *enquanto, queimar, folhas, hábil* e *grossa*, constatamos qual sequência de letras e fonemas?
  a) 8-7, 7-6, 6-5, 5-4, 6-5.
  b) 7-6, 6-6, 5-5, 5-5, 5-5.
  c) 8-5, 7-5, 6-4, 5-4, 5-4.
  d) 8-6, 7-6, 6-5, 5-4, 6-5.
  e) 8-5, 7-6, 6-5, 5-5, 5-5.

3. (Escola Naval-RJ) Nas palavras *anjinho, carrocinhas, nossa* e *recolhendo*, podemos detectar oralmente a seguinte quantidade de fonemas, respectivamente:
  a) três, quatro, dois, quatro.
  b) cinco, nove, quatro, oito.
  c) seis, dez, cinco, nove.
  d) três, seis, dois, cinco.
  e) sete, onze, cinco, dez.

4. (UFSC) Assinale a alternativa em que a palavra não tem suas sílabas corretamente separadas.
  a) in-te-lec-ção.
  b) cons-ci-ên-cia.

c) oc-ci-pi-tal.
d) psi-co-lo-gia.
e) ca-a-tin-ga.

5. (PUC-MG) Assinale o vocábulo que contém cinco letras e quatro fonemas.
a) estou.
b) adeus.
c) livro.
d) volto.
e) daqui.

6. (ITA-SP) A sequência de palavras cujas sílabas estão separadas corretamente é:
a) a-dje-ti-va-ção, im-per-do-á-veis, bo-ia-dei-ro.
b) in-ter-ve-io, tec-no-lo-gi-a, sub-li-nhar.
c) in-tu-i-to, co-ro-i-nha, pers-pec-ti-va.
d) co-ro-lá-rio, subs-tan-ti-vo, bis-a-vó.
e) flui-do, at-mos-fe-ra, in-ter-vei-o.

7. (UFRJ) As sílabas das palavras *psicossocial* e *traído* estão corretamente separadas em:
a) psi-cos-so-ci-al, tra-í-do.
b) psi-cos-so-cial, tra-í-do.
c) psi-co-sso-ci-al, traí-do.
d) psi-co-sso-ci-al, tra-í-do.
e) psico-sso-ci-al, traí-do.

8. (FGV) Assinale a melhor resposta. Em *papagaio* temos:
a) um ditongo.
b) um trissílabo.
c) um proparoxítono.
d) um tritongo.
e) um dígrafo.

9. (UFPI) Têm a mesma classificação, quanto ao acento tônico, as palavras:
a) alivia, vizinho, insônia, chão.
b) risquei, fósforo, tijolo, porque.
c) zombaria, devagarinho, companhia.
d) fôlego, estrela, tamborete.

10. (UEPG-PR) Assinale a sequência em que todas as palavras estão partidas corretamente.
a) trans-a-tlân-ti-co, fi-el, sub-ro-gar.
b) bis-a-vô, du-e-lo, fo-ga-réu.
c) sub-lin-gual, bis-ne-to, de-ses-pe-rar.
d) des-li-gar, sub-ju-gar, sub-es-cre-ver.
e) cis-an-di-no, es-pé-cie, a-teu.

11. (FGV) Assinale a alternativa em que a sílaba tônica está corretamente destacada.
a) mis-TER, de-CA-no, a-VA-ro, cir-CUI-to.
b) RU-bri-ca, a-zi-A-go, I-be-ro, MIS-ter.
c) NO-bel, LÁ-tex, I-be-ro, fi-lan-TRO-po.
d) ru-BRI-ca, lá-TEX, A-va-ro, DE-ca-no.
e) DE-ca-no, Ê-xo-do, ru-BRI-ca, u-re-TER.

12. (ITA-SP) Dadas as palavras: 1) TUN-GSTÊ-NIO, 2) BIS-A-VÔ e 3) DU-E-LO, constatamos que a separação de sílabas está correta:
a) apenas na palavra 1.
b) apenas na palavra 2.
c) apenas na palavra 3.
d) em todas as palavras.
e) em nenhuma delas.

1 ◘ Fonologia

GABARITO

1. "a". A sílaba tônica é ÍN-, ínterim.

2. "d". Enquanto = 8 letras e 6 fonemas; queimar = 7 letras e 6 fonemas; folhas = 6 letras e 5 fonemas; hábil = 5 letras e 4 fonemas; grossa = 6 letras e 5 fonemas.

3. "b". Anjinho = 5 fonemas; carrocinhas = 9 fonemas; nossa = 4 fonemas; recolhendo = 8 fonemas.

4. "d". A separação correta é psi-co-lo-gi-a.

5. "e". Daqui = 4 fonemas; todas as outras têm cinco fonemas cada uma.

6. "e". Corrigindo as erradas: a) ad-je-ti-va-ção, boi-a-dei-ro; b) in-ter-vei-o, c) in-tui-to; d) bi-sa-vó.

7. "a": psi-cos-so-ci-al, tra-í-do.

8. "a". Pa-pa-gai-o apresenta um ditongo (gai).

9. "c". Veja a sílaba tônica de cada uma delas: zom-ba-RI-a, de-va-ga-RI-nho, com-pa-NHI-a. São todas paroxítonas.

10. "c". Corrigindo as erradas: a) tran-sa-tlân-tico; b) bi-sa-vô; d) su-bes-cre-ver; e) ci-san-di-no.

11. "a". Mister é oxítona; decano, avaro e circuito são paroxítonas.

12. "c". Apenas du-e-lo está com a separação correta. Corrigindo as outras: tungs-tê-nio; bi-sa-vô.

2
ORTOGRAFIA

> ***Ortografia***
> *Datação: 1540*
> *cf. João de Barros. Grammatica da Lingua Portuguesa.*
> *Olyssipone. Lodouicum Rotorigiu Typographum.*
> *[Publicação póstuma, tendo o autor falecido em 1540]*
> *substantivo feminino*
> *conjunto de regras estabelecidas pela gramática normativa que ensina a grafia correta das palavras, o uso de sinais gráficos que destacam vogais tônicas, abertas ou fechadas, processos fonológicos como a crase, os sinais de pontuação esclarecedores de funções sintáticas da língua e motivados por tais funções etc.*
>
> Dicionário Houaiss

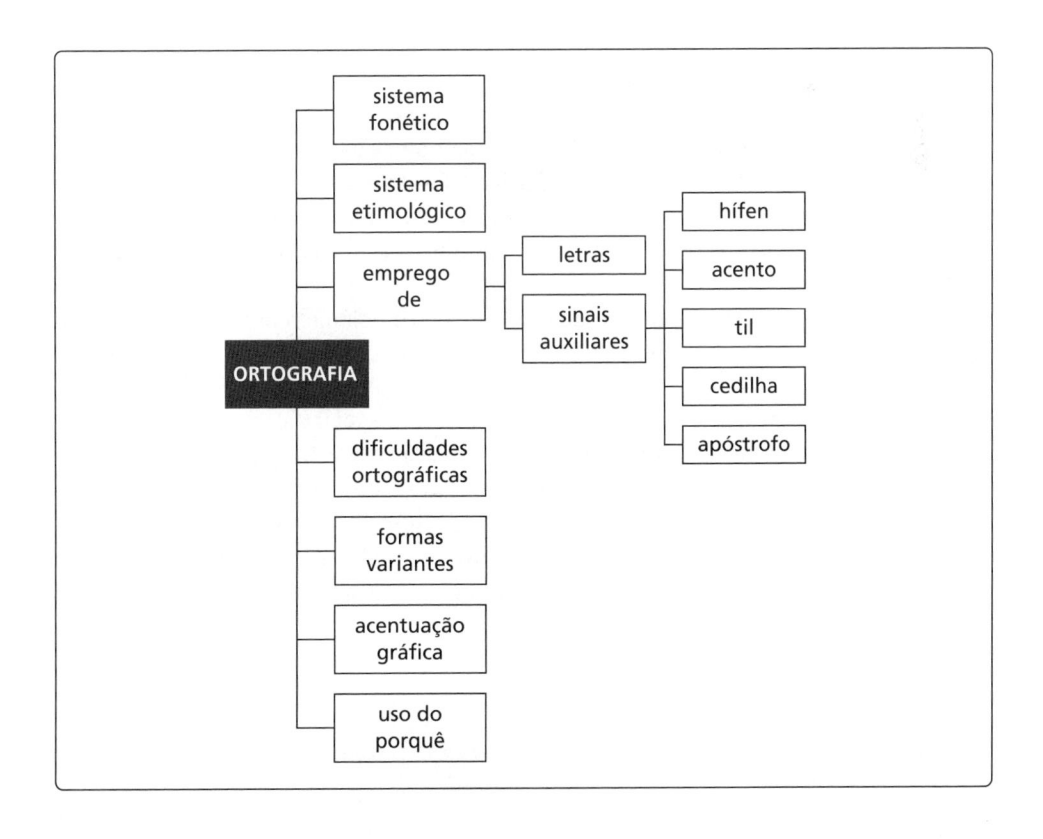

ORTOGRAFIA
- sistema fonético
- sistema etimológico
- emprego de
  - letras
  - sinais auxiliares
    - hífen
    - acento
    - til
    - cedilha
    - apóstrofo
- dificuldades ortográficas
- formas variantes
- acentuação gráfica
- uso do porquê

A **grafia** de uma palavra pode ter caráter **fonético**, que leva em conta a pronúncia; ou **etimológico**, que leva em conta a sua origem.

Hoje, **no Brasil**, utilizam-se **os dois processos juntamente:** o fonético ou de pronúncia e o etimológico ou histórico.[1]

> **Curiosidade:** O **sistema fonético** (ou *sônico*) consiste na **exata e fiel figuração dos sons**, escrevendo as palavras tal qual se pronunciam, excluindo da representação gráfica qualquer letra que não tenha valor prosódico e acrescentando outras para que se represente a exata pronúncia: *escrito, Cristo, pronto, omem, oje, ressonar, pressentir, filarmônico, inalar.*
>
> O **sistema etimológico** representa as palavras **de acordo com a grafia de origem**, reproduzindo todas as letras do étimo, embora não sejam pronunciadas: *phthisica, sancto, mactar, auctor, poncto, catechismo, exgotto, practicar.*[1]

Nossa ortografia é orientada pelo **Formulário Ortográfico** — Vocabulário Ortográfico da Língua Portuguesa —, aprovado pela Academia Brasileira de Letras, na sessão de **12 de agosto de 1943**, simplificado pela Lei n. 5.765, de **18 de dezembro de 1971**, e atualizado pelo Decreto n. 6.583, de **29 de setembro de 2008**.

Em **19 de julho de 2021**, a Academia Brasileira de Letras disponibiliza a **6.ª edição** do Vocabulário Ortográfico da Língua Portuguesa — **VOLP**. Ele agora comtempla **382 mil vocábulos**, apresentando **mil novas palavras**, incluindo os estrangeirismos, além de correções e informações complementares nos verbetes, como acréscimos de ortoépia (com indicação dos casos de metafonia), plural e, apenas em alguns casos, para desfazer dúvidas e ambiguidades, a indicação de homonímia, paronímia e significado.

Muitos acréscimos estão relacionados aos novos **termos originados do desenvolvimento científico e tecnológico**, às palavras surgidas no contexto da **pandemia do novo coronavírus**, ao registro mais abrangente de **nomes de povos indígenas**, língua e família linguística, assim como **termos técnicos** das diversas áreas do conhecimento e novos **vocábulos de uso comum**, muito divulgados na mídia impressa e em textos acadêmicos, sempre de acordo com os critérios de formação de palavras da língua-padrão.

Podemos citar a inclusão das entradas telemedicina, teleinterconsulta, laudar, biopsiar, bucomaxilofacial, ciberataque, cibersegurança, aporofobia, gerontofobia, feminicídio, sororidade, decolonialidade, notícia-crime, judicialização, infodemia, covid-19, pós-verdade, negacionismo, necropolítica, homoparental, gentrificação, ciclofaixa, mocumentário, docussérie, entre muitas outras. Em relação aos estrangeirismos, tivemos o registro de botox, bullying, compliance, coworking, crossfit, delay, home office, live-action, lockdown, podcast, emoji, parkour, jihad, chimichurri, entre outros.

Ortografia vem do grego "orthós" = **direito** + "gráphein" = **escrever**.

Os sons da fala são representados por **sinais gráficos**, chamados **letras**, e além delas usamos outros **sinais**, chamados **auxiliares**.

---

[1] ALMEIDA, Napoleão Mendes de. *Gramática metódica da Língua Portuguesa*. 35. ed. São Paulo: Saraiva, 1988, p. 68-69.

São eles:

a) *Hífen (-)* — usado para **ligar elementos de palavras compostas**, para ligar pronomes enclíticos aos verbos e para **indicar a translineação textual** (divisão silábica em final de linha): super-homem, ajudou-me, questiona-mento.

b) *Til (~)* — usado para **marcar a nasalização de um som vocálico:** irmã.

c) *Cedilha (ç)* — coloca-se sob o *c*, antes das vogais *a, o* e *u*: açaí, castiço, açúcar.

d) *Apóstrofo (')* — **marca a supressão de um som:** copo d'água, minh'alma.

e) *Acentos gráficos:*

- agudo (´) — representa um **som aberto:** sofá.
- circunflexo (^) — representa um **som fechado:** você.
- grave (`) — representa a **fusão de vogais idênticas** (crase): àquele.

> **Curiosidade:** Esses sinais são também chamados de *notações léxicas*.

Algumas regras existem para escrever esta ou aquela palavra, porém **os problemas gráficos só se resolvem com leitura**. Se você é um leitor eficiente, escreverá bem, pois terá a lembrança daquilo que leu.

Vejamos a seguir algumas dificuldades ortográficas.

2.1. DIFICULDADES ORTOGRÁFICAS

2.1.1. Uso do "S"

a) depois de **ditongos:** coisa, faisão, mausoléu, maisena, lousa.

b) em **nomes próprios** com som de /z/: Neusa, Brasil, Sousa, Teresa.

c) no **sufixo -oso** (cheio de): cheiroso, manhoso, dengoso, gasosa.

d) nos **derivados** do verbo **querer:** quis, quisesse.

e) nos **derivados** do verbo **pôr:** pus, pusesse.

f) no **sufixo -ense, formador de adjetivo:** canadense, paranaense, palmeirense.

g) no **sufixo -isa**, indicando **profissão** ou **ocupação feminina:** papisa, profetisa, poetisa.

h) nos **sufixos -ês/-esa**, indicando **origem, nacionalidade** ou **posição social:** calabrês, milanês, português, norueguês, japonês, marquês, camponês, calabresa, milanesa, portuguesa, norueguesa, japonesa, marquesa, camponesa.

i) nas palavras **derivadas** de outras que possuam *S* no radical: casa = casinha, casebre, casarão, casario; atrás = atrasado, atraso; paralisia = paralisante, paralisar, paralisação; análise = analisar, analisado.

j) nos **derivados de verbos** que tragam o **encontro consonantal -nd:** pretende = pretensão; suspender = suspensão; expandir = expansão.

2.1.2. Uso do "Z"

a) nas palavras **derivadas** de primitiva com *Z*: cruz = cruzamento, juiz = ajuizar, deslize = deslizar.

b) nos **sufixos -ez/-eza**, formadores de **substantivos abstratos** a partir de adjetivos: altivo = altivez; mesquinho = mesquinhez; macio = maciez; belo = beleza; magro = magreza.

c) no **sufixo -izar**, formador de **verbos:** hospital = hospitalizar; canal = canalizar; social = socializar; útil = utilizar; catequese = catequizar.

> **Curiosidade:** Quando usamos apenas **-r** ou **-ar** para formar um verbo, aproveitamos o que já existe na palavra primitiva: pesquisa = pesquisa**r**, análise = analisa**r**, deslize = desliza**r**.

d) nos **verbos** terminados em **-uzir** e seus derivados: conduzir, conduziu, conduzo; deduzir, deduzo, deduzi; produzir, produzo, produziste.

e) no **sufixo -zinho**, formador de **diminutivo:** cãozinho, pezinho, paizinho, mãezinha, pobrezinha.

> **Curiosidade:** Se acrescentarmos apenas **-inho**, aproveitamos a letra da palavra primitiva: casinha, vasinho, piresinho, lapisinho, juizinho, raizinha.

2.1.3. Uso do "H"

a) o H inicial deve ser usado quando a **etimologia** o justifique: hábil, harpa, hiato, hóspede, húmus, herbívoro, hélice.

> **Curiosidade:** Escreve-se com H o topônimo BAHIA, quando se aplica ao Estado.

b) o H deve ser **eliminado** do interior das palavras, se elas formarem um **composto** ou **derivado sem hífen**: desabitado, desidratar, desonra, inábil, inumano, reaver.

> **Curiosidade:** Nos compostos ou derivados com hífen, o H permanece: anti-higiênico, pré-histórico, super-homem.

c) no final de **interjeições**: ah! oh! ih!

2.1.4. Uso do "X"

a) normalmente após **ditongo**: caixa, peixe, faixa, trouxa.

> **Curiosidade:** Caucho e seus derivados (recauchutar, recauchutagem) são escritos com CH.

b) normalmente após a **sílaba inicial en-:** enxaqueca, enxada, enxoval, enxurrada.

> **Curiosidade:** Usaremos CH depois da sílaba inicial **en-** caso ela seja derivada de uma com CH:
> de cheio = encher, enchimento, enchente
> de charco = encharcado
> de chumaço = enchumaçado
> de chiqueiro = enchiqueirar

c) depois da **sílaba inicial me-**: mexer, mexilhão, mexerica.

> **Curiosidade:** Mecha e seus derivados são com CH.

2.1.5. Uso do "CH"

Não há regras para o emprego do dígrafo CH.

2.1.6. Uso do "SS"

Emprega-se nas seguintes **relações:**
a) ced — cess: ceder — cessão, conceder — concessão — concessionário.
b) gred — gress: agredir — agressão, regredir — regressão.
c) prim — press: imprimir — impressão, oprimir — opressão.
d) tir — ssão: discutir — discussão, permitir — permissão.

2.1.7. Uso do "Ç"

a) nas palavras de **origem árabe**, **tupi** ou **africana**: açafrão, açúcar, muçulmano, araçá, Paiçandu, miçanga, caçula.
b) após **ditongo**: louça, feição, traição.
c) na **relação** ter — tenção: abster — abstenção, reter — retenção.

2.1.8. Uso do "G"

a) nas palavras **terminadas em -ágio, -égio, -ígio, -ógio, -úgio**: pedágio, colégio, litígio, relógio, refúgio.
b) nas **palavras femininas** terminadas em **-gem**: garagem, viagem, escalagem, vagem.

> **Curiosidade:** Pajem e lambujem são exceções à regra.

2.1.9. Uso do "J"

a) na **terminação -aje**: ultraje, traje, laje.
b) nas **formas verbais** terminadas em **-jar** e seus derivados: arranjar, arranjem; viajar, viajem; despejar, despejem.
c) em palavras de **origem tupi**: jiboia, pajé, jenipapo.
d) nas **palavras derivadas** de outras que se escrevem com J: ajeitar (de jeito), laranjeira (de laranja).

2.1.10. Uso do "I"

a) no **prefixo anti-**, que indica oposição: antibiótico, antiaéreo.

b) nos **verbos** terminados em **-air, -oer** e **-uir** e seus derivados: sair — sais, sai; cair — cais, cai; moer — móis, mói; roer — róis, rói; possuir — possuis, possui; retribuir — retribuis, retribui.

2.1.11. Uso do "E"

a) nas **formas verbais** terminadas em **-oar** e **-uar** e seus derivados: perdoar — perdoes, perdoe; coar — coes, coe; continuar — continues, continue; efetuar — efetues, efetue.

b) no **prefixo -ante**, que expressa anterioridade: anteontem, antepasto, antevéspera.

2.1.12. Uso do "SC"

Não há regras para o uso de SC; sua presença é inteiramente etimológica.

2.2. FORMAS VARIANTES

Algumas palavras admitem, sem alteração de significado, formas variantes:

abaixar ou baixar
abdome ou abdômen
afeminado ou efeminado
ajuntar ou juntar
aluguel ou aluguer
aritmética ou arimética
arrebitar ou rebitar
arremedar ou remedar
assoalho ou soalho
assobiar ou assoviar
assoprar ou soprar
aterrissar ou aterrizar ou aterrar
avoar ou voar
azálea ou azaleia
bêbado ou bêbedo
bebadouro ou bebedouro
bilhão ou bilião
bílis ou bile
biscoito ou biscouto
bravo ou brabo
bujão ou botijão
cãibra ou câimbra
carroçaria ou carroceria
catorze ou quatorze
catucar ou cutucar
chipanzé ou chimpanzé

clina ou crina
cociente ou quociente
coisa ou cousa
cota ou quota
cotidiano ou quotidiano
cotizar ou quotizar
covarde ou cobarde
cuspe ou cuspo
degelar ou desgelar
dependurar ou pendurar
desenxavido ou desenxabido
dourado ou doirado
elucubração ou lucubração
empanturrar ou empaturrar
engambelar ou engabelar
enlambuzar ou lambuzar
entoação ou entonação
entretenimento ou entretimento
enumerar ou numerar
espuma ou escuma
estalar ou estralar
exorcizar ou exorcismar
flauta ou frauta
flecha ou frecha
fleuma ou flegma
flocos ou frocos

gengibirra ou jinjibirra
geringonça ou gerigonça
gorila ou gorilha
hemorroidas ou hemorroides
impingem ou impigem
imundícia, imundície ou imundice
infarto, enfarte ou enfarto
intrincado ou intricado
laje ou lajem
lantejoula ou lentejoula
leste ou este
limpar ou alimpar
lisonjear ou lisonjar
louça ou loiça
louro ou loiro
maltrapilho ou maltrapido
maquiagem ou maquilagem
maquiar ou maquilar
marimbondo ou maribondo
melancólico ou merencório
menosprezo ou menospreço
mobiliar, mobilhar ou mobilar
mozarela ou muçarela
neblina ou nebrina
nenê ou neném
parêntese ou parêntesis
percentagem ou porcentagem
peroba ou perova
pitoresco, pinturesco ou pintoresco
plancha ou prancha
pólen ou polem
presépio ou presepe
protocolar ou protocolizar

quadriênio ou quatriênio
radioatividade ou radiatividade
rastro ou rasto
registro ou registo
relampadar, relampadear, relampadejar, relampaguear, relampaguejar, relampar, relampear, relampejar, relamprar
remoinho ou redemoinho
ridiculizar ou ridicularizar
salobra ou salobre
seção ou secção
selvageria ou selvajaria
sobressalente ou sobresselente
surripiar ou surrupiar
taberna ou taverna
taramela ou tramela
televisar ou televisionar
terraplenagem ou terraplanagem
terremoto ou terramoto
tesoura ou tesoira
tesouro ou tesoiro
toicinho ou toucinho
transladar ou trasladar
transpassar ou traspassar ou trespassar
transvestir ou travestir
treinar ou trenar
tríade ou tríada
trilhão ou trilião
vargem ou varge
várzea ou várgea
vassoura ou bassoura
verruga ou berruga
vespa ou bespa
volibol ou voleibol

2.3. PALAVRAS QUE NÃO ADMITEM FORMA VARIANTE

Tome cuidado com a grafia de certas palavras e expressões que costumam causar dúvida, porém só se escrevem de **uma forma:**

beneficência
beneficente
cabeleireiro

chuchu
de repente
disenteria

empecilho
exceção
êxito
hesitar
jiló
manteigueira
mendigo

meritíssimo
misto
mortadela
prazerosamente
privilégio
salsicha
sobrancelhas

> **Curiosidade:** Veja em Semântica a lista de alguns homônimos e parônimos notáveis, para não se confundir com a grafia de certas palavras e expressões.

2.4. EMPREGO DO HÍFEN

O uso do hífen é meramente **convencional**. Algumas regras esclarecem poucos problemas, mas muitos serão resolvidos apenas com a consulta ao dicionário. Ainda assim alguns gramáticos divergem em determinados casos.

Observe o que diz o Formulário Ortográfico da Língua Portuguesa: "Só se ligam por hífen os elementos das palavras compostas em que se mantém a noção de composição, isto é, os elementos das palavras compostas que mantêm a sua independência fonética, conservando cada um a sua própria acentuação, porém formando o conjunto perfeita unidade de sentido".

Exemplos: couve-flor, grão-duque etc.

Veja, em linhas gerais, o uso desse sinal:

a) para ligar as partes de **adjetivo composto:** verde-claro, azul-marinho, luso-brasileiro.

b) para ligar os **pronomes mesoclíticos ou enclíticos:** amá-lo-ei, far-me-á, dê-me, compraram-na.

c) para **separar as sílabas** de uma palavra, inclusive na **translineação** (mudança de linha): a-ba-ca-xi, se-pa-ra-do.

2.4.1. Hífen com prefixos e pseudoprefixos

ante-, anti-, circum-, co-, contra-, des-, entre-, extra-, hiper-, in-, infra-, inter-, intra-, sobre-, sub-, super-, supra-, ultra-, aero-, agro-, arqui-, auto-, bio-, eletro-, geo-, hidro-, inter-, macro-, maxi-, micro-, mini-, multi-, neo-, pan-, pluri-, pre-, pro-, proto-, pseudo-, re-, retro-, semi-, tele- etc.

Emprega-se o hífen nos seguintes casos:

a) **Antes de h:** anti-higiênico, circum-hospitalar, contra-harmônico, extra-humano, sub-hepático, super-homem, ultra-hiperbólico; arqui-hipérbole, eletro-higrômetro, geo--história, neo-helênico, pan-helenismo, semi-hospitalar.

> **Curiosidades:**
> 1: Não se usa, no entanto, o hífen em formações que contêm em geral os prefixos **des-** e **in-** e nas quais o segundo elemento perdeu o **h** inicial: *desumano, inábil, inumano.*

> 2: Nas formações com os prefixos *circum-* e *pan-*, também se emprega o hífen quando o segundo elemento começa por **vogal, h, m, n**: *circum-escolar, circum-hospitalar, circum-murado, circum-navegação; pan-africano, pan-harmônico, pan-mágico, pan--negritude*.
> **Atenção:**
> Nos casos em que o prefixo "circum-" anteceder uma sílaba que obriga ao uso do "n" (pois só se usa "m" antes de "b" e "p"), deve-se modificar a grafia do prefixo: circunlunar. Do mesmo modo, quando o prefixo "pan-" anteceder uma sílaba começada em "b" ou "p", a regra de que antes de "b" e "p" usa-se "m" obriga a modificar a grafia do prefixo: pambrasileiro, pamprocessual.

b) Nas formações em que o prefixo/pseudoprefixo **termina na mesma letra com que se inicia o segundo elemento**: anti-ibérico, contra-almirante, infra-axilar, supra--auricular; arqui-irmandade, auto-observação, eletro-ótica, micro-onda, semi-interno; ad-digital; hiper-requintado; sub-barrocal; sub-base;

> **Curiosidade:** Nas formações com o prefixo *co-, pre-, pro-, re-*, estes se aglutinam em geral com o segundo elemento mesmo quando iniciado por e ou o: *coobrigação, coocupante, coordenar, cooperação, cooperar, preeminente, preeleito, preenchido, proativo, reedição, reeleição*.

c) Nas formações com os prefixos **além-, aquém-, bem-, ex-, pós-, pré-, pró-, recém-, sem-, sota-/soto-, vice-/vizo-:** além-Atlântico, aquém-Pirineus, bem-criado, bem-vindo, ex-almirante, ex-diretor, ex-hospedeira, ex-presidente, ex-primeiro-ministro, ex-rei, pós-graduação, pós-tônico, pré-escolar, pré-natal, pró-africano, pró--europeu, recém-eleito, sem-cerimônia, sem-vergonha, sota-piloto, soto-mestre, vice--presidente, vice-reitor.

> **Curiosidade:** Em muitos compostos, o advérbio **bem-** aparece aglutinado ao segundo elemento: benfazejo, benfeito, benquerença, benfazer, benquerer.

d) Nas formações com o prefixo **mal-**, emprega-se hífen quando o segundo elemento começa por **vogal, h** ou **l**: mal-afortunado, mal-entendido, mal-humorado, mal--informado, mal-limpo.

e) Nas formações com prefixos **ab-, ob-, sob-, sub-, ad-**, cujo elemento seguinte se inicia por **r**: ab-rupto, ob-rogar, sob-roda, sub-reitor, ad-renal, ad-referendar.

2.4.2. Hífen com sufixos

Nas formações por sufixação, apenas se emprega o hífen nos vocábulos terminados por sufixos de **origem tupi-guarani** que representam formas adjetivas, como **-açu, -guaçu** e **-mirim**, quando o primeiro elemento acaba em vogal acentuada graficamente ou quando a pronúncia exige a distinção gráfica dos dois elementos: *amoré-guaçu, anajá-mirim, andá-açu, capim-açu, Ceará-Mirim*.

2.4.3. Hífen em locuções

Nas **locuções de qualquer tipo**, sejam elas substantivas, adjetivas, pronominais, adverbiais, prepositivas ou conjuncionais, **não se emprega, em geral, o hífen**. Sirvam, pois, de exemplo as seguintes locuções:

a) *Substantivas:* cão de guarda, fim de semana, sala de jantar.

b) *Adjetivas:* cor de açafrão, cor de café com leite, cor de vinho.

c) *Pronominais:* cada um, ele próprio, nós mesmos, quem quer que seja.

d) *Adverbiais:* à parte, à vontade, depois de amanhã, em cima, por isso.

e) *Prepositivas:* abaixo de, acerca de, acima de, a fim de, a par de, à parte de, apesar de, debaixo de, enquanto, por baixo de, por cima de, quanto a.

f) *Conjuncionais:* a fim de que, ao passo que, contanto que, logo que, por conseguinte, visto que.

> **Curiosidade:** Algumas exceções já consagradas pelo uso: água-de-colônia, arco-da--velha, cor-de-rosa, mais-que-perfeito, pé-de-meia, ao deus-dará, à queima-roupa.

2.5. ACENTUAÇÃO GRÁFICA

Os **acentos** gráficos **marcam a sílaba tônica:**

- *grave* — para indicar crase.
- *agudo* — para som aberto: café, cipó.
- *circunflexo* — para som fechado: você, complô.

O **sinal** gráfico **modifica o som** de qualquer sílaba:

- *til (~)* — nasalizador de vogais: romã, maçã, ímã, órfão.

> **Curiosidade:** O til substitui o acento gráfico quando os dois recaem sobre a mesma sílaba: irmã, romãs.

2.5.1. Regras gerais

2.5.1.1. Monossílabas tônicas

Recebem acento as **terminadas** em -a(s), -e(s), -o(s):
pá, já, má, lá, trás, más, chás
pé, fé, Sé, mês, três, rés
pó, só, dó, cós, sós, nós
Então:
mar, sol, paz, si, li, vi, nu, cru
me, lhe, mas (conjunção), ti

2.5.1.2. Oxítonas

Recebem acento as **terminadas** em **-a(s), -e(s), -o(s), -em, -ens:**
sofá, maracujá, Paraná, ananás, marajás, atrás
Pelé, café, você, freguês, holandês, viés
complô, cipó, trenó, retrós, compôs, avós
amém, também, armazém
parabéns, reféns, armazéns
Então:
pomar, anzol, jornal, maciez
saci, caqui, anu, urubu

2.5.1.3. Paroxítonas

Recebem acento as **terminadas** em **-l, -i(s), -n, -u(s), -r, -x, -ã(s), -ão(s), -um, -uns, -ps, -ditongo:** fácil, útil, júri, táxi, lápis, tênis, hífen, pólen, elétron, nêutron, meinácu, vírus, Vênus, revólver, mártir, tórax, látex, imã, imãs, órfã, órfãs, sótão, órgão, órfãos, álbum, médium, fóruns, pódiuns, fórceps, bíceps, água, história, série, pônei, pôneis, tênues.

> **Curiosidades:**
> a) Palavras terminadas em **-n**, no plural:
> **-ons:** com acento — elétrons, nêutrons.
> **-ens:** sem acento — hifens, polens.
> b) Prefixos paroxítonos terminados em **-i** ou **-r** não são acentuados: anti, multi, super, hiper.
> c) É facultativo assinalar com acento agudo as formas verbais de pretérito perfeito do indicativo, para as distinguir das correspondentes formas do presente do indicativo (*amamos, louvamos*), já que o timbre da vogal tônica é aberto naquele caso em certas variantes do português: amámos, louvámos.

2.5.1.4. Proparoxítonas

Todas são acentuadas: lânguido, física, trópico, álibi, hábitat, déficit, lápide.

2.5.2. Regras especiais

2.5.2.1. Ditongos abertos

São acentuados os **ditongos abertos éi, éu, ói** em palavras **monossílabas** e **oxítonas:** méis, coronéis, céu, chapéu, mói, herói.
Então: ideia, tramoia.

2.5.2.2. I e U tônicos

I e **U tônicos** recebem acento se cumprirem as seguintes determinações:

a) devem ser **precedidos de vogais que não sejam eles próprios nem ditongos**;
b) devem estar **sozinhos na sílaba (ou com o -s)**;
c) **não** devem ser **seguidos de -nh**.

saída, juízes, saúde, viúva, caíste, saístes, balaústre.

Então: Raul, ruim, ainda, sair, juiz, rainha, xiita, paracuuba, cauila, baiuca.

> **Curiosidade:** Se **i** ou **u** tônicos estiverem precedidos de ditongo, mas estiverem em palavra oxítona, o acento permanece: tuiuiú, Piauí.

2.5.2.3. Acento diferencial nos verbos ter e vir (e seus derivados)

Recebe acento diferencial a **3.ª pessoa do plural do presente do indicativo:**
eles **têm**, eles **vêm**, eles **retêm**, eles **intervêm**.

> **Curiosidade:** A 3.ª pessoa do singular desses verbos segue a regra geral de acentuação:
> ele tem, ele vem (monossílabas tônicas terminadas em "m" – não há regra para se acentuar).
> ele retém, ele intervém (oxítonas terminadas em "em" recebem acento gráfico).

2.5.2.4. Outros acentos diferenciais

pôr (verbo) — para distinguir de *por (preposição)*.

pôde (verbo poder no passado) — para distinguir de *pode (verbo poder no presente)*.

fôrma ou forma (utensílio) — acento **facultativo**.

> **Curiosidade:** Em Portugal, existe outro acento diferencial, que não se usa no Brasil: **dêmos (presente do subjuntivo)** — acento facultativo — para distinguir de *demos (pretérito perfeito do indicativo)*.

2.5.3. Formas variantes de som aberto ou fechado

Os falantes da língua portuguesa no Brasil pronunciam algumas palavras com timbre fechado, enquanto em Portugal se pronunciam as mesmas palavras com timbre aberto. Vejamos alguns exemplos: anatômico — anatómico; Antônio — António; prêmio — prémio; telefônico — telefónico etc.

2.6. USO DO PORQUÊ

2.6.1. Por que / por quê

2.6.1.1. Preposição + pronome interrogativo

Em frases interrogativas (diretas ou indiretas):
Por que não veio?

Gostaria de saber por que lutamos.
Ela não veio por quê?

> **Curiosidade:** A palavra **que** em final de frase recebe acento circunflexo:
> Você precisa de quê?
> Ela sabe o quê!

2.6.1.2. Preposição + pronome relativo
Equivale a **pelo qual** (e suas variações).
Ela é a mulher por que me apaixonei.
Não conheço as pessoas por que espero.

2.6.2. Porque
conjunção
Equivale a **pois**.
Eu não fui à escola porque estava doente.
Venha depressa, porque sua presença é indispensável.

2.6.3. Porquê
substantivo
Vem sempre acompanhado de uma palavra que o caracteriza (artigo, pronome ou numeral).
Qual o porquê da sua revolta?
Este porquê não me convenceu.
Deve haver um porquê para ele se atrasar tanto.

2.7. QUESTÕES

1. A grafia de todas as palavras está correta na frase:
   a) A endorfina, uma substância que tem propriedades anestesiantes, trás consigo um risco de dependência.
   b) Os maniacos por exercícios físicos estão sugeitos aos dissabores das pessoas dependentes.
   c) Apezar de haver muitos aspectos positivos nas atividades físicas, quem delas abuza pode sofrer sérias conseqüências.
   d) Todo viciado reinscide sempre no mesmo erro, mesmo consciente dos prejuísos que sofrerá.
   e) A experiência da euforia que momentaneamente se sente faz esquecer os malefícios que dela podem advir.

2. A grafia de todas as palavras está correta em:
   a) O organizador do consorcio foi flaglado numa operação ilegal.
   b) A inveja não condis com o perfil de quem se pretende ser chefe de sessão.
   c) Ele nunca responde na hora; remoi em casa todos os seus rescentimentos.
   d) No caso de insolvência, a empreza terá seus bens empenhorados.
   e) A curva inflacionária é ascendente, mas há indícios de que em breve declinará.

3. **Assinale a frase em que se encontram palavras escritas de modo INCORRETO.**
   a) O contingente humano das cidades exige um eficiente sistema de transporte, num incessante vaivém pelos corredores viários.
   b) As repercursões e agressões geradas com a queima de combustíveis fósseis mobilisam grupos de defensores do meio ambiente, no mundo todo.
   c) O surgimento de novas tecnologias acrescentou uma nova dimensão aos meios de transporte, conferindo-lhes rapidez, além de conforto e segurança aos usuários.
   d) O sucesso das fontes alternativas de energia baseia-se na pesquisa de elementos disponíveis na natureza, mais baratos e menos poluentes.
   e) A busca de novos elementos para produzir energia considera a progressiva extinção dos poços de petróleo, além de sua localização, no Oriente Médio.

4. **(FGV)** Na última _____ de cinema, havia somente _____.
   a) sessão, cinquenta espectadores privilegiados.
   b) seção, cinqüenta expectadores privilegiados.
   c) sessão, cinqüenta espectadores privilegiados.
   d) sessão, cincoenta expectadores previlegiados.
   e) cessão, cinqüenta espectadores previlegiados.

5. **(FGV)** Já que foram _____ pelo tribunal do júri, exigirão a _____ das _____.
   a) discriminados, descriminação, despesas.
   b) descriminados, descriminação, despesas.
   c) discriminados, discriminação, despezas.
   d) descriminados, discriminação, despesas.

6. **(FCC)** Era _____ do _____ ter atitudes _____.
   a) praxe, estrangeiro, extravagantes.
   b) prache, estrangeiro, estravagantes.
   c) praxe, extrangeiro, estravagantes.
   d) prache, extrangeiro, extravagantes.

7. **Suas respostas _____ e atitudes _____ acabaram _____ desconfiança entre os colegas.**
   a) ambígüas, vacilantes, suscitando.
   b) ambíguas, vascilantes, sucitando.
   c) ambíguas, vacilantes, suscitando.
   d) ambígüas, vacilantes, sucitando.
   e) ambíguas, vascilantes, suscitando.

8. **(FCC) Marque a opção que contém palavra grafada com erro.**
   a) Suscitando o debate político, é possível ressuscitar velhas teses.
   b) A possibilidade de ascenção social mobilisa as pessoas.
   c) O pedido de demissão deve ser precedido de justificativa abalizada.
   d) No momento de decisão, muitos hesitam na ânsia por acertar.
   e) Desejos de ostentação perturbam o clima pacífico da reunião.

9. **(FCC) Indique a opção correta quanto à ortografia.**
   a) Fica a concretização deste ato condicionada ao cumprimento das disposições legais.
   b) As decisões deverão obedecer à contumaz consulta a todos os membros do grupo.
   c) Se a comissão quizer reunir-se, deverá efetuar a convocação com uma antecedência de oito dias.
   d) Adotem-se novas medidas envez das anteriores.

10. **(Esaf) Marque o texto que contém erro de grafia.**
    a) Os olhos ansiosos da Europa voltam-se para a Alemanha. Nunca houve tantas incertezas em relação ao destino da economia mais importante do velho continente.
    b) Os vizinhos estão inquietos porque seu futuro é atado ao que acontece na Alemanha.
    c) Os europeus acusam o Banco Central alemão de manter os juros demasiadamente altos, e de ter assim arrastado a Europa para a recessão.

d) Com a desaceleração da economia europeia e o desemprego em elevação, o imigrante, aquele sujeito de pele escura que vem do Terceiro Mundo, ou do Sul, como se diz agora, passa a ser o culpado de tudo.

e) Muitos europeus dizem que *a barca está cheia* e alguns neonasistas alemães levam ao extremo a metáfora em voga nos anos 30.

11. (Esaf) Em relação ao texto, assinale a opção que corresponde a erro gramatical.

Não *constitue (1)* surpresa a verificação de que os municípios com maior índice de anulação de votos têm pontos comuns. Um deles: a taxa de analfabetismo duas ou três vezes superior *à do (2)* resto do país. Outro: a localização em zonas de baixo Índice de Desenvolvimento Humano (IDH) — indicador que mede renda, longevidade e instrução. São localidades pobres *cujo (3)* destino, se não houver revolução de 180 graus na forma de encarar a educação, *as (4)* condena a *se (5)* afastar cada vez mais dos progressos da civilização.

(Correio Braziliense, 17.10.2006)

a) 1
b) 2
c) 3
d) 4
e) 5

12. (Esaf) Em relação ao texto abaixo, assinale a opção em que a reescrita do trecho está incorreta para o contexto.

Quanto à sua natureza jurídica, no Brasil, o orçamento público é apenas autorizativo. Isso quer dizer que o gestor somente pode realizar a despesa pública *se essa estiver (1)* prevista na lei orçamentária, *mas a mera previsão no orçamento não vincula a execução da despesa (2)*. Ou seja, *o fato de a despesa estar prevista na Lei Orçamentária (3)* não obriga o governante a realizá-la. *Se o governo fez (4)* a devida previsão de despesa para a construção de rodovias, poderá levar a efeito sua intenção, tendo em vista a existência da dotação respectiva. Não está, entretanto, obrigado a proceder à empreitada, podendo desistir da obra, *caso julgue oportuno e conveniente (5)*.

(<http://www.lrf.com.br>)

a) 1 — caso esteja ela.
b) 2 — mas a execução da despesa não está vinculada à mera previsão no orçamento.
c) 3 — o fato de a Lei Orçamentária prever a despeza.
d) 4 — Caso tenha sido feita pelo governo.
e) 5 — se julgar oportuno e conveniente.

13. (Esaf) Em relação ao texto abaixo, assinale a opção que corresponde a erro gramatical ou de grafia.

O Sistema Integrado de Administração Financeira do Governo Federal — SIAFI representou *tão grande (1)* avanço para a contabilidade pública da União *que (2)* é hoje reconhecido no mundo inteiro e recomendado inclusive pelo Fundo Monetário Internacional. Sua performance *transcendeu (3)* de tal forma as fronteiras brasileiras e despertou a atenção no cenário nacional e internacional, que vários países, além de alguns organismos internacionais, *tem (4)* enviado delegações à Secretaria do Tesouro Nacional, com o propósito de *absorver (5)* tecnologia para a implantação de sistemas similares.

(James Giacomoni, *Orçamento Público*)

a) 1
b) 2
c) 3
d) 4
e) 5

14. Os trechos abaixo constituem sequencialmente um texto. Assinale a opção em que o trecho apresenta erro gramatical.

a) A grande depressão mundial, particularmente desencadeada pela quebra da Bolsa de Valores de Nova York (1929), impeliu os Governos a aportar recursos na economia, garantindo investimentos em infraestrutura para atenuar as frequentes crises dos mercados.
b) Tais medidas, embora favorecessem os sistemas econômicos, resgataram a figura do déficit público.
c) As crises individuais dos países, aliadas à insuficiente capacidade de investimentos do setor governamental, revitalizaram as abordagens iniciais do equilíbrio orçamentário, fazendo com que o Estado retoma-se as suas antigas funções, o que o leva a militar com compromissos de saúde financeira de longo prazo.
d) As medidas necessárias à adoção deste princípio vão além da manutenção das despesas dentro dos limites da receita.
e) Os gestores públicos deverão assumir posturas estratégicas adequadas ao perfil estrutural da comunidade que administram, não cedendo às pressões para atendimento às necessidades de uns poucos.

(James Giacomoni, *Orçamento Público*)

15. Os trechos abaixo constituem sequencialmente um texto. Assinale a opção gramaticalmente incorreta.
a) Duas pesquisas mostram que as políticas sociais e de combate à fome, implementadas pelo Governo Federal, começam a apresentar resultados concretos na melhoria das condições de vida do povo brasileiro.
b) Um estudo da Fundação Getulio Vargas, entitulado "Miséria em Queda", baseado em dados da Pesquisa Nacional por Amostra de Domicílio (Pnad), do IBGE, confirmou que a miséria no Brasil caiu em 2004, e atingiu o nível mais baixo desde 1992.
c) O número de pessoas que estão abaixo da linha da pobreza passou de 27,26% da população, em 2003, para 25,08%, em 2004. Em 1992 esse percentual era de 35,87%.
d) É considerado abaixo da linha da pobreza quem pertence a uma família com renda inferior a R$ 115,00 mensais, valor considerado o mínimo para garantir a alimentação de uma família.
e) O estudo da FGV mostrou que o índice de miséria no Brasil caiu 8% de 2003 para 2004, deixando o país com a menor proporção de miseráveis desde 1992.

(Em Questão, n. 379 — Brasília, 30 de novembro de 2005)

16. (NCE) Todas as palavras estão corretamente grafadas na frase:
a) Não deve ser substimada a ascensão dos índices que estão acusando a um desprestígio das privatizações.
b) É insofismável a conclusão a que se chega, quando se compulsam os dados fornecidos por essas criteriosas pesquizas.
c) Não há primasia absoluta dos entusiastas da economia de mercado sobre os que sempre a ela se opuseram.
d) Os chamados regimes de exceção, autoritários na raíz, sempre deixaram um espólio de saudosismo em parte da população.
e) Nos tópicos concernentes à economia, registra-se uma grande ambivalência nas tendências de avaliação das privatizações.

17. Está correta a grafia de todas as palavras em:
a) A reivindicada exumação da vítima sequer foi analisada pelo magistrado.
b) Sem maiores preâmbulos, pôs-se a vosciferar injúrias contra o indefeso escrivão.
c) Obsecado pelo cumprimento das leis, é incapaz de considerar a falibilidade da justiça.
d) A negligência na aplicação da lei ocorre em relação aos privilegiados de sempre.
e) A impunidade dos ricos é insultuosa diante da rigidez consernente aos pobres.

18. Indique a alternativa correta:
a) O ladrão foi apanhado em flagrante.
b) Ponto é a intercessão de duas linhas.
c) As despesas de mudança serão vultuosas.
d) Assistimos a um violenta coalizão de caminhões.
e) O artigo incerto na Revista das Ciências foi lido por todos nós.

19. Assinale a única alternativa que apresenta erro no emprego do porquê.
    a) Por que insistes no assunto?
    b) O carpinteiro não fez o serviço porque faltou madeira.
    c) Não revelou porque não quis contribuir.
    d) Ele tentou explicar o porquê da briga.
    e) Ele recusou a indicação não sei por quê.

20. Considerando o uso apropriado do termo sublinhado, identifique em que sentença do diálogo abaixo há um erro de grafia:
    a) Por que você não entregou o trabalho ao professor?
    b) Você quer mesmo saber o porquê?
    c) Claro. A verdade é o princípio por que me oriento.
    d) Pois, acredite, eu não sei porque fiz isso.
    e) Você está mentindo. Por quê?

21. (Vunesp) Assinale a alternativa que preenche adequadamente as lacunas:
    — _____ me julgas indiferente?
    — _____ tenho meu ponto de vista.
    — E não o revelas _____?
    — Nem sei o _____.
    a) Por que, Porque, por que, por quê
    b) Por que, Porque, por quê, porquê
    c) Porque, Por que, porque, por quê
    d) Por quê, Porque, por que, porquê
    e) Porque, Porque, por quê, por quê

22. Assinale a frase gramaticalmente correta:
    a) Não sei por que discutimos.
    b) Ele não veio por que estava doente.
    c) Mas porque não veio ontem?
    d) Não respondi porquê não sabia.
    e) Eis o porque da minha viagem.

23. A grafia está incorreta em:
    a) Pelé é uma exceção entre os ministros.
    b) A pretenção maior do novo ministro é levar a prática esportiva ao país inteiro.
    c) É preciso analisar com cuidado os planos do Governo.
    d) Nosso time jogou muito mal.
    e) Ele não quis trazer a pasta.

24. (Fuvest) Nas frases que seguem, indique a única que apresenta a expressão incorreta, levando em conta o emprego do hífen:
    a) Aqueles frágeis recém-nascidos bebiam o ar com aflição.
    b) Nunca mais hei-de-dizer os meus segredos.
    c) Era tão sem ternura aquele afago, que ele saiu mal-humorado.
    d) Havia uma super-relação entre aquela região deserta e esta cidade enorme.
    e) Este silêncio imperturbável, amá-lo-emos como uma alegria que não deixa de ser triste.

25. Assinale o item em que há palavra incorretamente grafada:
    a) Trouxeram-me um ramalhete de flores fragrantes.
    b) A justiça infligiu a pena merecida aos desordeiros.
    c) Promoveram uma festa beneficiente para a creche.
    d) Devemos ser fiéis ao cumprimento do dever.
    e) A cessão de terras compete ao Estado.

26. A frase em que os homônimos ou parônimos em destaque estão com significação invertida é:
    a) Era iminente a queda do eminente deputado.
    b) A justiça infringe uma pena a quem inflige a lei.

c) Vultosa quantia foi gasta para curar sua vultuosa face.
d) O mandado de segurança impediu a cassação do mandato.
e) O nosso censo depende exclusivamente do senso de responsabilidade do IBGE.

27. Indique a alternativa em que *não* há erro de grafia:
    a) Porque chegou atrazado perdeu grande parte do explêndido espetáculo.
    b) Pediu-lhe que ascendesse a luz, pois a claridade não era impecilho a seu repouso.
    c) Ele não é uma exceção, também é muito ambicioso.
    d) Quizera eu que todas as espécies animais estivessem livres de extinção.
    e) Não poderia advinhar que sua música viesse a ter tanto hêsito.

28. Indique o segmento totalmente correto quanto à grafia:
    a) Há intensão de se alcançar um consenso para evitar as divergências entre os parlamentares.
    b) É preciso cessarem as disensões para se obter a aprovação da Lei de Diretrizes e Bases na Educação.
    c) Um aquário pode ser tido como um ecossistema, no qual os escrementos dos peixes, depois de decompostos, fornecerão elementos essenciais à vida das plantas.
    d) O Sol é o responsável pela emissão de luz, indispensável para a fotossíntese, processo pelo qual as plantas produzem o alimento orgânico primário, assim como praticamente todo o oxigênio na atmosfera.
    e) Pesquizas recentes têm atribuído a choques meteóricos a súbita extinção dos dinossauros da face da Terra.

29. Uma grafia está incorreta em:
    a) O deputado defendeu a descriminação da maconha.
    b) Sua ascensão à presidência da firma surpreendeu a todos.
    c) Todos o julgavam, com razão, demasiadamente pretencioso.
    d) Os deputados não queriam acabar com os próprios privilégios.
    e) A disputa entre os cônjuges só poderia ser resolvida nos tribunais.

30. Por diversas vezes _____ em prosseguir as investigações. Só conseguiu _____ a situação com a colaboração de seus assessores.

As lacunas do período dado ficam corretamente preenchidas, respectivamente, por:
    a) hesitou — amenizar
    b) hesitou — amenisar
    c) hezitou — amenizar
    d) exitou — amenizar
    e) exitou — amenisar

31. Assinale o item que apresenta erro de grafia:
    a) Na cultura oriental, fica desonrado para sempre quem inflinge as regras da hospitalidade.
    b) Não conseguindo adivinhar o resultado a que chegariam, sentiu-se frustrado.
    c) A digressão ocorreu por excesso de fatos ilustrativos em seu discurso.
    d) Sentimentos indescritíveis, porventura, seriam rememorados durante a sessão de julgamento.
    e) Ao contrário de outros, trazia consigo autoconhecimento e autoafirmação.

32. Observando a grafia das palavras abaixo, assinale a alternativa que apresenta erro:
    a) Aquele hereje sempre põe empecilho porque é muito pretencioso.
    b) Uma falsa meiguice encobria-lhe a rigidez e a falta de compreensão.
    c) A obsessão é prejudicial ao discernimento.
    d) A hombridade de caráter eleva o homem.
    e) Eles quiseram fazer concessão para não ridicularizar o estrangeiro.

33. Assinale a única alternativa em que há erro.
    a) Em breve compreenderás porque tanta luta por um motivo tão simples.
    b) Não compareci à reunião porque estava viajando.
    c) Se o Brasil precisa do trabalho de todos é porque precisamos de um nacionalismo produtivo.

d) Ainda não se descobriu o porquê de tantos desentendimentos.
e) Choveu durante a noite, porque as ruas estão molhadas.

34. Assinale a alternativa que apresenta erro quanto ao emprego do *porquê*:
    a) Não sei por que as cousas ocultam tanto mistério.
    b) Os poetas traduzem o sentido das cousas sem dizer por quê.
    c) Eis o motivo porque os meus sentidos aprenderam sozinhos: as cousas têm existência.
    d) Por que os filósofos pensam que as cousas sejam o que parecem ser?
    e) Os homens indagam o porquê das estranhezas das cousas.

35. (FCC) Há erro de grafia na frase:
    a) A pretensão do subchefe era a de que a expansão da microinformática se concretizasse.
    b) A discussão, proposta pelo vice-reitor, talvez torne viável a instalação dos computadores no próximo quinquênio.
    c) O anteprojeto, elaborado pelo prefeito, contém um item referente à concessão de verbas federais aos municípios.
    d) Os empresários, anciosos de ouvir o vice-líder do partido, sintetizaram a agenda.
    e) A espontaneidade do superintendente diluiu os empecilhos, e os prefeitos tiveram o privilégio de assinar o convênio.

36. Assinale a alternativa em que fica evidente o erro de acentuação gráfica.
    a) Aquele que conhece os seus defeitos está muito próximo de corrigi-los.
    b) A virtude é comunicável, porém o vício é contagioso.
    c) Saúde e inteligência, eis duas bênçãos desta vida.
    d) A história glorifica os heróis, a vida santifica os mártires.
    e) Lembre-se de que você é pó e ao pó voltará.

37. Assinale a alternativa que preenche corretamente as lacunas das frases abaixo.
    1. Cada qual faz como melhor lhe _____ .
    2. O que _____ estes frascos?
    3. Neste momento os teóricos _____ os conceitos.
    4. Eles _____ a casa do necessário.
    a) convém, contêm, reveem, proveem.
    b) convém, contêm, reveem, provêm.
    c) convêm, contêm, revêm, provêem.
    d) convém, contêm, revêem, provêem.
    e) convém, contêm, reveem, provêm.

38. Indique a única alternativa em que nenhuma palavra deve ser acentuada graficamente.
    a) lapis, canoa, abacaxi, jovens.
    b) ruim, sozinho, aquele, traiu.
    c) saudade, onix, grau, orquidea.
    d) voo, legua, assim, tenis.

39. (FCC) A frase em que todas as palavras estão corretas quanto à acentuação gráfica é:
    a) Apaziguemos os ânimos intranqüilos.
    b) A freqüência dos alunos em sala de aula é indispensável a uma boa avaliação.
    c) A contigüidade de suas atitudes retilíneas conduzi-lo-á ao objetivo proposto.
    d) Cinquenta delinquentes destruíram o armazém.

40. Dadas as palavras
    1. apóiam
    2. baínha
    3. abençôo
Constatamos que está (estão) incorretamente grafada(s)
    a) apenas a palavra n. 1.
    b) apenas a palavra n. 2.
    c) apenas a palavra n. 3.

d) todas as palavras.
e) n.d.a.

41. Uma mesma regra de acentuação abrange o seguinte conjunto.
a) atacá-lo, sofás, possuí.
b) falência, Antônio, repórter.
c) ruído, baú, saí, saída.
d) afáveis, lápis, miosótis.
e) heróis, indóceis, amáveis.

42. (FGV) Marque o único vocábulo acentuado corretamente.
a) pára (verbo).
b) pêlo (cabelo).
c) pôr (verbo).
d) ítem.
e) feiúra.

43. (FGV) Assinale o vocábulo que perde o acento gráfico no plural.
a) próton.
b) móvel.
c) fóssil.
d) cônsul.
e) caráter.

44. Qual das alternativas abaixo apresenta todas as palavras corretamente acentuadas?
a) púdico, rúbrica, ínterim, ávaro.
b) púdico, rúbrica, interim, ávaro.
c) púdico, rúbrica, ínterim, avaro.
d) pudico, rubrica, ínterim, avaro.
e) pudico, rubrica, interim, ávaro.

45. Assinale a frase incorreta quanto à acentuação gráfica.
a) A funcionária remeterá os formulários até o início do próximo mês.
b) Ninguém poderia prever que a catástrofe traria tamanho ônus ao país.
c) Este voo está atrasado; os senhores tem que embarcar pela ponte aérea e fazer conexão no Rio para Florianópolis.
d) O pronunciamento feito pelo diretor na assembleia revestia-se de caráter inadiável.
e) Segundo o regulamento em vigor, o órgão competente tomará as providências cabíveis.

46. Devem ser acentuadas todas as palavras da opção:
a) taxi, hifen, gas.
b) ritmo, amor, lapis.
c) chines, ruim, jovem.
d) juriti, gratis, traz.
e) açucar, abacaxi, molestia.

47. (FGV) As silabadas, ou erros de prosódia, são frequentes no uso da língua. Indique a alternativa onde não ocorre silabada alguma.
a) Eis aí um prototipo de rúbrica de um homem vaidoso.
b) Para mim a humanidade se divide em duas metades: a dos filântropos e a dos misantropos.
c) Os arquétipos de iberos são mais pudicos do que se pensa.
d) Nesse interim chegou o médico com a contagem de leucócitos e o resultado da cultura de lêvedos.
e) Ávaro de informações, segui todas as pegadas do éfebo.

48. Assinale o trecho que apresenta erro de acentuação gráfica.
a) As diferenças de ótica entre os díspares movimentos que reivindicavam um mesmo amor à natureza se enraízam para além das firulas das discussões político-partidárias.

b) No âmago do famoso santuário, erguido sob égide dos conquistadores, repousam enormes caixas cilíndricas de orações em forma de mantras, onde o novel da fé se purifica.
c) O alvo da diatribe, o fenômeno de reprovação escolar, é uma tolice inaceitável, mesmo em um paradígma de educação deficitária em relação aos menos favorecidos.
d) Assustada por antigas endemias rurais, a, até então, álacre sociedade brasileira tem, enfim, consciência do horror que será pôr seus filhos em um mundo tão inóspito.
e) Inequivocamente, estudos sociológicos mostram que para ser eficaz, o chicote, anátema da sociedade colonial, não precisava bater sobre as costas de todos os escravos.

49. A ausência do sinal gráfico de acentuação cria outro sentido para a palavra:
    a) trânsito.
    b) características.
    c) inevitável.
    d) infrutíferas.
    e) anônimas.

50. Assinale a opção cuja palavra em destaque não deve ser acentuada:
    a) Todo ensino deveria ser *gratuito*.
    b) Não *ves* que eu não tenho tempo?
    c) É difícil lidar com pessoas sem *carater*.
    d) Saberias dizer o *conteudo* da carta?
    e) *Veranopolis* é uma cidade que não para de crescer.

51. À luz de seu magnífico _____ do sol, _____ parece uma cidade _____ .
    a) por, Paranavaí, tranquila
    b) por, Paranavaí, tranquila
    c) por, Paranavaí, tranqüila
    d) pôr, Paranavaí, tranqüila
    e) pôr, Paranavaí, tranquila

52. Em todas as alternativas as palavras foram acentuadas corretamente, *exceto* em:
    a) Eles têm muita coisa a dizer.
    b) Estude os dois primeiros ítens do programa.
    c) Afinal, o que contém este embrulho?
    d) Foi agradável ouvir aquele orador.
    e) Por favor, deem-lhe uma nova chance.

53. Aqueles que _____ do interior, _____ a cidade grande como o mundo que lhes _____ .
    a) vêem — vêm — convêm
    b) vêm — veem — convém
    c) veem — vêm — convem
    d) vêem — vêem — convém
    e) vêm — vem — convem

54. (FCC) A frase totalmente correta do ponto de vista da grafia e/ou acentuação é:
    a) É o caso de por em discussão se ele realmente crê na veracidade dos fatos.
    b) Referiu-se àquilo que todos esperavam — sua ascensão na empresa —, com um misto de humildade e prepotência.
    c) Enquanto construimos essa ala, eles constroem a reservada aos aparelhos de rejuvenecimento.
    d) Ele é sempre muito cortês, mas não pode evitar que sua ageriza a ela transpareça.
    e) Assinou o cheque, mas ninguém advinha o valor registrado, por isso foi devolvido ao banco.

55. (FCC) Indique a frase que não contém erro de acentuação gráfica.
    a) Suas ações, enquanto se encontrava à frente da instituição, cairam no vazio.
    b) Quando me exercito, tenho oportunidade de por meus musculos e cerebro em ação.
    c) Outro vicio que nos roi é a violência.
    d) Você tem de ser flexivel, disse Tom, que viu a saida, de um ônibus espacial ser adiada por dez dias antes de partir em órbita.
    e) Se prefere os clássicos, procure a loja suíça, que reúne as maiores coleções do país.

Para responder às questões 56 e 57, considere o texto abaixo.

A expressão "caos aéreo" já faz parte da linguagem corrente quando o assunto é a aviação comercial brasileira. A rigor, toda essa crise latente no sistema de terminais aeroportuários — que aflora nos momentos de pico de viagens e a qualquer maior instabilidade meteorológica em regiões chave — já foi prevista há muito tempo.

56. (Cespe) Acerca dos aspectos estruturais e dos sentidos do texto acima, julgue o item a seguir.

A regra de acentuação gráfica que justifica o emprego de acento gráfico em "aeroportuário" é a mesma que justifica o emprego do acento em "meteorológica".

57. (Cespe) Acerca dos aspectos estruturais e dos sentidos do texto acima, julgue o item a seguir.

A expressão "caos aéreo" deveria ser grafada com hífen, "caos-aéreo", uma vez que já faz parte da linguagem corrente.

GABARITO

1. "e". Corrigindo os erros: a) anestesiados, traz; b) maníacos, sujeitos; c) apesar, abusa; d) reincide, prejuízos.

2. "e". Corrigindo os erros: a) flagrado: b) condiz; c) remói, ressentimentos; d) empresa.

3. "b". A grafia correta é: As repercussões e agressões geradas com a queima de combustíveis fósseis mobilizam grupos de defensores do meio ambiente, no mundo todo.

4. "a". Seção = departamento, divisão. Sessão = reunião. Cessão = doação. Assim, sessão de cinema (reunião). Cinquenta é a única grafia possível, já que não há mais trema em língua portuguesa. Espectadores são aqueles que presenciam algo, que assistem a algo. Expectadores são aqueles que esperam, estão na expectativa. Privilegiados sempre com i.

5. "d". Descriminados — inocentados. Discriminação — detalhamento. Despesas — sempre com s.

6. "a". Praxe, estrangeiro, extravagantes: não existem variações para essas palavras.

7. "c". Ambíguas, vacilantes, suscitando: não existem variações para essas palavras.

8. "b". Há dois erros: a palavra "ascensão" deve ser escrita com s na última sílaba; a palavra "mobiliza" deve ser escrita com z, pois é formada pelo adjetivo "móvel" + o sufixo "izar" formador de verbo.

9. "b". Vejamos os erros: a) concretização; c) quiser; d) em vez.

10. "e". Neonazistas se escreve com z.

11. "a". Constitui — os verbos terminados em UIR se conjugam com i na 3.ª pessoa do singular.

12. "c". A palavra "despesa" se escreve com s.

13. "d". "Têm" deve receber acento circunflexo, para concordar no plural com o sujeito "vários países".

14. "c". "... fazendo com que o Estado retomasse..." — o verbo retomar está empregado no pretérito imperfeito do subjuntivo, portanto não há hífen nem pronome oblíquo.

15. "b". Intitular é a forma correta, com i.

16. "e". Vejamos os erros: a) subestimada; b) pesquisas; c) primazia; d) raiz, sem acento.

17. "a". Vejamos os erros: b) vociferar; c) obcecado; d) negligência; e) concernente.

18. "a". Vejamos os erros: b) interseção; c) vultosas; d) colisão; e) inserto.

19. "c". Não revelou por que não quis contribuir. — Por (preposição) + que (pronome interrogativo).

20. "d". ... não sei por que fiz isso. — Por (preposição) + que (pronome interrogativo).

21. "b". Por que me julgas indiferente? — Por (preposição) + que (pronome interrogativo); Porque tenho meu ponto de vista. — Porque (conjunção); E não o revelas por quê? — Por (preposição) + quê (pronome interrogativo em final de frase, com acento); Nem sei o porquê. — Porquê (substantivo).

22. "a". Por que = por (preposição) + que (pronome interrogativo). Corrigindo as erradas: b) porque (conjunção); c) por que = por (preposição) + que (pronome interrogativo); d) porque (conjunção); e) porquê (substantivo).

23. "b". Pretensão, com s.

24. "b". "Hei de dizer" é uma locução verbal, e as locuções verbais não usam hífen.

25. "c". "Beneficente" é a grafia correta.

26. "b". A justiça inflige (aplica) uma pena a quem infringe (desobedece) a lei.

27. "c". Corrigindo os erros: a) atrasado, esplêndido; b) acendesse, empecilho; d) quisera; e) adivinhar, êxito.

28. "d". Corrigindo os erros: a) intenção; b) dissensões; c) excrementos; e) pesquisas.

29. "c". Pretensioso.

30. "a". Hesitou (do verbo hesitar); amenizar (ameno + izar).

31. "a". ... quem infringe as regras... Infringir = desrespeitar.

32. "a". Herege, pretensioso.

33. "a". ... compreenderás por que tanta luta... — Por (preposição) + que (pronome interrogativo).

34. "c". Eis o motivo por que os meus... — Por (preposição) + que (pronome relativo).

35. "d". Ansiosos.

36. "a". Nas palavras unidas por hífen cada parte tem acentuação independente. Então, "corrigi" é oxítona terminada em i, não há regra para acentuar.

37. "a". Os verbos TER e VIR (e seus derivados) continuam com os acentos diferenciais na terceira pessoa do plural do presente do indicativo. Os verbos VER, LER, CRER — na terceira pessoa do plural do presente do indicativo — e o verbo DAR — na terceira pessoa do plural do presente do subjuntivo —, e todos os seus derivados, dobram o "ee", mas não recebem mais acento de acordo com a última reforma ortográfica.

38. "b". Vejamos os acentos das outras opções: a) lápis; c) ônix, orquídea; d) légua, tênis.

39. "d". A última reforma ortográfica extinguiu o trema da língua portuguesa.

40. "d". Apoiam — o ditongo aberto "oi" só recebe acento em palavras monossílabas ou oxítonas. Bainha — "i" tônico seguido de "nh" não recebe acento gráfico. Abençoo — a última reforma ortográfica eliminou o acento circunflexo do duplo "oo".

41. "c". Ruído, baú, saí, saída — todos seguem a regra do "i" e do "u" tônicos, formadores de hiato.

42. "c". Pôr (verbo) conserva o acento diferencial. Para (verbo) e pelo (cabelo) perderam os seus acentos diferenciais com a última reforma ortográfica. Feiura também perde o acento de acordo com essa mesma reforma. Item é paroxítona terminada em "m", portanto não há regra para acentuá-la.

43. "e". O plural de caráter é caracteres (a sílaba tônica se desloca para "TE").

44. "d". Vejamos a correta identificação das sílabas tônicas: puDIco, ruBRIca, ÍNterim e aVAro.

45. "c". Faltou acento circunflexo no verbo "ter" para concordar com o sujeito plural: ... os senhores têm...

46. "a". Táxi, hífen e gás.

47. "c". Corrigindo as palavras erradas: a) protótipo, rubrica; b) filantropos; d) ínterim; e) avaro, efebo.

48. "c". Paradígma — a grafia correta é "paradigma".

49. "a". Trânsito (substantivo) — transito (verbo transitar na primeira pessoa do singular do presente do indicativo).

50. "a". Gratuito.

51. "e". Pôr, Paranavaí e tranquila — o trema não existe mais em língua portuguesa.

52. "b". Itens — paroxítona terminada em "-ens" — não recebe acento.

53. "b". Vir e seus derivados continuam com o acento diferencial. Ver e seus derivados continuam dobrando o "ee" no plural, mas não recebem mais o acento circunflexo, de acordo com a última reforma ortográfica.

54. "b". Incorretas: a) "pôr", verbo, deve ser acentuado; c) "construímos" recebe acento por ter o "i" tônico formador de hiato e "rejuvenescimento" deve ser escrito com o dígrafo "sc"; d) "pôde", verbo no passado, recebe acento circunflexo e "ageriza" não existe, o correto é "ojeriza"; e) "adivinha", do verbo adivinhar, se escreve com a letra "i".

55. "e". Incorretas: a) "caíram" deve receber acento no "i" tônico formador de hiato; b) "pôr", verbo, recebe acento; "músculos" e "cérebro" recebem acento por serem proparoxítonas; c) "vício" deve receber acento por ser paroxítona terminada em ditongo e "rói" recebe acento por ser ditongo aberto em final de palavra; d) "saída" recebe acento por ter "i" tônico formador de hiato.

56. Errado. A palavra "aeroportuário" recebe acento por ser uma paroxítona terminada em ditongo, já "meteorológica" recebe acento por ser uma proparoxítona.

57. Errado. A expressão "caos aéreo" é formada por um substantivo e um adjetivo, em que o segundo simplesmente caracteriza o primeiro; eles não formam uma única unidade significativa, ou seja, não formam um substantivo composto.

3
MORFOLOGIA

Morfologia
(gr. morphê = figura + logia = estudo) é a parte que estuda
a palavra em si, quer no elemento material, isto é, quanto à forma,
quer no elemento imaterial, ou seja, quanto à ideia que ela encerra.

Napoleão Mendes de Almeida

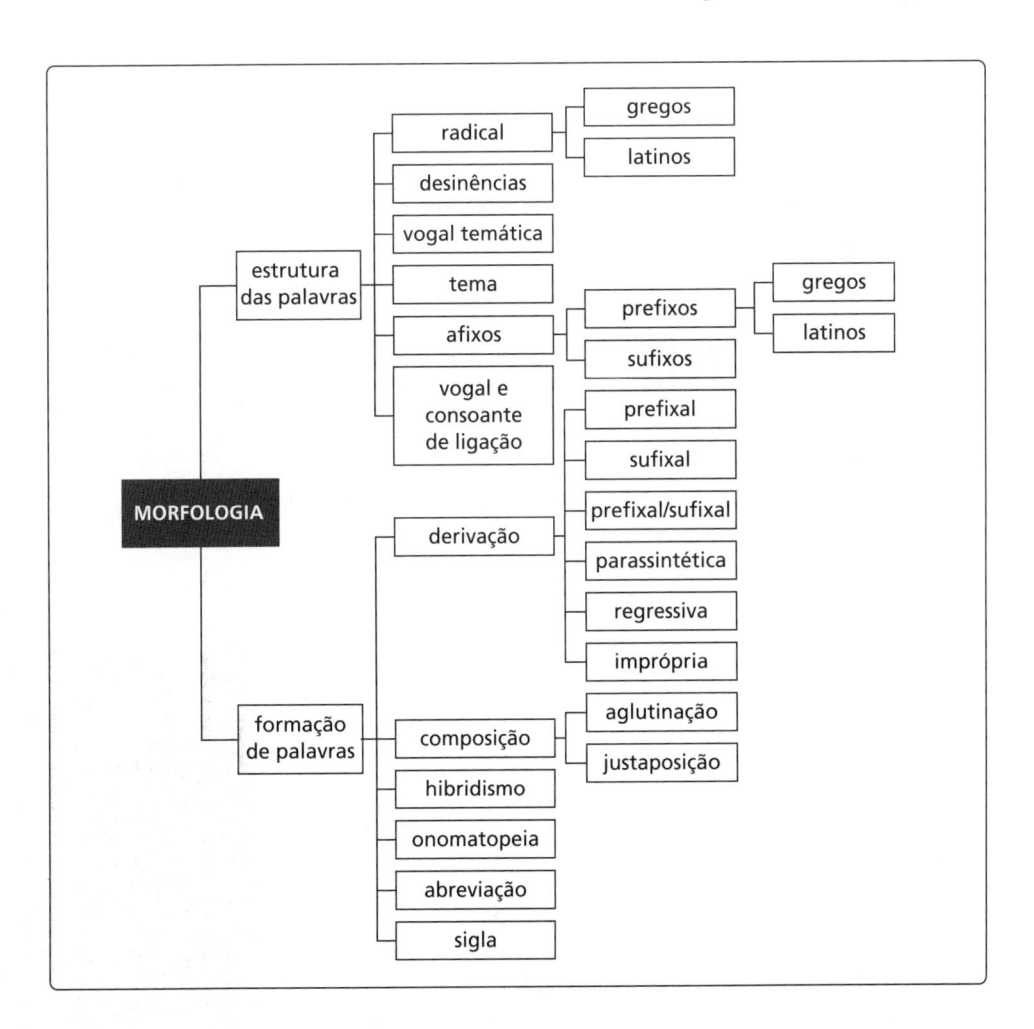

- **MORFOLOGIA**
  - estrutura das palavras
    - radical
      - gregos
      - latinos
    - desinências
    - vogal temática
    - tema
    - afixos
      - prefixos
        - gregos
        - latinos
      - sufixos
    - vogal e consoante de ligação
  - formação de palavras
    - derivação
      - prefixal
      - sufixal
      - prefixal/sufixal
      - parassintética
      - regressiva
      - imprópria
    - composição
      - aglutinação
      - justaposição
    - hibridismo
    - onomatopeia
    - abreviação
    - sigla

3.1. ESTRUTURA E FORMAÇÃO DE PALAVRAS

3.1.1. Estrutura das palavras

A **palavra**, ao contrário do que muitos pensam, **não é a menor unidade portadora de significado** dentro da língua. Ela própria é formada de vários elementos também dotados de valor significativo. A essas **formas portadoras de significado damos o nome de morfemas ou elementos mórficos**.

Tomemos como exemplo a palavra *alunas*. Ela é constituída de três morfemas:

alun = morfema que é **base do significado**

a = morfema que indica o **gênero feminino**

s = morfema que indica o **número plural**

Assim, de acordo com a função na palavra, os morfemas são classificados em:

3.1.1.1. Radical (ou morfema lexical)

É o elemento que **contém a significação básica** da palavra: **livr**o, **livr**aria, **livr**eira.

3.1.1.2. Desinência (ou morfema flexional)

São **elementos terminais** do vocábulo. Servem para marcar:

a) **gênero** e **número** nos nomes (**desinências nominais**);

b) **pessoa/número** e **tempo/modo** nos verbos (**desinências verbais**):

■ meninas = menin (radical) + a (desinência nominal de gênero feminino) + s (desinência nominal de número plural)

■ amávamos = am (radical) + á (vogal temática) + va (desinência verbal modo-temporal) + mos (desinência verbal número-pessoal)

3.1.1.3. Vogal temática

É o elemento que, **nos verbos**, serve **para indicar a conjugação**. São três:

a — para verbos de 1.ª conjugação: fal+A=r

e — para verbos de 2.ª conjugação: varr+E+r

i — para verbos de 3.ª conjugação: part+I+r

> **Curiosidade:** O verbo **pôr** e seus derivados (compor, repor, impor etc.) incluem-se na 2.ª conjugação, pois a sua forma original em português é **poer**.

A vogal temática também pode aparecer nos nomes. Neste caso, sua função é a de preparar o radical para receber as desinências.

mares = mar (radical) + e (vogal temática) + s (desinência nominal de número plural)

3.1.1.4. Tema

É o radical acrescido da vogal temática.

bebemos = beb (radical) + e (vogal temática) + mos (desinência verbal número-pessoal)

bebe = tema

3.1.1.5. Afixos

Elementos de **significação secundária** que aparecem agregados ao radical.
Podem ser:

- *Prefixo* — morfemas que **se antepõem ao radical:** **re**luz, **ex**por.
- *Sufixo* — morfemas que **se pospõem ao radical:** moral**ista**, leal**dade**.

3.1.1.6. Vogal e consoante de ligação

São elementos que, desprovidos de significação, são **usados entre um morfema e outro** para facilitar a pronúncia.

gasômetro = gás + metro — **o** é vogal de ligação
chaleira = chá + eira — **l** é consoante de ligação

3.1.2. Formação das palavras

Para **criar palavras novas** em português, existem, principalmente, **cinco processos** diferentes.

3.1.2.1. Derivação

Forma palavras pelo **acréscimo de afixos**. A derivação se divide em:

3.1.2.1.1. Prefixal (ou prefixação)

Pela **colocação de prefixos: re**ler, **in**feliz, **ultra**violeta, **super**-homem.

3.1.2.1.2. Sufixal (ou sufixação)

Pela **colocação de sufixos:** boi**ada**, canal**izar**, feliz**mente**, art**ista**.

3.1.2.1.3. Prefixal-sufixal (ou prefixação-sufixação)

Pela colocação de **prefixo e sufixo** numa só palavra: **des**leal**dade**, **in**feliz**mente**, **des**lig**ado**.

3.1.2.1.4. Parassintética (ou parassíntese)

Pela **colocação simultânea de prefixo e sufixo** numa mesma palavra: **en**tard**ecer**, **en**trist**ecer**, **des**alm**ado**, **e**mud**ecer**.

> **Curiosidade:** A diferença entre a derivação prefixal-sufixal e a derivação parassintética está no fato de que na primeira podemos tirar o prefixo ou o sufixo e a palavra continua existindo; na segunda, se tirarmos o prefixo ou o sufixo, o que sobra não existe em língua portuguesa:

> **des**leal**dade** = desleal, lealdade — derivação prefixal-sufixal
> **en**tar**decer** = *entarde, *tardecer — essas palavras não existem — derivação parassintética.

3.1.2.1.5. Regressiva

Pela **redução** de uma palavra primitiva: sarampo (de sarampão), pesca (de pescar), barraco (de barracão), boteco (de botequim).

> **Curiosidade:** Quando a palavra original a ser reduzida é um verbo, recebe o nome de derivação regressiva deverbal: pesca (de pescar)

3.1.2.1.6. Imprópria

Pela **mudança de classe gramatical** da palavra: o jantar (substantivo formado pelo uso do verbo jantar), o belo (substantivo formado pelo uso do adjetivo belo).

3.1.2.2. Composição

Forma palavras pela ligação de **dois ou mais radicais**. A composição se divide em:

3.1.2.2.1. Justaposição

Quando os radicais **se unem sem alterações:** passatempo, girassol, guarda-comida, pé de moleque.

3.1.2.2.2. Aglutinação

Quando na união dos radicais **há alteração** de, pelo menos, um deles: fidalgo (filho + de + alguém), embora (em + boa + hora), planalto (plano + alto).

3.1.2.3. Hibridismo

Forma palavras pela **união de elementos de línguas diferentes:** automóvel (auto — grego + móvel — latim), abreugrafia (abreu — português + grafia — grego), monocultura (mono — grego + cultura — latim), burocracia (bureau — francês + cracia — grego).

3.1.2.4. Onomatopeia

Forma palavras pela **reprodução aproximada de sons ou ruídos** e vozes de animais: tique-taque; pingue-pongue; miar; zunir; mugir.

3.1.2.5. Abreviação

Forma palavras pela **redução de um vocábulo** até o limite que não cause dano à sua compreensão: moto (por motocicleta), pneu (por pneumático), foto (por fotografia), Itaquá (por Itaquaquecetuba), pornô (por pornografia), quilo (por quilograma).

3 ■ Morfologia

Curiosidade: Não confunda *abreviação* com *abreviatura*.
Abreviatura é a redução na grafia (somente na grafia, nunca na pronúncia) de determinadas palavras, limitando-as à letra ou letras iniciais e/ou finais:
abreviatura = abr., abrev.
academia = acad.
acadêmico = Acad., Acadêm.
acórdão = ac.
advocacia = adv., advoc.
aguarda deferimento = A.D.
alqueire(s) = alq.
altitude = alt., altit.
alvará = alv.
anno Christi, no ano de Cristo, na era cristã = A.C.
ante meridiem (antes do meio-dia) = a.m.
antes de Cristo = a.C.
ao ano = a/a, a.a.
ao mês = a/m
ao(s) cuidado(s) de = a/c, A/C
apartamento = ap., apart.
apêndice = ap., apênd.
advogado = Adv.º, Advo.
almirante = Alm.
arcebispo = Arc.º, Arco.
arquitetura = arq., arquit.
arroba(s) = A., arr.
artigo, artigos = art., arts.
associação = assoc.
atenciosamente = at.^{te}, (atte.)
atestado, à atenção de = at.
autor, autores = A., AA.
capítulo, capítulos = cap., caps.
cheque = ch.
circular = circ.
citação, citado(s) = cit.
código = cód.
coleção, coleções; coluna, colunas = col., cols.
com, cada, conta = c/
companhia = C.^{ia}, Cia.
compare = cp.
conforme = cfe., cfm., conf.
confronte, confira, confere = cf., cfr.
conselho = cons.
conta corrente, com cópia(s), combinado com = c/c

crédito = créd.
débito = déb.
decreto = dec.
departamento, departamentos = dep., deps.
depois de Cristo = d.C., D.C.
desconto(s) = desc.
dicionário = dic.
diploma = dipl.
documento, documentos = doc., docs.
dúzia(s) = dz.
edição = ed.
edifício = ed., edif.
editor, editores = E., EE.
educação = ed., educ.
elemento(s) = el.
em mão(s) = E.M.
endereço = end.
endereço telegráfico = end. tel.
espera deferimento = E.D.
et alii, (e outros, em citações) = et al.
et cetera (latim = e outras coisas, e os outros, e assim por diante) = etc.
exemplar(es), exemplo(s) = ex., exs.
fascículo = fasc.
figura = fg., fig.
folha; folhas = f., fl., fol., ff., fs., fols.
gênero(s) = gên.
grosa, grosas = gr., grs.
habitantes = hab.
Honoris causa (por honra, honorariamente) = h.c.
Ibidem (no mesmo lugar) = ib., ibid.
id est (isto é) = i.e.
idem (o mesmo, do mesmo autor) = id.
índice = índ.
inferior = inf.
informação = inf., inform.
isto é = i.é.
jurídico = jur.
légua, léguas = lég., légs.
limitada (comercialmente) = Lt.^{da}, Ltda.
livro = l., liv., lº, lo.
logaritmo = log., logar.
medicina = med.
medicina legal = med. leg.

médico = méd.
médico-veterinário = méd.-vet.
memorando = mem., memo., memor.
mês, meses = m.
meu(s), minhas(s) = m/
município, municípios = M., MM., mun.
nota da editora = N. da E.
nota da redação = N. da R.
nota do autor = N. do A.
nota do editor = N. do E.
numeral = num.
número (gramaticalmente, isto é, número gramatical = singular, plural) = núm.
número(s) = n.
obra(s) = ob.
observação = obs.
ofício, oficial = of.
opere citato (na obra citada), *opus citatum* (obra citada) = *op. cit.*
organização = org., organiz.
pagamento = pg.^{to}, pgto.
página(s) = p., pp., pág., págs.
pago (adjetivo), pagou = pg.
palavra(s) = pal.
para, por, próximo (comercialmente) = p., p/
parecer = par.
peça(s) = pç.
pede deferimento = P.D.
pede justiça = P.J.
peso bruto = P.B.
peso líquido = P.L.
polegada(s) = pol.
por exemplo = p. ex.
por ordem = P.O.
por procuração; próximo passo = p.p.
porque = pq.
portaria = port.
post meridiem (depois do meio-dia); *post mortem* (depois da morte) = p.m.
post scriptum (depois de escrito, pós-escrito) = p.s.
problema(s) = probl.
processo, procuração = proc.
próximo futuro = p.f.
quilate(s) = ql.
receita = rec.
referência, referente = ref.

registro = rg., reg.
relatório = rel., relat.
remetente = rem.^{te}, Remte.
reprovado (classificação escolar); réu (em linguagem forense) = R.
residência = res.
revista = rev.
rubrica = rubr.
salvo erro ou emissão = S.E.O.
salvo melhor juízo = S.M.J., s.m.j.
São, Sul = S.
scilicet (a saber, quer dizer) = sc.
seção = seç.
secretaria, secretário, secretária = sec., secr.
século, séculos = séc., sécs.
seguinte, seguintes = seg., segs., ss.
sem data = s.d., s/d
semana(s), semelhante(s), semestre(s) = sem.
seminário = sem., semin.
série = ser.
sine die (sem dia marcado, sem data marcada) = s.d.
sociedade (comercialmente) = soc.
Sociedade Anônima = S.A.
sucursal = suc.
também = tb.
telefone, telegrama = tel.
termo, termos = t., tt.
tesoureiro = tes.
testamento = test^o, testo.
testemunha = test.
título(s) = tít.
tomo, tomos = t., ts., tt.
tratado, tratamento = trat.
trimestral = trim., trimest., trimestr.
trimestre(s) = trim.
unidade, uniforme = un.
universidade = univ., univers.
usado, usada = us.
uso externo = u.e.
valor(es) = val.
veja, *vide* = v.
verbi gratia (por exemplo) = v.g.
volume, volumes = vol., vols.

Títulos e formas de tratamento
Bacharel, bacharela(s), bacharéis = B.^{el}, Bel., B.^{ela}, Bela., B.^{éis}, Béis., B.^{elas}, Belas.
Bispo = B.^{po}, Bpo.
Capitão = Cap.
Cardeal = Card.
Comandante = Com., Com.^{te}, Comte.
Comendador = Com., Comend., Com.^{or}, Comor.
Cônego = Côn.^{o}, Côno.
Conselheiro = Cons., Consel., Conselh., Cons.^{o}, Conso.
Contra-almirante = C.-alm.
Coronel = C.^{el}, Cel.
Deputado = Dep.
Desembargador, desembargadora = Des., Des.^{a}, Desa.
Diácono = Diác.
Digníssimo = DD.
Digno, Dom = D.
Dona = D.^{a}, Da.
Doutor(a), doutores, doutoras = D.^{r}, Dr., D.^{rs}, Drs., D.^{ra}, Dra., D.^{ras}, Dras.
Editor, editores = E., EE.
Embaixador extraordinário e plenipotenciário = E.E.P.
Eminência = Em.^{a}, Ema.
Eminentíssimo = Em.^{mo}, Emmo.
Enfermeiro(a) = Enf., Enf.^{a}, Enfa.
Engenheiro(a) = Eng., Eng.^{o}, Engo.
Enviado extraordinário e ministro plenipotenciário = E.E.M.P.
Estado-Maior = E.M., E.-M.
Excelência = Ex.ª, Exa.
Excelentíssimo(a) = Exmo, Exmo., Exma, Exma.
General = Gen., G.^{al}, Gal.
Ilustríssimo(a) = Il.^{mo}, Ilmo., Il.^{ma}, Ilma.
Major = Maj.
Major-brigadeiro = Maj.-brig.
Marechal = Mar., M.^{al}, Mal.
Médico = Méd.
Meritíssimo = MM.
Mestre, mestra = M^{e}, Me., M^{a}, Ma.
Monsenhor = Mons.
Mui(to) Digno = M.D.
Nosso(a) Senhor(a) = N.S., N.S^{a}, N.Sa.
Padre = P., P.^{e}, Pe.
Pároco = Pár.^{o}, Paro.
Pastor = Pr.
Philosophiae Doctor (latim = doutor de/em filosofia) = Ph.D.
Prefeito = Pref.

Presbítero = Presb.º, Presbo.
Presidente = Pres., Presid.
Procurador = Proc.
Professor(es), professora(s) = Prof., Profs., Prof.ª, Profa., Prof.ªs, Profas.
Promotor = Prom.
Rei = R.
Reverendíssimo(a) = Rev.mo, Revmo., Rev.ma, Revma.
Reverendo = Rev., Rev.do, Revdo., Rev.º, Revo.
Reverendo Padre = R.P.
Sacerdote = Sac.
Santa = S., S.ta, Sta.
Santíssimo = SS.
Santo = S., S.to, Sto.
Santo Padre = S.P.
São, Santo, Santa = S.
Sargento = Sarg.
Sargento-ajudante = Sarg.-aj.te, Sarg.-ajte.
Secretário(a) = Sec., Secr.
Senador = Sen.
Senhor(es), Senhora(s) = S.r, Sr., S.rs, Srs., S.ra, Sra., S.ras, Sras.
Senhorita(s) = Sr.ta, Srta., Sr.tas, Srtas.
Sênior = S.or, Sor.
Sóror = Sór., S.or, Sor.
Sua Alteza = S.A.
Sua Alteza Real = S.A.R.
Sua Eminência = S.Em.ª, S.Ema.
Sua Excelência = S.Ex.ª, S.Exa.
Sua Excelência Reveredíssima = S.Ex.ª Rev.ma, S. Exa. Revma.
Sua Majestade = S.M.
Sua Reverência = S. Rev.ª, S.Reva.
Sua Reverendíssima = S.Rev.ma, S. Revma.
Sua Santidade = S.S.
Sua Senhoria = S.Sª, S.Sa.
Tenente = Ten., T.te, Tte.
Tenente-coronel = Ten.-c.el, Ten.-cel., t.te-c.el, Tte.-cel.
Testemunha = Test.
Vereador = Ver.
Vice-almirante = V.-alm.
Vigário = Vig., Vig.º, Vigo.
Visconde = V.de, Vde.
Viscondessa = V.dessa, Vdessa.
Você = V., v.
Vossa Alteza = V.A.

Vossa(s) Eminência(s) = V.Em.ª, V.Ema., V.Em.ᵃˢ, V.Emas.
Vossa(s) Excelência(s) Reverendíssima(s) = V.Ex.ª Rev.ᵐᵃ, V. Exa. Revma., V.Ex.ᵃˢ Rev.ᵐᵃˢ, V. Exas. Revmas.
Vossa(s) Excelência(s) = V.Ex.ª, V.Exa., V.Ex.ᵃˢ, V.Exas.
Vossa(s) Magnificência(s) Revendíssima, Vossas Reverendíssimas = V. Ver.ᵐᵃ, V. Revma., V.Rev.ᵐᵃˢ, V. Revmas.
Vossa(s) Reverência(s) = V.Rev.ª, V.Reva., V. Rev.ᵃˢ, V.Revas.
Vossa(s) Senhoria(s) = V.S.ª, V.Sa., V.S.ᵃˢ, V.Sas.

Nomes dos meses
janeiro = jan.
fevereiro = fev.
março = mar.
abril = abr.
maio = maio (de acordo com a Associação Brasileira de Normas Técnicas (ABNT))
maio = mai. (de acordo com a Academia Brasileira de Letras)
junho = jun.
julho = jul.
agosto = ago.
setembro = set.
outubro = out.
novembro = nov.
dezembro = dez.

Vias e lugares públicos

Alameda = Al.	Jardim = Jd.	Rodoviária = Rdv.
Avenida = Av.	Largo = L., Lg.	Rodovia = Rod.
Beco = B.	Praça = P., Pç.	Retorno = Rtn.
Calçada = Cal., Calç.	Parada = Pda.	Trevo = Trv.
Distrito = D., Dt.	Parque = Pq., Prq.	Travessa = T., Tv.
Estrada = Est.	Praia = Pr.	Via = V.
Galeria = Gal.	Rua = R.	Viaduto = Vd.

3.1.2.6. Sigla

É a redução das locuções substantivas às **letras ou sílabas iniciais:** IBGE — Instituto Brasileiro de Geografia e Estatística, MASP — Museu de Arte de São Paulo, Sudene — Superintendência para o Desenvolvimento do Nordeste.

3.1.3. Radicais e prefixos gregos e latinos

3.1.3.1. Radicais gregos

AEROS (ar): aeronáutica
ACROS (alto): acrofobia
AGOGOS (conduzir): demagogo
ALGIA (dor): nevralgia

ANTROPOS (homem): antropologia
ARQUIA (governo): monarquia
AUTOS (si mesmo): autobiografia
BIBLION (livro): biblioteca

BIOS (vida): biosfera
CACO (mau): cacofonia
CALI (belo): caligrafia
CEFALO (cabeça): acéfalo
COSMO (mundo): cosmopolita
CLOROS (verde): clorofila
CRONOS (tempo): cronologia
CROMOS (cor): cromoterapia
DACTILOS (dedo): datilografia
DEMOS (povo): democracia
DERMA (pele): epiderme
DOXA (opinião): ortodoxo
DROMO (lugar para corridas): hipódromo
EDRA (lado): poliedro
FAGO (comer): antropófago
FILOS (amigo): filósofo
FOBIA (medo): claustrofobia
FONOS (som, voz): telefone
GAMIA (casamento): polígamo
GEO (terra): geografia
GLOTA (língua): poliglota
GRAFO (escrever, descrever): geografia
HÉLIOS (sol): heliocêntrico

HIDRO (água): hidrografia
HIPO (cavalo) hipopótamo
ICONOS (imagem): iconoclasta
LOGO (discurso): monólogo
MEGALOS (grande): megalópole
MICRO (pequeno): micróbio
MIS (ódio): misantropo
MORFE (forma): morfologia
NEOS (novo): neologismo
ODOS (caminho): método
PIROS (fogo): pirosfera
POLIS (cidade) metrópole
PSEUDO (falso): pseudônimo
PSIQUE (alma): psicologia
POTAMO (rio): hipopótamo
SACARO (açúcar): sacarose
SOFOS (sábio): filósofo
TELE (longe): televisão
TEOS (deus): teologia
TOPOS (lugar): topônimo
XENO (estrangeiro): xenofobia
ZOO (animal): zoologia

3.1.3.2. Radicais latinos

AGRI (campo): agrícola
ARBORI (árvore): arborizar
AVI (ave): avícola
BIS (duas vezes): bisavô
CAPITI (cabeça): decapitar
CIDA (que mata): homicida
COLA (que cultiva ou habita): vinícola
CRUCI (cruz): crucificar
CULTURA (cultivar): apicultura
CURVI (curvo): curvilíneo
EQUI (igual): equidade
FERO (que contém ou produz): mamífero
FICO (que produz): benéfico
FIDE (fé): fidelidade
FRATER (irmão): fraternidade
FUGO (que foge): centrífugo
IGNI (fogo): ignição

LOCO (lugar): localizar
LUDO (jogo): ludoterapia
MATER (mãe): maternidade
MULTI (muito): multinacional
ONI (todo): onisciente
PARO (que produz): ovíparo
PATER (pai): paternidade
PEDE (pé): pedestre
PISCI (peixe): piscicultura
PLURI (vários): pluricelular
PLUVI (chuva): pluvial
PUER (criança): puericultura
QUADRI (quatro): quadrilátero
RÁDIO (raio): radiografia
RETI (reto): retilíneo
SAPO (sabão): saponáceo
SEMI (metade): semicírculo

SESQUI (um e meio): sesquicentenário
SILVA (floresta): silvícola
SONO (que soa): uníssono
TRI (três): tricolor
UMBRA (sombra): penumbra

UNI (um): uníssono
VERMI (verme): verminose
VOMO (que expele): ignívomo
VORO (que come): carnívoro

3.1.3.3. Prefixos gregos
A/AN (negação): anônimo
ANA (inversão): anagrama
ANFI (duplo): anfíbio
ANTI (contrário): antiaéreo
ARCE, ARQUI (posição superior): arcebispo, arquiduque
DIS (dificuldade): disenteria
DI (dois): dissílabo
ENDO (para dentro): endoscopia
EPI (em cima de): epicentro
EU (bem, bom): eufonia
HEMI (metade): hemisfério
HIPER (excesso): hipertensão
HIPO (inferior, deficiente): hipoderme
META (para além): metamorfose
PARA (proximidade): parágrafo
PERI (em torno de): período

3.1.3.4. Prefixos latinos
ABS/AB (afastamento): abjurar
AD (aproximação): adjunto
AMBI (duplicidade): ambidestro
ANTE (anterior): antedatar
CIRCUM (movimento em torno): circunferência
CIS (posição anterior): cisandino
EX (movimento para fora, anterioridade): exportar, ex-ministro
IN/IM (negação): invertebrado
INTRA (movimento para dentro): intravenoso
INTER/ENTRE (entre, reciprocidade): intervir, entrelinhas
JUSTA (ao lado de): justaposição
PENE (quase): penúltimo
PER (através de): percorrer
POS (posterior): pospor
SOBRE/SUPRA (posição superior): supracitado, sobreloja
TRANS (através, além): transatlântico
VICE/VIS (no lugar de): vice-reitor

3.2. CLASSES DE PALAVRAS

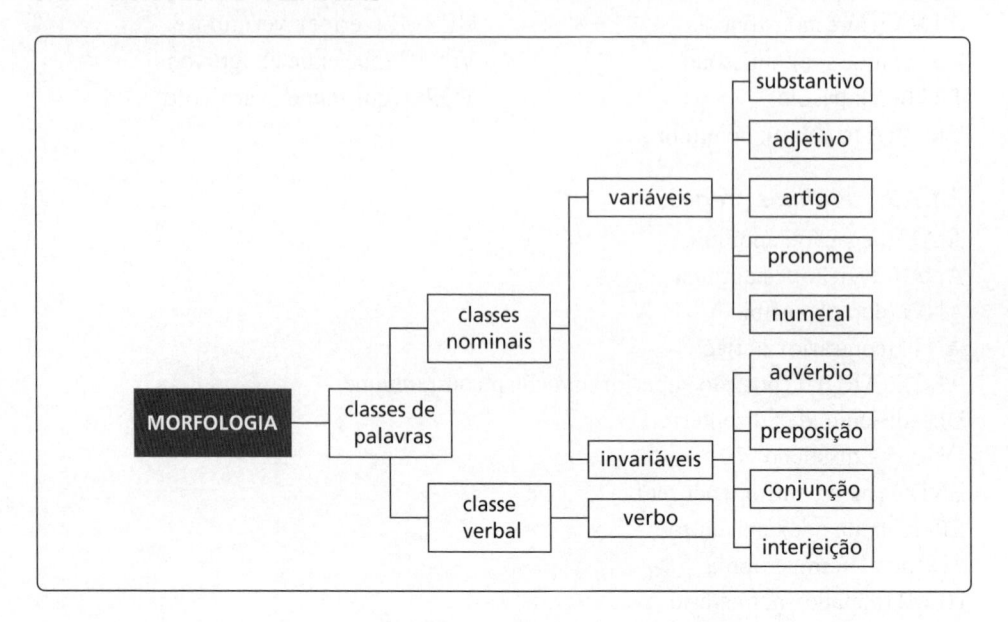

```
                                    ┌─ substantivo
                                    ├─ adjetivo
                        ┌─ variáveis ├─ artigo
                        │           ├─ pronome
                        │           └─ numeral
         classes nominais
                        │           ┌─ advérbio
MORFOLOGIA ─ classes de │           ├─ preposição
            palavras    └─ invariáveis
                        │           └─ conjunção
         classe verbal ─── verbo    └─ interjeição
```

Todas as palavras da língua portuguesa podem ser colocadas em **dez classes diferentes**, de acordo com sua classificação gramatical. A isso damos o nome de *classes de palavras*.

São dez as classes de palavras em Língua Portuguesa:

- substantivo
- adjetivo
- artigo
- numeral
- pronome
- verbo
- advérbio
- preposição
- conjunção
- interjeição

Essas **classes** podem ser divididas em **nominais** ou **verbais** e **variáveis** ou **invariáveis**:

- *Classes nominais* — substantivo, adjetivo, artigo, numeral, pronome, advérbio, preposição, conjunção e interjeição.
- *Classe verbal* — verbo.
- *Variáveis* — substantivo, adjetivo, artigo, numeral, pronome e verbo.
- *Invariáveis* — advérbio, preposição, conjunção e interjeição.

> **Curiosidade:** A mesma palavra pode ser colocada em mais de uma classe, de acordo com o modo como é usada.
> Eu quero jantar em sua casa hoje. (jantar — verbo)
> O jantar que você fez estava delicioso. (jantar — subst.)
> Eu quero um vestido amarelo. (amarelo — adj.)
> Eu gosto muito do amarelo. (amarelo — subst.)

3.3. CLASSES NOMINAIS VARIÁVEIS

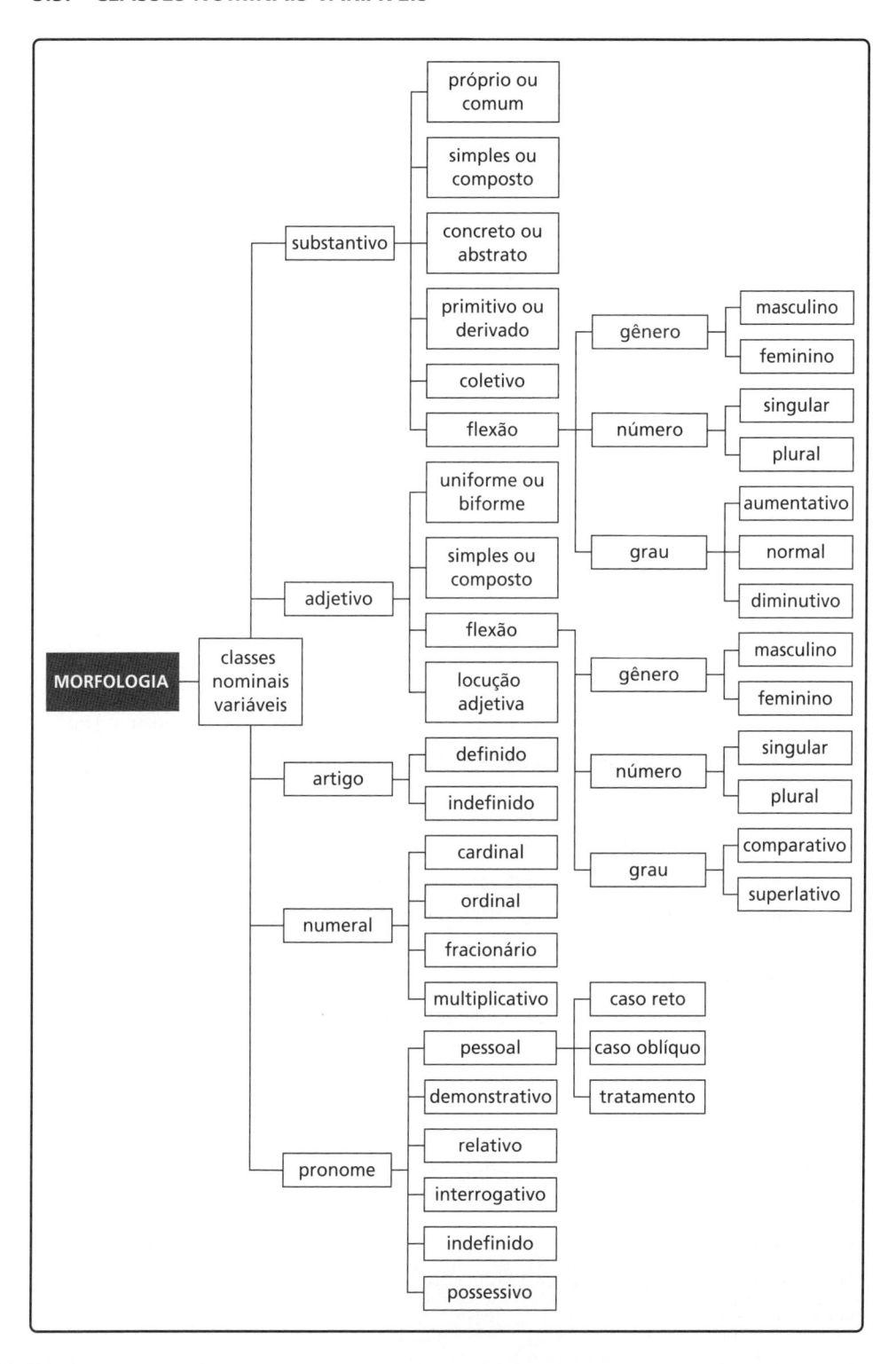

```
MORFOLOGIA ─ classes nominais variáveis
                │
                ├─ substantivo
                │       ├─ próprio ou comum
                │       ├─ simples ou composto
                │       ├─ concreto ou abstrato
                │       ├─ primitivo ou derivado ── gênero ── masculino / feminino
                │       ├─ coletivo
                │       └─ flexão ── número ── singular / plural
                │
                ├─ adjetivo
                │       ├─ uniforme ou biforme
                │       ├─ simples ou composto ── grau ── aumentativo / normal / diminutivo
                │       ├─ flexão
                │       └─ locução adjetiva ── gênero ── masculino / feminino
                │                            ── número ── singular / plural
                │
                ├─ artigo
                │       ├─ definido
                │       └─ indefinido
                │
                ├─ numeral
                │       ├─ cardinal
                │       ├─ ordinal ── grau ── comparativo / superlativo
                │       ├─ fracionário
                │       └─ multiplicativo
                │
                └─ pronome
                        ├─ pessoal ── caso reto / caso oblíquo / tratamento
                        ├─ demonstrativo
                        ├─ relativo
                        ├─ interrogativo
                        ├─ indefinido
                        └─ possessivo
```

3.3.1. Substantivo

É a palavra que **dá nome aos seres**.

3.3.1.1. Classificação dos substantivos

Os substantivos podem ser classificados como:

3.3.1.1.1. Próprio ou comum

- *próprio* — refere-se a **um determinado ser** da espécie: Europa.
- *comum* — nomeia **todos os seres ou todas as coisas de uma mesma espécie:** menino.

3.3.1.1.2. Simples ou composto

- *simples* — é formado por **um só radical:** roupa.
- *composto* — é formado por **dois ou mais radicais:** guarda-roupa.

3.3.1.1.3. Concreto ou abstrato

- *concreto* — **não depende de outro** ser para ter existência: escola.
- *abstrato* — **depende de outro** ser para ter existência: tristeza.

> **Curiosidade:** O substantivo concreto nomeia os seres.
> O substantivo abstrato nomeia as ações dos seres, as qualidades dos seres e os sentimentos dos seres: homem — ser (concreto); trabalho — ação praticada pelo ser (abstrato); beleza — qualidade do ser (abstrato); amor — sentimento do ser (abstrato).
> O substantivo DEUS é sempre classificado como concreto.

3.3.1.1.4. Primitivo ou derivado

- *primitivo* — **não se origina de outra palavra:** abacate.
- *derivado* — **tem origem em outra palavra:** abacateiro.

3.3.1.1.5. Coletivo

Dá ideia de **conjunto, reunião, coleção:** alcateia.

Alguns substantivos coletivos:

alcateia (de lobos)
arquipélago (de ilha)
assembleia (de parlamentares, de membros de associações de companhias etc.)
banca (de examinadores)
banda (de músicos)
bando (de aves, de ciganos, de malfeitores etc.)
cabido (de cônegos)

cacho (de bananas, de uvas etc.)
cáfila (de camelos)
cambada (de caranguejos, de chaves, de malandros etc.)
cancioneiro (conjunto de canções, de poesias líricas)
caravana (de viajantes, de peregrinos, de estudantes etc.)
cardume (de peixes)
choldra (de assassinos, de malandros, de malfeitores)
chusma (de gente, de pessoas)
concílio (de bispos)
conclave (de cardeais para eleição do Papa)
congregação (de professores, de religiosos)
congresso (conjunto de deputados e senadores, reunião de especialistas em determinado ramo do saber)
consistório (de cardeais, sob a presidência do Papa)
constelação (de estrelas)
corja (de vadios, de tratantes, de velhacos, de ladrões)
coro (de anjos, de cantores)
elenco (de atores)
esquadra (de navios de guerra)
esquadrilha (de aviões)
falange (de soldados, de anjos)
fato (de cabras)
feixe (de lenha, de capim)
frota (de navios mercantes, de ônibus)
horda (de povos selvagens nômades, de desordeiros, de aventureiros, de bandidos, de invasores)
junta (de bois, de médicos, de credores, de examinadores)
legião (de soldados, de demônios etc.)
magote (de pessoas, de coisas)
malta (de desordeiros)
manada (de bois, de búfalos, de elefantes)
matilha (de cães de caça)
matula (de vadios, de desordeiros)
molho (de chaves, de verdura)
multidão (de pessoas)
ninhada (de pintos)
quadrilha (de ladrões, de bandidos)
ramalhete (de flores)
récua (de bestas de carga, de cavalgaduras)
rebanho (de ovelhas)
repertório (de peças teatrais)

réstia (de cebolas, de alhos)
roda (de pessoas)
romanceiro (conjunto de poesias narrativas)
sínodo (de párocos)
súcia (de velhacos, de desonestos)
talha (de lenha)
tropa (de muares)
turma (de estudantes, de trabalhadores)
vara (de porcos)

3.3.1.2. Flexão de gênero

Quanto ao gênero, os substantivos podem ser classificados em:

3.3.1.2.1. Biformes

Quando **mudamos as desinências** para formarmos o feminino: conde — condessa, moço — moça, poeta — poetisa.

> **Curiosidade:** Quando usamos palavra com radical totalmente diferente para formar o feminino, chamamos de *heterônimo*: bode — cabra, cavaleiro — amazona.

3.3.1.2.2. Uniformes

Quando **usamos uma mesma palavra** para designar tanto o masculino quanto o feminino. Subdividem-se em:

3.3.1.2.2.1. Epicenos

Designam **animais e alguns vegetais:** o sabiá (macho e fêmea), a cobra (macho e fêmea), o jacaré (macho e fêmea), o mamão (macho e fêmea).

3.3.1.2.2.2. Sobrecomuns

Designam **pessoas**, sempre com **o mesmo gênero:** a criança (do sexo masculino ou do sexo feminino), o carrasco (do sexo masculino ou do sexo feminino).

3.3.1.2.2.3. Comuns de dois gêneros

Designam **pessoas**, com **mudança de gênero:** o dentista — a dentista, o viajante — a viajante, o artista — a artista, o jornalista — a jornalista.

3.3.1.2.3. Formação do feminino

a) **trocando-se -o/-e** do masculino por **-a:** aluna, menina, giganta, hóspeda.

b) **acrescentando-se -a** ao final dos masculinos terminados em **-l, -r, -s, -z:** fiscala, oradora, deusa, juíza.

c) com **as terminações -esa, -essa, -isa, -eira, -triz:** consulesa, condessa, papisa, arrumadeira, embaixatriz.

d) masculinos terminados em **-ão** fazem o feminino em **-ã, -ao** e **-ona:** anã, patroa, foliona.

e) **outras formas:** rapaz — rapariga, herói — heroína, grou — grua, avô — avó, réu — ré.

3.3.1.2.4. Particularidades do gênero

Há várias particularidades, quanto ao gênero dos substantivos, que devem ser observadas.

a) algumas palavras para as quais **a gramática não fixa um gênero:** o diabete / a diabete, o personagem / a personagem, o pijama / a pijama.

b) algumas palavras **mudam de sentido** quando mudam de gênero: o cisma (a separação) / a cisma (desconfiança), o cabeça (o líder) / a cabeça (parte do corpo), o capital (dinheiro) / a capital (cidade), o moral (ânimo) / a moral (ética, bons costumes).

c) atenção para estas:

■ **são masculinos:** o ágape, o anátema, o aneurisma, o champanha, o dó, o eclipse, o gengibre, o guaraná, o plasma.

■ **são femininos:** a alface, a apendicite, a cataplasma, a comichão, a omoplata, a ordenança, a rês, a sentinela.

3.3.1.3. Flexão de número

Quanto ao **número**, os substantivos podem ser:

■ *singular* — um ser ou um grupo de seres: ave, bando.
■ *plural* — mais de um ser ou grupo de seres: aves, bandos.

Para colocarmos os **substantivos no plural**, devemos separá-los em **simples** e **compostos**.

3.3.1.3.1. Formação do plural dos substantivos simples

a) terminados em **-ão:**
anciãos, mãos, órfãos, cidadãos
anões, espiões, botões, limões
pães, capitães, alemães, cães

> **Curiosidade:** Alguns admitem duas ou três formas: corrimãos, corrimões; sacristãos, sacristães; anciãos, anciães, anciões; vilãos, vilães, vilões.

b) terminados em **-s:**

■ **monossílabos** e **oxítonos** recebem **-es:** gás — gases; mês — meses; freguês — fregueses; país — países.

■ **paroxítonos** e **proparoxítonos** ficam **invariáveis:** o lápis — os lápis; o ônibus — os ônibus.

c) terminados em **-r** ou **-z** recebem **-es:** mulheres, oradores, trabalhadores, cruzes, juízes, arrozes.

d) terminados em **-m** trocam por **-ns:** garagens, armazéns, homens, álbuns.

e) terminados em **-al, -el, -ol, -ul** trocam o **-l** por **-is:** jornais, papéis, faróis, pauis.

f) terminados em **-il:**

■ **oxítonas** trocam o **-l** por **-s:** funis, barris.

■ **paroxítonas** trocam o **-il** por **-eis:** fósseis, répteis, projéteis.

> **Curiosidade:**
> mal = males
> cônsul = cônsules
> mel = meles ou méis

g) terminados em **-x** ficam **invariáveis:** os tórax, os sílex, as fênix, as xérox

h) terminados em **-n:**

■ acrescenta-se **-es:** hífenes, abdômenes, gérmenes, líquenes.

■ acrescenta-se **-s:** hifens, abdomens, germens, elétrons, prótons.

3.3.1.3.2. Plural dos diminutivos

Terminados em **-zinho** ou **-zito** fazem da seguinte forma:
fogãozinho = fogõe(s) + zinho + s > fogõezinhos
raizinha = raíze(s) + zinha + s > raizezinhas
cãozito = cãe(s) + zito + s > cãezitos
barrilzinho = barri(s) + zinho + s > barrizinhos

3.3.1.3.3. Particularidades do número dos substantivos simples

a) **alguns** substantivos são **usados apenas no plural:** anais, alvíssaras, arredores, cãs, condolências, férias, núpcias.

b) alguns substantivos tomam **significados diferentes** quando **no singular ou plural:** bem (virtude) / bens (propriedades), costa (litoral) / costas (dorso), liberdade (livre de escolha) / liberdades (regalias, intimidades), vencimento (fim de prazo) / vencimentos (salário).

3.3.1.3.4. Formação do plural dos substantivos compostos

Compostos **sem hífen** variam **como os substantivos simples:** aguardente — aguardentes; girassol — girassóis; vaivém — vaivéns.

Quanto aos compostos **com hífen, observa-se a classe gramatical de cada um** dos termos formadores do composto; se ela for variável, vai para o plural; caso contrário, continuará da mesma forma.

Vão para o **plural: substantivos, adjetivos, pronomes** e **numerais**.

Ficam **invariáveis: verbos, advérbios, interjeições** e **prefixos**.

Veja como flexioná-los:
abelha-mestra > abelhas-mestras = abelha (subst.) / mestra (subst.)
amor-perfeito > amores-perfeitos = amor (subst.) / perfeito (adj.)
padre-nosso > padres-nossos = padre (subst.) / nosso (pron.)
quinta-feira > quintas-feiras = quinta (num.) / feira (subst.)
guarda-roupa > guarda-roupas = guarda (verbo) / roupa (subst.)
sempre-viva > sempre-vivas = sempre (adv.) / viva (adj.)
ave-maria > ave-marias = ave (interj.) / Maria (subst.)
vice-presidente > vice-presidentes = vice (pref.) / presidente (subst.)

3.3.1.3.5. Particularidades do número dos substantivos compostos

Varia apenas o primeiro elemento quando:

a) ligados por preposição: pés de moleque, mulas sem cabeça.

b) compostos formados por *substantivo + adjetivo* em que o segundo determina o primeiro: navios-escola, mangas-rosa.

Varia apenas o segundo elemento quando formados por palavras repetidas: quero--queros, corre-corres, tico-ticos, ruge-ruges.

> **Curiosidade:** Se as palavras repetidas forem verbos, ambas podem variar: corres--corres, ruges-ruges.

Substantivos compostos formados com adjetivos reduzidos:

a) adjetivos reduzidos **como prefixos** são **invariáveis:** bel-prazeres, grão-duques.

b) adjetivos reduzidos **como sufixos** são variáveis: altares-mores, capitães-mores.

Casos especiais: os arco-íris / os terras-nova.

3.3.1.4. Flexão de grau

O grau dos substantivos exprime uma "**variação**" no **tamanho** do ser, podendo também dar-lhe um **sentido desprezível** ou **afetivo**: bocarra, velhota, gatão, velhinha. Temos os graus:

3.3.1.4.1. Normal

Boca, velha, gato, pedra, corpo.

3.3.1.4.2. Aumentativo

Boca grande ou bocarra, gato enorme ou gatão.

3.3.1.4.3. Diminutivo

Boca pequena ou boquinha, pedra minúscula ou pedrinha.

Há dois processos para se obter os graus aumentativo e diminutivo:

- *Analítico:* juntando à forma normal um adjetivo que indique aumento ou diminuição: obra gigantesca, obra mínima, menino grande, menino pequeno.

■ *Sintético:* anexando à forma normal sufixos denotadores de aumento ou redução: bocarra (aumentativo sintético); pedregulho (aumentativo sintético); estatueta (diminutivo sintético); pedrisco (diminutivo sintético).

São muitos os **sufixos** indicadores **de grau:**

aumentativo:	diminutivo:
-aça: barca — barcaça	*-acho:* rio — riacho
-ão: cachorro — cachorrão	*-ebre:* casa — casebre
-arra: boca — bocarra	*-ejo:* lugar — lugarejo
-az: prato — pratarraz	*-eta:* sala — saleta
-ázio: copo — copázio	*-inho:* livro — livrinho
-ona: mulher — mulherona	*-isco:* chuva — chuvisco
-uça: dente — dentuça	*-ulo:* globo — glóbulo

3.3.2. Adjetivo

Toda palavra que **caracteriza o substantivo**, indicando-lhe **um estado, aspecto** ou **modo de ser**, recebe o nome de *adjetivo*.

3.3.2.1. Classificação dos adjetivos

Quanto à flexão, o adjetivo pode ser:

3.3.2.1.1. Uniforme

Possui uma **única forma para os dois gêneros:** feliz, alegre.

3.3.2.1.2. Biforme

Possui **formas distintas para cada gênero:** bom / boa; mau / má; bonito / bonita.

Quanto à formação, o adjetivo pode ser:

3.3.2.1.3. Simples

Constituído de **um único radical:** vermelho, social, claro, escuro, financeiro.

3.3.2.1.4. Composto

Constituído de **dois ou mais radicais:** vermelho-claro; sociofinanceiro; verde-escuro.

3.3.2.2. Adjetivo pátrio

É aquele que se refere a **continentes, países, cidades, regiões:** europeu, inglês, londrino, calabrês.

Curiosidade: Exemplos para estados e cidades brasileiros:
Acre: acreano, acriano
Alagoas: alagoano
Amapá: amapaense
Aracaju: aracajuano, aracajuense
Amazonas: amazonense
Belém: belenense
Belo Horizonte: belo-horizontino
Boa Vista: boa-vistense
Brasília: brasiliense
Cabo Frio: cabo-friense
Campinas: campineiro
Campinas do Sul (RS); Campina Grande (PB); Campinas do Piauí (PI): campinense
Curitiba: curitibano
Espírito Santo: espírito-santense ou capixaba
Fernando de Noronha: noronhense
Florianópolis: florianopolitano
Fortaleza: fortalezense
Goiânia: goianiense
João Pessoa: pessoense
Macapá: macapaense
Maceió: maceioense
Manaus: manauense, manauara
Maranhão: maranhense
Marajó: marajoara
Mato Grosso: mato-grossense
Mato Grosso do Sul: mato-grossense-do-sul
Natal: natalense ou papa-jerimum
Pará: paraense
Porto Alegre: porto-alegrense
Porto Velho: porto-velhense
Ribeirão Preto: ribeirão-pretense, ribeirão-pretano, ribeiro-pretano, ribeiropretano
Rio de Janeiro (estado): fluminense
Rio de Janeiro (cidade): carioca
Rio Branco: rio-branquense
Rio Grande do Norte: rio-grandense-do-norte, norte-rio-grandense, potiguar
Rio Grande do Sul: rio-grandense-do-sul, sul-rio-grandense, gaúcho
Rondônia: rondoniano, rondoniense
Roraima: roraimense
Salvador: salvadorense ou soteropolitano

3.3.2.3. Locução adjetiva

É a expressão formada de **preposição mais substantivo ou advérbio**, com valor de adjetivo.

dia *de chuva* — dia chuvoso
atitudes *de anjo* — atitudes angelicais
luz *do sol* — luz solar
estrela *da tarde* — estrela vespertina
ar *do campo* — ar campestre

Curiosidade: Algumas locuções adjetivas:

de abdômen — abdominal	de fígado — hepático
de abelha — apícula	de fogo — ígneo
de açúcar — sacarino	de garganta — gutural
de águia — aquilino	de gato — felino
da alma — anímico	de gelo — glacial
de aluno — discente	de guerra — bélico
de arcebispo — arquiepiscopal	de idade — etário
de baço — esplênico	de ilha — insular
de bispo — episcopal	de inverno — hibernal
de boca — bucal, oral	de irmão — fraternal
de bronze — brônzeo, êneo	de lago — lacustre
de cabeça — cefálico	de leão — leonino
de cabelo — capilar	de lebre — leporino
de cabra — caprino	de leite — lácteo
de campo — rural, campesino	de lobo — lupino
de cavalo — equino, hípico	de mãe — maternal, materno
de chumbo — plúmbeo	de marfim — ebúrneo, ebóreo
de chuva — pluvial	de memória — mnemônico
de cidade — citadino, urbano	de mestre — magistral
de cinza — cinéreo	de moeda — monetário, numismático
de cobra — viperino, ofídico	de monge — monacal, monástico
de cobre — cúprico	de morte — mortífero, letal
de coração — cardíaco, cordial	de nádegas — glúteo
de criança — pueril, infantil	de nariz — nasal
de dedo — digital	de neve — níveo
de dinheiro — pecuniário	de norte — setentrional, boreal
de esposos — esponsal	de núcleo — nucleico
de estômago — estomacal, gástrico	de olho — ocular, ótico, oftálmico
de estrela — estelar	de orelha — auricular
de fábrica — fabril	de ouro — áureo
de farinha — farináceo	de outono — outonal

de ouvido — ótico	de rim — renal
de ovelha — ovino	de rio — fluvial
de paixão — passional	de rocha — rupestre
de pântano — palustre	de selo — filatélico
de pedra — pétreo	de selva — silvestre
de peixe — pisceo	de sonho — onírico
de pele — epidérmico, cutâneo	de sul — meridional, austral
de pescoço — cervical	da terra — telúrico
de porco — suíno	de terremoto — sísmico
de prata — argênteo	de touro — taurino
de predador — predatório	de umbigo — umbilical
de professor — docente	de velho — senil
de prosa — prosaico	de vento — eólio, eólico
de proteína — proteico	de verão — estival
de pus — purulento	de vidro — vítreo
dos quadris — ciático	de vontade — volitivo
de rato — murino	

3.3.2.4. Flexão de gênero

3.3.2.4.1. Adjetivos simples

Sua flexão de gênero é **igual à dos substantivos simples**.
homem bom / mulher boa
rapaz trabalhador / moça trabalhadeira

3.3.2.4.2. Adjetivos compostos

Varia apenas o último elemento.
hospital médico-cirúrgico / clínica médico-cirúrgica
sapato amarelo-claro / blusa amarelo-clara
homem luso-brasileiro / mulher luso-brasileira

> **Curiosidade:** Surdo-mudo é o único adjetivo composto da Língua Portuguesa em que ambos os elementos variam, tanto em gênero quanto em número: surdo-mudo, surda--muda, surdos-mudos, surdas-mudas.

3.3.2.5. Flexão de número

3.3.2.5.1. Adjetivos simples

Sua flexão de número é **igual à dos substantivos simples**.
homem bom / homens bons
rapaz trabalhador / rapazes trabalhadores

> **Curiosidade:** Qualquer substantivo usado como adjetivo fica invariável:
> homem monstro / homens monstro
> mulher monstro / mulheres monstro
> vestidos laranja
> ternos cinza
> camisas abacate
> carros residência

3.3.2.5.2. Adjetivos compostos

Varia **apenas o último elemento**.

hospital médico-cirúrgico / hospitais médico-cirúrgicos
blusa amarelo-clara / blusas amarelo-claras
posição sócio-político-econômica / posições sócio-político-econômicas

> **Curiosidade:** Se o último elemento do composto for um substantivo, fica invariável.
> blusa verde-garrafa / blusas verde-garrafa
> tecido amarelo-ouro / tecidos amarelo-ouro
> sapato marrom-café / sapatos marrom-café

São invariáveis: azul-marinho / azul-celeste / cor de ...

3.3.2.6. Flexão de grau

São dois os graus de adjetivo:

- *Comparativo*, compara **dois seres diferentes**.
- *Superlativo*, compara qualidades de **um único ser**.

3.3.2.6.1. Grau comparativo

3.3.2.6.1.1. De igualdade

A qualidade aparece na **mesma intensidade** para ambos os seres que se comparam: João é tão alto quanto José.

3.3.2.6.1.2. De superioridade

A qualidade aparece **mais intensificada no primeiro elemento** de comparação: João é mais alto que (ou do que) José.

3.3.2.6.1.3. De inferioridade

A qualidade aparece **menos intensificada no primeiro elemento** de comparação: João é menos alto que (ou do que) José.

> **Curiosidade:** Veja o grau comparativo de superioridade com os adjetivos:
> *bom*
> *mau / ruim*
> *grande*
> *pequeno*
> Temos duas formas para usá-los:
> a) *analítica:* mais bom, mais mau, mais grande, mais pequeno
> b) *sintética:* melhor, pior, maior, menor
> Comparativo de superioridade analítico: usado quando se comparam duas qualidades de um único ser.
> Minha casa é mais grande que confortável.
> João é mais bom que ruim.
> Comparativo de superioridade sintético: usado quando se compara uma qualidade entre dois seres diferentes:
> Minha casa é maior que a sua.
> João é melhor que José.
> **Atenção:** A forma "mais pequeno" é sempre correta! Você pode usá-la sempre:
> Meu carro é mais pequeno que grande.
> Meu carro é mais pequeno que o seu.
> A casa do Pedro é mais pequena que grande.
> A casa do Pedro é mais pequena que a casa do José.

3.3.2.6.2. Grau superlativo

3.3.2.6.2.1. Relativo

Qualidade de **um ser em relação a um conjunto** de seres.

■ *De superioridade:* João é o mais alto da turma.
■ *De inferioridade:* João é o menos alto da turma.

3.3.2.6.2.2. Absoluto

Qualidade de **um único ser, absolutamente**.

a) *Analítico:* quando a alteração do grau é feita **por meio de alguma palavra que modifique o adjetivo:**
João é muito alto.
Minha casa é bastante confortável.

b) *Sintético:* **quando acrescentamos sufixos** para marcar o grau:
João é altíssimo.
Minha casa é confortabilíssima.

O superlativo absoluto sintético é formado pelo acréscimo dos sufixos: **-íssimo; -imo; -rimo.**

Na **língua coloquial**, usamos sempre **-íssimo:** belíssimo, amiguíssimo, agudíssimo. Na **língua culta**, devemos acrescentar os sufixos **-íssimo, -rimo** ou **-imo** às formas eruditas dos adjetivos:

amicus + íssimo = amicíssimo
pauper + rimo = paupérrimo
humili + imo = humílimo

Alguns superlativos absolutos eruditos:

amargo: amaríssimo
célebre: celebérrimo
cruel: crudelíssimo
doce: dulcíssimo
frágil: fragílimo
frio: frigidíssimo
geral: generalíssimo
humilde: humílimo
incrível: incredibilíssimo
livre: libérrimo
magro: macérrimo ou magérrimo

negro: nigérrimo
nobre: nobilíssimo
pio: pientíssimo
preguiçoso: pigérrimo
sábio: sapientíssimo
soberbo: superbíssimo
tétrico: tetérrimo
velho: vetérrimo
veloz: velocíssimo
visível: visibilíssimo
voraz: voracíssimo

3.3.3. Artigo

É a palavra variável em gênero e número que **define ou indefine o substantivo**.

3.3.3.1. Artigos definidos (o, a, os, as)

O jornal comentou a notícia.

3.3.3.2. Artigos indefinidos (um, uma, uns, umas)

Um jornal comentou uma notícia.

3.3.3.3. Particularidades do artigo

a) **Substantivar** qualquer palavra:
O "não" é uma palavra que expressa negação. — "não" vira substantivo.
Quem ama o feio, bonito lhe parece. — "feio" vira substantivo.

b) **Evidenciar** o **gênero** e o **número** dos substantivos:
O dó (masculino)
A coleta (feminino)
O lápis (singular)
Os lápis (plural)

c) **Revelar quantidade aproximada** quando usado o indefinido diante de numerais:
Uns dez quilos
Umas trezentas pessoas

d) **Combinar-se com preposições:**
No = em + o
Das = de + as
À = a + a
Numa = em + uma

3.3.4. Numeral

É a palavra que dá ideia de **quantidade** (um, dois, três...), **sequência** (primeiro, segundo, terceiro...), **multiplicação** (dobro, triplo...) e **divisão** (metade, um terço, três quartos...).

ALGARISMOS	CARDINAIS	ORDINAIS	MULTIPLICATIVOS	FRACIONÁRIOS	COLETIVOS
1	um	primeiro			
2	dois	segundo	duplo, dobro	meio, metade	duo, dueto
3	três	terceiro	triplo, tríplice	terço	trio
4	quatro	quarto	quádruplo	quarto	quarteto
5	cinco	quinto	quíntuplo	quinto	quinteto
6	seis	sexto	sêxtuplo	sexto	sexteto
7	sete	sétimo	séptuplo	sétimo	
8	oito	oitavo	óctuplo	oitavo	
9	nove	nono	nónuplo	nono	novena
10	dez	décimo	décuplo	décimo	dezena, década
11	onze	undécimo, décimo primeiro	undécuplo	undécimo, onze avos	
12	doze	duodécimo, décimo segundo	duodécuplo	duodécimo, doze avos	dúzia
13	treze	décimo terceiro		treze avos etc.	
14	catorze, quatorze	décimo quarto			
15	quinze	décimo quinto			
16	dezesseis	décimo sexto			
17	dezessete	décimo sétimo			
18	dezoito	décimo oitavo			
19	dezenove	décimo nono			
20	vinte	vigésimo		vinte avos	
21	vinte e um	vigésimo primeiro		vinte e um avos	
30	trinta	trigésimo		trinta avos	
40	quarenta	quadragésimo			
50	cinquenta	quinquagésimo			
60	sessenta	sexagésimo			
70	setenta	septuagésimo			
80	oitenta	octogésimo			

90	noventa	nonagésimo			
100	cem	centésimo	cêntuplo	cem avos	centena, cento
200	duzentos	ducentésimo		duzentos avos	
300	trezentos	tricentésimo		trezentos avos	
400	quatrocentos	quadrigentésimo			
500	quinhentos	quingentésimo			
600	seiscentos	seiscentésimo			
700	setecentos	septingentésimo			
800	oitocentos	octingentésimo			
900	novecentos	nongentésimo			
1.000	mil	milésimo		mil avos	milhar
10.000	dez mil	dez milésimos		dez mil avos	
100.000	cem mil	cem milésimos		cem mil avos	
1.000.000	um milhão	milionésimo		milionésimo	
1.000.000.000	um bilhão	bilionésimo		bilionésimo	
1.000.000.000.000	um trilhão	trilionésimo		trilionésimo	

3.3.4.1. Flexão dos numerais

Alguns numerais são variáveis em gênero e número, outros apenas em gênero ou apenas em número.

a) **gênero e número:** primeiro, primeira / primeiros, primeiras;

b) **apenas gênero:** um / uma, dois / duas, trezentos / trezentas, ambos / ambas;

c) **apenas número:** um terço / dois terços, um quinto / cinco quintos.

3.3.4.2. Emprego dos numerais

a) na indicação de **soberanos, papas, séculos e partes de obras**, usa-se o ordinal até dez e, daí em diante, o cardinal; no **texto legislativo**, usa-se o ordinal até nove e, daí em diante, o cardinal:

Henrique VIII (oitavo)	Século X (décimo)	Artigo 9.º (nono)
João XXIII (vinte e três)	Século XI (onze)	§ 10 (parágrafo dez)

> **Curiosidade:** Se o numeral vier anteposto ao substantivo, usamos o ordinal:
> XX Salão do Automóvel = Vigésimo Salão do Automóvel
> Se o numeral vier posposto ao substantivo, usamos o cardinal:
> casa 2 = casa dois
> página 23 = página vinte e três

b) na indicação do **primeiro dia do mês**, usamos o numeral **ordinal**; para os **outros dias**, o numeral **cardinal**:

primeiro de abril	três de abril	treze de julho
dois de abril		primeiro de julho	trinta e um de julho

3.3.4.3. Leitura dos numerais

a) **numeral cardinal:** coloca-se a conjunção "e" entre as centenas e dezenas e também entre a dezena e a unidade:
6.069.523 = seis milhões sessenta e nove mil quinhentos e vinte e três
b) **numeral ordinal**

▫ **inferior a 2.000.º**, lê-se normalmente como ordinal:
1.856.º = milésimo octingentésimo quinquagésimo sexto
▫ **superior a 2.000.º**, lê-se o primeiro como cardinal e os outros como ordinais:
2.056.º = dois milésimos quinquagésimo sexto
5.232.º = cinco milésimos ducentésimo trigésimo segundo

> **Curiosidade:** Se for **número redondo:**
> 2.000.º = segundo milésimo
> 5.000.º = quinto milésimo
> 10.000.º = décimo milésimo

3.3.5. Pronome

Classe de palavras que **acompanha ou substitui o substantivo** e que dá indicações sobre aquilo que este expressa, limitando ou concretizando o seu significado. Concorda em gênero e número com o substantivo a que se refere.
Meu pai chegou. — *meu:* **pronome adjetivo**, pois acompanha um substantivo.
Ele chegou. — *ele:* **pronome substantivo**, pois substitui um substantivo.

3.3.5.1. Pronomes pessoais

Classe de palavras que **representa** no discurso **as três pessoas gramaticais**, indicando, por isso, *quem fala, com quem se fala* e *de quem se fala.*

NÚMERO	PESSOA	CASO RETO	CASO OBLÍQUO	
			ÁTONO	TÔNICO
Singular	1.ª pessoa	eu	me	mim, comigo
	2.ª pessoa	tu	te	ti, contigo
	3.ª pessoa	ele(a)	se, o, a, lhe	si, consigo *preposição* + ele(a)
Plural	1.ª pessoa	nós	nos	conosco, *preposição* + nós
	2.ª pessoa	vós	vos	convosco, *preposição* + vós
	3.ª pessoa	eles(as)	se, os, as, lhes	si, consigo, *preposição* + eles(as)

3.3.5.1.1. Caso reto

São do **caso reto** os pronomes que nas orações **desempenham a função de sujeito** ou **predicativo do sujeito.**

3.3.5.1.2. Caso oblíquo

São do **caso oblíquo** os pronomes que nas orações desempenham funções de **complemento verbal** ou **complemento nominal**. As formas dos pronomes pessoais do caso oblíquo variam de acordo com a tonicidade com que são pronunciados, dividindo-se em átonos e tônicos.

> **Curiosidade:** Os pronomes oblíquos átonos só podem aparecer ao lado do verbo (próclise, mesóclise ou ênclise):
> Jamais me abandonará.
> Abandonar-me-á?
> Abandonou-me.
> Os pronomes oblíquos tônicos podem aparecer em qualquer lugar da frase:
> Para mim estudar Português é fácil.
> Estudar Português para mim é fácil.
> Estudar Português é para mim fácil.
> Estudar Português é fácil para mim.

3.3.5.1.3. Pronomes de tratamento

São usados no **trato formal**, quando não deve haver intimidade.

Os pronomes de tratamento apresentam certas **peculiaridades quanto à concordância** verbal, nominal e pronominal. **Embora se refiram à** *segunda pessoa* gramatical (à pessoa com quem se fala, ou a quem se dirige a comunicação), **levam a concordância para a** *terceira pessoa*.

> **Curiosidade:** O verbo concorda com o substantivo que integra a locução como seu núcleo sintático: Vossa *Senhoria nomeará* o substituto.
> Vossa *Excelência conhece* o assunto.
> Da mesma forma, os pronomes possessivos referidos a pronomes de tratamento são sempre os da terceira pessoa:
> Vossa *Senhoria* nomeará *seu* substituto.
> Vossa *Excelência* levará *consigo* o documento.

Quanto aos adjetivos referidos a esses pronomes, o gênero gramatical deve coincidir com o sexo da pessoa a que se refere, e não com o substantivo que compõe a locução. Assim, nosso interlocutor,

a) se for homem, o correto é *"Vossa Excelência está atarefado"*, *"Vossa Senhoria deve estar satisfeito"*.

b) se for mulher, o correto é *"Vossa Excelência está atarefada"*, *"Vossa Senhoria deve estar satisfeita"*.

3.3.5.1.3.1. Emprego dos pronomes de tratamento

a) *Vossa Excelência (V.Exª)*, para as seguintes autoridades: Presidente da República; Vice-Presidente da República; Ministros de Estado; Governadores (e Vice) de Estado e do

Distrito Federal; Oficiais-Generais das Forças Armadas; Embaixadores; Secretários--Executivos de Ministérios e demais ocupantes de cargos de natureza especial; Secretários de Estado dos Governos Estaduais; Prefeitos Municipais; Deputados Federais e Senadores; Ministro do Tribunal de Contas da União; Deputados Estaduais e Distritais; Conselheiros dos Tribunais de Contas Estaduais; Presidentes das Câmaras Legislativas Municipais; Ministros dos Tribunais Superiores; Membros de Tribunais; Juízes; Auditores da Justiça Militar.

b) *Vossa Senhoria (V.S^a)* é empregado para as demais autoridades e para particulares.

c) *Vossa Magnificência (V.Mag^a)* é empregado, por força da tradição, em comunicações dirigidas a reitores de universidade.

d) *Vossa Santidade (V.S.),* em comunicações dirigidas ao Papa.

e) *Vossa Eminência (V.Em^a)* ou *Vossa Eminência Reverendíssima (V.Em^{a}Rev^{ma})*, em comunicações aos Cardeais.

f) *Vossa Excelência Reverendíssima (V.Ex^{a}Rev^{ma})* é usado em comunicações dirigidas a Arcebispos e Bispos.

g) *Vossa Reverendíssima (V.Rev^{ma})* ou *Vossa Senhoria Reverendíssima (V.S^{a}Rev^{ma})* para Monsenhores, Cônegos e superiores religiosos.

h) *Vossa Reverência (V.Rev^a)* é empregado para sacerdotes, clérigos e demais religiosos.

i) *Vossa Alteza (V.A.)* é empregado para arquiduques, duques e príncipes.

j) *Vossa Majestade (V.M.)* é empregado para reis e imperadores.

> **Curiosidade:** As formas dadas até agora são usadas para falar diretamente com a pessoa.
> Quando queremos falar delas (e não com elas), trocamos VOSSA por SUA:
> Sua Excelência (S.Exª)
> Sua Senhoria (S.S^a)

3.3.5.2. Pronomes demonstrativos

Classe de palavras que, substituindo ou acompanhando os nomes, **indica a posição dos seres e das coisas no espaço e no tempo** em relação às pessoas gramaticais.

	VARIÁVEIS	INVARIÁVEIS
1.ª pessoa	este(s), esta(s)	isto
2.ª pessoa	esse(s), essa(s)	isso
3.ª pessoa	aquele(s), aquela(s)	aquilo

Também aparecem como pronomes demonstrativos:

a) *mesmo(s), mesma(s):* Estas são as mesmas roupas que eu usei ontem.

b) *próprio(s), própria(s):* Os próprios meninos fizeram o brinquedo.

c) *semelhante(s):* Não diga semelhante coisa!

d) *tal/tais:* Ele não pode viver com tal preocupação.

e) *o(s), a(s):* quando equivalem a isto, aquilo, aquele(s), aquela(s): São muitos os que faltaram à aula hoje. Eu quero a da direita.

3.3.5.3. Pronomes relativos

Classe de palavras que **estabelece uma relação entre uma palavra antecedente** que representa e **aquilo que a seu respeito se vai dizer** na oração que introduz, ou que estabelece uma relação entre um nome que determina e um antecedente.

VARIÁVEIS	INVARIÁVEIS
o qual, a qual, os quais, as quais	que
cujo, cuja, cujos, cujas	quem
quanto, quanta, quantos, quantas	onde

a) *Qual* — vem sempre **precedido de artigo:** o qual, a qual, os quais, as quais.

b) *Cujo* — expressa **posse** e **concorda sempre em gênero e número com o substantivo que o sucede:**

Esta senhora, *cujo* nome desconheço, tem uma reclamação a fazer.

Este é o rio Douro *cujas* águas banham a cidade do Porto.

c) *Quanto* — tem por **antecedentes** os **pronomes indefinidos** todo(a, os, as) e tanto(a, os, as), embora estes estejam omitidos (subentendidos):

Emprestei-te quanto dinheiro tinha (antecedente subentendido: tanto).

d) *Quem* — refere-se a pessoas e, funcionando como complemento, vem **sempre precedido de preposição:**

Atanagildetina é a mulher a quem eu amo.

e) *Onde* — refere-se sempre a uma **localidade:**

Esta é a casa onde nasci.

3.3.5.4. Pronomes interrogativos

Classe de palavras que, substituindo ou acompanhando os nomes, é empregada para formular uma **pergunta direta ou indireta**.

VARIÁVEIS	INVARIÁVEIS
quanto, quanta, quantos, quantas	que
qual, quais	quem
	onde

a) *Quanto* — pode referir-se a pessoas ou a coisas. Enquanto interrogativo, usa-se em concordância com o substantivo:

Quantos irmãos tens?

Quero saber quantos irmãos você tem.

b) *Qual* — pode referir-se a pessoas ou a coisas. Usa-se geralmente como determinante, embora nem sempre junto ao substantivo:

Qual foi o filme que viste ontem?

Gostaria de saber qual foi o filme que viste ontem.

c) *Que* — é determinante quando é equivalente a "que espécie de", podendo referir-se a pessoas ou a coisas:

Que livro você está lendo?

Quero saber que livro você está lendo.

Mas que mulher é esta?

Gostaria de saber que mulher é esta.

3.3.5.5. Pronomes indefinidos

Classe de palavras que designa ou determina a 3.ª pessoa gramatical (seres ou coisas) de **modo vago e impreciso**.

VARIÁVEIS	INVARIÁVEIS
algum, alguns, alguma, algumas	algo
bastante, bastantes	alguém
certo, certos, certa, certas	cada
diverso, diversos, diversa, diversas	demais
muito, muitos, muita, muitas	mais
nenhum, nenhuns, nenhuma, nenhumas	menos
outro, outros, outra, outras	outrem
pouco, poucos, pouca, poucas	nada
qual, quais	tudo
qualquer, quaisquer	
tanto, tantos, tanta, tantas	
todo, todos, toda, todas	
um, uns, uma, umas	
vário, vários, vária, várias	

3.3.5.6. Pronomes possessivos

Classe de palavras que **exprime a posse** em relação às três pessoas gramaticais.

singular	1.ª pessoa	meu, meus, minha, minhas
	2.ª pessoa	teu, teus, tua, tuas
	3.ª pessoa	seu, seus, sua, suas dele, deles, dela, delas
plural	1.ª pessoa	nosso, nossos, nossa, nossas
	2.ª pessoa	vosso, vossos, vossa, vossas
	3.ª pessoa	seu, seus, sua, suas dele, deles, dela, delas

3.4. CLASSE VERBAL

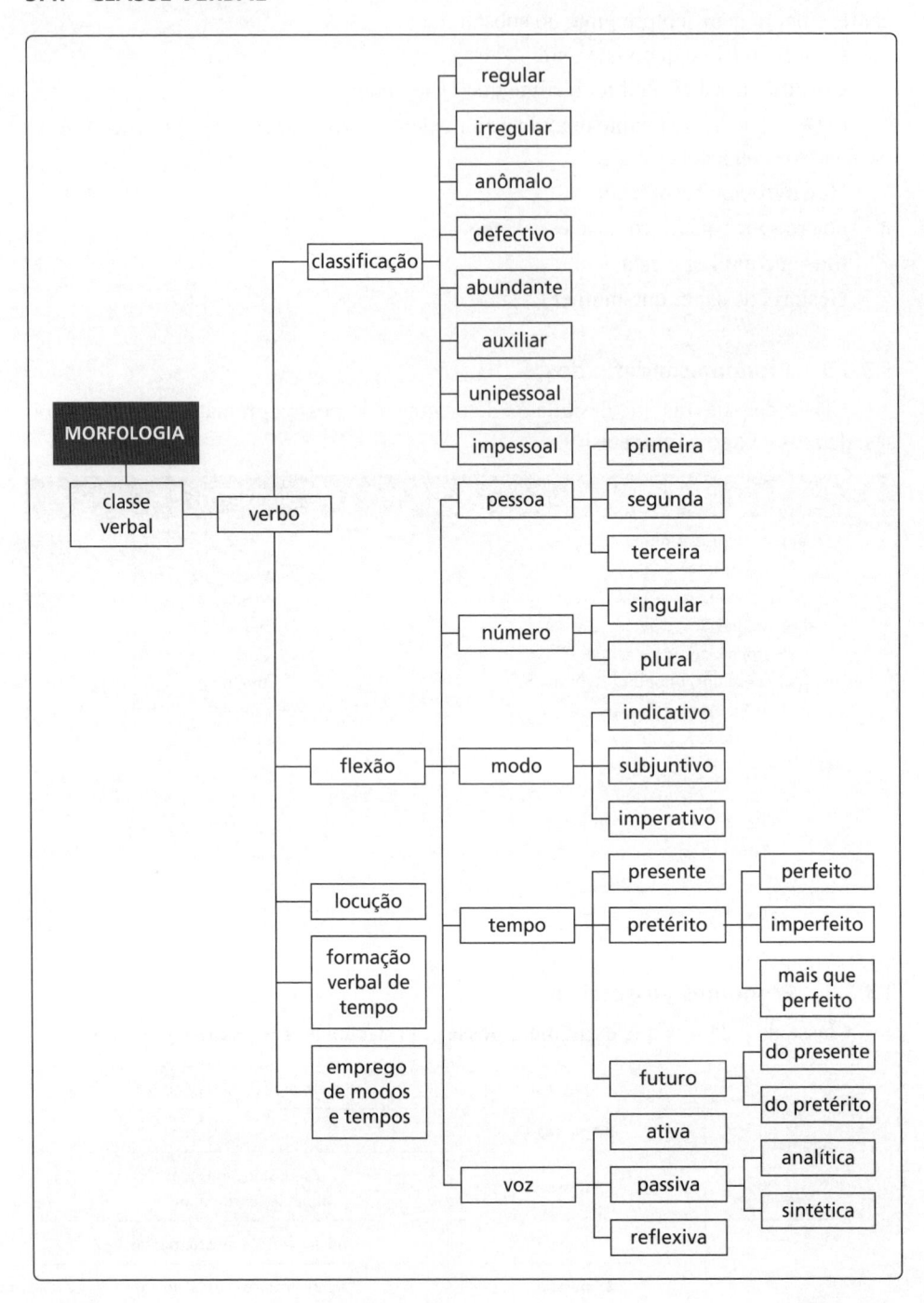

```
MORFOLOGIA
└── classe verbal ── verbo
    ├── classificação
    │   ├── regular
    │   ├── irregular
    │   ├── anômalo
    │   ├── defectivo
    │   ├── abundante
    │   ├── auxiliar
    │   ├── unipessoal
    │   └── impessoal
    ├── flexão
    │   ├── pessoa
    │   │   ├── primeira
    │   │   ├── segunda
    │   │   └── terceira
    │   ├── número
    │   │   ├── singular
    │   │   └── plural
    │   ├── modo
    │   │   ├── indicativo
    │   │   ├── subjuntivo
    │   │   └── imperativo
    │   ├── tempo
    │   │   ├── presente
    │   │   ├── pretérito
    │   │   │   ├── perfeito
    │   │   │   ├── imperfeito
    │   │   │   └── mais que perfeito
    │   │   └── futuro
    │   │       ├── do presente
    │   │       └── do pretérito
    │   └── voz
    │       ├── ativa
    │       ├── passiva
    │       │   ├── analítica
    │       │   └── sintética
    │       └── reflexiva
    ├── locução
    ├── formação verbal de tempo
    └── emprego de modos e tempos
```

Verbo é a classe de palavra que designa um **estado**, uma **ação** ou um **fenômeno natural**.

Ana **é** feliz. (estado)
Ana **comeu** mamão. (ação)
Neva todo inverno no país de Ana. (fenômeno natural)
A **conjugação** verbal é feita **por meio das desinências**.

Exemplo: Na forma verbal *viéssemos*, temos a 1.ª pessoa do plural do pretérito imperfeito do subjuntivo, pois:

- **-sse** é desinência modo-temporal (pretérito imperfeito do subjuntivo)
- **-mos** é desinência número-pessoal (1.ª pessoa do plural)

As *desinências número-pessoais* são **fixas para todos os verbos, em qualquer modo ou tempo**. Elas informam se um verbo está na 1.ª, 2.ª ou 3.ª pessoa e se o verbo está no singular ou no plural.

São elas:

PESSOAS		DESINÊNCIAS
1.ª pessoa do singular	eu	Ø
2.ª pessoa do singular	tu	S
3.ª pessoa do singular	ele	Ø
1.ª pessoa do plural	nós	MOS
2.ª pessoa do plural	vós	IS
3.ª pessoa do plural	eles	M

Curiosidade: O símbolo Ø informa que para essas pessoas não existe desinência, portanto nada acrescentaremos à forma verbal.

3.4.1. Classificação dos verbos

3.4.1.1. Regulares

São os que **seguem o modelo** de sua conjugação.

Para saber se um verbo é **regular**, basta conjugá-lo no **presente do indicativo** e no **pretérito perfeito do indicativo**. Se não houver mudanças no radical ou nas desinências nesses dois tempos, não haverá em nenhum outro.

PRESENTE DO INDICATIVO		PRETÉRITO PERFEITO DO INDICATIVO	
radical	desinências	radical	desinências
ESTUD	O	ESTUD	EI
ESTUD	AS	ESTUD	ASTE
ESTUD	A	ESTUD	OU
ESTUD	AMOS	ESTUD	AMOS
ESTUD	AIS	ESTUD	ASTES
ESTUD	AM	ESTUD	ARAM

> **Curiosidade:** *Formas rizotônicas e arrizotônicas:*
> a) Formas **rizotônicas** são aquelas que apresentam o **acento tônico** no **radical** do verbo. 1.ª, 2.ª e 3.ª pessoas do singular (eu, tu, ele) e 3.ª pessoa do plural (eles) são formas rizotônicas: **Am**o, **am**as, **am**a, **am**am.
> b) Formas **arrizotônicas** são aquelas que apresentam o **acento tônico** na **desinência**. 1.ª e 2.ª pessoas do plural (nós e vós) são formas arrizotônicas: Am**amos**, am**ais**.

3.4.1.2. Irregulares

São aqueles cujo **radical e/ou terminações se alteram**, não seguindo o modelo de sua conjugação. Vejamos os verbos a seguir:

PRESENTE DO INDICATIVO		PRETÉRITO PERFEITO DO INDICATIVO	
radical	desinências	radical	desinências
D	OU	D	EI
D	ÁS	D	ESTE
D	Á	D	EU
D	AMOS	D	EMOS
D	AIS	D	ESTES
D	ÃO	D	ERAM

Houve alteração nas desinências, na conjugação do verbo "dar".

A irregularidade pode também ocorrer no **radical**, como no caso do verbo "ouvir", na 1.ª pessoa do presente do indicativo — eu **ouç**o:

PRESENTE DO INDICATIVO		PRETÉRITO PERFEITO DO INDICATIVO	
radical	desinências	radical	desinências
OUÇ	O	OUV	I
OUV	ES	OUV	ISTE
OUV	E	OUV	IU
OUV	IMOS	OUV	IMOS
OUV	IS	OUV	ISTES
OUV	EM	OUV	IRAM

3.4.1.3. Anômalos

São aqueles que **sofrem profundas modificações:**
ser: sou, fui, era...
ir: vou, fui, irei...

3.4.1.4. Defectivos

São aqueles que **não se conjugam em todas as formas:** é o caso dos verbos "abolir" e "reaver".

PRESENTE DO INDICATIVO			
eu	Ø	eu	Ø
tu	aboles	tu	Ø
ele	abole	ele	Ø
nós	abolimos	nós	reavemos
vós	abolis	vós	reaveis
eles	abolem	eles	Ø

3.4.1.5. Abundantes

São aqueles que apresentam **mais de uma forma com o mesmo valor**.
haver: vós **haveis** ou **heis**
construir: tu **construis** ou **constróis**
A abundância acontece, principalmente, no particípio.

O particípio regular é terminado em -do, o particípio irregular não possui forma fixa de terminação:
aceitar: aceitado / aceito
concluir: concluído / concluso
imprimir: imprimido / impresso
vagar: vagado / vago

Curiosidade: Lista de alguns verbos e seus duplos particípios (regular + irregular):

acender: acendido / aceso
afligir: afligido / aflito
agradecer: agradecido / grato
assentar: assentado / assente
atender: atendido / atento
benzer: benzido / bento
cativar: cativado / cativo
cegar: cegado / cego
cobrir: cobrido / coberto
completar: completado / completo
confundir: confundido / confuso
convencer: convencido / convicto
corromper: corrompido / corrupto
defender: defendido / defeso
descalçar: descalçado / descalço
dispersar: dispersado / disperso
dissolver: dissolvido / dissoluto
eleger: elegido / eleito
empregar: empregado / empregue
encarregar: encarregado / encarregue
entregar: entregado / entregue
envolver: envolvido / envolto

enxugar: enxugado / enxuto
erigir: erigido / ereto
expressar: expressado / expresso
expulsar: expulsado / expulso
extinguir: extinguido / extinto
fartar: fartado / farto
findar: findado / findo
fixar: fixado / fixo
frigir: frigido / frito
ganhar: ganhado / ganho
imergir: imergido / imerso
incluir: incluído / incluso
inserir: inserido / inserto
isentar: isentado / isento
juntar: juntado / junto
libertar: libertado / liberto
limpar: limpado / limpo
matar: matado / morto
morrer: morrido / morto
omitir: omitido / omisso
pagar: pagado / pago
prender: prendido / preso

repelir: repelido / repulso	sujeitar: sujeitado / sujeito
revolver: revolvido / revolto	surpreender: surpreendido / surpreso
romper: rompido / roto	surgir: surgido / surto
salvar: salvado / salvo	suspeitar: suspeitado / suspeito
secar: secado / seco	suspender: suspendido / suspenso
situar: situado / sito	tingir: tingido / tinto
soltar: soltado / solto	torcer: torcido / torto
submergir: submergido / submerso	

3.4.1.6. Auxiliares

São aqueles que, **desprovidos de sentido próprio** (parcial ou totalmente), **juntam-se a outros verbos**, formando o que chamamos de *locução verbal*.

Os verbos auxiliares mais frequentes são: ser, estar, ter, haver, andar, deixar, tornar, poder, ir, começar, dever, acabar, querer, precisar e pretender.

3.4.1.6.1. Locução verbal

É a **união** de um **verbo auxiliar** com um **verbo em forma nominal** (infinitivo, gerúndio ou particípio). A função do verbo auxiliar é expandir a significação do principal.

Preciso sair agora. — **preciso** é verbo auxiliar, **sair** é verbo principal.

Estou cantando bem? — **estou** é verbo auxiliar, **cantando** é verbo principal.

Tenho falado muito! — **tenho** é verbo auxiliar, **falado** é verbo principal.

Nas locuções verbais, o verbo **auxiliar** está **sempre conjugado**, e o verbo **principal** (aquele que dá sentido à locução) deve ficar no infinitivo **(-r)**, gerúndio **(-ndo)** ou **particípio (-do/?):**

- *infinitivo:* Eu vou falar.
- *gerúndio:* Eu estou falando.
- *particípio:* Eu tenho falado.

Curiosidades:
1. A locução formada de infinitivo pode ter preposição entre o auxiliar e o principal:
O bebê começou **a** falar hoje.
João está **para** chegar.
2. Nas locuções verbais formadas de particípio, devemos optar pelo regular ou irregular, de acordo com a seguinte regra:
a) Com auxiliares **TER** ou **HAVER**: usamos o **particípio regular (-do):**
Eu **tenho pagado** minhas contas em dia.
Ele **havia acendido** a vela.
b) Com outros auxiliares: usamos o **particípio irregular (?):**
A conta **foi paga**.
A vela **está acesa**.

> 3. Quando o particípio possui uma única forma, não temos por que optar:
> fazer — **feito:**
> Eu **tenho feito** o trabalho sozinho.
> O trabalho **foi feito** por mim.
> vender — **vendido:**
> Eu **tenho vendido** muitas roupas.
> Estas roupas já **foram vendidas**.

3.4.1.7. Unipessoais

São aqueles que aparecem **apenas na 3.ª pessoa do singular ou do plural**.

a) verbos que exprimem as vozes dos animais: latir (late, latem), miar (mia, miam) etc.

b) outros verbos que expressam ideias que não se atribuem a seres humanos: soar (soava, soavam), acontecer (aconteceu, aconteceram) etc.

3.4.1.8. Pronominais

São aqueles que **se conjugam com pronomes oblíquos**.
Dividem-se em dois grupos:

- *essencialmente pronominais* — só existem com pronomes: suicidar-se, queixar-se, arrepender-se etc.
- *acidentalmente pronominais* — podem ser usados com ou sem pronomes: lembrar-se (ou lembrar), esquecer-se (ou esquecer), enganar (ou enganar-se) etc.

3.4.2. Flexão dos verbos

3.4.2.1. Pessoa

Refere-se às **pessoas do discurso:**

- *1.ª pessoa* — **quem fala** (emissor): canto, cantamos.
- *2.ª pessoa* — **quem ouve** (receptor): cantas, cantais.
- *3.ª pessoa* — **de quem se fala** (mensagem): canta, cantam.

3.4.2.2. Número

Refere-se às flexões de **singular** e **plural:**

- *Singular* — refere-se a apenas **uma pessoa**: canto, cantas, canta.
- *Plural* — refere-se a **duas ou mais pessoas**: cantamos, cantais, cantam.

3.4.2.3. Modo

Refere-se à **maneira como anunciamos** um estado, uma ação ou um fenômeno natural. São três os modos verbais:

3.4.2.3.1. Indicativo

Expressa **certeza**.
Vós cantastes bem ontem.
Eu canto para afugentar a tristeza.
Nós cantaremos juntos aquela canção.

3.4.2.3.2. Subjuntivo

Expressa **dúvida ou hipótese**.
Se nós cantássemos, o tempo passaria mais rapidamente.
Todos pedem que eu cante.
Quando vós cantardes, ficaremos felizes.

3.4.2.3.3. Imperativo

Expressa **ordem**, **pedido** ou **súplica**.
Não cante.
Por favor, cantem para nós.
Pelo amor de Deus, não cante essa música outra vez.

3.4.2.4. Tempo

Situa a ideia expressa pelo verbo dentro de **determinado momento**:

3.4.2.4.1. Pretérito

Enuncia um fato **anterior** em relação **ao momento em que se fala**. Eu cantara. Eu cantei. Eu cantava. Se eu cantasse...

3.4.2.4.2. Presente

Enuncia um fato que **ocorre no momento em que se fala**. Eu canto. Que eu cante...

3.4.2.4.3. Futuro

Enuncia um fato **posterior** em relação **ao momento em que se fala**. Eu cantarei. Quando eu cantar...

3.4.2.5. Voz

Indica se o **sujeito** está **praticando** ou **sofrendo** a ação expressa pelo verbo (ou se ambos ao mesmo tempo). São três:

3.4.2.5.1. Voz ativa

Ocorre quando o **sujeito pratica a ação** verbal, é o agente, executa a ação expressa pelo verbo.

Âni comeu a deliciosa maçã.
Eles saíram.
O macaco comeu a fruta.
Maria colheu a rosa.

3.4.2.5.2. Voz passiva

Ocorre quando o **sujeito sofre a ação** verbal, é o paciente, receptor da ação expressa pelo verbo.

A deliciosa maçã foi comida pela Âni.
Comeu-se a deliciosa maçã.
Há dois tipos de voz passiva:

3.4.2.5.2.1. Analítica

Constitui-se da **locução verbal** formada pelo verbo auxiliar + verbo principal no particípio. Os auxiliares empregados são **SER** ou **IR**.

A fruta foi comida pelo macaco.
A rosa será colhida por Maria.
O santo ia carregado pelos fiéis.
O trio iria seguido pela multidão.

> **Curiosidade:** Na voz passiva analítica, aquele que pratica a ação é chamado *AGENTE DA PASSIVA* (no caso dos exemplos acima, temos, então, **pelo macaco, pela Maria, pelos fiéis** e **pela multidão** como agentes da passiva).

3.4.2.5.2.2. Sintética

Constitui-se do verbo principal na 3.ª pessoa (singular ou plural concordando com o sujeito) + **partícula apassivadora SE**.

Comeu-se a banana.
Comeram-se as bananas.
Colheu-se a rosa.
Colheram-se as rosas.

> **Curiosidade:**
> a) Neste tipo de voz passiva, não aparece o agente da passiva.
> b) O **SE** também pode ser chamado de *pronome apassivador*.

3.4.2.5.3. Voz reflexiva

Ocorre quando o **sujeito**, ao mesmo tempo, **pratica e sofre a ação** verbal, é agente e paciente, executa e recebe a ação expressa pelo verbo.

Âni cortou-se com a faca.
O macaco feriu-se.

Maria cortou-se.
Eu, ontem, olhei-me no espelho.

> **Curiosidade:** Quando o sujeito é plural, temos a voz reflexiva recíproca:
> As meninas pentearam-se.
> Âni e Ina cortaram-se com a faca.

3.4.3. Formação dos tempos verbais

Quanto à formação, classificamos os tempos como **primitivos** e **derivados**:

PRIMITIVOS	DERIVADOS
Presente do indicativo 1.ª pessoa do singular 2.ªs pessoas (singular e plural)	▫ Presente do subjuntivo ▫ Imperativo negativo ▫ 2.ªs pessoas (singular e plural) do imperativo afirmativo
Pretérito perfeito do indicativo 3.ª pessoa do plural	▫ Pretérito mais-que-perfeito do indicativo ▫ Pretérito imperfeito do subjuntivo ▫ Futuro do subjuntivo
Infinitivo impessoal	▫ Futuro do presente do indicativo ▫ Futuro do pretérito do indicativo ▫ Pretérito imperfeito do indicativo ▫ Infinitivo pessoal

3.4.3.1. Derivação

As formas verbais **primitivas dão origem** aos tempos verbais derivados, de acordo com o item anterior.

3.4.3.1.1. Derivados da 1.ª pessoa do singular do presente do indicativo

1.ª conjugação (terminados em AR) — eu **cant o**
2.ª conjugação (terminados em ER) — eu **vend o**
3.ª conjugação (terminados em IR) — eu **part o**

3.4.3.1.1.1. Presente do subjuntivo

1.ª conjugação troca o **-O** por **-E**.
2.ª e 3.ª conjugações trocam o **-O** por **-A**.
Acrescentando, a seguir, as desinências número-pessoais.

cant	e Ø	vend	a Ø	part	a Ø
cant	e s	vend	a s	part	a s
cant	e Ø	vend	a Ø	part	a Ø
cant	e mos	vend	a mos	part	a mos
cant	e is	vend	a is	part	a is
cant	e m	vend	a m	part	a m

> **Curiosidade:** O verbo pôr pertence à 2.ª conjugação, pois surgiu na Língua Portuguesa como POER.
> Veja a etimologia:
> ponere > poere > poer > poor > pôr

3.4.3.1.1.2. Imperativo negativo

Idêntico ao presente do subjuntivo. Basta acrescentar a negação.

não	cant	es	tu	não	vend	as	tu	não	part	as	tu
não	cant	e	você	não	vend	a	você	não	part	a	você
não	cant	emos	nós	não	vend	amos	nós	não	part	amos	nós
não	cant	eis	vós	não	vend	ais	vós	não	part	ais	vós
não	cant	em	vocês	não	vend	am	vocês	não	part	am	vocês

3.4.3.1.1.3. Imperativo afirmativo

As segundas pessoas (tu e vós) obtêm-se das segundas pessoas do presente do indicativo sem a letra "**S**".

As demais pessoas são idênticas ao presente do subjuntivo.

cant	a	tu	vend	e	tu	part	e	tu
cant	e	você	vend	a	você	part	a	você
cant	emos	nós	vend	amos	nós	part	amos	nós
cant	ai	vós	vend	ei	vós	part	i	vós
cant	em	vocês	vend	am	vocês	part	am	vocês

> **Curiosidade:** No imperativo, não existe a 1.ª pessoa do singular (eu).

3.4.3.1.2. Derivados da 3.ª pessoa do plural do pretérito do indicativo

1.ª conjugação (terminados em AR) — eles **canta ram**
2.ª conjugação (terminados em ER) — eles **vende ram**
3.ª conjugação (terminados em IR) — eles **parti ram**

3.4.3.1.2.1. Pretérito mais-que-perfeito do indicativo

Tira-se a letra **M**, acrescentando-se as desinências número-pessoais.

canta ra	Ø	vende ra	Ø	parti ra	Ø
canta ra	s	vende ra	s	parti ra	s
canta ra	Ø	vende ra	Ø	parti ra	Ø
cantá ra	mos	vendê ra	mos	partí ra	mos
cantá re	is	vendê re	is	partí re	is
canta ra	m	vende ra	m	parti ra	m

> **Curiosidade:** Nesse tempo, **todos os verbos** trocam A por E na 2.ª pessoa do plural (vós) por apresentarem problema com a pronúncia.

3.4.3.1.2.2. Futuro do subjuntivo

Tiram-se as letras **AM**, acrescentando-se as desinências número-pessoais.

canta r	Ø	vende r	Ø	parti r	Ø
canta r	es	vende r	es	parti r	es
canta r	Ø	vende r	Ø	parti r	Ø
canta r	mos	vende r	mos	parti r	mos
canta r	des	vende r	des	parti r	des
canta r	em	vende r	em	parti r	em

> **Curiosidade:** Nesse tempo, por uma questão de pronúncia, fizemos algumas adaptações às desinências número-pessoais para que elas se liguem perfeitamente aos verbos. Essas adaptações servirão **para todos os verbos** da Língua Portuguesa, nesse tempo.

3.4.3.1.2.3. Pretérito imperfeito do subjuntivo

Tiram-se as letras **RAM**, acrescentam-se a desinência modo-temporal **-SSE-** e as desinências número-pessoais.

canta	sse	Ø	vende	sse	Ø	parti	sse	Ø
canta	sse	s	vende	sse	s	parti	sse	s
canta	sse	Ø	vende	sse	Ø	parti	sse	Ø
cantá	sse	mos	vendê	sse	mos	partí	sse	mos
cantá	sse	is	vendê	sse	is	partí	sse	is
canta	sse	m	vende	sse	m	parti	sse	m

3.4.3.1.3. Derivados do infinitivo impessoal

3.4.3.1.3.1. Futuro do presente do indicativo

Acrescentam-se as desinências número-pessoais: **-ei, -ás, -á, -emos, -eis, -ão**.

cantar	ei	vender	ei	partir	ei
cantar	ás	vender	ás	partir	ás
cantar	á	vender	á	partir	á
cantar	emos	vender	emos	partir	emos
cantar	eis	vender	eis	partir	eis
cantar	ão	vender	ão	partir	ão

3.4.3.1.3.2. Futuro do pretérito do indicativo

Acrescentam-se as desinências número-pessoais: **-ia, -ias, -ia, -íamos, -íeis, -iam**.

cantar	ia	vender	ia	partir	ia
cantar	ias	vender	ias	partir	ias
cantar	ia	vender	ia	partir	ia
cantar	íamos	vender	íamos	partir	íamos
cantar	íeis	vender	íeis	partir	íeis
cantar	iam	vender	iam	partir	iam

> **Curiosidade:** Os verbos *dizer, fazer* e *trazer* fazem o futuro do presente e o futuro do pretérito da seguinte forma:
> dizer — **direi** — **diria**
> fazer — **farei** — **faria**
> trazer — **trarei** — **traria**

3.4.3.1.3.3. Pretérito imperfeito do indicativo

a) para verbos da **1.ª conjugação**, acrescenta-se ao **TEMA** a desinência modo-temporal **-VA**, mais as desinências número-pessoais.

b) para os verbos da **2.ª e 3.ª conjugações**, acrescenta-se ao **RADICAL** a desinência modo-temporal **-IA**, mais as desinências número-pessoais.

canta	va	Ø	vend	ia	Ø	part	ia	Ø
canta	va	s	vend	ia	s	part	ia	s
canta	va	Ø	vend	ia	Ø	part	ia	Ø
cantá	va	mos	vend	ía	mos	part	ía	mos
cantá	ve	is	vend	íe	is	part	íe	is
canta	va	m	vend	ia	m	part	ia	m

> **Curiosidade:** Nesse tempo, **todos os verbos** trocam **A** por **E** na 2.ª pessoa do plural (vós) por apresentarem problema com a pronúncia.

3.4.3.1.3.4. Infinitivo pessoal

Acrescentam-se, simplesmente, as desinências número-pessoais.

cantar	Ø	vender	Ø	partir	Ø
cantar	es	vender	es	partir	es
cantar	Ø	vender	Ø	partir	Ø
cantar	mos	vender	mos	partir	mos
cantar	des	vender	des	partir	des
cantar	em	vender	em	partir	em

> **Curiosidade:** As adaptações são necessárias aqui, da mesma forma que utilizamos no futuro do subjuntivo.

3.4.3.1.3.5. Gerúndio

Formado pelo acréscimo da desinência **-ndo** ao tema verbal.

cantar — tema: canta + ndo = cantando
vender — tema: vende + ndo = vendendo
partir — tema: parti + ndo = partindo

3.4.3.1.3.6. Particípio

Formado pelo acréscimo das desinências -ado / ido ao radical do verbo.

cantar — radical: cant + ado = cantado
vender — radical: vend + ido = vendido
partir — radical: part + ido = partido

> **Curiosidade:** Alguns verbos apresentam particípio irregular:
> Ver = visto
> Imprimir = impresso
> Leia sobre isso no item 3.4.1.5. Abundantes, deste Capítulo.

3.4.3.2. Tempos compostos

Os tempos compostos são formados pelos auxiliares **TER** ou **HAVER** seguidos do verbo principal no particípio.

3.4.3.2.1. Formados a partir do presente (indicativo / subjuntivo)

a) Pretérito perfeito do indicativo composto: tenho amado, tenho vendido, tenho partido.

b) Pretérito perfeito do subjuntivo composto: tenha amado, tenha vendido, tenha partido.

3.4.3.2.2. Formados a partir do pretérito imperfeito (indicativo / subjuntivo)

a) Pretérito mais-que-perfeito do indicativo composto: tinha amado, tinha vendido, tinha partido.

b) Pretérito mais-que-perfeito do subjuntivo composto: tivesse amado, tivesse vendido, tivesse partido.

3.4.3.2.3. Formado a partir do futuro do presente do indicativo

Futuro do presente do indicativo composto: terei amado, terei vendido, terei partido.

3.4.3.2.4. Formado a partir do futuro do pretérito do indicativo

Futuro do pretérito do indicativo composto: teria amado, teria vendido, teria partido.

3.4.3.2.5. Formado a partir do futuro do subjuntivo

Futuro do subjuntivo composto: tiver amado, tiver vendido, tiver partido.

3.4.4. Formas nominais

Recebem este nome porque **assumem valor de nomes** da língua.

3.4.4.1. Infinitivo

Tem valor de **substantivo:** Amar é bom.

3.4.4.2. Particípio
Tem valor de **adjetivo:** A ave era morta.

3.4.4.3. Gerúndio
Tem valor de **advérbio:** Amanhecendo, partiremos.
As formas nominais são usadas, geralmente, em locuções verbais.
Quero amar.
Tenho amado.
Estou amando.

3.4.5. Emprego dos tempos verbais

3.4.5.1. Presente
a) exprime um fato que ocorre no momento em que se fala:
Vejo a lua no céu.
b) exprime um axioma, uma verdade científica:
A Terra é redonda.
Por um ponto passam infinitas retas.
c) exprime uma ação habitual:
Não como nada aos domingos.
d) dá atualidade a fatos ocorridos no passado:
Há 40 anos, a televisão chega ao Brasil.
e) exprime um fato futuro muito próximo, quando se tem certeza de sua realização:
Amanhã faço a lição.

3.4.5.2. Pretérito perfeito
Exprime um fato passado concluído, em relação ao momento em que se fala:
Ontem eu fiz a lição.

3.4.5.3. Pretérito imperfeito
a) exprime um fato passado não concluído, em relação ao momento em que se fala: Eu sempre cantava no chuveiro.
b) exprime a ideia de duração: Quando eu era criança, eu jogava futebol de botão.
c) exprime a ideia de simultaneidade: Enquanto ela lia Machado de Assis, eu preparava o jantar.

3.4.5.4. Pretérito mais-que-perfeito
Exprime um fato passado concluído, em relação a outro fato passado: Quando Pedro chegou a casa, eu já *chegara*.

> **Curiosidade:** Na linguagem contemporânea, prefere-se usar o pretérito mais-que-perfeito composto.
> Quando Pedro chegou a casa eu já *tinha chegado*.

3.4.5.5. Futuro do presente
Exprime um fato posterior, em relação ao momento em que se fala.
Hoje estou aqui, amanhã *estarei* na Europa.

3.4.5.6. Futuro do pretérito
a) exprime um fato posterior, em relação a um fato passado:
Ontem você garantiu que o dinheiro *estaria* aqui hoje.

b) exprime uma incerteza:
Seriam dez ou doze horas quando ele chegou?

c) usa-se no lugar do presente do indicativo ou do imperativo quando se faz um pedido:
Você me faria um favor?
Gostaria de falar com você.

3.4.5.7. Infinitivo pessoal
Usa-se quando tem sujeito próprio: O remédio é *ficarmos* em casa.

3.4.5.8. Infinitivo impessoal
a) usa-se quando não estiver se referindo a nenhum sujeito: É preciso *viajar*.

b) emprega-se em uma locução verbal: Nós podemos *ir* ao cinema hoje.

c) funciona como complemento de algum nome (virá sempre preposicionado): Nós estamos aptos para *trabalhar*.

3.4.6. Verbos da primeira conjugação que merecem destaque
a) **AGUAR**
Presente do indicativo: águo, águas, água, aguamos, aguais, águam
Presente do subjuntivo: águe, águes, águe, aguemos, agueis, águem
Imperativo afirmativo: água (tu), águe (você), aguemos (nós), aguai (vós), águem (vocês)
Imperativo negativo: não águes (tu), não águe (você), não aguemos (nós), não agueis (vós), não águem (vocês)
Nos demais tempos, segue o modelo dos verbos regulares da 1.ª conjugação. Conjugam-se como **aguar:** enxaguar, desaguar e minguar.

b) **APAZIGUAR**
Presente do indicativo: apaziguo, apaziguas, apazigua, apaziguamos, apaziguais, apaziguam

Presente do subjuntivo: apazigue, apazigues, apazigue, apaziguemos, apazigueis, apaziguem

Imperativo afirmativo: apazigua (tu), apazigue (você), apaziguemos (nós), apaziguai (vós), apaziguem (vocês)

Imperativo negativo: não apazigues (tu), não apazigue (você), não apaziguemos (nós), não apazigueis (vós), não apaziguem (vocês)

Nos demais tempos, segue o modelo dos verbos regulares da 1.ª conjugação. Conjuga-se como **apaziguar:** averiguar.

c) DAR
Indicativo
Presente: dou, dás, dá, damos, dais, dão
Pretérito imperfeito: dava, davas, dava, dávamos, dáveis, davam
Pretérito perfeito: dei, deste, deu, demos, destes, deram
Pretérito mais-que-perfeito: dera, deras, dera, déramos, déreis, deram
Futuro do presente: darei, darás, dará, daremos, dareis, darão
Futuro do pretérito: daria, darias, daria, daríamos, daríeis, dariam

Subjuntivo
Presente: dê, dês, dê, demos, deis, deem
Pretérito imperfeito: desse, desses, desse, déssemos, désseis, dessem
Futuro: der, deres, der, dermos, derdes, derem

Imperativo
Afirmativo: dá (tu), dê (você), demos (nós), dai (vós), deem (vocês)
Negativo: não dês (tu), não dê (você), não demos (nós), não deis (vós), não deem (vocês)

Formas nominais
Infinitivo impessoal: dar
Infinitivo pessoal: dar, dares, dar, darmos, dardes, darem
Gerúndio: dando
Particípio: dado

d) PASSEAR
Indicativo
Presente: passeio, passeias, passeia, passeamos, passeais, passeiam
Pretérito imperfeito: passeava, passeavas, passeava, passeávamos, passeáveis, passeavam
Pretérito perfeito: passeei, passeaste, passeou, passeamos, passeastes, passearam
Pretérito mais-que-perfeito: passeara, passearas, passeara, passeáramos, passeáreis, passearam
Futuro do presente: passearei, passearás, passeará, passearemos, passeareis, passearão
Futuro do pretérito: passearia, passearias, passearia, passearíamos, passearíeis, passeariam

Subjuntivo
Presente: passeie, passeies, passeie, passeemos, passeeis, passeiem
Pretérito imperfeito: passeasse, passeasses, passeasse, passeássemos, passeásseis, passeassem
Futuro: passear, passeares, passear, passearmos, passeardes, passearem
Imperativo
Afirmativo: passeia (tu), passeie (você), passeemos (nós), passeai (vós), passeiem (vocês)
Negativo: não passeies (tu), não passeie (você), não passeemos (nós), não passeeis (vós), não passeiem (vocês)
Formas nominais
Infinitivo impessoal: passear
Infinitivo pessoal: passear, passeares, passear, passearmos, passeardes, passearem
Gerúndio: passeando
Particípio: passeado

> **Curiosidade:** O verbo **passear** serve de modelo a todos os verbos terminados em **-ear**, tais como: balear, barbear, basear, bobear, branquear, bronzear, cear, chatear, delinear, encadear, folhear, frear, golpear, homenagear, manusear, massagear, nortear, recear etc.

e) **ODIAR**
Indicativo
Presente: odeio, odeias, odeia, odiamos, odiais, odeiam
Pretérito imperfeito: odiava, odiavas, odiava, odiávamos, odiáveis, odiavam
Pretérito perfeito: odiei, odiaste, odiou, odiamos, odiastes, odiaram
Pretérito mais-que-perfeito: odiara, odiaras, odiara, odiáramos, odiáreis, odiaram
Futuro do presente: odiarei, odiarás, odiará, odiaremos, odiareis, odiarão
Futuro do pretérito: odiaria, odiarias, odiaria, odiaríamos, odiaríeis, odiariam
Subjuntivo
Presente: odeie, odeies, odeie, odiemos, odieis, odeiem
Pretérito imperfeito: odiasse, odiasses, odiasse, odiássemos, odiásseis, odiassem
Futuro: odiar, odiares, odiar, odiarmos, odiardes, odiarem
Imperativo
Afirmativo: odeia (tu), odeie (você), odiemos (nós), odiai (vós), odeiem (você)
Negativo: não odeies (tu), não odeie (você), não odiemos (nós), não odieis (vós), não odeiem (vocês)
Formas nominais
Infinitivo impessoal: odiar
Infinitivo pessoal: odiar, odiares, odiar, odiarmos, odiardes, odiarem
Gerúndio: odiando
Particípio: odiado

> **Curiosidade:** Seguem esse modelo os verbos **mediar, intermediar, ansiar, remediar** e **incendiar**.
> Os demais verbos terminados em **-iar** são regulares.

3.4.7. Verbos da segunda conjugação que merecem destaque

a) APRAZER

Indicativo

Presente: aprazo, aprazes, apraz, aprazemos, aprazeis, aprazem

Pretérito imperfeito: aprazia, aprazias, aprazia, aprazíamos, aprazíeis, apraziam

Pretérito perfeito: aprouve, aprouveste, aprouve, aprouvemos, aprouvestes, aprouveram

Pretérito mais-que-perfeito: aprouvera, aprouveras, aprouvera, aprouvéramos, aprouvéreis, aprouveram

Futuro do presente: aprazerei, aprazerás, aprazerá, aprazeremos, aprazereis, aprazerão

Futuro do pretérito: aprazeria, aprazerias, aprazeria, aprazeríamos, aprazeríeis, aprazeriam

Subjuntivo

Presente: apraza, aprazas, apraza, aprazamos, aprazais, aprazam

Pretérito imperfeito: aprouvesse, aprouvesses, aprouvesse, aprouvéssemos, aprouvésseis, aprouvessem

Futuro: aprouver, aprouveres, aprouver, aprouvermos, aprouverdes, aprouverem

Imperativo

Afirmativo: apraz / apraze (tu), apraza (você), aprazamos (nós), aprazei (vós), aprazam (vocês)

Negativo: não aprazas (tu), não apraza (você), não aprazamos (nós), não aprazais (vós), não aprazam (vocês)

Formas nominais

Infinitivo impessoal: aprazer

Infinitivo pessoal: aprazer, aprazeres, aprazer, aprazermos, aprazerdes, aprazerem

Gerúndio: aprazendo

Particípio: aprazido

b) CABER

Indicativo

Presente: caibo, cabes, cabe, cabemos, cabeis, cabem

Pretérito imperfeito: cabia, cabias, cabia, cabíamos, cabíeis, cabiam

Pretérito perfeito: coube, coubeste, coube, coubemos, coubestes, couberam

Pretérito mais-que-perfeito: coubera, couberas, coubera, coubéramos, coubéreis, couberam

Futuro do presente: caberei, caberás, caberá, caberemos, cabereis, caberão

Futuro do pretérito: caberia, caberias, caberia, caberíamos, caberíeis, caberiam

Subjuntivo

Presente: caiba, caibas, caiba, caibamos, caibais, caibam

Pretérito imperfeito: coubesse, coubesses, coubesse, coubéssemos, coubésseis, coubessem

Futuro: couber, couberes, couber, coubermos, couberdes, couberem

Imperativo

Não é usado no imperativo.

Formas nominais

Infinitivo impessoal: caber

Infinitivo pessoal: caber, caberes, caber, cabermos, caberdes, caberem

Gerúndio: cabendo

Particípio: cabido

c) DIZER

Indicativo

Presente: digo, dizes, diz, dizemos, dizeis, dizem

Pretérito imperfeito: dizia, dizias, dizia, dizíamos, dizíeis, diziam

Pretérito perfeito: disse, disseste, disse, dissemos, dissestes, disseram

Pretérito mais-que-perfeito: dissera, disseras, dissera, disséramos, disséreis, disseram

Futuro do presente: direi, dirás, dirá, diremos, direis, dirão

Futuro do pretérito: diria, dirias, diria, diríamos, diríeis, diriam

Subjuntivo

Presente: diga, digas, diga, digamos, digais, digam

Pretérito imperfeito: dissesse, dissesses, dissesse, disséssemos, dissésseis, dissessem

Futuro: disser, disseres, disser, dissermos, disserdes, disserem

Imperativo

Afirmativo: diz / dize (tu), diga (você), digamos (nós), dizei (vós), digam (vocês)

Negativo: não digas (tu), não diga (você), não digamos (nós), não digais (vós), não digam (vocês)

Formas nominais

Infinitivo impessoal: dizer

Infinitivo pessoal: dizer, dizeres, dizer, dizermos, dizerdes, dizerem

Gerúndio: dizendo

Particípio: dito

d) FAZER

Indicativo

Presente: faço, fazes, faz, fazemos, fazeis, fazem

Pretérito imperfeito: fazia, fazias, fazia, fazíamos, fazíeis, faziam

Pretérito perfeito: fiz, fizeste, fez, fizemos, fizestes, fizeram

Pretérito mais-que-perfeito: fizera, fizeras, fizera, fizéramos, fizéreis, fizeram

Futuro do presente: farei, farás, fará, faremos, fareis, farão
Futuro do pretérito: faria, farias, faria, faríamos, faríeis, fariam
Subjuntivo
Presente: faça, faças, faça, façamos, façais, façam
Pretérito imperfeito: fizesse, fizesses, fizesse, fizéssemos, fizésseis, fizessem
Futuro: fizer, fizeres, fizer, fizermos, fizerdes, fizerem
Imperativo
Afirmativo: faz / faze (tu), faça (você), façamos (nós), fazei (vós), façam (vocês),
Negativo: não faças (tu), não faça (você), não façamos (nós), não façais (vós), não façam (vocês)
Formas nominais
Infinitivo impessoal: fazer
Infinitivo pessoal: fazer, fazeres, fazer, fazermos, fazerdes, fazerem
Gerúndio: fazendo
Particípio: feito

e) **LER**
Presente do indicativo: leio, lês, lê, lemos, ledes, leem
Presente do subjuntivo: leia, leias, leia, leiamos, leiais, leiam
Imperativo afirmativo: lê (tu), leia (você), leiamos (nós), lede (vós), leiam (vocês)
Imperativo negativo: não leias (tu), não leia (você), não leiamos (nós), não leiais (vós), não leiam (vocês)
Nos demais tempos, segue o modelo dos verbos regulares da 2.ª conjugação. Conjugam-se como o verbo **ler:** crer, descrer, reler etc.

f) **PODER**
Indicativo
Presente: posso, podes, pode, podemos, podeis, podem
Pretérito imperfeito: podia, podias, podia, podíamos, podíeis, podiam
Pretérito perfeito: pude, pudeste, pôde, pudemos, pudestes, puderam
Pretérito mais-que-perfeito: pudera, puderas, pudera, pudéramos, pudéreis, puderam
Futuro do presente: poderei, poderás, poderá, poderemos, podereis, poderão
Futuro do pretérito: poderia, poderias, poderia, poderíamos, poderíeis, poderiam
Subjuntivo
Presente: possa, possas, possa, possamos, possais, possam
Pretérito imperfeito: pudesse, pudesses, pudesse, pudéssemos, pudésseis, pudessem
Futuro: puder, puderes, puder, pudermos, puderdes, puderem
Imperativo
Não é usado no imperativo.
Formas nominais
Infinitivo impessoal: poder

Infinitivo pessoal: poder, poderes, poder, podermos, poderdes, poderem
Gerúndio: podendo
Particípio: podido

g) PÔR
Indicativo
Presente: ponho, pões, põe, pomos, pondes, põem
Pretérito imperfeito: punha, punhas, punha, púnhamos, púnheis, punham
Pretérito perfeito: pus, puseste, pôs, pusemos, pusestes, puseram
Pretérito mais-que-perfeito: pusera, puseras, pusera, puséramos, puséreis, puseram
Futuro do presente: porei, porás, porá, poremos, poreis, porão
Futuro do pretérito: poria, porias, poria, poríamos, poríeis, poriam
Subjuntivo
Presente: ponha, ponhas, ponha, ponhamos, ponhais, ponham
Pretérito imperfeito: pusesse, pusesses, pusesse, puséssemos, pusésseis, pusessem
Futuro: puser, puseres, puser, pusermos, puserdes, puserem
Imperativo
Afirmativo: põe (tu), ponha (você), ponhamos (nós), ponde (vós), ponham (vocês)
Negativo: não ponhas (tu), não ponha (você), não ponhamos (nós), não ponhais (vós), não ponham (vocês)
Formas nominais
Infinitivo impessoal: pôr
Infinitivo pessoal: pôr, pores, pôr, pormos, pordes, porem
Gerúndio: pondo
Particípio: posto

h) PROVER
Presente do indicativo: provejo, provês, provê, provemos, provedes, proveem
Presente do subjuntivo: proveja, provejas, proveja, provejamos, provejais, provejam
Imperativo afirmativo: provê (tu), proveja (você), provejamos (nós), provede (vós), provejam (vocês)
Imperativo negativo: não provejas (tu), não proveja (você), não provejamos (nós), não provejais (vós), não provejam (vocês)
Nos demais tempos, segue o modelo dos verbos regulares da 2.ª conjugação.

i) QUERER
Indicativo
Presente: quero, queres, quer, queremos, quereis, querem
Pretérito imperfeito: queria, querias, queria, queríamos, queríeis, queriam
Pretérito perfeito: quis, quiseste, quis, quisemos, quisestes, quiseram
Pretérito mais-que-perfeito: quisera, quiseras, quisera, quiséramos, quiséreis, quiseram

Futuro do presente: quererei, quererás, quererá, quereremos, querereis, quererão

Futuro do pretérito: quereria, quererias, quereria, quereríamos, quereríeis, quereriam

Subjuntivo

Presente: queira, queiras, queira, queiramos, queirais, queiram

Pretérito imperfeito: quisesse, quisesses, quisesse, quiséssemos, quisésseis, quisessem

Futuro: quiser, quiseres, quiser, quisermos, quiserdes, quiserem

Imperativo

Afirmativo: quere / quer (tu), queira (você), queiramos (nós), querei (vós), queiram (vocês)

Negativo: não queiras (tu), não queira (você), não queiramos (nós), não queirais (vós), não queiram (vocês)

Formas nominais

Infinitivo impessoal: querer

Infinitivo pessoal: querer, quereres, querer, querermos, quererdes, quererem

Gerúndio: querendo

Particípio: querido

j) REQUERER

Presente do indicativo: requeiro, requeres, requer ou requere, requeremos, requereis, requerem

Presente do subjuntivo: requeira, requeiras, requeira, requeiramos, requeirais, requeiram

Imperativo afirmativo: requer ou requere (tu), requeira (você), requeiramos (nos), requerei (vós), requeiram (vocês)

Imperativo negativo: não requeiras (tu), não requeira (você), não requeiramos (nós), não requeirais (vós), não requeiram (vocês)

Nos demais tempos, segue o modelo dos verbos regulares da 2.ª conjugação.

k) SABER

Indicativo

Presente: sei, sabes, sabe, sabemos, sabeis, sabem

Pretérito imperfeito: sabia, sabias, sabia, sabíamos, sabíeis, sabiam

Pretérito perfeito: soube, soubeste, soube, soubemos, soubestes, souberam

Pretérito mais-que-perfeito: soubera, souberas, soubera, soubéramos, soubéreis, souberam

Futuro do presente: saberei, saberás, saberá, saberemos, sabereis, saberão

Futuro do pretérito: saberia, saberias, saberia, saberíamos, saberíeis, saberiam

Subjuntivo

Presente: saiba, saibas, saiba, saibamos, saibais, saibam

Pretérito imperfeito: soubesse, soubesses, soubesse, soubéssemos, soubésseis, soubessem

Futuro: souber, souberes, souber, soubermos, souberdes, souberem

Imperativo
Afirmativo: sabe (tu), saiba (você), saibamos (nós), sabei (vós), saibam (vocês)
Negativo: não saibas (tu), não saiba (você), não saibamos (nós), não saibais (vós), não saibam (vocês)
Formas nominais
Infinitivo impessoal: saber
Infinitivo pessoal: saber, saberes, saber, sabermos, saberdes, saberem
Gerúndio: sabendo
Particípio: sabido

l) **TRAZER**
Indicativo
Presente: trago, trazes, traz, trazemos, trazeis, trazem
Pretérito imperfeito: trazia, trazias, trazia, trazíamos, trazíeis, traziam
Pretérito perfeito: trouxe, trouxeste, trouxe, trouxemos, trouxestes, trouxeram
Pretérito mais-que-perfeito: trouxera, trouxeras, trouxera, trouxéramos, trouxéreis, trouxeram
Futuro do presente: trarei, trarás, trará, traremos, trareis, trarão
Futuro do pretérito: traria, trarias, traria, traríamos, traríeis, trariam
Subjuntivo
Presente: traga, tragas, traga, tragamos, tragais, tragam
Pretérito imperfeito: trouxesse, trouxesses, trouxesse, trouxéssemos, trouxésseis, trouxessem
Futuro: trouxer, trouxeres, trouxer, trouxermos, trouxerdes, trouxerem
Imperativo
Afirmativo: traz / traze (tu), traga (você), tragamos (nós), trazei (vós), tragam (vocês)
Negativo: não tragas (tu), não traga (você), não tragamos (nós), não tragais (vós), não tragam (vocês)
Formas nominais
Infinitivo impessoal: trazer
Infinitivo pessoal: trazer, trazeres, trazer, trazermos, trazerdes, trazerem
Gerúndio: trazendo
Particípio: trazido

m) **VER**
Indicativo
Presente: vejo, vês, vê, vemos, vedes, veem
Pretérito imperfeito: via, vias, via, víamos, víeis, viam
Pretérito perfeito: vi, viste, viu, vimos, vistes, viram
Pretérito mais-que-perfeito: vira, viras, vira, víramos, víreis, viram
Futuro do presente: verei, verás, verá, veremos, vereis, verão
Futuro do pretérito: veria, verias, veria, veríamos, veríeis, veriam

Subjuntivo
Presente: veja, vejas, veja, vejamos, vejais, vejam
Pretérito imperfeito: visse, visses, visse, víssemos, vísseis, vissem
Futuro: vir, vires, vir, virmos, virdes, virem
Imperativo
Afirmativo: vê (tu), veja (você), vejamos (nós), vede (vós), vejam (vocês)
Negativo: não vejas (tu), não veja (você), não vejamos (nós), não vejais (vós), não vejam (vocês)
Formas nominais
Infinitivo impessoal: ver
Infinitivo pessoal: ver, veres, ver, vermos, verdes, verem
Gerúndio: vendo
Particípio: visto

n) **VALER**
Presente do indicativo: valho, vales, vale, valemos, valeis, valem
Presente do subjuntivo: valha, valhas, valha, valhamos, valhais, valham
Imperativo afirmativo: vale (tu), valha (você), valhamos (nós), valei (vós), valham (vocês)
Imperativo negativo: não valhas (tu), não valha (você), não valhamos (nós), não valhais (vós), não valham (vocês)
Nos demais tempos, segue o modelo dos verbos regulares da 2.ª conjugação.

3.4.8. Verbos da terceira conjugação que merecem destaque

a) **POSSUIR**
Indicativo
Presente: possuo, possuis, possui, possuímos, possuís, possuem
Pretérito imperfeito: possuía, possuías, possuía, possuíamos, possuíeis, possuíam
Pretérito perfeito: possuí, possuíste, possuiu, possuímos, possuístes, possuíram
Pretérito mais-que-perfeito: possuíra, possuíras, possuíra, possuíramos, possuíreis, possuíram
Futuro do presente: possuirei, possuirás, possuirá, possuiremos, possuireis, possuirão
Futuro do pretérito: possuiria, possuirias, possuiria, possuiríamos, possuiríeis, possuiriam
Subjuntivo
Presente: possua, possuas, possua, possuamos, possuais, possuam
Pretérito imperfeito: possuísse, possuísses, possuísse, possuíssemos, possuísseis, possuíssem
Futuro: possuir, possuíres, possuir, possuirmos, possuirdes, possuírem
Imperativo
Afirmativo: possui (tu), possua (você), possuamos (nós), possuí (vós), possuam (vocês)

Negativo: não possuas (tu), não possua (você), não possuamos (nós), não possuais (vós), não possuam (vocês)

Formas nominais
Infinitivo impessoal: possuir
Infinitivo pessoal: possuir, possuíres, possuir, possuirmos, possuirdes, possuírem
Gerúndio: possuindo
Particípio: possuído

> **Curiosidade:** O verbo **possuir** serve de modelo a todos os verbos terminados em **-uir**, tais como: distribuir, retribuir, contribuir, diminuir, concluir etc.

b) AGREDIR

Presente do indicativo: agrido, agrides, agride, agredimos, agredis, agridem
Presente do subjuntivo: agrida, agridas, agrida, agridamos, agridais, agridam
Imperativo afirmativo: agride (tu), agrida (você), agridamos (nós), agredi (vós), agridam (vocês)
Imperativo negativo: não agridas (tu), não agrida (você), não agridamos (nós), não agridais (vós), não agridam (vocês)

Nos demais tempos, segue o modelo dos verbos regulares da 3.ª conjugação. Conjugam-se como **agredir:** denegrir, desprevenir, prevenir, progredir, regredir, transgredir etc.

c) DIVERGIR

Presente do indicativo: divirjo, diverges, diverge, divergimos, divergis, divergem
Presente do subjuntivo: divirja, divirjas, divirja, divirjamos, divirjais, divirjam
Imperativo afirmativo: diverge (tu), divirja (você), divirjamos (nós), divergi (vós), divirjam (vocês)
Imperativo negativo: não divirjas (tu), não divirja (você), não divirjamos (nós), não divirjais (vós), não divirjam (vocês)

> **Curiosidade:** Segue esse modelo o verbo **convergir**. Os verbos **emergir, imergir** e **submergir** seguem esse modelo com as seguintes ressalvas:
> 1) a 1.ª pessoa do singular do presente do indicativo é *emerjo, imerjo e submerjo;*
> 2) apresentam duplo particípio: *emergido e emerso, imergido e imerso, submergido e submerso.*

d) FERIR

Presente do indicativo: firo, feres, fere, ferimos, feris, ferem
Presente do subjuntivo: fira, firas, fira, firamos, firais, firam
Imperativo afirmativo: fere (tu), fira (você), firamos (nós), feri (vós), firam (vocês)
Imperativo negativo: não firas (tu), não fira (você), não firamos (nós), não firais (vós), não firam (vocês)

Nos demais tempos, segue o modelo dos verbos regulares da 3.ª conjugação. Conjugam-se como o verbo **ferir:** aderir, competir, conferir, desferir, digerir, diferir, inferir, ingerir, inserir, interferir, preferir, referir, refletir, repelir, revestir, ressentir, sentir, sugerir, vestir etc.

e) **IR**
Indicativo
Presente: vou, vais, vai, vamos, ides, vão
Pretérito imperfeito: ia, ias, ia, íamos, íeis, iam
Pretérito perfeito: fui, foste, foi, fomos, fostes, foram
Pretérito mais-que-perfeito: fora, foras, fora, fôramos, fôreis, foram
Futuro do presente: irei, irás, irá, iremos, ireis, irão
Futuro do pretérito: iria, irias, iria, iríamos, iríeis, iriam
Subjuntivo
Presente: vá, vás, vá, vamos, vades, vão
Pretérito imperfeito: fosse, fosses, fosse, fôssemos, fôsseis, fossem
Futuro: for, fores, for, formos, fordes, forem
Imperativo
Afirmativo: vai (tu), vá (você), vamos (nós), ide (vós), vão (vocês)
Negativo: não vás (tu), não vá (você), não vamos (nós), não vades (vós), não vão (vocês)
Formas nominais
Infinitivo impessoal: ir
Infinitivo pessoal: ir, ires, ir, irmos, irdes, irem
Gerúndio: indo
Particípio: ido

f) **MEDIR**
Presente do indicativo: meço, medes, mede, medimos, medis, medem
Presente do subjuntivo: meça, meças, meça, meçamos, meçais, meçam
Imperativo afirmativo: mede (tu), meça (você), meçamos (nós), medi (vós), meçam (vocês)
Imperativo negativo: não meças (tu), não meça (você), não meçamos (nós), não meçais (vós), não meçam (vocês)
Nos demais tempos, segue o modelo dos verbos regulares da 3.ª conjugação. Conjugam-se como **medir**: ouvir e pedir.

g) **PRODUZIR**
Presente do indicativo: produzo, produzes, produz, produzimos, produzis, produzem
Os demais tempos seguem o modelo dos verbos regulares da 3.ª conjugação. O verbo **Produzir** serve de modelo aos verbos terminados em **-uzir**, tais como: conduzir, deduzir, induzir, introduzir, reproduzir, seduzir, traduzir etc.

> **Curiosidade:** Os verbos terminados em **-uzir** não têm a desinência *E* da 3.ª pessoa do singular do presente do indicativo.
> ele produz

> ele conduz
> ele introduz

h) SAIR
Indicativo
Presente: saio, sais, sai, saímos, saís, saem
Pretérito imperfeito: saía, saías, saía, saíamos, saíeis, saíam
Pretérito perfeito: saí, saíste, saiu, saímos, saístes, saíram
Pretérito mais-que-perfeito: saíra, saíras, saíra, saíramos, saíreis, saíram
Futuro do presente: sairei, sairás, sairá, sairemos, saireis, sairão
Futuro do pretérito: sairia, sairias, sairia, sairíamos, sairíeis, sairiam
Subjuntivo
Presente: saia, saias, saia, saiamos, saiais, saiam
Pretérito imperfeito: saísse, saísses, saísse, saíssemos, saísseis, saíssem
Futuro: sair, saíres, sair, sairmos, sairdes, saírem
Imperativo
Afirmativo: sai (tu), saia (você), saiamos (nós), saí (vós), saiam (vocês)
Negativo: não saias (tu), não saia (você), não saiamos (nós), não saiais (vós), não saiam (vocês)
Formas nominais
Infinitivo impessoal: sair
Infinitivo pessoal: sair, sairdes, sair, sairmos, sairdes, saírem
Gerúndio: saindo
Particípio: saído

> **Curiosidade:** O verbo sair serve de modelo aos verbos terminados em **-air**, tais como: atrair, abstrair, cair, contrair, distrair, extrair, sobressair, subtrair etc.

i) SEGUIR
Presente do indicativo: sigo, segues, segue, seguimos, seguis, seguem
Presente do subjuntivo: siga, sigas, siga, sigamos, sigais, sigam
Imperativo afirmativo: segue (tu), siga (você), sigamos (nós), segui (vós), sigam (vocês)
Imperativo negativo: não sigas (tu), não sigas (você), não sigamos (nós), não sigais (vós), não sigam (vocês)
Nos demais tempos, segue o modelo dos verbos regulares da 3.ª conjugação.
Conjugam-se como seguir: conseguir, prosseguir, perseguir etc.

j) SUBIR
Presente do indicativo: subo, sobes, sobe, subimos, subis, sobem
Presente do subjuntivo: suba, subas, suba, subamos, subais, subam
Imperativo afirmativo: sobe (tu), suba (você), subamos (nós), subi (vós), subam (vocês)

Imperativo negativo: não subas (tu), não suba (você), não subamos (nós), não subais (vós), não subam (vocês)

Nos demais tempos, segue o modelo dos verbos de 3.ª conjugação.

Conjugam-se como subir: acudir, bulir, cuspir, consumir, escapulir, sacudir, sumir etc.

k) VIR
Indicativo
Presente do indicativo: venho, vens, vem, vimos, vindes, vêm
Pretérito imperfeito: vinha, vinhas, vinha, vínhamos, vínheis, vinham
Pretérito perfeito: vim, viste, veio, viemos, viestes, vieram
Pretérito mais-que-perfeito: viera, vieras, viera, viéramos, viéreis, vieram
Futuro do presente: virei, virás, virá, viremos, vireis, virão
Futuro do pretérito: viria, virias, viria, viríamos, viríeis, viriam
Subjuntivo
Presente: venha, venhas, venha, venhamos, venhais, venham
Pretérito imperfeito: viesse, viesses, viesse, viéssemos, viésseis, viessem
Futuro: vier, vieres, vier, viermos, vierdes, vierem
Imperativo
Afirmativo: vem (tu), venha (você), venhamos (nós), vinde (vós), venham (vocês)
Negativo: não venhas (tu), não venha (você), não venhamos (nós), não venhais (vós), não venham (vocês)
Formas nominais
Infinitivo impessoal: vir
Infinitivo pessoal: vir, vires, vir, virmos, virdes, virem
Gerúndio: vindo
Particípio: vindo

3.4.9. Verbos defectivos que merecem destaque

a) COLORIR
Presente do indicativo: (tu) colores, (ele) colore, (nós) colorimos, (vós) coloris, (eles) colorem
Presente do subjuntivo: Não é usado no presente do subjuntivo.
Imperativo afirmativo: colore (tu), colori (vós)
Imperativo negativo: Não é usado no imperativo negativo.

Nos demais tempos, segue o modelo dos verbos regulares da 3.ª conjugação.

Conjugam-se como **colorir**: abolir, aturdir, banir, brandir, carpir, demolir, exaurir, jungir e ungir.

O verbo **exaurir** tem duplo particípio: **exaurido** e **exausto**.

b) FALIR
Presente do indicativo: (nós) falimos, (vós) falis
Presente do subjuntivo: Não é usado no presente do subjuntivo.

Imperativo afirmativo: fali (vós)

Imperativo negativo: Não é usado no imperativo negativo.

Nos demais tempos, é um verbo regular da 3.ª conjugação. Conjugam-se como **falir:** combalir, comedir-se, foragir-se, remir e puir.

c) PRECAVER
Indicativo

Presente: (nós) precavemos, (vós) precaveis

Pretérito imperfeito: precavia, previas, precavia, precavíamos, precavíeis, precaviam

Pretérito perfeito: precavi, precaveste, precaveu, precavemos, precavestes, precaveram

Pretérito mais-que-perfeito: precavera, precaveras, precavera, precavêramos, precavêreis, precaveram

Futuro do presente: precaverei, precaverás, precaverá, precaveremos, precavereis, precaverão

Futuro do pretérito: precaveria, precaverias, precaveria, precaveríamos, precaveríeis, precaveriam

Subjuntivo

Presente: Não é usado no presente do subjuntivo.

Pretérito imperfeito: precavesse, precavesses, precavesse, precavêssemos, precavêsseis, precavessem

Futuro: precaver, precaveres, precaver, precavermos, precaverdes, precaverem

Imperativo

Afirmativo: precavei (vós)

Negativo: Não é usado no imperativo negativo.

Formas nominais

Infinitivo impessoal: precaver

Infinitivo pessoal: precaver, precaveres, precaver, precavermos, precaverdes, precaverem

Gerúndio: precavendo

Particípio: precavido

d) REAVER
Indicativo

Presente: (nós) reavemos, (vós) reaveis

Pretérito imperfeito: reavia, reavias, reavia, reavíamos, reavíeis, reaviam

Pretérito perfeito: reouve, reouveste, reouve, reouvemos, reouvestes, reouveram

Pretérito mais-que-perfeito: reouvera, reouveras, reouvera, reouvéramos, reouvéreis, reouveram

Futuro do presente: reaverei, reaverás, reaverá, reaveremos, reavereis, reaverão

Futuro do pretérito: reaveria, reaverias, reaveria, reaveríamos, reaveríeis, reaveriam

Subjuntivo
Presente: Não é usado no presente do subjuntivo.
Pretérito imperfeito: reouvesse, reouvesses, reouvesse, reouvéssemos, reouvésseis, reouvessem
Futuro: reouver, reouveres, reouver, reouvermos, reouverdes, reouverem
Imperativo
Afirmativo: reavei (vós)
Negativo: Não é usado no imperativo negativo.
Formas nominais
Infinitivo impessoal: reaver
Infinitivo pessoal: reaver, reaveres, reaver, reavermos, reaverdes, reaverem
Gerúndio: reavendo
Particípio: reavido

3.5. CLASSES NOMINAIS INVARIÁVEIS

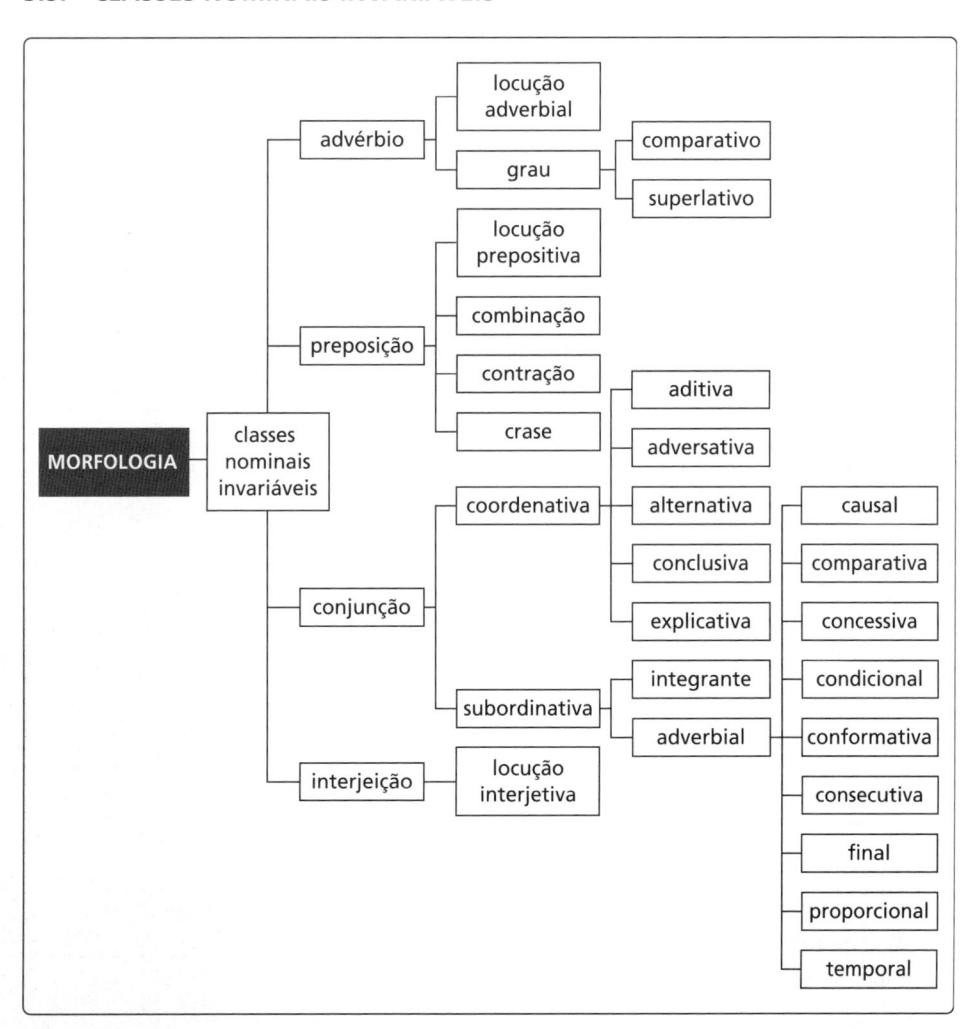

```
MORFOLOGIA ── classes nominais invariáveis
                ├── advérbio ──┬── locução adverbial
                │              └── grau ──┬── comparativo
                │                         └── superlativo
                ├── preposição ──┬── locução prepositiva
                │                ├── combinação
                │                ├── contração
                │                └── crase
                ├── conjunção ──┬── coordenativa ──┬── aditiva
                │               │                  ├── adversativa
                │               │                  ├── alternativa
                │               │                  ├── conclusiva
                │               │                  └── explicativa
                │               └── subordinativa ──┬── integrante
                │                                   └── adverbial ──┬── causal
                │                                                   ├── comparativa
                │                                                   ├── concessiva
                │                                                   ├── condicional
                │                                                   ├── conformativa
                │                                                   ├── consecutiva
                │                                                   ├── final
                │                                                   ├── proporcional
                │                                                   └── temporal
                └── interjeição ── locução interjetiva
```

3.5.1. Advérbio

Palavra invariável que funciona como **modificador** de um **verbo**, um **adjetivo** ou outro **advérbio**.

Conforme a circunstância que expressam, os advérbios classificam-se em:

- de *afirmação*: sim, certamente, efetivamente, realmente etc.
- de *dúvida*: talvez, provavelmente, possivelmente, quiçá etc.
- de *intensidade*: muito, demais, bastante, pouco, menos, tão etc.
- de *lugar*: aqui, ali, aí, cá, atrás, perto, abaixo, acima, dentro, fora, além, adiante etc.
- de *tempo*: agora, já, jamais, ainda, sempre, nunca, cedo, tarde etc.
- de *modo*: assim, mal, bem, devagar, depressa e grande parte dos vocábulos terminados em **-mente**: alegremente, calmamente, afobadamente etc.
- de *negação*: não, tampouco etc.

3.5.1.1. Locuções adverbiais

Uma locução adverbial é um **conjunto de uma ou mais palavras** que desempenham a **função de um advérbio**.

Geralmente, é formada por: **preposição + substantivo/adjetivo/advérbio**.

a) preposição + substantivo: na verdade
b) preposição + adjetivo: de novo
c) preposição + advérbio: por aqui

- *modo:* às pressas, à vontade, à vista, em silêncio, de cor, ao acaso etc.
- *tempo:* à noite, de manhã, à tarde, em breve, de vez em quando etc.
- *lugar:* ao lado, de longe, por ali, à direita, de cima etc.
- *afirmação:* com certeza, sem dúvida etc.
- *negação:* de modo nenhum, de forma alguma etc.
- *quantidade/intensidade:* de pouco, de todo etc.

3.5.1.2. Advérbios interrogativos

As palavras *onde, como, quando*, usadas **em frases interrogativas** (diretas ou indiretas), são chamadas *advérbios interrogativos*.

- **Onde** expressa circunstâncias de lugar.
Onde você mora?
Quero saber onde você mora.

- **Como** expressa circunstância de **modo** (*de que maneira*).
Como se chega à casa de José?
Não sei como ele fez isso.

- **Quando** expressa circunstância de **tempo**.
Quando você volta?

3.5.1.3. Grau do advérbio

Os advérbios são considerados palavras invariáveis, pois não sofrem flexão de gênero e de número. No entanto, **alguns advérbios sofrem flexão de grau como os adjetivos**.

3.5.1.3.1. Grau comparativo

■ *De igualdade* — na formação do comparativo de igualdade, utilizamos o *tão* antes do advérbio e o *como* ou *quanto* depois: Os alunos chegaram tão cedo quanto os professores.

■ *De superioridade* — na formação do comparativo de superioridade, utilizamos o *mais* antes do advérbio e o *que* ou *do que* depois: Os alunos chegaram mais cedo do que os professores.

■ *De inferioridade* — na formação do comparativo de inferioridade, utilizamos o *menos* antes do advérbio e o *que* ou *do que* depois: Os alunos chegaram menos cedo do que os professores.

3.5.1.3.2. Grau superlativo

O grau superlativo dos advérbios pode ser analítico ou sintético.

■ *Analítico* — é formado com auxílio de um advérbio de intensidade: Cheguei *muito cedo* à escola ontem.

■ *Sintético* — é formado pelo acréscimo do sufixo ao advérbio: Cheguei *cedíssimo* à escola ontem.

> **Curiosidade:** Os advérbios *bem* e *mal* admitem as formas de comparativo de superioridade sintéticas, *melhor* e *pior*, respectivamente.

3.5.2. Preposição

É a palavra invariável que **liga duas outras palavras**, estabelecendo **relações de sentido ou de dependência**.

A *loja* de *José* fica na Vila Mariana.

A preposição **de** relaciona *José* e *loja*, indicando uma relação de posse.

A preposição estabelece relações distintas entre as palavras. Vejamos algumas:

Autoria — pintura de Matisse;
Lugar — vou ficar em casa;
Tempo — viajaremos pela manhã;
Modo — voltou às pressas;
Causa — morrer de fome;
Assunto — falamos sobre economia;
Fim ou finalidade — enfeitamos a casa para o aniversário;
Instrumento — cortou o mato com a foice;
Companhia — viajei com o meu filho;
Meio — viajaremos de carro;

Matéria — comprei um anel de prata;
Posse — o carro de Radegondes;
Oposição — votaram contra o projeto;
Conteúdo — copo com água;
Origem — somos de Recife;
Destino — vou para a Europa.

3.5.2.1. Classificação da preposição
Podemos classificar as preposições de duas formas:

3.5.2.1.1. Essenciais
São palavras que funcionam só como preposição:
a, ante, após, até
com, contra
de, desde
em, entre
para, per, perante, por
sem, sob, sobre
trás

3.5.2.1.2. Acidentais
São palavras de outras classes gramaticais, que em certas ocasiões **funcionam como preposição:** conforme, consoante, segundo, durante, mediante, como, salvo, fora, que etc.

3.5.2.2. Locução prepositiva
É um **conjunto de duas ou mais palavras** fazendo a ligação entre dois termos.

abaixo de	antes de	graças a	de encontro
acima de	depois de	junto a	em frente de
acerca de	ao invés de	junto com	em frente a
a fim de	diante de	junto de	sob pena de
além de	em face de	defronte de	a respeito de
apesar de	em vez de	através de	ao encontro de

3.5.2.3. Combinação, contração e crase
As preposições **a, de, em** e **por**, quando unidas a certas palavras, **formam um só vocábulo**.

3.5.2.3.1. Combinação
A preposição **não sofre mudança**.
a) A + artigos definidos masculinos:
Eles foram ao cinema.
As meninas voltaram aos seus quartos.

b) *A + ONDE (advérbio interrogativo/pronome relativo):*
Aonde você foi?
Sempre quis conhecer a cidade aonde você foi nas férias passadas.

3.5.2.3.2. Contração

A preposição sofre alguma mudança.

a) *DE + artigos:*
De + o(s) — do(s)
De + a(s) — da(s)
De + um — dum
De + uns — duns
De + uma — duma
De + umas — dumas

b) *DE + pronomes pessoais:*
De + ele(s) — dele(s)
De + ela(s) — dela(s)

c) *DE + pronomes demonstrativos:*
De + este(s) — deste(s)
De + esta(s) — desta(s)
De + esse(s) — desse(s)
De + essa(s) — dessa(s)
De + aquele(s) — daquele(s)
De + aquela(s) — daquela(s)
De + isto — disto
De + isso — disso
De + aquilo — daquilo

d) *DE + pronomes indefinidos:*
De + outro — doutro(s)
De + outra — doutra(s)

e) *DE + advérbios:*
De + aqui — daqui
De + aí — daí
De + ali — dali

f) *EM + artigos:*
Em + o(s) — no(s)
Em + a(s) — na(s)
Em + um — num
Em + uma — numa
Em + uns — nuns
Em + umas — numas

g) *EM + pronomes demonstrativos:*
Em + este(s) — neste(s)
Em + esta(s) — nesta(s)
Em + esse(s) — nesse(s)
Em + aquele(s) — naquele(s)
Em + aquela(s) — naquela(s)
Em + isto — nisto
Em + isso — nisso
Em + aquilo — naquilo

h) *EM + pronomes indefinidos:*
Em + algum — nalgum
Em + alguns — nalguns

i) *EM + pronomes pessoais:*
Em + ele(s) — nele(s)
Em + ela(s) — nela(s)

j) *POR + artigos:*
Por + o(s) — pelo(s)
Por + a(s) — pela(s)

3.5.2.3.3. Crase

A fusão de vogais idênticas:

a) *A + artigos definidos femininos:*
A + a(s) — à(s)

b) *A + pronomes demonstrativos:*
A + a(s) — à(s)
A + aquele(s) — àquele(s)
A + aquela(s) — àquela(s)
A + aquilo — àquilo

3.5.3. Conjunção

É a palavra invariável que **liga duas orações** entre si, ou que, dentro da mesma oração, **liga dois termos entre si independentes**.

3.5.3.1. Conjunções coordenativas

Conjunções coordenativas são as que ligam **duas orações** ou dois termos (dentro da mesma oração), sendo que ambos os elementos ligados permanecem **independentes** entre si.

As conjunções coordenativas subdividem-se em:

3.5.3.1.1. Aditivas

Ligam pensamentos **similares** ou **equivalentes**.

Principais conjunções: e, nem, (não só)... mas também, (não somente)... senão ainda etc.:

Radegondes não veio nem ligou.

3.5.3.1.2. Adversativas

Ligam pensamentos que **contrastam** entre si.

Principais conjunções: mas, porém, todavia, contudo, entretanto, não obstante etc.:
Ela saiu, mas voltará logo.

3.5.3.1.3. Alternativas

Ligam pensamentos que **se excluem** ou **se alternam**.

Principais conjunções: ou, ou... ou, ora... ora, já... já, quer... quer etc.:
Você lavará a louça, ou limpará o quarto.

3.5.3.1.4. Conclusivas

Ligam duas orações, sendo que a segunda encerra a **conclusão** ou **dedução** de um raciocínio.

Principais conjunções: logo, portanto, por conseguinte, por consequência, pois (após o verbo da oração) etc.:
Ela estuda bastante, logo terá boas notas.

3.5.3.1.5. Explicativas

Que ligam duas orações, sendo que a segunda se apresenta **justificando a anterior**.

Principais conjunções: pois, porque, que, porquanto etc.:
Ela não irá à festa, porque haverá prova no mesmo dia.

3.5.3.2. Conjunções subordinativas

Conjunções subordinativas são as que **ligam duas orações**, sendo que a segunda é sujeito, complemento ou adjunto da primeira. **A primeira é oração principal da segunda, e esta é subordinada à primeira.** As conjunções subordinativas subdividem-se em integrantes e adverbiais.

3.5.3.2.1. Integrantes

São as que ligam duas orações, sendo que **a segunda é sujeito ou complemento da primeira**.

Principais conjunções: que, se.
É necessário que ela se case.
Eu não sei se o rapaz fará o trabalho.

3.5.3.2.2. Adverbiais

São as que **ligam duas orações**, sendo que **a segunda é adjunto adverbial da primeira**, ou seja, a segunda expressa circunstância de finalidade, modo, comparação, proporção, tempo, condição, concessão, causa ou consequência.

As conjunções subordinativas adverbiais subdividem-se em:

3.5.3.2.2.1. Causais

Ligam duas orações, sendo que a segunda contém a **causa**, e a primeira, o efeito.
Principais conjunções: porque, visto que, porquanto, já que, como etc.:
Ela saiu mais cedo, já que não havia mais trabalho a fazer.

3.5.3.2.2.2. Comparativas

Ligam duas orações, sendo que a segunda contém o segundo termo de uma **comparação**.
Principais conjunções: como, (tal)... tal, (menos)... do que, (mais)... do que, (tal)... qual etc.:
As meninas eram lindas como anjos.

3.5.3.2.2.3. Concessivas

Ligam duas orações, sendo que a segunda contém um fato que não impede a realização da ideia expressa na oração principal, embora seja contrário àquela ideia (uma **exceção**).
Principais conjunções: embora, ainda que, mesmo que, conquanto, posto que, se bem que, por mais que, por menos que, suposto que etc.:
Ela está sorrindo, embora se sinta triste.

3.5.3.2.2.4. Condicionais

Ligam duas orações, sendo que a segunda expressa uma hipótese ou **condição**.
Principais conjunções: se, caso, salvo se, desde que, a menos que, sem que, contanto que etc.:
Ela ficará feliz, se você for visitá-la.

3.5.3.2.2.5. Conformativas

Ligam duas orações, sendo que a segunda expressa circunstância de **conformidade** ou **modo**.
Principais conjunções: como, segundo, conforme etc.:
Tudo aconteceu segundo havia previsto a cartomante.

3.5.3.2.2.6. Consecutivas

Ligam duas orações, sendo que a segunda diz a **consequência** de uma intensidade expressa na primeira.
Principais conjunções: (tão)... que, (tal)... que, (tamanho)... que, (tanto)... que etc.:
Ela estudou tanto que foi a primeira colocada no concurso.

3.5.3.2.2.7. Finais

Ligam duas orações, sendo que a segunda expressa circunstância de **finalidade**.
Principais conjunções: para que, a fim de que, que, porque:
Ela estudou, a fim de passar no concurso.

3.5.3.2.2.8. Proporcionais

Ligam duas orações, sendo que a segunda expressa fato que decorre **ao mesmo tempo** que outro, em relação de **proporção**.
Principais conjunções: à medida que, à proporção que, (quanto mais)... tanto mais, (tanto menos)... quanto mais etc.:
À medida que os convidados chegavam, o baile ficava mais animado.

3.5.3.2.2.9. Temporais

Ligam duas orações, sendo que a segunda expressa circunstância de **tempo**.
Principais conjunções: quando, enquanto, apenas, mal, logo que, depois que, antes que, até que, que etc.:
Ela sorriu, quando me viu.

3.5.4. Interjeição

Palavra invariável que exprime **emoções e sensações**.
Alegria: Ah! Oh!
Animação, encorajamento: Avante! Coragem! Eia! Força! Vamos! Sus!
Aplauso: Bem! Bis! Bravo! Viva!
Cansaço: Ah! Uf!
Chamamento (invocação): Alô! Ó! Olá! Psiu! Pst! Eh!
Descontentamento: Mau!
Desejo: Oh! Oxalá! Tomara!
Dor: Ai! Ui!
Encorajamento: Upa! Arriba!
Espanto, surpresa: Ah! Chi! Ih! Oh! Puxa!
Impaciência, irritação: Hum! Hem! Are! Irra!
Indignação: Are! Irra!
Medo: Ui!
Pedido de socorro: Socorro!
Saudação: Adeus! Oi! Olá!
Silêncio: Psiu! Silêncio!
Surpresa: Ah! Ih! Oh!
Suspensão: Alto! Basta!

3.5.4.1. Locuções interjetivas

Junção de **duas ou mais palavras** com valor de interjeição:
Aflição, dor: Ai de mim! Pobre de mim! Valha-me Deus! Ai, Jesus! Credo!

Desejo: Deus queira! Se Deus quiser!
Impaciência, irritação: Ora bolas! Raios o partam!
Reconhecimento: Bem haja!
Suspensão: Alto aí! Alto lá!
Saudação: Adeus! Bom dia! Boa noite!

3.6. QUESTÕES

1. **O termo em destaque é um adjetivo desempenhando a função de um nome em:**
    a) "O *coitado* está se queixando dela com toda a razão."
    b) "É uma palavra *assustadora*."
    c) "Num joguinho aceita-se até o cheque *frio*."
    d) "Ele é meu braço *direito*, doutor."
    e) "Entre ter um caso e um casinho a diferença, às vezes, é a tragédia *passional*."

2. **Assinale a alternativa errada quanto ao superlativo erudito.**
    a) amargo: amaríssimo; cruel: crudelíssimo
    b) pobre: paupérrimo; livre: libérrimo
    c) negro: negríssimo; doce: dulcíssimo
    d) sagrado: sacratíssimo; feroz: ferocíssimo
    e) magro: macérrimo; nobre: nobilíssimo

3. **Indique a alternativa em que não é atribuída ideia de superlativo ao adjetivo.**
    a) É uma ideia agradabilíssima.
    b) Era um rapaz alto, alto, alto.
    c) Saí de lá hipersatisfeito.
    d) Almocei tremendamente bem.
    e) É uma moça assustadoramente alta.

4. **Assinale a frase em que o adjetivo está no grau superlativo relativo de superioridade:**
    a) Estes operários são capacíssimos.
    b) O quarto estava escuro como a noite!
    c) Não sou menos digno que meus pais.
    d) Aquela mulher é podre de rica!
    e) Você foi o amigo mais sincero que eu tive.

5. **Assinale o item em que houve erro na flexão do nome composto.**
    a) As touceiras verde-amarelas enfeitavam a campina.
    b) Os guarda-roupas são de boa madeira.
    c) Na fazenda, havia muitos tatu-bolas.
    d) No jogo de contra-ataque, vence a melhor equipe física.
    e) Os livros ibero-americanos são de fácil importação.

6. **O plural de "terno azul-claro" e "terno verde-mar" é:**
    a) ternos azuis-claros; ternos verdes-mares
    b) ternos azuis-claros; ternos verde-mares
    c) ternos azul-claro; ternos verde-mar
    d) ternos azul-claros; ternos verde-mar
    e) ternos azuis-claros; ternos verde-mar

7. **Há exemplo de adjetivo substantivado em:**
    a) "É de sonho e de pó"
    b) "Minha mãe, solidão"
    c) "O meu pai foi peão"
    d) "Só queria mostrar"
    e) "O destino de um só"

3 ■ Morfologia

8. Aponte a alternativa incorreta quanto à correspondência entre a locução e o adjetivo.
a) glacial (de gelo); ósseo (de osso)
b) fraternal (de irmão); argênteo (de prata)
c) farináceo (de farinha); pétreo (de pedra)
d) viperino (de vespa); ocular (de olho)
e) ebúrneo (de marfim); insípida (sem sabor)

9. Talvez seja bom que o proprietário do *imóvel* possa desconfiar de que ele não seja tão *imóvel* assim. — As palavras destacadas são, respectivamente,
a) substantivo e substantivo
b) substantivo e adjetivo
c) adjetivo e verbo
d) advérbio e adjetivo
e) adjetivo e advérbio

10. O item em que a locução adjetiva não corresponde ao adjetivo dado é:
a) hibernal: de inverno
b) filatélico: de folha
c) discente: de aluno
d) docente: de professor
e) onírico: de sonho

11. Assinale a opção em que todos os adjetivos não se flexionam em gênero.
a) delgado, móbil, forte
b) oval, preto, simples
c) feroz, exterior, enorme
d) brilhante, agradável, esbelto
e) imóvel, curto, superior

12. Procure e assinale a única alternativa em que há erro no emprego do artigo.
a) Nem todas opiniões são valiosas.
b) Disse-me que conhece todo o Brasil.
c) Leu todos os dez romances do escritor.
d) Andou por todo o país.
e) Todas as cinco, menos uma, estão corretas.

13. Marque a alternativa do advérbio de intensidade.
a) Se eu tiver que ajudar-te, alegrar-me-ei.
b) Que importa a opinião deles?
c) O professor resolveu o que pediram.
d) Que feliz serei eu, se vieres.
e) Esperamos que os dias melhorem.

14. O adjetivo está empregado na função de advérbio em:
a) Acesa a luz, viu claro os gestos furtivos do animal.
b) A lamparina tornou claros os degraus da escada.
c) Reservou para o céu um azul bem claro.
d) Subitamente, um claro ofuscou-lhe a vista.
e) Não gostava de cores muito claras.

15. As relações expressas pelas preposições estão corretas na sequência:
I. Saí com ela.
II. Ficaram sem um tostão.
III. Esconderam o lápis de Maria.
IV. Ela prefere viajar de navio.
V. Estudou para passar.

a) companhia, falta, posse, meio, fim
b) falta, companhia, posse, meio, fim
c) companhia, falta, posse, fim, meio

d) companhia, posse, falta, meio, fim
e) companhia, falta, meio, posse, fim

16. A frase em que o advérbio expressa simultaneamente ideias de tempo e negação é:
   a) Falei ontem com os embaixadores.
   b) Não me pergunte as razões da minha atitude.
   c) Eles sempre chegam atrasados.
   d) Jamais acreditei que você viesse.
   e) Agora seremos felizes.

17. "Fui até *a* porta. Abri-*a* e vi *os* que estavam esperando *o* ônibus." As palavras destacadas são, pela ordem:
   a) artigo, preposição, pronome átono, artigo
   b) preposição, pronome átono, artigo, preposição
   c) preposição, pronome oblíquo, artigo, pronome demonstrativo
   d) artigo, pronome átono, pronome demonstrativo, artigo

18. Embora todas as conjunções sejam aditivas, uma oração apresenta ideia de adversidade.
   a) Não achou os documentos e nem as fotocópias.
   b) Queria estar atento à palestra e o sono chegou.
   c) Não só aprecio Medicina como também Odontologia.
   d) Escutei o réu e lhe dei razão.
   e) Não só escutei o réu mas também lhe dei razão.

19. Assinale a alternativa em que a palavra *como* assume o valor de conjunção subordinativa conformativa.
   a) Como ele mesmo afirmou, viveu sempre tropeçando nos embrulhos da vida.
   b) Como não tivesse condições necessárias para competir, participou, com muita insegurança, das atividades esportivas.
   c) As frustrações caminham rápido como as tempestades das matas devastadoras.
   d) Indaguei-lhe apreensiva como papai tinha assumido aquela continua postura de contemplação.
   e) Como as leis eram taxativas naquele vilarejo, todos os moradores tentavam um meio de obediência às normas morais.

20. A opção em que há um advérbio exprimindo circunstância de tempo é:
   a) Possivelmente viajarei para São Paulo.
   b) Maria tinha aproximadamente 15 anos.
   c) As tarefas foram executadas concomitantemente.
   d) Os resultados chegaram demasiadamente atrasados.

21. Indique o item em que os numerais estão corretamente empregados.
   a) Ao papa Paulo Seis sucedeu João Paulo Primeiro.
   b) Após o parágrafo nono, virá o parágrafo décimo.
   c) Depois do capítulo sexto, li o capítulo décimo primeiro.
   d) Antes do artigo dez vem o artigo nono.
   e) O artigo vigésimo segundo foi revogado.

22. Os ordinais referentes aos números 80, 300, 700 e 90 são, respectivamente:
   a) octagésimo, trecentésimo, septingentésimo, nongentésimo
   b) octogésimo, tricentésimo, septingentésimo, nonagésimo
   c) octingentésimo, tricentésimo, septuagésimo, nonagésimo
   d) octogésimo, tricentésimo, septuagésimo, nongentésimo

23. O candidato achava importante conhecer as _____ da cidade, mas só as visitava acompanhado de seus _____ .
   a) feiras-livres, guarda-costas.
   b) feiras-livre, guarda-costas.
   c) feira-livres, guardas-costas.
   d) feiras-livres, guardas-costas.
   e) feira-livres, guarda-costas.

3 ■ Morfologia

24. Às _____ saem os _____ que orientam os _____ sobre o assunto.
   a) terça-feiras, jornalzinhos, cidadões.
   b) terças-feiras, jornalsinhos, cidadãos.
   c) terça-feiras, jornaisinhos, cidadãos.
   d) terças-feiras, jornaizinhos, cidadões.
   e) terças-feiras, jornaizinhos, cidadãos.

25. Os esportistas _____ vestiam blusões _____ .
   a) campo-grandenses, verdes-escuros.
   b) campos-grandenses, verdes-escuro.
   c) campos-grandense, verde-escuros.
   d) campo-grandenses, verde-escuros.
   e) campos-grandense, verdes-escuros.

26. Esses _____ deverão ser divulgados pelos _____ em suas respectivas seções.
   a) decreto-lei, vice-diretores.
   b) decretos-lei, vices-diretores.
   c) decretos-leis, vice-diretores.
   d) decretos-leis, vices-diretores.
   e) decreto-leis, vice-diretores.

27. A expansão _____ dos países em desenvolvimento depende de todo um complexo de medidas _____
   a) econômico-financeira, sociopolíticas.
   b) econômico-financeira, sócias-políticas.
   c) econômica-financeira, sócio-políticas.
   d) econômica-financeira, sócios-políticos.
   e) econômico-financeira, sócios-políticas.

28. Só há substantivos femininos na opção:
   a) omoplata, cal, alface, ordenança, apendicite.
   b) grama (medida), ordenança, cal, sentinela, telefonema.
   c) dó, cal, alface, moral (ânimo), lança-perfume.
   d) faringe, ordenança, champanha, aguardente, cal.
   e) champanha, aguardente, dinamite, dó, guaraná.

29. A sentença em que há um substantivo com o plural contrário à norma gramatical é:
   a) Entre os povos notam-se caracteres diversos.
   b) Os jacarés são reptis perigosos.
   c) ... e na infância, eram aqueles corres-corres e ganha-perde.
   d) Encomendem-se mais dez caneta-tinteiros.

30. Observe as orações:
   1. O *carregador* surdo-mudo olhou-nos com curiosidade e esboçou um sorriso.
   2. Soube que o *festival* luso-brasileiro fora um sucesso.
   3. Na *toalha* branco-marfim, a mancha de vinho espalhou-se rapidamente.
   4. No cofre havia algumas medalhas de ouro amarradas a uma *fita* verde-clara.

Passando-se as palavras destacadas para o plural, a flexão dos adjetivos compostos será, respectivamente:
   a) surdo-mudo, luso-brasileiros, branco-marfim, verdes-claras.
   b) surdos-mudos, luso-brasileiros, branco-marfim, verde-claras.
   c) surdos-mudo, luso-brasileiros, brancas-marfim, verde-claras.
   d) surdo-mudos, luso-brasileiros, branco-marfins, verde-clara.
   e) surdos-mudos, luso-brasileiros, branco-marfim, verdes-claras.

31. "Esses sintomas levam <u>a pessoa</u> a reiniciar <u>o processo</u>."
Na frase acima, substituindo-se os termos sublinhados pelos pronomes adequados, obtêm-se, respectivamente, as formas:

a) levam-lhe e reiniciar-lhe.
b) levam-na e reiniciá-lo.
c) levam-a e reiniciar-lo.
d) levam-na e reiniciar-lhe.
e) levam-lhe e reiniciá-lo.

32. Este é encargo para _____ assumir sozinho, sem que se repartam as responsabilidades entre _____
   a) mim, eu e tu.
   b) mim, mim e tu.
   c) mim, mim e ti.
   d) eu, eu e ti.
   e) eu, mim e ti.

33. Está correto o emprego dos dois elementos sublinhados na frase:
   a) Ele costuma afirmar a todos <u>de que</u> trabalhou muito para chegar <u>àquele</u> cargo.
   b) Você pode discordar de mim <u>quanto</u> a isto, mas não <u>com</u> o que lhe direi agora.
   c) A arrogância <u>da qual</u> sempre lhe foi característica devia-se <u>pelo</u> fato de ser rico.
   d) Nada havendo <u>com que</u> se satisfizesse, passou a gozar <u>da</u> fama de resmungão.
   e) Ninguém sabe <u>onde</u> ele vai chegar, se continuar teimando <u>de</u> endividar-se.

34. Assinale o item em que há erro quanto ao emprego dos pronomes *se, si* ou *consigo*.
   a) Feriu-se, quando brincava com o revólver e o virou para si.
   b) Ele só cuida de si.
   c) Quando V.Sa. vier, traga consigo a informação pedida.
   d) Ele se arroga o direito de vetar tais artigos.
   e) Espera um momento, pois tenho de falar consigo.

35. Se V.Sa. me _____ gostaria de apresentar a _____ auxiliares algumas sugestões sobre o problema que tanto _____ preocupa.
   a) permite, vossos, vos.
   b) permitis, seus, lhe.
   c) permite, vossos, lhe.
   d) permite, seus, o.
   e) permitis, vossos, vos.

36. V.Sa. _____ que _____ compete defender _____ ideais.
   a) sabe, lhe, seus.
   b) sabe, vos, seus.
   c) sabeis, lhe, vossos.
   d) sabeis, vos, vossos.
   e) sabe, vos, vossos.

37. Julgando que dessas medidas talvez _____ alguma escassez de material, ele _____ logo o almoxarifado de tudo que _____ obter.
   a) advisse, proviu, poude.
   b) adviesse, proveu, pôde.
   c) advisse, proveu, pôde.
   d) adviesse, proveu, poude.
   e) adviesse, proviu, poude.

38. Estão corretas as duas formas verbais sublinhadas na frase:
   a) Se não nos <u>convierem</u> os exercícios intensos, <u>abdiquemos</u> deles.
   b) Quando uma experiência <u>conter</u> um risco, é preciso que a <u>evitemos</u>.
   c) Há pessoas que não se <u>detém</u> nem mesmo diante do que fatalmente lhes <u>trará</u> malefícios.
   d) Para que não <u>soframos</u> com o excesso de ginástica, é preciso que nos <u>instruemos</u> acerca dos riscos que representam.
   e) Quando <u>havermos</u> de colher os frutos da nossa imprudência, <u>arrepen-der-nos-emos</u>.

39. Quando _____ a eles o que os outros _____, entenderão por que _____, ontem, no debate.
   a) dissermos, supuseram, intervimos.
   b) dissermos, suporam, interviemos.
   c) dissermos, supuseram, interviemos.
   d) dizermos, supuseram, interviemos.
   e) dizermos, suporam, intevimos.

40. Quando você o _____, qualquer que _____ o dia, _____-lhe esta carta.
   a) vir, seje, entregue.
   b) vir, seje, entrega.
   c) ver, seje, entregue.
   d) vir, seja, entregue.
   e) ver, seja, entrega.

41. Escolha a alternativa que preencha corretamente as lacunas da frase abaixo.
O policial _____ entre os litigantes, razão pela qual _____ promoção e _____ que teria uma bela carreira.
   a) interviu, obteu, previu.
   b) interviu, obteve, preveu.
   c) interveio, obteu, preveu.
   d) interveio, obteve, previu.
   e) interviu, obteve, previu.

42. Assinale a alternativa que apresenta incorreção na forma verbal.
   a) Observa-se que muitos boatos provêm de algumas pessoas insensatas.
   b) Se você quiser reaver os objetos roubados, tome as providências com urgência.
   c) Prevendo novos aumentos de preços, muitos consumidores proveram suas casas.
   d) O Ministro da Fazenda previu as despesas com o funcionalismo público, em 1989.
   e) No jogo de domingo, quando o juiz interviu numa cobrança de falta, foi inábil.

43. Assinale a opção em que a conjugação do verbo HAVER desrespeita a norma culta.
   a) Eles sabiam que deviam haver punições para os que violassem as regras.
   b) Mesmo assim, os adultos houveram por bem recomendar cautela a todos.
   c) Dessa maneira, não haveria arrependimentos nem lamentos mais tarde.
   d) Naquela situação de tensão, os garotos se houveram com muita discrição e elegância.
   e) Todos eles já haviam vivido situações de tensão semelhantes anteriormente.

44. Ele verificou que o Imposto de Renda _____ na fonte o equivalente aos lucros _____ da venda de duas casas, os quais _____ uma alta soma.
   a) retera, provindos, perfizeram.
   b) retera, providos, perfazeram.
   c) retivera, provistos, perfizeram.
   d) retivera, provindos, perfizeram.
   e) retivera, providos, perfazeram.

45. Convém que não nos _____ muito nesses _____ e sim naqueles mais difíceis de _____.
   a) demoremos, ítens, explicarem.
   b) demoramos, ítens, explicarmos.
   c) demoremos, itens, explicar.
   d) demoramos, itens, explicar-se.

46. Quando vocês _____ que tudo parece difícil, será inútil perderem a calma: só se a _____ é que poderão resolver os problemas.
   a) verem, reouverem.
   b) verem, rehaverem.
   c) virem, reouverem.
   d) virem, rehouverem.
   e) virem, reaverem.

47. Transpondo-se para a voz passiva a frase *A privação da substância produz sintomas*, obtém-se a forma verbal
    a) é produzida.
    b) produz-se.
    c) eram produzidos.
    d) são produzidos.
    e) foram produzidos.

48. Ontem ele não _____ terminar o relatório porque se _____ na conversa com os colegas.
    a) pode, entreteve.
    b) poude, entreteu.
    c) pôude, entreteve.
    d) pôde, entreteu.
    e) pôde, entreteve.

49. Em *Se tivesse havido maior produção, outra seria a situação atual da empresa*, a forma *tivesse havido* traduz:
    a) uma dúvida.
    b) ação vagamente situada no passado.
    c) ação anterior a outra passada.
    d) relação de uma ação presente com outra passada.

50. Transpondo para a voz passiva a frase *Ele tinha estabelecido o roteiro de fiscalização do dia*, obtém-se a forma verbal:
    a) tivera estabelecido.
    b) foi estabelecido.
    c) estava estabelecendo.
    d) tinha sido estabelecido.
    e) estava sendo estabelecido.

51. Transpondo para a voz passiva a frase *A comissão deverá apurar as irregularidades*, obtém-se a forma verbal:
    a) serão apuradas.
    b) deverão ser apuradas.
    c) irá apurar.
    d) irão ser apuradas.

52. Assinale a alternativa que está na voz passiva pronominal.
    a) O rapaz foi morto pelo marginal.
    b) Precisa-se de profissionais responsáveis.
    c) As meninas pentearam-se diante do espelho.
    d) Consertaram-se sapatos.

53. Assinale a alternativa em que a flexão do verbo está correta.
    a) O motorista freou o carro bruscamente.
    b) Os alunos foleiam o livro recomendado.
    c) Nós não receiamos a luta.
    d) Nós passeiamos muito durante as férias.

54. Assinale a correta:
    a) Cala-te e ouça!
    b) Cala-te e ouve!
    c) Cale-se e ouve!
    d) Cale-te e ouve!
    e) Cala-se e ouça!

55. Assinale a alternativa que indica a circunstância expressa pela oração subordinada adverbial do período apresentado.
Enquanto aguardávamos, líamos revistas.

a) causa.
b) modo.
c) tempo.
d) finalidade.

56. Assinale a alternativa que indica a circunstância expressa pela oração subordinada adverbial do período apresentado.
Fui à escola, embora estivesse doente.
a) condição.
b) concessão.
c) finalidade.
d) tempo.

57. Assinale a alternativa que indica a circunstância expressa pela oração subordinada adverbial do período apresentado.
Se você a conhecesse, não a condenaria.
a) modo.
b) tempo.
c) causa.
d) condição.

58. (Vunesp) Assinale a alternativa que reescreve, com correção e sem alteração de sentido, a frase: "Algumas palavras dependem de outras, embora não sejam grudadas por um hífen."
a) Contanto que não sejam grudadas por um hífen, algumas palavras dependem de outras.
b) Algumas palavras dependem de outras, exceto se são grudadas por um hífen.
c) Algumas palavras dependem de outras, quando não são grudadas por um hífen.
d) Apesar de não serem grudadas por um hífen, algumas palavras dependem de outras.
e) Desde que não sejam grudadas por um hífen, algumas palavras dependem de outras.

59. (FCC) Levando-se em conta as alterações necessárias, o termo grifado foi corretamente substituído por um pronome em:
a) A inveja habita o fundo de um vale. = habitá-lo
b) Jamais se acende o fogo. = lhe acende
c) Serviu de modelo a todos. = serviu-os
d) Infectar a jovem Aglauros. = infectá-la
e) Ao dilacerar os outros. = dilacerar-lhes

60. (FCC) Está empregado corretamente o termo grifado na frase:
a) Adoniran Barbosa, a qual primeira tentativa de entrar para o rádio foi malsucedida, tornou-se um dos grandes sucessos nesse veículo.
b) Em 1935, Adoniran Barbosa ganhou um concurso com uma marchinha carnavalesca, pela qual foi eleita a melhor marcha do ano.
c) Nas canções de Adoniran, a linguagem, cujos traços coloquiais são facilmente percebidos, reproduz o modo de falar de certas camadas sociais.
d) Adoniran Barbosa, o qual verdadeiro nome era João Rubinato, foi considerado pela crítica o maior sambista paulistano.
e) Certas composições de Adoniran, nas quais incluem "Trem das onze" e "Saudosa maloca", são conhecidas pela maioria dos brasileiros.

GABARITO

1. "a". O artigo "o" substantiva o adjetivo "coitado".

2. "c". O superlativo absoluto sintético erudito de "negro" é "nigérrimo".

3. "d". Almocei tremendamente bem. Não há adjetivo nessa frase. O advérbio "tremendamente" está modificando o advérbio "bem".

4. "e". O superlativo relativo de superioridade fala da superioridade de um ser em relação ao conjunto a que pertence: "o amigo mais sincero (de todos os amigos)".

5. "c". A forma correta é "tatus-bola" ou "tatus-bolas".

6. "d". No adjetivo composto, apenas o último termo varia: ternos azul-claros; mas, se o último for um substantivo usado como adjetivo, o composto fica invariável: ternos verde-mar.

7. "e". O destino de um só. — só = sozinho, antecedido de artigo indefinido (um) vira substantivo.

8. "d". Viperino — relativo a víboras, serpentes.

9. "b". O primeiro veio antecedido de artigo (do imóvel), por isso funciona como substantivo; já o segundo indica uma qualidade, ou seja, é um adjetivo.

10. "b". Filatélico — relativo a selos.

11. "c". Todos são comuns de dois gêneros, ou seja, servem para o masculino e para o feminino.

12. "a". O pronome "todas" no plural deve ser usado com artigo quando o que vem depois dele é um substantivo: todas as opiniões.

13. "d". Que feliz — a palavra "que" intensifica o adjetivo "feliz", por isso "que" é um advérbio de intensidade.

14. "a". "viu claro os gestos" — a palavra "claro" está modificando o verbo "ver", por isso funciona como advérbio (é um adjetivo usado como advérbio) = Viu claramente os gestos.

15. "a". Com = companhia, sem = falta, de (Maria) = posse, de (navio) = meio, para = fim.

16. "d". "Jamais" pode indicar negação ou tempo.

17. "d". A porta = artigo, abri-a = pronome oblíquo átono, vi os que = pronome demonstrativo, o ônibus = artigo.

18. "b". Queria estar atento à palestra, E o sono chegou. A conjunção E liga orações de sentidos opostos, por isso apresenta ideia de adversidade.

19. "a". Como ele mesmo afirmou = conforme ele mesmo afirmou = segundo ele mesmo afirmou. Nas outras opções: b) como = causa; c) como = comparação; d) como = interrogação; e) como = causa.

20. "c". Concomitantemente = ao mesmo tempo.

21. "d". Vejamos a correção dos erros: a) Paulo Sexto, b) parágrafo dez, c) capítulo onze, e) artigo vinte e dois.

22. "b". 80 = octogésimo, 300 = tricentésimo (ou trecentásimo), 700 = septingentésimo, 90 = nonagésimo.

23. "a". feiras-livres = feiras (substantivo) + livres (adjetivo), guarda-costas = guarda (verbo) + costas (substantivo que deve ser usado sempre no plural, para indicar a parte posterior).

24. "e". Terças-feiras, jornaizinhos, cidadãos.

25. "d". Nos adjetivos compostos, apenas o último termo varia: campo-grandenses, verde-escuros.

26. "c". Decretos-lei ou decretos-leis, vice-diretores.

27. "a". Nos adjetivos compostos, apenas o último termo varia: econômico-financeira, sociopolíticas.

28. "a". A omoplata, a cal, a alface, a ordenança, a apendicite.

29. "d". A forma correta pode ser "canetas-tinteiro" ou "canetas-tinteiros".

30. "b". No adjetivo composto, apenas o último termo varia: luso-brasileiros, verde-claras; mas, se o último for um substantivo usado como adjetivo, o composto fica invariável: branco-marfim. O adjetivo composto surdos-mudos é uma exceção à regra, pois ambos variam.

31. "b". Fazendo as substituições, teremos: Esses sintomas levam-na a reiniciá-lo.

32. "e". Eu — pronome pessoal do caso reto funciona como sujeito do verbo. Mim e ti — pronomes pessoais do caso oblíquo funcionam como complementos da frase.

33. "d". Corrigindo as frases: a) Ele costuma afirmar a todos que trabalhou muito para chegar àquele cargo. b) Você pode discordar de mim quanto a isto, mas não do que lhe direi agora.

c) A arrogância a qual/que sempre lhe foi característica devia-se ao fato de ser rico. e) Ninguém sabe aonde ele vai chegar, se continuar teimando em endividar-se.

34. "e". O sujeito do verbo "Espera" é de segunda pessoa do singular (Tu = Espera tu), por isso a concordância da frase deve ficar sempre na segunda pessoa do singular. Devemos usar o pronome "contigo".

35. "d". Os pronomes de tratamento sempre concordam em terceira pessoa: Se V.Sa. me permite, gostaria de apresentar a seus auxiliares algumas sugestões sobre o problema que tanto o preocupa.

36. "a". Os pronomes de tratamento sempre concordam em terceira pessoa: V.Sa. sabe que lhe compete defender seus ideais.

37. "b". Advir — derivado de VIR, conjuga-se da mesma forma que VIR: adviesse. Prover não é derivado de VER, por isso se conjuga de forma diferente deste: proveu. Atenção: no presente do indicativo e do subjuntivo, prover se conjuga da mesma forma que VER: vejo-provejo, veja--proveja etc.

38. "a". Para corrigir as frases devemos trocar: b) conter por contiver; c) detém por detêm; d) instruemos por instruamos; e) havermos por houvermos.

39. "c". Dissermos — futuro do subjuntivo. Supuseram — pretérito mais-que-perfeito do indicativo, derivado de PÔR. Interviemos — pretérito perfeito do indicativo, derivado de VIR.

40. "d". Vir — futuro do subjuntivo do verbo VER. Seja — presente do subjuntivo do verbo SER. Entregue — imperativo afirmativo com referência a "você", por isso concordância na terceira pessoa.

41. "d". Interveio — derivado de VIR. Obteve — derivado de TER. Previu — derivado de VER. Todos eles conjugados no pretérito perfeito do indicativo.

42. "e". Intervir é derivado de VIR, por isso se conjuga da mesma forma que este: No jogo de domingo, quando o juiz INTERVEIO numa cobrança de falta, foi inábil.

43. "a". O verbo HAVER, expressando existência/acontecimento, é impessoal, por isso deve ser conjugado apenas na terceira pessoa do singular. Quando ele aparece numa locução verbal, como principal, o seu auxiliar também se torna impessoal: Eles sabiam que DEVIA HAVER punições para os que violassem as regras.

44. "d". Retivera — derivado de TER. Provindos — derivado de VIR: o gerúndio e o particípio desse verbo se fazem da mesma forma (vindo). Perfizeram — derivado de FAZER.

45. "c". Demoremos — presente do subjuntivo. Itens — não tem acento. Explicar não é reflexivo nessa frase.

46. "c". Ambos os verbos devem ser empregados no futuro do subjuntivo: virem, reouverem.

47. "d". Como o verbo da voz ativa está no presente, o auxiliar da voz passiva deve também ser flexionado no presente, concordando no plural com o sujeito paciente – A privação da substância produz sintomas. > Sintomas são produzidos pela privação da substância.

48. "e". O verbo PODER: no presente do indicativo se conjuga "pode" — sem acento; no pretérito perfeito do indicativo se conjuga "pôde" — com acento. Esse é um dos acentos diferenciais que permaneceram após a reforma ortográfica.

49. "a". Tivesse havido — é modo subjuntivo, que expressa dúvida, hipótese.

50. "d". A forma verbal de voz ativa é "tinha estabelecido". Para fazer a voz passiva, devemos acrescentar o verbo SER e fazer a concordância com o novo sujeito, agora paciente ("o roteiro"). Assim, teremos: O roteiro da fiscalização do dia TINHA SIDO ESTABELECIDO por ele.

51. "b". A forma verbal de voz ativa é "deverá apurar". Para fazer a voz passiva, devemos acrescentar o verbo SER e fazer a concordância com o novo sujeito, agora paciente ("as irregularidades"). Assim, teremos: As irregularidades DEVERÃO SER APURADAS pela comissão.

52. "d". Voz passiva pronominal é o mesmo que voz passiva sintética, ou seja, com o uso do pronome apassivador "se".

53. "a". Vejamos a correção das outras opções: b) folheiam, c) receamos, d) passeamos.

54. "b". Os dois verbos devem ter a concordância na mesma pessoa gramatical: ambos com "tu", ou ambos com "você" — Tu: Cala-te e ouve. Você: Cale-se e ouça.

55. "c". Enquanto = tempo.

56. "b". Embora = concessão.

57. "d". Se = condição.

58. "d". Na frase original, aparece a conjunção "embora", que indica uma concessão, portanto, devemos continuar com essa relação entre as orações do período. A única opção em que há uma conjunção concessiva é a opção "d", na qual aparece a locução conjuntiva "apesar de".

59. "d". Objeto direto deve ser substituído por "o(s), a(s)" e objeto indireto — iniciado pelas preposições "a" ou "para" — deve ser substituído por "lhe(s)". Vamos corrigir as outras: a) A inveja habita-o; b) Jamais se o acende; c) Serviu-lhes de modelo; e) Ao dilacerá-los.

60. "c". O pronome "cujo" expressa uma relação de posse entre o seu termo antecedente e o seu termo posterior — o antecedente é "proprietário" do termo posterior: "a linguagem, cujos traços" = "os traços da linguagem", a linguagem possui os traços. Além disso, o pronome "cujo" sempre concorda em gênero e número com "a coisa possuída", ou seja, o termo posterior. Vamos corrigir as opções incorretas: a) Adoniran Barbosa, que na primeira tentativa...; b) Em 1935, Adoniran Barbosa ganhou um concurso com uma marchinha carnavalesca, a qual foi eleita...; d) Adoniran Barbosa, cujo verdadeiro nome...; e) Certas composições de Adoniran, entre as quais se incluem "Trem das onze" e "Saudosa maloca"...

4
SINTAXE

SIN.TA.XE
[ss ou cs]
Gram. sf.
1. Conjunto de regras que determinam a ordem e as relações das palavras na frase
2. Essa ordem e as relações das palavras na frase
3. Estudo da estrutura gramatical das frases
4. Conjunto de regras sintáticas que caracterizam uma época, escola, autor etc.:
A obra aborda a sintaxe do modernismo.
5. P.ext. Fig. Livro que apresenta essa parte da gramática
6. Conjunto de regras que ordenam qualquer tipo de linguagem:
Estudava a sintaxe da linguagem computacional.
[F.: Do lat. syntaxis, deriv. do gr. sýntaxis.]

Caldas Aulete

4.1. FRASE, ORAÇÃO E PERÍODO

4.1.1. Frase

É todo enunciado que tem **sentido completo**. A frase pode ou não ter verbo. Quando não tem, denomina-se FRASE NOMINAL.

"Eta, vida besta, meu Deus." (Carlos Drummond de Andrade)

Fogo!

Embora as frases nominais não tenham verbo, conseguem comunicar ideias completas, pois pressupõem a presença de verbos ocultos subentendidos. Equivalem a:

Meu Deus, como essa vida é besta.

Está pegando fogo!

4.1.2. Oração

É todo enunciado que **contenha verbo:**

Todos querem...

Não sei, não.

"Marcela amou-me durante quinze meses e onze contos de réis." (Machado de Assis)

4.1.3. Período

É todo enunciado que possui verbo (oração) e sentido completo (frase), ou seja, é uma frase com verbo, ou uma oração com sentido completo.

Pode ter uma ou mais orações. Deve terminar por ponto final, ponto de interrogação, ponto de exclamação ou por reticências.

Se tem uma só oração, é **período simples**; duas ou mais orações, **período composto**:

- *Período simples:* "O sertanejo é antes de tudo um forte." (Euclides da Cunha)
- *Período composto:* Chegou de mansinho, bateu, entrou e sentou-se calado.

4.2. SINTAXE DA ORAÇÃO

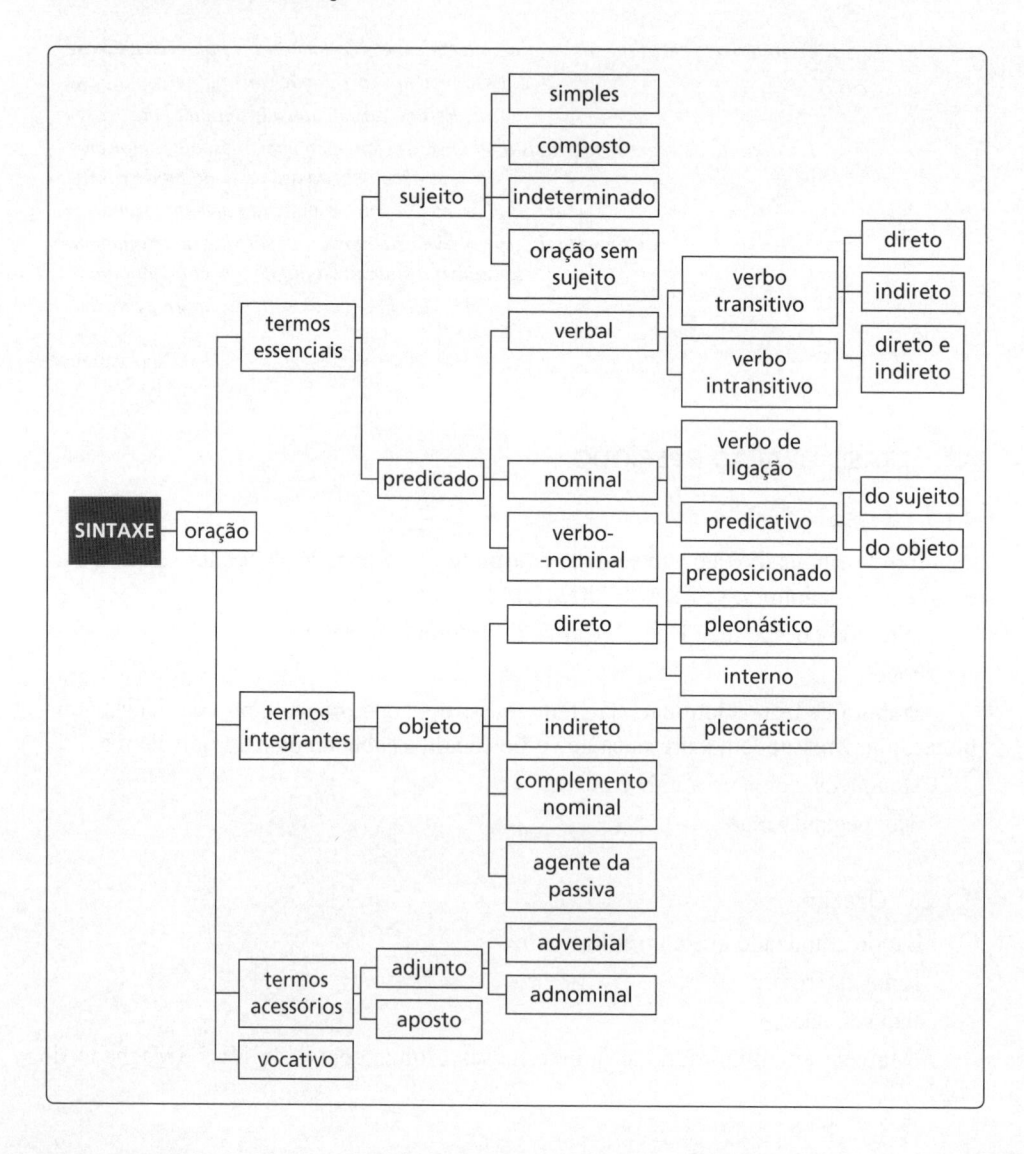

```
SINTAXE ─ oração ─┬─ termos essenciais ─┬─ sujeito ─┬─ simples
                  │                     │           ├─ composto
                  │                     │           ├─ indeterminado
                  │                     │           └─ oração sem sujeito
                  │                     │
                  │                     └─ predicado ─┬─ verbal ─┬─ verbo transitivo ─┬─ direto
                  │                                   │          │                    ├─ indireto
                  │                                   │          │                    └─ direto e indireto
                  │                                   │          └─ verbo intransitivo
                  │                                   ├─ nominal ─┬─ verbo de ligação
                  │                                   │           └─ predicativo ─┬─ do sujeito
                  │                                   │                           └─ do objeto
                  │                                   └─ verbo-nominal
                  │
                  ├─ termos integrantes ─┬─ objeto ─┬─ direto ─┬─ preposicionado
                  │                      │          │          ├─ pleonástico
                  │                      │          │          └─ interno
                  │                      │          └─ indireto ─ pleonástico
                  │                      ├─ complemento nominal
                  │                      └─ agente da passiva
                  │
                  └─ termos acessórios ─┬─ adjunto ─┬─ adverbial
                                        │          └─ adnominal
                                        ├─ aposto
                                        └─ vocativo
```

4.2.1. Termos essenciais da oração

Observe a oração abaixo:

Os acionistas pareciam bastante apreensivos.

Nela podemos identificar dois conjuntos:

- o ser de quem se afirma algo, chamado de **sujeito**: os acionistas;
- aquilo que se diz do ser, que é o **predicado**: pareciam bastante apreensivos.

O sujeito e o predicado são chamados de termos essenciais da oração.

> **Curiosidade:** Apesar de ser um "termo essencial", há frases em Língua Portuguesa em que não há sujeito.

4.2.1.1. Sujeito

Aquele, ou aquilo, **a respeito do qual se transmite uma informação**.

De acordo com o modo como aparece na frase, pode ser classificado como **determinado** ou **indeterminado**.

4.2.1.1.1. Sujeito determinado

Ocorre **quando se pode determinar** o elemento ao qual o predicado se refere:

Os operários cruzaram os braços logo cedo.

Os operários = sujeito determinado, pois podemos identificar o termo ao qual se atribui o ato de cruzar os braços.

Passamos férias maravilhosas.

O sujeito (termo sobre o qual se projeta a ação de passar) está implícito na desinência verbal "Passamos". Temos então sujeito determinado ou desinencial.

O sujeito determinado pode ser **simples** ou **composto**:

- *Sujeito simples* — aquele que apresenta apenas **um núcleo:**

Muitos funcionários das repartições públicas de São Paulo estão afastados.

As minhas duas belas primas do interior chegaram.

Alguém comeu o meu pudim!

Quem chegou?

"Saí, afastando-me dos grupos e fingindo ler os epitáfios." (Machado de Assis)

Vieste aqui para estudar.

Quando o núcleo **está expresso na frase**, chamamo-lo de *sujeito simples claro*.

Quando o núcleo **não está expresso na frase**, chamamo-lo de *sujeito simples oculto*, ou *desinencial*, ou *não expresso*, ou *implícito*, ou *elíptico*.

> **Curiosidade:** A Nomenclatura Gramatical Brasileira não reconhece o sujeito oculto ou elíptico; para a NGB, será determinado apenas.

■ *Sujeito composto* — aquele que apresenta **dois ou mais núcleos:**
Eu e ela chegamos a um acordo.
A presidenta e seus ministros participaram das comemorações do Dia da Independência.

4.2.1.1.2. Sujeito indeterminado

Surge quando existe um elemento sobre o qual se declara algo, mas **não se pode identificar tal elemento**; é aquele que, embora existindo, não se quis ou não se pôde representar na oração.

Chegaram bem tarde hoje. — não se sabe "quem chegaram".

Há duas maneiras de tornar o sujeito indeterminado:

a) *com verbos na 3.ª pessoa do plural,* sem sujeito expresso (ou que não haja referência a nenhum ser anteriormente expresso):

Roubaram meu anel.

Destruíram dois orelhões em pleno centro da cidade.

> **Curiosidade:** Quando o contexto permite definir o agente da ação, teremos um sujeito simples oculto:
> Umas pessoas malvadas estiveram aqui e roubaram o meu anel.
> Aqueles vândalos presos ontem destruíram dois orelhões em pleno centro da cidade.

b) *com verbos na 3.ª pessoa do singular,* seguido da partícula **SE** — **índice de indeterminação do sujeito:**

Vive-se bem nesta cidade.

Fala-se em guerras.

Trata-se de questões tributárias.

Precisa-se de serventes de pedreiro.

4.2.1.1.3. Sujeito oracional

Surge quando **o sujeito** de uma oração é toda **uma outra oração**.

É bom que todos compareçam.

1.ª oração: É bom.

2.ª oração (sujeito): que todos compareçam.

O que é bom? sujeito = que todos compareçam.

> **Curiosidade:** Na análise sintática, esta oração que funciona como sujeito é classificada como **oração subordinada substantiva subjetiva**.

4.2.1.2. Oração sem sujeito

Não há um elemento ao qual se atribui o predicado. Ocorre nos seguintes casos:

a) com os verbos que indicam **fenômeno da natureza:**

Choveu muito pouco no verão passado.

Trovejou durante horas seguidas.
Nas cidades do sul, neva no inverno.

b) com o verbo **haver** indicando "existência" ou "acontecimento":
Na festa havia muitas pessoas.
Há anos surgiu no teatro brasileiro uma nova estrela.
No carnaval, haverá bailes em todos os clubes.
Havia, naquela casa, muitos quartos vazios.

c) com os verbos **ser** e **estar**, indicando **tempo:**
Já são dez horas.
São 13 de julho.
Amanhã será dia 15.
Hoje está frio.
Como está tarde!

d) com o verbo **fazer** indicando **tempo** ou **fenômeno da natureza:**
Faz duas horas que ele saiu.
Fará, no próximo domingo, vinte anos que a conheci.
No verão, faz muito calor na serra gaúcha.
Fará dias frios no próximo mês.

e) com os verbos **bastar** e **chegar** seguidos da preposição **de:**
Chega de conversa mole.
Basta de reclamações.

> **Curiosidades:**
> 1) Em todos os casos acima, os verbos não têm sujeito; são chamados, então, de **verbos impessoais**. Devem ficar sempre na 3.ª pessoa do singular.
> Exceção é o verbo **ser**, que merecerá tratamento especial na concordância verbal.
> 2) Os verbos que indicam fenômeno da natureza, empregados metaforicamente, admitem sujeito:
> Sua negativa anuviou minha alegria.
> Choveram bombas sobre a cidadezinha serrana.

4.2.1.3. Predicado

É **a informação que se transmite** a respeito de algo ou alguém.

No processo da comunicação, as palavras que formam uma frase estão agrupadas em dois eixos: o sujeito e o predicado. Como vimos, pode haver frase sem sujeito. Nunca, porém, existirá uma frase sem predicado.

Antes de classificarmos os predicados, vamos primeiro definir os verbos, como eles aparecem na formação do predicado, e também os predicativos (do sujeito e do objeto).

4.2.1.3.1. *Verbo de ligação*

É aquele que **liga o sujeito ao seu predicativo** (termo que expressa um estado ou qualidade). A função do verbo de ligação é apenas "ligar" o predicativo ao sujeito. Pode ser eliminado sem causar prejuízo ao sentido da frase:

Os alunos **estavam** alegres.

Os alunos **ficaram** alegres.

Os alunos **continuavam** alegres.

> **Curiosidades:**
> 1) Normalmente são verbos de ligação: ser, estar, ficar, continuar, parecer, permanecer e tornar-se.
> 2) Estes verbos são de ligação somente quando acompanhados de um predicativo do sujeito. Caso não haja um predicativo para o sujeito, eles serão chamados de intransitivos.
> Os alunos estavam no pátio.
> Note que agora não há mais predicativo do sujeito. Não há, então, verbo de ligação; **estavam** é verbo intransitivo, e **no pátio** é adjunto adverbial.
> Vejamos outros exemplos:
> Âni está aqui.
> Atanagildetina ficou em casa.
> Quero saber onde Childerico está.

4.2.1.3.2. *Verbo nocional*

É aquele verbo que **expressa ideia de ação**. Nesse caso, o verbo não é apenas um elo, mas o termo que encerra o sentido da frase.

O verbo nocional subdivide-se em:

4.2.1.3.2.1. Verbo intransitivo

É aquele que **tem o sentido completo**, isto é, não precisa de complementos.

Todos *chegaram*.

O assaltante baleado *morreu*.

O assaltante baleado *morreu* no hospital.

Os alunos *estavam* no pátio.

Alguns alunos *escrevem* bem.

4.2.1.3.2.2. Verbo transitivo

É aquele que **tem sentido incompleto**, ou seja, o verbo precisa de complemento.

O verbo transitivo, por sua vez, subdivide-se em:

▪ *Verbo transitivo direto:* exige um *objeto direto* **(complemento sem preposição):**
As chuvas transtornam as cidades grandes.
Todos os alunos fizeram as redações solicitadas.

Pegue-a, José.
Deixe-me!

■ *Verbo transitivo indireto:* exige um *objeto indireto* (**complemento com preposição**):
Todos nós precisamos de descanso.
Os alunos devem confiar em seus professores.
Simpatizamos com o novo diretor.
Obedeçam-me!

■ *Verbo transitivo direto e indireto:* exige **dois objetos**, um *direto* e outro *indireto*:
Ontem emprestei meu carro ao vizinho.
Confiei meu carro ao meu irmão.
Radegondes disse a verdade à sua mãe.
Entregou-me o caderno.
Avisei-o de que a prova fora adiada.

Curiosidades:
1) Ao classificarmos um verbo, temos de fazê-lo dentro do texto. É o contexto que vai indicar a sua classificação.
Ela já escreve bem. (verbo intransitivo)
Ela escreveu dois poemas. (verbo transitivo direto)
Ela me escreveu ontem. (verbo transitivo indireto)
Ela ainda não me escreveu uma linha sequer. (verbo transitivo direto e indireto)
Ela permanecia calada. (verbo de ligação)
Ela permanecia na sala. (verbo intransitivo)
2) Existem verbos intransitivos (não têm objeto) que aparecem sempre com adjunto adverbial:
Ninguém entrou no carro. (verbo intransitivo + adjunto adverbial de lugar "no carro")
Cheguei tarde. (verbo intransitivo + adjunto adverbial de tempo "tarde")
Irei ao cinema. (verbo intransitivo + adjunto adverbial de lugar "ao cinema")
Voltaram para as suas casas. (verbo intransitivo + adjunto adverbial de lugar "para as suas casas")

4.2.1.3.3. Predicativos

São termos que **expressam um estado ou qualidade**.

4.2.1.3.3.1. Predicativo do sujeito

Indica uma **qualidade ou estado para o sujeito** colocado **dentro do predicado**.

É obrigatório após um verbo de ligação e, eventualmente, pode aparecer após verbos intransitivos e transitivos:

a) com *verbos de ligação*:
Os alunos são estudiosos.

Teu pai virou poeta.
Os jogadores acabaram cansados.

b) com *verbos intransitivos*:
O trem chegou atrasado.
Os meninos chegaram famintos.
Todos saíram alegres do parque.

c) com *verbos transitivos diretos*:
Meu primo foi nomeado diretor.
O paciente recebeu tranquilo a notícia.
A mulher deixou o apartamento apressada.

d) com *verbos transitivos indiretos*:
Os torcedores assistiram nervosos à decisão.
Os delegados procederam cautelosos ao inquérito.
Todos respondiam estáticos ao general.

4.2.1.3.3.2. Predicativo do objeto

Termo que expressa **um estado ou uma qualidade do objeto** atribuído a ele pelo sujeito:

Eles nomearam meu primo *diretor*.
O povo elegeu-o *senador*.
Nós o chamamos *sábio*.
Nós lhe chamamos *de sábio*.

> **Curiosidade:** Não podemos confundir o predicativo do objeto com um adjunto adnominal.
>
> O predicativo do objeto é uma qualidade atribuída ao objeto pelo sujeito da frase, ou seja, para que haja predicativo do objeto é preciso que o sujeito "pense" algo a respeito do objeto. Caso contrário, teremos apenas um adjunto adnominal — que será visto mais adiante.
>
> O menino achou a bicicleta bonita. — "bonita" é predicativo do objeto, pois tal qualidade foi atribuída ao objeto "a bicicleta" pelo sujeito "o menino".
>
> O menino ganhou uma bicicleta bonita. — "bonita" é adjunto adnominal, pois tal qualidade não apresenta relação alguma com o sujeito da frase.
>
> O presente deixou a criança animada. — "animada" é predicativo do objeto, pois tal qualidade foi atribuída ao objeto "a criança" pelo sujeito "o presente".
>
> O pai segurou a criança animada. — "animada" é adjunto adnominal, pois tal qualidade não apresenta relação alguma com o sujeito da frase.

4.2.1.3.4. Classificação do predicado

4.2.1.3.4.1. Predicado nominal

Aquele que apresenta como **núcleo o termo que indica o estado ou qualidade do sujeito** (predicativo do sujeito). O **verbo** será sempre **de ligação**.

Estrutura do predicado nominal:

Sujeito + verbo de ligação + predicativo do sujeito:

Estes operários são trabalhadores.

Seu avô está bastante velho.

Os pães parecem estragados.

As crianças continuam adormecidas.

4.2.1.3.4.2. Predicado verbal

Expressa a ideia de ação. Tem como **núcleo um verbo nocional**. Nesse caso, o verbo é importante; ele é que encerra o sentido da frase.

Estrutura do predicado verbal:

a) Sujeito + verbo intransitivo:

As aves voam no céu.

Chegamos cedo ao cinema.

Os bons tempos voltaram.

b) Sujeito + verbo transitivo direto + objeto direto:

Alguns animais comem plantas.

Todos os alunos fizeram a lição.

Compramos as passagens no cartão.

c) Sujeito + verbo transitivo indireto + objeto indireto:

As plantas precisam de sol.

Os professores simpatizaram com o novo aluno.

Todos confiam em mim.

d) Sujeito + verbo transitivo direto e indireto + objeto direto + objeto indireto:

O rapaz informou a hora ao transeunte.

Avisaram-me sobre o acidente.

Entregaram-no para a polícia.

e) Oração sem sujeito com verbo intransitivo ou transitivo:

Choveu muito ontem.

Nevou em várias cidades do sul.

Faz dias frios aqui.

Havia muitos carros lindos no Salão do Automóvel de 2011, em São Paulo.

Haverá comemorações pelo aniversário da cidade.

4.2.1.3.4.3. Predicado verbo-nominal

É o predicado, composto de um **verbo nocional, mais um predicativo** (do sujeito ou do objeto). Terá **dois núcleos:** um será o verbo nocional e o outro será o predicativo.

Estrutura do predicado verbo-nominal:

a) Sujeito + verbo intransitivo + predicativo do sujeito:
Os alunos chegaram atrasados.
Todos saíram apressados.

b) Sujeito + verbo transitivo direto + objeto direto + predicativo do sujeito:
As meninas comeram o bolo alegres.
As mulheres deixaram o hospital felizes.

c) Sujeito + verbo transitivo indireto + objeto indireto + predicativo do sujeito:
As meninas se referiram ao pai felizes.
Os alunos obedeciam ao professor alegres.

d) Sujeito + verbo transitivo direto + objeto direto + predicativo do objeto:
O presente deixou as crianças felizes.
O professor tornou o exercício simples.

4.2.2. Termos integrantes da oração

Chamamos termos integrantes os termos que **completam o sentido de um verbo ou de um nome**. Eles são: *objeto direto, objeto indireto, complemento nominal* e *agente da passiva*.

4.2.2.1. Objeto direto

Completa o sentido de um verbo transitivo direto, ou seja, vem **diretamente ligado ao verbo**, sem o auxílio de preposição.

Marta comeu *o bolo*.
Oferecemos *um prêmio* ao vencedor.
Houve *uma grande festa*.
Pedro olhou-*se* no espelho.
Ana convidou-*me* para a festa.

4.2.2.1.1. Objeto direto preposicionado

É uma subclassificação do objeto direto e surge quando o verbo é transitivo direto, mas **o complemento aparece antecedido de uma preposição** (que pode ser tirada sem prejuízo do sentido original do verbo), pois a preposição aparece **apenas para maior clareza**, melhor harmonia ou para dar ênfase à expressão:

Judas traiu *a Cristo*.
As bruxas beberam *de suas poções*.
Comeram *do nosso bolo*.

Nos exemplos dados, as preposições podem ser eliminadas e os verbos continuam com os mesmos sentidos.

Claro está também que o objeto direto preposicionado serve para dar uma variação ao entendimento total da frase:

Beber algo é diferente de *beber de algo*, pois, na primeira, temos a ideia do todo e, na segunda, a ideia da parte de um todo.

Algumas vezes o emprego da preposição antes do objeto direto é obrigatório. Veja quais são os casos:

a) antes dos pronomes oblíquos tônicos, ligados a verbos transitivos diretos:
Viu *a mim* no mercado.
O salva-vidas observou *a nós* na piscina.

b) com o pronome relativo "quem", funcionando como complemento na frase:
Chegou o João, *a quem* não esperávamos.
Ela é a mulher *a quem* eu amo.

c) Para evitar dúvida no entendimento da frase:
Venceram *aos japoneses* os canadenses.
Enganou *ao aluno* o professor.

4.2.2.1.2. Objeto direto pleonástico

É usado para **enfatizar uma ideia contida no objeto direto com a repetição dele próprio**. Para bem utilizá-lo, devemos colocá-lo no início da frase, depois repeti-lo por meio de pronome oblíquo — ao qual daremos o nome de objeto direto pleonástico, pois pleonasmo é aquilo que se repete.

As rosas, dei-*as* para Maria.
O bolo, nós não *o* comemos.
Lucro, desejam-*no* sempre!

4.2.2.1.3. Objeto direto interno

Surge quando **utilizamos um verbo intransitivo como transitivo direto, e seu complemento é da mesma família semântica** do verbo:

Viver *uma vida fácil.*
Sonhou *um sonho alegre.*
Ria *um riso forçado.*
Chovia *uma chuva fina.*
Chorará *um choro amargo!*

4.2.2.2. Objeto indireto

Completa o sentido do verbo transitivo indireto, ou seja, vem **indiretamente ligado ao verbo com** o auxílio de **preposições**.

Paguei *ao médico.*
Deparamos *com um estranho.*
Não consinto *nisso.*
Rogo-*lhe* perdão.

4.2.2.2.1. Objeto indireto pleonástico

Da mesma forma já vista no objeto direto pleonástico, podemos repetir também o objeto indireto dentro da frase, **para reforçar a ideia** que se pretende seja transmitida.

A mim, o que *me* deu foi pena.
A Paulo, bastou-*lhe* isso.
A ti, ó rosa perfumada, entrego-*te* o mundo.

4.2.2.3. Complemento nominal

É o termo que **completa o sentido de um nome** que por si só não dá a ideia que queremos transmitir.

Por *nome* entendemos o *substantivo*, o *adjetivo* e o *advérbio*.

O complemento nominal é **sempre introduzido por** uma **preposição**.

O respeito *às leis* é obrigatório.

Temos fé *em Deus*.

O sol é útil *ao homem*.

A testemunha falou favoravelmente *ao réu*.

4.2.2.4. Agente da passiva

É o **complemento de um verbo na voz passiva analítica**. É o agente que pratica uma ação indicada por um verbo na voz passiva.

O agente da passiva vem **sempre introduzido por preposição**, geralmente pela preposição POR — e suas combinações: PELO, PELA, PELOS, PELAS. Mas também podemos usar a preposição DE — e suas combinações — em algumas frases.

A cidade foi cercada *por soldados*.

O rei era aclamado *pela multidão*.

A floresta era povoada *de selvagens*.

4.2.3. Termos acessórios da oração

Chamamos de termos acessórios aqueles que **podem ser retirados da frase sem prejuízo para o sentido global**. São eles: *adjunto adnominal, adjunto adverbial* e *aposto*.

4.2.3.1. Adjunto adnominal

É o termo que **determina ou caracteriza um substantivo**. Pode ser:

a) um artigo:

O carro nos pertence.

b) um adjetivo:

O *bom* aluno estuda sempre.

c) uma locução adjetiva:

O amor *da mãe* é eterno.

d) um numeral:

Duas meninas saíram por aqui.

e) um pronome:
Um dia comprarei *aquela* casa.

> **Curiosidades:**
> 1) O adjunto adnominal constituído por um *adjetivo* pode ser confundido com o predicativo do sujeito ou do objeto.
>
> Perceba as seguintes diferenças:
>
> a) o adjunto adnominal é uma característica intrínseca do ser a que se liga, e vem sempre dentro do mesmo termo do seu referente:
>
> A *bela* Ana saiu.
>
> Adj. adn. — o adjetivo *bela* refere-se ao termo *Ana*, e ambos estão dentro do termo sujeito.
>
> João viu a *bela* Ana na feira.
>
> Adj. adn. — o adjetivo *bela* refere-se ao termo *Ana*, e ambos estão dentro do termo predicado.
>
> b) o predicativo do sujeito é uma qualidade para o sujeito dentro do predicado:
>
> Ana saiu *bela*.
>
> Pred. do suj. — o adjetivo *bela*, que está dentro do predicado, refere-se ao termo *Ana*, que é sujeito.
>
> c) o predicativo do objeto é uma qualidade para o objeto direto atribuída a esse pelo sujeito da frase:
>
> João achou a Ana *bela*.
>
> Pred. do obj. — o adjetivo *bela*, que está ligado ao termo *Ana* (objeto direto), é uma qualidade a ela atribuída pelo sujeito.
>
> 2) Quando o adjunto adnominal é expresso por meio de locuções adjetivas, podemos confundi-lo com o complemento nominal.
>
> Observe os casos abaixo:
>
> amor de mãe = adjunto adnominal
>
> amor à mãe = complemento nominal
>
> Vejamos, então, como fazer a diferença entre um e outro.
>
> Quando a locução adjetiva vem ligada a um adjetivo ou a um advérbio, só pode ser um complemento nominal:
>
> João foi favorável *ao acusado*. — complemento nominal, pois se liga ao adjetivo *favorável*.
>
> João discursou favoravelmente *ao projeto*. — complemento nominal, pois se liga ao advérbio *favoravelmente*.
>
> Quando a locução adjetiva vem ligada ao substantivo, pode ter sentidos diferentes:
>
> a) sentido ativo: mostra quem pratica o ato expresso pelo substantivo, então a locução adjetiva recebe o nome de ADJUNTO ADNOMINAL:
>
> A crítica *do técnico* foi dura. — adjunto adnominal, pois o técnico é quem fez a crítica, sentido ativo.

> b) sentido passivo: mostra quem sofre o ato expresso pelo substantivo, então a locução adjetiva recebe o nome de COMPLEMENTO NOMINAL:
>
> A crítica *ao técnico* foi dura. — complemento nominal, pois o técnico recebeu a crítica, sentido passivo.
>
> Observe outros exemplos:
>
> Complemento nominal — sentido passivo:
>
> relato *à mãe*
>
> apta *à maternidade*
>
> Adjunto adnominal — sentido ativo:
>
> relato *de mãe*
>
> aptidão *de mãe*

4.2.3.2. Adjunto adverbial

É o termo que indica **uma circunstância** (de tempo, causa, modo, lugar etc.) **modificando o sentido de um verbo, de um advérbio ou de um adjetivo**. Ele pode aparecer com ou sem preposição.

O adjunto adverbial não completa o sentido do termo a que se liga, apenas modifica o seu sentido.

Dormi *em paz*. — modifica o verbo.

Acordei *bastante* cedo. — modifica o advérbio.

Ela é *muito* bonita. — modifica o adjetivo.

O adjunto adverbial, quando modifica o adjetivo ou advérbio, recebe o nome de **adjunto adverbial de intensidade**, por intensificar a ideia expressa por eles.

Ao modificar o verbo, o adjunto adverbial classifica-se de acordo com a ideia expressa, porém essa classificação não é dada pela nomenclatura gramatical brasileira, e sim apenas sugerida pelos gramáticos.

> **Curiosidade:** Veja a seguir algumas possibilidades:
>
> Pedro foi, *sim*. — adj. adv. de afirmação
>
> Ele falou *do medo*. — adj. adv. de assunto
>
> Maria fez tudo *por amor*. — adj. adv. de causa
>
> Maria passeava *com a mãe*. — adj. adv. de companhia
>
> Estudei muito *apesar do calor*. — adj. adv. de concessão
>
> Farão *com o meu auxílio*. — adj. adv. de condição
>
> Preencheu *conforme as instruções*. — adj. adv. de conformidade
>
> *Talvez* a encontre amanhã. — adj. adv. de dúvida
>
> Estava *a cinco metros*. — adj. adv. de distância

> Estudaremos *sem João*. — adj. adv. de exclusão
> Viemos *para as lições*. — adj. adv. de finalidade
> Ela brincou *muito*. — adj. adv. de intensidade
> A casa foi feita *de madeira*. — adj. adv. de material
> Os meninos foram *à Bahia*. — adj. adv. de lugar
> Ela cortou-se *com a faca*. — adj. adv. de instrumento
> *Não* tinha medo. — adj. adv. de negação
> Fizeram tudo *contra a greve*. — adj. adv. de oposição
> Vim *de uma família simples*. — adj. adv. de origem
> O saco pesa *cinco quilos*. — adj. adv. de peso
> O carro custou *vinte mil reais*. — adj. adv. de preço

4.2.3.3. Aposto

É o termo que **explica, esclarece, discrimina ou identifica um outro termo** da oração.

Geralmente aparece **entre vírgulas**, mas pode também aparecer **após dois-pontos, entre travessões ou** até **sem essas pausas**, porém sempre estará explicando um outro termo qualquer:

Pelé, *rei do futebol*, é meu amigo.

João, *o motorista*, esteve aqui.

Só quero uma coisa: *sorvete*.

Após algum tempo — *cinco ou seis minutos* — ele voltou.

O Padre *César* está começando a missa.

Código universal, a música une os povos.

4.2.4. Vocativo

Usado como **chamamento**, é o termo que serve para atrair a atenção do interlocutor para aquilo que se vai dizer.

Pode aparecer no começo, no meio ou no final da oração, mas não faz parte nem do sujeito nem do predicado. É um termo isolado, portanto não se classifica nem como termo integrante nem como termo acessório:

Brasileiros e brasileiras, façamos tudo pela Pátria.

Ontem pela manhã, *Marcos*, vi você na feira.

Vocês por aqui, *meninos*?!

4.3. SINTAXE DO PERÍODO

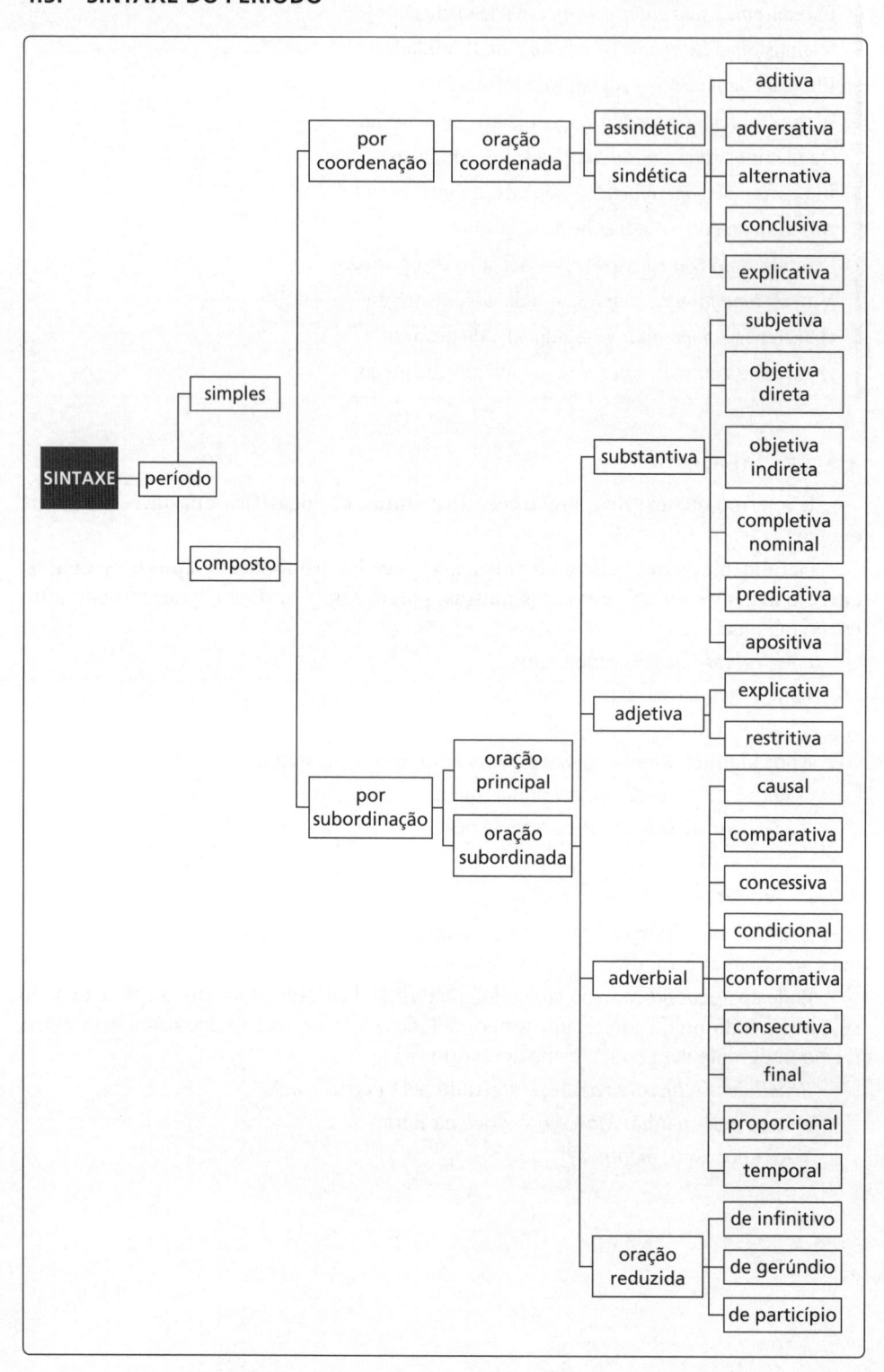

- **SINTAXE** — **período**
  - **simples**
  - **composto**
    - **por coordenação** — **oração coordenada**
      - **assindética**
      - **sindética**
        - aditiva
        - adversativa
        - alternativa
        - conclusiva
        - explicativa
    - **por subordinação**
      - **oração principal**
      - **oração subordinada**
        - **substantiva**
          - subjetiva
          - objetiva direta
          - objetiva indireta
          - completiva nominal
          - predicativa
          - apositiva
        - **adjetiva**
          - explicativa
          - restritiva
        - **adverbial**
          - causal
          - comparativa
          - concessiva
          - condicional
          - conformativa
          - consecutiva
          - final
          - proporcional
          - temporal
        - **oração reduzida**
          - de infinitivo
          - de gerúndio
          - de particípio

Período simples é o agrupamento de palavras em torno de **um verbo**, com sentido completo:

Ana está doente.

Eu e meus irmãos compraremos roupas novas amanhã.

Todos os dias eu espero o jornal na porta.

Período composto é o **agrupamento de orações** finalizadas por um único ponto:

Ana saiu, mas voltará logo.

Eu espero que você seja feliz.

Todos vimos os homens que colhiam algodão no campo.

Enquanto todos estiverem falando, eu não poderei explicar a matéria que preparei para hoje.

O período composto se constitui de duas maneiras diferentes: **por coordenação** e **por subordinação**.

4.3.1. Período composto por coordenação

É o período que apresenta **orações de sintaxe independente**. Suas orações são coordenadas, pois ligam-se pelo sentido ou através de uma **conjunção coordenativa**.

4.3.1.1. Orações coordenadas assindéticas

São aquelas que se ligam a outras apenas pelo sentido, **sem o auxílio de conjunções** coordenativas:

Saia, deixe-me em paz!

Seu pai esteve aqui, deixou um abraço para você.

4.3.1.2. Orações coordenadas sindéticas

São aquelas que, além de se ligarem pelo sentido, ligam-se também **com o auxílio de conjunção** coordenativa.

Fale a verdade, *ou não mais conversarei com você.*

Não li o livro, *mas farei a prova assim mesmo.*

As orações coordenadas sindéticas, por terem conjunções, são **reclassificadas de acordo com o sentido expresso pela conjunção**.

4.3.1.2.1. Oração coordenada sindética aditiva

São as orações que expressam **ideias similares ou equivalentes**, e por isso dão ideia de **soma, adição**.

Principais conjunções aditivas: e, nem, não só... mas também, não apenas... mais ainda, senão ainda, como também etc.

Ana caiu *e quebrou a perna.*

Ela não foi ao mercado *nem foi à feira.*

4.3.1.2.2. Oração coordenada sindética adversativa

Expressa um pensamento que se opõe ao anterior, dá ideia de **contrariedade** e, por isso, **adversidade**.

Principais conjunções adversativas: mas, porém, todavia, contudo, entretanto, senão, no entanto, ao passo que, não obstante etc.:

Trata a todos com respeito, *mas não com intimidade*.

Irei com você, *porém prefiro ficar em casa*.

4.3.1.2.3. Oração coordenada sindética alternativa

Expressa ideias que se excluem ou que se alternam, daí transmitir a noção de **escolha, alternância**.

Principais conjunções alternativas: ou, ou... ou, ora, quer... quer, seja... seja, já... já etc.:

Vá para casa agora, *ou tomará chuva*.

Ora chorava, ora sorria.

4.3.1.2.4. Oração coordenada sindética conclusiva

Mostra a **dedução** ou **conclusão** de um raciocínio.

Principais conjunções conclusivas: assim, logo, portanto, por isso, por conseguinte, por consequência, pois (posposto ao verbo da oração) etc.:

Penso, *logo existo*.

Você não terminou a lição; *não irá, pois, brincar*.

4.3.1.2.5. Oração coordenada sindética explicativa

Aquela que **se apresenta justificando a oração anterior**, ou seja, reforça a ideia através de uma explicação.

Principais conjunções explicativas: que, porquanto, porque, pois (anteposto ao verbo da oração) etc.:

Choveu à noite, *porque o chão está molhado*.

A noite está quente, *pois é verão*.

4.3.2. Período composto por subordinação

É o período em que as orações mantêm uma **relação de dependência** entre elas.

Essa **dependência** é **sintática e semântica**. Sintática porque uma desempenha uma função em relação à outra; semântica porque o sentido de uma se completa com o sentido da outra:

As meninas queriam que o rapaz as levasse ao cinema.

O filme que elas queriam ver não agradava ao rapaz.

Embora o rapaz tivesse outros planos, levou as garotas ao cinema.

Nos exemplos dados, em cada período, uma oração depende da outra para ter sentido ou para estar sintaticamente completa.

4.3.2.1. Oração principal

É aquela que **não exerce função sintática** no período e **vem sempre acompanhada de uma outra oração que lhe completa o sentido**, ou **que atribui uma característica a um de seus substantivos**, ou ainda **indica-lhe uma circunstância**.

A oração principal não apresenta conjunção ou pronome relativo:

É necessário que se case.

O homem que fuma *vive pouco*.

Sopram os ventos, quando amanhece.

4.3.2.2. Oração subordinada

É aquela que se **liga à outra por meio de conjunção integrante, conjunção subordinativa** ou **pronome relativo**. A **oração subordinada** sempre **dependerá da principal** para ser entendida.

A oração subordinada:

a) **completa o sentido** da oração principal: Eu peço *que desistas*.

b) **caracteriza o ser** da oração principal: Deus, *que é Pai*, ajuda-nos.

c) **indica uma circunstância** para a oração principal: Saímos, *quando escureceu*.

As orações subordinadas são classificadas de acordo com a função que desempenham em relação à oração principal:

a) Quando exerce as **funções próprias do substantivo**, recebe o nome de **oração subordinada substantiva**.

As funções do substantivo são: sujeito, objeto direto e indireto, complemento nominal, predicativo do sujeito e aposto.

b) Quando exerce a **função própria do adjetivo**, recebe o nome de **oração subordinada adjetiva**.

A função do adjetivo é: adjunto adnominal.

c) Quando exerce a **função própria do advérbio**, recebe o nome de **oração subordinada adverbial**.

A função do advérbio é: adjunto adverbial.

4.3.2.2.1. Oração subordinada substantiva

A oração subordinada recebe o nome de oração subordinada substantiva quando sua função é **completar o sentido da oração principal**. Damos a ela o nome SUBSTANTIVA, porque pode ser substituída, trocada por um substantivo. É sempre **iniciada por uma conjunção integrante**.

As principais conjunções integrantes são QUE e SE:

É necessário que se case.

Nesse exemplo, a oração *que se case* está completando o sentido da principal, e pode ser trocada pelo substantivo *casamento*: É necessário *seu casamento*.

Veja outros exemplos:

Eu quero *que você saia*. (Eu quero *sua saída*.)

Ninguém sabe *se ela virá*. (Ninguém sabe *da sua vinda*.)

Todos desejamos uma só coisa: *que você seja feliz*. (Todos desejamos uma só coisa: *sua felicidade*.)

Quando a oração subordinada completa o sentido da oração principal, ela desempenha determinada função em relação a esta. Assim:

É necessário *que se case.* = *Seu casamento* é necessário.

Então: a oração subordinada funciona como sujeito da oração principal.

Eu quero *que você saia.* = Eu quero *sua saída.*

Então: a oração subordinada funciona como objeto direto da oração principal.

Todos desejamos uma só coisa: *que você seja feliz.* = Todos desejamos uma só coisa: *sua felicidade.*

Então: a oração subordinada funciona como aposto da oração principal.

De acordo com a função que exerce em relação à principal, podemos classificar a oração subordinada substantiva. Para isso, basta sabermos o que falta na oração principal. Veja:

4.3.2.2.1.1. Oração subordinada substantiva subjetiva

É assim classificada quando exerce a **função de sujeito** em relação à oração principal:

Espera-se *que as meninas tragam as tortas.*

É necessário *que ela estude matemática.*

4.3.2.2.1.2. Oração subordinada substantiva objetiva direta

Recebe esse nome a oração que exerce a **função de objeto direto** em relação à oração principal:

Maria esperou *que o marido voltasse.*

Ignoramos *se eles se salvaram.*

4.3.2.2.1.3. Oração subordinada substantiva objetiva indireta

Damos à oração essa denominação, pois exerce a **função de objeto indireto** em relação à oração principal. Vem sempre introduzida por preposição, e essa preposição estará ligada ao verbo da oração principal:

Nós necessitamos *de que nos ajudem.*

Gosto *de que me beije.*

4.3.2.2.1.4. Oração subordinada substantiva completiva nominal

Assim é chamada quando exerce a **função de complemento nominal** em relação à oração principal. Vem sempre introduzida por preposição, e essa preposição estará ligada a um nome da oração principal:

Eu sou favorável *a que o prendam.*

Nós temos necessidade *de que nos ajudem.*

4.3.2.2.1.5. Oração subordinada substantiva predicativa

Quando exerce a **função de predicativo do sujeito** em relação à oração principal. Vem sempre ao lado de um verbo de ligação da oração principal:

Seu receio era *que chovesse.*

O necessário agora é *que você se cure.*

4.3.2.2.1.6. Oração subordinada substantiva apositiva

Quando exerce a **função de aposto** em relação à oração principal. Geralmente aparece após dois-pontos:

Só desejo uma coisa: *que seja feliz.*

Confesso uma verdade: *(que) eu sou puro.*

4.3.2.2.2. Oração subordinada adjetiva

A função da oração subordinada adjetiva é **caracterizar um ser da oração principal**, que já possui sentido completo. É a função própria do adjetivo, ou seja, adjunto adnominal.

A oração subordinada adjetiva pode caracterizar o ser da oração principal de duas maneiras diferentes: **explicando** ou **restringindo** o seu sentido.

A oração subordinada adjetiva é **iniciada por um pronome relativo**.

O homem *que fuma* vive pouco — nesse exemplo temos uma restrição, pois não é todo homem que vive pouco, apenas aquele que fuma.

O gelo, *que é frio*, conserva o alimento — nesse outro exemplo temos uma explicação, pois ser frio é característica própria do gelo.

Assim podemos reclassificar a oração subordinada adjetiva:

4.3.2.2.2.1. Oração subordinada adjetiva explicativa

Quando **explica o sentido de um ser da oração principal**. A oração subordinada adjetiva deve ser **sempre isolada por vírgulas, travessões ou parênteses**.

O homem, *que é racional,* às vezes age sem pensar.

Deus — *que é nosso pai* — nos salvará.

A lâmpada *(que ilumina)* é uma grande invenção.

4.3.2.2.2.2. Oração subordinada adjetiva restritiva

Quando **restringe, particulariza o sentido do ser da oração principal:**

Vi homens *que colhiam algodão.*

Comi as frutas *que estavam maduras.*

4.3.2.2.3. Oração subordinada adverbial

A oração subordinada adverbial é aquela que **indica uma circunstância para a oração principal**. Ela desempenha as funções próprias de um advérbio, ou seja, de um adjunto adverbial. Sempre **iniciada por conjunção subordinativa adverbial**, é essa conjunção que indicará a circunstância que a oração toda expressa; e, de acordo com essa circunstância, reclassificaremos a oração subordinada adverbial.

4.3.2.2.3.1. Oração subordinada adverbial causal

Expressa **causa, motivo, razão**.

Principais conjunções causais: porque, visto que, já que, uma vez que, posto que, como, na medida em que etc.:

Você veio *porque quis.*

Como ele estava armado, ninguém ousou reagir.

4.3.2.2.3.2. Oração subordinada adverbial comparativa

Expressa uma **comparação**.

Principais conjunções comparativas: (do) que, tal... qual, tão... como, tanto... quanto, como etc.:

Voltou a casa *como quem vai à prisão.*

A luz é mais veloz *do que o som.*

> **Curiosidade:** A oração subordinada adverbial comparativa pode ter um verbo subentendido. Isso acontece quando o verbo da oração principal é o mesmo da oração subordinada:
> A luz é mais veloz *do que o som* (é veloz).

4.3.2.2.3.3. Oração subordinada adverbial concessiva

Expressa um fato que se admite em **exceção** à ideia expressa pela oração principal.

Principais conjunções concessivas: embora, ainda que, se bem que, apesar de etc.:

Nada seria resolvido, *ainda que eu falasse.*

Irei à festa, *embora não esteja disposto.*

4.3.2.2.3.4. Oração subordinada adverbial condicional

Expressa uma hipótese, uma **condição**.

Principais conjunções condicionais: salvo se, caso, exceto se, sem que, a menos que etc.:

Se chover, não sairei de casa.

Não deixe de estudar, *a menos que você já saiba tudo.*

4.3.2.2.3.5. Oração subordinada adverbial conformativa

Expressa **conformidade**, acordo entre um fato e outro.

Principais conjunções conformativas: conforme, segundo, como, consoante etc.:

O homem age *conforme pensa.*

A história se repete, *consoante opinam alguns.*

4.3.2.2.3.6. Oração subordinada adverbial consecutiva

Expressa uma **consequência**, um resultado, um efeito.
Principais conjunções consecutivas: tanto que, tão que, que etc.:
Gritou tanto, *que acordou os vizinhos.*
Ó Deus, onde estás, *que não respondes?*

4.3.2.2.3.7. Oração subordinada adverbial final

Expressa **finalidade**, objetivo.
Principais conjunções finais: a fim de, para que, porque, que etc.:
Saí, *a fim de que evitássemos brigar.*
Veio à escola *para que estudasse.*

4.3.2.2.3.8. Oração subordinada adverbial proporcional

Expressa **proporcionalidade**.
Principais conjunções proporcionais: à medida que, na medida em que, à proporção que, à maneira que, ao passo que etc.:
Aumentava a pressão *ao passo que a esquadra se aproximava.*
O dia clareia *à medida que o sol surge.*

4.3.2.2.3.9. Oração subordinada adverbial temporal

Expressa ideia de **tempo**.
Principais conjunções temporais: quando, enquanto, apenas, mal, logo que, assim que, depois que, agora que etc.:
Mal chegamos, ela foi saindo.
O que fará, *agora que está em férias?*

4.3.2.3. Orações reduzidas

São as orações subordinadas que se apresentam **sem conjunção ou sem pronome relativo**, e **com o verbo numa das formas nominais:**

- *infinitivo* (pessoal ou impessoal) — AMAR.
- *gerúndio* — AMANDO.
- *particípio* — AMADO.

Quando a oração se apresenta da forma que estávamos vendo até agora, dizemos que ela é uma ORAÇÃO DESENVOLVIDA. Se tirarmos a conjunção inicial e colocarmos o verbo em forma nominal, transformaremos a oração desenvolvida em ORAÇÃO REDUZIDA.

4.3.2.3.1. Oração reduzida de infinitivo

Oração reduzida de infinitivo surge quando **tiramos a conjunção e colocamos o verbo no infinitivo**. Aqui podemos ter as orações subordinadas substantivas e as orações subordinadas adverbiais:

É necessário *casar-se.*

Todos temos necessidade *de nos amarem.*
Ao fazer a lição, aprenderá um pouco mais.
Ela comprou o carro *para chegar mais cedo ao trabalho.*

4.3.2.3.2. Oração reduzida de gerúndio

Oração reduzida de gerúndio aparece quando **tiramos a conjunção ou pronome relativo e colocamos o verbo no gerúndio**. Aqui podemos ter as orações subordinadas adjetivas e as orações subordinadas adverbiais:

Percebi a aluna *colando na prova.*
Pedindo com jeito, ela fará o serviço para nós.

4.3.2.3.3. Oração reduzida de particípio

Oração reduzida de particípio aparece quando **tiramos a conjunção ou pronome relativo e colocamos o verbo no particípio**. Aqui podemos ter as orações subordinadas adjetivas e as orações subordinadas adverbiais:

Há saudade *nunca esquecida.*
Partido o bolo, vários convidados se retiraram.

> **Curiosidade:** As orações subordinadas substantivas só podem ser reduzidas de infinitivo. As orações subordinadas adjetivas podem ser reduzidas de gerúndio e particípio. As orações subordinadas adverbiais podem ser reduzidas de infinitivo, gerúndio e particípio.

4.4. REGÊNCIA

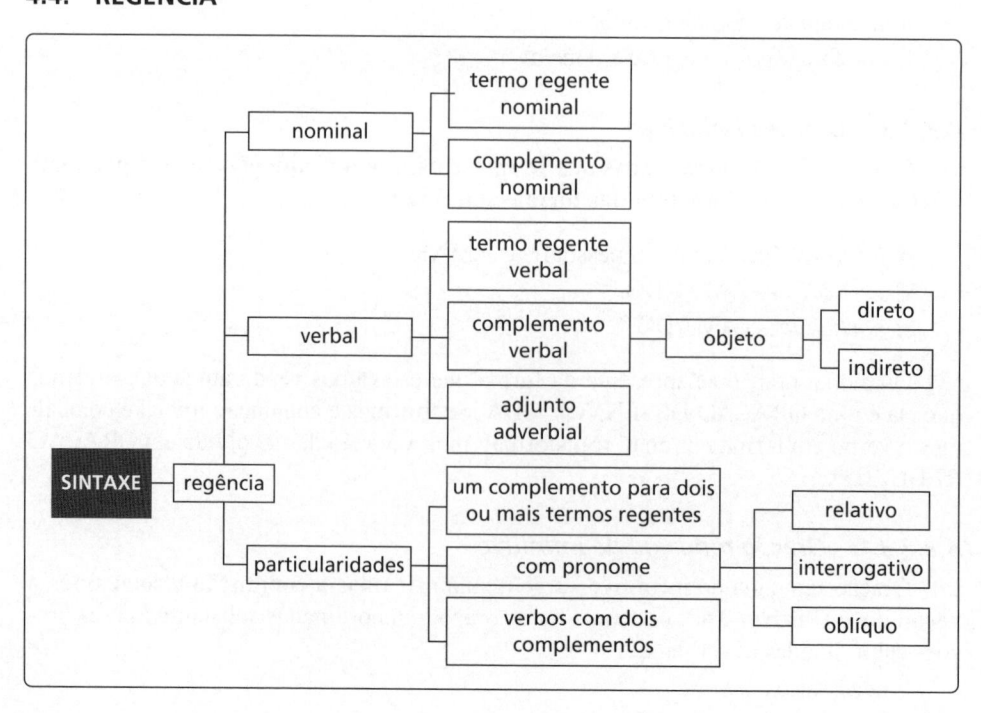

```
SINTAXE ─ regência ─┬─ nominal ─────┬─ termo regente nominal
                    │               └─ complemento nominal
                    │
                    ├─ verbal ──────┬─ termo regente verbal
                    │               ├─ complemento verbal ─── objeto ─┬─ direto
                    │               │                                 └─ indireto
                    │               └─ adjunto adverbial
                    │
                    └─ particularidades ─┬─ um complemento para dois ou mais termos regentes
                                         ├─ com pronome ─┬─ relativo
                                         │               ├─ interrogativo
                                         │               └─ oblíquo
                                         └─ verbos com dois complementos
```

A regência trata das **relações de dependência que as palavras mantêm entre si**. É o modo pelo qual um termo rege outro que lhe completa o sentido.
Temos:

- *Termo regente:* aquele que **pede um complemento**.
- *Termo regido:* aquele que **completa o sentido de outro**.

O homem está apto para o trabalho — o nome **apto** não possui sentido completo, precisa de um complemento; o termo **para o trabalho** aparece completando o sentido do nome **apto**.

Assistimos ao filme — o verbo **assistimos** não tem sentido completo, ele necessita de um outro termo que lhe dê completude; o termo **ao filme** está completando o sentido do verbo **assistir**.

Os termos **apto** e **assistimos** são os regentes, pois exigem complemento; já os termos **para o trabalho** e **ao filme** são os regidos, pois funcionam como complemento.

A regência divide-se em:

- *Regência nominal* — quando o termo regente é um nome (substantivo, adjetivo ou advérbio):

O homem está apto para o trabalho.

- *Regência verbal* — quando o termo regente é um verbo:

Assistimos ao filme.

Os complementos colocados na frase receberão nomes específicos:

- *Complemento nominal*, quando completa o sentido de um nome e vem sempre introduzido por preposição.
- *Complemento verbal*, quando completa o sentido do verbo e pode ser ou não introduzido por preposição; nesse caso teremos de renomeá-lo como:
  - *Objeto direto:* é complemento diretamente ligado ao verbo, sem o auxílio de preposição.
  - *Objeto indireto:* é o complemento indiretamente ligado ao verbo, com o auxílio de uma preposição.

4.4.1. Regência nominal

É o fato de **um nome não ter sentido completo** e exigir **outro que lhe complete o sentido**. Não há regras para o uso ou não de determinada preposição com o nome. Alguns deles admitem mais de uma regência. A escolha de uma ou outra preposição deve ser feita com base na clareza, na eufonia e também deve adequar-se às diferentes formas de pensamento.

Curiosidade: Lista de alguns nomes e suas preposições mais frequentes:	
aberto a, para	adequado a
aborrecido a, com, de, por	afável com, para com
abrigado a	aflito com, por
abundante de, em	agradável a

alérgico a
alheio a, de
aliado a, com
alusão a
amoroso com, para com
ansioso de, por
antipatia a, contra, por
apto a, para atenção a
atencioso com, para com
aversão a, para, por
avesso a
ávido de, por
certeza de
certo de
compaixão de, para com, por
compatível com
comum a, de, em, entre, para
conforme a, com
consulta a
constituído com, de, por
contente com, de, em, por
contíguo a
convicção de
cruel com, para, para com
curioso de, por
desgostoso com, de
desprezo a, de, por
devoção a, para com, por
devoto a, de
domiciliado a, em
dúvida acerca de, de, em, sobre
empenho de, em, por
fácil a, de, para

falho de, em
favorável a
feliz com, de, em, por
fértil de, em
hábil em
habituado a, com
horror a
hostil a, para com
impróprio para
imune a, de
incansável em
incapaz de, para
inclinado a
invasão de
junto a, com, de
lento em
morador em
ódio a, contra, de, para com, por
orgulhoso de, com
peculiar a
precedido a, com, de
preferível a
pródigo de, em
próximo a, de
residente em
respeito a, com, de, para com, por
simpatia a, para com, por
situado a, em, entre
suspeito a, de
último a, de, em
união a, com, entre
útil a, para
vizinho a, com, de

4.4.2. Regência verbal

Nesse tipo de regência, é o **verbo que pede um complemento que pode ou não ligar-se através de preposição**. A escolha da preposição adequada depende da significação do verbo. Devemos observar as possibilidades de utilização de uma ou outra preposição.

a) Existem verbos que admitem mais de uma regência sem mudar seu significado:
Cumpriremos o nosso dever.
Cumpriremos com o nosso dever.

José não tarda a chegar.
José não tarda em chegar.
Esforcei-me por não contrariá-la.
Esforcei-me para não contrariá-la.
b) Existem verbos que mudam seu significado quando se altera a regência:
Aspirei o aroma das flores.
(aspirar = sorver, respirar)
Aspirei a um bom cargo.
(aspirar = desejar, almejar, objetivar)
Olhe para ele.
(olhar = fixar o olhar)
Olhe por ele.
(olhar = cuidar)

Lista de alguns verbos e suas regências:

Veremos aqui alguns verbos e suas regências, cujas particularidades seguirão o seguinte esquema:

VERBO
■ (sentido na frase) — sua transitividade (VI, VTD, VTI, VTDI) — preposição exigida
exemplo
Assim:

CONFIAR
■ (acreditar) — VTI — preposição EM:
Confio em meus pais.
■ (entregar) — VTDI — sem preposição + preposição A:
Confio meu carro ao meu filho.

ASPIRAR
■ (sorver) — VTD — sem preposição:
Aspiro o perfume das flores.
Todos aspiramos a fumaça tóxica das fábricas de nossa cidade.
■ (desejar) — VTI — preposição A:
Aspiro a uma boa posição.
Ele sempre aspirou à vaga de Auditor-Fiscal.

ABDICAR
■ (renunciar) — VI — sem complemento:
Ela abdicou em 1990.
■ (renunciar) — VTD — sem preposição:
Ele abdicou a coroa.
Ele abdicou o direito de votar.

■ (renunciar) — VTI — preposição DE:
Ele abdicou da coroa.
Ele abdicou do direito de votar.

AGRADAR
■ (satisfazer, contentar) — VTI — preposição A:
A peça não agradou ao público.
Agradaria muito ao pai se o filho estudasse mais.
■ (acariciar, ser agradável) — VTD — sem preposição:
João procurou agradar o filho.
As pessoas gentis sempre procuram agradar os outros.

AGRADECER
■ (ser grato) — VTDI — sem preposição + preposição A:
João agradeceu o presente a José.
Agradecemos ao mestre a dedicação com que nos ajudou.

ASSISTIR
■ (ver, presenciar) — VTI — preposição A:
Ele assistiu ao espetáculo.
Sempre assisto às novelas.
■ (ser de direito, caber, pertencer) — VTI — preposição A:
Férias é um direito que assiste a todos.
Tal direito assiste aos alunos.
■ (morar) — VI — preposição EM (adjunto adverbial de lugar):
Eles assistem em São Paulo.
Assistem todos em área de risco.
■ (ajudar, auxiliar) — VTD — sem preposição:
O médico assiste o paciente.
O departamento jurídico assistiu a Comissão de Direitos Humanos.

ATENDER
■ (receber, responder) — VTD — sem preposição:
O diretor atenderá os alunos.
Deus atende nossas preces.
■ (dar atenção) — VTI — preposição A:
Vou atender ao que me pede.
O bom aluno atende ao professor.

AVISAR
■ (informar) — VTDI — sem preposição + preposições A, DE ou SOBRE:
Avise o ocorrido a João.
Avisei João do ocorrido.
Avisei João sobre o ocorrido.

> **Curiosidade:** Esse verbo pode ter a "pessoa" como Objeto Direto e a "coisa" como Objeto Indireto — ou vice-versa. Se você puser preposição na "coisa", use DE ou SOBRE, e, se você puser preposição na pessoa, use A.

CERTIFICAR
Ver o verbo *avisar*.

CHAMAR
■ (convocar, denominar, cognominar) — VTD — sem preposição:
O gerente chamou os funcionários para a reunião.
Na hora de aflição, o filho chama a mãe.

> **Curiosidade:** Apesar de a regência dada acima ser a mais frequente, o verbo **chamar** admite várias construções como corretas:
> Chamei Pedro.
> Chamei a Pedro.
> Chamei Pedro de herói.
> Chamei a Pedro de herói.
> Chamei por Pedro.
> Na hora de aflição, o filho chama pela mãe.

CHEGAR
■ (vir de) — VI — preposição A (adjunto adverbial de lugar):
Cheguei a casa.
Cheguei ao colégio.
Chegaremos à escola um pouco atrasados.

■ (vir por meio de) — VI — preposição EM (adjunto adverbial de meio):
Cheguei em um ônibus fretado.
Cheguei no trem das onze.

COMUNICAR
■ (avisar) — VTDI — sem preposição + preposição A:
Comuniquei o fato a Pedro.
Comunicamos a todos que a prova será adiada.

> **Curiosidade:** Para o verbo **comunicar**, teremos sempre a seguinte construção:
> "coisa" — sem preposição + "pessoa" — com a preposição A.
> Comuniquei o fato a Pedro.
> Apesar de ser sinônimo do verbo **avisar**, o verbo **comunicar** não pode fazer a troca de preposição entre complementos como faz aquele:
> Avisei o fato a Pedro.
> ou
> Avisei Pedro do (sobre o) fato.

CUSTAR

▪ (ser difícil) — VTI — preposição A:
Custa-me entender a lição.
Fazer o trabalho custará a todos.

> **Curiosidade:** Na linguagem do dia a dia, costuma-se empregar esse verbo de forma incorreta. Veja a seguinte construção: Eu custei a entender — ERRADA.
> Nela percebemos o pronome **eu** como sujeito e o verbo no infinitivo **a entender** como objeto indireto. Isso é incorreto, pois o difícil foi **entender**, e tal coisa foi difícil para alguém, no caso **para mim**.
> A frase correta é: Custou-me entender.

DESOBEDECER

▪ (desacatar) — VTI — preposição A:
Os filhos desobedecem aos pais.
Sempre que desobedecem à lei, devem ser punidos.

ESQUECER

▪ (sem pronome reflexivo) — VTD — sem preposição:
Esqueci o caderno.
Não esqueça os sapatos na sala.

▪ (com pronome reflexivo) — VTI — preposição DE:
Esqueci-me do caderno.
Não se esqueça dos sapatos na sala.

> **Curiosidades:**
> a) Repare que o verbo **esquecer** pode ser usado com ou sem **pronome reflexivo**. Se estiver com pronome reflexivo, ele estará também com preposição DE. Se ele não estiver com pronome reflexivo, ele estará sem preposição.
> b) Tome cuidado, pois algumas vezes ele aparece com pronome, mas esse não é reflexivo. Observe o seguinte exemplo:
> Esqueceram-me os fatos.
> Esta é uma construção comumente usada, na qual o sujeito é determinado e o pronome **me** representa o objeto indireto, logo **os fatos** é o sujeito.
> Esqueceu-me a data do seu aniversário.

IMPLICAR

▪ (ser chato com) — VTI — preposição COM:
Ana sempre implica com todos.
Implicava comigo, sempre que eu chegava tarde.

▪ (envolver-se) — VTI — preposição EM:
Ana implicou-se em casos de vandalismo.

▪ (acarretar) — VTD — sem preposição:
Sua atitude implica demissão.
Desobedecer à lei implica receber punição.

☐ (acarretar) — VTI — preposição EM:
Sua atitude implica em demissão.
Desobedecer à lei implica em receber punição.

> **Curiosidade:** Hodiernamente, o verbo **implicar**, no sentido de **acarretar**, pode ser usado das duas maneiras mencionadas acima.

INFORMAR
Ver o verbo *avisar*.

INVESTIR
☐ (empossar) — VTDI — sem preposição + preposição EM:
João foi investido em cargo público.
Vamos investir os aprovados na carreira militar.

☐ (empregar dinheiro) — VTDI — sem preposição + preposição EM:
João investiu todo o seu dinheiro em ações.
O pai investiu no filho suas esperanças.

☐ (atacar) — VTD — sem preposição:
A onda investe a praia.

☐ (atacar) — VTI — preposição COM ou CONTRA:
A onda investe contra a praia.
Pedro investiu com os árabes.
Pedro investiu contra os árabes.

IR
☐ (ir e voltar) — VI — preposição A (adjunto adverbial de lugar):
Fui ao colégio.
Ontem pela manhã, fui ao zoológico.
Vá à praia, para caminhar um pouco.

☐ (ir e ficar) — VI — preposição PARA (adjunto adverbial de lugar):
Vou para o Rio de Janeiro.
Não quero mais morar na cidade, vou para a praia.

LEMBRAR
☐ (lembrar "algo" "a alguém") — VTDI — sem preposição + preposição A:
Lembrei o fato ao menino.
Lembrou ao pai que era dia de receber a mesada.

> **Curiosidade:** O verbo **lembrar** também pode ter as mesmas regências do verbo **esquecer:**
> Lembrei o fato.
> Lembrei-me do fato.
> Lembram-me tais palavras.
> Não me lembra o ocorrido.

MORAR

■ (residir) — VI — preposição EM (adjunto adverbial de lugar):
Eu moro na Rua do Lago.

NAMORAR

■ ("ficar") — VTD — sem preposição:
Eu namoro o Pedro e João namora a Maria.
Estou namorando aquela menina.

> **Curiosidade:** Não se deve usar o verbo **namorar** com a preposição **com**, como muito frequentemente se ouve.
> São erradas as construções:
> Eu namorei com ele durante dois anos.
> Quer namorar comigo?
> Com qual menina você namora?
> O correto é:
> Eu namorei-o durante dois anos.
> Quer namorar-me?
> Qual menina você namora?

NOTIFICAR

Ver o verbo *avisar*.

OBEDECER

Ver o verbo *desobedecer*.

PAGAR

■ (pagar "coisa") — VTD — sem preposição:
Eu paguei a dívida.
Paguei o débito.

■ (pagar "pessoa") — VTI — preposição A:
Eu paguei ao médico.
Paguei ao açougueiro.

> **Curiosidades:**
> 1) É possível colocarmos os dois complementos numa mesma frase, então o verbo **pagar** deve ser classificado como VTDI:
> Paguei a conta ao açougueiro.
> 2) Às vezes usamos um substantivo que representa "coisa" no lugar de "pessoa":
> Paguei ao hospital. ("hospital" no lugar de "médico").
> Paguei ao açougue. ("açougue" no lugar de "açougueiro").

PERDOAR

Ver o verbo *pagar*.

PISAR

■ (pôr os pés em) — VTD — sem preposição:
O artista pisou o palco com vontade!
Não pise a grama.
■ (pôr os pés em) — VTI — preposição EM:
O artista pisou no palco com vontade!
Não pise na grama.

> **Curiosidade:** Antigamente, apenas a primeira construção era admitida como correta; hoje, ambas o são.

PREFERIR

■ (gostar mais) — VTD — sem preposição:
Prefiro água.
Todos preferem Português!
■ (desejar algo em detrimento de outra coisa) — VTDI — sem preposição + preposição A:
Prefiro água a café.
Todos preferem Português a Matemática.

> **Curiosidade:** Muitos usam as seguintes construções:
> Prefiro mais tomar uma cerveja. (Errada!)
> Prefiro água do que café. (Errada!)
> Prefiro antes água a refrigerante. (Errada!)
> O verbo **preferir** significa **gostar mais**, portanto não se usa ao lado dele outras expressões superlativas, como MAIS, ANTES, MUITO etc.!
> Veja também que a expressão **do que** não é uma preposição, então seu uso como tal é absurdo!

PREVENIR

Ver o verbo *avisar*.

PROCEDER

■ (ter fundamento) — VI — sem complemento:
Tal comentário não procede.
Esse argumento não procede.
■ (originar-se) — VI — preposição DE (adjunto adverbial de lugar):
Eu procedo do Paraná.
Eles procedem de uma região fria.
■ (iniciar, realizar) — VTI — preposição A:
Eles procederam a uma rápida leitura da ata da reunião passada.
O delegado procedeu ao inquérito.
Após a chegada do réu, o juiz procedeu ao julgamento.

PUXAR

- (arrastar) — VTD — sem preposição:
Ele puxou a cadeira e sentou-se.
Não puxe a porta.
- (ser parecido) — VTI — preposição A:
Ele puxou ao pai.

QUERER

- (desejar) — VTD — sem preposição:
Eu quero o sorvete de morango.
A mulher quer um filho.
- (estimar, amar) — VTI — preposição A:
Eu quero a meus primos.
A mãe quer ao filho.

RESIDIR

Ver o verbo *morar*.

RESPONDER

- (dar a resposta) — VTD — sem preposição:
Todos responderam a verdade.
A noiva respondeu um sonoro "sim".
- (dar resposta a) — VTI — preposição A:
Responda aos testes sobre Geografia.
Responda somente às questões mais simples primeiramente.

> **Curiosidade:** Podemos também classificá-lo como VTDI:
> Respondi a João que não fiz a lição.

SIMPATIZAR

- (gostar) — VTI — preposição COM:
Eu simpatizei com o novo professor.
Ela não simpatizou comigo!

> **Curiosidade:** Este verbo não é pronominal; portanto, está errada a construção:
> Eu não me simpatizei com ele.
> O correto é:
> Eu não simpatizei com ele.

VISAR

- (mirar) — VTD — sem preposição:
O atirador visou o alvo.
- (vistar) — VTD — sem preposição:
Ele visou o documento.

■ (desejar, almejar) — VTI — preposição A:
Ele visa a um bom salário.
Visávamos à garantia de uma boa classificação no concurso.
Este acordo visa a garantir um bom relacionamento entre as nações.

> **Curiosidade:** Se o complemento do verbo **visar** (no sentido de "desejar") for outro verbo, a preposição pode ser suprimida:
> Este acordo visa a garantir um bom relacionamento entre as nações.
> Este acordo visa garantir um bom relacionamento entre as nações.
> Visando a receber um bom salário, ele se inscreveu para aquele cargo.
> Visando receber um bom salário, ele se inscreveu para aquele cargo.

4.4.3. Particularidades da regência

A estrutura oracional da Língua Portuguesa **permite que se altere a posição dos termos dentro da frase e também autoriza a utilização de um ou outro termo para que se evite a redundância**, a repetição.

Quando utilizamos esses processos facultados pela língua, devemos ter o cuidado de não trocar a regência dos termos (o que é muito comum nas conversas do dia a dia).

Veja este exemplo:
O que você mais gosta em mim? (ERRADO)
Essa frase está errada!
O pronome interrogativo QUE está no lugar do complemento do verbo **gostar**.

O verbo gostar pede a preposição **DE** antes do seu complemento; portanto, deve aparecer essa preposição antes do pronome interrogativo QUE.

A frase correta é:
Do que você mais gosta em mim?

Esse foi apenas um exemplo; vejamos agora os vários fatos notáveis dentro da regência.

4.4.3.1. Um único complemento para dois ou mais verbos

Comi e saboreei a fruta.

O objeto direto **a fruta** se liga tanto ao verbo **comer** quanto ao verbo **saborear**, e a frase está correta.

Comi e gostei da fruta. (ERRADO)

Perceba que o objeto indireto **da fruta** se liga tanto ao verbo **comer** quanto ao verbo **gostar**, e a frase está errada!

No primeiro exemplo, tanto o verbo **comer** quanto o verbo **saborear** são verbos transitivos diretos, ou seja, têm a mesma regência.

REGRA: **verbos de regências idênticas podem ter complemento único comum**.

Observe agora os verbos do segundo exemplo: **comer** é VTD, **gostar** é VTI, ou seja, são verbos de regências diferentes.

REGRA: **verbos de regências diferentes pedem complementos distintos**.

A correção será: Comi a fruta e gostei dela.

Leia estes outros exemplos:

Entrei e saí da sala. (Errado!)
Entrei na sala e dela saí.

Li e refleti sobre o texto. (Errado!)
Li o texto e refleti sobre ele.

Amo e obedeço meu pai. (Errado!)
Amo meu pai e obedeço-lhe.

Ana gosta e confia em Raí. (Errado!)
Ana gosta de Raí e confia nele.

4.4.3.2. Regência com pronome interrogativo

Que, qual, quem, quanto e **onde** são pronomes interrogativos.

Há dois modelos de frase interrogativa:

■ **direta:** quando a frase **termina em ponto de interrogação**.
Que horas são agora?
■ **indireta:** quando a frase **termina em ponto final**, mas dá ideia de pergunta.
Gostaria de saber que horas são.

Os **pronomes interrogativos substituem os complementos verbais ou nominais**, portanto estão sujeitos à regência como qualquer outro termo nessa função.

REGRA: se **o pronome interrogativo é usado com um verbo ou nome que peça preposição, essa preposição deve ser colocada antes desse pronome interrogativo**.

Qual perfume você falou? (errado!)
De qual perfume você falou?

Veja outros exemplos incorretos do dia a dia e suas correções:

O que o senhor, ao concorrer a uma vaga, aspira? (errado!)
A que o senhor, ao concorrer a uma vaga, aspira?

Que filme você assistiu ontem? (errado!)
A que filme você assistiu ontem?

Quanto você precisa para ir à feira? (errado!)
De quanto você precisa para ir à feira?

Onde você foi ontem? (errado!)
Aonde você foi ontem?

4.4.3.3. Regência com pronome relativo

Que, qual, quem, onde e **cujo** são **pronomes relativos — substituem termo mencionado** anteriormente. Veja:

Ela é a mulher. + Eu amo a mulher. = Ela é a mulher *que* eu amo.

a) QUE — substitui nomes de **pessoas, animais e coisas:**
Ana é a secretária que eu contratei.
Cachorro é o animal que eu lhe darei.
Comprei a camisa que você me pediu.

b) QUAL — substitui nomes de **pessoas, animais e coisas**. Esse pronome **sempre** é usado **com artigo** antecedente (o qual, a qual, os quais, as quais):
Ana é a secretária da qual eu te falei.
Cachorro é o animal do qual gosto.
Comprei as camisas das quais você falou.

c) Quem — substitui nomes de **pessoas**:
Todos são pessoas em quem confio.

d) Onde — substitui nomes de **localidades** (lugar):
Aquela é a casa onde moro.
Visitei a cidade onde nasci.

e) Cujo — substitui nomes de **pessoas, animais e coisas** desde **que expressem** ideia de **posse**. Esse pronome sempre concorda com o substantivo posterior a ele. Não pode haver **artigo** entre o pronome **cujo** e o **substantivo** com o qual ele concorda:
Esta é a fazenda cujo pasto secou.
Conheço o homem cujas filhas estão na tevê.

> **Curiosidades:**
> 1) Depois do pronome **cujo** só pode aparecer **substantivo**.
> Estão erradas as frases:
> Ela é a mulher cuja ninguém conhece.
> Ela é a mulher cuja não devemos desobedecer.
> Ela é a mulher cuja jamais deixarei de amar.
> Ela é a mulher cuja ela odeia.
> 2) Pode aparecer um **adjetivo** antes do substantivo:
> Esta é a fazenda cujo enorme pasto secou.
> Conheço o homem cujas belas filhas estão na tevê.

Os pronomes relativos substituem termos que podem funcionar como complementos verbais (objeto direto, objeto indireto) ou como complementos nominais. Sendo assim, eles acatarão a qualquer particularidade regencial dos complementos que substituem.

REGRA: se o **pronome relativo é usado com verbo ou nome que peça preposição, essa preposição deve ser colocada antes do pronome relativo**.

Eu não conheço a marca de margarina que você gosta. (errado)

Não conheço a marca de margarina de que você gosta.

Repare: o verbo **gostar** pede a preposição **DE**, que aparece antes do pronome relativo, pois este é o seu complemento.

4.4.3.4. Regência com pronome pessoal do caso oblíquo átono

a) *Pronome oblíquo como objetos diretos e indiretos*

Os complementos verbais podem ser substituídos por pronomes pessoais do caso oblíquo.

Os **pronomes serão classificados como objeto direto ou objeto indireto, de acordo com a regência do verbo a que se ligam**. Assim:

Ela me procurou.

ME — objeto direto, pois o verbo *procurar* pede um complemento sem preposição.

Ela me obedeceu.

ME — objeto indireto, pois o verbo *obedecer* pede um complemento com preposição.

Os pronomes O, OS, A, AS, LHE, LHES têm usos específicos, por se referirem todos à 3.ª pessoa. Veja:

O, A, OS, AS — são **sempre objeto direto**, ou seja, só podem substituir complementos verbais sem preposição.

Comi as frutas. = Comi-as.

Observei o paciente. = Observei-o.

Não vi as meninas hoje. = Não as vi hoje.

LHE, LHES — são **sempre objeto indireto**, ou seja, só podem substituir complementos verbais com preposição.

Ela obedece aos pais. = Ela lhes obedece.

Nós agradecemos a Pedro o jantar. = Nós lhe agradecemos o jantar.

Mandei flores para a Radegondes. = Mandei-lhe flores.

Curiosidade: LHE/LHES só substituem objetos indiretos iniciados pelas preposições **A** ou **PARA**.

Gosto da Maria.
Gosto-lhe. (errado!)
Gosto dela.
Simpatizei com o novo professor.
Simpatizei-lhe. (errado!)
Simpatizei com ele.
Eu acreditei na simpática garota do balcão de informações.
Eu acreditei-lhe. (errado!)
Eu acreditei nela.

Atenção: *Os verbos*
ASSISTIR (no sentido de *ver*)

ASPIRAR (no sentido de *desejar*)
VISAR (no sentido de *desejar*)
OBEDECER (quando se refere a uma *coisa*)
não admitem o **LHE/LHES** como complemento.
Assisti ao filme. — Assisti a ele.
Aspirei ao cargo. — Aspirei a ele.
Visei ao cargo. — Visei a ele.
Obedeci à lei. — Obedeci a ela.

Há uma **construção clássica** na Língua Portuguesa que permite a substituição de dois complementos verbais diferentes ao mesmo tempo:

Eu entreguei o presente ao menino.
o presente — objeto direto = o
ao menino — objeto indireto = lhe
Eu lho entreguei. (lhe + o)

Ela trouxe água para mim.
água — objeto direto = a
para mim — objeto indireto = me
Ela trouxe-ma. (me + a)

Dou os cadernos para ti.
os cadernos — objeto direto = os
para ti — objeto indireto = te
Dou-tos. (te + os)

b) *Pronome oblíquo como complemento nominal*
Os **pronomes oblíquos átonos podem ser usados como complementos nominais**. Para tanto, basta que nós os coloquemos como substitutos de termos preposicionados que se ligam a nomes.
Seu conselho foi útil para o menino.
Seu conselho foi-lhe útil.

O termo *para o menino* completa o sentido do nome *útil*, portanto é um complemento nominal e, se o pronome *lhe* o substitui, terá a mesma classificação.
O passeio ser-nos-á agradável. (O passeio será agradável para nós.)

c) *Pronome oblíquo como adjunto adnominal*
Os **pronomes oblíquos podem funcionar como pronomes possessivos**; nesse caso não representam complementos (nem verbais nem nominais); serão — portanto — adjuntos adnominais.

Pisou-me o pé e não pediu desculpa.
(pisou o meu pé) — me (indicando posse) é adjunto adnominal.

O bandido levou-nos o carro.

(levou o nosso carro) — nos (indicando posse) é adjunto adnominal.

O sol queimava-lhe a pele.
(o sol queimava a pele dele / a sua pele) — lhe (indicando posse) é adjunto adnominal.

4.4.3.5. Verbos que pedem dois complementos

Os **verbos que pedem dois complementos (VTDI) devem sempre apresentar um complemento sem preposição e outro com preposição**. Caso isso não aconteça, a frase estará incorreta.

O pai autorizou aos filhos a irem ao cinema. (errado)
O pai autorizou os filhos a irem ao cinema.
os filhos — objeto direto
a irem ao cinema — objeto indireto

OU

O pai autorizou aos filhos irem ao cinema.
aos filhos — objeto indireto
irem ao cinema — objeto direto

Informei-os que sairia mais cedo. (errado)
Informei-os de que sairia mais cedo.
os — objeto direto
de que sairia mais cedo — objeto indireto

OU

Informei-lhes que sairia mais cedo.
lhes — objeto indireto
que sairia mais cedo — objeto direto

4.4.4. Sujeito e regência

O **sujeito**, em Língua Portuguesa, **jamais poderá estar preposicionado**!

Já era hora dela chegar. (errado!)
Já era hora de ela chegar.

Perceba que o pronome *ela* é sujeito do verbo *chegar*; se unimos a preposição **DE** ao pronome, teremos um sujeito preposicionado, daí o erro.

Ela saiu apesar do pai pedir que não saísse. (errado!)
Ela saiu apesar de o pai pedir que não saísse.

Antes da dor bater, tome logo uma aspirina. (errado!)
Antes de a dor bater, tome logo uma aspirina.

4.5. CRASE

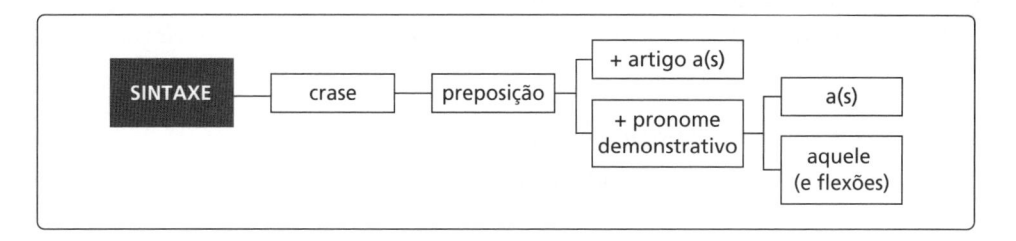

```
SINTAXE → crase → preposição → + artigo a(s)     → a(s)
                                + pronome          → aquele
                                demonstrativo        (e flexões)
```

É a **fusão de vogais idênticas**, marcada pelo **acento grave** (`).

Em Língua Portuguesa fundimos a vogal **A**, que pode ser preposição, artigo, ou o **A** inicial do pronome demonstrativo **aquele** — e suas variações.

Veja:

Eu fui à farmácia.

Nessa frase temos a preposição **A** exigida pelo verbo **ir** e, também, o artigo **A** do nome *farmácia*.

Refiro-me à que está de azul.

Nessa frase temos a preposição **A** exigida pelo verbo **referir-se** e, também, o pronome demonstrativo **A**, que está no lugar de um substantivo feminino.

Assisti àquele filme.

Nessa frase temos a preposição **a** exigida pelo verbo **assistir** e, também, o **a** inicial do pronome demonstrativo *aquele*.

Curiosidade: Não confunda **a** (artigo), **a** (preposição) e **a** (pronome demonstrativo).

Artigo a(s): Usado antes de substantivo feminino e diante de alguns pronomes, concordando em número (singular e plural).

a menina	as tristezas
a rua	as belezas
a felicidade	a senhora
a saudade	a outra
as casas	as mesmas (garotas)
as ações	as senhoritas

Preposição a: Diante de outras palavras que não admitam artigo ou com as quais não concorde, indicando subordinação entre os termos.

a partir	a todas
a começar	a cavalo
a garantir	a pé
a falar	a você
a João	a mulheres
a Pedro	a pessoas
a ela	a outras

> **Pronome demonstrativo a(s):** Quando substitui um substantivo feminino.
> Conheço *a* que está de azul. — Conheço *a garota* que está de azul.
> Vi *a* de cabelos loiros na feira ontem. — Vi *a mulher* de cabelos loiros na feira ontem.

4.5.1. Crase com pronome demonstrativo

A crase **com o pronome demonstrativo a(s) depende apenas da regência**.
Veja:

Comi a que estava madura. — Comi a (fruta) que estava madura.
Sem crase, pois o verbo comer não exige preposição.
Assim sendo, o **a** da primeira frase é apenas o pronome demonstrativo.

Refiro-me à de cabelos loiros. — Refiro-me à (garota) de cabelos loiros.
Com crase, pois o verbo **referir-se** exige a preposição **a**.
Assim sendo, o **a** da primeira frase é, ao mesmo tempo, preposição e pronome demonstrativo.

Sua casa é igual à do Pedro. — Sua casa é igual à (casa) do Pedro.
Com crase, pois o nome **igual** exige a preposição **a**.
Sendo assim, o **a** da primeira frase é, ao mesmo tempo, preposição e pronome demonstrativo.

Conheço **a** dos olhos azuis.
Comprei **a** que você recomendou.
Entreguei **à** do guichê 1 todos os papéis solicitados.
Confiei **à** que sorriu para mim o meu amor eterno.

A crase **com o pronome demonstrativo aquele (e suas flexões) depende apenas da regência**.
Veja:

Comi aquela fruta que você trouxe.
Sem crase, pois o verbo **comer** não exige preposição.
Assim sendo, o **a** inicial do pronome é apenas o **a** inicial do pronome demonstrativo.

Refiro-me àquele rapaz de cabelos loiros.
Com crase, pois o verbo **referir-se** exige a preposição **a**.
Assim sendo, o **a** inicial do pronome é, ao mesmo tempo, preposição **a** e **a** inicial do pronome demonstrativo.

Seus cães são iguais àqueles que vi ontem no veterinário.
Com crase, pois o nome **igual** exige a preposição **a**.
Sendo assim, o **a** inicial do pronome é, ao mesmo tempo, preposição e pronome demonstrativo.

Conheço *aquela* mulher dos olhos azuis.
Comprei *aquele* carro que você recomendou.
Entreguei *àquele* funcionário do guichê 1 todos os papéis solicitados.
Confiei *àquela* linda menina o meu amor eterno.

4.5.2. Crase com artigo

Da mesma forma que nos casos anteriores, **a regência é fator fundamental para o reconhecimento da crase**.

Basicamente, basta observar se há um termo solicitando preposição e outro que admita artigo, ligados entre si.

Veja.

Eu obedeço a meu pai. — **A** = preposição (exigida pelo verbo **obedecer**), antes de nome masculino.

Eu amo a mamãe. — **A** = artigo, diante de palavra feminina, e o verbo **amar** não pede preposição.

Nas duas frases não há acento grave, pois não há fusão. Em cada uma delas o **A** desempenha apenas uma função.

Se juntarmos a parte da primeira frase que pede preposição com a parte da segunda que admite artigo, teremos:

Eu obedeço à mamãe. — **A** = preposição (exigida pelo verbo **obedecer**) + **a** = artigo, diante de substantivo feminino.

Esse preceito deve nortear todo o estudo da crase.

> **Curiosidade:** Nunca se esqueça de observar — antes de qualquer outra coisa — se há verbo ou nome exigindo preposição.

Regras que facilitam a observação:

a) Com nomes próprios de **localidades**:

Colocar o nome da localidade depois das expressões:

VIM DA _____.
VIM DE _____.

Se você utilizou **VIM DE**, é porque o nome da localidade não admite artigo, logo **não admite crase**.

Se você utilizou **VIM DA**, é porque o nome da localidade admite artigo, logo **admite crase**.

Para ficar mais fácil:

VIM DA, CRASE HÁ!
VIM DE, CRASE PRA QUÊ?!

Viagem à Lua.
Chegaremos à Áustria em poucos minutos.

Viajaremos a Roma.
Voltarei a Campinas.

> **Curiosidades:**
> a) As localidades África, Ásia, Europa, Espanha, Holanda, França e Inglaterra recebem ou não artigo; assim sendo, recebem ou não crase:
> Vou a África. ou Vou à África.
> Cheguei a Europa. ou Cheguei à Europa.
> b) Se o nome da localidade estiver determinado de alguma maneira, haverá crase obrigatória.
> Viajaremos à Roma antiga.
> Voltarei à Campinas de Carlos Gomes.
> Vou à África das muitas civilizações.

b) Com as palavras **CASA, TERRA** e **DISTÂNCIA** (adjuntos adverbiais):
sem determinante, sem crase:
Cheguei a casa.
Voltei a terra.
Olhei tudo a distância.

com determinante, com crase:
Cheguei à casa querida.
Voltei à terra natal.
Olhei tudo à distância de 10 metros.

c) Com **nomes próprios femininos**, a **crase** é **facultativa**:
Refiro-me a Maria.
Refiro-me à Maria.
Mas: **se houver determinante**, a crase será **obrigatória**:
Refiro-me à Maria da farmácia.

d) Diante de **pronomes:**
com pronome que **admite artigo feminino**, há crase:
Refiro-me à senhora.
Falei à mesma garota de ontem.

com pronome que **não admite artigo feminino**, não há crase:
Refiro-me a Vossa Senhoria.
Falei a todas as garotas.
Entreguei a ela o pacote.

com **pronome possessivo**, o **uso do artigo é facultativo:**
Refiro-me a sua irmã. (a = preposição)

Refiro-me à sua irmã. (à = preposição + artigo)
Falei a sua secretária. (a = preposição)
Falei à sua secretária. (à = preposição + artigo)

e) **Haverá crase** nas **locuções femininas:**

adverbiais (de **modo** ou **tempo**):
à vontade, à toa, às pressas, às escuras, à disposição, à francesa, à milanesa
à tarde, à noite, às 12 horas, à meia-noite

prepositivas:
à espera de, à procura de, à margem de, às expensas de, à cata de

conjuncionais:
à medida que, à maneira que, à proporção que

f) Após a palavra **ATÉ**, a **crase é facultativa**, desde que haja a preposição **a** na frase:
Fomos até à farmácia.
Fomos até a farmácia.

Mas:
Conheço até a mãe do Asdrúbal.

g) Não há crase:
antes de **nomes masculinos:**
Refiro-me a José.
Andei a cavalo.

> **Curiosidade:** Se for nome próprio e ocultar as expressões "à moda de" ou "ao estilo de", haverá crase obrigatória:
> Escrevo à Eça de Queirós.
> Comi bacalhau à Gomes de Sá.

com nomes de **personagens históricas ou mitológicas:**
Refiro-me a Joana D'Arc.
Eles prestavam homenagem a Afrodite.

antes de verbos:
Eles começaram a aprender inglês.

entre **palavras repetidas:**
Cara a cara.
Gota a gota.

4.6. CONCORDÂNCIA

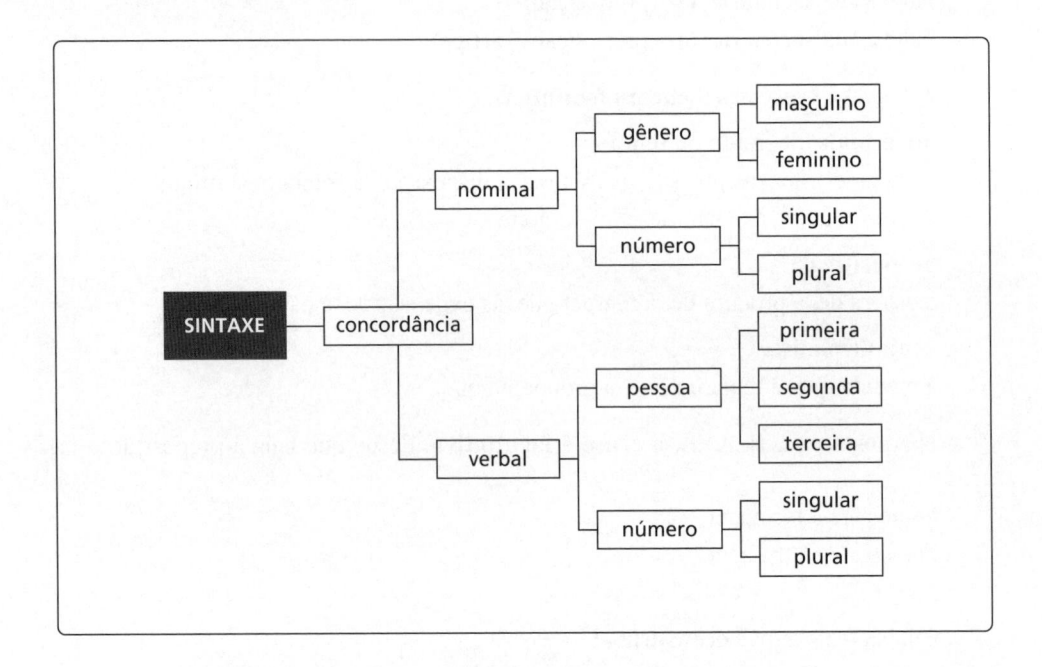

```
                                    ┌─ masculino
                        ┌─ gênero ──┤
                        │           └─ feminino
            ┌─ nominal ─┤
            │           │           ┌─ singular
            │           └─ número ──┤
            │                       └─ plural
SINTAXE ─ concordância ─┤
            │                       ┌─ primeira
            │           ┌─ pessoa ──┼─ segunda
            │           │           └─ terceira
            └─ verbal ──┤
                        │           ┌─ singular
                        └─ número ──┤
                                    └─ plural
```

A concordância é o processo sintático segundo o qual certas **palavras se combinam**. Essa combinação formal se chama **flexão**, e se dá quanto a **gênero e número** — nos nomes — e **pessoa e número** — nos verbos. Daí a divisão: concordância nominal e concordância verbal.

4.6.1. Concordância nominal

É chamada de concordância nominal **a relação de combinação que se estabelece entre: substantivos e adjetivos, artigos, pronomes e numerais**.

Os nomes se flexionam em gênero (masculino e feminino) e número (singular e plural).

Os **termos determinantes** da oração (artigo, pronome, numeral e adjetivo) sempre **acompanham um nome** (substantivo ou pronome substantivo). Assim, os determinantes terão **as mesmas características de gênero e número** que os substantivos e pronomes substantivos.

A concordância entre os determinantes e os nomes é obrigatória em nossa língua.

Veja:

As minhas duas belas primas chegaram.

Note que a base da concordância nominal é o substantivo "primas".

O artigo (as), o pronome (minhas), o numeral (duas) e o adjetivo (belas) variam em gênero e número para concordar com o substantivo (primas).

4.6.1.1. Particularidades da concordância do adjetivo

4.6.1.1.1. Dois ou mais substantivos determinados por um adjetivo

a) *Adjetivo posposto*

Quando o adjetivo posposto **se refere a dois ou mais substantivos, concorda com o último ou vai facultativamente para o plural**, no masculino, se pelo menos um deles for masculino; ou para o plural no feminino, se todos eles forem femininos.

Homem e mulher bela / homem e mulher belos
Mulher e homem belo / mulher e homem belos
Ternura e amor humano / ternura e amor humanos
Amor e ternura humana / amor e ternura humanos
Sala e cozinha ampla / sala e cozinha amplas

b) *Adjetivo anteposto*

Quando o adjetivo anteposto se refere a dois ou mais substantivos, **concorda com o mais próximo**.

Belo homem e mulher
Bela mulher e homem
Humana ternura e amor
Humano amor e ternura
Ampla sala e cozinha

Curiosidades:

a) Com nomes próprios, a concordância sempre será no plural:
Famosos Childerico e Pascoalina
Pascoalina e Childerico famosos

b) Com palavras que expressam oposição, a concordância sempre será no plural:
Eternos amor e ódio
Amor e ódio eternos

c) Com palavras que expressam parentesco, pode-se também fazer a concordância do adjetivo anteposto com o conjunto no plural:
pai e mãe simpática
pai e mãe simpáticos
simpático pai e mãe
simpáticos pai e mãe

4.6.1.1.2. Um substantivo determinado por dois ou mais adjetivos

Quando dois ou mais adjetivos se referem a um substantivo, temos duas opções:

a) *Substantivo no singular* — coloca-se **artigo nos adjetivos**, a partir do segundo:
Estudo a língua inglesa, a portuguesa e a alemã.
Ele detém o poder material e o espiritual.

b) *Substantivo no plural* — **basta acrescentar os adjetivos:**
Estudo as línguas inglesa, portuguesa e alemã.
Ele detém os poderes material e espiritual.

4.6.1.1.3. Substantivo usado como adjetivo

Se a palavra que funciona como adjetivo for originalmente um substantivo, **ficará invariável:**
Ele comprou ternos cinza e camisas rosa.
Ele ouviu falar dos homens-bomba.
Na infância, assistia na tevê a série sobre a família-monstro.

4.6.1.1.4. Adjetivos compostos

Quando houver adjetivo composto, **apenas o último termo do composto concordará** com o substantivo a que se refere; os demais termos ficarão no masculino/singular:
Encontrei várias mulheres luso-franco-brasileiras.
Não li as crônicas sócio-político-econômico-financeiras.

> **Curiosidade:** Se o último termo do composto for um substantivo usado como adjetivo, o composto ficará invariável:
> Comprei uma camisa verde-musgo.
> Ele adora móveis branco-marfim.

Azul-marinho e azul-celeste são adjetivos invariáveis:
Tenho várias camisas azul-marinho.
Tenho várias camisas azul-celeste.
Surdo-mudo é exceção à regra, pois ambos variam em gênero e número:
Encontrei o menino surdo-mudo.
Encontrei a menina surda-muda.
Encontrei os meninos surdos-mudos.
Encontrei as meninas surdas-mudas.

4.6.1.2. Casos especiais de concordância nominal

4.6.1.2.1. Muito, bastante, meio, todo, mesmo

a) **quando modificarem um substantivo, concordarão** com ele, por serem pronomes adjetivos ou numerais.
b) **quando modificarem um verbo, um adjetivo ou um advérbio, ficarão invariáveis**, por serem advérbios.
Bastantes funcionários ficaram bastante satisfeitos com a empresa.
Há provas bastantes de sua culpa.
Elas saíram bastante apressadas.
As meninas estão bastante nervosas.

Elas comeram muitas jacas.
Elas comeram muito.
Elas são muito gulosas.
Elas passaram muito mal.
Elas beberam meias garrafas de vinho.
As garotas estão meio tristes.
Elas chegaram a casa meio tarde.
Todas as meninas voltaram molhadas.
As meninas voltaram todo molhadas.
As meninas mesmas farão o bolo.
As meninas farão mesmo o bolo?

4.6.1.2.2. *Anexo, só, junto, incluso, excluso, próprio, quite, obrigado*

São adjetivos e **concordam com o substantivo** a que se referem.
Anexas, seguem as fotos solicitadas.
Em anexo, seguem as fotos solicitadas.
Estou enviando anexos ao pacote os documentos do divórcio.
Estou enviando em anexo ao pacote os documentos do divórcio.
Âni está só com José na sala.
Âni está a sós com José na sala.
Âni e José estão sós na sala.
Âni e José estão a sós na sala.
Âni e Ina continuam juntas.
Âni e Ina continuam junto aos carros.
Âni e Ina continuam junto com a mãe.
Âni e Ina continuam junto dos pais.
As cópias estão inclusas na taxa de registro do imóvel.
Os atletas foram exclusos do campeonato.
Os rapazes arrumaram as próprias camas.
Eu estou quite com o banco.
Nós estamos quites com o banco.
A menina disse "Obrigada".
Os meninos disseram "Muito obrigados".

Curiosidade: Em anexo, a sós, junto a, junto com, junto de são locuções invariáveis:
As cópias seguem em anexo aos documentos.
Mandei as fotos em anexo à carta.
Radegondes ficou a sós em casa.
As meninas continuam junto aos carros.
As meninas continuam junto com a mãe.
As meninas continuam junto dos pais.

4.6.1.2.3. O mais / menos (adjetivo) possível

Existem as seguintes possibilidades de concordância:

a) **o artigo (o/a) que inicia a expressão, assim como a palavra "possível", deve concordar em gênero e número** com a palavra a que se refere:

Quero dez pães os mais claros possíveis.
Comprei doze rosas as mais abertas possíveis.
Quero duas respostas as menos ambíguas possíveis.

b) **a expressão "o mais/menos ... possível" deve se manter no masculino singular**, independentemente da palavra a que se liga:

Quero dez pães claros o mais possível.
Comprei doze rosas o mais abertas possível.
Quero duas respostas o menos ambíguas possível.

4.6.1.2.4. Menos, alerta, pseudo

São **palavras invariáveis**.

Os escoteiros devem estar sempre alerta.
Houve menos reclamações dessa vez.
As pseudopedagogas foram desmascaradas.

4.6.1.2.5. Silepse de gênero

Concordância irregular, também chamada de concordância **ideológica**; é a que se faz não com o termo escrito, mas com a ideia que ele expressa:

São Paulo é linda.
A gente está cansado.

4.6.1.2.6. Tal qual

Tal concorda com o substantivo anterior; **qual** concorda com o substantivo posterior:

O filho é tal quais os pais.
Os filhos são tais qual o pai.

> **Curiosidade:** Se o termo referencial for um verbo, **tal/qual** ficam invariáveis:
> Eles estudam tal qual foram as recomendações do professor.

4.6.1.2.7. Um e outro / nem um nem outro + substantivo

Quando as expressões "um e outro" ou "nem um nem outro" são seguidas de um substantivo, este **ficará no singular:**

Um e outro aspecto.
Nem um nem outro argumento.
De um e outro lado.

4.6.1.2.8. Um e outro / nem um nem outro + substantivo + adjetivo

Quando as expressões "um e outro" ou "nem um nem outro" são seguidas de um substantivo e um adjetivo, o **substantivo** ficará no **singular** e o **adjetivo** irá para o **plural:**

Um e outro aspecto importantes.
Nem um nem outro argumento mentirosos.

4.6.1.2.9. Particípio + substantivo

O particípio, por funcionar como um adjetivo, **concorda com o substantivo** a que se refere:

Feitas as contas.
Vistas as condições.
Dadas as chuvas.
Restabelecidos os pagamentos.
Postos os pingos nos is.
Salvas as crianças.

4.6.1.2.10. Verbo ser + predicativo do sujeito

Quando o sujeito for tomado em sua **generalidade**, sem qualquer determinante, o verbo **ser** e o **adjetivo** que o acompanha **ficarão no masculino/singular**. Se o **sujeito vier determinado** por **artigo, numeral** ou **pronome**, a **concordância** do verbo **ser** e do **adjetivo** será **regular**, ou seja, concordarão com o sujeito em número, gênero e pessoa:

Caminhada é bom para a saúde.
Esta caminhada é boa para a saúde.
É proibido entrada.
É proibida a entrada.
Tardes felizes é necessário.
Algumas tardes felizes são necessárias.
Pimenta é bom.
Sua pimenta é boa.

4.6.1.2.11. Plural de modéstia: nós + verbo + adjetivo

Quando um **adjetivo** modifica o pronome "nós" utilizado no lugar de "eu" (plural de modéstia), ele **fica no singular:**

Nós fomos acolhido muito bem. (Eu fui acolhido muito bem.)
Nós seremos breve em nossa apresentação. (Eu serei breve em minha apresentação.)

4.6.2. Concordância verbal

É chamada de concordância verbal **a relação de combinação que se estabelece entre o sujeito e o verbo.**

O verbo se flexiona em pessoa (1.ª, 2.ª e 3.ª) e número (singular e plural) para fazer a concordância com o sujeito:
Tu saíste pela manhã, **eu saí** à tarde.
Vós sois meus amigos.
A menina e o menino saíram.

4.6.2.1. Concordância do sujeito simples

Sujeito simples é aquele que possui apenas um núcleo, então o verbo concordará em pessoa e número com esse núcleo:
O **chefe** da seção **pediu** maior assiduidade.
A **violência deve** ser combatida por todos.
Os **servidores** públicos do Ministério da Fazenda **discordaram** da proposta.

4.6.2.1.1. Particularidades da concordância do sujeito simples

a) Sujeito simples constituído de substantivo coletivo + determinante: verbo **concorda com o coletivo ou com o determinante:**
O bando voou.
O bando de aves voou.
O bando de aves voaram.
A multidão invadiu o palco depois da apresentação.
A multidão de fãs invadiu o palco depois da apresentação.
A multidão de fãs invadiram o palco depois da apresentação.

b) Sujeito simples constituído de expressão quantitativa + determinante: verbo **concorda com a expressão quantitativa ou com o determinante:**
A maioria das pessoas viajou para o sul do país.
A maioria das pessoas viajaram para o sul do país.
A maior parte dos alunos faltou.
A maior parte dos alunos faltaram.
1% dos aposentados não compareceu ao INSS.
1% dos aposentados não compareceram ao INSS.
10% da população apresentaram a declaração de Imposto de Renda.
10% da população apresentou a declaração de Imposto de Renda.
Um terço dos bens desapareceu.
Um terço dos bens desapareceram.

c) Sujeito simples constituído de nome próprio no plural: **sem artigo** — verbo no **singular**; com artigo — verbo **concorda com o artigo:**
Alpes fica na Europa.
Os Alpes ficam na Europa.
Estados Unidos domina o mundo.
Os Estados Unidos dominam o mundo.

Amazonas é um grande rio.
O Amazonas é um grande rio.

> **Curiosidade:** Se o artigo é parte do nome próprio, podemos usar o verbo no singular ou no plural:
> "Os Lusíadas" conta a história do povo português.
> "Os Lusíadas" contam a história do povo português.
> "Os Miseráveis" mostra o sofrimento do povo.
> "Os Miseráveis" mostram o sofrimento do povo.

d) Sujeito simples constituído de pronome indefinido plural + pronomes pessoais nós ou vós: o verbo **pode concordar com o pronome indefinido ou com o pronome pessoal:**

Alguns de nós farão o trabalho.
Alguns de nós faremos o trabalho.
Quais de vós serão os premiados?
Quais de vós sereis os premiados?
Muitos de nós participarão das competições.
Muitos de nós participaremos das competições.
Quantos de vós irão aos Estados Unidos?
Quantos de vós ireis aos Estados Unidos?

> **Curiosidade:** Se o indefinido estiver no singular, a concordância será feita obrigatoriamente no singular:
> Algum de nós fará o trabalho.
> Qual de vós será o premiado?

e) Sujeito simples constituído de pronome relativo QUE: o verbo **concorda com o referente** do pronome relativo:

Fui eu que escrevi a carta.
Fostes vós que escrevestes a carta.
Não serão os meninos que farão esse trabalho.

f) Sujeito simples constituído de pronome relativo QUEM: o verbo **concorda com o referente** do pronome relativo, **ou com o próprio pronome relativo** (3.ª pessoa do singular):

Fui eu quem escrevi a carta.
Fui eu quem escreveu a carta.
Fostes vós quem escrevestes a carta.
Fostes vós quem escreveu a carta.
Não serão os meninos quem farão esse trabalho.
Não serão os meninos quem fará esse trabalho.

g) Sujeito simples constituído da expressão um dos que / uma das que: verbo no **singular ou no plural, facultativamente:**

João foi um dos alunos que faltou à prova.

João foi um dos alunos que faltaram à prova.

Radegondes é uma das que ficou de castigo.

Radegondes é uma das que ficaram de castigo.

A urgência de obter resultados concretos foi um dos fatores que influenciou a decisão do presidente.

A urgência de obter resultados concretos foi um dos fatores que influenciaram a decisão do presidente.

4.6.2.1.2. Silepse de pessoa

É possível, em língua portuguesa, usar o **sujeito na 3.ª pessoa do plural e o verbo na 1.ª pessoa do plural**. Isso é a concordância ideológica, ou irregular (silepse):

Os culpados seremos punidos.

Os alunos estudiosos fomos aprovados no concurso.

Todos somos a pátria.

4.6.2.1.3. Silepse de número

Com as **expressões quantitativas distantes do verbo**, podemos concordar esse verbo com a ideia de plural transmitida pela expressão quantitativa:

Esperavam por ajuda — sem comida, sem água, sem abrigo — a multidão desabrigada pela chuva.

A maioria chegou cedo, com as cestas cheias de guloseimas, espalharam tudo sobre lindas toalhas e foram brincar, aproveitando a deliciosa manhã primaveril.

4.6.2.2. Concordância do sujeito composto

Sujeito composto é aquele que possui dois ou mais núcleos, então o verbo concordará em pessoa e número com esses núcleos:

A *menina* e o *menino saíram*.

As *joias* e os *dólares desapareceram*.

Iremos ao mercado *vocês* e *eu*.

4.6.2.2.1. Particularidades da concordância do sujeito composto

a) Sujeito composto constituído de pessoas gramaticais diferentes: o verbo vai para o **plural e para a pessoa que tiver a primazia**, nesta ordem: 1.ª pessoa tem prioridade sobre 2.ª e 3.ª; 2.ª e 3.ª são equivalentes.

Pascoalina e eu fomos ao mercado.

Tu e eu viajaremos para o sul do país.

Ele e eu não fizemos a prova.

Ele, tu e eu seremos amigos para sempre.

Tu e ele sereis amigos para sempre.
Tu e ele serão amigos para sempre.

b) **Sujeito composto posposto ao verbo:** o verbo fica **no plural**, concordando com o conjunto, ou concorda **com o núcleo que estiver mais próximo:**

Chegaram o presidente e seus ministros.
Chegou o presidente e seus ministros.
Na semana passada, estivemos aqui tu e eu.
Na semana passada, estiveste aqui tu e eu.
Todas as manhãs, aparecem aqui no meu quintal um sabiá e alguns pombos.
Todas as manhãs, aparece aqui no meu quintal um sabiá e alguns pombos.

> **Curiosidade:** Se o núcleo mais próximo estiver no plural, o verbo ficará obrigatoriamente no plural.
> Todas as manhãs, aparecem aqui no meu quintal alguns pombos e um sabiá.

c) **Sujeito composto constituído de termos sinônimos ou quase sinônimos:** quando os sinônimos formam um todo indivisível, ou simplesmente se reforçam, a **concordância é facultativa no singular ou no plural:**

A sociedade, o povo se une para construir uma nação mais justa.
A sociedade, o povo se unem para construir uma nação mais justa.
Amor e paixão move o mundo.
Amor e paixão movem o mundo.

d) **Sujeito composto constituído de termos em gradação:** o verbo vai para o **plural ou concorda com o núcleo mais próximo:**

Um mês, um ano, uma década de ditadura não calou a voz do povo.
Um mês, um ano, uma década de ditadura não calaram a voz do povo.
Despertador, banho e café ajuda a acordar!
Despertador, banho e café ajudam a acordar!

e) **Sujeito composto resumido por pronome:** o verbo concorda **com o pronome resumitivo:**

Desvios, fraudes, roubos, tudo acontecia naquela cidade.
Jocasta, Pascoalina, Radegondes, Asdrúbal, ninguém foi à festa.
Jocasta, Pascoalina, Radegondes, Asdrúbal, todos foram à festa.

f) **Sujeito composto constituído de termos ligados por COM:** a concordância se faz **com o primeiro núcleo ou no plural.**

O pai com a mãe saiu.
O pai com a mãe saíram.
O diretor com todos os atores resolveu cortar algumas cenas do filme.
O diretor com todos os atores resolveram cortar algumas cenas do filme.

> **Curiosidade:** Se o termo iniciado por **COM** vier entre vírgulas, funcionará apenas como **adjunto adverbial**, não mais sendo parte do sujeito:
> O pai, com a mãe, saiu.
> O diretor, com todos os atores, resolveu cortar algumas cenas do filme.

g) Sujeito composto constituído por termos ligados por OU:

■ a **ação verbal se refere a todos** os núcleos do sujeito — verbo no **plural:**
Laranja ou mamão fazem bem para a saúde.
Maria ou Ana serão eleitas vereadoras.

■ a **ação verbal se aplica a apenas um dos termos** do sujeito composto (indicação de exclusão) — verbo no **singular**.
Laranja ou mamão será a fruta do lanche da tarde.
Maria ou Ana casará com José.

■ **OU** introduz uma retificação — o verbo **concorda com o termo retificador:**
O ladrão ou os ladrões não deixaram vestígios.
Os pais ou o pai não concordou com a atitude do filho.

■ os termos ligados por OU são **sinônimos** — verbo no **singular:**
A Linguística ou Glotologia é uma ciência recente.

h) sujeito composto constituído por expressões correlacionadas — não só ... mas também, não só ... como, tanto ... quanto etc.: o verbo **concorda no plural ou com o primeiro núcleo:**
Não só a mãe mas também o pai compareceram à reunião escolar.
Não só a mãe mas também o pai compareceu à reunião escolar.
Não só o trabalho como o lazer engrandecem a pessoa.
Não só o trabalho como o lazer engrandece a pessoa.
Tanto o carro quanto a moto ficam na garagem do prédio.
Tanto o carro quanto a moto fica na garagem do prédio.

i) Sujeito composto constituído das expressões "um ou outro", "nem um nem outro": o verbo deve ficar **no singular:**
Um ou outro aluno fará a prova.
Nem um nem outro aluno fará a prova.
Um ou outro receberá uma medalha de "honra ao mérito".
Nem um nem outro sofrerá discriminação.

j) Sujeito composto constituído da expressão "um e outro": o verbo pode facultativamente concordar **no singular ou no plural:**
Um e outro decreto trata da mesma questão jurídica.
Um e outro decreto tratam da mesma questão jurídica.

Uma e outra aluna compareceu ao evento.
Uma e outra aluna compareceram ao evento.

4.6.2.3. Concordância do sujeito indeterminado

Sujeito indeterminado é aquele que não se conhece, sabe-se que existe um praticante da ação verbal, mas não se consegue definir quem ou o quê. Há duas maneiras de se construir uma frase com sujeito indeterminado:

a) com verbo na 3.ª pessoa do plural, sem sujeito expresso:
Roubaram o meu carneiro.
Atiraram uma pedra na minha janela.

> **Curiosidade:** Se o contexto permite conhecer o sujeito, deixa de ser indeterminado e passa a sujeito simples oculto.
> Uns homens maus estiveram aqui e roubaram o meu carneiro — o termo "uns homens maus", que é sujeito do primeiro verbo, é também a referência de sujeito oculto para o verbo "roubaram".
> Os meninos da rua de baixo vieram aqui e atiraram uma pedra na minha janela — o termo "os meninos da rua de baixo", que é sujeito do primeiro verbo, é também a referência de sujeito oculto para o verbo "atiraram".

b) verbo na 3.ª pessoa do singular + SE — índice de indeterminação do sujeito:
Precisa-se de moças.
Acredita-se em marcianos.

> **Curiosidade:** Não podemos confundir **SE — índice de indeterminação do sujeito** com **SE — pronome apassivador**.
> **Se — pronome apassivador:** forma frase em voz passiva. O verbo deve concordar com o sujeito que, nesse caso, está sempre expresso, e representa o sofredor da ação verbal, ou seja, equivale ao objeto direto da frase em voz ativa. Sempre estará ao lado de um **verbo transitivo direto:**
> Conserta-se geladeira.
> Consertam-se geladeiras.
> Elaborou-se um plano emergencial para socorrer a cidade alagada.
> Elaboraram-se vários planos emergenciais para socorrer a cidade alagada.
> Come-se carne brasileira aqui.
> Comem-se carnes brasileiras aqui.
> Vende-se casa.
> Vendem-se casas.
> Aluga-se sala.
> Alugam-se salas.
> Faz-se carreto.
> Fazem-se carretos.

> **Se — índice de indeterminação do sujeito:** aparece sempre ao lado de um **verbo intransitivo** ou de um **verbo transitivo indireto**.
> Acredita-se em todas as suas falas.
> Come-se bem aqui.
> Trata-se de assuntos estranhos nesses programas de auditório.
> Assiste-se a bons filmes neste canal.
> Necessita-se de muitos donativos para socorrer a cidade alagada.

4.6.2.4. Concordância da oração sem sujeito

Oração sem sujeito é aquela que trata de fenômenos que independem da participação/ação de qualquer ser. Como não há sujeito, o verbo da frase deve ficar sempre na **3.ª pessoa do singular**. Os verbos dessas orações são chamados de **verbos impessoais**.

A oração sem sujeito ocorre nos seguintes casos:

a) com verbos que expressam **fenômenos naturais:**
Nevou em várias cidades do sul do país.
Relampejou muitas vezes seguidas.
Choveu durante quarenta dias.

b) com os verbos **ESTAR** e **FAZER** indicando **tempo meteorológico ou cronológico:**
Está muito calor hoje.
Está tarde!
Faz dias frios aqui!
Fará noites quentes no próximo verão.
Ontem fez vinte dias que não o vejo.
Faz muitos anos que estive aqui.
Amanhã fará dez anos que nos conhecemos.

c) com o verbo **HAVER** expressando **existência** ou **acontecimento:**
Havia muitos conhecidos na festa de ontem.
Haverá aqui amanhã vários carros para revisão mecânica.
Há duzentos alunos no pátio esperando a visita do presidente do clube.
Houve comemorações pelos 456 anos da cidade.
Nunca mais haverá festas tão grandiosas quanto esta!
Há brigas no "Gigantão Dance" todo sábado...

> **Curiosidade:** Os verbos impessoais podem constituir locução verbal. Nesse caso, colocados como principais em locução verbal, transferem sua impessoalidade para o verbo auxiliar:
> Deve nevar em várias cidades do sul do país.
> Poderá relampaguear muitas vezes seguidas.

> Vai chover durante quarenta dias.
> Deve estar muito calor hoje.
> Deve estar tarde!
> Vai fazer dias frios aqui!
> Poderá fazer noites quentes no próximo verão.
> Ontem deve ter feito vinte dias que não o vejo.
> Deve fazer muitos anos que estive aqui.
> Amanhã vai fazer dez anos que nos conhecemos.
> Podia haver muitos conhecidos na festa de ontem.
> Deverá haver aqui amanhã vários carros para revisão mecânica.
> Há de haver duzentos alunos no pátio esperando a visita do presidente do clube.
> Vai haver comemorações pelos 456 anos da cidade.
> Nunca mais deverá haver festas tão grandiosas quanto esta!
> Pode haver brigas no "Gigantão Dance" todo sábado...

4.6.2.5. Casos especiais de concordância verbal

a) Verbo parecer + infinitivo:

O verbo **parecer** é o único verbo auxiliar da língua portuguesa que **pode transferir para o principal a flexão de número**. Assim:

As meninas parecem sorrir para mim.
As meninas parece sorrirem para mim.
As estrelas parecerão brilhar mais, se você vier me visitar esta noite.
As estrelas parecerá brilharem mais, se você vier me visitar esta noite.
No outono, as árvores parecem ficar tristes.
No outono, as árvores parece ficarem tristes.
No outono, as árvores parece que ficam tristes.

> **Curiosidade:** Apenas a flexão de número se transfere para o principal, pois as flexões de pessoa, modo, tempo e voz continuam no auxiliar.
> As estrelas parecerão brilhar...
> As estrelas parecerá brilharem...
> As estrelas pareciam brilhar...
> As estrelas parecia brilharem...
> Se as estrelas parecessem brilhar...
> Se as estrelas parecesse brilharem...

b) Com os verbos **dar**, **bater** e **soar**:

Podem concordar com o praticante da ação ou, na ausência deste, **com as expressões de tempo** da frase, que passam a ser o sujeito dos verbos:

A torre da igreja deu três horas.

Na torre da igreja, deram três horas.
O relógio bateu cinco horas.
No relógio, bateram cinco horas.
O sino soou seis horas.
No sino, soaram seis horas.

c) Com a expressão haja vista:
A palavra **vista é invariável**. O verbo **haver pode sofrer variação** de acordo com:

■ expressão **não seguida de preposição**, o verbo **haver pode variar** ou não:
Haja vista o caso.
Hajam vista os casos.

■ expressão **seguida de preposição**, o verbo **haver** não **varia**:
Haja vista ao caso.
Haja vista aos casos.

> **Curiosidade:** A forma **haja visto** (ou **hajam visto**) é tempo composto do verbo **ver**. Assim, as expressões **haja visto** e **hajam visto** significam **tenha visto** e **tenham visto**:
> Espero que o pai haja visto o que o filho fez = Espero que o pai tenha visto o que o filho fez.
> Tomara que os senadores hajam visto os casos de quebra de decoro parlamentar = Tomara que os senadores tenham visto os casos de quebra de decoro parlamentar.

d) Com sujeito oracional:
O verbo que tem como sujeito uma oração fica na 3.ª pessoa do singular:
Espera-se que as meninas tragam as tortas.
Aos alunos cabe resolver as questões.

> **Curiosidade:** Se houver um adjetivo se referindo ao sujeito oracional, ele deve ficar no singular masculino:
> É necessário que as meninas tragam as tortas.
> Seria bom que os alunos resolvessem as questões em casa.

4.6.2.6. Concordância do verbo ser

A concordância do verbo **ser** segue a regra geral na maioria dos casos, mas existem casos em que ele concorda com o predicativo ou com outras expressões da frase.

O verbo ser concorda com o predicativo do sujeito:

a) quando o **sujeito** é um **nome singular** e o predicativo um **nome plural**:
Minha preocupação são as crianças.
O problema da apresentação foram as conversas paralelas.

b) quando o **sujeito** é um **pronome demonstrativo** (tudo, isso, isto, aquilo) e o **predicativo** um **nome plural:**
Tudo são flores.
Isso foram gastos inúteis.
Isto são as possibilidades concretas de solucionar o problema.
Aquilo são animais invertebrados.

> **Curiosidade:** Também é possível a concordância com o sujeito:
> Tudo é flores.
> Isso foi gastos inúteis.
> Isto é as possibilidades concretas de solucionar o problema.
> Aquilo é animais invertebrados.

c) quando o **predicativo** é um **pronome pessoal:**
Naquele ano, o assessor da direção fui eu.
O atleta és tu.
O ganhador do prêmio seremos nós.

d) quando o **predicativo** é um nome que **se refere a pessoas:**
As alegrias da casa é a criança.
As esperanças do clube é o atleta recém-contratado.

4.6.2.6.1. Verbo ser impessoal

O verbo ser pode ser impessoal; nesse caso, haverá concordância especial.

a) na expressão de **distância**, concorda com o adjunto adverbial de distância:
Daqui à praia são 100 quilômetros.
Daqui à praia é um quilômetro.
Do Planalto ao Congresso são duzentos metros.

b) na expressão de **tempo**, concorda com o núcleo do adjunto adverbial de tempo:
É dia 13 de julho.
São 13 de julho.
É uma hora.
É bem mais de uma hora.
São duas horas.

> **Curiosidade:** Com os adjuntos adverbiais do tipo **anteontem, ontem, hoje, amanhã** etc., o verbo ser pode ficar no singular, ou concordar com o numeral da expressão de tempo:
> Hoje é 13 de julho.
> Hoje são 13 de julho.

c) as expressões de **peso, medida** ou **quantidade** são invariáveis:
Quinze quilos de arroz é pouco.
Cinco metros de tecido é muito.
Trezentas pessoas é suficiente para a produção na fábrica.

> **Curiosidade:** Não expressando peso, medida ou quantidade, tais expressões passam a ser variáveis, e o que era advérbio vira adjetivo:
> Os quilos de arroz estocados são poucos.
> Os metros de tecido comprados são muitos.
> As pessoas presentes são suficientes para a produção na fábrica.

d) a **partícula expletiva,** ou de **realce, É QUE** é invariável:
Eu é que fiz o bolo.
Nós é que fizemos o bolo.

4.7. COLOCAÇÃO PRONOMINAL

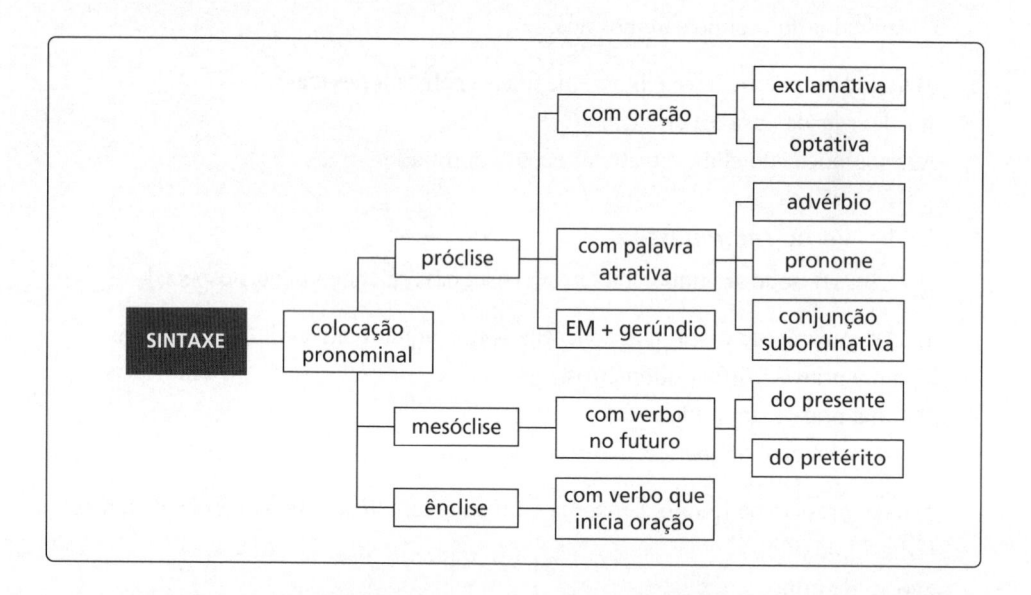

```
SINTAXE ── colocação pronominal ─┬─ próclise ─┬─ com oração ─┬─ exclamativa
                                  │            │              └─ optativa
                                  │            ├─ com palavra atrativa ─┬─ advérbio
                                  │            │                         ├─ pronome
                                  │            │                         └─ conjunção subordinativa
                                  │            └─ EM + gerúndio
                                  ├─ mesóclise ─ com verbo no futuro ─┬─ do presente
                                  │                                    └─ do pretérito
                                  └─ ênclise ── com verbo que inicia oração
```

Trata da colocação dos **pronomes clíticos: me, te, se, o(s), a(s), lhe(s), nos, vos.**
São três as posições que assumem:

- **antes** do verbo — *próclise*: Não me abandone.
- **no meio** do verbo — *mesóclise*: Receber-vos-emos para o jantar, amanhã.
- **depois** do verbo — *ênclise*: Entregou-nos os presentes.

4.7.1. Próclise
Usa-se:

a) Nas **orações negativas** (sem pausa entre a palavra de negação e o verbo):
Não me abandone.
Nunca me deixe só.
Ninguém me viu aqui.
Nada me fará mudar de ideia.
Não veio nem me telefonou.

b) Nas **orações exclamativas:**
Macacos me mordam!

c) Nas **orações optativas:**
Deus nos ajude!

d) Nas **orações interrogativas** iniciadas por **pronomes** ou **advérbios interrogativos:**
Quem me chamou?
Onde me viste?

e) Nas **orações subordinadas:**
Quando me viu, sorriu para mim.
Ela virá, se a convidarmos.

f) Com **advérbios** ou **pronomes indefinidos** (sem pausa entre eles e o verbo):
Aqui se aprende Português. (mas: Aqui, aprende-se Português.)
Aquilo nos agrada.

g) Com a preposição **EM** + verbo no **gerúndio:**
Em se comentando o caso, seja discreto.

4.7.2. Mesóclise

Usa-se com verbos no **futuro do presente** ou **futuro do pretérito:**
Devolver-me-á o livro amanhã.
Deixar-te-ia sozinha se você pedisse...

4.7.3. Ênclise

Usa-se:

a) Com verbos no **infinitivo:** Viver é adaptar-se.

b) Com verbos que **iniciam oração:** Mostrou-me o livro, retirou-se calado, deixando-me só na sala.

> **Curiosidade:** Nas orações intercaladas, o pronome pode aparecer também antes do verbo:
> Tão lindos, disse-me a mulher, são os teus olhos.
> Tão lindos, me disse a mulher, são os teus olhos.

4.7.4. Caso especial

Com verbo no **INFINITIVO, precedido de preposição** ou palavra negativa, usa-se próclise ou ênclise:
Estou aqui para te servir.
Estou aqui para servir-te.
Meu desejo era não o incomodar.
Meu desejo era não incomodá-lo.

4.7.5. Com locuções verbais

a) *Auxiliar + infinitivo:*
Ênclise no infinitivo: O diretor quer ver-te agora.
Ênclise no auxiliar: O diretor quer-te ver agora.

> **Curiosidade:** Com ênclise no auxiliar, o hífen é facultativo.
> O diretor quer te ver agora.

próclise no auxiliar: O diretor te quer ver agora.

b) *Auxiliar + gerúndio:*
ênclise no gerúndio: Os alunos foram retirando-se.
ênclise no auxiliar: Os alunos foram-se retirando.
próclise no auxiliar: Os alunos se foram retirando.

c) *Auxiliar + particípio:*
ênclise no auxiliar: As meninas tinham-se arrumado.
próclise ao auxiliar: As meninas se tinham arrumado.

4.8. QUESTÕES

1. A concordância verbal e nominal está feita de maneira inteiramente correta na frase:
    a) Foram postas em prática algumas medidas de controle do trânsito, para evitar que surgissem problemas de poluição atmosférica na região.
    b) A História mostra que deslocamentos antes impossível de ser realizado passa a ocorrer com a evolução dos meios de transporte.
    c) Os veículos abandonados no pátio, após uma revisão e a substituição de algumas peças, voltou a ser usado nas atividades de rotina.
    d) Foi claramente reconhecido a necessidade de novas pesquisas cujo objetivo seria descobrir novas fontes, não poluentes, de energia.
    e) As cidades garantem, em princípio, melhores condições de vida para a população, que enfrentam, porém, outros problemas, como a violência urbana.

2. As condições de vida de qualquer grupo humano ...... especialmente pela existência de sistemas de transporte ....
    a) é influenciada — eficaz
    b) é influenciada — eficazes
    c) são influenciado — eficaz
    d) são influenciados — eficazes
    e) são influenciadas — eficazes

3. O segmento grifado abaixo introduz no contexto a noção de

O sistema de transporte é um elemento fundamental para a solução de problemas básicos de saúde e educação: nas cidades, porque facilita o acesso das populações aos centros de ensino e saúde; nas zonas rurais, porque permite a penetração dos meios de divulgação cultural, técnico-profissional e sanitária necessários à melhoria das condições de trabalho e produtividade.
   a) tempo.
   b) causa.
   c) finalidade.
   d) consequência.
   e) proporcionalidade.

4. (FUVEST-SP) No trecho "Em suma: o servilismo ao código apriorístico – assegurando a comunicação imediata com o público – é o critério básico da sua confecção.", as palavras servilismo, código e apriorístico são, respectivamente:
   a) sujeito, complemento nominal, adjunto adnominal
   b) aposto, objeto indireto adjunto adverbial
   c) aposto, adjunto adverbial, adjunto adverbial
   d) sujeito, adjunto adverbial, predicativo
   e) aposto, objeto indireto, predicativo

5. (Universidade Bauru-SP) Assinale a alternativa em que a expressão destacada tem a função de complemento nominal.
   a) A curiosidade **do homem** incentiva-o à pesquisa.
   b) A cidade **de Londres** merece ser conhecida por todos.
   c) O respeito ao próximo é dever **de todos**.
   d) O coitado **do velho** mendigava pela cidade.
   e) O receio **de errar** dificulta o aprendizado das línguas.

6. (FUVEST-SP) Assinalar a oração que começa com um adjunto adverbial de tempo.
   a) Com certeza havia um erro no papel do banco.
   b) No dia seguinte Fabiano voltou à cidade.
   c) Na porta, (...) enganchou as rosetas das esporas...
   d) Não deviam tratá-lo assim.
   e) O que havia era safadeza.

7. (UEL-PR) Ainda que surgissem poucos recursos para o projeto, todos mostravam-se satisfeitos com a boa vontade do chefe.
As palavras destacadas no período acima exercem respectivamente a função sintática de:
   a) objeto direto, complemento nominal
   b) sujeito, objeto direto
   c) objeto direto, adjunto adnominal
   d) objeto direto, objeto indireto
   e) sujeito, adjunto adnominal

8. (FCMSCSP) Observe as duas frases seguintes:
I. O proprietário da farmácia saiu.
II. O proprietário saiu da farmácia.
Sobre elas são feitas as seguintes considerações:
1. Na I, **da farmácia** é adjunto adnominal.
2. Na II, da farmácia é adjunto adverbial.
3. Ambas as frases têm exatamente o mesmo significado.
4. Tanto em I como em II, "da farmácia" tem a mesma função sintática.
Dessas quatro considerações:
   a) apenas uma é verdadeira
   b) apenas duas são verdadeiras

c) apenas três são verdadeiras
d) quatro são verdadeiras
e) nenhuma é verdadeira

9. (PUC-SP) Nos trechos:
"Marciano subiu ao forro da igreja e acabou com elas <u>a pau</u>."
"Não posso ver o mostrador assim <u>às escuras</u>."
As expressões destacadas dão, respectivamente, idéia de:
a) modo, especificação
b) lugar, modo
c) instrumento, modo
d) instrumento, origem
e) origem, modo

10. (FMU-SP) Em: "Eu era <u>enfim</u>, <u>senhores</u>, <u>uma graça de alienado</u>", os termos em destaque são, respectivamente:
a) adjunto adnominal, vocativo, predicativo do sujeito
b) adjunto adverbial, aposto, predicativo do sujeito
c) adjunto adverbial, vocativo, predicativo do sujeito
d) adjunto adverbial, vocativo, objeto direto
e) adjunto adnominal, aposto, predicativo do sujeito

11. (PUC) "O homem está imerso num mundo <u>ao qual</u> percebe ..." A palavra em negrito é:
a) objeto direto preposicionado
b) agente da passiva
c) objeto indireto
d) adjunto adnominal
e) adjunto adverbial

12. (CESGRANRIO) Assinale a frase cujo predicado é verbo-nominal:
a) "Que segredos, amiga minha, também são gente ..."
b) "... eles não se vexam dos cabelos brancos ..."
c) "... boa vontade, curiosidade, chama-lhe o que quiseres ..."
d) "Fiquemos com este outro verbo."
e) "... o assunto não teria nobreza nem interesse ..."

13. (FMU-SP) Observe os termos destacados:
Alugam-se **vagas**.
Precisa-se **de faxineiros**.
Paraibana expansiva machucou-se.
Eles exercem, respectivamente, a função sintática de:
a) objeto direto, objeto indireto, objeto direto
b) sujeito, sujeito, sujeito
c) sujeito, objeto indireto, objeto direto
d) sujeito, objeto indireto, sujeito
e) sujeito, sujeito, objeto direto

14. (UE-CE) Marque a opção que encerra um objeto indireto.
a) "Que a deixe, por quê?"
b) "Que lhe importa o meu ar?"
c) "Que vale isso?"
d) "Toda cheia de si."

15. (UEPG-PR) A oração que apresenta complemento nominal é:
a) Os pobres necessitam de ajuda.
b) Sejamos úteis à sociedade.
c) Os homens aspiram à paz.
d) Os pedidos foram feitos por nós.
e) A leitura amplia nossos conhecimentos.

16. (UFPR) Na oração "O alvo foi atingido por uma bomba formidável", a locução por uma bomba formidável tem a função de:
   a) objeto direto
   b) agente da passiva
   c) adjunto adverbial
   d) complemento nominal
   e) adjunto adnominal

17. (FMU-SP) Classificam-se corretamente os termos integrantes destacados:
"Mulher que a **dois** ama, a **ambos** engana."
   a) objeto direito preposicionado e objeto direto preposicionado
   b) objeto indireto e objeto direto
   c) objeto indireto pleonástico e complemento nominal
   d) objeto direto e objeto direto preposicionado
   e) objeto direto preposicionado e objeto indireto.

18. (FEFASP) Em que alternativa há objeto direto preposicionado?
   a) Passou aos filhos a herança recebida dos pais.
   b) Amou a seu pai com a mais plena grandeza da alma.
   c) Naquele tempo era muito fácil viajar para os infernos.
   d) Em dias ensolarados, gosto de ver nuvens flutuarem nos céus de agosto.

19. (FEI-SP) No período: "Sem dúvida, este jovem gosta de música e toca órgão muito bem", os termos destacados são, respectivamente:
   a) complemento nominal e objeto direto
   b) complemento nominal e agente da passiva
   c) objeto indireto e adjunto adverbial de instrumento
   d) objeto direto e objeto indireto
   e) objeto indireto e objeto direto

20. (FEI-SP) Assinale a alternativa correta quanto à função sintática do termo destacado:
A aldeia era povoada de indígenas.
   a) agente da passiva
   b) complemento nominal
   c) adjunto adverbial
   d) objeto indireto
   e) objeto direto

21. (FGV-SP) Em: "Chamou-se um eletricista para a instalação dos fios?" o termo destacado é:
   a) objeto direto
   b) sujeito
   c) predicativo do sujeito
   d) objeto indireto
   e) agente da passiva

22. (UFMG) Assinale o item em que a função não corresponde ao termo em destaque:
   a) Comer demais é prejudicial **à saúde**. (complemento nominal)
   b) Jamais me esquecerei **de ti**. (objeto indireto)
   c) Ele foi cercado de **amigos sinceros**. (agente da passiva)
   d) Não tens interesse **pelos estudos**. (complemento nominal)
   e) Tinha grande amor **à humanidade**. (adjunto adnominal)

23. (FOC-SP) No período: "Falsos conceitos, meia ciência por parte de professores complicação e pedantismo de nomenclatura vazia, tudo isso produziu e produz nos alunos uma sadia aversão pela análise lógica", a expressão pela análise lógica é:
   a) adjunto adnominal
   b) agente da passiva
   c) complemento nominal
   d) objeto indireto

24. (FCE-SP) A recordação da cena persegue-me até hoje.

Os termos em destaque são, respectivamente:
a) objeto indireto e objeto indireto
b) complemento nominal e objeto direto
c) complemento nominal e objeto indireto
d) objeto indireto e objeto direto

25. (ESPM-SP) "Sorvete Kibon decora sua cozinha. E dá nome às latas."

Os termos destacados são, respectivamente:
a) sujeito, objeto direto, objeto indireto
b) objeto direto, sujeito, objeto indireto
c) sujeito, objeto indireto, objeto direto.
d) sujeito, sujeito, objeto indireto
e) objeto direto, sujeito, objeto direto

26. (FMU/FIAM-SP) Assinale a alternativa que contenha respectivamente: um pronome pessoal do caso reto funcionando como sujeito e um pronome pessoal do caso oblíquo funcionando como objeto direto.
a) Eu comecei a reforma da Natureza por este passarinho.
b) E mais uma vez me convenci da "tortura" destas coisas.
c) Todos a ensinavam a respeitar a Natureza.
d) Ela os ensina a fazer ninhos nas árvores.
e) Ela não convencia ninguém disso.

27. (UF-MG) Em todas as alternativas, o termo em negrito exerce a função de sujeito, exceto em:
a) **Quem** sabe de que será capaz a mulher de seu sobrinho?
b) Raramente se entrevê **o céu** nesse aglomerado de edifícios.
c) Amanheceu **um dia lindo**, e por isso todos correram às piscinas.
d) Era somente **uma velha**, jogada num catre preto de solteiros.
e) É preciso **que haja muita compreensão para com os amigos**.

28. (UF-UBERLÂNDIA) Todos os itens abaixo apresentam o pronome relativo com função de objeto direto, exceto:
a) "Aurélia não se deixava inebriar pelo culto que lhe rendiam."
b) "Está fadigada de ontem? perguntou a viúva com a expressão de afetada ternura que exigia o seu cargo."
c) "... com a riqueza que lhe deixou seu avô, sozinha no mundo, por força que havia de ser enganada."
d) "... O Lemos não estava de todo restabelecido do atordoamento que sofrera."
e) "Não o entendiam assim aquelas três criaturas, que se desviviam pelo ente querido."

29. (UF-MG) Na frase: "Maria do Carmo tinha a certeza de que estava para ser mãe", a oração destacada é:
a) subordinada substantiva objetiva indireta
b) subordinada substantiva completiva nominal
c) subordinada substantiva predicativa
d) coordenada sindética conclusiva
e) coordenada sindética explicativa

30. (FGV) No seguinte grupo de orações destacadas:

1. É bom **que você venha**.
2. **Chegados que fomos**, entramos na escola.
3. Não esqueças **que é falível**.

Temos orações subordinadas, respectivamente:
a) objetiva direta, adverbial temporal, subjetiva
b) subjetiva, objetiva direta, objetiva direta
c) objetiva direta, subjetiva, adverbial temporal
d) subjetiva, adverbial temporal, objetiva direta
e) predicativa, objetiva direta, objetiva indireta

31. (EPCAR) "Bem-aventurado, pensei eu comigo, aquele em que os afagos de uma tarde serena de primavera no silêncio da solidão produzem o torpor dos membros."
No período em apreço, usaram-se vírgulas para separar:
a) uma oração pleonástica
b) elementos paralelos
c) uma oração coordenada assindética
d) uma oração intercalada
e) um adjunto deslocado

32. (EPCAR) A partícula apassivadora está exemplificada na alternativa:
a) Fala-se muito nesta casa.
b) Ria-se de seu próprio retrato.
c) Grita-se nas ruas.
d) Precisa-se de um dicionário.
e) Ouviu-se um belo discurso.

33. (FGV) Classifique o "se" na frase: "Ele queixou-se dos maus tratos recebidos".
a) partícula integrante do verbo
b) conjunção condicional
c) pronome apassivador
d) conjunção integrante
e) símbolo de indeterminação do sujeito

34. (EPCAR) O "se" é índice de indeterminação do sujeito na frase:
a) Não se ouvia o sino.
b) Assiste-se a espetáculos degradantes.
c) Alguém se arrogava o direito de gritar.
d) Perdeu-se um cão de estimação.
e) Não mais se falsificará tua assinatura.

35. (EPCAR) O "se" é pronome apassivador em:
a) Precisa-se de uma secretária.
b) Proibiram-se as aulas.
c) Assim se vai ao fim do mundo.
d) Nada conseguiria, se não fosse esforçado.
e) Eles se propuseram um acordo.

36. (SANTA CASA) Em qual das orações seguintes a palavra "se" é conjunção integrante (por introduzir oração subordinada substantiva objetiva direta)?
a) Ele se mordia de ciúmes pelo patrão.
b) A Federação arroga-se o direito de cancelar o jogo.
c) O aluno fez-se passar por doutor.
d) Precisa-se de operários.
e) Não sei se o vinho está bom.

37. (FTM-ARACAJU) Das expressões sublinhadas abaixo, com as ideias de tempo ou lugar, a única que tem a função sintática do adjunto adverbial é:
a) "Já ouvi os poetas **de Aracaju**"
b) "atravessar **os subúrbios escuros e sujos**"
c) "passar **a noite de inverno** debaixo da ponte"
d) "Queria agora caminhar com os ladrões **pela noite**"
e) "sentindo no coração as pancadas dos pés das mulheres **da noite**"

38. (UC-MG) A classificação dos verbos sublinhados, quanto à predicação, foi feita corretamente em:
a) "Não nos **olhou** o rosto. A vergonha foi enorme." - transitivo direto e indireto
b) "Procura insistentemente **perturbar**-me a memória." - transitivo direto
c) "**Fiquei**, durante as férias, no sítio de meus avós." - de ligação

d) "Para conseguir o prêmio, Mário **reconheceu**-nos imediatamente." - transitivo indireto
e) "Ela nos **encontrará**, portanto é só fazer o pedido." - transitivo indireto

39. (UF-UBERLÂNDIA) "Ele observou-a e achou aquele gesto <u>feio, grosseiro, masculinizado</u>." Os termos sublinhados são:
a) predicativos do objeto
b) objetos diretos
c) predicativos do sujeito
d) adjuntos adverbiais de modo
e) adjuntos adnominais

40. (UF-UBERLÂNDIA) "Lembro-me <u>de que ele só usava camisas brancas</u>." A oração sublinhada é:
a) subordinada substantiva completiva nominal
b) subordinada substantiva objetiva indireta
c) subordinada substantiva predicativa
d) subordinada substantiva subjetiva
e) subordinada substantiva objetiva direta

41. (FMU) Observe os termos sublinhados na passagem: "O rio vai <u>às margens</u>. Vem com força <u>de açude arrombado</u>." Os termos sublinhados são, respectivamente:
a) predicativo do sujeito e adjunto adnominal de modo
b) adjunto adverbial de modo e adjunto adnominal
c) adjunto adverbial de lugar e adjunto adverbial de modo
d) adjunto adverbial de modo e objeto indireto
e) adjunto adverbial de lugar e complemento nominal

42. (FM-SANTOS) "Não <u>se</u> sabe <u>se</u> é verdade ou não." Os termos destacados na frase são, respectivamente:
a) partícula apassivadora - pronome reflexivo, sujeito
b) partícula apassivadora - conjunção integrante
c) partícula integrante do verbo - conjunção condicional
d) índice de indeterminação do sujeito - partícula de realce
e) partícula integrante do verbo - conjunção integrante

43. (MACKENZIE) Em "E quando o brotinho lhe <u>telefonou</u>, dias depois, comunicando que <u>estudava</u> o modernismo, e dentro do modernismo sua obra, para que o professor lhe <u>sugerira</u> contato pessoal com o autor, <u>ficou</u> assanhadíssimo e paternal a um tempo", os verbos assinalados são, respectivamente:
a) transitivo direto, transitivo indireto, de ligação, transitivo direto e indireto
b) transitivo direto e indireto, transitivo direto, transitivo indireto, de ligação
c) transitivo indireto, transitivo direto e indireto, transitivo direto, de ligação
d) transitivo indireto, transitivo direto, transitivo direto e indireto, de ligação
e) transitivo indireto, transitivo direto e indireto, de ligação, transitivo direto

44. (PUC) Em: "... principiou a segunda volta do terço."; "Carrocinhas de padeiro derrapavam nos paralelepípedos."; "Passavam cestas para o Largo do Arouche."; "Garoava na madrugada roxa." Os verbos são, respectivamente:
a) transitivo direto, transitivo indireto, transitivo direto, intransitivo
b) intransitivo, transitivo indireto, transitivo direto, intransitivo
c) transitivo direto, intransitivo, transitivo direto, intransitivo
d) transitivo direto, intransitivo, intransitivo, intransitivo
e) transitivo indireto, intransitivo, transitivo indireto, transitivo indireto

45. (PUC) Em: "Os sururus em família têm <u>por testemunha</u> <u>a Gioconda</u>", as expressões sublinhadas são:
a) complemento nominal - objeto direto
b) predicativo do objeto - objeto direto
c) objeto indireto - complemento nominal
d) objeto indireto - objeto indireto
e) complemento nominal - objeto direto preposicionado

46. (FUVEST) No texto: "Acho-me tranquilo - sem desejos, sem esperanças. Não me preocupa o futuro", os termos destacados são, respectivamente:
a) predicativo, objeto direto, sujeito
b) predicativo, sujeito, objeto direto
c) adjunto adnominal, objeto direto, objeto indireto
d) predicativo, objeto direto, objeto indireto
e) adjunto adnominal, objeto indireto, objeto direto

47. (FGV) Aponte a correta análise do termo destacado: "Ao fundo, as pedrinhas claras pareciam tesouros abandonados."
a) predicativo do sujeito
b) complemento nominal
c) adjunto adnominal
d) predicativo do objeto direto
e) objeto direto

48. (FGV) Leia atentamente: "É oportuno, um conselho." Na oração, há um erro de pontuação, pois a vírgula está separando:
a) o adjunto adnominal e o objeto direto
b) o predicativo do sujeito e o adjunto adverbial de modo
c) o sujeito e o adjunto adnominal
d) o predicado verbal e o objeto direto
e) predicado nominal e o sujeito

49. (FCL BRAGANÇA PAULISTA-SP) Não me refiro... essa peça, mas ... a que assistimos sábado ... noite.
a) a, àquela, à
b) a, aquela, a
c) à, aquela, à
d) à, àquela, a
e) à, àquela, à

50. (UF-RS) O grupo obedece ... comando de um pernambucano, radicado ... tempos em São Paulo, e se exibe diariamente ... hora do almoço.
a) o, a, à
b) ao, há, à
c) ao, a, a
d) o, há, a
e) o, a, a

51. (FURG-RS) ... muitos anos, o gaúcho era livre para percorrer ... cavalo largas distâncias, pondo ... prova suas qualidades de cavaleiro.
Selecione a alternativa que preenche corretamente as lacunas da frase apresentada.
a) Há, à, a
b) A, a, à
c) À, à, a
d) Há, a, a
e) Há, a, à

52. (EU FEIRA DE SANTANA-BA) Ainda ... pouco, eu ... vi atravessando aquela rua, ali ... direita.
a) há, a, a
b) A, a, a
c) a, a, a
d) a, à, à
e) à, a, a

53. (UF SANTA MARIA-RS) Assinale a alternativa que completa, corretamente, as lacunas da frase inicial.

Nesta oportunidade, volto ... referir-me ... problemas já expostos ... V.Sª ... alguns dias.
a) à, àqueles, a há
b) a, àqueles, a, há
c) a, aqueles, à, a
d) à, àqueles, a, a
e) a, aqueles, à, há

54. (FUNDAÇÃO CARLOS CHAGAS) Assinale a opção gramaticalmente incorreta.
a) As pesquisas costumam colocar a mídia, os bancos e as igrejas entre as instituições que teriam mais credibilidade, enquanto os governos, os parlamentos e os partidos estariam entre os mais mal avaliados.
b) Os teóricos da nova tendência buscam apoiar-se nas pesquisas para fortalecer suas teses.
c) Alegam que a política é dominada por questões de curto prazo e de caráter eleitoral, enquanto o Banco Central encara questões de longo prazo, de maior profundidade, que exigem capacidade técnica de decisão.
d) As taxas de juros, as políticas monetárias, a questão da inflação estaria entre as matérias que deveriam ser definidas em nível técnico.
e) O mesmo aconteceria com temas como os do meio ambiente, da previdência, da saúde, da educação, que deveriam estar submetidos à especialistas.

55. (CESGRANRIO) Assinale o segmento não construído com organização sintática escorreita.
a) Note-se, em primeiro lugar, que todas as abordagens a respeito da questão penitenciária em nosso país giram em torno, exclusivamente, dos efeitos do crime. Encara-se o delito como fato irreversível, perante o qual só nos resta atuar após a sua ocorrência.
b) Há uma propagação persistente, diria até obstinada, da ideologia da repressão como o instrumento único de combate ao crime. Entendam-se como repressão os mecanismos retributivos utilizados em face do cometimento do delito.
c) A cultura repressiva vem acompanhada da divulgação, pelos meios que mais atingem a massa – filmes e novelas –, da violência como único meio de reação às frustrações e decepções que o mundo nos oferece.
d) É verdade que Estado e sociedade pouco fazem para dar à prisão um sentido utilitário e construtivo. Investem no encarceramento, mas desatendem as necessidades e exigências do sistema em relação à ressocialização do egresso.
e) Assiste-se a um paradoxo. O cidadão exige punição, quer soluções para a questão penitenciária, mas afasta-se dos presos e dos egressos, sequer admite a construção de presídios em sua cidade. Falta-lhe a coragem de passar da exclusão discriminatória a ação inclusiva.

56. (FUNDAÇÃO CARLOS CHAGAS) A necessidade ou não do sinal de crase está inteiramente observada na frase:
a) Deve-se à luta das feministas o respeito aos direitos que cabem também às outras parcelas de injustiçados que integram a nossa sociedade.
b) Encontra-se a disposição dos interessados a nova edição do Código Civil, à qual, aliás, já se fizeram objeções à torto e à direito.
c) À vista do que dispõe o novo código, não caberá à ninguém a condição "natural" de cabeça de casal, à qual, até então, se reservava para o homem.
d) Pode ser que à curto prazo o novo código esteja obsoleto em vários pontos, à exemplo do que ocorreu com o antigo.
e) Não se impute à uma mulher a culpa de não ter lutado por seus direitos; todas as pressões sociais sempre a conduziram àquela "virtuosa" resignação.

57. (CESGRANRIO) O texto que apresenta clareza, concisão, adequação no emprego das palavras e correção gramatical é:
a) Dividida que foi, após muitas discussões e debates, à equipe em duas metades iguais, ao invés de distribuir o trabalho pelos dois grupos, aos coordenadores de equipe o coordenador geral expôs sua missão na empresa.
b) Foi cercado pela polícia o grupo terrorista que ameaçava explodir à embaixada, que acabou com a baderna arrastando para fora, com os reféns, os sequestradores.

c) O embaixador admitiu tráfego de influência em sua embaixada, e afirmou, haver determinação unânime de todas as autoridades de seu país para acabar com esse fato.
d) Em sua estada na cidade, o presidente refutou a tese de que se aliara à oposição; esta, segundo ele, despende recursos públicos em projetos populistas, como a construção de áreas de lazer, mais bem aceitos pela população.
e) Foi, aliás, com muita pertinência que foi lembrada a importância de um planejamento antecipado das ações do grupo, com orçamento compatível, à fim de se evitar pedido de verba complementar, caso o dinheiro todo seja gasto.

58. (FGV) Com referência às relações de regência e ao emprego do sinal indicativo de crase, assinale a opção incorreta.
   a) Todos os eleitores faltosos permanecem sujeitos àquelas penalidades previstas em lei.
   b) A posse dos deputados estaduais eleitos compete às assembléias legislativas dos estados.
   c) A população assistiu, ao vivo e em cores, à contagem dos votos no último processo eleitoral.
   d) A escolha dos dirigentes do Poder Executivo para seus cargos submete-se à vontade popular.
   e) Ninguém tem o direito de alegar à ignorância no que diz respeito à necessidade e à importância do voto.

59. (FUNDAÇÃO CARLOS CHAGAS) Os trechos abaixo constituem sequencialmente um texto. Assinale a opção gramaticalmente correta.
   a) Duas pesquisas mostram que as políticas sociais e de combate à fome implementadas pelo Governo Federal começam a apresentar resultados concretos na melhoria das condições de vida do povo brasileiro.
   b) Um estudo da Fundação Getulio Vargas, intitulado "Miséria em Queda", baseado em dados da Pesquisa Nacional por Amostra de Domicílio (PNAD), do IBGE, confirmou que a miséria no Brasil caiu em 2004, e atingiu o nível mais baixo desde 1992.
   c) O número de pessoas que estão abaixo da linha da pobreza passaram de 27,26% da população, em 2003, para 25,08% em 2004. Em 1992 esse percentual era de 35,87%.
   d) É considerado abaixo da linha da pobreza quem pertence à uma família com renda inferior a R$ 115,00 mensais, valor considerado o mínimo para garantir a alimentação de uma família.
   e) O estudo da FGV mostrou que o índice de miséria no Brasil caiu 8% de 2003 para 2004, deixando o país com à menor proporção de miseráveis desde 1992.

60. (UF VIÇOSA-MG) Assinale a alternativa correta:
   a) Preferia antes morrer que fugir como covarde.
   b) A cortesia mandava obedecer os desejos da minha antiga dama.
   c) Pagou-lhe a dívida, querendo oferecer-lhe uma espécie de consolo.
   d) O alto preço dessa doença, paguei-o com as moedas de meu hábil esforço
   e) Paguei-o, com ouro, todo o prejuízo que sofrera com a destruição da seca.

61. (CESGRARIO-RJ) Assinale a opção cuja lacuna não pode ser preenchida pela preposição entre parênteses:
   a) uma companheira desta, ... cuja figura os mais velhos se comoviam (com)
   b) uma companheira desta,... cuja figura já nos referimos anteriormente (a)
   c) uma companheira desta,... cuja figura havia um ar de grande dama decadente (em)
   d) uma companheira desta,... cuja figura andara todo o regimento apaixonado (por)
   e) uma companheira desta,... cuja figura as crianças se assustavam (de)

62. O verbo indicado entre parênteses adotará obrigatoriamente uma forma do plural para preencher de modo correto a lacuna da frase:
a) Foi nos anos 80 que ...... (ocorrer) a pesquisa dos estudiosos americanos.
b) ...... (resultar) do excesso de exercícios algumas complicações para a nossa vida.
c) Mesmo quando ...... (prejudicar-se) com os excessos, o atleta compulsivo os comete.
d) ...... (acarretar) uma série de malefícios essa ginástica feita de modo compulsivo.
e) Quando ...... (praticar) tantos exercícios, o atleta compulsivo não avalia os efeitos.

63. (FUNDAÇÃO CARLOS CHAGAS) Assinale a opção que preenche corretamente as lacunas do texto.

O século XXI desponta com a atenção da comunidade científica voltada __1__pesquisas que visam aprimorar os conhecimentos sobre a biologia celular. A aplicação racional __2__ conhecimentos possibilitará o surgimento de uma nova modalidade de tratamento de doenças: a terapêutica celular regenerativa, __3__ base será o emprego das chamadas células-tronco. __4__sua capacidade regenerativa, estas células se apresentam como potencialmente habilitadas para restituir o estado funcional de órgãos doentes __5__forem implantadas.
- a) para as / desses / cuja / Em face de / em que
- b) a / dos / que a / Face à / nos quais
- c) às / de / tais qual / Diante de / no que
- d) nas / de / com a / À frente de / em quais
- e) perante as / dos / da qual / Diante à / em cujos

64. (FUNDAÇÃO CARLOS CHAGAS) Assinale a opção que preenche corretamente as lacunas do texto a seguir.

Ninguém pode opor-se às virtudes de São Paulo, __1__as do trabalho e da iniciativa empresarial, na vitoriosa aliança __2__ imigrantes que trouxeram a técnica e algum capital e brasileiros de todo o país, __3__ constituíram seu grande exército de operários. Mas só a federação garante o país contra as seduções de hegemonia e previne os despotismos, que, __4__ serem manhosos, não deixam de ser tirânicos. Em sua viagem aos Estados Unidos, bem depois de Tocqueville, Lord Acton identifica, __5__ poder dos estados, a grande força moderadora do governo central e a maior garantia da aplicação dos princípios democráticos.
- a) como / com os / cujo / ao / ao
- b) entre elas / entre os / que / por / no
- c) tais como / pelos / os quais / de / em
- d) haja vista / sobre os / os que / além de / do
- e) seja / dos / no que / com / com

65. (FUNDAÇÃO CARLOS CHAGAS) Assinale a opção que preenche corretamente as lacunas do texto a seguir.

A carteira de crédito do Banco do Brasil destinada ao agronegócio atingiu R$ 35,7 bilhões em 2005 – crescimento de 18,9% em relação ao ano anterior. __1__mostra que o banco manteve a parceria com o setor atingido no ano passado pela perda de produção __2__ longos períodos de seca, __3__ baixa cotação no preço das *commodities* (produtos agropecuários e minérios cotados internacionalmente, como soja e suco de laranja) e pela valorização do real __4__ dólar. O banco ainda prorrogou dívidas do setor no valor de R$ 2,7 bilhões. Para os agricultores familiares o BB liberou R$ 4,3 bilhões ano passado pelo Programa Nacional de Fortalecimento da Agricultura Familiar (Pronaf).__5__ programa do governo federal financia o custeio e o investimento de atividades produtivas de pequenos agricultores em todo o país.
- a) Esse incremento / em decorrência de / pela / em relação ao / Esse
- b) Essa ampliação / por causa de / à frente / o / Tal
- c) Tal aumento / em consequência de / na / diante do / Cujo
- d) Esse crescimento / já que houve / da / em frente o / Um
- e) Tal incremento / uma vez que houve / de / diante o / O

66. (ESAF) Assinale a opção em que há emprego indevido de palavra.
- a) O desmatamento nos nove estados da Amazônia Brasileira caiu 31% no período 2004/2005, passando de 27.200 km² para 18.900 km².
- b) A redução na derrubada da floresta foi anunciada pelo Ministério do Meio Ambiente, com base em levantamentos realizados por satélite sob a orientação do Instituto Nacional de Pesquisas Espaciais (Inpe).
- c) A última queda no índice havia ocorrido entre 1996-1997, onde o volume de floresta abatida caiu 27%.
- d) Os dados apontam queda acentuada do desmate nas áreas próximas à rodovia Cuiabá-Santarém (BR-163), onde houve maior intervenção do Governo Federal por meio do Plano de

Ação para Prevenção e Controle do Desmatamento na Amazônia, do qual participam 13 ministérios.

e) Os números também indicam leve crescimento do desmatamento apenas no sudeste do Pará e no sul do Amazonas. É a primeira vez, em 17 anos de monitoramento da Amazônia, que os dados sobre desmatamento são apresentados no mesmo ano em que são levantados.

67. (ESAF) Assinale a opção que corresponde a erro gramatical.

O secretário de Biodiversidade e Florestas do Ministério do Meio Ambiente destacou que, desde 2003, na Amazônia, o Governo Federal elevou em 27% a área **sobre(1)** proteção da União. Até o momento, mais de 85 mil quilômetros quadrados foram destinados para novas reservas de proteção integral e **de uso(2)** sustentável, implementadas em zonas de conflito e de expansão da fronteira agrícola. Com as novas unidades de conservação **criadas(3)**, a área protegida na Amazônia chega a 390 mil quilômetros quadrados, apenas em reservas federais, **o que(4)** equivale à soma das áreas da Itália e de Portugal aproximadamente. Também houve a homologação de 93 mil quilômetros quadrados de áreas indígenas e a criação de 3,76 mil quilômetros quadrados de Assentamentos Sustentáveis, **onde(5)** a produção agrícola ocorre em harmonia com o uso sustentável da floresta.
   a) 1
   b) 2
   c) 3
   d) 4
   e) 5

Texto para a questão 68.

A ideia de que cada pessoa tem um caráter único e potencialidades sociais que podem ou não se realizar é alheia à cultura pré-moderna. Na Europa medieval, a linhagem, o gênero, o status social e outros atributos relevantes da identidade eram relativamente fixos. Eram necessárias transições entre os vários estágios da vida, mas elas eram governadas por processos institucionalizados e o papel do indivíduo neles era relativamente passivo. Em certo sentido, o "indivíduo" não existia nas culturas tradicionais e a individualidade não era prezada. Só com o surgimento das sociedades modernas e, mais particularmente, com a diferenciação da divisão do trabalho, foi que o indivíduo separado se tornou um ponto de atenção.

68. (FGV) Preservam-se as relações semânticas e a correção gramatical do texto com a substituição da expressão "é alheia" por
   a) prescinde
   b) exorbita
   c) aliena-se
   d) não é afeita
   e) não é procedente

69. (FGV) Assinale a opção que preenche as lacunas corretamente, de forma que o texto apresente coesão e coerência.

A primeira vaga da globalização, iniciada com ___1___ formação dos Estados modernos na época das grandes navegações, demonstra, de modo eloquente, ____2____ dificuldade de se entregar, por inteiro, ___3__ um projeto de matiz mundial sem se deixar envolver, na totalidade, pela sua engrenagem, isto é, sem deixar de sofrer ____4___ consequências dela derivadas. ____5___ que, no presente — ou mesmo num passado recente —, adotam uma postura de cega adesão ____6___ termos impostos pelas organizações financeiras internacionais, vêm pagando um preço extremamente alto por não concederem atenção ___7___ ensinamentos da história, e o Brasil não foge ___8___ regra.
   a) 1uma, 2grande, 3em, 4umas, 5os, 6dos, 7nos, 8à essa.
   b) 1essa, 2aquela, 3por, 4às, 5Esses, 6nos, 7com os, 8da.
   c) 1a, 2a, 3a, 4as, 5Aqueles, 6aos, 7aos, 8à.
   d) 1aquela, 2uma, 3com, 4com, 5Uns, 6com os, 7pelos, 8àquela.
   e) 1certa, 2tal, 3a, 4de, 5Dos, 6pelos, 7com ,8a.

70. (FUNDAÇÃO CARLOS CHAGAS) Abaixo estão dispostas partes de um texto, assinale o segmento destacado que apresenta erro.

A Organização Internacional do Trabalho (OIT) constatou, em estudo recém-concluído, que os bancos públicos ainda financiam empresas que exploram mão-de-obra escrava no país. O BNDES, o Banco do Brasil e o Banco da Amazônia (Basa), além de órgãos públicos como a Sudam e a Sudene, concedem créditos a empresas envolvidas **com (1)** esse tipo de crime. A pesquisa da OIT foi feita com base em dados de 1997 a 2002 e entrevistas com cerca de sete mil trabalhadores resgatados da condição de escravidão. O perfil das vítimas desse tipo de trabalho no país é de jovens, analfabetos e pessoas sem sequer registro civil. Mais de 80% das vítimas de trabalho escravo e degradante não **têm (2)** registro civil. Para a OIT, embora o problema aconteça no âmbito das relações trabalhistas, também é uma grave violação dos direitos humanos, **porque (3)** envolve o cerceamento da liberdade das pessoas. As condições geográficas do local em que estão submetidas (30, 40 quilômetros de distância da cidade) e a presença de guardas armados as **impedem (4)** de fugir. Uma das ações previstas no programa da OIT é a instalação de projetos pilotos, a partir de 2004, nos municípios **aonde (5)** há mais aliciamento. A meta inicial é inserir cerca de 200 trabalhadores no mercado formal de emprego.
   a) 1
   b) 2
   c) 3
   d) 4
   e) 5

71. (ESAF) Analise as assertivas acerca de aspectos linguísticos do texto abaixo e assinale, a seguir, a opção que relaciona todas as assertivas corretas.

Os administradores de sociedades limitadas podem responder solidariamente perante a sociedade pelo mal desempenho de suas atribuições. Uma dessas hipóteses é justamente não comunicar aos demais associados a cessão das cotas por parte de alguns sócios a terceiros que não dispõe de patrimônio apto a honrar o compromisso.

1. Há erro no emprego do substantivo *mal* adjetivando *desempenho*; o correto é empregar o adjetivo **mau**.
2. O verbo *comunicar* está empregado erradamente, pois exige objeto direto de pessoa e indireto de coisa: **comunicar alguém de/sobre/acerca de alguma coisa**.
3. Em virtude de introduzir oração adjetiva explicativa, deve ser colocada uma vírgula antes do pronome relativo *que*, ou seja, após a palavra *terceiros*.
4. A regência do verbo *dispõe* está correta.

Todas as assertivas corretas estão na opção:
   a) 1, 2 e 4
   b) 2 e 3
   c) 2 e 4
   d) 1 e 4
   e) 1, 3 e 4

72. (FGV) Aponte o trecho inteiramente correto quanto à construção sintática, organização das ideias e emprego da norma padrão.
   a) O parágrafo único do art. XXX da Lei ZZ/00, responsabiliza ao sócio cedente, de forma solidária com o cessionário, por até dois anos, depois da averbação da cessão que se dá mediante alteração contratual.
   b) Toda obrigação decorrente das disposições do Novo Código Civil atinente no sócio permanece de sua responsabilidade mesmo após a cessão pelo prazo de dois anos.
   c) A responsabilidade dos sócios e administradores da sociedade limitada resultante da cessão de quotas não será distinta às outras sociedades limitadas.
   d) Nas sociedades limitadas, a responsabilidade do administrador pela cessão de quotas é subsidiária em relação à sociedade e solidária em relação ao cessionário e ao cedente, se não se puder exigir o tributo da sociedade.

e) Perante à sociedade limitada, a responsabilidade do administrador cedente só poderá ser perquirida face à pesquisa sobre culpa ou má gestão.

73. (FGV) Aponte a opção que completa com correção gramatical o espaço em branco.

Para que a cessão de quotas nas sociedades limitadas possa gerar efeitos, inclusive de responsabilidade, é necessária sua averbação no contrato social da sociedade, bem como seu registro na Junta Comercial, pelos sócios ou por quem de direito. Caso contrário, a medida não terá eficácia _____
   a) perante os sócios e à sociedade.
   b) face os sócios e a sociedade.
   c) ante esses e aos terceiros.
   d) quanto a esses e à sociedade.
   e) frente aos terceiros e frente a sociedade.

74. (CESPE-UNB) As opções constituem, juntas, um texto sequenciado. Assinale o segmento que foi transcrito com erro gramatical.
   a) Até 20 anos atrás, a criação de um parque nacional era aplaudida por todos, exceto pelos poucos que perdiam algum privilégio em benefício da sociedade nacional. Na própria comunidade ambientalista, o apoio era unânime e qualquer dissonância era justificada por boas razões de ordem científica ou técnica.
   b) Hoje, os parques nacionais são vistos por muitos, no movimento ambiental, como entidades caducas e, no seu lugar, se pretende conservar a natureza com unidades de conservação (UCs) que combinam no mesmo espaço, a presença humana, a exploração dos recursos e a preservação ambiental.
   c) O tema das áreas protegidas, ou UCs, ainda que ignorado pela maioria da população da América Latina, tem sido motivo de acirrados debates. Há os que acreditam que essas áreas são indispensáveis para se promover o desenvolvimento sustentável.
   d) Já outros consideram que, em termos gerais, as UCs não são um assunto prioritário para a sociedade de países em desenvolvimento, ou ainda que, sob esse argumento, ocultam-se interesses econômicos imediatistas.
   e) Na região, o problema é agravado pelo fato da enorme maioria dos políticos ter adotado com grande facilidade os rituais do desenvolvimento sustentável, sem compreender o que o termo realmente designa ou sem acreditar no que estão defendendo.

75. (CESPE-UNB) Assinale a opção gramaticalmente correta.
   a) O capital humano precisa ter as capacitações necessárias para competir, liderar e cumprir às expectativas de um mercado, hoje cada vez mais exigente. Naturalmente, as empresas líderes do setor já perceberam isso, e algumas conhecem suas prioridades para a gestão de pessoas num mercado em disputa globalizada.
   b) Ao que tudo indica, pelo ritmo de investimento, àquelas empresas que tardarem em dar-se conta disso ficarão irremediavelmente para trás.
   c) A ênfase em capital humano pode ser explicada, em parte, pela acelerada geração de novas tecnologias e de conhecimentos e pelas transformações vividas pela indústria de bens de consumo em todo o mundo.
   d) A administração de tais conhecimentos em contínuo desenvolvimento é, e continuará a ser, importante diferencial competitivo. A indústria de bens de consumo, assim como outros setores altamente competitivos, já superou há muito tempo o foco nos processos e nas transações.
   e) Hoje o setor caracteriza, sim, por processos industriais complexos, alto investimento em pesquisa e desenvolvimento, mas é sobretudo em suas estratégias mercadológicas e de distribuição que se encontram os avanços mais notáveis.

76. (CESPE-UNB) Assinale a opção que apresenta trecho do texto com erro gramatical.
   a) Mais do que nunca, a indústria do seguro precisa desenvolver produtos que busquem essencialmente a eficácia.
   b) É preciso que os segurados tenham convicção de que tomaram a medida certa ao decidirem pelo seguro e estejam permanentemente confiantes de que, quando precisarem, terão suas necessidades atendidas.

c) Para isso, é necessário de que a comunicação seja cada vez melhor, aprimorando constantemente a relação de confiança que deve existir entre as partes.
d) Também os compradores de seguros, os segurados, precisam entender o seguro na sua essência para fazer uso, de maneira correta e na medida certa, do serviço que contrataram, não esperando nem mais nem menos do que têm direito.
e) Em síntese, as relações entre segurados, seguradoras e todos os que operam o segmento precisam ser cada vez mais positivas, transparentes, éticas em todos os sentidos, voltadas para o aperfeiçoamento dessa extraordinária instituição chamada seguro.

77. A concordância verbal está plenamente respeitada na frase:
a) Uma combinação de resultados desfavoráveis podem eliminar o nosso adversário.
b) Não se ouve notícias deles já há muito tempo.
c) A hesitação que eles demonstram nas horas mais difíceis é que os vêm prejudicando.
d) Constam em nossos arquivos muita informação acerca de sua carreira.
e) É justo que se homenageiem aqueles que merecem.

78. (CESPE-UNB) Os segmentos transcritos abaixo são partes sequenciadas de um texto. Aponte o segmento inteiramente correto quanto à organização sintática, emprego dos sinais de pontuação e propriedade no uso dos vocábulos.
a) Ética dos políticos soa, para a maioria de nossos concidadãos, como um oxímoro. Seria uma ética com desconto, deficitária, complacente, ante à verdadeira ética: a da vida privada.
b) Esse é um fenômeno brasileiro (em nosso país, as virtudes são privadas, e os vícios, públicos), de Terceiro Mundo (idem) e, cada vez mais, mundial (ibidem). Vivemos a descrença na ágora, no espaço público.
c) Ao político depreciado, chama-se maquiavélico. No meio milênio que se passou desde "O Príncipe", Maquiavel simbolizou ao político sem escrúpulos na expressão, que não é dele, segundo a qual os fins justificariam os meios.
d) Numa leitura "moderna" de Maquiavel, pode-se discernir uma ética com vistas a resultados de outra que respeita os valores. A primeira seria uma ética da responsabilidade; a segunda, de princípios. Políticos consideram os resultados prováveis de suas ações. Cientistas estimam aos valores.
e) Por extensão, passou-se a transferir o que se aplica os cientistas para os homens privados em geral: as exigências de respeito a valores incondicionais valem mais a indivíduos privados do que a homens públicos, do qual é axioma a famosa frase de Mandeville: "Vícios privados, benefícios públicos".

79. (CESPE-UNB) Assinale o segmento não construído com organização sintática escorreita.
a) Note-se, em primeiro lugar, que todas as abordagens a respeito da questão penitenciária em nosso país giram em torno, exclusivamente, dos efeitos do crime. Encara-se o delito como fato irreversível, perante o qual só nos resta atuar após a sua ocorrência.
b) Há uma propagação persistente, diria até obstinada, da ideologia da repressão como o instrumento único de combate ao crime. Entendam-se como repressão os mecanismos retributivos utilizados face o cometimento do delito.
c) A cultura repressiva vem acompanhada da divulgação, pelos meios que mais atingem a massa – filmes e novelas –, da violência como único meio de reação às frustrações e decepções que o mundo nos oferece.
d) É verdade que Estado e sociedade pouco fazem para dar à prisão um sentido utilitário e construtivo. Investem no encarceramento, mas desatendem as necessidades e exigências do sistema em relação à ressocialização do egresso.
e) Assiste-se a um paradoxo. O cidadão exige punição, quer soluções para a questão penitenciária, mas afasta-se dos presos e dos egressos, sequer admite a construção de presídios em sua cidade. Falta-lhe a coragem de passar da exclusão discriminatória a ação inclusiva.

80. (CESPE-UNB) Os trechos abaixo constituem um texto. Assinale a opção gramaticalmente incorreta.
a) O primeiro interesse dos espanhóis e portugueses pela América foi o ouro acumulado. A mera exploração do ouro, no entanto, não assegurou a Portugal a manutenção da colônia, ameaçada de ocupação. Nesse período, somente a ocupação representava verdadeiro domínio. Por outro lado, os gastos de defesa eram bastante elevados.

b) Como os portugueses já possuíam experiência no cultivo do açúcar em grande escala nas ilhas do Atlântico, a junção desse conhecimento técnico dos portugueses com a capacidade de transporte dos holandeses na Europa permitiria a produção do açúcar em larga escala no Brasil.
c) O principal problema para essa expansão seria a mão-de-obra, pois não havia na colônia e o transporte de Portugal era economicamente inviável.
d) Na expansão da plantação do açúcar no Brasil, Portugal utilizou-se, inicialmente, o trabalho de índios escravizados. Mas o sistema de monopólio da produção do açúcar entrara em decadência com o início da produção nas ilhas das Antilhas, fazendo com que o preço do produto caísse.
e) A necessidade política de colonização das terras e a ausência de mão-de-obra excedente na Península Ibérica, na época, levaram Portugal a optar pela introdução da mão-de-obra escrava africana (negra).

81. (CESGRANRIO) Está correto o emprego do elemento sublinhado em:
a) De todo e qualquer réu assiste o direito da ampla defesa.
b) O único apoio de que um acusado sem recursos pode contar é o de um defensor público.
c) Encerrou-se um processo cujo o mérito sequer foi avaliado.
d) Foi uma sentença estranha, cuja acabou por provocar grande descontentamento.
e) É um rito tortuoso, de cuja burocracia os espertos tiram proveito.

82. (CESGRANRIO) Está correto o emprego de ambas as expressões sublinhadas na frase:
a) Os vilões de Shakespeare, cujas falas incomodavam o público, por vezes mereciam destes violentos revides.
b) Intervenções do público ameaçavam comprometer a trama, aonde seus fios eram expostos aos gritos por um espectador mais afoito.
c) Esta é uma peça cujos os atores optaram por estabelecer um desempenho interativo, contando com o máximo interesse do público.
d) O temor do autor do texto deve-se à possibilidade que ele venha a ser levado a força ao palco.
e) Ao tempo de Shakespeare, em cujo as peças eram levadas diante de um grande público, eram comuns as réplicas do auditório.

83. (CESGRANRIO) A expressão de cujo preenche corretamente a lacuna da frase:
a) É um processo de luta .... sucesso muitas se empenham.
b) As novidades do novo Código Civil, ... muito se falou, são um tanto tímidas.
c) As lutas feministas, ... sucesso ninguém mais duvida, travaram-se ao longo de muitas décadas.
d) A grande tarefa do legislador, ... esforço devemos reconhecer, é acompanhar a evolução dos fatos da cultura.
e) As práticas sociais, ... valor nenhum outro deveria se sobrepor, são por vezes ignoradas.

84. (FUNDAÇÃO CARLOS CHAGAS) É preciso corrigir a redação da seguinte frase:
a) Li o novo código e, no fundamental, nada tenho a lhe opor.
b) É louvável, reconheça-se, a coragem com que as feministas pioneiras se lançaram à luta.
c) Os povos primitivos orientam-se por uma tradição de valores mais precisos e mais permanentes que os nossos.
d) Há sempre quem discuta as leis; mais difícil é haver quem discuta os valores já estabelecidos na prática social.
e) Se contra fatos não há argumentos, esta é uma afirmação autoritária, na qual não se deve recorrer.

85. (FUNDAÇÃO CARLOS CHAGAS) Está correto o emprego de ambos os pronomes sublinhados na frase:
a) Inimigos, não os tenho; quanto aos amigos, sou-lhes sempre agradecido.
b) Não lhe desamparo por nada, meu amigo, pode confiar-me sempre.
c) Analisando o processo, surpreendi-lhe falhas, e ninguém lhes havia notado.

d) Tanto o invejo a competência que me disponho a receber-lhe todas as lições.
e) O despeito e a calúnia, nunca as cultive; são-nas sempre desprezíveis.

86. (ESAF) Assinale a opção que preenche corretamente as lacunas do texto abaixo.

O termo orçamento é utilizado, costumeiramente, ___1___ sinônimo de gastos a serem realizados ("o técnico fez o orçamento do conserto do computador"), ou ___2___ confronto de despesas e receitas já realizadas ao final de determinado período ("o orçamento familiar está apertado neste mês"). O orçamento público, ___3___ valer dessas duas acepções cotidianas, tem um significado muito maior. No Brasil, o orçamento público formalmente é uma lei, ___4___ se estima a receita e se fixa a despesa para determinado ano. Assim, é feita uma projeção da atividade financeira do Estado. Sabe-se, ___5___ orçamento, quanto se pretende arrecadar, e é baseando-se nessa previsão que serão fixadas as despesas a realizar.

	1	2	3	4	5
a)	no	Em	embora se	em cuja	Do
b)	com o	No	apesar de	em qual	No
c)	como	Como	apesar de se	em que	por meio do
d)	por	Pelo	mesmo ao se	cuja	com o
e)	pelo	Por	dado se	de modo que	em que

87. As normas de concordância verbal estão inteiramente respeitadas na frase:
   a) O pessoal que não quiserem malhar tem agora mais razões para ficar acomodado num sofá.
   b) Comprovaram-se que os efeitos dos exercícios físicos e das drogas têm algo em comum.
   c) A privação de endorfina e dopamina podem levar a estados depressivos.
   d) Existem, além das complicações físicas, a possibilidade de alterações no plano social.
   e) Sempre haverá atletas compulsivos, pois sempre existirão pessoas ansiosas.

88. (CESGRANRIO) Assinale a opção que não está de acordo com as informações do texto, ou que não apresente linguagem escorreita.

Em março de 2005, o acordo com o FMI não foi renovado, resultado do sucesso do ajuste na economia promovido pelo governo federal nesses dois anos, que, entre outras coisas, permitiu a queda da relação dívida pública/PIB por dois anos seguidos, ao mesmo tempo em que a distribuição de renda melhorava e se criavam 100.000 empregos formais por mês. Com a economia continuando a se fortalecer nos meses seguintes (mais exportações, menos inflação), a decisão de quitar integralmente a dívida com o Fundo de forma antecipada pôde ser tomada com toda a segurança, trazendo benefícios para a melhora da imagem do país e a diminuição do custo de captação da dívida pública.
   a) O fato do biodiesel não poluir o meio ambiente é um fator que aumenta as chances de exportação brasileira.
   b) O fato de os Estados Unidos e parte da Europa já serem consumidores de biodiesel favorece as exportações brasileiras.
   c) A meta definida pela União Europeia quanto à utilização de combustíveis renováveis é favorável às exportações brasileiras.
   d) O fato de o continente europeu não contar com área de cultivo suficiente nem capacidade industrial de produção de combustíveis nos níveis requeridos favorece as exportações brasileiras.

e) As exportações brasileiras são favorecidas pelas diretrizes do Protocolo de Quioto que propugnam pelo uso de fontes energéticas renováveis.

89. (CESGRANRIO) Assinale a opção que contém erro de regência.
a) É expediente rotineiro na hierarquia do crime organizado armar o braço de crianças e adolescentes para matar pessoas. Utilizar menores em empreitadas criminosas tem constituído regra no mundo do crime.
b) Não sofrendo de nenhum transtorno cognitivo sério, jovens de 16 anos são suficientemente capazes de entender postulados simples como "matar alguém é crime", sendo igualmente aptos a compreender que se praticarem tal ação serão punidos com a prisão.
c) A inimputabilidade penal de crianças e adolescentes contribui não só para convertê-los em sicários do crime organizado, mas também funciona – o que é mais grave – como exortação para que novos grupos venham sentar praça na delinquência.
d) A lei estaria mais sintonizada com os anseios da sociedade se homicidas, ou autores de latrocínio entre 16 e 18 anos de idade, fossem avaliados por comissões de especialistas para lhes ser imputada a devida medida sócio-educativa.
e) A vida e a intangibilidade física das pessoas são os bens mais valiosos protegidos pela ordem jurídica. Logo, não devem ceder a tal primazia a outro pressuposto de direito.

90. (ESAF) Assinale a opção sem erro de concordância.
a) O peso do reajuste de 10% da tabela de Imposto de Renda das pessoas físicas nas contas públicas – inserido em medida provisória que tem provocado tantas dissensões no Congresso – poderia ser amortecido com folga se não tivesse sido criado, há dez anos, dois mecanismos para aliviar o bolso de grandes empresas.
b) No campo dos benefícios dos transgênicos está a maior produtividade e o menor uso de defensivos agrícolas. Por outro lado, passível de discussão e pendente de provas científicas estão os malefícios ao meio ambiente e à saúde do homem.
c) Estudo comprovou que fatores hormonais podem aumentar a susceptibilidade de meninas à infestação por piolhos. A incidência discriminada por grau de intensidade de infestação e idade mostram que, entre os seis e oito anos, a parasitose alcança o nível máximo.
d) Em áreas de integração econômica que já alcançaram a fase de mercado comum (definida na União Europeia como fusão de mercados nacionais), o processo de eliminação de barreiras alfandegárias impede o uso de instrumentos fiscais que possam dificultar a livre circulação de mercadorias, ou seja, exclui-se o uso do tributo com fins de controle fiscal.
e) Os intercâmbios econômicos entre os Estados, no cenário mundial, quando não inseridos em blocos de integração (como, por exemplo, as trocas comerciais entre Brasil e Espanha), também se veem afetados por novas perspectivas da fiscalidade e pela exigência de se excluir esses controles.

91. (FUNDAÇÃO CARLOS CHAGAS) Os trechos a seguir constituem um texto. Assinale a opção que apresenta erro de concordância.
a) As riquezas geradas eram, de fato, imensas e as condições de vida nas cidades costumavam ser horríveis. Para se ter ideia, alguns recenseamentos ingleses, da década de 1840, relatam que o homem do campo vivia, em média, 50 anos e o da cidade, 30 anos.
b) Talvez esses números sejam indicadores da dramaticidade das modificações ocasionadas, na vida de milhões de seres humanos, pela Revolução Industrial.
c) Essa dramaticidade que, muitas vezes, nos escapa, mas que podemos entrever, como nos informa Hobsbawm, se levarmos em conta que era comum, nas primeiras décadas dos oitocentos, encontrar trabalhadores citadinos vivendo de forma que seria absolutamente irreconhecível para seus avós ou mesmo para seus pais.
d) A fragmentação das sociedades campesinas tradicionais, que originou as grandes massas nas cidades, fazem com que, nas palavras de Hobsbawm, "nada se tornasse mais inevitável" do que o aparecimento dos movimentos operários.
e) Aqueles trabalhadores, que viviam em condições insuportáveis, não tinham quaisquer recursos legais, somente alguns rudimentos de proteção pública.

92. (ESAF) Assinale a asserção falsa acerca da estruturação linguística e gramatical do texto abaixo.
Nem o "sim" nem o "não" venceram o referendo, e quem confiar no resultado aritmético das urnas logo perceberá a força do seu engano. O vencedor do referendo foi o Grande Medo.

Esse Medo latente, insidioso, que a todos nos faz tão temerosos da arma que o alheio possa ter, quanto temerosos de não ter defesa alguma na aflição. Se um lado ou outro aparenta vantagem na contagem das urnas, não faz diferença. O que importa é extinguir o Grande Medo. E nem um lado nem outro poderia fazê-lo. Todos sabemos muito bem porquê.

- a) Para o texto não apresentar nenhuma incorreção de ordem sintática, a concordância do sujeito composto ligado por "nem... nem" deve ser feita com o verbo no plural, tal como se fez na ocorrência do mesmo sujeito composto, na primeira linha do texto.
- b) Apesar de sua posição deslocada na frase, o advérbio "logo" dispensa a colocação de vírgulas em virtude de ser de pouca monta, de pouca proporção.
- c) Um medo "latente, insidioso" é um medo não manifesto, encoberto, enganador, traiçoeiro, pérfido.
- d) O trecho "que a todos nos faz tão temerosos da arma que o alheio possa ter, quanto temerosos de não ter defesa alguma na aflição" admite a seguinte reescritura, sem que se incorra em erro de linguagem: "... que nos faz a todos não só temerosos da arma que o outro possa ter, mas também temerosos de ficarmos indefesos na angústia."
- e) A última palavra do texto merece reparo. Há duas expressões que a substituiriam com a devida correção gramatical: 1) **por quê** e 2) **o porquê**.

93. (CESGRANRIO) As opções a seguir apresentam fragmentos adaptados do texto. Assinale a opção correta quanto à concordância e à regência.

- a) A área destinada para reforma agrária e o número de famílias assentadas representa o melhor desempenho do INCRA, durante 36 anos de atuação.
- b) Com o PRONERA, do governo federal, vêm-se garantindo o acesso da educação entre os trabalhadores rurais, com vários cursos específico.
- c) Um significativo crescimento também foi registrado perante os recursos destinado aos créditos de apoio à instalação dos familiares.
- d) Outra importante ação implementada foi a mudança na qualidade da gestão do INCRA, com o fortalecimento institucional da autarquia, por intermédio da realização de concurso público.
- e) O incremento para os fundos destinados à obtenção de terras parecem ser muito expressivos, criando condições pelo cumprimento das metas de assentamento definidas no II PNRA.

94. (CESGRANRIO) Em cada opção a seguir, é apresentado um trecho adaptado do quinto parágrafo do texto apresentado. Assinale a opção incorreta.

- a) Em quatro anos foram investidos mais de 1,7 bilhões de reais em benefício da qualidade dos assentamentos.
- b) Os recursos foram aplicados, entre outros benefícios, na construção de estradas, na educação e na oferta de luz elétrica.
- c) O governo também construiu, ou apenas reformou, vários quilômetros de estradas e pontes, em benefício dos milhares de assentados.
- d) Além disso, em 2006, o número de famílias beneficiadas com assistência técnica ultrapassou 555 mil.
- e) Em síntese, os cuidados governamentais para com os assentados, nos últimos quatro anos, foram de variada ordem: infra-estrutura, saúde, educação e segurança.

95. (CESGRANRIO) Na língua, a concordância diz respeito à acomodação da flexão das palavras que se relacionam entre si, como no exemplo: "Os financistas cultivam um novo fetiche". Com base nessa informação, assinale a frase cuja concordância se faz corretamente.

- a) Mais de duzentos clientes saíram satisfeitos do Banco.
- b) Um e outro teria que investir na Bolsa de Valores.
- c) Haja visto a orientação da Diretoria do Banco, todos os clientes foram bem informados.
- d) Acontece coisas estranhas nas agências bancárias dos municípios brasileiros.
- e) Por falta de funcionários, foi suspensa as experiências e os estudos sobre investimentos bancários.

96. (CESGRANRIO) Na língua, a concordância diz respeito à acomodação da flexão das palavras que se relacionam entre si, como no exemplo: "Os financistas cultivam um novo fetiche". Marque a opção em que também se observa essa obediência.

a) Deveria ser necessário a presença do gerente nas operações bancárias dos clientes.
b) Ficam proibida as entradas de clientes nesta sala.
c) É necessário disciplina para o desempenho de uma função bancária.
d) Pode ser bom a visita do auditor fiscal em nossa agência bancária.
e) Sempre é preciso vários seminários ao mês sobre os investimentos bancários.

97. (FUNDAÇÃO CARLOS CHAGAS) Assinale a opção em que há uso INADEQUADO da regência verbal, segundo a norma culta da língua.
a) É interessante a obra de Freyre com a qual a de Sérgio Buarque compõe uma dupla magistral.
b) É necessário ler estes livros nos quais nos vemos caracterizados.
c) Chico Buarque, por quem os brasileiros têm grande admiração, é filho de Sérgio Buarque.
d) É tão bom escritor que não vejo alguém de quem ele possa se comparar.
e) Valoriza-se, sobretudo, aquele livro sob cujas leis as pessoas traçam suas vidas.

98. (ESAF) Assinale o segmento construído com organização sintática escorreita.
a) Note-se, em primeiro lugar, que todas as abordagens à respeito da questão penitenciária em nosso país giram em torno, exclusivamente, dos efeitos do crime. Encara-se o delito como fato irreversível, perante o qual só nos resta atuar após a sua ocorrência.
b) Há uma propagação persistente, diria até obstinada, da ideologia da repressão como o instrumento único de combate a criminalidade. Entendam-se como repressão os mecanismos retributivos utilizados em face do cometimento do delito.
c) A cultura repressiva vem acompanhada da divulgação, pelos meios que mais atingem à massa – filmes e novelas –, da violência como único meio de reação a frustrações e decepções que o mundo nos oferece.
d) É verdade que Estado e sociedade pouco fazem para dar à prisão um sentido utilitário e construtivo. Investem no encarceramento, mas desatendem as necessidades e exigências do sistema em relação à ressocialização do egresso.
e) Assiste-se à uma antítese. O cidadão exige punição, quer soluções para a questão penitenciária, mas afasta-se dos presos e dos egressos, sequer admite a construção de presídios em sua cidade. Falta-lhe a coragem de passar da exclusão discriminatória para a ação inclusiva.

(Antônio Cláudio Mariz de Oliveira, **Folha de S. Paulo,** *6/6/2005, com modificações)*

99. (ANALISTA – ESAF) Em relação ao texto abaixo, assinale a opção incorreta.
A implantação do Sistema Integrado de Administração Financeira do Governo Federal – SIAFI foi viabilizada a partir da criação da Secretaria do Tesouro Nacional – STN, vinculada ao Ministério da Fazenda, por meio do Decreto n. 92.452, de 10 de março de 1986, com o objetivo de promover a modernização e a integração dos sistemas de programação financeira, de execução orçamentária e de contabilidade dos órgãos e entidades públicas do Governo Federal. Para desincumbir-se de suas atribuições, recebeu competente autorização para contratar, junto ao Serviço Federal de Processamento de Dados – SERPRO, a implementação de um sistema computacional que fornecesse todas as informações necessárias, de maneira segura e rápida. Superando dificuldades de toda ordem, a STN, em conjunto com o SERPRO, Empresa Pública prestadora de serviço na área de informática, criou as condições para que o SIAFI fosse implantado em tempo reconhecidamente curto (cerca de 6 meses), entrando em operação a partir de 01 de janeiro de 1987.
a) A substituição de "foi viabilizada" por viabilizou-se mantém a correção gramatical e as informações originais do período.
b) O sujeito de "recebeu" é "Secretaria do Tesouro Nacional".
c) A substituição de "fornecesse" por viesse a fornecer mantém a correção gramatical do período.
d) O emprego de vírgula após "ordem" justifica-se para isolar oração reduzida de gerúndio anteposta à principal.
e) A forma verbal "criou" está no singular para concordar com "SERPRO".

100. (FUNDAÇÃO CARLOS CHAGAS) Indique a opção correta em relação às ideias e à linguagem escorreita das assertivas sobre o texto abaixo:

Esta minha a que chamam prolixidade, bem fora estaria de merecer os desprezilhos, que nesse vocábulo me torcem o nariz. A mais copiosa das orações não é, ainda assim, difusa, quando o assunto não comportara menos dilatado tratamento. Não haverá prolixidade, em não havendo sobejidão; e o discurso não entra a cair no vício de sobejo senão quando excede a medida à matéria do seu tema. Só principia a superabundância, onde se começa a descobrir a superfluidade. *(Ruy Barbosa)*
   a) No trecho, Ruy Barbosa rebate às críticas dos que lhe impõem a pecha de orador sobejo em superficialidade.
   b) Ruy Barbosa desdenha dos vocábulos desprezíveis por fazer eles o discurso cair no vício de sobejo.
   c) A caracterização de um discurso prolixo, para Ruy, deve considerar à largueza do assunto a ser tratado.
   d) Depreende-se do trecho que à medida da prolixidade é inversamente proporcional à medida da sobejidão.
   e) O conceito de prolixidade, em Ruy Barbosa, incorpora às noções de complexidade temática e seletiva do auditório

GABARITO

1. "a". Corrigindo os erros das outras opções: b) A História mostra que deslocamentos antes impossíveis de serem realizados passam a ocorrer com a evolução dos meios de transporte. c) Os veículos abandonados no pátio, após uma revisão e a substituição de algumas peças, voltaram a ser usados nas atividades de rotina. d) Foi claramente reconhecida a necessidade de novas pesquisas cujo objetivo seria descobrir novas fontes, não poluentes, de energia. e) As cidades garantem, em princípio, melhores condições de vida para a população, que enfrenta, porém, outros problemas, como a violência urbana.

2. "e". "As condições" são influenciadas; "sistemas" eficazes.

3. "b". A conjunção "porque", dentro do contexto, exprime ideia de causa.

4. "a". o termo AO CÓDIGO, completa o sentido do nome SERVILISMO, por isso complemento nominal.

5. "e". esta é a única opção em que o termo em destaque tem valor passivo em relação ao termo a que se liga, e isso é a característica própria do complemento nominal.

6. "b".

7. "c".

8. "b". na frase O PROPRIETÁRIO DA FARMÁCIA SAIU, o termo DA FARMÁCIA qualifica O PROPRIETÁRIO, assim, desempenha a função de ADJUNTO ADNOMINAL; na frase O PROPRIETÁRIO SAIU DA FARMÁCIA, o termo DA FARMÁCIA liga-se ao verbo SAIU, indicando ideia de lugar, desempenhando a função de ADJUNTO ADVERBIAL.

9. "c".

10. "c".

11. "a". o termo AO QUAL, pronome relativo, liga-se ao verbo posterior PERCEBE. O verbo perceber pede um complemento sem preposição; então, ao colocar AO QUAL, o pronome que funciona como complemento do verbo perceber passa a ser preposicionado, ou seja, OBJETO DIRETO PREPOSICIONADO.

12. "c". PREDICADO VERBO-NOMINAL apresenta dois núcleos, um verbal e outro nominal (predicativo); na frase c) temos o verbo de ação CHAMA". núcleo do predicado verbal". e BOA VONTADE, CURIOSIDADE". núcleo do predicado nominal –, pois funciona como predicativo do objeto para LHE.

13. "d".

14. "c". o verbo IMPORTA é transitivo indireto com o objeto indireto LHE; em todas as outras há verbos transitivos diretos.

15.	"b". o termo À SOCIEDADE completa o sentido do nome ÚTEIS.
16.	"b". a frase está em voz passiva e o termo em destaque é o agente da ação verbal, ou seja, agente da passiva.
17.	"a". tanto o verbo amar quanto o verbo enganar pedem complemento sem preposição (objeto direto), mas nesta frase os seus complementos aprecem preposicionados: A DOIS, A AMBOS, assim serão OBJETOS DIRETOS PREPOSICIONADOS.
18.	"b". o verbo amar pede complemento sem preposição (objeto direto), mas nesta frase o seu complemento aprece preposicionado: A SEU PAI, assim será OBJETO DIRETO PREPOSICIONADO.
19.	"e". gostar = VTI e tocar = VTD.
20.	"e". o agente da passiva é o agente da ação verbal da frase na voz passiva, e pode ser introduzido pelas preposições POR e DE.
21.	"b". a frase está na voz passiva sintética, que corresponde a UM ELETRICISTA FOI CHAMADO, por isso o termo UM ELETRICISTA é o sujeito.
22.	"e" À HUMANIDADE completa o sentido do termo AMOR; note que o termo À HUMANIDADE tem sentido passivo em relação a AMOR, ou seja, a HUMANIDADE recebe o AMOR". essa relação passiva é característica do COMPLEMENTO NOMINAL
23.	"c".
24.	"b".
25.	"a".
26.	"d". ELA OS ensina a fazer ninhos nas árvores". ELAS = pronome pessoal do caso reto funcionando como sujeito e OS = pronome pessoal do caso oblíquo funcionando como objeto direto". ambos ligados ao verbo ENSINA.
27.	"c". o verbo amanhecer e um verbo impessoal, ou seja, não possui sujeito; assim sendo o termo UM LINDO DIA, só pode funcionar como complemento de AMANHECEU.
28.	"e". o pronome QUE desempenha a função de sujeito do verbo DESVIVIAM.
29.	"b".
30.	"d".
31.	"d". a oração intercalada é PENSEI EU COMIGO.
32.	"e". nas outras opções o SE funciona como ÍNDICE DE INDETERMINAÇÃO DO SUJEITO
33.	"a". na Língua Portuguesa existem verbos essencialmente pronominais, que só podem ser usados com um pronome reflexivo, assim sendo, o pronome passa a fazer parte integrante do verbo: queixar-se é um deles, assim como suicidar-se, referir-se etc.
34.	"b". nas outras frases, o SE é PRONOME APASSIVADOR.
35.	"b". nas opções A e C o SE é ÍNDICE DE INDETERMINAÇÃO DO SUJEITO; na opção D, o SE é CONJUNÇÃO CONDICIONAL; na opção E, o SE é PRONOME REFLEXIVO
36.	"e". a palavra SE é CONJUNÇÃO INTEGRANTE, quando introduz um complemento para um termo da oração anterior; neste caso introduz o complemento para NÃO SEI.
37.	"d".
38.	"b". a)VTD, c) VI, d) VTD e) VTD.
39.	"a". são qualidades, dadas pelo sujeito da frase (ELE) ao objeto direto AQUELE GESTO.
40.	"b".
41.	"b".
42.	"b".
43.	"d".
44.	"d".

45. "b".

46. "a".

47. "c".

48. "e".

49. "a". Não me refiro a essa peça, mas àquela a que assistimos sábado à noite.

50. "b". O grupo obedece ao comando de um pernambucano, radicado há tempos em São Paulo, e se exibe diariamente à hora do almoço.

51. "e". Há muitos anos, o gaúcho era livre para percorrer a cavalo largas distâncias, pondo à prova suas qualidades de cavaleiro.

52. "a". Ainda há pouco, eu a vi atravessando aquela rua, ali à direita.

53. "b". Nesta oportunidade, volto a referir-me àqueles problemas já expostos a V.S.ª há alguns dias.

54. "e". O mesmo aconteceria com temas como os do meio ambiente, da previdência, da saúde, da educação, que deveriam estar submetidos a especialistas. — sem crase.

55. "e". erro de crase: Falta-lhe a coragem de passar da exclusão discriminatória à ação inclusiva.

56. "a". está correta; corrigindo as outras: b) à disposição, a torto e a direito; c) a ninguém, a qual se reservara; d) a curto prazo, a exemplo; e) a uma mulher.

57. "d". corrigindo as outras: a) a equipe; b) a embaixada c) tráfico de influência; e) a fim de.

58. "e". ALEGAR é VTD, ou seja, pede complemento sem preposição: ALEGAR A IGNORÂNCIA.

59. "a". corrigindo as outras: b) domicílio; c) O número ... passou; d) pertence a uma; e) com a menor.

60. "c". corrigindo as outras: a) Preferia antes morrer a fugir como covarde; b) A cortesia mandava obedecer aos desejos da minha antiga dama; d) O alto preço dessa doença, paguei-lhe com as moedas de meu hábil esforço; e) Paguei-lhe, com ouro, todo o prejuízo que sofrera com a destruição da seca.

61. "e". ASSUSTAVAM pede a preposição COM.

62. "b". Resultam do excesso de exercícios algumas complicações para a nossa vida — o verbo é usado no plural para concordar com o sujeito "algumas complicações".

63. "a".

64. "b".

65. "a".

66. "c". o pronome ONDE só pode ser empregado em referência a um lugar, e nessa frase a sua referência é o tempo ENTRE 1996-1997.

67. "a". deveria ser SOB.

68. "d".

69. "c".

70. "e". deveria ser ONDE, pois não há termo exigindo a preposição A.

71. "d". no item 2, o verbo *comunicar* está empregado corretamente, pois exige objeto direto de coisa e indireto de pessoa: COMUNICAR ALGO A ALGUÉM; no item 3, a oração é adjetiva restritiva, e por isso não se separa por vírgula.

72. "d". corrigindo as outras: a) responsabiliza o sócio; b) atinente ao sócio; c) não será distintas das outras; e) Perante a sociedade.

73. "d".

74. "e". Na região, o problema é agravado pelo fato de a enorme maioria dos políticos ter adotado com grande facilidade os rituais do desenvolvimento sustentável, sem compreender o que o termo realmente designa ou sem acreditar no que estão defendendo. — o termo A ENORME MAIORIA DOS POLÍTICOS é sujeito de TER ADOTADO, e o sujeito nunca deve aparecer preposicionado, assim sendo, devemos separar a preposição do artigo DE A.

75. "c". corrigindo as outras: a) cumprir as expectativas; aquelas empresas que tardarem; d) já superou há muito tempo o foco; e) Hoje o setor caracteriza-se, sim, por.

76. "c". Para isso, é necessário que a comunicação seja cada vez melhor, aprimorando constantemente a relação de confiança que deve existir entre as partes. — a oração QUE A COMUNICAÇÃO SEJA CADA VEZ MELHOR é sujeito da oração anterior, e por isso não pode ser preposicionada.

77. "e". corrigindo as outras: a) Uma combinação de resultados desfavoráveis pode eliminar o nosso adversário. b) Não se ouvem notícias deles já há muito tempo. c) A hesitação que eles demonstram nas horas mais difíceis é que os vem prejudicando. d) Consta em nossos arquivos muita informação acerca de sua carreira.

78. "b". corrigindo as outras: a) ante a verdadeira; c) simbolizou o político; d) estimam os valores; e) o que se aplica aos cientistas.

79. "b". Há uma propagação persistente, diria até obstinada, da ideologia da repressão como o instrumento único de combate ao crime. Entendam-se como repressão os mecanismos retributivos utilizados em face do cometimento do delito.

80. "d". há duas possibilidades de correção 1) Na expansão da plantação do açúcar no Brasil, Portugal utilizou-se, inicialmente, do trabalho de índios escravizados. Mas o sistema de monopólio da produção do açúcar entrara em decadência com o início da produção nas ilhas das Antilhas, fazendo com que o preço do produto caísse. 2) Na expansão da plantação do açúcar no Brasil, Portugal utilizou, inicialmente, o trabalho de índios escravizados. Mas o sistema de monopólio da produção do açúcar entrara em decadência com o início da produção nas ilhas das Antilhas, fazendo com que o preço do produto caísse.

81. "e". corrigindo as outras: a) A todo e qualquer réu assiste o direito da ampla defesa; b) O único apoio com que um acusado sem recursos pode contar é o de um defensor público; c) Encerrou-se um processo cujo mérito sequer foi avaliado; d) Foi uma sentença estranha, que acabou por provocar grande descontentamento.

82. "a". corrigindo as outras: b) Intervenções do público ameaçavam comprometer a trama, cujos fios eram expostos aos gritos por um espectador mais afoito; c) Esta é uma peça cujos atores optaram por estabelecer um desempenho interativo, contando com o máximo interesse do público; d) O temor do autor do texto deve-se à possibilidade de que ele venha a ser levado à força ao palco; e) Ao tempo de Shakespeare, cujas peças eram levadas diante de um grande público, eram comuns as réplicas do auditório.

83. "c".

84. "e". Se contra fatos não há argumentos, esta é uma afirmação autoritária, à qual não se deve recorrer.

85. "a". corrigindo as outras: b) Não o desamparo por nada, meu amigo, pode confiar em mim sempre; c) Analisando o processo, surpreendi-lhe falhas, e ninguém as havia notado; d) Tanto lhe invejo a competência que me disponho a receber todas as suas lições; e) O despeito e a calúnia, nunca as cultive; são elas sempre desprezíveis.

86. "c".

87. "e". Vamos corrigir os erros: a) O pessoal que não quiser malhar tem agora mais razões para ficar acomodado num sofá. b) Comprovou-se que os efeitos dos exercícios físicos e das drogas têm algo em comum. c) A privação de endorfina e dopamina pode levar a estados depressivos. d) Existe, além das complicações físicas, a possibilidade de alterações no plano social.

88. "a". O fato de o biodiesel não poluir o meio ambiente é um fator que aumenta as chances de exportação brasileira. — O sujeito nunca deve aparecer preposicionado, assim sendo, devemos separar a preposição do artigo DE O.

89. "e". A vida e a intangibilidade física das pessoas são os bens mais valiosos protegidos pela ordem jurídica. Logo, não devem ceder tal primazia a outro pressuposto de direito. — TAL PRIMAZIA é sujeito de CEDER, por isso não pode ser preposicionado.

90. "d". corrigindo as outras: a) tivessem sido criados, há dez anos, dois mecanismos; b) passíveis de discussão; c) A incidência discriminada por grau de intensidade de infestação e idade mostra; e) de se excluírem esses controles.

91. "d". A fragmentação das sociedades campesinas tradicionais, que originaram as grandes massas nas cidades, faz com que, nas palavras de Hobsbawm, "nada se tornasse mais inevitável" do que o aparecimento dos movimentos operários.

92. "a". no trecho NEM O "SIM" NEM O "NÃO" VENCERAM, temos um sujeito composto e por isso o verbo deve ser usado, obrigatoriamente, no plural; já em E NEM UM LADO NEM OUTRO PODERIA FAZÊ-LO, aqui temos os termos NEM UM NEM OUTRO são excludentes, e por isso o verbo deve concordar no singular.

93. "d". corrigindo as outras: a) A área destinada para reforma agrária e o número de famílias assentadas representam o melhor desempenho do INCRA, durante 36 anos de atuação; b) Com o PRONERA, do governo federal, vem-se garantindo o acesso da educação entre os trabalhadores rurais, com vários cursos específicos; c) Um significativo crescimento também foi registrado perante os recursos destinados aos créditos de apoio à instalação dos familiares; e) O incremento para os fundos destinados à obtenção de terras parece ser muito expressivo, criando condições pelo cumprimento das metas de assentamento definidas no II PNRA.

94. "a". Em quatro anos foi investido mais de 1,7 bilhões de reais em benefício da qualidade dos assentamentos.

95. "a". corrigindo as outras: b) Um e outro teriam que investir na Bolsa de Valores; c) Haja vista a orientação da Diretoria do Banco, todos os clientes foram bem informados; d) Acontecem coisas estranhas nas agências bancárias dos municípios brasileiros; e) Por falta de funcionários, foram suspensas as experiências e os estudos sobre investimentos bancários.

96. "c". corrigindo as outras: a) Deveria ser necessária a presença do gerente nas operações bancárias dos clientes; b) Ficam proibidas as entradas de clientes nesta sala; d) Pode ser boa a visita do auditor fiscal em nossa agência bancária; e) Sempre são precisos vários seminários ao mês sobre os investimentos bancários.

97. "d". É tão bom escritor que não vejo alguém a quem ele possa se comparar.

98. "d". corrigindo as outras: a) a respeito de; b) combate à criminalidade; c) atingem a massa; e) Assiste-se a uma antítese.

99. "e". a forma verbal CRIOU concorda com A STN". Secretaria do Tesouro Nacional.

100. "c". corrigindo as outras: a) No trecho, Ruy Barbosa rebate as críticas dos que lhe impõem a pecha de orador sobejo em superficialidade; b) Ruy Barbosa desdenha dos vocábulos desprezíveis por fazerem eles o discurso cair no vício de sobejo; d) Depreende-se do trecho que medida da prolixidade é inversamente proporcional à medida da sobejidão; e) O conceito de prolixidade, em Ruy Barbosa, incorpora as noções de complexidade temática e seletiva do auditório.

5
PONTUAÇÃO

> *A nossa pontuação — a pontuação em língua portuguesa —*
> *obedece a critérios sintáticos, e não prosódicos.*
> *Sempre é importante lembrar isso a todos aqueles que escrevem,*
> *para que se previnam contra bisonhas vírgulas de ouvido.*
> *Ensinam as gramáticas que cada vírgula corresponde*
> *a uma pausa mas que nem a toda pausa corresponde uma vírgula.*
>
> Celso Pedro Luft

A pontuação **auxilia** a leitura e a compreensão de discursos escritos.

Os sinais de pontuação, ligados à estrutura sintática, têm as seguintes finalidades:

a) assinalar as **pausas** e as **inflexões da voz** (entoação) na leitura;

b) **separar** palavras, expressões e orações que, segundo o autor, devem merecer destaque;

c) **esclarecer o sentido** da frase, eliminando ambiguidades.

Os sinais de pontuação marcam três tipos diferentes de pausas:

a) pausas que indicam que a **frase ainda não acabou:**
vírgula [,]
travessão [—]
parênteses [()]
ponto e vírgula [;]
dois-pontos [:]

b) pausas que indicam **final de período:**
ponto-final [.]

c) pausas que indicam **intenção ou emoção:**
ponto de interrogação [?]
ponto de exclamação [!]
reticências [...]

5.1. VÍRGULA

A vírgula serve para marcar as **separações** de sentido entre termos vizinhos, as **inversões** e as **intercalações**, quer na oração, quer no período, ou seja: separa termos dentro da oração ou orações dentro do período.

O uso da vírgula é mais uma **questão de estilo**, pois vai ao encontro da intenção do autor da frase.

A seguir, indicam-se alguns casos principais de emprego da vírgula:

a) para separar o **aposto explicativo:**
João, meu vizinho, bateu com o carro.
Todos gostamos de arroz e feijão, alimentos indispensáveis na mesa do brasileiro.

b) para separar o **vocativo:**
Mãe, eu estou com fome.
"Dizei-me Vós, Senhor Deus, se eu deliro ou se é verdade tanto horror perante os céus." (Castro Alves)

c) para separar os **termos de mesma função:**
Comprei arroz, feijão, carne, alface e chuchu.
Machado de Assis, Castro Alves e Ruy Barbosa são escritores brasileiros.

d) para assinalar a **inversão dos adjuntos adverbiais** (facultativa):
Na semana passada, o diretor conversou comigo.
Aos treze dias do mês de julho de mil novecentos e sessenta e seis, nascia Childerico.

e) para marcar a **supressão de um verbo:**
Uma flor, essa menina!
Que terrível, a espera por José...

f) a vírgula também é empregada para indicar a *ocultação* de verbo já escrito anteriormente **(zeugma)** ou outro termo **(elipse):**
O decreto regulamenta os casos gerais; a portaria, os particulares. — a vírgula indica o *zeugma* do verbo *regulamenta*.
Às vezes procura assistência; outras, toma a iniciativa. — a vírgula indica a *elipse* da palavra *vezes*.

g) para separar o **nome do lugar**, nas datas:
São Paulo, 21 de novembro de 2004.
Alvorada do Sul, 13 de julho de 1965.

h) nos **complementos verbais deslocados** para o começo da frase, repetidos por pronome enfático:
A rosa, entreguei-a para a menina.
A mim, nada mais me resta!

i) para isolar **expressões explicativas, corretivas, escusativas, continuativas, conclusivas**, tais como:
por exemplo, além disso, isto é, a saber, aliás, digo, minto, ou melhor, ou antes, outrossim, demais, então, com efeito etc.
A menina, aliás, estava linda!

Não se deve, por exemplo, colocar vírgula entre sujeito e verbo.
Todos querem o melhor, isto é, as coisas boas da vida.

j) para isolar **orações ou termos intercalados** (aqui se usam também, no lugar das vírgulas, travessões ou parênteses):
A casa, disse Asdrúbal, precisa de reforma.
A casa — disse Asdrúbal — precisa de reforma.
A casa (disse Asdrúbal) precisa de reforma.
Atanagildetina, ontem, estava linda.
Atanagildetina — ontem — estava linda.
Atanagildetina (ontem) estava linda.

k) para separar **orações paralelas justapostas**, isto é, não ligadas por conjunção:
Chegou a Brasília, visitou o Ministério das Relações Exteriores, levou seus documentos ao Palácio do Buriti, voltou ao Ministério e marcou a entrevista.
Abriu a geladeira, pegou a garrafa d'água, encheu um copo até a borda e deixou-o cheio sobre a mesa.

l) para separar as orações **coordenadas assindéticas:**
Maria foi à feira, José foi ao mercado, Pedro preparou o almoço.
Radegondes estudava Português, Childerico jogava cartas, Asdrúbal lia história em quadrinho.

m) para separar as orações **coordenadas ligadas por conjunções:**
Maria foi ao mercado, mas não comprou leite.
Os meninos estavam no pátio, pois não havia aula naquele momento.
Pascoalina estuda bastante, logo terá um bom desempenho na prova.

> **Curiosidade:** As orações coordenadas sindéticas aditivas, ainda que sejam iniciadas pela conjunção **e**, podem ser separadas por vírgula quando proferidas com pausa:
> Radegondes não trouxe o livro que prometera, e eu fiquei triste por isso.
> Todos olhavam para o menino que gritava, e não entendiam a razão daquele escarcéu!

n) para separar as **conjunções coordenativas intercaladas ou pospostas ao verbo** da oração a que pertencem:
Dedicava-se ao trabalho com afinco; não obtinha, *contudo*, resultados.
O ano foi difícil; não me queixo, *porém*.
Era mister, *pois*, levar o projeto às últimas consequências.
Todos queriam macarrão; Âni desejava, *porém*, arroz.

o) para separar as **orações subordinadas adjetivas explicativas:**
O homem, que pensa, é um ser racional.
Roberto Carlos, que foi eleito "rei" em nosso país, foi homenageado no carnaval carioca.

> **Curiosidade:** As orações subordinadas adjetivas restritivas podem ter uma vírgula no fim, sobretudo quando forem longas. Essa pontuação é correta, mesmo que separe o sujeito expandido do seu verbo.
>
> O homem que carrega nos braços o seu filho adormecido, é o Asdrúbal.
>
> O autor do livro que virou um conhecido filme estrelado por um famoso ator brasileiro, morreu ontem.

p) para separar as **orações subordinadas adverbiais**, principalmente quando antepostas à principal:

Ela fazia a lição, enquanto a mãe costurava.

A menina ficará muito feliz, se você lhe der aquela boneca.

Enquanto a mãe costurava, Pascoalina fazia a lição.

Quando todos se recolheram aos seus aposentos, a dona da pensão pôde relaxar um pouco.

q) para separar as **orações reduzidas:**

Somente casando com Asdrúbal, você será feliz.

Ao sair, apague a luz.

Terminada a missa, todos foram para as suas casas.

5.2. PONTO E VÍRGULA

O ponto e vírgula, em princípio, **separa estruturas coordenadas** já portadoras de vírgulas internas. É também usado **em lugar da vírgula para dar ênfase** ao que se quer dizer. Exemplos:

Sem virtude, perece a democracia; o que mantém o governo despótico é o medo.

A borboleta voava; os pássaros cantavam; a vida seguia tranquila.

Em 1908, vovô nasceu; em 1950, nasceu papai.

As leis, em qualquer caso, não podem ser infringidas; mesmo em caso de dúvida, portanto, elas devem ser respeitadas.

Art. 15. É vedada a cassação de direitos políticos, cuja perda ou suspensão só se dará nos casos de:

I — cancelamento da naturalização por sentença transitada em julgado;

II — incapacidade civil absoluta;

III — condenação criminal transitada em julgado, enquanto durarem seus efeitos;

IV — recusa de cumprir obrigação a todos imposta ou prestação alternativa, nos termos do art. 5.º, VIII;

V — improbidade administrativa, nos termos do art. 37, § 4.º.

5.3. DOIS-PONTOS

Emprega-se este sinal de pontuação:

a) antes de uma **citação**:
Rui Barbosa afirmou: "Esta minha a que chamam prolixidade, bem fora estaria de merecer os desprezilhos que nesse vocábulo me torcem o nariz."
Quem foi que disse: "Há mais coisas entre o céu e a terra do que supõe nossa vã filosofia."?

b) para indicar **enumeração**:
Fui à feira e comprei: uva, maçã, melancia, jaca.
Gosto de todo tipo de arte: música, cinema, teatro.

c) antes de **aposto discriminativo**:
A sala possuía belos móveis: sofá de couro, mesa de mogno, abajures de pergaminho, cadeiras de veludo.
Ela gostava de cores fortes: vermelho, laranja, marrom.

d) antes de **explicação** ou esclarecimento:
Todos os seres são belos: um inseto é belo, um elefante é belo.
Só quero uma coisa na vida: ser feliz!

e) depois de **verbo** *dicendi* (dizer, perguntar, responder, falar etc.):
Maria disse: — A língua portuguesa é muito fácil!
O rapaz, asperamente, retrucou: — Não fui eu!

5.4. PONTO FINAL
Usa-se:

a) no **final do período**, indicando que o sentido está completo:
A menina comeu a maçã.
A terra é azul.
Ela sempre espera que eu traga as maçãs caramelizadas de que tanto gosta.

b) nas **abreviaturas**: Dr.; Sr.; pág.

5.5. PONTO DE INTERROGAÇÃO
O ponto de interrogação, como se depreende de seu nome, é utilizado para marcar o **final de uma frase interrogativa direta:**
Até quando aguardaremos uma solução para o caso?
Qual será o sucessor do Secretário?

Curiosidade: Não cabe ponto de interrogação em estruturas interrogativas indiretas, nem em títulos interrogativos:
Quero saber onde a senhorita esteve até esta hora.
O que é linguagem oficial
Por que a inflação não baixa
Como vencer a crise

5.6. PONTO DE EXCLAMAÇÃO

O ponto de exclamação é utilizado:

a) depois de qualquer palavra ou frase, na qual se indique **espanto, surpresa, entusiasmo, susto, cólera, piedade, súplica:**
Tenha pena de mim!
Coitado sou eu!
Ai!
Nossa!

b) nas **interjeições:**
Ah!
Vixe!
Puxa!

c) nos **vocativos intensivos:**
Senhor Deus dos desgraçados! Protegei-me.
Colombo! Veja isso...

5.7. RETICÊNCIAS

Usam-se:

a) para indicar **supressão de um trecho** nas citações:
"... a generosidade de quem no-la doou." (Rui Barbosa)
"Saí, afastando-me dos grupos..." (Machado de Assis)

b) para indicar **interrupção da frase:**
Ela estava... Não, não posso dizer isso.
A vida... Sei lá... Não sei o que dizer sobre a vida.

c) para indicar **hesitação:**
Acho que eram... 12h... não sei ao certo, disse Jocasta.
Quero uns dez... ou doze pães.

d) para **deixar algo subentendido** no final da frase:
Deixa o seu coração dizer a verdade...
Ela sabe que eu quero...

5.8. PARÊNTESES

Os parênteses são empregados nas **orações ou expressões intercaladas**.

O Estado de Direito (Constituição Federal, art. 1.º) define-se pela submissão de todas as relações ao Direito.

> **Curiosidade:** Quando a frase inteira se encontra dentro dos parênteses, o ponto final vem antes do último parêntese:
> O decreto regulamenta os casos gerais; a portaria, os particulares. **(Nesta frase, a vírgula indica o zeugma do verbo *regulamenta*.)**

5.9. TRAVESSÃO

O travessão é empregado nos seguintes casos:

a) **substitui** parênteses, vírgulas, dois-pontos:

O controle inflacionário — meta prioritária do Governo — será ainda mais rigoroso.

As restrições ao livre mercado — especialmente o de produtos tecnologicamente avançados — podem ser muito prejudiciais para a sociedade.

b) indica a **introdução de enunciados** no diálogo:

Indagado pela comissão de inquérito sobre a procedência de suas declarações, o funcionário respondeu: — Nada tenho a declarar a esse respeito.

c) indica a **substituição de um termo**, para evitar repetições:

O verbo *fazer* — *vide* sintaxe do verbo —, no sentido de tempo transcorrido, é utilizado sempre na 3.ª pessoa do singular: *faz dois anos que isso aconteceu.*

d) **dá ênfase** a determinada palavra ou pensamento que segue:

Não há outro meio de resolver o problema — promova-se o funcionário.

Ele reiterou suas ideias e convicções — energicamente.

5.10. ASPAS

As aspas têm os seguintes empregos:

a) usam-se antes e depois de uma **citação textual:**

A Constituição da República Federativa do Brasil, de 1988, no parágrafo único de seu art. 1.º, afirma: "Todo o poder emana do povo, que o exerce por meio de representantes eleitos ou diretamente".

b) dão **destaque** a nomes de publicações, obras de arte, intitulativos, apelidos etc.:

O artigo sobre o processo de desregulamentação foi publicado no "Jornal do Brasil".

A Secretaria da Cultura está organizando uma apresentação das "Bachianas", de Villa Lobos.

c) destacam **termos estrangeiros:**

O processo da "détente" teve início com a Crise dos Mísseis em Cuba, em 1962.

"Mutatis mutandis", o novo projeto é idêntico ao anteriormente apresentado.

d) nas **citações de textos legais**, as **alíneas** devem estar entre aspas:
O tema é tratado na alínea "a" do art. 146 da Constituição.

5.11. QUESTÕES

1. **A frase corretamente pontuada é:**
   a) Num estado democrático a preservação, da segurança nacional deve ser exercida, sem interferência excessiva na vida normal, da população.
   b) Num estado, democrático a preservação da segurança nacional, deve ser exercida sem interferência excessiva na vida normal da população.
   c) Num estado democrático a preservação da segurança nacional deve, ser exercida, sem interferência excessiva, na vida normal da população.
   d) Num estado democrático a preservação da segurança, nacional deve ser exercida sem interferência excessiva na vida, normal da população.
   e) Num estado democrático, a preservação da segurança nacional deve ser exercida sem interferência excessiva na vida normal da população.

2. **Está inteiramente correta a pontuação da seguinte frase:**
   a) Faça chuva ou, faça um sol escaldante, sempre haverá quem se entregue, com ansiedade à prática de intensos exercícios físicos.
   b) Faça chuva ou faça um sol, escaldante sempre haverá quem se entregue com ansiedade à prática, de intensos exercícios físicos.
   c) Faça chuva, ou faça um sol escaldante sempre haverá quem se entregue com ansiedade, à prática de intensos exercícios físicos.
   d) Faça chuva ou faça um sol escaldante, sempre haverá quem se entregue com ansiedade à prática de intensos exercícios físicos.
   e) Faça chuva, ou faça um sol escaldante, sempre haverá quem se entregue com ansiedade, à prática de intensos exercícios físicos.

3. **Há INCORREÇÕES na pontuação da seguinte frase:**
   a) A tarefa tem de ser levada a termo, apesar da dimensão dela; caso contrário, as crianças e os adolescentes infratores poderão tornar-se criminosos reincidentes.
   b) Por mais precária que seja, a estrutura familiar, afastar dela um jovem, não é melhor do que interná-lo, no sistema atual da Febem.
   c) Restituir o sistema da Febem a um estado operacional é medida emer-gencial a ser tomada pelo Estado, numa primeira linha de atuação.
   d) As ações adotadas pelo governador, a partir da rebelião de outubro de 1999, não surtiram o efeito pretendido, em vista da que acaba de ocorrer.
   e) Apesar de a construção de unidades mais funcionais ser uma boa medida, o prazo estipulado para a realização das obras não atende, de modo algum, à emergência da situação.

4. **A opção em que está correto o emprego do ponto e vírgula é:**
   a) Solteiro, foi um menino turbulento; casado, era um moço alegre; viúvo, tornara-se um macambúzio.
   b) Solteiro; foi um menino turbulento, casado; era um moço alegre, viúvo; tornara-se um macambúzio.
   c) Solteiro, foi um menino; turbulento, casado; era um moço alegre viúvo, tornara-se um macambúzio.
   d) Solteiro foi um menino turbulento, casado era um moço alegre, viúvo; tornara-se um macambúzio.
   e) Solteiro, foi um menino turbulento, casado; era um moço alegre, viúvo; tornara-se um macambúzio.

5. **Assinale a alternativa em que a pontuação está correta.**
   a) Embora esteja ameaçada pela poluição, aquela praia recebe durante o veraneio, muitos turistas.

b) Por muitos séculos, o homem usou imprudentemente seu ambiente natural, ocasionando desequilíbrio ecológico.
c) A guerra flagelo terrível, tem sido uma constante, em todos os tempo da humanidade.
d) As recentes conquistas nucleares, alteram de modo profundo, as relações internacionais.
e) Jovem, para entender a vida, comece por estudar, o homem.

6. **Assinale a única alternativa que apresenta pontuação não justificável:**
   a) Eu, sou valente, disse o fanfarrão.
   b) Todos, os meus amigos, sabem disso, meu velho!
   c) Todos os meus amigos sabem, disso estou certo!
   d) A caridade, que é virtude cristã, agrada mais aos pobres que aos ricos.
   e) Fui lá, ainda ontem, e procurei-o.

7. **Marco Júlio Cícero, tão famoso quanto Demóstenes na área da retórica, sempre dizia: Prefiro a virtude do medíocre ao talento do velhaco.**
Neste período está faltando um sinal de pontuação:
   a) vírgula.
   b) ponto e vírgula.
   c) ponto de exclamação.
   d) aspas.
   e) reticências.

8. **Assinale a letra que corresponde ao período de pontuação correta:**
   a) Deu uma, última entrevista ocasião, em que pôde expor melhor suas intenções.
   b) Deu uma última entrevista, ocasião em que pôde expor melhor suas intenções.
   c) Deu uma última entrevista, ocasião em que, pôde expor melhor, suas intenções.
   d) Deu uma última, entrevista, ocasião em que pôde, expor melhor suas intenções.
   e) Deu uma última entrevista ocasião em que, pôde expor melhor, suas intenções.

9. **Assinale a letra que corresponde ao período de pontuação correta.**
   a) Não, não esgotemos, todo hoje, inclusive porque este assunto, deve ser discutido bem devagar.
   b) Naquele dia — uma sexta-feira como outra qualquer — receberia a todos em sua casa: não era festa, apenas um jantarzinho íntimo.
   c) Calçados os sapatos, buscou a bolsa e falando muito; saiu correndo, não sem dizer, um adeus apressado.
   d) Nem as meninas, nem os rapazes ninguém conseguia — com bons modos convencê-lo, a sair sem briga.
   e) Ela, em pé esperava atenta: ele, na cadeira de balanço olhava para o retrato, de Mozart em cima do piano.

10. **Assinale a alternativa que corresponde ao período de pontuação correta.**
    a) Quando um juiz, sentencia, ouvindo somente uma das partes, a sentença, poderá ser justa, mas o juiz não o é de maneira nenhuma.
    b) Quando um juiz sentencia, ouvindo somente uma, das partes, a sentença poderá ser justa, mas o juiz não o é de maneira nenhuma.
    c) Quando um juiz, sentencia ouvindo somente, uma das partes, a sentença poderá ser justa mas, o juiz não o é de maneira nenhuma.
    d) Quando um juiz sentencia, ouvindo somente uma das partes, a sentença poderá ser justa mas, o juiz não o é, de maneira nenhuma.
    e) Quando um juiz sentencia, ouvindo somente uma das partes, a sentença poderá ser justa, mas o juiz não o é de maneira nenhuma.

11. **Assinale a letra que corresponde ao período de pontuação correta.**
    a) Apurados, os votos considerados válidos para o cálculo divide-se o número deles pelo número de vagas, que já conhecemos.
    b) Apurados os votos, considerados válidos para o cálculo divide-se o número, deles pelo número de vagas que já conhecemos.

c) Apurados os votos considerados, válidos para o cálculo divide-se, o número deles pelo número de vagas, que já conhecemos.
d) Apurados os votos considerados válidos, para o cálculo divide-se o número deles pelo número de vagas que já conhecemos.
e) Apurados os votos considerados válidos para o cálculo, divide-se o número deles pelo número de vagas que já conhecemos.

12. Cada um dos períodos seguintes foi pontuado de uma forma diferente. Leia-os todos e assinale a letra que corresponde ao período de pontuação correta:
a) A questão, porém, não é de pão, é de manteiga.
b) A questão porém, não é de pão é de manteiga.
c) A questão, porém, não é de pão é de manteiga.
d) A questão porém não: é de pão, é de manteiga.
e) A questão, porém não é de pão, é de manteiga.

13. Aponte a alternativa pontuada corretamente:
a) Para mim ser é admirar-me de estar sendo.
b) Para mim, ser é admirar-me de estar sendo.
c) Para mim ser, é admirar-me de estar sendo.
d) Para mim ser é admirar-me de, estar sendo.
e) Para mim ser, é admirar-me de estar, sendo.

14. Assinale a opção em que a vírgula está empregada para separar dois termos que possuem a mesma função na frase:
a) "Minhas senhoras, seu Mendonça pintou diabo enquanto viveu."
b) "Respeitei o engenho do Dr. Magalhães, juiz."
c) "E fui mostrar ao ilustre hóspede a serraria, o descaroçador e o estábulo."
d) "Depois da morte do Mendonça, derrubei a cerca..."
e) "Não obstante essa propaganda, as dificuldades surgiram."

15. Assinale a alternativa que contenha emprego *incorreto* da vírgula:
a) Arrumou as malas, saiu, lançou-se na vida.
b) Os visados éramos nós, e eles foram violentamente torturados.
c) Eu contesto, a justiça que mata.
d) Preciso ouvir, disse o velho ao menino, a causa desse ressentimento.
e) O período consta de dez orações, porque esse é o número exato de verbos.

16. Em: "A menina, conforme as ordens recebidas, estudou":
a) há erro na colocação das vírgulas.
b) a primeira vírgula deve ser omitida.
c) a segunda vírgula deve ser omitida.
d) a forma de colocação das vírgulas está correta.

17. Assinale a alternativa em que o texto está corretamente pontuado:
a) Bem te dizia eu, que não iriam a bons resultados as tuas paixões.
b) Bem te dizia eu que, não iriam a bons resultados as tuas paixões.
c) Bem te dizia eu que não iriam a bons resultados, as tuas paixões.
d) Bem te dizia eu que não iriam a bons resultados as tuas paixões.
e) Bem te dizia eu que não iriam, a bons resultados as tuas paixões.

18. Marque o período que apresenta erro de pontuação.
a) Por um mau patriotismo, sentimento funesto a toda a história, que necessariamente vicia, e também por vaidade de erudição, presumiram os nossos historiadores literários avultar e valorizar o seu assunto, ou o seu próprio conhecimento dele, com fartos róis de autores e obras, acompanhadas de elogios desmarcados e impertinentes qualificativos.
b) Não obstante o pregão patriótico, tais nomes e obras continuaram desconhecidos, eles e elas não lidos.
c) Igualmente não desejo continuar a fazer da história da nossa literatura um cemitério, enchendo-a de autores de todo mortos, alguns ao nascer.

d) Não quero cair no mesmo engano e supor que a crítica ou a história literária, têm faculdades para dar vida e mérito ao que de si não tem.
e) No período colonial, haverá esta forçosamente de ocupar-se de sujeitos e obras de escasso ou até nenhum valor literário, como são quase todas as dessa época.

19. Assinale o texto onde os sinais de pontuação não foram adequadamente empregados.
   a) A Educação de Adultos, tal como tem sido formulada — principalmente nos países subdesenvolvidos —, não objetiva necessariamente ser um programa aberto e de ofertas educacionais crescentemente expandidas e diversificadas para toda a população considerada cronologicamente adulta.
   b) Esta leitura, porém, diz pouco.
   c) E ao exprimir-se essa insuficiência, coloca-se a questão da necessidade de uma reflexão mais ampla sobre seu significado, ou seja, compreender o que está por trás dessa aparente simplicidade do sentido, exclusivamente etário.
   d) A Educação de Adultos, apreendida como uma categoria educacional genérica que tem a marca etária como seu traço identificatório é uma primeira leitura, que pode ser produzida a partir de sua nomenclatura.
   e) O seu modo de operar — atendimento preferencial àquelas camadas sociais historicamente marginalizadas dos benefícios sociais, econômicos e culturais de sua sociedade — determina formas de intervenção educacional.

20. Indique o trecho que apresenta pontuação incorreta.
   a) É improvável que o caminho da mudança no Brasil seja aberto com explosões sociais. A energia que pode ser usada agora para fazer um futuro diferente está, aparentemente, em outras fontes de transformação.
   b) É preciso observar que há mudança no Brasil. Ela não corre, mas anda. Não corre, mas ocorre.
   c) Seus sinais estão, por exemplo, no melhoramento das cidades em plena crise da administração federal, no basta à corrupção, no movimento pela ética na política, na emergência de movimentos em favor da mulher, da criança ou da ecologia, no antirracismo.
   d) São antídotos contra a cultura autoritária que sempre ditou a receita do desastre social. Eles estão na confluência de duas tendências.
   e) Parte da elite, não quer viver no *apartheid* sul-africano e, cada vez mais, os pobres querem sua cota de cidadania.

21. Indique o trecho que apresenta erro quanto ao emprego de sinais de pontuação.
   a) "Interferências demagógicas de governos levaram o Sistema Brasileiro da Habilitação à falência em que hoje se encontra". (*Folha de S.Paulo*, 05.10.1989, p. A4)
   b) "Mas a disputa pelos direitos do livro — a ser editado no Brasil, evidentemente, pela Marco Zero, da qual Márcio de Souza é diretor — apenas começou." (*Leia*, agosto/1989, p. 14)
   c) "O convite veio de Jofre Rodrigues, sócio principal da produtora J.N. Filmes. Assim que a notícia foi divulgada na Europa, editoras alemãs, francesas e americanas começaram a assediar o agente literário Thomas Colchie, que responde pelo escritor brasileiro na França". (*Leia*, agosto/1989, p. 14)
   d) "Ao lado da disputa pelos direitos de filmagem da vida do líder seringueiro Chico Mendes, arma-se uma outra briga: o alvo, agora, é o argumento do filme, que será escrito pelo romancista amazonense Márcio de Souza." (*Leia*, agosto/1989, p. 14)
   e) "O bom humor, voltou à vida de Arraes depois do encontro com Brizola na semana passada. Exatamente o que conversaram os dois políticos ninguém sabe." (*Folha de S.Paulo*, 05.10.1989, p. 4)

22. Os sinais de pontuação estão corretamente empregados em:
   a) A dupla tributação — acima referida — é injustificada, por pelo menos, dois motivos, que passamos a expor, de forma sucinta.
   b) A dupla tributação acima referida, é injustificada por, pelo menos, dois motivos, que passamos a expor de forma sucinta.
   c) A dupla tributação, acima referida é injustificada, por pelo menos dois motivos, que passamos a expor de forma sucinta.

d) A dupla tributação — acima referida — é injustificada por, pelo menos, dois motivos que passaremos a expor, de forma sucinta.
e) A dupla tributação referida acima é injustificada, pelos dois motivos, que passo a expor de forma sucinta.

23. Indique o fragmento que apresenta *erro* de pontuação.
a) A campanha presidencial de 1960, nos Estados Unidos, é apontada pela mudança do sistema de comunicação, como inovadora.
b) Até então, a conquista do voto se dava no confronto direto entre o candidato e o eleitor.
c) A década de 1930 viu o aparecimento, na política, do rádio.
d) Dez anos antes, apenas 11% das famílias tinham televisão; em 1960, o número se elevou para 88%.
e) A revolução ocorreu, radical e devastadora, na campanha de 1968.

24. Das relações abaixo, assinale a que *não* está pontuada corretamente:
a) Os candidatos, em fila, aguardavam ansiosos o resultado do concurso.
b) Em fila, os candidatos aguardavam, ansiosos, o resultado do concurso.
c) Ansiosos, os candidatos aguardavam, em fila, o resultado do concurso.
d) Os candidatos ansiosos aguardavam o resultado do concurso, em fila.
e) Os candidatos, aguardavam ansiosos, em fila, o resultado do concurso.

25. Indique o trecho em que algum sinal de pontuação não foi corretamente empregado.
a) Sócrates tem consigo, a seu lado, o que, primeiro, antes de outros, ele mesmo chamou o seu demônio.
b) E, assim, nos seus momentos de hesitação e incertezas, era "a voz divina" (expressão sua) que lhe falava, onde foi achar novamente a segurança.
c) Frequentemente, ó paradoxo! a voz o aconselhava a abstenção e não a ação.
d) E Nietzsche: Nessa natureza anormal, a sabedoria instintiva só se manifesta quando é para opor-se ao conhecimento consciente.
e) Se, em todos os homens produtivos o instinto, é uma força afirmativa e criadora, e a consciência crítica e negativa, em Sócrates, o instinto é crítico e a consequência uma afirmação.

26. Assinale o período que apresenta pontuação *incorreta*:
a) Nesta segunda-feira, quando o interventor designado pela Reitoria — Othon de Souza, diretor da Faculdade de Tecnologia — iniciar seu trabalho, começarão a aparecer, no próprio Departamento de Ciências, as origens da crise.
b) Cerca de mil aposentados e pensionistas, segundo o advogado Milton Peixoto, deverão ingressar na Justiça, esta semana, para salvaguardar direitos adquiridos.
c) A liquidação extrajudicial era uma das poucas medidas disponíveis aos ministros econômicos que solucionaria o rombo do grupo financeiro.
d) Quantos dentre vós, que ontem mesmo abandonastes o Partido do Governo, continuareis a receber hoje as benesses do poder?
e) O fato, porém é que poucos e raros dentre nós estarão integrando o reduzido grupo de intelectuais do Palácio do Planalto.

27. Assinale a opção em que trecho do texto apresenta erro de pontuação.
a) A PNAD, realizada pelo IBGE, revelou que a renda das famílias parou de cair em 2004, interrompendo uma trajetória de queda que acontecia desde 1997, e que houve diminuição do grau de concentração da renda do trabalho.
b) Enquanto a metade da população ocupada, que recebe os menores rendimentos, teve, ganho real de 3,2%, a outra metade, que tem rendimentos maiores, teve perda de 0,6%.
c) Os resultados da PNAD revelaram, também, que o Brasil melhorou em itens como número de Trabalhadores ocupados, participação das mulheres no mercado de trabalho, indicadores da área de educação e melhoria das condições de vida.
d) O assessor especial da Presidência da República, José Graziano, avaliou que esses números comprovam que o país está mudando. "Esses resultados revertem uma máxima histórica no nosso país de que os ricos ficavam cada vez mais ricos e os pobres cada vez mais pobres".

e) Graziano ressalta que a PNAD é a mais completa pesquisa anual sobre as condições de vida da população, mostra um retrato do país, e, em 2004, ela também foi estendida para as áreas rurais dos estados de Rondônia, Acre, Amazonas, Roraima, Pará e Amapá, alcançando a cobertura completa do território nacional.

(*Em Questão*, n. 379 — Brasília, 30.11.2005)

28. Assinale a opção que contém erro de pontuação.
   a) É expediente rotineiro na hierarquia do crime organizado armar o braço de crianças e adolescentes para matar pessoas. Utilizar menores em empreitadas criminosas tem constituído regra no mundo do crime.
   b) Não sofrendo de nenhum transtorno cognitivo sério, jovens de 16 anos são suficientemente capazes de entender postulados simples como "matar alguém é crime", sendo igualmente aptos a compreender que se praticarem tal ação serão punidos com a prisão.
   c) A inimputabilidade penal de crianças e adolescentes contribui não só para convertê-los em sicários do crime organizado, mas também funciona — o que é mais grave — como exortação para que novos grupos venham sentar praça na delinquência.
   d) A lei estaria mais sintonizada, com os anseios da sociedade se homicidas, ou autores de latrocínio entre 16 e 18 anos de idade fossem avaliados por comissões de especialistas para lhes ser imputada a devida medida socioeducativa.
   e) A vida e a intangibilidade física das pessoas são os bens mais valiosos protegidos pela ordem jurídica. Logo, não devem ceder tal primazia a outro pressuposto de direito.

(Baseado em Josemar Dantas, A lei penal e adolescentes, *Correio Braziliense*, D & J, 17.11.2003)

29. Assinale a letra que apresenta erro de pontuação de acordo com as normas do português padrão.
   a) Há 30 anos, por exemplo, a Irlanda era um país pobre, com elevado índice de analfabetismo e população pouco educada: figurava entre os últimos na Europa. Entre os países que apresentaram bons resultados, pelo menos três estavam em situação parecida com a brasileira há três décadas. Não tivemos a mesma história porque preferimos outras prioridades.
   b) Ao analisarmos a vergonha de estarmos entre os piores países do mundo em educação, esquecemo-nos de analisar aqueles que estão entre os primeiros.
   c) Desde então, a Irlanda investiu, contínua e prioritariamente na educação de seu povo. O resultado está no mesmo relatório que envergonhou o Brasil: a Irlanda é hoje um dos países com a melhor educação, entre todos os países do mundo.
   d) No lugar de mais infraestrutura econômica e desperdício em prédios públicos, a decisão foi a de que o país concentraria seus investimentos, ao longo das décadas seguintes, independentemente de resultados eleitorais, em três objetivos: saúde de qualidade e gratuita para todos, educação de excelência para todos e ciência e tecnologia de ponta.
   e) Quando surgiu a possibilidade de ingresso na Comunidade Econômica Europeia, em 1973, os três partidos políticos irlandeses da época reuniram um grupo de pessoas, escolhidas entre personalidades nacionais e dirigentes políticos, para responder a uma pergunta: o que fazer para a Irlanda se transformar num país desenvolvido, voltado para o futuro?

(Cristovam Buarque)

30. Os segmentos transcritos abaixo são partes sequenciadas de um texto. Aponte o segmento inteiramente correto quanto à organização sintática, emprego dos sinais de pontuação e propriedade no uso dos vocábulos.
   a) Ética dos políticos soa, para a maioria de nossos concidadãos, como um oximoro. Seria uma ética com desconto, deficitária, complacente, ante à verdadeira ética: a da vida privada.
   b) Esse é um fenômeno brasileiro (em nosso país, as virtudes são privadas, e os vícios, públicos), de Terceiro Mundo (idem) e, cada vez mais, mundial (ibidem). Vivemos a descrença na ágora, no espaço público.
   c) Ao político depreciado, chama-se maquiavélico. No meio milênio que se passou desde "O Príncipe", Maquiavel simbolizou o político sem escrúpulos na expressão, que não é dele, segundo o qual os fins justificariam os meios.
   d) Numa leitura "moderna" de Maquiavel, podem-se discernir uma ética com vistas a resultados de outra que respeita os valores. A primeira seria uma ética da responsabilidade; a se-

gunda de princípios. Políticos consideram os resultados prováveis de suas ações. Cientistas estimam os valores.

e) Por extensão, passou-se a transferir o que se aplicam aos cientistas para os homens privados em geral: as exigências de respeito a valores incondicionais valem mais a indivíduos privados do que a homens públicos, do qual é axioma a famosa frase de Mandeville: "Vícios privados, benefícios públicos".

(Renato Janine Ribeiro, *Folha de S.Paulo*, 17.07.2005, com modificações)

31. Os trechos abaixo constituem um texto. Assinale a opção que apresenta erro de pontuação.

a) As dívidas contraídas na imigração eram pagas com juros de 6% ao ano, não podendo o colono deixar de cumprir o contrato antes de saldá-las integralmente, além de ter de comunicar o contratante com seis meses de antecedência.

b) O não cumprimento do contrato gerava multa para o colono. Outras cláusulas apareciam nos regulamentos das colônias, tais como as que impunham um controle disciplinar rigoroso, com aplicação de penas severas aos infratores.

c) As experiências iniciais do trabalho livre do colono foram marcadas por inúmeros conflitos, desentendimentos, greves, denúncias de cobranças de taxas abusivas pelo importador, rebeldia contra controle moral e disciplinar severo imposto nas colônias.

d) Esses fatos redundaram na acusação de Portugal ao Brasil da prática de escravidão disfarçada. O descumprimento do contrato pelo colono, por exemplo, poderia representar, além da rescisão, a multa e a pena de prisão de oito dias a três meses.

e) Contudo, para os fazendeiros, o clima era, de insegurança generalizada no cumprimento dos contratos, o que reclamaria uma regulamentação jurídica mais eficiente do que a então vigente.

(Sidnei Machado — <http://calvados.c3sl>)

32. Os trechos abaixo constituem um texto. Assinale o segmento que apresenta erro de pontuação.

a) A questão não é se a arte e seu autor devem participar da discussão pública de seu tempo, comprometer-se ou não com a "realidade": impossível quase, evitar uma coisa e outra.

b) A questão é como fazer isso. A ética da arte não está no seu grau de compromisso com a realidade, com a objetividade (recorde-se Nelson Rodrigues e sua luta contra os "idiotas da objetividade" que o queriam encurralar) ou com o coletivo. Também não está no contrário disso.

c) A ética da arte (romance, cinema, teatro) não está tampouco, como já se quis, na informação ou no saber que propaga. A ética da arte depende de seu compromisso com a existência, que é singular (não, com a realidade, que é geral), e do jogo que arma com o que há de desconhecido nessa existência.

d) Expor o desconhecido não significa afirmar ou divulgar um saber — que na arte é quase sempre o já sabido. Em arte, o saber gira, como máquina solteira, ao redor de certezas e ideias feitas.

e) Já o jogo com o desconhecido, e sua eventual anulação ou superação, faz-se na arte ao redor da incerteza e, na arte contemporânea, da complexidade — quase nunca isenta de perplexidade.

(Adaptado de Teixeira Coelho)

33. Assinale o segmento inteiramente correto quanto ao emprego dos sinais de pontuação. (Tome os segmentos como partes consecutivas de um texto)

a) Vários autores acreditam que o romance, *Frankenstein*, de Mary Shelley foi decisivo para o estabelecimento de uma visão negativa da ciência; mostrou pela primeira vez, a imagem do cientista tomado pela paixão e pela loucura, "criando" um monstro que foge ao seu controle e ameaça a sociedade. Surgia o "cientista louco" e a ciência como um instrumento perigoso e incontrolável.

b) Segundo Wolpert, "foi Mary Shelley quem criou o monstro de *Frankenstein* não foi a ciência; mas sua imagem é tão poderosa, que alimentou medos sobre a engenharia genética que dificilmente serão removidos". Não se poderia imaginar que aquela alegoria seria tão nefasta para os cientistas.

c) O livro de Mary Shelley, é considerado o primeiro livro de ficção científica, mas o tratamento dado à figura dos cientistas, nas obras de ficção científica que o sucederam, não melhora a imagem do cientista. Num estudo em que se pediu que crianças, adolescentes e adultos definissem um cientista, por meio de desenho, a imagem que apareceu não foi positiva.
d) A visão estereotipada do cientista — cara de louco, olhos esbugalhados, cabelos desgrenhados é difundida em diversos meios de comunicação muito poderosos (cinema, quadrinhos, desenhos animados, televisão); isso, em nada contribui para facilitar o entendimento do que seja ciência.
e) Daí tive a ideia de montar um projeto de pesquisa! Se artistas convivessem com o cientista no laboratório, se vissem os experimentos e a carga emocional que despertam no pesquisador, se conversassem diariamente sobre seus trabalhos... Será que a ciência seria interpretada e mostrada de outra forma?

(Diucênio Rangel, *O diálogo entre ciência e arte*, com adaptações)

34. No texto abaixo foram substituídos sinais de pontuação por números. Assinale a sequência de sinais de pontuação que devem ser inseridos nos espaços indicados para que o texto se torne coerente e gramaticalmente correto. Desconsidere a necessidade de transformar letras minúsculas em maiúsculas.

Os seres humanos sofrem sempre conflitos de interesse com os ressentimentos, facções, coalizões e instáveis alianças que os acompanham **(1)** no entanto, o que mais interessa nesses fenômenos conflituosos não é o quanto eles nos separam, mas quão frequentemente eles são neutralizados, perdoados e desculpados. Nos seres humanos **(2)** com seu extraordinário dom narrativo, uma das principais formas de manutenção da paz é o dom humano de apresentar **(3)** dramatizar e explicar as circunstâncias atenuantes em torno de violações que ameaçam introduzir conflito na habitualidade da vida **(4)** o objetivo de tal narrativa não é reconciliar, não é legitimar, nem mesmo desculpar, mas antes **(5)** explicar.
(Jerome Bruner. *Atos de significação*, com adaptações)

	1	2	3	4	5
a)	;	,	.	:	,
b)	;	-	;	.	;
c)	.	;	-	;	:
d)	.	.	;	;	:
e)	.	,	,	.	,

35. Do fragmento a seguir, propositadamente, foram retirados os sinais de pontuação. Atentamente, faça a pontuação devida e, em seguida, assinale a opção *correta*.
O mercado está recebendo um bando de neófitos que são sérios candidatos a sofrer uma carnificina disse o americano Jim Rogers um dos gurus do mundo dos investimentos.
a) — O mercado está recebendo um bando de neófitos, que são sérios candidatos, a sofrer uma carnificina, disse Jim Rogers, um dos gurus do mundo dos investimentos.
b) "O mercado está recebendo um bando de neófitos, que são sérios candidatos a sofrer uma carnificina" — disse o americano Jim Rogers um dos gurus, do mundo dos investimentos.
c) O mercado, está recebendo um bando de neófitos que são sérios candidatos, a sofrer uma carnificina — disse o americano Jim Rogers, um dos gurus do mundo dos investimentos.
d) O mercado está recebendo um bando de neófitos, que são sérios candidatos, a sofrer uma carnificina, disse o americano Jim Rogers, um dos gurus do mundo dos investimentos.
e) "O mercado está recebendo um bando de neófitos que são sérios candidatos a sofrer uma carnificina", disse o americano Jim Rogers, um dos gurus do mundo dos investimentos.

36. Seja o seguinte período:
Em 2006, o índice Shanghai Composite, da Bolsa de Valores de Shanghai, na região sudoeste do país, subiu 130%.

(*Época*, 12.02.2007)

Pode-se reescrever o mesmo período, sem alterar-lhe o sentido, usando-se outra forma de pontuação e mantendo-se a correção gramatical, conforme se fez em:

a) O índice Shanghai Composite, da Bolsa de Valores de Shanghai, na região sudoeste do país, em 2006, subiu 130%.
b) Na região, sudoeste do país, o índice Shanghai Composite da Bolsa de Valores em Shanghai, subiu 130%, em 2006.
c) Subiu 130%, o índice Shanghai Composite da Bolsa de Valores, de Shanghai, na região sudoeste do país, em 2006.
d) O índice Shanghai Composite da Bolsa de Valores, de Shanghai, subiu, 130%, na região sudoeste do país.
e) Em 2006, subiu 130% o índice, Shanghai Composite, da Bolsa de Valores, de Shanghai, na região, sudoeste do país.

37. Em relação à ausência de vírgulas, está inteiramente correta e clara a redação da frase do seguinte período:
a) Se é verdade que só 18% concordam com a chamada "saída autoritária" também é verdade que só 40% aceitam bem as privatizações.
b) Quando a democracia não funciona bem que aqui e ali passem a se manifestar os que conservam saudades dos regimes autoritários não é raro.
c) O autor se refere ao Brasil de 1989 porquanto o autor está-nos lembrando que àquela época a maioria dos eleitores fez Presidente um candidato classificado como aventureiro.
d) Seria interessante saber em que "certas circunstâncias" um governo autoritário ofereceria vantagens em relação a um governo democrático.
e) Assim como boa parte dos brasileiros também o autor do texto julga que a nossa democracia poderia funcionar de uma maneira melhor.

38. Atente para as seguintes frases:
I. Toda vez que vou ao teatro interativo, fico aterrorizado.
II. Não gosto muito dos atores, que costumam ser extravagantes.
III. Fiquei na última fila, para evitar maiores ameaças.

A supressão da vírgula altera o sentido somente do que está em
a) I.
b) II.
c) III.
d) I e II.
e) II e III.

39. Considere os seguintes casos:
I. Os homens, que ignoram os direitos da mulher, passarão a acatá-los. Os homens que ignoram os direitos da mulher passarão a acatá-los.
II. Somente, agora o Código Civil brasileiro incorporou as mudanças ocorridas. Somente agora o Código Civil brasileiro incorporou as mudanças ocorridas.
III. O valor de um código, estabelecido por convenção, deve ser comprovado na prática. O valor de um código estabelecido por convenção deve ser comprovado na prática.

A alteração na pontuação provoca alteração de sentido em
a) I, somente.
b) I e II, somente.
c) I e III, somente.
d) II e III, somente.
e) I, II e III.

Texto para a questão 40:
A exclusão da cidadania é mais uma exclusão que o brasileiro paga pela má qualidade da escola. Sem um ensino básico de excelência, perdem-se não só sucessivas batalhas, **(1)** mas a guerra. Os pais desempenham o papel que lhes cabe. **(2)** Mandam os filhos para a escola. As crianças assistem às aulas, **(3)** fazem as tarefas exigidas, mas não aprendem. Algumas chegam à 5.ª série analfabetas. **(4)** Não leem nem escrevem. Outras, **(5)** analfabetas funcionais.

Leem, mas são incapazes de entender o texto. Escrevem, mas não conseguem redigir um bilhete simples.

(*Correio Braziliense,* 17.10.2006)

40. Em relação ao texto acima, assinale o comentário incorreto a respeito dos sinais de pontuação.
a) 1 — a vírgula justifica-se para separar oração de natureza explicativa.
b) 2 — o ponto final pode ser substituído por sinal de dois-pontos, com mudança de maiúscula para minúscula em "Mandam".
c) 3 — a vírgula justifica-se para isolar elementos de mesma classe gramatical componentes de uma enumeração.
d) 4 — o ponto final pode ser substituído por vírgula, com mudança de maiúscula para minúscula em "Não".
e) 5 — a vírgula justifica-se para marcar a elipse de expressão antecedente: "chegam à 5.ª série".

Texto para a questão 41:
Memórias do cárcere, **(1)** na versão cinematográfica, **(1)** explora mais desenvoltamente a linguagem artística e as possibilidades que estão ao alcance do cinema de fragmentar a realidade para, **(2)** em seguida, **(2)** recompor o concreto nos diversos níveis em que ele aparece na percepção, **(3)** na cabeça e na história dos homens. Quem ama o livro por ele mesmo não vai recuperá-lo no filme. Quem ama as várias verdades que Graciliano Ramos enfrentou com hombridade e coragem irá ver no filme uma engenhosa e íntegra transposição do livro. Seria pouco dizer que ambos se completam. Nelson Pereira dos Santos explora a técnica cinematográfica como Graciliano Ramos, a técnica literária, **(4)** ou seja, **(4)** como recurso de descoberta da verdade, **(5)** arma de denúncia intelectual e instrumento de luta política.

(Florestan Fernandes)

41. Assinale a opção que apresenta justificativa correta para o emprego das vírgulas no texto acima.
a) 1 — isolam aposto explicativo.
b) 2 — isolam termos de mesma função sintática.
c) 3 — isola adjunto adverbial deslocado.
d) 4 — isolam expressão retificativa ou explicativa.
e) 5 — isola aposto explicativo.

42. Assinale a opção em que o emprego dos sinais de pontuação está correto.
a) Motoristas e montadoras de automóveis, não terão que desembolsar mais recursos com a mudança para o biodiesel, pois esse combustível não exige nenhuma alteração nos motores dos veículos.
b) A Associação Nacional dos Fabricantes de Veículos Automotores (Anfavea), assegurou a garantia dos motores dos veículos que utilizarem o biodiesel misturado ao diesel na proporção de 2%, como foi autorizado.
c) Além disso, o combustível renovável poderá ser usado, em substituição ao óleo diesel em usinas termelétricas, na geração de energia elétrica em comunidades de difícil acesso, como é o caso de diversas localidades na região Norte.
d) Para autorizar o uso do biodiesel no mercado nacional, o governo, editou um conjunto de atos legais que tratam dos percentuais de mistura do biodiesel ao diesel, da forma de utilização e do regime tributário.
e) Tal regime, considera a diferenciação das alíquotas com base na região de plantio, nas oleaginosas e na categoria de produção (agronegócio e agricultura familiar). O governo cria também o Selo Combustível Social e isenta a cobrança do Imposto sobre Produtos Industrializados (IPI).

(Adaptado de *Em Questão,* n. 261 — Brasília, 08.12.2004)

43. Assinale a opção que apresenta erro de pontuação.
a) A evolução da arquitetura se caracteriza pelas suas obras mais importantes, aquelas que, especulando na técnica, se fizeram diferentes e inovadoras.

b) E, quando dela nos ocupamos, vale a pena voltar ao passado e sentir como a ideia da obra de arte se integrava nas razões utilitárias da arquitetura, fazendo-a mais rica, mais bela, com suas colunatas, seus ornamentos, pinturas, esculturas.
c) Com o advento do concreto armado, a arquitetura se modificou inteiramente. As paredes, que antes sustentavam os edifícios, passaram a simples material de vedação, surgindo a estrutura independente, a fachada de vidro.
d) A curva, a curva generosa que os antigos tanto procuravam com seus arcos, cúpulas, *voûtes* e abóbadas espetaculares assumiu uma nova e surpreendente dimensão e, com ela, os requintes da técnica: o protendido, as cascas, os grandes espaços livres e os balanços extraordinários.
e) Uma arquitetura mais livre e vazada se oferecia a todos os arquitetos que quisessem inovar e se aventurar por novos caminhos.

(Adaptado de Oscar Niemeyer)

44. Assinale a opção em que há erro de pontuação.
a) Entre março de 2004 e fevereiro de 2005, as exportações brasileiras ultrapassaram a marca dos US$ 100 bilhões, um recorde histórico para o país.
b) A meta do Governo Federal, alcançada com quase dois anos de antecedência mostra o vigor das vendas do país para o mercado externo.
c) Exportação em alta significa favorecer o desenvolvimento do país e, portanto, a geração de emprego de renda. Para o sucesso desse trabalho, as microempresas contam com o apoio do Sebrae (Serviço Brasileiro de Apoio às Micro e Pequenas Empresas) e da APEXBrasil (Agência de Promoção de Exportações do Brasil) na capacitação de funcionários e na consultoria técnica.
d) O aumento nas exportações é um dos fatores principais para o saldo positivo referente à criação de postos de trabalho no Brasil. Em 2004, foram 1,5 milhão de novas vagas com carteira assinada, e essa tendência permanece este ano.
e) Em janeiro, foram criadas 115.972 vagas formais, melhor resultado para o período desde 1992. Conforme dados do Instituto Brasileiro de Geografia e Estatística (IBGE), a população ocupada em janeiro deste ano em seis regiões metropolitanas cresceu 4,1% em relação ao mesmo período de 2004.

45. Assinale a opção em que se deve colocar duas vírgulas obrigatoriamente para que o período se torne correto.
a) Outra iniciativa do governo no sentido de atingir os Objetivos de Desenvolvimento do Milênio foi a criação de um grupo técnico coordenado pela Casa Civil para monitorar o desempenho do Brasil.
b) Uma das funções do grupo é a elaboração do Relatório de Acompanhamento dos Objetivos de Desenvolvimento do Milênio no Brasil com a situação nacional diante das 18 metas e dos 48 indicadores.
c) Uma das metas é reduzir pela metade entre 1990 e 2015 a proporção da população com renda inferior a US$ 1 *per capita* por dia.
d) Conforme o relatório preparado pelo Instituto de Pesquisas Econômicas Aplicadas (IPEA) o Brasil tinha em 1990 8,8% da população abaixo dessa renda *per capita*.
e) Dez anos depois esse percentual chegou a 4,7%. No País porém ainda existem cerca de oito milhões de pessoas que vivem com menos de US$ 1 por dia.

(Trechos adaptados de *Em Questão*, Subsecretaria de Comunicação Institucional da Secretaria-Geral da Presidência da República, n. 390, Brasília, 6 de janeiro de 2006)

46. (FCC) "A maioria desses usos é nobre, já que eles aumentam o nosso conforto, o nosso bem-estar, a nossa saúde."

Considere as afirmativas seguintes sobre o emprego das vírgulas no segmento acima:
I. A vírgula colocada após "é nobre" pode ser retirada sem prejuízo da correção.
II. A vírgula que separa as expressões "o nosso bem-estar" e "a nossa saúde" pode ser corretamente substituída por "e".

III. A vírgula após a expressão "o nosso conforto" pode ser substituída por dois-pontos, sem prejuízo da correção do sentido original.

Está correta apenas o que se afirma em:
a) I.
b) II.
c) III.
d) I e II.
e) I e III.

GABARITO

1. "e". A vírgula nunca deve separar sujeito do verbo, verbo do complemento, e termo regente de termo regido.

2. "d". Neste período devemos usar apenas uma vírgula para separar as orações sem conectivos.

3. "b". Vamos corrigir a frase: Por mais precária que seja a estrutura familiar, afastar dela um jovem não é melhor do que interná-lo no sistema atual da Febem.

4. "a". O ponto e vírgula deve ser usado para separar as orações dentro do período. Na opção "a" temos três orações.

5. "b". Vejamos os erros: a) a vírgula depois de "veraneio" separa o verbo do seu complemento; c) "flagelo terrível" é aposto e deve ficar entre vírgulas; d) a vírgula depois de "nucleares" separa o sujeito do verbo; e) a vírgula após "estudar" separa o verbo do seu complemento.

6. "a". A vírgula depois de "Eu" separa o sujeito do verbo.

7. "d". A citação deve aparecer sempre entre aspas.

8. "b". Há duas orações no período, e devem ser separadas por vírgula. Nas outras opções a vírgula separa termos que não podem ser separados.

9. "b". Vejamos os erros: a) a vírgula após "assunto" separa o sujeito do verbo; c) o termo "falando muito" se liga a "saiu correndo", por isso não deve haver ponto e vírgula entre eles; d) faltou vírgula depois de "rapazes"; e) a vírgula depois de "Ela" separa o sujeito do verbo.

10. "e". Vejamos os erros: a) a vírgula após "juiz" separa o sujeito do verbo; b) a vírgula depois de "uma" separa termos que não podem ser separados — umas das partes —; c) a vírgula após "juiz" separa o sujeito do verbo; d) a vírgula colocada depois de "mas" deveria aparecer antes dele.

11. "e". A vírgula não deve interferir na concatenação do período. Apenas na opção "e" ela foi bem empregada, nas outras sempre interfere entre um regente e seus regidos.

12. "a". A conjunção "porém" está deslocada, por isso deve ser colocada entre vírgulas — seu local ideal é o início da oração a que pertence. A vírgula após "pão" separa as duas orações.

13. "b". O termo "Para mim", deslocado para o início da frase, foi separado por vírgula. O restante constitui uma oração em ordem direta e, por isso, não deve receber vírgula.

14. "c". "A serraria, o descaroçador e o estábulo." — são objetos diretos do verbo mostrar.

15. "c". A vírgula separa o verbo do seu complemento.

16. "d". "Conforme as ordens recebidas" é um termo intercalado, por isso deve ser colocado entre vírgulas.

17. "d". A frase está em ordem direta: um termo completa o sentido do outro numa concatenação perfeita, por isso não há vírgula ou outros sinais de pausa.

18. "d". O termo "a crítica ou a história literária" funciona como sujeito de "têm", por isso não pode haver vírgula entre eles.

19. "d". "A Educação de Adultos" ... "é uma primeira leitura"... — aqui temos sujeito e predicado. O termo colocado entre eles representa um termo intercalado, que deve ser usado entre vírgulas. Então falta uma vírgula depois de "identificatório".

20. "e". A vírgula separa o sujeito do verbo: "Parte da elite não quer viver...".

21. "e". A vírgula separa o sujeito do verbo: "O bom humor voltou...".

22. "d". Os termos "acima referida", "pelo menos" e "de forma sucinta" são adjuntos adverbiais que podem ser separados por vírgulas. Nas outras opções incorre-se sempre no erro de separar sujeito do verbo, verbo do complemento e termo regente do complemento nominal.

23. "a". O termo "pela mudança do sistema de comunicação" é um termo intercalado, deve ter uma vírgula antes e outra depois dele. Faltou a vírgula antes dele.

24. "e". A vírgula separa o sujeito do verbo: "Os candidatos aguardavam...".

25. "e". A vírgula separa o sujeito do verbo: "... o instinto é uma força...".

26. "e". O local ideal da conjunção é o início da oração a que pertence; quando ela está deslocada, ou seja, deixa de figurar no início da oração a que pertence, deve ser isolada por vírgulas: "O fato, porém, é que...".

27. "b". A vírgula separa o verbo do seu complemento: "... teve ganho real...".

28. "d". A vírgula separa o termo regente nominal do seu complemento nominal: "A lei estaria mais sintonizada com os anseios...".

29. "c". A vírgula separa o verbo do seu complemento. Podemos corrigir de duas maneiras: retirando a vírgula que lá está ou acrescentando outra para isolar os adjuntos adverbiais. Assim: "a Irlanda investiu contínua e prioritariamente na educação de seu povo" ou "a Irlanda investiu, contínua e prioritariamente, na educação de seu povo".

30. "b". Vejamos os erros: a) crase: "ante a verdadeira ética"; c) concordância nominal: "na expressão, que não é dele, segundo a qual"; d) concordância verbal: "pode-se discernir uma ética"; e) concordância verbal: "o que se aplica aos cientistas".

31. "e". O erro está na vírgula após "era", que não deve existir. A frase correta é "o clima era de insegurança generalizada".

32. "a". O termo "quase" é um adjunto adverbial colocado no meio da frase; nesse caso vem isolado por vírgulas — uma antes e outra depois: "impossível, quase, evitar".

33. "e". Vejamos alguns erros: a) "de Mary Shelley" deveria estar entre vírgulas; b) depois de "Frankenstein" deveria haver uma vírgula, pois se inicia em seguida outra oração; c) A vírgula depois de "Mary Shelley" separa o sujeito do verbo; d) faltou o travessão que fecha o termo interferente: "cientista — cara de louco, olhos esbugalhados, cabelos desgrenhados — é difundida".

34. "e". O **(1)** encerra um período, por isso ponto-final. O **(2)** isola o adjunto adverbial "Nos seres humanos", por isso vírgula. O **(3)** separa termos de uma enumeração, por isso vírgula. O **(4)** encerra um período, por isso ponto-final. O **(5)** indica que o verbo ser está oculto, ou seja, zeugma, por isso vírgula.

35. "e". Como se trata de uma citação, a fala do americano deve ser colocada entre aspas. Quanto às vírgulas, a primeira separa as orações e a segunda separa o aposto.

36. "a". Nas outras opções há sempre o problema de separar por vírgula o sujeito do verbo, ou o verbo do complemento, ou ainda o termo regente do complemento nominal.

37. "d". Como a frase está em ordem direta, não se deve colocar vírgula alguma.

38. "b". As orações introduzidas por pronomes relativos podem ser explicativas (com vírgula) ou restritivas (sem vírgula). Assim sendo a retirada da vírgula na oração II muda o sentido de explicação para restrição. Nas outras opções as vírgulas separam adjuntos adverbiais, que podem ou não ser isolados por vírgula e o sentido continua o mesmo.

39. "e". Na oração I: muda-se de explicação para restrição. Na oração II: "Somente" com vírgula significa que se dirá apenas uma coisa; "Somente" sem vírgula está modificando "agora". Na oração III: com vírgula temos uma explicação, sem vírgula temos uma restrição.

40. "a". A vírgula se justifica por separar uma oração de natureza *adversativa*.

41. "d". Vejamos os erros: a) 1 — separa adjunto adverbial; b) 2 — separa adjunto adverbial; c) 3 — separa termos de uma enumeração; e) 5 — separa termos de uma enumeração.

42. "c". Vejamos os erros: a) a vírgula após "automóveis" separa o sujeito do verbo; b) a vírgula após "(Anfavea)" separa o sujeito do verbo; d) a vírgula após "governo" separa o sujeito do verbo; e) a vírgula após "regime" separa o sujeito do verbo.

43. "d". Faltou uma vírgula depois de "procuravam". O termo "... com seus arcos, cúpulas..." é complemento da primeira palavra "curva" que aparece. Assim: **A curva**, *a curva generosa que os antigos tanto procuravam,* **com seus arcos**...

44. "b". "A meta do Governo Federal" é o sujeito de "mostra", então o termo entre eles deve aparecer entre vírgulas. Faltou uma vírgula depois de "antecedência".

45. "e". As duas vírgulas obrigatórias ocorrem com a conjunção "porém", que está deslocada e por isso deve ser isolada por vírgulas: "No País, porém, ainda...".

46. "b". A afirmação II é correta, pois a última vírgula de uma enumeração sempre pode ser substituída pela conjunção aditiva "e". Veja o que está errado nas outras: I — a palavra "nobre" encerra a primeira oração do período e, depois dela, começa uma oração explicativa, que deve sempre ser separada por vírgula; III — o termo "o nosso conforto" é parte da enumeração presente na frase, e os termos das enumerações são separados por vírgula — os dois-pontos introduzem enumeração ou explicação.

6
SEMÂNTICA

sem(a), semato- elem. comp., do gr. sema- atos "sinal, marca, significação", que se documenta em vocs. formados no próprio grego, como semiótica, e em muitos outros introduzidos na linguagem científica internacional, a partir do séc. XIX.
(...)
semÂNT.ICA XX. Do fr. sémantique, voc. introduzido por Bréal, em 1883, na linguagem internacional da linguística.

Antonio Geraldo da Cunha

6.1. SINÔNIMO

Palavra que tem com outra uma **semelhança de significação** que permite que uma seja escolhida pela outra em alguns contextos, sem alterar a significação literal da sentença.

alegre — feliz
diminuto — pequeno
falar — dizer
branco — alvo

6.2. ANTÔNIMO

Unidade significativa da língua (morfema, palavra, locução, frase) cujo **sentido é contrário** ou incompatível com o de outra.

in- / ex-
grande / pequeno
bonito / feio

6.3. HOMÔNIMOS

Vocábulos que possuem o **mesmo som** e/ou a **mesma grafia**, mas com sentidos díspares. Eles se dividem em:

■ **homográficos** — mesma grafia:
sede (lugar)
sede (vontade de beber)
almoço (substantivo)

almoço (1.ª pessoa do presente do indicativo do verbo almoçar)
selo (substantivo)
selo (1.ª pessoa do presente do indicativo do verbo selar)

■ **homofônicos** — mesmo som:
buxo (arbusto)
bucho (estômago)
Cassar (tornar nulo ou sem efeito, suspender, invalidar)
Caçar (perseguir, procurar, apanhar — geralmente animais)
Ascender (subir, elevar-se)
Acender (atear fogo, inflamar)

> **Curiosidade:** Alguns homônimos são, ao mesmo tempo, **homofônicos e homográficos**, por isso recebem o nome de **homônimos perfeitos:**
> são (santo)
> são (sadio)
> são (3.ª pessoa do plural do presente do indicativo do verbo ser)
> manga (fruta)
> manga (parte da roupa)
> como (conjunção)
> como (1.ª pessoa do singular do presente do indicativo do verbo comer)
> sonho (substantivo)
> sonho (1.ª pessoa do singular do presente do indicativo do verbo sonhar)

6.4. PARÔNIMOS

Vocábulos que possuem **som ou grafia parecidos**, mas com sentidos díspares.
flagrante (no ato) — fragrante (que tem cheiro)
iminente (prestes a ocorrer) — eminente (excelente)
infligir (aplicar) — infringir (violar)

Lista de alguns homônimos e parônimos notáveis:

Absolver: inocentar, relevar da culpa imputada.
Absorver: embeber em si, esgotar.
Acender: atear (fogo), inflamar.
Ascender: subir, elevar-se.
Acento: sinal gráfico.
Assento: banco, cadeira.
Acerca de: sobre, a respeito de.
A cerca de: a uma distância aproximada de.
Há cerca de: faz aproximadamente (tanto tempo).
Acidente: acontecimento casual; desastre.
Incidente: episódio; que incide, que ocorre.

6 ■ Semântica

Adotar: escolher, preferir; assumir; pôr em prática.
Dotar: dar em doação, beneficiar.
Afim: que apresenta afinidade, semelhança, relação (de parentesco).
A fim de: para, com a finalidade de, com o fito de.
Alto: de grande extensão vertical; elevado, grande.
Auto: ato público, registro escrito de um ato, peça processual.
Aleatório: casual, fortuito, acidental.
Alheatório: que alheia, alienante, que desvia ou perturba.
Amoral: desprovido de moral, sem senso de moral.
Imoral: contrário à moral, aos bons costumes, devasso, indecente.
Ante (preposição): diante de, perante.
Ante- (prefixo): expressa anterioridade.
Anti- (prefixo): expressa contrariedade; contra.
Ao encontro de: para junto de; favorável a.
De encontro a: contra; em prejuízo de.
Ao invés de: ao contrário de.
Em vez de: em lugar de.
A par: informado, ao corrente, ciente.
Ao par: de acordo com a convenção legal.
Aparte: interrupção, comentário à margem.
À parte: em separado, isoladamente, de lado.
Apreçar: avaliar, pôr preço.
Apressar: dar pressa a, acelerar.
Área: superfície delimitada, região.
Ária: canto, melodia.
Aresto: acórdão, caso jurídico julgado.
Arresto: apreensão judicial, embargo.
Arrochar: apertar com arrocho, apertar muito.
Arroxar ou *arroxear, roxear*: tornar roxo.
Ás: exímio em sua atividade; carta do baralho.
Az (p. us.): esquadrão, ala do exército.
Atuar: agir, pôr em ação; pressionar.
Autuar: lavrar um auto; processar.
Auferir: obter, receber.
Aferir: avaliar, cotejar, medir, conferir.
Augurar: prognosticar, prever, auspiciar.
Agourar: pressagiar, predizer (geralmente no mau sentido).
Avocar: atribuir-se, chamar.
Evocar: lembrar, invocar.
Invocar: pedir (a ajuda de); chamar; proferir.
Caçar: perseguir, procurar, apanhar (geralmente animais).

Cassar: tornar nulo ou sem efeito, suspender, invalidar.
Carear: atrair, ganhar, granjear.
Cariar: criar cárie.
Carrear: conduzir em carro, carregar.
Censo: alistamento, recenseamento, contagem.
Senso: entendimento, juízo, tino.
Cerrar: fechar, encerrar, unir, juntar.
Serrar: cortar com serra, separar, dividir.
Cessão: ato de ceder.
Seção: setor, subdivisão de um todo, repartição, divisão.
Sessão: espaço de tempo que dura uma reunião, um congresso; reunião; espaço de tempo durante o qual se realiza uma tarefa.
Cheque: ordem de pagamento à vista.
Xeque: dirigente árabe; lance de xadrez; (fig.) perigo (*pôr em xeque*).
Cível: relativo à jurisdição dos tribunais civis.
Civil: relativo ao cidadão; cortês, polido (daí *civilidade*); não militar, nem eclesiástico.
Colidir: trombar, chocar; contrariar.
Coligir: colecionar, reunir, juntar.
Comprimento: medida, tamanho, extensão, altura.
Cumprimento: ato de cumprir, execução completa; saudação.
Concelho: circunscrição administrativa ou município (em Portugal).
Conselho: aviso, parecer, órgão colegiado.
Concerto: acerto, combinação, composição, harmonização.
Conserto: reparo, remendo, restauração.
Conje(c)tura: suspeita, hipótese, opinião.
Conjuntura: acontecimento, situação, ocasião, circunstância.
Contravenção: transgressão ou infração a normas estabelecidas.
Contraversão: versão contrária, inversão.
Coser: costurar, ligar, unir.
Cozer: cozinhar, preparar.
Costear: navegar junto à costa, contornar.
Custear: pagar o custo de, prover, subsidiar.
Custar: valer, necessitar, ser penoso.
Deferir: consentir, atender, despachar favoravelmente, conceder.
Diferir: ser diferente, discordar; adiar, retardar, dilatar.
Degradar: deteriorar, desgastar, diminuir, rebaixar.
Degredar: impor pena de degredo, desterrar, banir.
Delatar (delação): denunciar, revelar crime ou delito, acusar.
Dilatar (dilação): alargar, estender; adiar, diferir.
Derrogar: revogar parcialmente (uma lei), anular.
Derrocar: destruir, arrasar, desmoronar.

Descrição: ato de descrever, representação, definição.
Discrição: discernimento, reserva, prudência, recato.
Descriminar: absolver de crime, tirar a culpa de.
Discriminar: diferençar, separar, discernir.
Despensa: local em que se guardam mantimentos, depósito de provisões.
Dispensa: licença ou permissão para deixar de fazer algo a que se estava obrigado; demissão.
Despercebido: que não se notou, para o que não se atentou.
Desapercebido: desprevenido, desacautelado.
Dessecar: secar bem, enxugar, tornar seco.
Dissecar: analisar minuciosamente, dividir anatomicamente.
Destratar: insultar, maltratar com palavras.
Distratar: desfazer um trato, anular.
Distensão: ato ou efeito de distender, torção violenta dos ligamentos de uma articulação.
Distinção: elegância, nobreza, boa educação.
Dissensão: desavença, diferença de opiniões ou interesses.
Elidir: suprimir, eliminar.
Ilidir: contestar, refutar, desmentir.
Emenda: correção de falta ou defeito, regeneração, remendo.
Ementa: apontamento, súmula de decisão judicial ou do objeto de uma lei.
Emergir: vir à tona, manifestar-se.
Imergir: mergulhar, afundar (submergir), entrar.
Emigrar: deixar o país para residir em outro.
Imigrar: entrar em país estrangeiro para nele viver.
Eminente (eminência): alto, elevado, sublime.
Iminente (iminência): que está prestes a acontecer, pendente, próximo.
Emitir (emissão): produzir, expedir, publicar.
Imitir (imissão): fazer entrar, introduzir, investir.
Empoçar: reter em poço ou poça, formar poça.
Empossar: dar posse a, tomar posse, apoderar-se.
Encrostar: criar crosta.
Incrustar: cobrir de crosta, adornar, revestir, prender-se, arraigar-se.
Entender: compreender, perceber, deduzir.
Intender (p. us.): exercer vigilância, superintender.
Enumerar: numerar, enunciar, narrar, arrolar.
Inúmero: inumerável, sem conta, sem número.
Espectador: aquele que assiste a qualquer ato ou espetáculo, testemunha.
Expectador: que tem expectativa, que espera.
Esperto: inteligente, vivo, ativo.
Experto: perito, especialista.
Espiar: espreitar, observar secretamente, olhar.

Expiar: cumprir pena, pagar, purgar.
Estada: ato de estar, permanência de pessoas.
Estadia: prazo para carga e descarga de navio ancorado em porto, ou de qualquer veículo.
Estância: lugar onde se está, morada, recinto.
Instância: solicitação, pedido, rogo; foro, jurisdição, juízo.
Estrato: cada camada das rochas estratificadas.
Extrato: coisa que se extraiu de outra; pagamento, resumo, cópia; perfume.
Flagrante: ardente, acalorado; diz-se do ato que a pessoa é surpreendida a praticar (flagrante delito).
Fragrante: que tem fragrância ou perfume; cheiroso.
Florescente: que floresce, próspero, viçoso.
Fluorescente: que tem a propriedade da fluorescência.
Folhar: produzir folhas, ornar com folhagem, revestir lâminas.
Folhear: percorrer as folhas de um livro, compulsar, consultar.
Incerto: não certo, indeterminado, duvidoso, variável.
Inserto: introduzido, incluído, inserido.
Incipiente: iniciante, principiante.
Insipiente: ignorante, insensato.
Incontinente: imoderado, que não se contém, descontrolado.
Incontinenti: imediatamente, sem demora, logo, sem interrupção.
Induzir: causar, sugerir, aconselhar, levar a.
Aduzir: expor, apresentar.
Inflação: ato ou efeito de inflar; emissão exagerada de moeda, aumento persistente de preços.
Infração: ato ou efeito de infringir ou violar uma norma.
Infligir: cominar, aplicar (pena, castigo, repreensão, derrota).
Infringir: transgredir, violar, desrespeitar (lei, regulamento etc.).
Inquerir: apertar (a carga de animais), encilhar.
Inquirir: procurar informações sobre, indagar, investigar, interrogar.
Intercessão: ato de interceder.
Interse(c)ção: ação de se(c)cionar, cortar; ponto em que se encontram duas linhas ou superfícies.
Inter- (prefixo): entre; preposição latina usada em locuções: *inter alia* (entre outros), *inter pares* (entre iguais).
Intra- (prefixo): interior, dentro de.
Mandado: garantia constitucional para proteger direito individual líquido e certo; ato de mandar; ordem escrita expedida por autoridade judicial ou administrativa.
Mandato: autorização que alguém confere a outrem para praticar atos em seu nome; procuração; delegação.
Mandante: que manda; aquele que outorga um mandato.
Mandatário: aquele que recebe um mandato, executor de mandato, representante, procurador.

Mandatório: obrigatório.
Obcecação: ato ou efeito de obcecar, teimosia, cegueira.
Obsessão: impertinência, perseguição, ideia fixa.
Paço: palácio real ou imperial; a corte.
Passo: ato de avançar ou recuar um pé para andar; caminho, etapa.
Pleito: questão em juízo, demanda, litígio, discussão.
Preito: sujeição, respeito, homenagem.
Preceder: ir ou estar adiante de, anteceder, adiantar-se.
Proceder: originar-se, derivar, provir; levar a efeito, executar.
Preeminente: que ocupa lugar elevado, nobre, distinto.
Proeminente: alto, saliente, que se alteia acima do que o circunda.
Preposição: ato de prepor, preferência; palavra invariável que liga constituintes da frase.
Proposição: ato de propor, proposta; máxima, sentença; afirmativa, asserção.
Presar: capturar, agarrar, apresar.
Prezar: respeitar, estimar muito, acatar.
Prescrever: fixar limites, ordenar de modo explícito, determinar; ficar sem efeito, anular-se.
Proscrever: abolir, extinguir, proibir, terminar; desterrar.
Prever: ver antecipadamente, profetizar; calcular.
Prover: providenciar, dotar, abastecer, nomear para cargo.
Provir: originar-se, proceder; resultar.
Prolatar: proferir sentença, promulgar.
Protelar: adiar, prorrogar.
Ratificar: validar, confirmar, comprovar.
Retificar: corrigir, emendar, alterar.
Recrear: proporcionar recreio, divertir, alegrar.
Recriar: criar de novo.
Reincidir: tornar a incidir, recair, repetir.
Rescindir: dissolver, invalidar, romper, desfazer.
Remição: ato de remir, resgate, quitação.
Remissão: ato de remitir, intermissão, intervalo; perdão, expiação.
Repressão: ato de reprimir, contenção, impedimento, proibição.
Repreensão: ato de repreender, enérgica admoestação, censura, advertência.
Ruço: grisalho, desbotado.
Russo: referente à Rússia, nascido naquele país; língua falada na Rússia.
Sanção: confirmação, aprovação; pena imposta pela lei ou por contrato para punir sua infração.
Sansão: nome de personagem bíblico; certo tipo de guindaste.
Sedento: que tem sede; sequioso.
Cedente: que cede, que dá.
Sobrescritar: endereçar, destinar, dirigir.

Subscritar: assinar, subscrever.
Sortir: variar, combinar, misturar.
Surtir: causar, originar, produzir (efeito).
Subentender: perceber o que não estava claramente exposto; supor.
Subintender: exercer função de subintendente, dirigir.
Subtender: estender por baixo.
Sustar: interromper, suspender; parar.
Suster: sustentar, manter; fazer parar, deter.
Tacha: pequeno prego; mancha, defeito, pecha.
Taxa: espécie de tributo, tarifa.
Tachar: censurar, qualificar, apelidar.
Taxar: fixar a taxa de; regular, regrar.
Tapar: fechar, cobrir, abafar.
Tampar: pôr tampa em.
Tenção: intenção, plano.
Tensão: estado de tenso, rigidez; diferencial elétrico.
Tráfego: trânsito de veículos, percurso, transporte.
Tráfico: negócio ilícito, comércio, negociação.
Trás: atrás, detrás, em seguida, após (cf. em locuções: *de trás, por trás*).
Traz: 3.ª pessoa do singular do presente do indicativo do verbo *trazer*.
Vestiário: guarda-roupa; local em que se trocam roupas.
Vestuário: as roupas que se vestem, traje.
Vultoso: de grande vulto, volumoso.
Vultuoso: atacado de vultuosidade (congestão da face).

6.5. POLISSEMIA

É a **multiplicidade de sentidos** que uma palavra pode apresentar, dependendo do contexto em que está inserida.

O menino quebrou o *braço*.

O *braço* da cadeira é macio.

Península é um *braço* de terra que avança no mar.

6.6. DENOTAÇÃO E CONOTAÇÃO

As palavras dentro de um contexto podem assumir **vários sentidos**. Elas podem aparecer em seu sentido real, ou em sentidos figurados.

■ **denotação:** palavra utilizada em **sentido real:**
Atanagildetina plantou uma rosa.
— a palavra **rosa** representa a flor (sentido real).
João não pode deixar essa carta fora do baralho, senão o jogo ficará prejudicado.

■ **conotação:** palavra utilizada em **sentido figurado:**
Atanagildetina é uma rosa.

— a palavra **rosa** assume diversos significados, que dependem da imagem que o leitor faz da rosa: macia, perfumada, cheirosa, delicada etc.

João é carta fora do baralho.

6.7. QUESTÕES

1. O sentido da frase "<u>Ao se doparem</u>, os viciados em drogas geralmente experimentam um bem-estar." não sofrerá alteração ao se substituir a expressão sublinhada por
   a) Quando se dopam.
   b) Para se doparem.
   c) A menos que se dopem.
   d) A fim de que se dopem.
   e) Ainda quando se dopam.

2. O pronome grifado na frase abaixo substitui, considerando-se o contexto,
A rapidez e a facilidade dos deslocamentos de um ponto geográfico a outro sempre determinaram as condições de vida dos grupos humanos. Os meios de transporte tornaram o homem independente do meio em que vivia, permitiram-<u>lhe</u> ocupar todo o planeta, afetaram o aproveitamento dos recursos naturais e bens de produção e impulsionaram o comércio.
   a) ao comércio.
   b) ao meio.
   c) ao homem.
   d) a todo o planeta.
   e) ao aproveitamento dos recursos naturais.

3. Assinale a opção correta, considerando que à direita de cada palavra há um sinônimo.
   a) emergir = vir à tona; imergir = mergulhar
   b) emigrar = entrar (no país); imigrar = sair (do país)
   c) delatar = expandir; dilatar = denunciar
   d) deferir = diferenciar; diferir = conceder
   e) dispensa = cômodo; despensa = desobrigação

4. Indique a letra na qual as palavras completam, corretamente, os espaços das frases abaixo.
Quem possui deficiência auditiva não consegue _____ os sons com nitidez.
Hoje são muitos os governos que passaram a combater o _____ de entorpecentes com rigor.
O diretor do presídio _____ pesado castigo aos prisioneiros revoltosos.
   a) discriminar — tráfico — infligiu
   b) discriminar — tráfico — infringiu
   c) descriminar — tráfego — infringiu
   d) descriminar — tráfego — infligiu
   e) descriminar — tráfico — infringiu

5. No _____ do violoncelista _____ havia muitas pessoas, pois era uma _____ beneficente.
   a) conserto — eminente — sessão
   b) concerto — iminente — seção
   c) conserto — iminente — seção
   d) concerto — eminente — sessão

6. Os atuais simuladores de voo militares estão em condições não apenas de exibir uma imagem "realista" da paisagem sobrevoada, mas também de confrontá-la com a _____ obtida dos radares.
O termo que preenche adequadamente a lacuna no texto é:
   a) iconologia.
   b) iconoclastia.
   c) iconografia.
   d) iconofilia.
   e) iconolatria.

Texto para a questão 7.

Quando saí de casa, o velho José Paulino me disse:
Não vá perder o seu tempo. Estude, que não se arrepende.
Eu não sabia nada. Levava para o colégio um corpo sacudido pelas paixões de homem feito e uma alma mais velha do que o meu corpo. Aquele Sérgio, de Raul Pompeia, entrava no internato de cabelos grandes e com uma alma de anjo cheirando a virgindade. Eu não: era sabendo de tudo, era adiantado nos anos, que ia atravessar as portas do meu colégio. Menino perdido, menino de engenho.

(José Lins do Rego, *Menino de Engenho*, São Paulo: Moderna, 1983)

7. No texto, o verbo cheirar tem significado de:
a) agradar.
b) parecer.
c) enfeitiçar.
d) indagar.
e) bisbilhotar.

8. Em todas as alternativas, a mudança proposta para o período em destaque alterou o seu sentido, EXCETO em:

a) **Ele levantou lentamente os olhos para ver o céu.** / Ele levantou os olhos para ver o céu lentamente.
b) **Devo encontrá-lo apenas no shopping.** / Devo apenas encontrá-lo no shopping.
c) **O meu pedido foi só que ele estivesse aqui no horário marcado.** / O meu pedido foi que ele estivesse aqui só no horário marcado.
d) **Ele disse que necessariamente conseguiria resultados para a pesquisa.** / Ele disse que conseguiria necessariamente resultados para a pesquisa.
e) **Carmen gosta de pensar muito antes de agir.** / Carmen gosta muito de pensar antes de agir.

Texto para a questão 9.

As crônicas da vila de Itaguaí dizem que em tempos remotos vivera ali um certo médico, o Dr. Simão Bacamarte, filho da nobreza da terra e o maior dos médicos do Brasil, de Portugal e das Espanhas. Estudara em Coimbra e Pádua.
Aos trinta e quatro anos regressou ao Brasil, não podendo el-rei alcançar dele que ficasse em Coimbra, regendo a universidade, ou em Lisboa, expedindo os negócios da monarquia.
— A ciência, disse ele a Sua Majestade, é o meu emprego único; Itaguaí é o meu universo.
Dito isto, meteu-se em Itaguaí, e entregou-se de corpo e alma ao estudo da ciência, alternando as curas com as leituras, e demonstrando os teoremas com cataplasmas.
Aos quarenta anos casou com D. Evarista da Costa e Mascarenhas, senhora de vinte e cinco anos, viúva de um juiz de fora, e não bonita nem simpática. Um dos tios dele, caçador de pacas perante o Eterno, e não menos franco, admirou-se de semelhante escolha e disse-lho. Simão Bacamarte explicou-lhe que D. Evarista reunia condições fisiológicas e anatômicas de primeira ordem, digeria com facilidade, dormia regularmente, tinha bom pulso, e excelente vista; estava assim apta para dar-lhe filhos robustos, sãos e inteligentes. Se além dessas prendas, — únicas dignas da preocupação de um sábio, — D. Evarista era mal composta de feições, longe de lastimá-lo, agradecia-o a Deus, porquanto não corria o risco de preterir os interesses da ciência na contemplação exclusiva, miúda e vulgar da consorte.
D. Evarista mentiu às esperanças do Dr. Bacamarte, não lhe deu filhos robustos nem mofinos. A índole natural da ciência é a longanimidade; o nosso médico esperou três anos, depois quatro, depois cinco. Ao cabo desse tempo fez um estudo profundo da matéria, releu todos os escritores árabes e outros, que trouxera para Itaguaí, enviou consultas às universidades italianas e alemãs, e acabou por aconselhar à mulher um regime alimentício especial. A ilustre dama, nutrida exclusivamente com a bela carne de porco de Itaguaí, não atendeu às admoestações do esposo; e à sua resistência, — explicável mas inqualificável, — devemos a total extinção da dinastia dos Bacamartes.

Mas a ciência tem o inefável dom de curar todas as mágoas; o nosso médico mergulhou inteiramente no estudo e na prática da medicina. Foi então que um dos recantos desta lhe chamou especialmente a atenção, — o recanto psíquico, o exame da patologia cerebral. Não havia na colônia, e ainda no reino, uma só autoridade em semelhante matéria, mal explorada, ou quase inexplorada. Simão Bacamarte compreendeu que a ciência lusitana, e particularmente a brasileira, podia cobrir-se de "louros imarcescíveis", — expressão usada por ele mesmo, mas em um arroubo de intimidade doméstica; exteriormente era modesto, segundo convém aos sabedores.

(Machado de Assis. *O alienista,* São Paulo: Ática, 1982, p. 9-10)

9. Leia os seguintes trechos do texto:
"... estava **assim** apta para dar-lhe filhos robustos, sãos e inteligentes."
"Se além dessas prendas, (...) D. Evarista era mal composta de feições, longe de lastimá-lo, agradecia-o a Deus, **porquanto** não corria o risco de preterir os interesses da ciência na contemplação exclusiva, miúda e vulgar da consorte."
Sem alteração das relações de sentido originais, as palavras destacadas podem ser substituídas, respectivamente, por
a) portanto — visto que
b) entretanto — portanto
c) então — se bem que
d) por isso — não obstante
e) todavia — sendo que

10. No fragmento:
Nada mais cruel *do que* a cronicidade de certas formas de tuberculose.
Os termos destacados expressam uma comparação. Esta ideia também está presente em
a) Vendo os doentes na janela, a mulher do riso desdentado deu adeus como na véspera.
b) Os doentes do Sanatorinho portavam-se como desejava o Simão, intimidando-se.
c) Como a fulana nada prometera, Simão desesperava-se com a enfermidade.
d) Simão não sabia como suportar o desejo incoercível que lhe despertara a estranha criatura.
e) "Mas o Simão era um assassino. Como ele próprio dizia, sem ódio, quase com ternura, 'matei um'."

11. Assinale a alternativa em que a mudança de posição do termo destacado não implique a possibilidade de mudança de sentido do enunciado.
a) Belo Horizonte já foi uma linda cidade. / Belo Horizonte já foi uma cidade linda.
b) Filho meu não irá para o exército. / Meu filho não irá para o exército.
c) Meu carro novo é maior. / Meu novo carro é maior.
d) Por algum dinheiro ele seria capaz de vender a casa. / Por dinheiro algum ele seria capaz de vender a casa.
e) Com uma simples dose do medicamento ficou curada. / Com uma dose simples do medicamento ficou curada.

Texto para a questão 12.
O "brasil" com b minúsculo é apenas um objeto sem vida, autoconsciência ou pulsação interior, pedaço de coisa que morre e não tem a menor condição de se reproduzir como sistema; como, aliás, queriam alguns teóricos sociais do século XIX, que viam na terra — um pedaço perdido de Portugal e da Europa — um conjunto doentio e condenado de raças que, misturando-se ao sabor de uma natureza exuberante e de um clima tropical, estariam fadadas à degeneração e à morte biológica, psicológica e social. Mas o Brasil com B maiúsculo é algo muito mais complexo. É país, cultura, local geográfico, fronteira e território reconhecidos internacionalmente, e também casa, pedaço de chão calçado com o calor de nossos corpos, lar, memória e consciência de um lugar com o qual se tem uma ligação especial, única, totalmente sagrada. É igualmente um tempo singular cujos eventos são exclusivamente seus, e também temporalidade que pode ser acelerada na festa do carnaval; que pode ser

detida na morte e na memória e que pode ser trazida de volta na boa recordação da saudade. Tempo e temporalidade de ritmos localizados e, assim, insubstituíveis. Sociedade onde
pessoas seguem certos valores e julgam as ações humanas dentro de um padrão somente
seu. Não se trata mais de algo inerte, mas de uma entidade viva, cheia de autorreflexão e
consciência: algo que se soma e se alarga para o futuro e para o passado, num movimento
próprio que se chama História. Aqui, o Brasil é um ser parte conhecido e parte misterioso,
como um grande e poderoso espírito. Como um Deus que está em todos os lugares e em
nenhum, mas que também precisa dos homens para que possa se saber superior e onipotente. Onde quer que haja um brasileiro adulto, existe com ele o Brasil e, no entanto — tal como
acontece com as divindades — será preciso produzir e provocar a sua manifestação para que
se possa sentir sua concretude e seu poder. Caso contrário, sua presença é tão inefável como
a do ar que se respira e dela não se teria consciência a não ser pela comparação, pelo contraste e pela percepção de algumas de suas manifestações mais contundentes.
(DAMATTA, Roberto. *O que faz o brasil, Brasil?* Rio de Janeiro: Rocco, 1986, p. 11-12)

**12. Assinale a opção que não apresenta relações de comparação que estejam linguistica-
mente marcadas por conectivos comparativos:**
   a) "Como um Deus que está em todos os lugares e em nenhum, mas que também precisa dos homens para que possa se saber superior e onipotente."
   b) "É igualmente um tempo singular cujos eventos são exclusivamente seus, e também temporalidade que pode ser acelerada na festa do carnaval."
   c) "Aqui, o Brasil é um ser parte conhecido e parte misterioso, como um grande e poderoso espírito."
   d) "Onde quer que haja um brasileiro adulto, existe com ele o Brasil e, no entanto — tal como acontece com as divindades — será preciso produzir e provocar a sua manifestação para que se possa sentir sua concretude e seu poder."
   e) "Caso contrário, sua presença é tão inefável como a do ar que se respira e dela não se teria consciência a não ser pela comparação, pelo contraste e pela percepção de algumas de suas manifestações mais contundentes."

Texto para a questão 13.

Esparadrapo

Há palavras que parecem exatamente o que querem dizer. "Esparadrapo", por exemplo.
Quem quebrou a cara fica mesmo com cara de esparadrapo. No entanto, há outras, aliás de
nobre sentido, que parecem estar insinuando outra coisa. Por exemplo, "incunábulo"*.
(QUINTANA, Mário. *Da preguiça como método de trabalho.* Rio de Janeiro, Globo, 1987. p. 83)

*Incunábulo: [do lat. Incunabulu; berço]. Adj. 1- Diz-se do livro impresso até o ano de 1500. /
S.m. 2- Começo, origem.

**13. A locução "No entanto" tem importante papel na estrutura do texto. Sua função resume-
-se em**
   a) ligar duas orações que querem dizer exatamente a mesma coisa.
   b) separar acontecimentos que se sucedem cronologicamente.
   c) ligar duas observações contrárias acerca do mesmo assunto.
   d) apresentar uma alternativa para a primeira ideia expressa.
   e) introduzir uma conclusão após os argumentos apresentados.

14. Marque a sentença que apresenta falha de significado, por confusão vocabular:
   a) O perigo era iminente.
   b) O tráfico de veículos de grande porte pelo túnel é proibido.
   c) Foi ratificada a data de chegada do nosso convidado.
   d) A discrição de José tem-lhe sido muito útil.
   e) Se você agir desta maneira, estará infringindo as normas da casa.

15. Assinale a opção em que a mudança na ordem dos termos altera substancialmente o conteúdo semântico do enunciado:
  a) Algum valor deve ser atribuído a este tipo de trabalho.
  A este tipo de trabalho, valor algum deve ser atribuído.
  b) São duas estas condições especiais.
  Estas condições especiais são duas.
  c) Qualidades que são pelos seus próprios pares reconhecidas.
  Qualidades que são reconhecidas pelos seus próprios pares.
  d) É isto que permite ao cientista adquirir prestígio social.
  Isto é que permite ao cientista adquirir prestígio social.
  e) Esta qualidade intelectual pode traduzir-se em produtos.
  Pode esta qualidade intelectual traduzir-se em produtos.

16. Assinale a única opção em que aparece uma palavra que não é antônima das demais, considerando-se o primeiro termo da série.
  a) Sossego: agitação, preocupação.
  b) Notório: desconhecido, ignoto.
  c) Negligente: aplicado, diligente.
  d) Livre: preso, medroso.
  e) Meritório: indigno, desprezível.

17. Assinale a opção em que os dois enunciados não têm basicamente o mesmo significado:
  a) "o oceano do povo se encapela" / encapela-se o oceano do povo.
  b) "ruge o clarim tremendo da batalha" / ruge o tremendo clarim da batalha.
  c) "águia — talvez as asas te espedacem" / talvez as asas da águia te espedacem.
  d) "que a mão dos séculos no futuro talha..." / que no futuro a mão dos séculos talha.
  e) "levanta a Deus do cativeiro o grito!" / levanta a Deus o grito do cativeiro.

18. No enunciado — "Nesse caso, *por* não se preservar na comunidade dependendo da correlação natural entre soluções e habilidades disponíveis, surgirão deformações..." —, a preposição grifada pode ser substituída, sem alteração fundamental de sentido, por:
  a) apesar de.
  b) a fim de.
  c) a despeito de.
  d) em virtude de.
  e) depois de.

19. Assinale a opção em que o verbo *contar* é empregado com o mesmo sentido que apresenta em — "Ainda não se podiam contar."
  a) Comece a contar até dez e depois trate de correr.
  b) Mesmo sem contar que somos amigos, eu lhe daria o emprego.
  c) Ao morrer, Castro Alves contava menos de vinte e cinco anos.
  d) Não tenho condições de contar toda a história detalhadamente.
  e) Contava nunca mais tornar a vê-lo.

20. Assinale a opção em que o elemento *"auto-"* apresenta significação diferente da que tem em autoestima:
  a) autodidata.
  b) autobiografia.
  c) autopeça.
  d) autossugestão.
  e) autossuficiente.

21. Assinale a opção em que a preposição por exprime a mesma ideia que possui em *"Falo por palavras tortas."*
  a) Reze por todos nós.
  b) Mandou notícias por telegrama.
  c) Lutamos por um mesmo ideal.

d) Um homem prevenido vale por dois.
e) Todos o têm por sábio.

22. Na frase: "O fio da ideia cresceu, engrossou e partiu-se", ocorre processo de gradação. Não há gradação em:
a) O carro arrancou, ganhou velocidade e capotou.
b) O avião decolou, ganhou altura e caiu.
c) O balão inflou, começou a subir e apagou.
d) A inspiração surgiu, tomou conta de sua mente e frustrou-se.
e) João pegou um livro e ouviu um disco e saiu.

23. A frase que se completa com a primeira forma colocada entre parênteses é:
a) Até hoje não se abriu nenhum _____ quanto ao assunto. (procedente — precedente)
b) Se enganos houve, que sejam prontamente _____ . (ratificados — retificados)
c) Os bombeiros andavam às voltas com o _____ perigo. (eminente — iminente)
d) As rosas deixaram uma suave _____ no ar. (flagrância — fragrância)
e) A atitude do aluno _____ o regulamento. (infringiu — inflingiu)

24. Assinale a opção em que não se verifica correspondência de sentido entre a expressão destacada e o advérbio.
a) "Talhei **de avanço**, em minha história" — posteriormente.
b) "Não sei **contar direito**". — corretamente.
c) "Mas ele quer saber tudo **diverso**". — diferentemente.
d) "**Miúdo e miúdo**, caso o senhor quiser, dou descrição". — pormenorizadamente.
e) "Mas **principal** quero contar é o que eu não sei ser". — fundamentalmente.

25. Assinale a opção em que a troca da expressão destacada pela que está entre parênteses altera sensivelmente o sentido do enunciado:
a) Andou **de rota batida** uma meia hora. (cerca de)
b) Que o velho José Paulino **fizera**. (tinha feito)
c) Não vou para o bando dele **por causa da** minha mãe. (devido a)
d) Era **como** uma camarinha no meio da noite. (que nem)
e) Era um mar de leite **por cima das** coisas. (sob as)

26. Assinale a opção em que o vocábulo *mais* equivale a "outra vez" ou "de novo".
a) No outro dia não voltou mais para trabalhar para aquele homem.
b) Desceu mais, não queria que o vissem assim como estava.
c) E quanto mais andava mais tinha vontade.
d) Quis correr para que não o visse, mas não o fez, chegou-se mais para perto.
e) Não era um pobre seleiro de beira de estrada, era mais que um oficial, de bagaceira de engenho.

27. Assinale a opção em que a mudança na ordem dos termos altera sensivelmente o sentido do enunciado:
a) A luz da lua ainda não clareava o escuro da cajazeira. / A luz da lua não clareava ainda o escuro da cajazeira.
b) No outro dia não voltou mais para trabalhar. / No outro dia não mais voltou para trabalhar.
c) Mas estou aqui a mando do Capitão Antonio Silvino. / Mas aqui estou a mando do Capitão Antonio Silvino.
d) Não queria que o vissem assim como estava. / Não queria assim que o vissem como estava.
e) Não deixaria de fazer o que fazia agora por preço nenhum. / Não deixaria de fazer o que fazia agora por nenhum preço.

28. A frase que tem sentido duplo é:
a) O guarda ouviu o barulho da janela.
b) O barulho da janela, ouviu-o o guarda.
c) O guarda ouviu o barulho que era da janela.
d) Foi o barulho da janela que o guarda ouviu.
e) O barulho da janela foi ouvido pelo guarda.

6 ▪ Semântica

29. Assinale o único exemplo cuja lacuna deve ser preenchida com a primeira alternativa da série dada nos parênteses:
a) Estou aqui _____ de ajudar os flagelados das enchentes. (afim / a fim)
b) A bandeira está _____ . (arreada / arriada)
c) Serão punidos os que _____ o regulamento. (inflingirem / infringirem)
d) São sempre valiosos os _____ dos mais velhos. (concelhos / conselhos)
e) Moro _____ cem metros da praça principal. (a cerca de / acerca de)

30. (Vunesp) Todos os textos a seguir foram extraídos da revista ISTO É. Assinale a opção em que o texto não está em sentido conotativo.
a) Política — ninguém será punido na farra das passagens.
b) Acabou em pizza — alguns deputados estão usando a verba indenizatória...
c) Ciclistas mensageiros — os "bikes courriers" se consolidam como alternativa barata, ecológica e tão ágil quanto os motoboys em cidades...
d) Tumor eleitoral — Dilma vencerá o câncer, mas os obstáculos à presidência são bem maiores.

GABARITO

1. "a". "Ao se doparem" é uma oração subordinada adverbial temporal reduzida de infinitivo; a única opção que expressa temporalidade é "Quando se dopam".

2. "c". "... permitiram AO HOMEM ocupar todo o planeta..."

3. "a". Em todas as outras opções, os sentidos estão trocados.

4. "a". Discriminar = distinguir, tráfico = comércio, infligiu = aplicou.

5. "d". Conserto = reparo, concerto = harmonização, eminente = excelente, iminente = prestes a acontecer, sessão = reunião, seção = divisão.

6. "c". O radical "icono-" se refere a uma imagem, porém seu sentido se amplia ao juntar-se a outros radicais: -logia = estudo, -clastia = pensamento, -grafia = descrição, -filia = amor, -latria = adoração. O sentido que melhor se aplica é "iconografia", ou seja, a descrição das imagens feitas por radar.

7. "b". "... uma alma de anjo cheirando a virgindade." é o mesmo que dizer uma alma que parecia virgem.

8. "d". Na opção a) mudamos de "levantar lentamente", para "ver lentamente"; na opção b) mudamos de "ele só pode ser encontrado no shopping" para "eu não tenho mais nada a fazer a não ser encontrá-lo no shopping"; na opção c) mudamos de "eu fiz apenas um pedido: que ele estivesse aqui no horário marcado" para "ele deve estar aqui apenas no horário marcado e não em outro horário qualquer"; na opção e) mudamos de "Carmen pensa dez vezes... depois age" para "Carmen gosta bastante de pensar... e age".

9. "a". "Estava assim apta" — a palavra "assim" indica uma ideia de conclusão, por isso usamos no seu lugar a palavra "portanto" (conjunção coordenativa conclusiva); "porquanto" é uma conjunção que indica causa ou explicação. Assim sendo, teremos uma ideia conclusiva, na primeira, e uma ideia causal/explicativa, na segunda. Essa sequência aparece apenas na opção a).

10. "a". "Como na véspera" é o mesmo que dizer: "da mesma maneira que na véspera", ou seja, há uma comparação entre a ação atual e a anterior. Nas outras opções a palavra "como" expressa ideias diferentes. Vejamos: b) como = conforme (indica conformidade); c) como = uma vez que (indica causa); d) como = modo (introduz um complemento para a oração anterior, indicando um modo); e) como = modo (indica a sua maneira de dizer).

11. "a". Linda cidade = cidade linda. Vejamos a mudança de sentido nas outras opções: b) filho meu = qualquer um dos meus filhos / meu filho = apenas aquele filho; c) meu carro novo = tenho um carro e ele é recém-comprado / meu novo carro = tenho mais um carro e ele foi o último que eu comprei; d) por algum dinheiro = não importa quanto, desde que haja um pouco sequer de dinheiro, a casa será vendida / por dinheiro algum = não importa se pouco ou muito dinheiro, a casa não seria vendida; e) com uma simples dose do medicamento = com apenas uma dose do medicamento / com uma dose simples do medicamento = com uma dose pequena do medicamento.

12. "b". A comparação se dá pelo sentido geral da frase e não por alguma expressão comparativa. Já nas outras opções sempre há um elemento comparativo. Vejamos: a) Como Deus... (como = conectivo comparativo); c) ... como um grande e poderoso espírito. (como = conectivo comparativo); d) ... tal como acontece com as divindades... (tal como = conectivo comparativo); e) ... é tão inefável como a do ar... (como = conectivo comparativo).

13. "c". No entanto — conjunção coordenativa adversativa — liga duas ideias contrárias.

14. "b". Cuidado com os parônimos — palavras parecidas com significados distintos. Tráfico = comércio (ou comércio ilícito); tráfego = fluxo de veículos.

15. "a". A ordem das palavras pode alterar o sentido da frase: "algum valor" — existe valor, pois o pronome "algum" que antecede o substantivo "valor" tem caráter afirmativo; "valor algum" — não existe valor, pois o pronome "algum" que sucede "valor" tem caráter negativo.

16. "d". "Medroso" não é o contrário de "livre".

17. "c". Na primeira frase o sujeito referência de "espedacem" é a própria "águia"; na segunda frase "as asas da águia" praticam a ação de "espedaçar" um outro ser.

18. "d". A preposição "por" nessa frase indica causa, anterioridade, por isso ser sinônimo de "em virtude de", que também expressa causa, anterioridade.

19. "a". O verbo "contar" na frase do enunciado expressa quantidade, o que aparece também na opção "a". Vejamos as outras: b) contar = dizer; c) contar = ter; d) contar = narrar; e) contar = acreditar.

20. "c". Em autoestima, o prefixo "auto-" significa "a/de si próprio", assim como em "autodidata", "autobiografia", "autossugestão" e "autossuficiente". Já em "autopeça", "auto" é a redução de "automóvel".

21. "b". A preposição "por" na frase do enunciado "Falo por palavras tortas." indica meio; o mesmo acontece em "Mandou notícias por telegrama." Vejamos as outras: a) por = finalidade; c) por = finalidade; d) por = equivalência; e) por = comparação.

22. "e". A gradação é o aumento ou a diminuição de forma contínua. Na opção e) temos apenas a apresentação de ações que se sucedem.

23. "e". Para resolver essa questão devemos consultar a lista dos parônimos. As lacunas das opções "a", "b", "c" e "d" se preenchem com a segunda palavra dos parênteses. A lacuna da opção "e" se preenche com a primeira palavra dos parênteses.

24. "a". "De avanço" significa "adiante, para a frente", "posteriormente" quer dizer "depois, mais tarde".

25. "e". Sob = embaixo. Sobre = em cima, por cima.

26. "a". Note que apenas na opção "a" o vocábulo "mais" indica "repetição". Em todas as outras opções "mais" expressa "acréscimo".

27. "d". **Não queria que o vissem assim como estava.** — nessa frase a palavra "assim" indica modo. **Não queria assim que o vissem como estava.** — nessa frase a palavra "assim" indica conclusão.

28. "a". O guarda estava à janela e ouviu o barulho, ou o guarda ouviu o barulho produzido pela janela.

29. "e". Veja a lista dos parônimos para resolver essa questão.

30. "c". Na opção "c", todas as palavras/expressões estão em seus sentidos reais, ou seja, sentido denotativo. A conotação, isto é, o sentido figurado, aparece nas expressões: a) farra das passagens; b) Acabou em pizza; d) Tumor eleitoral.

7
ESTILÍSTICA

Disciplina linguística que estuda a expressão em seu sentido mais estrito de EXPRESSIVIDADE da linguagem, isto é, a sua capacidade de emocionar e sugestionar.

J. Mattoso Camara Jr.

A estilística **visa ao lado estético emocional da atividade linguística**, em oposição ao aspecto intelectivo e científico. Ela trata do estilo, dos diversos processos expressivos próprios para despertar o sentimento estético. Esses processos resumem-se no que chamamos **figuras de linguagem**.

Ela também **cuida da boa organização do texto, evitando problemas** com a ortografia, a concordância, a regência e outros aspectos gramaticais. Esses problemas resumem-se no que chamamos **vícios de linguagem**.

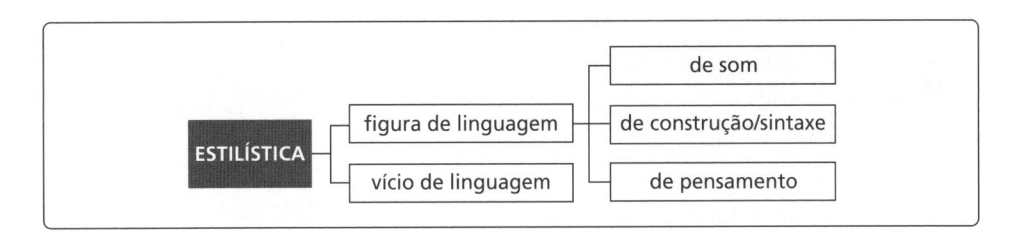

```
                        ┌── de som
         ┌─ figura de linguagem ─┼── de construção/sintaxe
ESTILÍSTICA ─┤                   └── de pensamento
         └─ vício de linguagem
```

7.1. FIGURAS DE LINGUAGEM OU ESTILO

São a forma de utilizar as palavras em **sentido conotativo, figurado, com o objetivo de ser mais expressivo**.

As figuras de linguagem se dividem em três grupos:

■ *figuras de som:* destacam **o som das palavras** — são elas: aliteração e onomatopeia.

■ *figuras de construção ou de sintaxe:* trabalham **a construção da frase** — são elas: anacoluto, anáfora, apóstrofe, assíndeto, elipse, hipérbato, pleonasmo, polissíndeto, silepse e zeugma.

■ *figuras de pensamento:* trabalham as palavras do ponto de vista de **seus significados** — são elas: antítese, antonomásia, catacrese, comparação, eufemismo, gradação, hipérbole, ironia, metáfora, metonímia, prosopopeia e sinestesia.

7.1.1. Figuras de som

7.1.1.1. Aliteração

É a **repetição** proposital de um **som consonantal** numa sequência linguística. O efeito serve para reforçar a ideia que se deseja transmitir:

O rato roeu a roupa real do rei de Roma.

"Um marquês de monóculo fazia montinhos de monossílabos." (Marina Colassanti)

"Chove chuva chovendo
Que a cidade do meu bem
Está-se toda lavando." (Oswald de Andrade)

> **Curiosidade:** A repetição de uma mesma vogal numa frase recebe o nome de *Assonância*.
> "E bamboleando em ronda
> dançam bandos tontos e bambos
> de pirilampos." (Guilherme de Almeida)

7.1.1.2. Onomatopeia

É o uso de palavras que **imitam sons ou ruídos:**

O *tic-tac* do meu coração está forte.

O cavalo ia pelo caminho fazendo *pocotó*.

"Lá vem o vaqueiro pelos atalhos,
tangendo as reses para os currais.
Blem... blem... blem... cantam os chocalhos
dos tristes bodes patriarcais.
E os guizos finos das ovelhas ternas
Dlin... dlin... dlin...
E o sino da igreja velha:
Bão... bão... bão..." (Ascenio Ferreira)

7.1.2. Figuras de construção ou de sintaxe

7.1.2.1. Anacoluto

Representa a **quebra da estrutura sintática** de uma frase, ruptura da ordem lógica, ficando termos isolados; caracteriza também estado de confusão mental. É o mesmo que frase quebrada:

Mulheres, impossível viver sem elas!

A infância, recordo-me dos dias de criança com saudade.

Deixe-me pensar... Será que... Não, não... É...

7.1.2.2. Anáfora

Também chamada de *Repetição*. É, justamente, a **repetição de palavras ou expressões** na frase:

Ela trabalha, ela estuda, ela é mãe, ela é pai, ela é tudo!
"Depois, o areal extenso...
Depois, o oceano de pó...
Depois no horizonte imenso
Desertos, desertos só..." (Castro Alves)

> **Curiosidades:** Existem algumas variações para essa repetição.
> a) *diácope:* repetição de uma palavra com a intercalação de outra, ou outras.
> Maria, a dedicada Maria, a sábia e generosa Maria...
> b) *epístrofe:* repetição de uma palavra no final do período.
> O homem é Deus. A vida é Deus. O universo é Deus.
> c) *epizeuxe:* repetição seguida de uma palavra.
> Raios, raios, raios triplos!
> É gol, gol, gol, gol!

7.1.2.3. Apóstrofe

É a **invocação ou interpelação do ouvinte ou leitor** a seres reais ou imaginários, presentes ou ausentes:

"Senhor Deus dos desgraçados, dizei-me Vós, Senhor Deus
Se eu deliro ou se é verdade tanto horror perante os céus." (Castro Alves)
"Afasta de mim esse cálice, pai!" (Chico Buarque e Milton Nascimento)

7.1.2.4. Assíndeto

É a **ausência de conjunções** entre palavras da frase ou orações do período. A intenção é indicar a lentidão no ritmo da frase. As orações aparecem justapostas ou separadas por vírgulas:

Nasci, cresci, morri.
Solange é linda, meiga, sorridente, simpática.
"Foi apanhar gravetos, trouxe dos chiqueiros das cabras uma braçada de madeira meio roída pelo cupim, arrancou touceiras de macambira, arrumou tudo para a fogueira." (Graciliano Ramos)

7.1.2.5. Elipse

É a **omissão de palavras ou orações** que ficam subentendidas:

Childerico é teimoso como eu. — *como eu sou teimoso.*
Somos felizes aqui. — *nós.*
Solicitei a todos que respondessem com sinceridade. — *à pergunta que eu fizera.*

7.1.2.6. Hipérbato

Inversão sintática dos termos da orações, ou das orações no período:
De barata, Âni tem medo.
"Ouviram do Ipiranga as margens plácidas
De um povo heroico o brado retumbante." (Osório Duque Estrada)

7.1.2.7. Pleonasmo

Repetição de uma ideia com objetivo de realce:
A rosa, entreguei-a ao meu amor.
Olhei Maria com olhos sonhadores.

> **Curiosidade:** O pleonasmo pode também representar um *vício de linguagem* quando, em vez de reforçar poeticamente uma frase, deixa-a repetitiva, redundante. Nesse caso chama-se *pleonasmo vicioso*:
> Subir para cima.
> Descer para baixo.

7.1.2.8. Polissíndeto

Repetição de uma conjunção nas orações ou nos termos coordenados. A intenção é acelerar o ritmo da frase:
Estudou e casou e trabalhou e separou-se...
Ele não faz nada: nem chora, nem ri, nem dá uma palavra, nem gesticula!

7.1.2.9. Silepse

Também chamada de *concordância irregular* ou *ideológica*, representa a **combinação das palavras, não com a forma, mas com a ideia**.

7.1.2.9.1. Silepse de pessoa

Os brasileiros somos alegres.
Todos queríamos uma vida melhor.

7.1.2.9.2. Silepse de gênero

São Paulo é linda.
Vossa Senhoria parece preocupado.

7.1.2.9.3. Silepse de número

A maioria chegou cedo, brincaram o dia todo.
A multidão agitada gritava contra os dirigentes, lançavam tomates contra eles.

7.1.2.10. Zeugma

Omissão, marcada por vírgula, **de um verbo** mencionado anteriormente:

Âni comeu banana; João, melão.
As garotas estudavam matemática e os rapazes, português.

7.1.3. Figuras de pensamento

7.1.3.1. Antítese
Consiste na **aproximação de ideias, palavras ou expressões de sentidos opostos**.
Quando os tiranos caem, os povos se levantam.
Pedro não é bom nem mau, apenas justo.
Quem quer a paz deve se preparar para a guerra.

> **Curiosidade:** *Paradoxo* ou *oximoro* — são variações da antítese; consistem na aproximação de ideias opostas em apenas uma figura.
> "Estou cego e vejo, arranco os olhos e vejo." (Carlos Drummond de Andrade)
> "É um contentamento descontente." (Camões)

7.1.3.2. Antonomásia
É a **substituição de um nome próprio por uma qualidade ou característica** que o distinga. É o mesmo que apelido, alcunha, cognome.
Beijo do gordo. — gordo = Jô Soares.
O poeta dos escravos emociona a todos. — poeta dos escravos = Castro Alves.
O pai da aviação não queria ver seu invento usado para o mal. — pai da aviação = Santos Dumont.

> **Curiosidade:** Quando essa figura se refere a outros seres que não pessoas, recebe o nome de *perífrase*.
> A cidade luz é linda. — cidade luz = Paris.
> Moro na terra da garoa. — terra da garoa = São Paulo.
> Os portadores do mal de lázaro já foram muito discriminados. — mal de lázaro = hanseníase.

7.1.3.3. Catacrese
Metáfora tão usada que perdeu seu valor de figura e tornou-se cotidiana, não representando mais um desvio. Isso ocorre pela inexistência de palavras mais apropriadas para nomear o que se deseja. A catacrese surge da semelhança da forma ou da função de seres, fatos ou coisas:
céu da boca
pé da cadeira
perna da mesa
dente de alho

7.1.3.4. Comparação

Aproximação de dois elementos realçando as suas semelhanças, usando-se — para isso — elementos comparativos: *como, feito, tal qual, que nem* etc.:

Aquela menina é delicada como uma flor.
Ela é alta que nem um poste!
Tal qual o pai, ele tornou-se professor.
Ela estava paralisada como uma estátua.

7.1.3.5. Gradação

É o **encadeamento de palavras ou ideias com efeito cumulativo:**

Esperarei por ela quanto for preciso: um dia, uma semana, um mês, um ano...
O pai olhava aquilo com tristeza, a mãe chorava, as crianças estavam aos prantos.

7.1.3.6. Eufemismo

É a **atenuação de algum fato ou expressão** (com o objetivo de amenizar alguma verdade triste, chocante ou desagradável):

Ele foi desta para melhor.
Você faltou com a verdade.
Falta-lhe inteligência para entender isso!

7.1.3.7. Hipérbole

É o **exagero** proposital **de uma ideia**, com objetivo expressivo:

Estou morrendo de fome.
Já falei mais de mil vezes para você não deixar os sapatos na sala!
Ela chorou rios de lágrimas.

7.1.3.8. Ironia

Forma intencional de **dizer o contrário da ideia que se deseja apresentar:**

Que belo presente de aniversário esses pés de pato!
As suas notas estão ótimas: zero em matemática, zero em português!
A excelente Agripina era mestra em fazer maldades.

7.1.3.9. Metáfora

Apresenta **uma palavra utilizada em sentido figurado**, uma palavra utilizada fora de sua acepção real, em virtude de uma semelhança subentendida:

Aquela criança é uma flor.
Esse menino é um trator.
"Iracema, a virgem dos lábios de mel." (José de Alencar)

> **Curiosidade:** O desenvolvimento de uma metáfora chama-se *Alegoria*. Vejamos os seguintes exemplos:

> A partir da metáfora "A palavra de Deus é semente" conta-se, no Novo Testamento (Lucas: VIII, 5-11), uma história sobre a *semente*, mas essa história na verdade se refere à *palavra de Deus*. Trata-se de *alegoria* ou *parábola*, porque a história desenvolve-se em relação ao termo metafórico, mas na verdade diz respeito ao termo próprio.
>
> Conta-se uma história sobre uma certa *gorduchinha* que dá e leva muitas e boas; mas a *gorduchinha* é a *bola* e toda a história se refere a um *jogo de futebol*.

7.1.3.10. Metonímia

Também chamada de *sinédoque*, consiste no uso de **uma palavra no lugar de outra** que tem **com** ela alguma **proximidade de sentido**.

A metonímia pode ocorrer quando usamos:

7.1.3.10.1. O autor pela obra

Nas horas vagas, leio Machado de Assis.
Vamos assistir a um delicioso Spielberg.

7.1.3.10.2. O continente pelo conteúdo

Conseguiria comer toda a marmita.
O vinho era delicioso, tomei duas taças.

7.1.3.10.3. A causa pelo efeito, e vice-versa

A falta de trabalho é a causa da desnutrição naquela comunidade.
Nossos cabelos brancos inspiram confiança.

7.1.3.10.4. O lugar pelo produto feito no lugar

O Porto é o vinho mais vendido naquela loja.
Após o jantar ele fumava um Havana.

7.1.3.10.5. A parte pelo todo

Chegaram as pernas mais lindas da cidade.
Vamos precisar de muitos braços para realizar o trabalho.

7.1.3.10.6. A matéria pelo objeto

A porcelana chinesa é belíssima.
O jogador recebe o couro e chuta para o gol.

7.1.3.10.7. A marca pelo produto

Gostaria de um pacote de bombril, por favor.
Você comprou a gilete que eu pedira?

7.1.3.10.8. O concreto pelo abstrato, e vice-versa
Carlos é uma pessoa de bom coração.
O Brasil ficou sob o jugo da coroa portuguesa por muitos anos.

7.1.3.10.9. O indivíduo pela espécie
O futebol brasileiro ressente a falta de novos pelés.
Ele estuda para se tornar um grande Einstein.

7.1.3.10.10. O instrumento pela ideia que ele representa
João é um bom garfo.
Senna é reconhecido como o melhor volante da Fórmula 1.

7.1.3.11. Prosopopeia
Também chamada de *personificação*, é a **atribuição de características humanas a seres não humanos, inanimados, imaginários ou irracionais:**
O carro morreu.
O meu cãozinho sorri para mim quando chego a minha casa.
As paredes têm ouvidos.

7.1.3.12. Sinestesia
Mistura de sensações (audição, visão, tato, olfato e paladar) em uma única expressão.
Aquele choro amargo e frio me espantava.
Jocasta tinha uma voz doce e macia.
Aquela pele delicada, suave e brilhante da garota me encantava.

7.2. VÍCIOS DE LINGUAGEM
Os vícios de linguagem **são defeitos**, problemas que surgem no emprego da língua. Eles se classificam de acordo com a parte da gramática que ferem com os erros.

7.2.1. Barbarismo
Grafia ou pronúncia de uma palavra em desacordo com a norma culta:

- *grafia:* previlégio (por privilégio); ítens (por itens); excessão (por exceção).
- *pronúncia:* RUbrica (por ruBRIca); PUdico (por puDIco); MISter (por misTER); gratuIto (por graTUIto).

7.2.2. Solecismo
Desvio da norma em relação à sintaxe — regência, concordância, colocação:
Fazem dois anos que não nos vemos. (por Faz dois anos.)
João é o sentinela do quartel. (por João é a sentinela.)

Eu simpatizo por você. (por Eu simpatizo com você.)
Vamos no cinema. (por Vamos ao cinema.)
Não deixe-me aqui. (por Não me deixe aqui.)
Deixe eu ver. (por Deixe-me ver.)

7.2.3. Ambiguidade ou anfibologia

Emprego de **frases ou expressões com duplo sentido**.

O menino viu o incêndio da escola — O menino viu a escola incendiada, ou estava na escola vendo um incêndio ao longe?

José disse a Pedro que encontrara seu pai na feira — Pai de quem, do Pedro ou do José?

7.2.4. Cacófato

Uso ruim de sons, produzido pela junção de palavras:
Beijou na boca dela. (surge o som "cadela")
Eu vi ela. (surge o som "viela")
Eu amo ela. (surge o som "moela")
Não tenho pretensão acerca dela. (surge o som "ser cadela")

7.2.5. Pleonasmo vicioso

Repetição desnecessária de palavras ou expressões:
Subir pra cima.
Quero ver isso com os meus olhos.

7.2.6. Neologismo

Criação desnecessária de palavras novas:
Seu bolo não está tão gostoso, mas está comível — "comível" não existe na língua portuguesa, temos para esse sentido a palavra "comestível".

7.2.7. Eco

Repetição de um som numa sequência de palavras:
O tenente ficou contente quando soube da nova iminente patente.

7.2.8. Arcaísmo

Utilização de **palavras que já caíram em desuso:**
Vossa mercê pode me ajudar?
João não quer continuar casado com Maria, por isso pedirá o desquite.

7.3. QUESTÕES

1. Não se reconhece o solecismo apenas na frase:
   a) O contato com outros infratores em nada colabora para a recuperação de um interno, podendo vir a comprometê-la em caráter definitivo.

b) Em virtude das consequências de uma nova rebelião da Febem, houve quem as considerassem tão graves quanto à rebelião passada.
c) Embora fracasse a linha de ação emergencial do governo, mesmo assim se deveriam incentivarem-se as atuações a longo prazo.
d) A estrutura familiar, por mais precária que seja, é aonde deve ser investido para a inserção social dos jovens infratores.
e) Como depende de concursos no Legislativo e no Judiciário, tais soluções só virão se pudessem ocorrer a longo prazo.

2. **Está clara e correta a redação da seguinte frase:**
   a) É como uma válvula de escape fazer ginástica por causa da ansiedade, que aliás costumam causar dependências.
   b) Assim como os efeitos provocados pela droga, o excesso de exercícios físicos nos dependentes costumam gerar praticamente os mesmos.
   c) Muito embora lesionados, há quem pratique exercícios físicos, cujas as con-sequências nesses casos tornam-se agravadas.
   d) A síndrome de abstinência caracteriza-se onde a pessoa sem tempo para correr fica meia deprimida, graças ao grau desta sua dependência.
   e) A euforia intensa que sentem os maratonistas leva-os a querer correr ainda mais, o que revela um ciclo de dependência.

3. **Assinale a opção que corresponde à melhor escrita, considerando correção, clareza e concisão.**
   a) A roda seria de muita pouca utilidade em regiões acidentadas, porque algumas civilizações não conheceram-na; a roda foi a mais revolucionária invenção da tecnologia de transportes.
   b) A invenção da roda revolucionou a tecnologia de transportes, mas muitas civilizações não souberam utilizá-las porque haviam em suas regiões muitos acidentes.
   c) A roda foi a mais revolucionária invenção da tecnologia de transportes, mas algumas civilizações não a conheceram; em regiões acidentadas, por exemplo, ela seria de pouca utilidade.
   d) Muitas civilizações conheceram a invenção da roda, menas aquelas que tinham regiões acidentadas porque a roda não lhe era útil como invenção.
   e) A mais revolucionária invenção da tecnologia de transportes foi a roda que, apesar de muitas civilizações conheceram-nas, não poude ser utilizada em regiões com bastante acidentes.

4. **Assinale, na estrofe, de Manuel Bandeira, abaixo, a figura correta:**
"Vi uma estrela tão alta,
Vi uma estrela tão fria!
Vi uma estrela luzindo,
Na minha vida vazia."
   a) assíndeto
   b) pleonasmo
   c) anacoluto
   d) anáfora
   e) silepse

5. **Nos versos abaixo, há um recurso estilístico reconhecido no domínio das figuras, identifique-o:**
"A luz dos intervalos de matar o tempo
de anunciar a eternidade
de estourar o momento dos cardíacos
de expulsar os loucos
de aproximar os rejeitados
de providenciar novas experiências
de costurar encontros."
   a) assíndeto
   b) hipérbato
   c) polissíndeto
   d) anáfora
   e) anacoluto

6. Os adultos possuem poder de decisão; os jovens, incertezas e conflitos.

Na segunda oração do período acima, ocorreu a omissão do verbo possuir, modificando a estrutura sintática da frase. Tal desvio constitui uma figura de construção, reconhecida como:
   a) zeugma
   b) assíndeto
   c) elipse
   d) hipérbato
   e) pleonasmo

7. Na expressão: "a natureza parece estar chorando", do ponto de vista estilístico, temos:
   a) antítese
   b) polissíndeto
   c) ironia
   d) personificação
   e) eufemismo

8. Identifique a figura empregada nos versos de Augusto dos Anjos destacados:
"No tempo de meu Pai, sob estes galhos,
Como uma vela fúnebre de cera,
**Chorei milhões de vezes com a canseira
De inexorabilíssimos trabalhos!"**
   a) antítese
   b) anacoluto
   c) hipérbole
   d) lítotes
   e) paragoge

9. Identifique a figura empregada no verso de Manuel Bandeira em destaque:
"Quando a indesejada das gentes chegar
(Não sei se dura ou caroável),
Talvez eu tenha medo.
Talvez sorria e diga:
— Alô, iniludível!"
   a) clímax
   b) eufemismo
   c) sínquese
   d) catacrese
   e) pleonasmo

10. Qual figura de linguagem existe em: "vento ou ventania varrendo"?
   a) metonímia
   b) aliteração
   c) anacoluto
   d) catacrese
   e) hipérbole

11. O fenômeno fonético de valor estilístico que ocorre na expressão: "mulheres magras, morenas", denomina-se:
   a) eco
   b) colisão
   c) hiato
   d) cacófato
   e) aliteração

12. Se não fosse muito esquisito comparar cidades com mulheres, eu diria que o Recife tem o físico, a psicologia, a graça arisca e seca, reservada e difícil de certas mulheres magras, morenas e

tímidas. Por que não reparam que há cidades que são o contrário disso? Cidades gordas, namoradeiras, gozadoras? O Rio, por exemplo, Belém do Pará, São Luís do Maranhão são cidades gordas. A Bahia é gordíssima. São Paulo é enxuta. Mas Fortaleza e Recife são magras.

O conjunto de atributos predicados às cidades referidas constitui um exemplo de:
   a) ironia
   b) eufemismo
   c) paradoxo
   d) prosopopeia
   e) metonímia

13. Assinale a alternativa que indica o nome da figura relacionada às construções: "Olha o Tejo a sorrir-me", "o rouxinol suspira":
   a) metonímia
   b) personificação
   c) onomatopeia
   d) símile
   e) sinédoque

14. Aponte a figura: "Naquela terrível luta, muitos adormeceram para sempre".
   a) antítese
   b) eufemismo
   c) anacoluto
   d) prosopopeia
   e) pleonasmo

15. Assinale a figura da frase seguinte: "Em poucos segundos avistávamos a maravilhosa Rio de Janeiro".
   a) metáfora
   b) silepse de pessoa
   c) silepse de gênero
   d) silepse de número
   e) sinédoque

16. Em: "Ele lê Machado de Assis", há:
   a) catacrese
   b) perífrase
   c) metonímia
   d) anacoluto
   e) inversão

17. Os excedentes ou rejeitados pela vida nunca têm acesso a nada e sobram na mesa dos pais e foram desmamados cedo e nasceram sem que ninguém os chamasse e passaram a constituir formas de imperfeição. — Nesse segmento, aparece uma figura de construção, reconhecida como:
   a) pleonasmo
   b) polissíndeto
   c) assíndeto
   d) anacoluto
   e) aliteração

18. Para se preservarem a lógica e a boa redação, é preciso corrigir a construção da seguinte frase:
   a) O autor parece preocupado com a baixa porcentagem de aceitação do regime democrático, embora saiba que apenas 18% acolheriam bem um regime autoritário.
   b) Posto que não hajam meia democracia ou meio autoritarismo, fica-se perplexo diante dessas duas alternativas.
   c) Há exemplo histórico de que o caminho trilhado pelo político aventureiro não é o que melhor convém a um país que se queira democrático.
   d) Não é todo mundo que vê com bons olhos as privatizações das companhias estatais; de fato, apenas 40% manifestaram-se favoravelmente a tais iniciativas.

e) É possível que os aventureiros estejam otimistas diante da falta de alternativas, pois é nessas situações que se abrem para eles largas avenidas.

19. Está clara e correta a redação da seguinte frase:
a) No artigo de "The Economist", revista cujo último número está nas bancas, resumem-se e comentam-se dados fornecidos pela pesquisa do "Latinobarômetro", do Chile.
b) A concordância com que só 40% se posiciona em vista dos benefícios das privatizações das estatais revelam que ainda são minorias.
c) Ao se abrir largas avenidas para os autoritários oportunistas, eles saberão como aproveitar essa vantagem para ocupar-lhes em seu próprio proveito.
d) Tanto quanto a forma de governo como quanto a economia, os países latino-americanos vêm demonstrando uma grande perplexidade em ter que optarem.
e) O sinal de alarme que fala o "The Economist" diz respeito à possibilidade que se esteja abrindo caminho para qualquer um aventureiro.

20. (Vunesp) A frase "Este tribunal recebeu a informação de que a empresa Marca X estaria sendo vendida por volta das 21h de terça-feira" apresenta o vício de linguagem denominado:
a) cacofonia
b) eco
c) pleonasmo
d) ambiguidade
e) barbarismo

GABARITO

1. "a". Corrigindo os problemas com a sintaxe: b) Em virtude das consequências de uma nova rebelião da Febem, houve quem as considerasse tão graves quanto à rebelião passada. c) Embora fracasse a linha de ação emergencial do governo, mesmo assim deveriam incentivar-se as atuações a longo prazo. d) A estrutura familiar, por mais precária que seja, é onde deve ser investido para a inserção social dos jovens infratores. e) Como depende de concursos no Legislativo e no Judiciário, tais soluções só virão se puderem ocorrer a longo prazo.

2. "e". Todas as outras frases são incoerentes, ou possuem algum erro gramatical — destacados, em *itálico*, a seguir: a) É como uma válvula de escape fazer ginástica por causa da ansiedade, que aliás *costumam* causar dependências. b) Assim como os efeitos provocados pela droga, o excesso de exercícios físicos nos dependentes *costumam* gerar praticamente os mesmos. c) Muito embora lesionados, há quem pratique exercícios físicos, *cujas as* consequências nesses casos tornam-se agravadas. d) A síndrome de abstinência caracteriza-se onde a pessoa sem tempo para correr fica *meia* deprimida, graças ao grau desta sua dependência.

3. "c". Destacando os problemas de redação das outras opções: a) A roda seria de muita pouca utilidade em regiões acidentadas, porque algumas civilizações *não conheceram-na*; a roda foi a mais revolucionária invenção da tecnologia de transportes. b) A invenção da roda revolucionou a tecnologia de transportes, mas muitas civilizações não souberam utilizá-las porque *haviam* em suas regiões muitos acidentes. d) Muitas civilizações conheceram a invenção da roda, *menas* aquelas que tinham regiões acidentadas porque a roda não lhe era útil como invenção. e) A mais revolucionária invenção da tecnologia de transportes foi a roda que, apesar de muitas civilizações *conheceram-nas*, não *poude* ser utilizada em regiões com bastante acidentes.

4. "d". Anáfora, repetição de um som no início de cada verso.

5. "d". Anáfora, repetição de um som no início de cada verso.

6. "a". Zeugma, ocultação de um verbo já escrito na frase.

7. "d". Personificação ou prosopopeia, atribuir características animadas ou humanas a seres inanimados ou não humanos.

8. "c". Hipérbole, exagero.

9. "b". Eufemismo, uma maneira suave de dizer algo ruim.

10. "b". Aliteração, repetição de um som.

11. "e". Aliteração, repetição de um som.

12. "d". Prosopopeia, atribuir características animadas ou humanas a seres inanimados ou não humanos.

13. "b". Personificação, atribuir características animadas ou humanas a seres inanimados ou não humanos.

14. "b". Eufemismo, uma maneira suave de dizer algo ruim.

15. "c". Silepse de gênero, pois o nome Rio de Janeiro é masculino, e o adjetivo "maravilhosa" foi usado no feminino.

16. "c". Metonímia.

17. "b". Polissíndeto, a repetição da conjunção.

18. "b". Há dois problemas: a) solecismo (concordância do verbo haver); b) incoerência — não se pode ficar perplexo diante de algo que não existe.

19. "a".

20. "d". A expressão "por volta das 21h da terça-feira" se refere ao momento em que o tribunal recebeu a informação ou se refere ao momento em que a empresa Marca X estava sendo vendida? Essa dúvida no entendimento da frase representa um erro de ambiguidade na produção do texto.

8
INTERPRETAÇÃO DE TEXTO

O texto consiste (...) em qualquer passagem falada ou escrita que forma um todo significativo independente de sua extensão. Trata-se, pois, de um contínuo comunicativo contextual caracterizado pelos princípios de textualidade: contextualização, coesão, coerência, intencionalidade, informatividade, aceitabilidade, situacionalidade, e intertextualidade.

Leonor Lopes Fávero

8.1. NOÇÃO DE TEXTO

Antes de qualquer observação a respeito da compreensão de textos, faz-se necessária a conceituação de **texto**, pois **não é qualquer aglomerado de frases que se pode chamar assim**. É preciso verificar a viabilidade de um enunciado ser ou não um texto. De modo geral, chamamos de texto toda unidade de produção de linguagem situada, acabada e autossuficiente (do ponto de vista da ação ou da comunicação).

O texto é constituído de vários componentes estilísticos, esquemáticos, retóricos, não se limitando, assim, a componentes simplesmente gramaticais, ou seja, **consiste na formação de um todo significativo** que independe de sua extensão, pois trata-se de uma unidade de sentido, de um conteúdo comunicativo contextual que se caracteriza por um conjunto de relações responsáveis pela sua construção.

O texto é um tecido verbal estruturado de tal forma que as ideias formam um todo coeso, uno, coerente. São sequências de signos verbais ordenados sistematicamente, de modo a manifestar um único direcionamento. A manifestação de um único direcionamento, ou a noção de unidade no texto, também é destacada por Padre Antônio Vieira — *Sermão da Sexagésima*:[1]

"O sermão há de ser duma só cor, há de ter um só objeto, um só assunto, uma só matéria. Há de tomar o pregador uma só matéria, há de defini-la para que se conheça, há de dividi-la para que se distinga, há de prová-la com a Escritura, há de declará-la com a razão, há de confirmá-la com o exemplo, há de ampliá-la com as causas, com os efeitos, com as circunstâncias, com as conveniências que se hão de seguir, com os inconvenientes que se devem evitar, há de responder às dúvidas, há de satisfazer as dificuldades, há de impugnar e refutar com toda a força da eloquência os argumentos contrários, e depois disso há de colher, há de apertar, há de concluir, há de persuadir, há de acabar. Isto

---

[1] VIEIRA, Padre Antônio. Sermão da Sexagésima. In: *Os sermões*. São Paulo: Difel, 1968, v. VI.

é sermão, isto é pregar, e o que não é isto, é falar de mais alto. Não nego nem quero dizer que o sermão não haja de ter variedade de discursos, mas esses devem nascer todos da mesma matéria, e continuar e acabar nela."

Para que um texto seja constituído, ou para que se chegue a uma compreensão, é necessário trabalhar, principalmente, as relações de conexão cognitiva e as relações coesivas.

▪ o *saber partilhado*, que é a **informação antiga** — pode aparecer na introdução, ou estar subentendida no contexto —, em que o produtor do texto estabelece um acordo com o leitor (os interlocutores), para, em seguida, expor informações novas;
▪ a *informação nova*, que se caracteriza como uma necessidade para a existência do texto, veiculando uma **informação que não é do conhecimento do leitor**, ou que não o é da forma como será exposta, o que implica matizes novos e, consequentemente, uma nova maneira de ver os fatos;
▪ as *provas*, que são **fundamentos das afirmações expostas**. Se o leitor duvidar de suas asserções, poderá recorrer a outras obras indicadas pelo escritor para chegar às mesmas conclusões que ele.

O texto pode ser uma palavra ou uma obra completa, que se produz no interior de um processo interlocutivo. Um texto oral de conversação durante uma refeição, por exemplo, tem características muito distintas das de um texto oral produzido num debate, numa reunião ou assembleia, numa cerimônia religiosa, pois ambos respondem a interesses diversos que resultam da atividade de sujeitos envolvidos em relações diferentes — ainda que sejam os mesmos sujeitos. Esses sujeitos submetem-se a regras diferentes, resultantes de práticas históricas diferentes.

Em se tratando de textos escritos, o convívio com eles faz com que o leitor adquira a capacidade de apreender tanto suas formas quanto seus conteúdos. Isso ocorre porque suas formas e seus conteúdos não podem ser vistos como fatores separados. Supõe-se, dessa prática, uma atitude produtiva em que o leitor sai modificado por aderir aos pontos de vista com que compreende o mundo ou por modificar seus pontos de vista em face do diálogo mantido por meio do texto com seu *autor*.

O texto escrito proporciona ao indivíduo a faculdade de materializar significados e intenções de um dos interagentes a distância, em que a base textual sobre a qual ele se apoia é inerente a um processo de elaboração. É nisso que reside a complexidade do ato de leitura, pois a compreensão de um texto escrito envolve a compreensão de frases e sentenças, de argumentos, de provas formais e informais, de objetivos, de intenções, muitas vezes de ações e de motivações, isto é, abrange muitas das possíveis dimensões do ato de compreender, se pensarmos que a **compreensão verbal inclui desde a compreensão de uma charada até a compreensão de uma obra de arte**.

A clareza de um texto escrito é condicionada pelas possibilidades de interpretação que ele apresenta, uma vez que o produtor do texto deve conhecer o idioma e suas regras gramaticais para deixar claros seus objetivos, ou ideias, que deseja transmitir.

Um texto é mais ou menos eficaz dependendo da competência de quem o produz, ou da interação de autor-leitor, ou emissor-receptor. O texto exige determinadas habilidades do produtor, como conhecimento do código, das normas gramaticais que regem a combinação dos signos.

A noção de texto, que pode ser aplicada tanto para as manifestações orais como para as escritas, ressalta que nesses processos tal ocorrência se dá como uma forma de elaboração de uma rede de significados com vistas a informar, explicar, discordar, convencer, aconselhar, ordenar. Então, ao escrever, o indivíduo manifesta o desejo de se comunicar, buscando ser entendido, e deseja estabelecer contratos verbais com o leitor. Para atingir essa finalidade o autor deixa marcas em seus textos para que possam ser seguidas pelo leitor. Assim, formular não significa simplesmente deixar ao interlocutor a "tarefa" de compreensão, mas, sim, deixar, através de traços, marcas para que o texto possa ser compreendido. As palavras ou frases articuladas produzem significações que são dotadas de intencionalidade, ganhando sentido pela interferência dos destinatários, criando as unidades textuais.

Para tornar concreto um ato de compreensão, **é necessário que o leitor reúna determinadas condições:** possua a competência correspondente às mensagens do texto e do discurso; domine traços de referência de conteúdos; busque no texto a mensagem pretendida pelo autor; utilize estratégias e habilidades adequadas ao exercício de compreensão/interpretação.

8.1.1. Texto literário e texto não literário

O **texto literário** tem uma **dimensão estética**, multissignificativa e dinâmica, que possibilita a criação de muitas e novas relações de sentido. Com o predomínio da **função poética da linguagem**, é um meio importante de reflexão sobre a realidade, envolvendo um processo de recriação dessa realidade.

A produção de um texto literário envolve:

a) a *valorização da forma:* o uso literário da língua caracteriza-se por **um cuidado especial com a forma**, visando à exploração de recursos que o sistema linguístico oferece, nos planos fônico, prosódico, léxico, morfossintático e semântico. Não é o tema, mas, sim, a maneira como ele é explorado formalmente que vai caracterizar um texto como literário. Assim, não há temas específicos de textos literários, nem temas inadequados a esse tipo de texto.

b) a *reflexão sobre o real:* em lugar de apenas informar sobre o real, ou de produzi--lo, **a expressão literária é utilizada principalmente como um meio de refletir e recriar a realidade**, reordenando-a. Isso dá ao texto literário um caráter ficcional, ou seja, o texto literário interpreta aspectos da realidade efetiva, de maneira indireta, recriando o real num plano imaginário. Refletindo a experiência cultural de um povo, o texto literário contribui para a definição e para o fortalecimento da identidade nacional. Por isso, num país como o Brasil, onde as características culturais precisam ainda ser revitalizadas e valorizadas, as artes desempenham um papel muito importante.

c) a *reconstrução da linguagem:* no texto literário, o uso estético da linguagem pressupõe **criar novas relações entre as palavras**, combinando-as de maneira inusitada, singular, revelando assim novas formas de ver o mundo.

d) a *multissignificação:* no texto literário, faz-se igualmente um amplo **uso de metáforas e metonímias**, com o objetivo de despertar no leitor o prazer estético. Isto é o que define seu caráter plurissignificativo.

O açúcar[2]
Ferreira Gullar

O branco açúcar que adoçará meu café
nesta manhã de Ipanema
não foi produzido por mim
nem surgiu dentro do açucareiro por milagre.

Vejo-o puro
e afável ao paladar
como beijo de moça, água
na pele, flor
que se dissolve na boca. Mas este açúcar
não foi feito por mim.

Este açúcar veio
da mercearia da esquina e tampouco o fez o Oliveira, dono da mercearia.
Este açúcar veio
de uma usina de açúcar em Pernambuco
ou no Estado do Rio
e tampouco o fez o dono da usina.

Este açúcar era cana
e veio dos canaviais extensos
que não nascem por acaso
no regaço do vale.

Em lugares distantes, onde não há hospital
nem escola,
homens que não sabem ler e morrem de fome
aos 27 anos
plantaram e colheram a cana
que viraria açúcar.

Em usinas escuras,
homens de vida amarga
e dura
produziram este açúcar
branco e puro
com que adoço meu café esta manhã em Ipanema.

---

[2] GULLAR, Ferreira. *Toda poesia*. Rio de Janeiro: Civilização Brasileira, 1980.

No **texto não literário**, as relações são mais restritas, tendo em vista a necessidade de **uma informação mais objetiva e direta no processo de documentação da realidade**, com predomínio da **função referencial** da linguagem, e na interação entre os indivíduos, com predomínio de outras funções.

A cana-de-açúcar[3]
J. W. Vesentini

Originária da Ásia, a cana-de-açúcar foi introduzida no Brasil pelos colonizadores portugueses no século XVI. A região que durante séculos foi a grande produtora de cana-de-açúcar no Brasil é a Zona da Mata nordestina, onde os férteis solos de massapé, além da menor distância em relação ao mercado europeu, propiciaram condições favoráveis a esse cultivo. Atualmente, o maior produtor nacional de cana-de-açúcar é São Paulo, seguido de Pernambuco, Alagoas, Rio de Janeiro e Minas Gerais. Além de produzir o açúcar, que em parte é exportado e em parte abastece o mercado interno, a cana serve também para a produção de álcool, importante nos dias atuais como fonte de energia e de bebidas. A imensa expansão dos canaviais no Brasil, especialmente em São Paulo, está ligada ao uso do álcool como combustível.

O texto literário "O açúcar", de Ferreira Gullar, parte de uma palavra do domínio comum — açúcar — e vai ampliando seu potencial significativo, explorando recursos formais para estabelecer um paralelo entre o açúcar — branco, doce, puro — e a vida do trabalhador que o produz — dura, amarga, triste. No texto não literário "A cana-de-açúcar", de J. W. Vesentini, o autor apenas informa o leitor sobre a origem da cana-de-açúcar, os lugares onde é produzida, como teve início seu cultivo no Brasil etc.

Do blog *CC — Comportamento e cultura*[4]
Blog do Professor Hélder Gusso

Diferença entre um doutor e uma pessoa sem estudo
Essa é velha, mas é boa! Veja o que diferencia uma pessoa com doutorado e uma pessoa com outros níveis de estudo. Parece que quanto mais precisa é a linguagem maior a possibilidade de atuar sobre o fenômeno e menor a capacidade de se comunicar com clareza com outras pessoas...

Quando se tem doutorado
O dissacarídeo de fórmula $C12H22.°11$, obtido através da fervura e da evaporação de $H2.°$ do líquido resultante da prensagem do caule da gramínea *Saccharus officinarum*, (Linneu, 1758) isento de qualquer outro tipo de processamento suplementar que elimine suas impurezas, quando apresentado sob a forma geométrica de sólidos de reduzidas dimensões e arestas retilíneas, configurando pirâmides truncadas de base oblonga e pequena altura, uma vez submetido a um toque no órgão do paladar de quem se disponha a um teste organoléptico, impressiona favoravelmente as papilas gustativas, suge-

---

[3] VESENTINI, J. W. *Brasil, sociedade e espaço*. São Paulo: Ática, 1992.
[4] Disponível em: <http://sasico.com.br/psico/?p=902>. Acesso em: 19 set. 2010.

rindo impressão sensorial equivalente à provocada pelo mesmo dissacarídeo em estado bruto, que ocorre no líquido nutritivo da alta viscosidade, produzindo nos órgãos especiais existentes na Apismellifera. (Linneu, 1758) No entanto, é possível comprovar experimentalmente que esse dissacarídeo, no estado físico-químico descrito e apresentado sob aquela forma geométrica, apresenta considerável resistência a modificar apreciavelmente suas dimensões quando submetido a tensões mecânicas de compressão ao longo do seu eixo em consequência da pequena capacidade de deformação que lhe é peculiar.

Quando se tem mestrado
A sacarose extraída da cana-de-açúcar, que ainda não tenha passado pelo processo de purificação e refino, apresentando-se sob a forma de pequenos sólidos tronco-piramidais de base retangular, impressiona agradavelmente o paladar, lembrando a sensação provocada pela mesma sacarose produzida pelas abelhas em um peculiar líquido espesso e nutritivo. Entretanto, não altera suas dimensões lineares ou suas proporções quando submetida a uma tensão axial em consequência da aplicação de compressões equivalentes e opostas.

Quando se tem graduação
O açúcar, quando ainda não submetido à refinação e, apresentando-se em blocos sólidos de pequenas dimensões e forma tronco-piramidal, tem sabor deleitável da secreção alimentar das abelhas; todavia não muda suas proporções quando sujeito à compressão.

Quando se tem ensino médio
Açúcar não refinado, sob a forma de pequenos blocos, tem o sabor agradável do mel, porém não muda de forma quando pressionado.

Quando se tem ensino fundamental
Açúcar mascavo em tijolinhos tem o sabor adocicado, mas não é macio ou flexível.

Quando não se tem estudo
Rapadura é doce, mas não é mole, não!

8.1.2. Níveis de linguagem

Os **níveis de linguagem** representam as **diferentes maneiras de uma pessoa se expressar**. Numa mesma língua, aparecem usos diferentes, dependendo do meio em que vive/convive.

a) *nível padrão* **(culto ou formal):** é a **língua oficial**, usada sobretudo na escrita; nela predomina a observação de todas as regras gramaticais.

Eu assisti ao filme.
Eu não o vi ontem.
Cheguei a casa bem cedo.

b) *nível coloquial* **(popular, informal):** é a **língua do dia a dia**, usada sobretudo na fala; nela as regras gramaticais são mais frouxas.

Eu assisti o filme.
Eu não vi ele ontem.
Cheguei em casa bem cedo.
Além desses dois níveis, podemos também citar outros usos:

c) *regionalismo:* é a língua utilizada em determinadas regiões, com suas **peculiaridades semânticas**, tais como a fala do gaúcho, a fala do caipira; menino, garoto, moleque, piá, guri (nomes que se utilizam para designar a criança do sexo masculino, dependendo da região do país).

d) *gíria* (linguagem **grupal**): é a língua com **características próprias para cada grupo social**, tais como: *punks*, *emos*, presidiários, *patricinhas* etc.

Papo de malandro[5]
Na década de 50, o malandro carioca "Zé da Ilha" prestou o seguinte depoimento à polícia:
"Seu doutor, o patuá é o seguinte:
Depois de um gelo da coitadinha resolvi esquinar e caçar uma outra cabrocha que preparasse a marmita e amarrotasse o meu linho no sabão.
Quando bordejava pelas vias, abasteci a caveira e troquei por centavos um embrulhador.
Quando então vi as novas do embrulhador, plantado como um poste bem na quebrada da rua, veio uma paraquedas se abrindo, eu dei a dica, ela bolou, eu fiz a pista, colei; solei, ela aí bronqueou, eu chutei, bronqueou mas foi na despista, porque, muito vivaldina, tinha se adernado e visto que o cargueiro estava lhe comboiando.
Morando na jogada, o Zezinho aqui ficou ao largo e viu quando o cargueiro jogou a amarração dando a maior sugesta na recortada. Manobrei e procurei engrupir o pagante, mas, sem esperar, recebi um cataplum no pé do ouvido.
Aí dei-lhe um bico com o pisante na altura da dobradiça, uma muqueada nos mordedores e taquei-lhe os dois pés na caixa de mudança pondo-o por terra.
Ele se coçou, sacou a máquina e queimou duas espoletas.
Papai, muito esperto, virou pulga e fez a dunquerque, pois o vermelho não combina com a cor do meu linho.
Uns e outros me disseram que o sueco era tira e que iria me fechar o paletó.
Não tenho vocação pra presunto e corri.
Peguei uma borracha grande e saltei no fim do carretel, bem no vazio da Lapa, precisamente às 15 para a cor-de-rosa.
Como desde a matina não tinha engolido a gordura, o roque do meu pandeiro estava sugerindo sarro.
Entrei no china-pau e pedi um boi a mossoró com confete de casamento e uma barriguda bem morta.
Engoli a gororoba e como o meu era nenhum, pedi ao caixa pra botar na pendura que depois eu iria esquentar aquela fria.

---

[5] QUADROS, Jânio. *Curso prático de língua portuguesa e sua literatura.* São Paulo: Formar, 1966.

Ia pirar quando o sueco apareceu. Dizendo que eu era produto do Mangue, foi direto ao médico-legal para me esculachar.

Eu sou preto mas não sou Gato Félix, me queimei e puxei a solingen.

Fiz uma avenida na epiderme do moço. Ele virou logo América.

Aproveitei a confusa para me pirar, mas um dedo-duro me apontou aos xifópagos e por isto estou aqui."

Vocabulário:
patuá: forma giriática para substituir "o negócio", "a questão", "o problema"
gelo: desprezo
esquinar: ficar parado em esquinas, à espera de algo
amarrotasse o meu linho no sabão: lavasse a minha roupa
bordejava pelas vias: andava pelas ruas
abasteci a caveira: tomei uma bebida — uma cachaça
troquei por centavos um embrulhador: comprei um jornal
na quebrada da rua: na esquina
veio uma paraquedas se abrindo: veio uma mulher demonstrando interesse pelo malandro
eu dei a dica: o malandro dirigiu um gracejo à mulher
ela bolou: a mulher foi receptiva à lisonja do malandro
eu fiz a pista: acompanhei-a
solei: conversei com a mulher
vivaldina: viva, esperta, inteligente
o cargueiro estava lhe comboiando: o namorado a estava acompanhando
morando na jogada: compreendendo a situação
o cargueiro jogou a amarração: o namorado se aproximou dela
dei-lhe um bico com o pisante na altura da dobradiça: dei-lhe um pontapé no joelho
uma muqueada nos mordedores: forma de muque — um soco nos dentes
taquei-lhe os dois pés na caixa de mudança: saltei-lhe com os dois pés sobre o peito
ele se coçou, sacou a máquina e queimou duas espoletas: sacou o revólver e fez dois disparos
papai: forma de o malandro referir-se a si mesmo
virou pulga: deu um salto
fez a dunquerque: evadiu-se, fugiu (alusão à famosa retirada de Dunquerque, na Segunda Guerra Mundial)
vermelho não combina com a cor do meu linho: referia-se ao vermelho do sangue
tira: policial, detetive, investigador
fechar o paletó: matar
não tenho vocação pra presunto: referia-se ao seu apego à vida
borracha grande: ônibus
no fim do carretel: no fim da linha, no ponto final
bem no vazio da Lapa: no Largo da Lapa
às 15 para a cor-de-rosa: às 17 horas e 45 minutos

o roque do meu pandeiro: o ruído do meu estômago

china-pau: "china" — pequenos restaurantes chineses que serviam pratos a preços populares, na época, muito comuns no Rio de Janeiro

boi a mossoró com confete de casamento: bife a cavalo com arroz

e uma barriguda bem morta: cerveja bem gelada

como o meu era nenhum: como não tinha dinheiro

depois eu iria esquentar aquela fria: pagaria a despesa mais tarde

produto do Mangue: eufemismo, pois o Mangue era um dos prostíbulos do Rio de Janeiro

me queimei e puxei a solingen: irritei-me e saquei a navalha — a marca do instrumento Solingen passou a sinônimo de navalha

fiz uma avenida na epiderme do moço: fiz um corte na sua pele

ele virou logo América: ficou vermelho como sangue — América Futebol Clube, cujo uniforme se compõe de camisas vermelhas

xifópagos: policiais do Rio de Janeiro que sempre andam em duplas — também chamados Cosme e Damião

e) *jargão* **(linguagem técnica):** é a língua culta padrão que utiliza palavras e expressões próprias **para determinados setores profissionais:** a linguagem do direito, a linguagem da medicina, a linguagem da engenharia etc.

"Do direito" [6]

De acordo com o art. 150, I, da CF/88, é vedado aos entes tributantes, entre eles os Municípios, aumentar tributo sem lei que o estabeleça.

A corroborar o exposto acima, impende destacar a dicção dos parágrafos 1.º e 2.º, do artigo 97, do CTN, que destacam a necessidade de lei para atualização em bases de cálculo de impostos, com índices acima da correção monetária do período.

(...)

Com efeito, fica demonstrado, à saciedade, que a majoração da base de cálculo do IPTU, ou seja, a atualização do valor venal do imóvel acima da correção monetária oficial, mediante Decreto do Poder Executivo, viola frontalmente o princípio da legalidade, consagrado no art. 150, I, da CF/88, combinado com o art. 97 parágrafos 1.º e 2.º, do CTN.

As diferentes maneiras de contar a mesma história... [7]

Se a história da Chapeuzinho Vermelho fosse verdadeira, como ela seria veiculada pela imprensa brasileira?

Jornal Nacional

William Bonner — Boa noite. Uma menina chegou a ser devorada por um lobo na noite de ontem...

Fátima Bernardes — ...mas a atuação de um caçador evitou a tragédia. Veja na reportagem de Glória Maria.

---

[6] SABBAG, Eduardo de Moraes. *Redação forense e elementos de gramática*. 4. ed. São Paulo: RT, 2011.
[7] Este texto circula pela internet, sem autor definido.

Glória Maria — ...Que gracinha, gente! Vocês não vão acreditar, mas essa menina linda aqui foi retirada viva da barriga de um lobo.

Cidade Alerta
Onde é que a gente vai parar, cadê as autoridades? Cadê as autoridades? A menina ia pra casa da vovozinha a pé! Não tem transporte público! Não tem transporte público! E foi devorada viva... Um lobo, um lobo safado. Põe na tela, primo! Põe a cara desse marginal no ar, porque eu falo mesmo, não tenho medo de lobo, não tenho medo de lobo, não! Presta bastante atenção, gente, essa história é impressionante! Não saia daí: daqui a pouco eu volto nesse caso.

Superpop
Geeente! Eu tô aqui com a ex-mulher do lenhador e ela diz que ele é alcoólatra, agressivo e que não paga pensão aos filhos há mais de um ano. Abafa o caso!

Globo Repórter
Tara? Fetiche? Violência? O que leva alguém a comer, na mesma noite, uma idosa e uma adolescente? O Globo Repórter conversou com psicólogos, antropólogos e com os amigos e parentes do Lobo em busca da resposta. Vamos viajar pela mente do psicopata. E uma revelação: casos semelhantes acontecem dentro dos próprios lares das vítimas, que silenciam por medo. Hoje, no Globo Repórter...

Discovery Channel
Vamos determinar se é possível uma pessoa ser engolida viva e sobreviver.

Revista Veja
Lula sabia das intenções do Lobo.

Revista Cláudia
Como chegar à casa da vovozinha sem se deixar enganar pelos lobos no caminho.

Revista Nova
Dez maneiras de levar um lobo à loucura na cama!

Revista IstoÉ
Gravações revelam que lobo foi assessor de político influente.

Revista Playboy
(Ensaio fotográfico com Chapeuzinho no mês seguinte)
Veja o que só o lobo viu.

Revista Vip
As 100 mais sexys — Desvendamos a adolescente mais gostosa do Brasil!

Revista G Magazine
(Ensaio com o lenhador)
O lenhador mostra o machado.

Revista Caras
Na banheira de hidromassagem, Chapeuzinho fala a CARAS: "Até ser devorada, eu não dava valor pra muitas coisas na vida. Hoje, sou outra pessoa."

Revista Superinteressante
Lobo Mau: mito ou verdade?

Revista Contigo!
Lenhador e Chapeuzinho flagrados em clima romântico em jantar no Rio.

Folha de S.Paulo
Lobo que devorou menina era do MST.

O Estado de São Paulo
Lobo que devorou menina seria filiado ao PT.

O Globo
Petrobras apoia ONG do lenhador ligado ao PT, que matou um lobo para salvar menor de idade carente.

O Povo / Agora
Sangue e tragédia na casa da vovó.

O Dia
Lenhador desempregado tem dia de herói.

Extra / Diário de S.Paulo
Promoção do mês: junte 20 selos, mais R$ 19,90 e troque por uma capa vermelha igual à da Chapeuzinho!

Lance!
Lenhador passou o rodo e mandou lobo pedófilo pro saco!

Capricho
Teste: Seu par ideal é lobo ou lenhador?

8.1.3. Funções da linguagem

Existem alguns **fatores básicos** para que se estabeleça a comunicação, são eles:

- *Emissor:* quem emite a mensagem.
- *Receptor:* quem recebe a mensagem.
- *Mensagem:* a informação transmitida.
- *Referente:* a situação com que se relaciona a mensagem.
- *Canal:* meio de comunicação utilizado para envio da mensagem.
- *Código:* sistema de sinais utilizado para o envio da mensagem.

Apesar de todos esses fatores serem necessários na transmissão de uma ideia, uma mensagem, sempre há a predominância de um sobre outro, ou seja, a predominância de determinada **função da linguagem**.

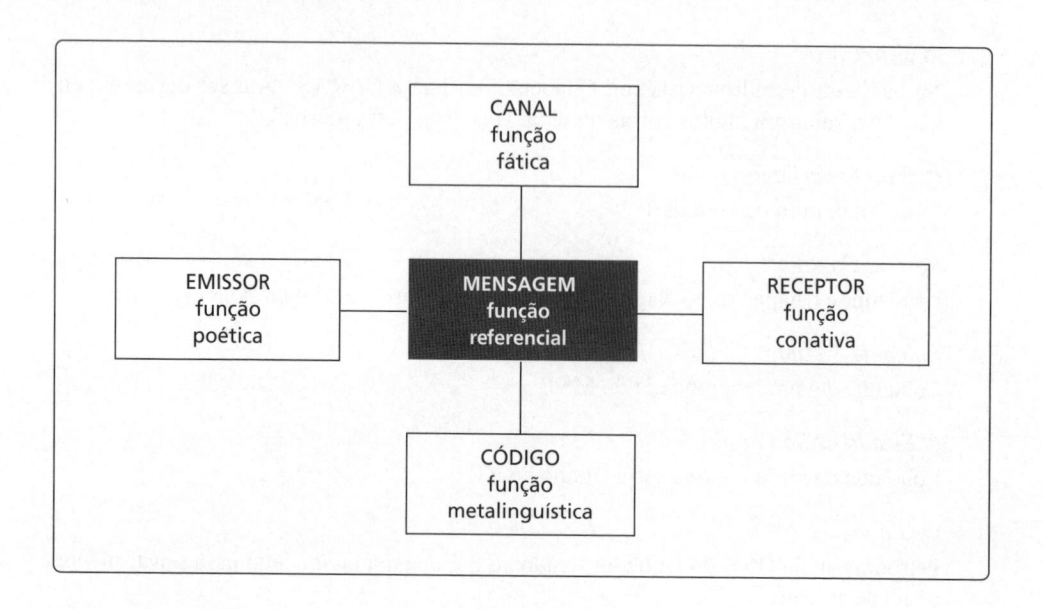

```
                    ┌─────────┐
                    │  CANAL  │
                    │  função │
                    │  fática │
                    └─────────┘

┌─────────┐      ┌──────────────┐      ┌─────────┐
│ EMISSOR │      │   MENSAGEM   │      │ RECEPTOR│
│  função │──────│    função    │──────│  função │
│  poética│      │  referencial │      │ conativa│
└─────────┘      └──────────────┘      └─────────┘

                    ┌──────────────┐
                    │    CÓDIGO    │
                    │    função    │
                    │metalinguística│
                    └──────────────┘
```

8.1.3.1. Função referencial (ou denotativa)

Transmite uma **informação objetiva**, expõe dados da realidade de modo objetivo, não faz comentários, nem avaliação. Geralmente, o texto apresenta-se na terceira pessoa do singular ou plural, pois transmite impessoalidade. A linguagem é denotativa, ou seja, não há possibilidade de outras interpretações além da que está exposta. Em textos científicos, jornalísticos, técnicos, didáticos ou em correspondências comerciais, essa função é a predominante.

Desmatamento da Amazônia é "o menor dos menores", diz ministra[8]
Camila Campanerut — Do UOL Notícias — Em Brasília — 31.08.2010 — 14h06

O índice de desmatamento da Amazônia registrou redução de 42% em julho de 2010 comparado a junho deste ano, informou nesta terça-feira (31) o Ministério do Meio Ambiente. Este é o menor índice já registrado pelo sistema Deter do Instituto Nacional de Pesquisas Espaciais (INPE). O levantamento é realizado desde maio de 2004 com dados de satélite.

No acumulado de 12 meses, a taxa sofreu redução de 48%, ao comparar o período de agosto de 2009 a julho de 2010 e agosto de 2008 a julho de 2009. A ministra do Meio Ambiente, Izabella Teixeira, comemorou o balanço, o qual chamou de o "menor dos menores" com relação às áreas desmatadas da região.

Mas os números do desmatamento ainda são altos: em julho deste ano, o Deter observou 485 km² desmatados, contra 836 no mesmo mês do ano passado. No ano, são 2.293 km² de corte raso vistos pelo sistema do INPE, contra 4.372 km² em 2009.

---

[8] Disponível em: <http://noticias.uol.com.br/cotidiano/2010/08/31/desmatamento-da-amazonia-e-o-menor-dos-menores-diz-ministra.jhtm>. Acesso em: 6 abr. 2011.

O ministério destacou que a elevação da presença de nuvens registradas pelas imagens de satélite (de 29% ante 23% de um ano para outro), que poderiam atrapalhar a leitura de dados, não foi o suficiente para mascarar os dados.

O Amazonas registrou um aumento de 8% no desmatamento de agosto de 2009 a julho de 2010, enquanto os demais Estados da região, com exceção do Amapá, apresentaram queda no desmatamento.

Onze municípios amazonenses são responsáveis por 90% do desmatamento do Estado. São eles Apuí, Lábrea, Manicoré, Novo Aripuanã, Canutama, Boca do Acre, Maués, Autazes, Careiro, Humaitá e Pauini.

8.1.3.2. Função emotiva (ou expressiva)

O objetivo do emissor é transmitir **suas emoções e anseios**. A realidade é transmitida sob o ponto de vista do emissor, a mensagem é subjetiva e centrada no emissor e, portanto, apresenta-se na primeira pessoa. A pontuação (ponto de exclamação, interrogação e reticências) é uma característica da função emotiva, pois transmite a subjetividade da mensagem e reforça a entonação emotiva. Essa função é comum em poemas ou narrativas de teor dramático ou romântico.

Motivo[9]
Cecília Meireles

Eu canto porque o instante existe
e a minha vida está completa.
Não sou alegre nem sou triste:
sou poeta.

Irmão das coisas fugidias,
não sinto gozo nem tormento.
Atravesso noites e dias
no vento.

Se desmorono ou se edifico,
se permaneço ou me desfaço,
— não sei, não sei. Não sei se fico
ou passo.

Sei que canto. E a canção é tudo.
Tem sangue eterno a asa ritmada.
E um dia sei que estarei mudo:
— mais nada.

---

[9] MEIRELES, Cecília. *Poesia completa*. Rio de Janeiro: Nova Aguilar, 1994.

8.1.3.3. Função conativa (ou apelativa)

O objetivo é influenciar, **convencer o receptor de alguma coisa** por meio de uma ordem (uso de vocativos), sugestão, convite ou apelo (daí o nome da função). Os verbos costumam estar no imperativo (Compre! Faça!) ou conjugados na 2.ª ou 3.ª pessoa (Você não pode perder! Ele vai melhorar seu desempenho!). Esse tipo de função é muito comum em textos publicitários, em discursos políticos ou de autoridade.

Oração aos moços[10]
Rui Barbosa

Eia, senhores! Mocidade viril! Inteligência brasileira! Nobre nação explorada! Brasil de ontem e amanhã! Dai-nos o de hoje, que nos falta.

Mãos à obra da reivindicação de nossa perdida autonomia; mãos à obra da nossa reconstituição interior; mãos à obra de reconciliarmos a vida nacional com as instituições nacionais; mãos à obra de substituir pela verdade o simulacro político da nossa existência entre as nações. Trabalhai por essa que há de ser a salvação nossa. Mas não buscando salvadores. Ainda vos podereis salvar a vós mesmos. Não é sonho, meus amigos: bem sinto eu, nas pulsações do sangue, essa ressurreição ansiada. Oxalá não se me fechem os olhos, antes de lhe ver os primeiros indícios no horizonte. Assim o queira Deus.

8.1.3.4. Função metalinguística

Essa função refere-se à metalinguagem, que ocorre quando **o emissor explica um código usando o próprio código**. Quando um poema fala da própria ação de se fazer um poema, por exemplo.

Para fazer um poema dadaísta[11]
Tristan Tzara

Pegue um jornal
Pegue a tesoura.
Escolha no jornal um artigo do tamanho que você deseja dar a seu poema.
Recorte o artigo.
Recorte em seguida com atenção algumas palavras que formam esse artigo e meta-as num saco.
Agite suavemente.
Tire em seguida cada pedaço um após o outro.
Copie conscienciosamente na ordem em que elas são tiradas do saco.
O poema se parecerá com você.
E ei-lo um escritor infinitamente original e de uma sensibilidade graciosa, ainda que incompreendido do público.

---

[10] BARBOSA, Rui. *Oração aos moços*. Rio de Janeiro: Casa de Rui Barbosa, 1999.
[11] Disponível em: <http://www.mundoeducacao.com.br/literatura/dadaismo.htm>. Acesso em: 6 abr. 2011.

O nascimento da crônica[12]
Machado de Assis

Há um meio certo de começar a crônica por uma trivialidade. É dizer: Que calor! Que desenfreado calor! Diz-se isto, agitando as pontas do lenço, bufando como um touro, ou simplesmente sacudindo a sobrecasaca. Resvala-se do calor aos fenômenos atmosféricos, fazem-se algumas conjeturas acerca do sol e da lua, outras sobre a febre amarela, manda-se um suspiro a Petrópolis, e *La glace est rompue*; está começada a crônica.

Mas, leitor amigo, esse meio é mais velho ainda do que as crônicas, que apenas datam de Esdras. Antes de Esdras, antes de Moisés, antes de Abraão, Isaque e Jacó, antes mesmo de Noé, houve calor e crônicas. No paraíso é provável, é certo que o calor era mediano, e não é prova do contrário o fato de Adão andar nu. Adão andava nu por duas razões, uma capital e outra provincial. A primeira é que não havia alfaiates, não havia sequer casimiras; a segunda é que, ainda havendo-os, Adão andava baldo ao naipe. Digo que esta razão é provincial, porque as nossas províncias estão nas circunstâncias do primeiro homem.

Quando a fatal curiosidade de Eva fez-lhes perder o paraíso, cessou, com essa degradação, a vantagem de uma temperatura igual e agradável. Nasceu o calor e o inverno; vieram as neves, os tufões, as secas, todo o cortejo de males, distribuídos pelos doze meses do ano.

Não posso dizer positivamente em que ano nasceu a crônica; mas há toda a probabilidade de crer que foi coetânea das primeiras duas vizinhas. Essas vizinhas, entre o jantar e a merenda, sentaram-se à porta, para debicar os sucessos do dia. Provavelmente começaram a lastimar-se do calor. Uma dizia que não pudera comer ao jantar, outra que tinha a camisa mais ensopando que as ervas que comera. Passar das ervas às plantações do morador fronteiro, e logo às tropelias amatórias do dito morador, e ao resto, era a coisa mais fácil, natural e possível do mundo. Eis a origem da crônica.

Que eu, sabedor ou conjeturador de tão alta prosápia, queira repetir o meio de que lançaram mãos as duas avós do cronista, é realmente cometer uma trivialidade; e contudo, leitor, seria difícil falar desta quinzena sem dar à canícula o lugar de honra que lhe compete. Seria; mas eu dispensarei esse meio quase tão velho como o mundo, para somente dizer que a verdade mais incontestável que achei debaixo do sol é que ninguém se deve queixar, porque cada pessoa é sempre mais feliz do que outra.

Não afirmo sem prova.

Fui há dias a um cemitério, a um enterro, logo de manhã, num dia ardente como todos os diabos e suas respectivas habitações. Em volta de mim ouvia o estribilho geral: que calor! Que sol! É de rachar passarinho! É de fazer um homem doido!

Íamos em carros! Apeamo-nos à porta do cemitério e caminhamos um longo pedaço. O sol das onze horas batia de chapa em todos nós; mas sem tirarmos os chapéus, abríamos os de sol e seguíamos a suar até o lugar onde devia verificar-se o enterramento. Naquele lugar esbarramos com seis ou oito homens ocupados em abrir covas: estavam de cabeça descoberta, a erguer e fazer cair a enxada. Nós enterramos o morto, voltamos nos carros, dar às nossas casas ou repartições. E eles? Lá os achamos, lá os deixamos,

---

[12] ASSIS, Machado de. Histórias de quinze dias, 1.º/11/1877. In: *Obras completas*. Rio de Janeiro: Nova Aguilar, 2008. v. 4.

ao sol, de cabeça descoberta, a trabalhar com a enxada. Se o sol nos fazia mal, que não faria àqueles pobres-diabos, durante todas as horas quentes do dia?

8.1.3.5. Função fática

O objetivo dessa função é estabelecer uma relação com o emissor, um contato para **verificar se a mensagem está sendo transmitida ou para dilatar a conversa**. Quando estamos em um diálogo, por exemplo, e dizemos ao nosso receptor "Está entendendo?", estamos utilizando este tipo de função; ou quando atendemos o celular e dizemos "Oi" ou "Alô".

A hora da estrela[13]
Clarice Lispector

As poucas conversas entre os namorados versavam sobre farinha, carne de sol, carne-seca, rapadura, melado. Pois esse era o passado de ambos e eles esqueciam o amargor da infância porque esta, já que passou, é sempre acredoce e dá até nostalgia. Pareciam por demais irmãos, coisa que — só agora estou percebendo — não dá pra casar. Mas eu não sei se eles sabiam disso. Casariam ou não? Ainda não sei, só sei que eram de algum modo inocentes e pouca sombra faziam no chão.

Não, menti, agora vi tudo: ele não era inocente coisa alguma, apesar de ser uma vítima geral do mundo. Tinha, descobri agora, dentro de si, a dura semente do mal, gostava de se vingar, este era o seu grande prazer e o que lhe dava força de vida. Mais vida do que ela que não tinha anjo de guarda.

Enfim o que fosse acontecer, aconteceria. E por enquanto nada acontecia, os dois não sabiam inventar acontecimentos. Sentavam-se no que é de graça: banco de praça pública. E ali acomodados, nada os distinguia do resto do nada. Para a grande glória de Deus.

Ele: — Pois é.
Ela: — Pois é o quê?
Ele: — Eu só disse "pois é"!
Ela: — Mas "pois é" o quê?
Ele: — Melhor mudar de conversa porque você não me entende.
Ela: — Entender o quê?
Ele: — Santa Virgem Macabéa, vamos mudar de assunto e já!
Ela: — Falar então de quê?
Ele: — Por exemplo, de você.
Ela: — Eu?!
Ele: — Por que esse espanto? Você não é gente? Gente fala de gente.
Ela: — Desculpe mas não acho que sou muito gente.
Ele: — Mas todo mundo é gente, meu Deus!
Ela: — É que não me habituei.
Ele: — Não se habituou com quê?
Ela: — Ah, não sei explicar.

---

[13] LISPECTOR, Clarice. *A hora da estrela*. Rio de Janeiro: Rocco, 1977.

Ele: — E então?
Ela: — Então o quê?
Ele: — Olhe, eu vou embora porque você é impossível!
Ela: — É que só sei ser impossível, não sei mais nada. Que é que faço para conseguir ser possível?
Ele: — Pare de falar porque você só diz besteira! Diga o que é do teu agrado.
Ela: — Acho que não sei dizer.
Ele: — Não sabe o quê?
Ela: — Hein?
Ele: — Olhe, estou até suspirando de agonia. Vamos não falar em nada, está bem?
Ela: — Sim, está bem, como você quiser.
Ele: — É, você não tem solução. Quanto a mim, de tanto me chamarem, eu virei eu. No sertão da Paraíba não há quem não saiba quem é Olímpico. E um dia o mundo todo vai saber de mim.
Ela: — É?
Ele: — Pois se eu estou dizendo! Você não acredita?
Ela: — Acredito sim, acredito, acredito, não quero lhe ofender.
Em pequena ela vira uma casa pintada de rosa e branco com um quintal onde havia um poço com cacimba e tudo. Era bom olhar para dentro. Então seu ideal se transformara nisso: em vir a ter um poço só para ela. Mas não sabia como fazer e então perguntou a Olímpico:
Ela: — Você sabe se a gente pode comprar um buraco?

8.1.3.6. Função poética

O objetivo do emissor é expressar seus sentimentos por meio de textos que podem ser enfatizados por meio das formas das palavras, da sonoridade, do ritmo, além de elaborar novas possibilidades de combinações dos signos linguísticos. É presente em textos literários, publicitários e em letras de música.

Poética[14]
José Paulo Paes

conciso?   com siso
prolixo?   pro lixo

Epitáfio para um banqueiro[15]
José Paulo Paes

negócio
ego
ócio
cio
o

---

[14] PAES, José Paulo. *Poesia completa*. São Paulo: Companhia das Letras, 2008.
[15] *Idem, ibidem.*

8.2. TIPOLOGIA TEXTUAL

Um fato importante no processo de produção de texto, que **desvenda a intenção do autor**, é a escolha do modo de organização do seu texto: descrição, narração ou dissertação. Não que um texto não possa ser composto pelos três, mas sempre haverá a preponderância de um ou de outro, dependendo da finalidade a que se destina.

8.2.1. Descrição

"Bem diferente era o tio cônego. Esse tinha uma austeridade e pureza; tais dotes, contudo, não realçavam um espírito superior, apenas compensavam um espírito medíocre. Não era um homem que visse a parte substancial da igreja; via o lado externo, a hierarquia, as preeminências, as circunflexões. Vinha antes da sacristia que do altar. Uma lacuna no ritual excitava-o mais do que uma infração dos mandamentos. Agora, a tantos anos de distância, não estou certo se ele poderia atinar facilmente com um trecho de Tertuliano, ou expor, sem titubear, a história do símbolo de Nicéa; mas ninguém, nas festas cantadas, sabia melhor o número e caso das cortesias que se deviam ao oficiante. Cônego foi a única ambição de sua vida; e dizia de coração que era a maior dignidade a que podia aspirar. Piedoso, severo nos costumes, minucioso na observância das regras, frouxo, acanhado, subalterno, possuía algumas virtudes, em que era exemplar, mas carecia absolutamente da força de as incutir, de as impor aos outros."

(Machado de Assis)[16]

Quando **evidenciamos algo de seres, objetos, ambientes e paisagens, estamos fazendo um retrato verbal daquilo que se quer mostrar, estamos fazendo uma descrição**.

Ela pode ser objetiva ou subjetiva.

A **descrição objetiva busca a precisão informativa**, ou seja, diz exatamente aquilo que todos percebem. Ao dizer que Atanagildetina é loira, tem 1,70 m, pesa 60 kg, cabelos longos e olhos verdes, estamos fazendo a descrição objetiva, que também pode ser chamada de sensorial — aquela para a qual utilizamos os cinco sentidos (visão, audição, olfato, paladar e tato).

A **descrição subjetiva procura mostrar aquilo que pensamos acerca do objeto descrito**; ela é, portanto, pessoal. Quando dizemos que Atanagildetina é descontraída, amigável, tolerante e inteligente, estamos fazendo a descrição subjetiva, que também pode ser chamada de extrassensorial — aquela para a qual utilizamos algo além dos cinco sentidos.

Numa descrição poética isso tudo pode se misturar. Posso dizer que Atanagildetina tem uma voz maviosa, doce e quente; nesse caso há uma mistura de descrição sensorial e extrassensorial.

A descrição é regida pelos seguintes princípios:
a) focaliza estados e não transformações;

---

[16] ASSIS, Machado de. Memórias póstumas de Brás Cubas. In: *Obras completas*. 2. ed. Rio de Janeiro: Nova Aguilar, 2008. v. I.

b) seu discurso é figurativo;

c) os tempos verbais nela privilegiados são o presente e o pretérito imperfeito;

d) seus elementos não mantêm uma relação de causalidade e, por isso, podem ser permutados sem afetar a compreensão do texto.

8.2.2. Narração

"Gabriela ia andando, aquela canção ela escutara em menina. Parou a escutar, a ver a roda rodar. Antes da morte do pai e da mãe, antes de ir para a casa dos tios. Que beleza os pés pequeninos no chão a dançar! Seus pés reclamavam, queriam dançar. Resistir não podia, brinquedo de roda adorava brincar. Arrancou os sapatos, largou na calçada, correu pros meninos. De um lado Tuísca, de outro lado Rosinha. Rodando na praça, a cantar e a dançar."

(Jorge Amado)[17]

A **narração apresenta fatos vividos por personagens**, numa sequência temporal. Quando narramos, contamos uma história, na qual se destacam os seguintes elementos: *personagens* (são os participantes do fato), *espaço* (é o lugar onde acontecem os fatos), *tempo* (é a época em que os fatos ocorrem), *enredo* (é o encadeamento de fatos). Além desses elementos, pode aparecer também — mas não necessariamente — o *desfecho* (a consequência do desenrolar dos fatos).

A narração é regida pelos seguintes princípios:

a) focaliza transformações que se pressupõem umas às outras;

b) seu discurso é figurativo;

c) os tempos verbais fundamentais da narrativa são os perfectivos;

d) os acontecimentos narrados mantêm uma relação de anterioridade e posterioridade e essa relação não pode ser alterada sem que se afete a compreensão do texto.

8.2.2.1. Foco narrativo

O foco narrativo representa o **enfoque escolhido pelo autor para narrar** uma história. Essa história pode ser contada por um personagem que vivencia o fato ou por alguém que não participa dele, e será chamado de *narrador*.

Há, então, dois tipos de narrador:

■ **narrador-personagem**, ou de 1.ª pessoa: aquele que participa da história.

"Olhei para ele; estava mais pálido. Então lembrou-me outra vez que queria pedir-me alguma coisa, e perguntei-lhe o que era. Raimundo estremeceu de novo, e, rápido, disse-me que esperasse um pouco; era coisa particular."

(Machado de Assis)[18]

---

[17] AMADO, Jorge. *Gabriela, cravo e canela*. 44. ed. Rio de Janeiro: Record, 1984.

[18] ASSIS, Machado de. Conto de escola. In: *Obras completas*. Rio de Janeiro: Nova Aguilar, 2008. v. II.

■ **narrador-observador**, ou de 3.ª pessoa: aquele que não participa da história.

"Depois do almoço, Leôncio montou a cavalo, percorreu as roças e cafezais, coisa que bem raras vezes fazia, e ao descambar do Sol voltou para casa, jantou com o maior sossego e apetite, e depois foi para o salão, onde, repoltreando-se em macio e fresco sofá, pôs-se a fumar tranquilamente o seu havana."

(Bernardo Guimarães)[19]

8.2.2.2. Tipos de discurso

Discurso é a **maneira como os personagens se expressam** dentro do texto narrativo. São três as formas de se apresentar a fala dos personagens:

■ *direto:* as **falas dos personagens são apresentadas diretamente** ao leitor, sem a interferência do narrador.

"— Tu não entendeste Peri, senhora; Peri te pediu que o deixasse na vida em que nasceu, porque precisa desta vida para servir-te.
— Como?... Não te entendo!
— Peri, selvagem, é o primeiro dos teus; só tem uma lei, uma religião, é sua senhora; Peri, cristão, será o último dos teus; será um escravo, e não poderá defender-te.
— Um escravo!... Não! Será um amigo. Eu te juro! Exclamou a menina com vivacidade."

(José de Alencar)[20]

■ *discurso indireto:* **o narrador da história é que diz o que os personagens estão falando**, ou seja, indiretamente os personagens conversam.

"O tísico do n. 7 há dias esperava o momento de morrer, estendido na cama, os olhos cravados no ar, a boca muito aberta, porque já lhe ia faltando o fôlego.
Não tossia; apenas, de quando em quando, o esforço convulsivo para arrevassar os pulmões desfeitos sacudia-lhe o corpo e arrancava-lhe da garganta uma ronqueira lúgubre, que lembrava o arrulhar ominoso dos pombos.
(...)
O médico recomendara que lhe dessem todo o ar possível e lhe fizessem beber de espaço a espaço uma porção do calmante que receitara. Uma lamparina de azeite fazia tremer a sua miserável chama e cuspia óleo quente. Havia um cheiro enjoativo de moléstia e desasseio."

(Aluísio Azevedo)[21]

■ *discurso indireto livre:* é uma mistura dos dois tipos anteriores, pelo qual **o personagem fala por si próprio sem marcação alguma disso**, ou seja, a fala do personagem se mistura à narrativa.

---

[19] GUIMARÃES, Bernardo. *A escrava Isaura.* 17. ed. São Paulo: Ática, 1991.
[20] ALENCAR, José de. *O guarani.* 16. ed. São Paulo: Ática, 1991.
[21] AZEVEDO, Aluísio. *Casa de pensão.* 7. ed. São Paulo: Ática, 1992.

"Lóri estava suavemente espantada. Então isso era a felicidade. De início se sentiu vazia. Depois seus olhos ficaram úmidos: era felicidade, mas como sou mortal, como o amor pelo mundo transcende. O amor pela vida mortal a assassinava docemente, aos poucos. E o que eu faço? Que faço da felicidade? Que faço dessa paz estranha e aguda, que já está começando a me doer como uma angústia, como um grande silêncio de espaços? A quem dou minha felicidade, que já está começando a me rasgar um pouco e me assusta. Não, não quero ser feliz. Prefiro a mediocridade. Ah, milhares de pessoas não têm coragem de pelo menos prolongar-se um pouco mais nessa coisa desconhecida que é sentir-se feliz e preferem a mediocridade. Ela se despediu de Ulisses quase correndo: ele era o perigo."

(Clarice Lispector)[22]

8.2.3. Dissertação

"Qualquer estudo histórico, mesmo um assunto bastante delimitado, pressupõe um recorte do passado, feito pelo historiador, a partir de suas concepções e da interpretação de dados que conseguiu reunir. A própria seleção de dados tem muito a ver com as concepções do pesquisador. Esse pressuposto revela-se por inteiro quando se trata de dar conta de uma sequência histórica de quase quinhentos anos, em algumas centenas de páginas. Por isso mesmo, o que o leitor tem em mão não é *a* História do Brasil — tarefa pretensiosa e aliás impossível —, mas *uma* História do Brasil, narrada e interpretada sinteticamente na ótica de quem a escreveu."

(Boris Fausto)[23]

A **dissertação é a exposição de uma ideia**, a defesa de um ponto de vista, um questionamento sobre algum assunto, a análise de um tema. Apresenta sempre uma argumentação comprovando um ponto de vista.

As características da dissertação são:

a) opera com transformações explícitas ou implícitas;

b) seu discurso é temático;

c) nela o tempo verbal mais usado é o presente atemporal;

d) suas asserções mantêm entre si relações lógicas do tipo causa, consequência, condição etc.

Cada um desses três tipos distintos de texto tem uma função diferente.

Os textos figurativos representam o mundo, criam um simulacro da realidade. Essa é a função básica da narração e da descrição. Aquela relata as mudanças de situação de seres particulares, numa determinada progressão temporal, o que significa que mostra o mundo em mudança, que apresenta o dinamismo das transformações. Esta retrata o ser num dado momento, fora do dinamismo da mudança, faz ver propriedades e aspectos simultâneos de um ser particular (uma noite de luar, um engarrafamento, uma paisagem, uma pessoa etc.).

---

[22] LISPECTOR, Clarice. *Uma aprendizagem ou o livro dos prazeres*. 17. ed. Rio de Janeiro: Francisco Alves, 1990.

[23] FAUSTO, Boris. *História do Brasil*. 13. ed. São Paulo: EDUSP, 2010.

O texto dissertativo é temático. Por conseguinte, explica, classifica, analisa, avalia os seres concretos. A referência ao mundo é feita por intermédio de conceitos amplos, modelos genéricos, muitas vezes abstraídos do tempo e do espaço. Ao apresentar as transformações de estado não se importa com as relações de anterioridade e de posterioridade, mas fundamentalmente com as relações de causalidade, implicação etc.

As mudanças são, pois, tratadas de maneira diferente na narração e na dissertação. Aquela visa a relatar as mudanças; esta, a explicar e interpretar as transformações relatadas. Por ser mais abstrato, o texto dissertativo debruça-se sobre a explicação de dados concretos. Incorpora a referência a fatos particulares (narrações e descrições), mas apenas para ilustrar afirmações gerais, para argumentar a favor ou contra uma determinada tese. O discurso científico, o filósofo, o político são dominantemente dissertativos.

Muitas vezes se pensa que o ponto de vista do produtor do texto (enunciador) se manifesta apenas na dissertação. Não é verdade. Em todos os tipos de texto, o enunciador manifesta sua visão. A diferença está no modo como se faz isso. Sendo a dissertação um texto temático, o enunciador expõe, de maneira explícita, sua perspectiva sobre um dado assunto.

Na descrição, o enunciador apresenta sua visão pelos aspectos selecionados para mostrar e pelos termos escolhidos para retratar.

Na narração, contrapõem-se percursos figurativos, para revelar o ponto de vista do enunciador.

Não podemos esquecer-nos de que, sob a camada figurativa de um texto, há temas. Por conseguinte, com a organização figurativa, o enunciador manifesta pontos de vista sobre o que narra ou descreve.

8.3. COMPREENSÃO E INTERPRETAÇÃO

Compreensão e interpretação de texto são coisas distintas, enquanto aquela **é apenas a apreensão das informações contidas no texto**, esta é a análise que cada leitor — com sua experiência — faz a respeito das informações contidas no texto.

Vejamos um exemplo de "interpretação" que fizemos no ensino fundamental:

A velha contrabandista[24]
Stanislaw Ponte Preta

Diz que era uma velhinha que sabia andar de lambreta. Todo dia ela passava pela fronteira montada na lambreta, com um bruto saco atrás da lambreta. O pessoal da Alfândega — tudo malandro velho — começou a desconfiar da velhinha.

Um dia, quando ela vinha na lambreta com o saco atrás, o fiscal da Alfândega mandou ela parar. A velhinha parou e então o fiscal perguntou assim pra ela:

— Escuta aqui, vovozinha, a senhora passa por aqui todo dia, com esse saco aí atrás. Que diabo a senhora leva nesse saco?

---

[24] PONTE PRETA, Stanislaw. A velha contrabandista. In: *Gol de padre*. 7. ed. São Paulo: Ática, 2003 (Col. Para Gostar de Ler — v. 23).

A velhinha sorriu com os poucos dentes que lhe restavam e mais os outros, que ela adquirira no odontólogo e respondeu:

— É areia!

Aí quem sorriu foi o fiscal. Achou que não era areia nenhuma e mandou a velhinha saltar da lambreta para examinar o saco. A velhinha saltou, o fiscal esvaziou o saco e dentro só tinha areia. Muito encabulado, ordenou à velhinha que fosse em frente. Ela montou na lambreta e foi embora, com o saco de areia atrás.

Mas o fiscal ficou desconfiado ainda. Talvez a velhinha passasse um dia com areia e no outro com muamba, dentro daquele maldito saco. No dia seguinte, quando ela passou na lambreta com o saco atrás, o fiscal mandou parar outra vez. Perguntou o que é que ela levava no saco e ela respondeu que era areia, uai! O fiscal examinou e era mesmo. Durante um mês seguido o fiscal interceptou a velhinha e, todas as vezes, o que ela levava no saco era areia.

Diz que foi aí que o fiscal se chateou:

— Olha, vovozinha, eu sou fiscal de alfândega com 40 anos de serviço. Manjo essa coisa de contrabando pra burro. Ninguém me tira da cabeça que a senhora é contrabandista.

— Mas no saco só tem areia! — insistiu a velhinha. E já ia tocar a lambreta, quando o fiscal propôs:

— Eu prometo à senhora que deixo a senhora passar. Não dou parte, não apreendo, não conto nada a ninguém, mas a senhora vai me dizer: qual é o contrabando que a senhora está passando por aqui todos os dias?

— O senhor promete que não "espaia"? — quis saber a velhinha.

— Juro — respondeu o fiscal.

— É lambreta.

Questionário

1. O que a velhinha carregava dentro do saco, para despistar o fiscal?
2. O que o autor quis dizer com a expressão "tudo malandro velho"?
3. Leia novamente o 4.º parágrafo do texto e responda: quando o narrador citou os dentes que "ela adquirira no odontólogo", a que tipo de dentes ele se referia?
4. Explique com suas palavras qual foi o truque da velhinha para enganar o fiscal.
5. Quando a velhinha decidiu contar a verdade?
6. Qual é a grande surpresa para o fiscal?
7. Numere corretamente as frases abaixo, observando a ordem dos acontecimentos.

(   ) O fiscal verificou que só havia areia dentro do saco.

(   ) O pessoal da alfândega começou a desconfiar da velhinha.

(   ) Diante da promessa do fiscal, ela lhe contou a verdade: era contrabando de lambretas.

(   ) Todo dia, a velhinha passava pela fronteira montada numa lambreta, com um saco no bagageiro.

(   ) Mas, desconfiado, o fiscal passou a revistar a velhinha todos os dias.

(   ) Durante um mês, o fiscal interceptou a velhinha e, todas as vezes, o que ela levava no saco era areia.

( ) Então, ele prometeu que não contaria nada a ninguém, mas pediu à velhinha que lhe dissesse qual era o contrabando que fazia.

8. Agora com suas palavras diga o que você pensa a respeito da atitude da velhinha no texto.

Para responder às questões de números 1 a 7, basta retornar ao texto e retirar de lá a informação necessária à resposta. Já a questão de número 8 pede que o leitor dê a sua opinião a respeito daquilo que leu. As questões de 1 a 7 trabalham a compreensão do texto. A questão 8 trabalha a interpretação.

Interpretar é, então, **utilizar a experiência de leitor para entender as mensagens deixadas no texto pelo autor.**

Partindo desse ponto de vista, podemos pensar que um texto aceita qualquer interpretação, mas na verdade o texto está aberto a várias leituras, porém não está aberto a qualquer leitura. A diferença está em que o texto aceita apenas as leituras que nele já aparecem inscritas como possibilidades de leitura, pois o autor, ao produzir seu texto, deixa nele algumas marcas. Assim, as várias leituras não se fazem a partir da vontade do leitor, mas dessas marcas significativas presentes no texto.

A interpretação do texto está diretamente relacionada à maneira como se percebem as marcas linguísticas, dando a ele muitas possibilidades de leitura — e não todas.

Assim podemos distinguir dois tipos de interpretação: a subjetiva e a objetiva.

8.3.1. Interpretação subjetiva

Nesse tipo de interpretação interessa apenas o conhecimento prévio que o leitor possui, sua experiência, a sua visão de mundo. **As informações contidas no texto são apenas um ponto de partida para suas divagações.**[25]

8.3.2. Interpretação objetiva

É a interpretação que leva em conta as marcas significativas contidas no texto. Essas marcas são muitas e variadas, dependendo do tipo de texto e da "intenção" do autor. Porém, podemos sistematizar a observação de algumas que estão presentes em todas as produções: vocabulário, gramática e raciocínio lógico verbal.

8.3.2.1. Vocabulário

Ao produzir um texto o autor utiliza palavras que podem ter significados múltiplos, então **cabe ao leitor encontrar o significado que melhor se encaixa naquele contexto.** Para isso devemos pensar em conotação e denotação:

a) *conotação:* a palavra utilizada em sentido figurado;

b) *denotação:* a palavra utilizada em sentido real.

Para se chegar à interpretação objetiva devemos buscar sempre a denotação.

Vejamos um exemplo: "Navegar é preciso, viver não é preciso."

---

[25] Numa prova de concurso público, não podemos utilizar esse modelo de interpretação, pois, se assim o fizéssemos, teríamos infinitas possibilidades de resposta para cada questão da prova.

No século I a.C., os romanos viviam ativamente o seu processo de expansão econômica e territorial. Roma se tornava um império de grandes dimensões e a necessidade de desbravar os mares se colocava como imperativo para o seu fortalecimento. Por volta de 70 a.C., o General Pompeu foi incumbido da missão de transportar o trigo das províncias para a cidade de Roma, que passava por uma grave crise de abastecimento causada por uma rebelião de escravos. Os riscos de navegação eram grandes, em virtude das limitações tecnológicas e dos ataques de piratas, que aconteciam com frequência. Os marinheiros, então, viviam um grave dilema: salvar a cidade de Roma da crise de abastecimento, ou fugir dos riscos da viagem, mantendo-se seguros na cidade de Sicília. Foi então que, de acordo com o historiador Plutarco, o general Pompeu proferiu essa lendária frase, motivando os seus marinheiros.

Tempos depois, essa frase foi utilizada como lema da Liga Hanseática e também da Escola de Sagres.

Alguns poetas a utilizaram em seus escritos: Camões, Fernando Pessoa, Caetano Veloso. Até Ulisses Guimarães a utilizou, no seu célebre discurso pelas eleições diretas.

A interpretação objetiva ou subjetiva passa pelo vocabulário, pois o adjetivo "preciso" presente nesse texto pode ser interpretado de duas maneiras:

a) *preciso* = necessário: nesse caso, temos uma interpretação subjetiva, pois cada leitor entenderá as ideias de "navegar" e "viver" como melhor lhe convier;

b) *preciso* = exato: nesse caso, temos uma interpretação objetiva, pois a única possibilidade de leitura é a de que *navegar é algo exato, navegar tem precisão; viver não é exato, não tem precisão.*

É preciso saber reconhecer no texto os pontos principais, que nos ajudam a decodificar a mensagem. Para isso podemos nos fixar nas palavras-chave ou ideias-chave.

8.3.2.1.1. *Palavras-chave*

Palavras mais importantes de cada parágrafo, em torno das quais outras se organizam, criando uma ligação para produzirem sentido. As *palavras-chave* aparecem, muitas vezes, ao longo do texto de diversas formas: repetidas, modificadas ou retomadas por sinônimos. As *palavras-chave* **formam o alicerce do texto**, são a base de sua sustentação, levam o leitor ao entendimento da totalidade do texto, dando condições para reconstruí-lo.

- atenção especial para verbos e substantivos;
- o título (se houver) é uma boa dica de *palavra-chave*.

Observe o texto de Bertrand Russel, "Minha Vida",[26] a fim de compreender a forma como ele está construído:

"Três paixões, simples mas irresistivelmente fortes, governaram minha vida: o desejo imenso do amor, a procura do conhecimento e a insuportável compaixão pelo sofrimento da humanidade. Essas paixões, como os fortes ventos, levaram-me de um lado

---

[26] RUSSEL, Bertrand. *Revista Mensal de Cultura, Enciclopédia Bloch*, n. 53, set. 1971.

para outro, em caminhos caprichosos, para além de um profundo oceano de angústias, chegando à beira do verdadeiro desespero.

Primeiro busquei o amor, que traz o êxtase — êxtase tão grande que sacrificaria o resto de minha vida por umas poucas horas dessa alegria. Procurei-o, também, porque abranda a solidão — aquela terrível solidão em que uma consciência horrorizada observa, da margem do mundo, o insondável e frio abismo sem vida. Procurei-o, finalmente, porque na união do amor vi, em mística miniatura, a visão prefigurada do paraíso que santos e poetas imaginaram. Isso foi o que procurei e, embora pudesse parecer bom demais para a vida humana, foi o que encontrei.

Com igual paixão busquei o conhecimento. Desejei compreender os corações dos homens. Desejei saber por que as estrelas brilham. E tentei apreender a força pitagórica pela qual o número se mantém acima do fluxo. Um pouco disso, não muito, encontrei.

Amor e conhecimento, até onde foram possíveis, conduziram-me aos caminhos do paraíso. Mas a compaixão sempre me trouxe de volta à Terra. Ecos de gritos de dor reverberam em meu coração. Crianças famintas, vítimas torturadas por opressores, velhos desprotegidos — odiosa carga para seus filhos — e o mundo inteiro de solidão, pobreza e dor transformaram em arremedo o que a vida humana poderia ser. Anseio ardentemente aliviar o mal, mas não posso, e também sofro.

Isso foi a minha vida. Achei-a digna de ser vivida e vivê-la-ia de novo com a maior alegria se a oportunidade me fosse oferecida."

O texto é constituído de cinco parágrafos que se encadeiam de forma coerente. Vejamos as palavras-chave de cada parágrafo.

■ 1.º parágrafo — *vida / paixões*
■ 2.º parágrafo — *amor*
■ 3.º parágrafo — *conhecimento*
■ 4.º parágrafo — *compaixão*
■ 5.º parágrafo — *vida*

8.3.2.1.2. Ideias-chave

A partir das palavras-chave, pode-se chegar à *ideia-chave* de cada parágrafo, ou seja, o assunto principal de cada parágrafo, de forma sintetizada. E, a partir da síntese de cada parágrafo, chega-se à ideia central do texto.

Observe o texto:

"Existem duas formas de operação marginal: a que toma a classificação genérica de economia informal, correspondente a mais de 50% do Produto Interno Bruto (PIB), e a representada pelos trabalhadores admitidos sem carteira assinada. Ambas são portadoras de efeitos econômicos e sociais catastróficos.

A atividade econômica exercida ao largo dos registros oficiais frustra a arrecadação de receitas tributárias nunca inferiores a R$ 50 bilhões ao ano. A perda de receita fiscal de tal porte torna precários os programas governamentais para atendimento à demanda por saúde, educação, habitação, assistência previdenciária e segurança pública.

Quanto aos trabalhadores sem anotação em carteira, formam um colossal conjunto de excluídos. Estão à margem dos benefícios sociais garantidos pelos direitos de cidadania, entre os quais vale citar o acesso à aposentadoria, ao seguro-desemprego e às indenizações reparadoras pela despedida sem justa causa. De outro lado, não recolhem a contribuição previdenciária, mas exercem fortes pressões sobre os serviços públicos de assistência médico-hospitalar.

A reforma tributária poderá converter a expressões toleráveis a economia informal. A redução fiscal incidente sobre as micro e pequenas empresas provocará, com certeza, a regularização de grande parte das unidades produtivas em ação clandestina. E a adoção de uma política consistente para permitir o aumento do emprego e da renda trará de volta ao mercado formal os milhões de empregados sem carteira assinada. É preciso entender que o esforço em favor da inserção da economia no sistema mundial não pode pagar tributo ao desemprego e à marginalização social de milhões de pessoas."

(*Correio Braziliense*, 13 de julho de 1997)

1.º parágrafo: economia informal; trabalhadores admitidos sem carteira assinada; efeitos econômicos e sociais catastróficos.

Ideia-chave: Economia informal e trabalhadores admitidos sem carteira assinada trazem prejuízos econômicos e sociais.

2.º parágrafo: atividade econômica exercida ao largo dos registros oficiais; perda de receita fiscal; precários os programas governamentais.

Ideia-chave: A perda de receitas tributárias causada pela economia informal prejudica os programas sociais do governo.

3.º parágrafo: trabalhadores sem anotação em carteira; à margem dos benefícios sociais.

Ideia-chave: Trabalhadores admitidos sem carteira assinada causam prejuízos econômicos por não recolherem contribuição previdenciária e sofrem os efeitos sociais por não terem seus direitos assegurados.

4.º parágrafo: reforma tributária; redução fiscal incidente sobre as micro e pequenas empresas; política consistente para permitir o aumento do emprego e da renda.

Ideia-chave: A reforma tributária poderá minimizar os efeitos da economia informal e uma política consistente para aumento do emprego e da renda pode provocar a formalização de contratos legais para milhões de empregados.

Ideia central do texto: A economia informal tem efeitos econômicos e sociais prejudiciais ao indivíduo e ao sistema, mas ações políticas, como a reforma tributária, poderão estimular a regularização de empresas, beneficiando, também, os trabalhadores.

8.3.2.2. Gramática

A observação das **relações sintáticas** e dos **usos gramaticais** de palavras dentro do texto também **revela aspectos da interpretação**.

Na frase "Levou ao cinema os pais o filho.", sabemos que o sujeito do verbo é "o filho", pois o verbo estando no singular terá um sujeito singular.

Na frase "Enganou ao aluno o professor.", sabemos que o sujeito do verbo é "o professor", pois o outro termo ("ao aluno") aparece preposicionado e por isso não pode ser o sujeito.

Na frase: "Maria, João ama.", sabemos que o sujeito do verbo é "João", sabemos que Maria João não é um nome composto, isso tudo por causa da vírgula.

8.3.2.3. Raciocínio lógico verbal

Pela observação das **relações lógicas** estabelecidas entre as palavras do texto, podemos chegar a **conclusões objetivas**.

No texto: "Radegondes foi ao Teatro Municipal de São Paulo assistir à apresentação da Orquestra Sinfônica do Estado, regida pelo maestro Asdrúbal de Sousa. Ficou encantada com a apresentação e afirmou 'Este maestro é bárbaro!'" — note que a palavra "bárbaro" assume o sentido de "muito bom" ou "excelente", pois é o que se pode interpretar a partir das relações que esta palavra mantém com as outras.

O sentido original de "bárbaro", porém, é outro: "cruel", "rude", "selvagem" ou "desumano", como se percebe na frase: "Asdrúbal estava muito nervoso, agiu com impaciência, gritando como um bárbaro".

8.4. COESÃO E COERÊNCIA

A **coesão** e a **coerência** são dois **princípios fundamentais na construção da textualidade**.

A textualidade consiste no conjunto de características que fazem com que um texto seja assim concebido e não como um conjunto de palavras, frases ou sequência de frases.

A **coesão** é uma decorrência da própria *continuidade* exigida pelo texto, a qual, por sua vez, é exigência da *unidade* que dá *coerência* ao texto.

E a **coerência** é uma propriedade que tem a ver com as possibilidades de o texto funcionar como uma *peça comunicativa* — **unidade** —, como um meio de interação verbal.

Seguindo esses raciocínios, uma e outra serão vistas separadamente.

8.4.1. Coesão

Um texto não pode ser entendido apenas como um emaranhado de frases isoladas. Faz-se necessário considerar que existem **elementos linguísticos cuja função principal é a de estabelecer relações textuais**, que são chamadas de *recursos de coesão textual*.

Esses elementos linguísticos aparecem como auxiliadores na tessitura do texto, originando, assim, o fenômeno da coesão textual.

Ocorre a coesão textual quando a interpretação de **algum elemento no discurso é dependente da de outro**. Um elemento pressupõe o outro, no sentido de que não pode ser efetivamente decodificado a não ser por recurso ao outro.

A coesão é uma relação semântica entre um elemento do texto e algum outro elemento que seja de extrema relevância para que se estabeleça a sua interpretação. A coesão, por estabelecer *relações de sentido*, diz respeito ao conjunto de recursos semânticos por meio dos quais uma sentença se liga à que veio anteriormente, aos recursos semânticos mobilizados, proporcionando, assim, a criação do texto.

A coesão diz respeito à maneira como as palavras e as frases que compõem um texto — os chamados componentes da superfície textual — encontram-se conectadas entre si numa sequência linear, por meio de dependências de ordem gramatical.

Estudar a manifestação da língua do ponto de vista da coesão de suas designações, significados e estruturas linguísticas é focalizar o **texto** e utilizar estratégias de análise fechadas. Essas estratégias de análise fechadas são utilizadas para estudar as unidades da comunicação, palavra ou frase, do ponto de vista de sua natureza linguística: designação, significado e estrutura. Possibilitam observação e descrição do emprego dessas unidades segundo as regras próprias do sistema da língua, sem recorrer a fenômenos estranhos a esse sistema.

Os elementos de coesão são aqueles que dão conta da estruturação da sequência superficial do texto, eles não são meramente sintáticos, mas há uma espécie de semântica da sintaxe textual, isto é, os princípios formais de uma língua permitem estabelecer relações de sentido entre os elementos linguísticos do texto.

As relações coesivas compreendidas como relações semânticas textuais são formalizadas pela língua num sistema que engloba três níveis: o semântico (significado), o léxico-gramatical (formal) e o fonológico-ortográfico (expressão).

Ao fazer uso de elementos coesivos, o texto adquire um toque especial de legibilidade, o que explicita os tipos de relações estabelecidas entre os elementos linguísticos que o compõem.

A coesão pode ser dividida em três tipos: *referencial, recorrencial* e *sequencial "stricto sensu"*.[27]

8.4.1.1. Coesão referencial

A **coesão referencial** é entendida como o primeiro grau de abstração que o leitor faz. Por meio da ***substituição*** e da ***reiteração***, o leitor **recupera informações dadas** no texto:

8.4.1.1.1. Substituição

Ocorre quando um componente linguístico é retomado (anáfora) ou precedido (catáfora) por uma *proforma*.[28]

a) *proforma pronominal:*

"A figura é poética, mas não é a da heroína do romance."[29]

"... entrei para abraçar o meu antigo companheiro de estudos, que me recebeu alvoroçado e admirado.
Depois da primeira expansão, apresentou-me ele à sua família, composta de mulher e uma filhinha, esta retrato daquela, e aquela retrato dos anjos."[30]

---

[27] Essa divisão nos é dada por Leonor Lopes Fávero.
[28] Elemento gramatical representante de uma categoria como, por exemplo, o nome; caracteriza-se por baixa densidade sêmica: traz as marcas do que substitui (FÁVERO, 2005, p. 19).
[29] ASSIS, Machado. *Obras completas em quatro volumes*. Rio de Janeiro: Nova Aguilar, 2008, p. 11. v. II.
[30] *Ibidem*, p. 751.

b) *proforma verbal:*

"Soares não desanimou o major. Disse que era natural acabar sua existência na política, e chegou a dizer que algumas vezes sonhara com uma cadeira no parlamento.

— Pois eu verei se te posso arranjar isto — respondeu o tio. — O que é preciso é que estudes a ciência da política, a história do nosso parlamento e do nosso governo; e principalmente que continues a ser o que és hoje: um rapaz sério.

Se bem o dizia o major, melhor o fazia Soares, que desde então meteu-se com os livros e lia com afinco as discussões das Câmaras."[31]

c) *proforma adverbial:*

"[A D. LUÍSA P..., EM JUIZ DE FORA]
À MESMA
Corte, 10 de janeiro
Isto é apenas um bilhetinho. Dou-lhe notícia de que vamos ter aqui uma representação familiar, como fazíamos no colégio. O dr. Alberto foi encarregado de escrever a comédia; afiançam-me que há de sair boa. Representa comigo a Carlota. Os homens são o primo Abreu, o Juca e o dr. Rodrigues. Ah! se você cá estivesse.
RAQUEL."[32]

d) *proforma numeral:*

"— Alves!
— Moreira!
Soltados esses dois gritos, os dois indivíduos, a quem pertenciam aqueles nomes, trocaram um formidável abraço, com palmadas nas costas, a despeito de se passar a cena na rua do Ouvidor, às duas horas da tarde. Abraçados e palmejados os dois amigos (eram evidentemente amigos) tornaram a exclamar:
— Ora o Alves!
— Ora o Moreira!
(...)
Ambos eles iam contentes e palreiros. Regulavam pela mesma idade, trinta a trinta e três anos; eram igualmente magros, não muito, e quase de igual altura."[33]

8.4.1.1.2. Reiteração

Ocorre com a repetição de expressões no texto; faz-se por:

a) repetição do mesmo item lexical:

A menina chora muito, essa *menina* é chata.
"Matias sorriu manso e discreto, como devem sorrir os eclesiásticos e os diplomatas."[34]

---

[31] *Ibidem*, p. 33.
[32] *Ibidem*, p. 228.
[33] *Ibidem*, p. 1.371.
[34] *Ibidem*, p. 529.

b) sinônimos:

O homem estava nervoso com o atraso da esposa, era um *senhor* pontual.

"Decorreram algumas semanas. Uma noite, eram nove horas, estava em casa, quando ouviu rumor de vozes na escada; desceu logo do sótão, onde morava, ao primeiro andar, onde vivia um empregado do arsenal de guerra. Era este, que alguns homens conduziam, escada acima, ensanguentado. O preto que o servia, acudiu a abrir a porta; o homem gemia, as vozes eram confusas, a luz pouca. Deposto o ferido na cama, Garcia disse que era preciso chamar um médico."[35]

c) hiperônimos/hipônimos:

As *construções* antigas me agradam, visitei ontem um lindo *apartamento* de 1910.

O *Fusca* sempre me agradou, é um *carro* de que gosto muito.

"A previsão do Diabo verificou-se. Todas as virtudes cuja capa de veludo acabava em franja de algodão, uma vez puxadas pela franja, deitavam a capa às urtigas e vinham alistar-se na igreja nova. Atrás foram chegando as outras, e o tempo abençoou a instituição. A igreja fundara-se; a doutrina propagava-se; não havia uma região do globo que não a conhecesse, uma língua que não a traduzisse, uma raça que não a amasse. O Diabo alçou brados de triunfo."[36]

d) expressões nominais definidas:

Castro Alves dá nome a uma praça na Bahia, pois foi lá que *o poeta dos escravos* nasceu.
"Uma célebre Leontina Caveau, que se dizia viúva de um tal príncipe Alexis, súdito do tzar, foi ontem recolhida à prisão: A bela dama (era bela!) não contente de iludir alguns moços incautos, alapardou-se com todas as joias de uma sua vizinha, mlle. B... A roubada queixou-se a tempo de impedir a fuga da pretendida princesa."[37]

e) nomes genéricos:

Há uma *pessoa* esperando por você na recepção, disse que é seu irmão.

"Não me admira, dizia um poeta antigo, que um homem case uma vez; admira-me que, depois de viúvo, torne a casar."[38]

"Era um dia de procissão de Corpus Christi, que a igreja do Sacramento preparara com certo luxo. A rua do Sacramento, a do Hospício, o largo do Rocio estavam mais ou menos cheios de povo que aguardava o préstito religioso. Na janela de uma casa do Rocio, atulhada de gente como todas as janelas daquela rua, havia três moças, duas das quais pareciam irmãs, não só pela semelhança das feições, mais ainda pela identidade dos vestidos."[39]

---

[35] *Ibidem*, p. 477.
[36] *Ibidem*, p. 351.
[37] *Ibidem*, p. 175.
[38] *Ibidem*, p. 882.
[39] *Ibidem*, p. 915.

8.4.1.2. Coesão recorrencial

Na **coesão recorrencial** há sempre uma **progressão, uma informação *nova* que se articula com a *velha***. A informação nova é *aquela que se acredita conhecida ou porque está fisicamente no contexto ou porque já foi mencionada no discurso.*

A coesão recorrencial constitui-se por:

8.4.1.2.1. Recorrência de termos

É a repetição enfática de termos:

"Irene preta
Irene boa
Irene sempre de bom humor."[40]

"Z — Você está enganado. O Xavier? Esse Xavier há de ser outro. O Xavier nababo! Mas o Xavier que ali vai nunca teve mais de duzentos mil-réis mensais, é um homem poupado, sóbrio, deita-se com as galinhas, acorda com os galos, e não escreve cartas a namoradas, porque não as tem. Se alguma expede aos amigos é pelo correio. Não é mendigo, nunca foi nababo."[41]

8.4.1.2.2. Paralelismo

Ocorre quando diferentes conteúdos utilizam as mesmas estruturas:

"Eia eletricidade, nervos doentes da Matéria

Eia telegrafia sem fios, simpatia metálica do Inconsciente!"[42]

"Na manhã de um sábado, 25 de abril, andava tudo em alvoroço em casa de José Lemos. Preparava-se o aparelho de jantar dos dias de festa, lavavam-se as escadas e os corredores, enchiam-se os leitões e os perus para serem assados no forno da padaria defronte; tudo era movimento; alguma coisa grande ia acontecer."[43]

8.4.1.2.3. Paráfrase

É o procedimento em que se restabelece a ideia de um texto em outro, é uma atividade de reformulação de um texto-fonte num texto-derivado, portanto, um enunciado que reformula um anterior e com o qual mantém uma relação de equivalência semântica; sempre se remete a um texto anterior, para reafirmá-lo ou esclarecê-lo, criando, portanto, uma relação de intertextualidade.

"Hamlet observa a Horácio que há mais cousas no céu e na terra do que sonha a nossa filosofia. Era a mesma explicação que dava a bela Rita ao moço Camilo, numa sexta-

---

[40] BANDEIRA, M. 1958. *Poesia e prosa*. Rio de Janeiro: Aguilar, p. 218. v. 1.
[41] *Ibidem*, p. 307.
[42] PESSOA, F. 1960. *Obra poética*. Rio de Janeiro: Aguilar, p. 360-1.
[43] *Ibidem*, p. 175.

-feira de Novembro de 1869, quando este ria dela, por ter ido na véspera consultar uma cartomante; a diferença é que o fazia por outras palavras."[44]

8.4.1.2.4. Recursos fonológicos, segmentais ou suprassegmentais

Ocorre pela observação do ritmo da frase com suas entonações e silêncios e da motivação sonora como aliterações, ecos, assonâncias etc.:

Se você fizer isso, então...

O rato roeu a roupa real do rei de Roma.

"Comunicada a notícia ao comendador, não tardou que este se apresentasse em casa do dr. Matos, onde pouco depois chegou Camilo. O mísero rapaz trazia escrita no rosto a dor de haver escapado à morte trágica que procurara; pelo menos assim o disse muitas vezes em caminho ao pai de Isabel.

— Mas a causa dessa resolução? — perguntou-lhe o doutor.
— A causa... — balbuciou Camilo que espreitava a pergunta — não ouso confessá-la...
— É vergonhosa? — perguntou o velho com um sorriso benévolo.
— Oh! não!...
— Mas que causa é?
— Perdoa-me, se eu lha disser?
— Por que não?
— Não, não ouso... — disse resolutamente Camilo."[45]

8.4.1.3. Coesão sequencial "stricto sensu"

A **coesão sequencial** *stricto sensu* constitui o meio pelo qual **o texto progride sem haver retomada** (recorrência) de itens. Ela se dá por:

8.4.1.3.1. Sequenciação temporal

Indica o **tempo "real" em que as coisas acontecem**. Pode ser por ordenação linear, por expressões sequenciais, por partículas temporais ou por correlação dos tempos verbais.

Levantou cedo, tomou banho e saiu.
Primeiro vi a moto, depois o ônibus.
Irei ao teatro logo à noite.
Ordenei que arrumassem a casa.
"Bebeu o resto do elixir do pajé. No dia seguinte morreu."[46]

---

[44] *Ibidem*, p. 447.
[45] *Ibidem*, p. 171.
[46] *Ibidem*, p. 1.081.

"Três causas diversas podem aconselhar o uso dos óculos. A primeira de todas é a debilidade do órgão visual, causa legítima, menos comum do que parece e mais vulgar do que deveria ser. Vê-se hoje um rapaz entrando na puberdade e já adornado com um par de óculos, não por gosto, senão por necessidade. A natureza conspira para estabelecer o reinado dos míopes.

Outra causa do uso destes auxílios da vista é a moda, o capricho, ou, como diz Rodrigues Lobo, a galantaria. O menos escritor exprime-se deste modo: 'Assim é que até os óculos, que se inventaram para remediar defeitos da natureza, vi eu já alguns trazer por galantaria'. Efetivamente quem quiser passar por verdadeiro homem de tom deve trazer, não direi óculos fixos que é só próprio dos sábios e estadistas, mas estas famosas lunetas-pênseis, que são úteis, cômodas e graciosas, dão bom aspecto, fascinam as mulheres, servem para casos difíceis e duram muito.

Da terceira causa quem nos dá notícia é nem mais nem menos o gravíssimo Montesquieu. Diz ele: 'Os óculos fazem ver demonstrativamente que o homem que os traz é consumado nas ciências, por modo que um nariz ornado com eles deve ser tido sem contestação por nariz de um sábio'. Conclui-se disto que a natureza é uma causa secundária dos estragos da vista e que o desejo de parecer ou de brilhar produz o maior número dos casos em que é necessária a arte do Reis."[47]

8.4.1.3.2. Sequenciação por conexão

É a sequência que se **faz por meio de operadores do tipo lógico** (disjunção, condicionalidade, causalidade, mediação, complementação, restrição ou delimitação), **operadores do discurso** (conjunção, disjunção, contrajunção, explicação ou justificação) **e pausas** (na escrita, os sinais de pontuação — vírgula, ponto e vírgula, ponto-final etc.).

"— Se eu não fosse àquele baile não conhecia esta mulher, não andava agora com estes cuidados, e tinha conjurado uma desgraça ou uma felicidade, porque ambas as coisas podem nascer deste encontro fortuito. Que será? Eis-me na dúvida de Hamlet. Devo ir à casa dela? A cortesia pede que vá. Devo ir; mas irei encouraçado contra tudo. É preciso romper com estas ideias, e continuar a vida tranquila que tenho tido."[48]

Deve-se ressaltar que o uso adequado de elementos coesivos facilita a compreensão do texto. A coesão ajuda a estabelecer a coerência na percepção dos sentidos do texto. O sentido a transmitir, ou a mensagem, é definido, delimitado, organizado por meio das palavras; e o sentido das palavras, por seu turno, determina-se em relação ao contexto.

A coesão vai sendo construída e se evidencia pelo emprego de diferentes procedimentos, tanto no campo do léxico como no da gramática. Ela se realiza nas relações entre elementos sucessivos, tais como: artigos, pronomes adjetivos, adjetivos em relação aos substantivos; formas verbais em relação aos sujeitos; tempos verbais nas relações espaço-temporais constitutivas do texto etc., na organização de períodos, de parágrafos, das partes do todo, como formadoras de uma cadeia de sentido capaz de apresentar e desenvolver um tema ou as unidades de um texto. Construída com os elementos gramaticais e lexicais, confere unidade formal ao texto.

---

[47] *Ibidem*, p. 1.241.
[48] *Ibidem*, p. 51.

Ao assinalar a conexão entre as diferentes partes do texto, tendo em vista a ordem em que aparecem, a coesão é sintática e gramatical, e *também* semântica, pois, em muitos casos, os mecanismos coesivos se baseiam numa relação entre os significados de elementos da superfície do texto.

O texto constitui-se não apenas de uma sequência de palavras ou de frases. A sucessão forma uma cadeia que vai muito além da simples sequencialidade: há um entrelaçamento significativo que aproxima as partes formadoras do texto. Os elementos linguísticos que estabelecem a conectividade e a retomada, e garantem a coesão, são os *referentes textuais*. Cada um desses referentes estabelece relações de sentido e significado tanto com os elementos que o antecedem como com os que o sucedem, construindo uma cadeia textual significativa, a *referenciação*.

Os referentes são construtos culturais, representações constantemente alimentadas pelas atividades linguísticas. E sob tal pensamento, seria então mais adequado falar de *referenciação*, de modo a ressaltar a ideia de processo que caracteriza o ato de referir.

A referenciação se define por uma visão da *referência* de modo geral e, em especial da anáfora, como representação de uma entidade construída no discurso e pelo discurso, de acordo com alguns elementos textuais e outros compartilhados pelos participantes da comunicação (pressupostos).

Há dois tipos de referência: *endofórica* e *exofórica*. A primeira se dá quando o objeto designado é localizado no contexto linguístico; a segunda acontece quando esse objeto é localizado na situação extralinguística.

Quanto à referência endofórica, as expressões anafóricas têm, com efeito, propriedades diferentes, e não sofrem as mesmas restrições conforme sejam ou não controladas sintaticamente por seu antecedente (para o caso, evidentemente, de haver um). Quando tal controle existe, a interpretação do anafórico tem a inferência de uma interpretação sintática; senão ela é dependente de fatores contextuais e pragmáticos.

Anáfora *fiel*: sempre que um referente anteriormente introduzido no texto é retomado por meio de um sintagma nominal definido ou demonstrativo, cujo nome nuclear é aquele mesmo por meio do qual foi introduzido *(uma casa... a/esta casa...)*.

Anáfora *infiel*: sempre que o nome da forma de retomada é diferente daquela da forma introduzida (trata-se, mais frequentemente, de um sinônimo ou de um hiperônimo) ou quando lhe é acrescentada uma determinação qualquer *(uma casa... a habitação)*.

Já para a referência exofórica, existe a expressão *dêixis textual*, que designa comumente o emprego de expressões indiciais como *mais acima, abaixo, no próximo capítulo, aqui* etc. com o objetivo de se referir aos segmentos, aos lugares ou aos momentos do próprio texto em que estas expressões são utilizadas.

Há ainda a *dêixis de memória*:

Nós tomamos um trago no bar com gente fumando. *Essa fumaça, esse cheiro de álcool.*

Um sintagma nominal demonstrativo pode referir-se na ausência de qualquer designação antecedente de seu referente e sem que este esteja presente na situação enunciativa.

Os dêiticos são elementos que não significam, apenas indicam, remetem aos componentes da situação comunicativa. Já os componentes concentram em si a significação.

Remetem a um momento ou lugar da enunciação. Eles exercem, por excelência, a função de progressão textual, dada sua característica.

Os pronomes pessoais e as desinências verbais indicam os participantes do ato do discurso. Os pronomes demonstrativos, certas locuções prepositivas e adverbiais, bem como os advérbios de tempo, referenciam o momento da enunciação, podendo indicar *simultaneidade, anterioridade* ou *posterioridade*. Assim: *este, agora, hoje, neste momento* (presente); *ultimamente, recentemente, ontem, há alguns dias, antes de* (pretérito); *de agora em diante, no próximo ano, depois de* (futuro).

A evolução referencial se dá com base numa complexa relação entre linguagem, mundo e pensamento estabelecida centralmente no discurso.

Alguns recursos de coesão

a) *Epítetos* — palavra ou frase que qualifica pessoa ou coisa:

Glauber Rocha fez filmes memoráveis. Pena que o *cineasta mais famoso do cinema brasileiro* tenha morrido tão cedo.

b) *Nominalizações* — emprego de um substantivo que remete a um verbo enunciado anteriormente (pode também ocorrer o contrário: um verbo retomar um substantivo já enunciado):

Eles foram *testemunhar* sobre o caso. O juiz disse, porém, que tal *testemunho* não era válido por serem parentes do assassino.

Ele não suportou a *desfeita* diante de seu próprio filho. *Desfeitear* um homem de bem não era coisa para se deixar passar em branco.

c) *Palavras ou expressões sinônimas ou quase sinônimas:*

Os *quadros* de Van Gogh não tinham nenhum valor em sua época. Houve *telas* que serviram até de porta de galinheiro.

d) *Repetição de uma palavra:*

"A *propaganda,* seja ela comercial ou ideológica, está sempre ligada aos objetivos e aos interesses da classe dominante. Essa ligação, no entanto, é ocultada por uma inversão: *a propaganda* sempre mostra que quem sai ganhando com o consumo de tal ou qual produto ou ideia não é o dono da empresa, nem os representantes do sistema, mas, sim, o consumidor. Assim, *a propaganda* é mais um veículo de ideologia dominante."[49]

e) *Um termo-síntese:*

O país é cheio de entraves burocráticos. É preciso preencher um sem-número de papéis. Depois, pagar uma infinidade de taxas. Todas essas *limitações* acabam prejudicando o importador. (a palavra **limitações** sintetiza o que foi dito antes)

f) *Pronomes:*

Vitaminas fazem bem à saúde. Mas não devemos tomá-*las* ao acaso.

---

[49] ARANHA, Maria Lúcia de Arruda; MARTINS, Maria Helena Pires. *Filosofando:* introdução à filosofia. São Paulo: Moderna, 1993, p. 50.

O colégio é um dos melhores da cidade. *Seus* dirigentes se preocupam muito com a educação integral.

Aquele político deve ter um discurso muito convincente. *Ele* já foi eleito seis vezes.

Há uma grande diferença entre Paulo e Maurício. *Este* guarda rancor de todos, enquanto *aquele* tende a perdoar.

g) *Numerais:*
Não se pode dizer que toda a turma esteja mal preparada. *Um terço* pelo menos parece estar dominando o assunto.

Recebemos dois telegramas. O *primeiro* confirmava a sua chegada; o *segundo* dizia justamente o contrário.

h) *Advérbios pronominais (aqui, ali, lá, aí):*
Não podíamos deixar de ir ao *Louvre*. *Lá* está a obra-prima de Leonardo da Vinci: a "Monalisa".

i) *Elipse:*
"A reflexão crítica sobre a prática se torna uma exigência da relação Teoria/Prática sem a qual a teoria pode ir virando blablablá e a prática, ativismo." — e a prática *ir virando* ativismo.[50]

j) *Repetição do nome próprio (ou parte dele):*
Lygia Fagundes Telles é uma das principais escritoras brasileiras da atualidade. *Lygia* é autora de "Antes do baile verde", um dos melhores livros de contos de nossa literatura.

k) *Metonímia* — processo de substituição de uma palavra por outra, fundamentada numa relação de contiguidade semântica:
Santos Dumont chamou a atenção de toda *Paris*. O *Sena* curvou-se diante de sua invenção.

l) *Associação* — uma palavra retoma outra porque mantém com ela, em determinado contexto, vínculos precisos de significação:
São Paulo é sempre vítima das *enchentes* de verão. Os *alagamentos* prejudicam o trânsito, provocando engarrafamentos de até 200 quilômetros.

Sempre se aplica o princípio da coesão ao se conectarem as formas e os padrões presentes nos textos, para que eles façam sentido. Ao fazerem sentido, ao se conectarem os significados, move-se para além da coesão de formas e padrões e aplica-se o princípio da *coerência*.

---

[50] FREIRE, Paulo. *Pedagogia da autonomia:* saberes necessários à prática educativa. São Paulo: Paz e Terra, 1996.

8.4.2. Coerência

A **coerência** é o modo pelo qual os componentes do universo textual, ou seja, **os conceitos e relações subentendidos ao texto** de superfície **são mutuamente acessíveis e relevantes entre si**.

Responsável por constituir os sentidos do texto, a coerência não é apresentada, pois, como meros traços dos textos, mas, sim, como o resultado de uma complexa rede de fatores de ordem linguística, cognitiva e interacional. Assim, a simples justaposição de situações em um texto pode ativar operações que criam relações de coerência.

A coerência faz com que o texto adquira sentido para os usuários da língua, e este sentido, evidentemente, deve ser do todo, pois a coerência é global.

Então, para que haja coerência, é necessário também que haja a possibilidade de estabelecer no texto alguma forma de unidade ou relação entre seus elementos. Essa relação é entendida como um princípio de interpretabilidade, ligada à inteligibilidade do texto numa situação de comunicação e à capacidade que o receptor tem para calcular o sentido desse texto.

A coerência é a qualidade inerente aos textos pela qual os falantes passam a reconhecê-los como bem formados. Ela pode ser entendida como um princípio de interpretabilidade, dependente da capacidade dos usuários em reconhecer o sentido do texto pelo qual estão interagindo; a coerência caracteriza-se como o nível de conexão conceitual e estruturação do sentido, manifestado, em grande parte, macrotextualmente.

Assim, a coerência contrapõe-se à coesão (se dá no nível microestrutural, ou seja, na superfície do texto).

Como o texto contém mais do que o sentido da superfície, devem-se levar em conta as experiências cotidianas, as atitudes e as intenções — todos eles fatores não linguísticos.

A coerência opera com dois níveis de aquisição de conhecimento:

- conhecimento declarativo: é o das frases, das proposições do texto; evidencia-se pelas relações do tipo lógico (generalização, especificação, causalidade etc.).
- conhecimento procedimental: é o conhecimento culturalmente determinado e construído por meio de experiências; está armazenado na memória episódica de cada leitor/ouvinte.

Esses conhecimentos responsáveis pela coerência (isto é, a produção de sentido) se organizam em estruturas cognitivas: conceitos, modelos cognitivos globais e superestruturas. Veja-se uma a uma.

a) conceitos: são os conhecimentos armazenados na memória semântica e na memória episódica.

b) modelos cognitivos globais: são os conhecimentos prévios armazenados na memória e intensamente utilizados; subdividem-se em:

- *frames* (conhecimento comum, primário): são conjuntos de conhecimentos armazenados na memória debaixo de um certo "rótulo", não havendo nenhum tipo de ordenação entre eles; por exemplo, *Carnaval* (confete, serpentina, desfile, escola de samba, fantasia, baile, mulatas etc.).

- esquemas (conhecimento organizado sequencialmente, fixos, determinados): são conjuntos de conhecimentos armazenados em uma sequência temporal ou causal; por exemplo, como pôr um aparelho em funcionamento, um dia na vida de um cidadão comum.
- planos (modelos de comportamento deliberados, com um objetivo): são conjuntos de conhecimentos sobre como agir para atingir um objetivo; por exemplo, como vencer uma partida de xadrez.
- *scripts* (modelos de comportamento estereotipados, com uma rotina preestabelecida): são conjuntos de conhecimentos sobre modos de agir altamente estereotipados em dada cultura, inclusive em termos de linguagem; por exemplo, rituais religiosos (batismo, missa, casamento), as fórmulas de cortesia, as praxes jurídicas.
- cenários (representa o contexto em que o texto está inserido).[51]

c) superestruturas: a forma global do texto, que define a sua organização e as relações hierárquicas entre as suas partes.

O **conhecimento prévio é a base de sustentação da coerência**, pois pode-se dizer com segurança que sem o engajamento do conhecimento prévio do leitor não haverá compreensão. Ele é uma junção de *conhecimento linguístico* (aquele que faz com que o indivíduo se comunique em seu idioma), *conhecimento textual* (reconhecimento do texto quanto à estrutura) e *conhecimento de mundo* (adquirido formal ou informalmente, é o que as pessoas sabem do mundo).

Para o estabelecimento da coerência, o conhecimento de mundo desempenha um papel não menos importante e decisivo, pois é necessário que o texto fale de coisas que façam parte dos conhecimentos do leitor; caso contrário, não haverá condições de se calcular o seu sentido e ele parecerá destituído de coerência. É o que aconteceria a muitos leitores ao se defrontarem, por exemplo, com o Tratado da Teoria da Relatividade, de Albert Einstein.

Adquire-se esse conhecimento de mundo com as experiências vividas, com o passar do tempo, por estar-se constantemente em contato com os fatos.

A coerência tem a ver com boa formação em termos da interlocução, determinando não somente a possibilidade de estabelecer o sentido do texto, mas também qual sentido se deve estabelecer no texto, de modo frequente.

A coerência pode ser dividida em:

- *local:* refere-se a partes do texto, a frases ou a sequências de frases dentro do texto;
- *global:* diz respeito ao texto em sua totalidade.

8.4.2.1. Coerência semântica

Refere-se à **relação entre significados** dos elementos das frases em sequência num texto (local), ou entre os elementos do texto como um todo (global). O respeito ou

---

[51] Fávero (2005, p. 75-77) resume todos esses conceitos na ideia de *frames*, pois para ela "O *frame* parece ser a noção mais abrangente, tornando-se mais produtivo considerá-lo o modelo cognitivo mais global e o que possui capacidade de abarcar os demais".

desrespeito às relações de sentido entre os significados dos termos também tem a ver com coerência semântica.

8.4.2.2. Coerência sintática

Refere-se aos **meios sintáticos** para expressar a coerência semântica como, por exemplo, os conectivos, o uso de pronomes, de sintagmas nominais definidos e indefinidos etc. A coerência sintática, então, nada mais é do que um aspecto da coesão que pode ter a finalidade de auxiliar no estabelecimento da coerência.

8.4.2.3. Coerência estilística

Refere-se àquela pela qual o usuário deveria usar em seu texto **elementos linguísticos**, tais como: léxico, tipos de estruturas, frases etc., pertencentes ou constitutivos do mesmo estilo ou registro linguístico. Seria o caso, por exemplo, de o uso de gírias em textos acadêmicos, sobretudo orais (as conferências), ser normalmente precedido de ressalvas, como: *"se me permitem o termo"*, ou *"para usar uma expressão popular que bem expressa isso"* etc., ou de o uso de palavras "reprováveis" em conversas "polidas" ser normalmente precedido de um *"com o perdão da palavra"*.

8.4.2.4. Coerência pragmática

O texto é visto como uma **sequência de atos de fala**. São relacionados de modo que, para a sequência de atos ser percebida como apropriada, os atos de fala que a constituem satisfaçam as mesmas condições presentes em uma dada situação comunicativa.

A coerência contribui para a constituição e existência de um texto ao fazer com que uma sequência linguística qualquer seja vista como um conjunto. Porque é a relação entre vários fatores, tais como: morfemas, palavras, expressões, frases, parágrafos, capítulos etc. que estabelece a coerência, o que permite construí-la e percebê-la na recepção, como constituindo uma unidade significativa global. É a coerência, portanto, que dá *textura* ou *textualidade* à sequência linguística, entendendo-se por *textura* ou *textualidade* aquilo que converte uma sequência linguística em texto.

Não existe o texto incoerente em si. Ele pode ser incoerente, sim, mas "em" determinada e "para" determinada situação comunicativa, lembrando que a coerência está no processo que coloca texto e usuários em relação numa situação.

Para que se possa estabelecer a coerência de um texto, é preciso que haja correspondência ao menos parcial entre os conhecimentos nele ativados e o conhecimento de mundo do leitor; caso contrário, não haverá condições de construir o *mundo textual*, dentro do qual as palavras e as expressões do texto ganham sentido.

A coerência, então, constrói-se na interação entre o texto e seus usuários, numa situação comunicativa concreta, pois não é apenas um traço ou uma propriedade do texto em si.

8.4.2.5. Itens produtores de coerência

Há, além de tudo que já se disse, muitos outros itens funcionando como produtores de coerência:

8.4.2.5.1. Inferências

Para que se possa compreender integralmente um texto, há necessidade de se fazer uma série de inferências, que nada mais são do que operações pelas quais, utilizando seu conhecimento de mundo, o leitor de um texto estabelece **uma relação não explícita entre dois elementos** (normalmente frases ou trechos) deste texto que ele busca compreender e interpretar.

8.4.2.5.2. Fatores pragmáticos

São aqueles que **"ancoram" o texto em uma situação comunicativa determinada** e podem ser de dois tipos: os *contextualizadores* propriamente ditos e os *perspectivos* ou *prospectivos*. Entre os primeiros estão a data, o local, a assinatura, elementos gráficos, timbre etc., que ajudam a situar o texto e, portanto, a estabelecer-lhe a coerência; entre os segundos estão aqueles que trazem expectativas sobre o conteúdo e a forma do texto: título, autor, início do texto.

8.4.2.5.3. Situacionalidade

Age em duas direções: **da *situação para o texto***, que se deverá determinar em que medida **a situação comunicativa interfere na produção/recepção** e, portanto, no estabelecimento da coerência; e ***do texto para a situação***, em que **o produtor passa a recriar o mundo** dependendo de seus objetivos, interesses, propósitos, crenças, convicções etc. No primeiro caso (da situação para o texto), faz-se necessário, ao construir um texto, verificar o que é adequado àquela situação específica: variedade dialetal, tratamento a ser dado ao tema, grau de formalidade etc. No segundo caso (do texto para a situação), o mundo criado pelo texto não é uma cópia fiel do mundo real, mas o mundo tal como é visto pelo produtor, partindo de uma determinada perspectiva, tal como de acordo com determinadas intenções. Isso explica o fato de que sempre que duas ou mais pessoas descrevem um objeto, ou uma situação, nunca o fazem da mesma forma, logo os referentes textuais *não são idênticos* aos do mundo real, mas reconstruídos no interior do texto. Por sua vez, o receptor passa a interpretar o texto de acordo com a sua ótica, os seus propósitos e as suas convicções, pois há uma *mediação* entre o mundo textual e o mundo real, e vice-versa. É importante que haja uma adequação do texto na situação comunicativa, pois um texto que é coerente em uma dada situação pode não ser em outra.

8.4.2.5.4. Intencionalidade e aceitabilidade

A *intencionalidade* refere-se ao modo como **os emissores usam textos para perseguir e realizar suas intenções**, produzindo, para tanto, textos adequados à obtenção dos efeitos desejados, haja vista que o produtor tem determinados propósitos, que vão desde a simples intenção de manter ou estabelecer o contato com o receptor até a de levá-lo a agir ou comportar-se de determinada maneira ou a partilhar de suas opiniões.

A intencionalidade tem uma estreita relação com o que se tem chamado de *argumentatividade*: manifestando-se no texto por meio de uma série de marcas ou pistas, tais como: tempos verbais, operadores e conectores argumentativos (até, mesmo, aliás, ao contrário, mas, embora, enfim etc.), os modalizadores (certamente, possivelmente, indubitavelmente, aparentemente etc.), a argumentatividade concederá ao receptor a capacidade de construir a sua leitura, entre aquelas que o texto permite, pela maneira como se encontra linguisticamente estruturado.

A *aceitabilidade* constitui a contrapartida da intencionalidade.

8.4.2.5.5. Informatividade

Abrange o **grau de previsibilidade da informação contida no texto**. Depende de o texto ser *mais* ou *menos* informativo. Isso quer dizer que, se o texto contiver apenas informação redundante ou previsível, seu grau de informatividade será baixo. Por outro lado, ocorrerá um maior grau de informatividade se contiver informação não previsível, além da informação esperada ou previsível. E, por último, se toda a informação de um texto for imprevisível ou inesperada, terá um grau máximo de informatividade, podendo, à primeira vista, parecer incoerente por exigir do receptor um grande esforço de decodificação.

8.4.2.5.6. Focalização

É **concentração do produtor e do receptor em apenas uma parte do seu conhecimento e com a perspectiva da qual são vistos os componentes do mundo contido no texto.** O produtor fornece ao receptor pistas sobre o que está focalizando, ao passo que o receptor terá de recorrer a conhecimentos partilhados e crenças sobre o que está focalizando, para poder entender o texto (e as palavras que o compõem) de modo adequado.

8.4.2.5.7. Intertextualidade

Para o processamento cognitivo (produção/recepção) de um texto, é preciso recorrer ao **conhecimento prévio de outros textos**. A intertextualidade pode ser de *forma* ou de *conteúdo*: a *intertextualidade de forma* surge quando o produtor de um texto repete trechos, expressões ou enunciados de outros textos, ou então o estilo de determinado autor ou de determinados tipos de discurso; a *intertextualidade de conteúdo*, muito constante, surge quando os textos de uma mesma área de conhecimento, de uma mesma época, de uma mesma cultura etc. dialogam, necessariamente, uns com os outros. Exemplos de intertextualidade de conteúdo são as matérias jornalísticas de um mesmo dia, quer do mesmo jornal, quer de jornais diferentes, quer, ainda, de revistas semanais, noticiários de rádio e TV, que dialogam entre si, ao tratarem de um fato em destaque.

8.4.2.5.8. Relevância

Para que um texto seja relevante, é preciso que o **conjunto de enunciados** que o compõe seja **relevante para um mesmo tópico discursivo** subjacente, isto é, que os enunciados sejam interpretáveis como falando sobre um mesmo tema.

8.5. PARÁFRASE, RESUMO E SÍNTESE

8.5.1. Paráfrase

É o **procedimento em que se restabelece a ideia de um texto em outro**. A paráfrase é uma atividade de reformulação pela qual se restaura bem ou mal, na totalidade ou em partes, fielmente ou não, o conteúdo de um texto-fonte num texto-derivado.

A paráfrase é, portanto, um enunciado que reformula um anterior e com o qual mantém uma relação de equivalência semântica.

A paráfrase sempre se remete a um texto anterior, para reafirmá-lo ou esclarecê-lo, criando, portanto, uma relação de intertextualidade.

Na paráfrase sempre se conservam as ideias do texto original. O que se incluem são comentários, ideias e impressões de quem faz a paráfrase. Parafrasear, então, é contar, com outras palavras, as ideias de um texto. Para isso, deve-se fazer uma leitura atenta e, em seguida, reafirmar o tema central do texto apresentado.

Camões escreveu um soneto em que parafraseia parte da história bíblica de Jacó e Raquel.

Vejamos o texto original e, em seguida, o soneto de Camões.

Gênesis — Capítulo 30[52]

1 Então pôs-se Jacó a caminho e chegou à terra dos filhos do Oriente.

2 E olhando, viu ali um poço no campo, e três rebanhos de ovelhas deitadas junto dele; pois desse poço se dava de beber aos rebanhos; e havia uma grande pedra sobre a boca do poço.

3 Ajuntavam-se ali todos os rebanhos; os pastores removiam a pedra da boca do poço, davam de beber às ovelhas e tornavam a pôr a pedra no seu lugar sobre a boca do poço.

4 Perguntou-lhes Jacó: Meus irmãos, donde sois? Responderam eles: Somos de Harã.

5 Perguntou-lhes mais: Conheceis a Labão, filho de Naor? Responderam: Conhecemos.

6 Perguntou-lhes ainda: Vai ele bem? Responderam: Vai bem; e eis ali Raquel, sua filha, que vem chegando com as ovelhas.

7 Disse ele: Eis que ainda vai alto o dia; não é hora de se ajuntar o gado; dai de beber às ovelhas, e ide apascentá-las.

8 Responderam: Não podemos, até que todos os rebanhos se ajuntem, e seja removida a pedra da boca do poço; assim é que damos de beber às ovelhas.

9 Enquanto Jacó ainda lhes falava, chegou Raquel com as ovelhas de seu pai; porquanto era ela quem as apascentava.

10 Quando Jacó viu a Raquel, filha de Labão, irmão de sua mãe, e as ovelhas de Labão, irmão de sua mãe, chegou-se, revolveu a pedra da boca do poço e deu de beber às ovelhas de Labão, irmão de sua mãe.

11 Então Jacó beijou a Raquel e, levantando a voz, chorou.

---

[52] GARMUS, Ludovico (Coord.). *Bíblia sagrada*. 12. ed. Petrópolis: Vozes, 1991.

12 E Jacó anunciou a Raquel que ele era irmão de seu pai, e que era filho de Rebeca. Raquel, pois, foi correndo para anunciá-lo a seu pai.

13 Quando Labão ouviu essas novas de Jacó, filho de sua irmã, correu-lhe ao encontro, abraçou-o, beijou-o e o levou à sua casa. E Jacó relatou a Labão todas essas coisas.

14 Disse-lhe Labão: Verdadeiramente tu és meu osso e minha carne. E Jacó ficou com ele um mês inteiro.

15 Depois perguntou Labão a Jacó: Por seres meu irmão hás de servir-me de graça? Declara-me, qual será o teu salário?

16 Ora, Labão tinha duas filhas; o nome da mais velha era Lia, e o da mais moça Raquel.

17 Lia tinha os olhos enfermos, enquanto Raquel era formosa de porte e de semblante.

18 Jacó, porquanto amava a Raquel, disse: Sete anos te servirei para ter a Raquel, tua filha mais moça.

19 Respondeu Labão: Melhor é que eu a dê a ti do que a outro; fica comigo.

20 Assim serviu Jacó sete anos por causa de Raquel; e estes lhe pareciam como poucos dias, pelo muito que a amava.

21 Então Jacó disse a Labão: Dá-me minha mulher, porque o tempo já está cumprido; para que eu a tome por mulher.

22 Reuniu, pois, Labão todos os homens do lugar, e fez um banquete.

23 À tarde tomou a Lia, sua filha e a trouxe a Jacó, que esteve com ela.

24 E Labão deu sua serva Zilpa por serva a Lia, sua filha.

25 Quando amanheceu, eis que era Lia; pelo que perguntou Jacó a Labão: Que é isto que me fizeste? Porventura não te servi em troca de Raquel? Por que, então, me enganaste?

26 Respondeu Labão: Não se faz assim em nossa terra; não se dá a menor antes da primogênita.

27 Cumpre a semana desta; então te daremos também a outra, pelo trabalho de outros sete anos que ainda me servirás.

28 Assim fez Jacó, e cumpriu a semana de Lia; depois Labão lhe deu por mulher sua filha Raquel.

29 E Labão deu sua serva Bila por serva a Raquel, sua filha.

30 Então Jacó esteve também com Raquel; e amou a Raquel muito mais do que a Lia; e serviu com Labão ainda outros sete anos.

31 Viu, pois, o Senhor que Lia era desprezada e tornou-lhe fecunda a madre; Raquel, porém, era estéril.

32 E Lia concebeu e deu à luz um filho, a quem chamou Rúben; pois disse: Porque o Senhor atendeu à minha aflição; agora me amará meu marido.

33 Concebeu outra vez, e deu à luz um filho; e disse: Porquanto o Senhor ouviu que eu era desprezada, deu-me também este. E lhe chamou Simeão.

34 Concebeu ainda outra vez e deu à luz um filho e disse: Agora esta vez se unirá meu marido a mim, porque três filhos lhe tenho dado. Portanto lhe chamou Levi.

35 De novo concebeu e deu à luz um filho; e disse: Esta vez louvarei ao Senhor. Por isso lhe chamou Judá. E cessou de ter filhos.

Sete anos de pastor Jacob servia[53]
Camões

Sete anos de pastor Jacob servia
Labão, pai de Raquel, serrana bela;
Mas não servia ao pai, servia a ela,
E a ela só por prêmio pretendia.

Os dias, na esperança de um só dia,
Passava, contentando-se com vê-la;
Porém o pai, usando de cautela,
Em lugar de Raquel lhe dava Lia.

Vendo o triste pastor que com enganos
Lhe fora assim negada a sua pastora,
Como se a não tivera merecida;

Começa de servir outros sete anos,
Dizendo: — Mais servira, se não fora
Para tão longo amor tão curta a vida.

Na paráfrase de Camões, notamos que ele reconta uma parte do texto original.

8.5.2. Resumo

Resumo é uma **condensação fiel das ideias ou dos fatos contidos no texto**. Resumir um texto significa reduzi-lo ao seu esqueleto essencial sem perder de vista três elementos:

a) cada uma das partes essenciais do texto;
b) a progressão em que elas se sucedem;
c) a correlação que o texto estabelece entre cada uma dessas partes.

O resumo é, então, uma redução do texto original, procurando captar suas ideias essenciais, na progressão e no encadeamento em que aparecem no texto.

Para elaborar um bom resumo, é necessário compreender antes o conteúdo global do texto. Não é possível ir resumindo à medida que se vai fazendo a primeira leitura.

Resumir é apresentar, com as próprias palavras, os pontos relevantes de um texto. Quem resume deve exprimir, em estilo objetivo, os elementos essenciais do texto. Por isso não cabem, num resumo, comentários ou julgamentos ao que está sendo condensado. Muitas pessoas julgam que resumir é reproduzir frases ou partes de frases do texto original, construindo uma espécie de "colagem". *Essa "colagem" de fragmentos do texto original não é um resumo.*

É evidente que o grau de dificuldade para resumir um texto depende basicamente de dois fatores:

---

[53] CAMÕES, Luís de. *Obra completa*. Rio de Janeiro: Aguilar, 1963, p. 298.

a) da complexidade do próprio texto (seu vocabulário, sua estruturação sintático-semântica, suas relações lógicas, o tipo de assunto tratado etc.);

b) da competência do leitor (seu grau de amadurecimento intelectual, o repertório de informações que possui, a familiaridade com os temas explorados).

Procedimentos para a elaboração de um resumo:

◼ Leitura silenciosa: ler uma vez o texto do começo ao fim. Já vimos que um texto não é um aglomerado de frases: sem ter noção do conjunto, é mais difícil entender o significado preciso de cada uma das partes. Essa primeira leitura deve ser feita com a preocupação de responder genericamente à seguinte pergunta: *do que trata o texto?*

◼ Segunda leitura (sempre necessária) com interrupções, para compreender melhor o significado de palavras difíceis (se preciso, recorra ao dicionário) e para captar o sentido de frases mais complexas (longas, com inversões, com elementos ocultos). Nessa leitura, deve-se ter a preocupação sobretudo de compreender bem o sentido das palavras relacionais, responsáveis pelo estabelecimento das conexões (assim, isto, isso, aquilo, aqui, lá, daí, seu, sua, ele, ela etc.).

◼ Terceiro momento: fazer uma segmentação do texto em blocos de ideias que tenham alguma unidade de significação. Ao resumir um texto pequeno, pode-se adotar como primeiro critério de segmentação a divisão em parágrafos. Pode ser que se encontre uma segmentação mais ajustada que a dos parágrafos, mas, como início de trabalho, o parágrafo pode ser um bom indicador. Quando se trata de um texto maior (o capítulo de um livro, por exemplo) é conveniente adotar um critério de segmentação mais funcional, o que vai depender de cada texto (as oposições entre os personagens, as oposições de espaço, de tempo). Em seguida, com palavras abstratas e mais abrangentes, tenta-se resumir a ideia ou as ideias centrais de cada fragmento.

◼ Redação final: com suas palavras, criar o resumo — procurando não só condensar os segmentos, mas encadeá-los na progressão em que se sucedem no texto e estabelecer as relações entre eles.

Observe o resumo do texto de Bertrand Russell[54] (abaixo), feito por Fiorin e Savioli.

"Na verdade, por que desejamos, quase todos nós, aumentar nossa renda? À primeira vista, pode parecer que desejamos bens materiais. Mas, na verdade, os desejamos principalmente para impressionar o próximo. Quando um homem muda-se para uma casa maior num bairro melhor, reflete que gente de 'mais classe' visitará sua esposa, e que alguns pobretões deixarão de frequentar seu lar. Quando manda o filho a um bom colégio ou a uma universidade cara, consola-se das pesadas mensalidades e taxas pensando nas distinções sociais que tais escolas conferem a pais e filhos. Em toda cidade

---

[54] RUSSELL, Bertrand. *Ensaios céticos*. 2. ed. São Paulo: Nacional, 1957, p. 67-68. In: FIORIN, José Luiz; SAVIOLI, Francisco Platão. *Para entender o texto:* leitura e redação. 11. ed. São Paulo: Ática, 1995.

grande, seja na América ou na Europa, casas iguaizinhas a outras são mais caras num bairro que noutro, simplesmente porque o bairro é mais chique. Uma das nossas paixões mais potentes é o desejo de ser admirado e respeitado. No pé em que estão as coisas, a admiração e o respeito são conferidos aos que parecem ricos. Esta é a razão principal de as pessoas quererem ser ricas. Efetivamente, os bens adquiridos pelo dinheiro desempenham papel secundário. Vejamos, por exemplo, um milionário, que não consegue distinguir um quadro de outro, mas adquiriu uma galeria de antigos mestres com auxílio de peritos. O único prazer que lhe dão os quadros é pensar que se sabe quanto pagou por eles; pessoalmente, ele gozaria mais, pelo sentimento, se comprasse cromos de Natal, dos mais piegas, que, porém, não lhe satisfazem tanto a vaidade.

Tudo isso pode ser diferente, e o tem sido em muitas sociedades. Em épocas aristocráticas, os homens eram admirados pelo nascimento. Em alguns círculos de Paris, os homens são admirados pelo seu talento artístico ou literário, por estranho que pareça. Numa universidade teuta é possível que um homem seja admirado pelo seu saber. Na Índia, os santos são admirados; na China, os sábios. O estudo dessas sociedades divergentes demonstra a correção de nossa análise, pois em todas encontramos grande percentagem de homens indiferentes ao dinheiro, contanto que tenham o suficiente para se sustentar, mas que desejam ardentemente a posse dos méritos pelos quais, no seu meio, se conquista o mérito."

Resumo do texto
I. Ideia geral do texto: Busca da admiração e do respeito, uma das fortes paixões do homem.
II. Segmentação do texto: Critério: tipo de objeto a ser adquirido.
1.º parágrafo: aquisição dos bens materiais;
2.º parágrafo: aquisição daquilo que é valorizado em cada época ou em cada sociedade.
III. Resumo das ideias de cada parte
a) busca da riqueza em nossa sociedade é busca do respeito e da admiração dos outros, porque isso é conferido a quem parece rico;
b) busca do que cada sociedade valoriza é busca da admiração e do respeito dos outros.
IV. Redação final
O homem cobiça a riqueza não para usufruir dos bens materiais que ela possibilita, mas para alcançar admiração e prestígio, uma das mais fortes paixões do homem.

Assim como nossa sociedade persegue a riqueza porque ela confere prestígio, outras perseguem outros indicadores de prestígio: o nascimento, o talento artístico, o saber, a santidade.[55]

Outro resumo

Texto n. 1 — Pesquisa Variacionista e Ensino: Discutindo o Preconceito Linguístico[56]

"Todos nós sabemos que, direta ou indiretamente, um dos maiores problemas do ensino de língua portuguesa passa pela questão do preconceito linguístico. Na maior parte das

---

[55] FIORIN, José Luiz; SAVIOLI, Francisco Platão. *Para entender o texto*: leitura e redação. 11. ed. São Paulo: Ática, 1995.
[56] SCHERRE, Maria Marta Pereira. *Pesquisa & ensino da língua*: contribuições da sociolinguística. UFRJ/CNPq. Rio de Janeiro, 1996.

vezes, o ensino de gramática é feito de forma rígida, como se tudo fosse inerentemente errado. O ensino normativo tem o objetivo explícito de banir da(s) língua(s) formas ditas empobrecedoras, formas ditas desviantes, formas consideradas indignas de serem usadas por homens de bem. E, na perseguição deste objetivo (no sentido mais literal do termo), muitas vezes, e com frequência, banem-se da escola não as formas linguísticas consideradas indesejáveis, mas as pessoas que as produzem, porque estas formas são normalmente aquelas produzidas em maior quantidade pelas pessoas de classe social sem prestígio. As pessoas de classe prestigiada também produzem as formas consideradas indesejáveis, só, às vezes, em menor quantidade.

Em nome da boa língua, pratica-se a injustiça social, humilhando o ser humano por meio da não aceitação de um de seus bens culturais mais divinos: o domínio inconsciente e pleno de um sistema de comunicação próprio da comunidade ao seu redor. E mais do que isto: a escola e a sociedade da qual a escola é reflexo fazem associações sem qualquer respaldo linguístico objetivo entre domínio de determinadas formas linguísticas e elegância e deselegância; entre domínio de determinadas formas linguísticas e competência ou incompetência; entre domínio de determinadas formas linguísticas e inteligência e burrice (...).

Com que direito visões preconceituosas podem ser reforçadas? As questões que envolvem a linguagem não são simplesmente linguísticas; são, acima de tudo, ideológicas.

E a Sociolinguística produz fatos para colocar lenha na fogueira deste debate e particularmente no debate público sobre o preconceito linguístico, corroborado tacitamente pela maior parte dos membros de uma comunidade linguística. Sabe-se bem que, infelizmente, língua é também instrumento de poder; língua é também instrumento de dominação; língua é também instrumento de opressão. Ainda não vi, e gostaria de ver um dia (a utopia faz parte da vida), a língua ser usada como um real instrumento de libertação. (...)

Então, os resultados da pesquisa sociolinguística podem ser usados para a discussão do preconceito linguístico, apresentando fatos inquestionáveis, que evidenciam que as pessoas não estão simplesmente 'nocauteando a concordância', 'tropeçando' ou cometendo 'gafes', mas, sim, deixando seu vernáculo emergir numa situação de fala em que muitos não admitem que ela possa emergir. [William] Labov bem coloca que, quando estamos completamente envolvidos com o conteúdo linguístico da nossa fala, deixamos de nos policiar e deixamos o vernáculo emergir, vernáculo este que muitas vezes não coincide com as formas codificadas e, ao longo do tempo, sentidas como as únicas formas legítimas por grande parte dos usuários da língua.

(...)

Relembro, todavia, que também não deveríamos perder de vista a possibilidade de podermos contribuir para a codificação de uma norma mais realística, mais interessante, que contemplasse valores diversos, que refletisse um pouco mais a nossa identidade linguística e que restituísse aos alunos o prazer de 'estudar português', dando vez à pluralidade de normas (...).

Finalizando, considero que, com os resultados que temos em mão, não temos o direito de nos omitir diante das situações concretas de preconceito linguístico. Mais do que isto: temos o dever de nos manifestar. É o exercício da cidadania!!! Transcrevo a seguir uma parte de minha primeira carta enviada ao *Correio Braziliense*, que reflete bem a minha visão a respeito do preconceito linguístico e de suas implicações perversas.

Para mim, igual ou pior do que o preconceito de religião, raça, cor, sexo, classe social (entre outros) é o preconceito linguístico, porque ele é sutil e, por razões históricas, corroborado pela maior parte da sociedade como algo natural. O preconceito cria a falsa ideia de que há uma língua melhor do que outra, de que há um dialeto melhor do que outro. Pior do que isto, cria também a falsa ideia de que quem domina as formas de prestígio é mais inteligente, mais capaz. (...)
Confundir discurso político com a língua de um povo é pensar esta língua como algo pequeno demais. E confundir forma de falar com competência ou com inteligência significa ver a língua apenas como instrumento de poder e de dominação, não como um poderoso instrumento de comunicação.
A língua de qualquer povo, em qualquer época, é um instrumento extremamente poderoso porque presta a múltiplas funções: transmitir mensagens objetivas, organizar o pensamento, expressar os desejos e as emoções, convencer os outros, estabelecer contatos (...) e até mudar o estado das coisas, ou seja, até 'realizar atos'. Mas este precioso instrumento também pode servir a instintos nada nobres: pode servir para oprimir, para discriminar, para enganar, para mentir, e até (infelizmente) para alijar o ser humano do meio produtivo."

Exemplo de resumo[57]
(texto original, sem correção)
Maria Marta Pereira Scherre, no texto "Pesquisa Variacionista e Ensino: Discutindo o Preconceito linguístico" (Pesquisa e Ensino da Língua: contribuições sociolinguística, UFRJ/CNPq. Rio de Janeiro. 1996), faz uma reflexão acerca do que entende como "preconceito linguístico": a imposição, nas escolas, da chamada norma culta como forma de manutenção do "status quo" é um dos mais aviltantes meios de preconceito social, vez que expressões linguísticas consideradas inaceitáveis — e quem as produz — são relegadas a uma casta inferior.
Essa imposição é feita de maneira sutil no intuito de esconder sua ferocidade: a "boa língua" vai sendo instalada lenta, mas constantemente, sufocando "desvios" até que dois blocos sejam compostos: o primeiro, formado por aqueles que apreenderam as minúcias da regra, usando-as a seu favor; o segundo, pelos que não se enquadraram, cujo destino é servir ao primeiro.
Segundo a visão sociolínguista, está-se perdendo a perspectiva da finalidade da língua, a comunicação, em primazia da forma como essa comunicação é feita, como se fazer a concordância fosse mais importante do que saber com o que se está concordando.
A autora conclui não pelo fim das regras, mas que elas sejam feitas considerando-se a riqueza, a pluralidade dos falares, tornando o seu estudo interessante justamente por refletir essa gama de variações linguísticas. De outra forma, a língua nada mais será senão um instrumento (letal) de dominação, deixando a comunicação num plano insignificante.

---

[57] Exemplo retirado da Prova para a Carreira Diplomática/Instituto Rio Branco — realizada pelo Cespe-UnB, em 2000. Resumo feito pela candidata Márcia Nazaré Souza Chaves (nota: 38 pontos — do total de 40 pontos). In: SAVIOLI, Francisco; FIORIN, José Luiz. *Manual do candidato — Português*. 2. ed. Brasília: FUNAG, 2001.

8.5.3. Síntese

A síntese de texto é um tipo de arranjo especial: **consiste em reproduzir, em poucas palavras, o que o autor expressou amplamente**. Assim, devem ser aproveitadas apenas as ideias principais, deixando-se de lado tudo o que desempenha papel secundário.

A síntese **trabalha basicamente com as palavras-chave ou ideias-chave**[58] do texto.

Vejamos um texto:

O abolicionismo, que logrou pôr fim à escravidão nas Antilhas Britânicas, teve peso ponderável na política antinegreira dos governos britânicos durante a primeira metade do século passado. Mas tiveram peso também os interesses capitalistas, comerciais e industriais, que desejavam expandir o mercado ultramarino de produtos industriais e viam na inevitável miséria do trabalhador escravo um obstáculo para este desiderato.[59]

E suas (possíveis) sínteses:

■ *Síntese esquemática* — representada por um esquema linguístico, ou mapa mental:
Abolicionismo + interesses capitalistas = fim da escravidão.

■ *Síntese frásica* — representada por um período completo:
Abolicionismo e interesses capitalistas juntam-se para colocar fim à escravidão.

8.6. INFERÊNCIA

A compreensão total de um texto está vinculada à necessidade de que sejam realizadas inferências: **operações mentais por meio das quais, empregando o conhecimento prévio de que dispomos, estabelecemos alguns vínculos implícitos entre as frases ou trechos do texto** que procuramos interpretar.

A inferência também pode ser chamada de **depreensão, dedução ou conclusão**.

As palavras podem ter caráter polissêmico, mas — no texto — só podem assumir sentidos autorizados pelo contexto. E para chegar a esses sentidos autorizados o leitor utiliza-se do raciocínio lógico verbal.

Raciocínios são operações mentais que caminham do mais conhecido para o menos conhecido, partem de pressupostos e chegam a uma conclusão. São operações discursivas, por transitar de uma ideia para outra, passando por intermediários e exigindo o uso da palavra; encadeiam logicamente juízos e deles tiram uma conclusão. O raciocínio concretiza-se no argumento, formalizando-se no silogismo.

O silogismo, segundo o *aristotelismo*, é um raciocínio dedutivo formalmente estruturado a partir de duas proposições (chamadas premissas), das quais se obtém — por inferência — necessariamente uma terceira, que será chamada de conclusão. Tem-se, então, um silogismo no seguinte raciocínio:

Todas as aves têm penas.
O pinguim é uma ave.
Logo: o pinguim tem penas.

---

[58] Esses conceitos já foram dados anteriormente.
[59] SINGER, Paul. *A formação da classe operária*. São Paulo: Atual, 1988, p. 44.

Os textos autorizam algumas inferências a partir de informações neles contidas, que — quando articuladas entre si — revelam conclusões coerentes implícitas em marcas textuais.

A estrutura linguística do texto fornece *todas* as informações necessárias para que se compreenda um conteúdo pressuposto. A interpretação se faz captando essas informações e ligando-as de maneira lógica a fim de se obter sentido.

8.7. QUESTÕES

Texto para a questão 1.
(...) em volta das bicas era um zunzum crescente; uma aglomeração tumultuosa de machos e fêmeas. Uns após outros, lavavam a cara, incomodamente, debaixo do fio de água que escorria da altura de uns cinco palmos. O chão inundava-se. As mulheres precisavam já prender as saias entre as coxas para não as molhar, via-se-lhes a tostada nudez dos braços e do pescoço que elas despiam suspendendo o cabelo todo para o alto do casco; os homens, esses não se preocupavam em não molhar o pelo, ao contrário metiam a cabeça bem debaixo da água e esfregavam com força as ventas e as barbas, fossando e fungando contra as palmas das mãos. As portas das latrinas não descansavam, era um abrir e fechar de cada instante, um entrar e sair sem tréguas. Não se demoravam lá dentro e vinham ainda amarrando as calças ou saias; as crianças não se davam ao trabalho de lá ir, despachavam-se ali mesmo, no capinzal dos fundos, por detrás da estalagem ou no recanto das hortas.

(Aluísio Azevedo, *O Cortiço*)

1. O fragmento acima pode ser considerado:
   a) narrativo, pois ocorre entre seus enunciados uma progressão temporal de modo que um pode ser considerado anterior ao outro.
   b) um típico fragmento dissertativo em que se observam muitos argumentos.
   c) descritivo, pois não ocorre entre os enunciados uma progressão temporal: um enunciado não pode ser considerado anterior ao outro.
   d) descritivo, pois os argumentos apresentados são objetivos e subjetivos.

Texto para a questão 2.
Filosofia dos Epitáfios
Saí, afastando-me dos grupos e fingindo ler os epitáfios. E, aliás, gosto dos epitáfios; eles são, entre a gente civilizada, uma expressão daquele pio e secreto egoísmo que induz o homem a arrancar à morte um farrapo ao menos da sombra que passou. Daí vem, talvez, a tristeza inconsolável dos que sabem os seus mortos na vala comum; parece-lhes que a podridão anônima os alcança a eles mesmos.

(Machado de Assis, *Memórias Póstumas de Brás Cubas*)

2. Do ponto de vista da composição, é correto afirmar que o capítulo "Filosofia dos Epitáfios"
   a) é predominantemente dissertativo, servindo os dados do enredo do ambiente como fundo para a digressão.
   b) é predominantemente descritivo, com a suspensão do curso da história dando lugar à construção do cenário.
   c) equilibra em harmonia narração e descrição, à medida que faz avançar a história e cria o cenário de sua ambientação.
   d) é predominantemente narrativo, visto que o narrador evoca os acontecimentos que marcaram sua saída.

Leia o texto abaixo para responder à questão 3.
É universalmente aceito o fato de que sai mais cara a reparação das perdas por acidentes de trabalho que o investimento em sua prevenção. Mas, então, por que eles ocorrem com tanta frequência?

Falta, evidentemente, fiscalização. Constatar tal fato exige apenas o trabalho de observar obras de engenharia civil, ao longo de qualquer trajeto por ônibus ou por carro na cidade. E quem poderia suprir as deficiências da fiscalização oficial — os sindicatos patronais ou de empregados — não o faz; se não for por um conformismo cruel, a tomar por fatalidade o que é perfeitamente possível de prevenir, terá sido por nosso baixo nível de organização e escasso interesse pela filiação a entidades de classe, ou por desvio dessas de seus interesses primordiais.

Falta também a educação básica, prévia a qualquer treinamento: com a baixíssima escolaridade do trabalhador brasileiro, não há compreensão suficiente da necessidade e benefício dos equipamentos de segurança, assim como da mais simples mensagem ou de um manual de instruções.

E há, enfim, o fenômeno recente da terceirização, que pode estar funcionando às avessas, ao propiciar o surgimento e a multiplicação de empresas fantasmas de serviços, que contratam a primeira mão de obra disponível, em vez de selecionar e de oferecer mão de obra especializada.

(*O Estado de S.Paulo*, 22.02.1998, adaptado)

3. Assinale a opção que apresenta as palavras-chave do texto.
   a) aceitação universal — constatação — benefício — escolaridade
   b) investimento em prevenção — deficiências — entidades — equipamentos
   c) falta de fiscalização — organização — benefício — mão de obra
   d) prevenção de acidentes — fiscalização — educação — terceirização
   e) crescimento — conformismo — treinamento — empresas

4. As propostas abaixo dão seguimento coerente e lógico ao trecho citado, *exceto* uma delas. Aponte-a:

Provavelmente devido à proximidade com os perigos e a morte, os marinheiros dos séculos XV e XVI eram muito religiosos. Praticavam um tipo de religião popular em que os conhecimentos teológicos eram mínimos e as superstições muitas.

(Janaína Amado, com cortes e adaptações)

   a) Entre essas, figuravam o medo de zarpar numa sexta-feira e o de olhar fixamente para o mar à meia-noite.
   b) Cristóvão Colombo, talvez o mais religioso entre todos os navegantes, costumava antepor a cada coisa que faria os dizeres: "Em nome da Santíssima Trindade farei isto".
   c) Apesar disso, os instrumentos náuticos representaram progressos para a navegação oceânica, facilitando a tarefa de pilotos e aumentando a segurança e confiabilidade das rotas e viagens.
   d) Nos navios, que não raro transportavam padres, promoviam-se rezas coletivas várias vezes ao dia e, nos fins de semana, serviços religiosos especiais.
   e) Constituíam expressão de religiosidade dos marinheiros constantes promessas aos santos, individuais ou coletivas.

Atenção: As questões de números 5 a 10 baseiam-se no texto apresentado abaixo.

Ele tem um currículo de dar inveja. Mais de 90% de toda a matéria que vemos no universo é hidrogênio. Ele é fundamental para a vida: compõe a água e quase toda matéria orgânica, além de ser a fonte de energia do Sol, que funde 600 milhões de toneladas desse gás por segundo. Ele também inspirou muitas das pesquisas mais importantes do último século — foi pesquisando o hidrogênio que os cientistas descobriram desde a origem do universo até os elementos que compõem os átomos. Ele também abastece as naves que levam o homem ao espaço (e às vezes as transformam em bola de fogo).

Já é bastante, mas espera-se dele ainda mais. A humanidade depende do hidrogênio para, daqui a no máximo 50 anos, mover indústrias, carros e aviões. Ele pode ser extraído da água a um custo irrisório e gerar energia. A única substância emitida é o vapor — uma coisa da qual nem o mais ferrenho dos ecologistas irá se queixar. Há sinais de que podemos cumprir esse prazo. As principais tecnologias necessárias para que essa revolução aconteça já existem, mas ainda há um longo caminho até que elas se tornem comercialmente viáveis. Por isso, as pesquisas nessa área gastam entre 1 e 2 bilhões de dólares por ano, e as cifras devem aumentar. A comunidade europeia e o governo norte-americano anunciaram, nos últimos meses, fundos para esses estudos que, somados, representam 3,2 bilhões de dólares.

Quais os motivos para gastar tanto dinheiro? O primeiro é que, um dia, o petróleo vai acabar. Há uma enorme polêmica sobre quando as reservas atuais irão se extinguir, mas sabe-se que a era do petróleo barato não irá durar mais do que 40 anos. Os geólogos pessimistas afirmam que o pico da produção mundial ocorrerá ainda nesta década, e que daí em diante os preços aumentarão rapidamente, tornando o consumo cada vez mais restrito. As diferenças entre as previsões existem porque não há um número exato do tamanho das reservas atuais, dos barris a serem consumidos nos próximos anos e das reservas que ainda podem ser descobertas. Sabe-se, no entanto, que a maior parte das fontes de petróleo remanescentes está no Golfo Pérsico. Depender dos países do Oriente Médio para fornecer um insumo que hoje é responsável por 40% da energia consumida no mundo é algo que não agrada aos países desenvolvidos. Restarão ainda fontes de petróleo em outros minérios, como o xisto e a areia de alcatrão, mas que são muito mais caras e poluentes.

(Superinteressante, março 2003)

5. A afirmação correta a respeito do texto é:
 a) os especialistas dispõem de um cálculo preciso das fontes de petróleo, para controlar as reservas disponíveis, especialmente nos países do Oriente Médio.
 b) existem outros minérios, como o xisto e a areia de alcatrão, que poderão fornecer combustível abundante e barato, no futuro.
 c) há diversos fatores, impossíveis de calcular no momento, que dificultam uma previsão exata da oferta de petróleo, como combustível, em todo o mundo.
 d) pesquisadores de todo o mundo ainda tentam desenvolver nova tecnologia que permita obter grandes quantidades de hidrogênio a partir de matéria orgânica.
 e) no momento atual, a única possibilidade de garantir o fornecimento de petróleo é restringir seu uso, até que surjam fontes alternativas de combustíveis.

6. O argumento principal utilizado no texto para justificar os altos investi-mentos em pesquisas é a
 a) existência de outros tipos de minérios como fontes de petróleo.
 b) poluição do meio ambiente, resultante da queima de petróleo.
 c) necessidade de se descobrirem novas reservas de energia, longe do Oriente Médio.
 d) busca de novas fontes de energia no espaço, especialmente as que alimentam o Sol.
 e) possibilidade de extinção das reservas de petróleo, em todo o mundo.

7. — *uma coisa da qual nem o mais ferrenho dos ecologistas irá se queixar.* (2.º parágrafo) A observação acima traduz a idéia de que o hidrogênio seria uma fonte de energia que
 a) deverá competir com o petróleo, nos próximos 50 anos.
 b) é bem mais barata que a importação de petróleo atual.
 c) gera mais energia do que a queima de petróleo.
 d) não resulta em poluição do meio ambiente.
 e) estará facilmente disponível na natureza, para todo mundo.

8. Considere as seguintes afirmações:
 I. O uso do hidrogênio deverá tornar-se futuramente a melhor alternativa, como combustível, para o petróleo.
 II. A maior dificuldade, no momento, para o uso do hidrogênio como combustível está nos custos de sua comercialização.
 III. O hidrogênio já vem substituindo o petróleo, atualmente, com bastante eficácia e ainda com a vantagem de ser mais barato.

Está correto o que se afirma em

a) II e III, somente.
b) I e II, somente.
c) III, somente.
d) II, somente.
e) I, somente.

9. *Ele é fundamental para a vida: compõe a água e quase toda matéria orgânica ...* (1.º parágrafo)
Os dois pontos introduzem na frase acima, considerando-se o contexto,
   a) explicação.
   b) condição.
   c) restrição.
   d) finalidade.
   e) comentário desnecessário.

10. *As principais tecnologias necessárias para que essa revolução aconteça já existem...* (2.º parágrafo)
O uso do modo em que se encontra a forma verbal grifada na frase acima indica
   a) um fato passado.
   b) um fato concreto atual.
   c) uma possibilidade futura.
   d) uma ação habitual, repetitiva.
   e) uma ordem exata.

11. Assinale o item que tem a ordem correta para a formação de um parágrafo coeso e coerente.
   1. Inicialmente estão as de caráter assistencial e previdenciário, no sentido amplo de ambos abrangendo os domínios da saúde, da educação, da habitação popular e do transporte.
   2. Tal intervenção deverá se fazer sem nenhum preconceito, tanto no que tange às formas superficiais ou socialmente responsáveis de contestação de qualquer atuação produtiva do Estado, como ao revés, no que tange aos mitos de que a ampliação da ação produtiva do Estado implica sempre a elevação da taxa de bem-estar e da equidade social.
   3. E, em seguida, as de caráter empregatício, assegurando, através do Serviço Nacional, emprego aos que não logrem sua absorção pelo mercado de trabalho.
   4. A intervenção direta do setor público abrange uma ampla gama de demandas e atividades. No fundamental, essas atividades são de duas ordens.
   5. Além dessas formas de atuação há também a intervenção direta do Estado na atividade produtiva, inclusive agrária, para suprir e corrigir deficiências do setor privado.
   (Hélio Jaguaribe)
   a) 5-2-3-4-1
   b) 4-1-3-5-2
   c) 1-3-5-2-4
   d) 3-5-2-1-4
   e) 2-4-1-3-5

12. Indique a ordem em que as questões devem se organizar no texto, de modo a preservar-lhe a coesão e coerência.
   1. O País não é um velho senhor desencantado com a vida que trata de acomodar-se.
   2. O Brasil tem memória curta.
   3. É mais como um desses milhões de jovens malnascidos cujo único dote é um ego dominante e predador, que o impele para a frente e para cima, impedindo que a miséria onde nasceu e cresceu lhe sirva de freio.
   4. "Não lembro", responde, "faz muito tempo".
   5. Lembra o personagem de Humphrey Bogart em Casablanca, quando lhe perguntaram o que fizera na noite anterior.

6. Mas esta memória curta, de que políticos e jornalistas reclamam tanto, não é, como no caso de Bogart, uma tentativa de esquecer os lances mais penosos de seu passado, um conjunto de desilusões e perdas que leva ao cinismo e à indiferença.

(José Onofre)

a) 1, 2, 6, 5, 4, 3
b) 2, 5, 4, 6, 3, 1
c) 2, 6, 1, 3, 5, 4
d) 1, 5, 4, 6, 3, 2
e) 2, 5, 4, 1, 6, 3

13. Assinale a ordem em que os fragmentos a seguir devem ser dispostos para se obter um texto com coesão, coerência e correta progressão de ideias.
    1. Não apenas os manuais de história, mas todas as práticas educativas da escola são transmitidas a partir de uma visão etnocêntrica.
    2. O sistema escolar brasileiro ignora a multiplicidade de etnias que habita o País.
    3. A escola brasileira é branca não porque a maioria dos negros está fora dela.
    4. Deve-se incluir na justificação da evasão escolar a violência com que se agride a dimensão étnica dos alunos negros.
    5. Estes, se querem permanecer na escola branca, têm de afastar de si marcas culturais e históricas.
    6. É branca porque existe a partir de um ponto de vista branco.

    a) 1, 3, 6, 5, 2, 4.
    b) 1, 2, 3, 6, 5, 4.
    c) 4, 5, 2, 1, 6, 3.
    d) 2, 1, 3, 5, 4, 6.
    e) 2, 1, 3, 6, 4, 5.

14. Assinale a ordem em que os fragmentos abaixo devem ser dispostos para se obter um texto com coesão, coerência e correta progressão de ideias.
    1. Cada vez mais surgem grupos de pessoas e entidades interessadas em recolher alimentos e distribuí-los aos 32 milhões de brasileiros que passam fome.
    2. É o que demonstra a Campanha contra a Fome, lançada e incentivada pelo sociólogo Herbert de Souza.
    3. Consideradas as coisas sob outro prisma, constata-se que os brasileiros não estão entregues ao imobilismo e à apatia.
    4. Na visão dominante, o Brasil, por todos os seus problemas, é considerado um país inviável.
    5. Agir contra a miséria é uma atitude nobre e generosa, que demonstra quanto o cidadão pode e quer fazer para melhorar a situação do Brasil.

    a) 5, 2, 1, 3, 4.
    b) 5, 1, 3, 2, 4.
    c) 1, 2, 5, 4, 3.
    d) 4, 2, 1, 3, 5.
    e) 4, 3, 2, 1, 5.

15. Na Idade Média, ao contrário da festa oficial, o carnaval era o triunfo de uma espécie de liberação temporária da verdade dominante do regime vigente, da abolição provisória de todas as relações hierárquicas, privilégios e tabus.

(M. Bakhtin, *A cultura popular na Idade Média e no Renascimento*, São Paulo, Hucitec Brasília, Ed. da UnB, 1987)

Indique o item em que as festas oficiais da Idade Média são caracterizadas de acordo com o que se depreende do texto acima.

a) Nessas festas, elaboravam-se formas especiais de comunicação, francas e irrestritas, impregnadas de uma simbologia da alegre relatividade das verdades e autoridades no poder.
b) Essas festas tinham por finalidade a consagração da desigualdade; nelas, as distinções hierárquicas destacavam-se intencionalmente.
c) Eram autênticas festas do tempo futuro, das alternâncias e renovações.
d) Essas festas opunham-se a toda perpetuação, a toda regulamentação e aperfeiçoamento, apontavam para um ideal utópico.
e) Contrastando com a excepcional segmentação em estados e corporações da vida diária, essas festividades sustavam a aplicação dos códigos correntes de etiqueta e comportamento.

16. Marque o item que *não* está de acordo com as ideias do texto.

Cientistas de diversos países decidiram abraçar, em 1990, um projeto ambicioso: identificar todo o código genético contido nas células humanas (cerca de três bilhões de caracteres). O objetivo principal de tal iniciativa é compreender melhor o funcionamento da vida, e, consequentemente, a forma mais eficaz de curar as doenças que nos ameaçam. Como é esse código que define como somos, desde a cor dos cabelos até o tamanho dos pés, o trabalho com amostras genéticas colhidas em várias partes do mundo está ajudando também a entender as diferenças entre as etnias humanas. Chamado de Projeto Genoma Humano, desde o seu início ele não parou de produzir novidades científicas. A mais importante delas é a confirmação de que o homem surgiu realmente na África e se espalhou pelo resto do planeta. A pesquisa contribuiu também para derrubar velhas teorias sobre a superioridade racial e está provando que o racismo não tem nenhuma base científica. É mais uma construção social e cultural. O que percebemos como diferenças raciais são apenas adaptações biológicas às condições geográficas. Originalmente o ser humano é um só.

(*IstoÉ*, 15.01.1997)

a) O Projeto Genoma Humano tem como objetivo primordial reconhecer as diferenças entre as várias raças do mundo.
b) O ser humano tem uma estrutura única independente de etnia e as diferenças raciais provêm da necessidade de adaptação às condições geográficas.
c) O código genético determina as características de cada ser humano, e conhecer esse código levará os cientistas a controlarem doenças.
d) As amostras para a pesquisa do Projeto Genoma Humano estão sendo colhidas em diversas partes do mundo.
e) O racismo não tem fundamento científico; é um fenômeno que se forma apoiado em estruturas sociais e culturais.

17. A alternativa que substitui, correta e respectivamente, as conjunções ou locuções grifadas nos períodos abaixo é:

I. *Visto que* pretende deixar-nos, preparamos uma festa de despedida.
II. Terá sucesso, *contanto que* tenha amigos influentes.
III. Casaram-se e viveram felizes, tudo *como* estava escrito nas estrelas.
IV. Foi transferido, *portanto* não nos veremos com muita frequência.

a) porque, mesmo que, segundo, ainda que.
b) como, desde que, conforme, logo.
c) quando, caso, segundo, tão logo.
d) salvo se, a menos que, conforme, pois.
e) pois, mesmo que, segundo, entretanto.

18. Assinale a alternativa em que o pronome relativo "onde" obedece aos princípios da língua culta escrita.

a) Os fonemas de uma língua costumam ser representados por uma série de sinais gráficos denominados letras, onde o conjunto delas forma a palavra.
b) Todos ficam aflitos no momento da apuração, onde será conhecida a escola campeã.
c) Foi discutida a pequena carga horária de aulas de Cálculo e Física, onde todos concordaram e desejam mais aulas.

d) Não se pode ferir um direito constitucional onde visa a garantir a educação pública e gratuita para todos.
e) Não se descobriu o esconderijo onde os sequestradores o deixaram durante esses meses todos.

19. Nos períodos abaixo, as orações sublinhadas estabelecem relações sintáticas e de sentido com outras orações.
  I. Eles compunham uma grande coleção, que foi se dispersando à medida que seus filhos se casavam, levando cada qual um lote de herança. (PROPORCIONALIDADE)
  II. Mal se sentou na cadeira presidencial, Itamar Franco passou a ver conspirações. (MODO)
  III. Nunca foi professor da UnB, mas por ela se aposentou. (CONTRARIEDADE)
  IV. Mesmo que tenham sido só esses dois, (...) já não se configuraria a roubalheira (...)? (CONCESSÃO)
  A classificação dessas relações está correta somente nos períodos
  a) I, II e III
  b) II e IV
  c) I e III
  d) II, III e IV
  e) I, III e IV

20. Assinale a única conjunção *incorreta* para completar a lacuna do texto.
A partir do ofício enviado pelo fisco, começou-se a levantar informações sobre a sonegação de imposto de renda no mundo do esporte no Brasil. "O futebol já é o quarto maior mercado de capitais do mundo", diz Ives Gandra Martins, advogado tributarista e conselheiro do São Paulo Futebol Clube, _____ só agora a Receita começa a prestar atenção nos jogadores. Em outros países não é assim. Nos Estados Unidos, ano passado, a contribuição fiscal do astro do basquete Michael Jordan chegou a 20,8 milhões de dólares.
(*Exame*, 27.08.1997)
  a) todavia
  b) conquanto
  c) entretanto
  d) não obstante
  e) no entanto

21. Escreva diante de cada texto, adaptado de Aliomar Baleeiro, o número do operador lógico abaixo que preenche corretamente a lacuna:
  ( ) É característica da taxa a especialização do serviço em proveito direto ou por ato do contribuinte, _____, na aplicação do imposto, não se procura apurar se há qualquer interesse, direto ou indireto, por parte de quem o paga.
  ( ) Em 1896, Amaro Cavalcânti ponderava a palavra "taxa", sem embargo de ser igualmente usada como sinônimo geral de impostos, não devia ser assim entendida ou empregada; _____, na sua acepção própria, designa o gênero de contribuição que os indivíduos pagam por um serviço diretamente recebido.
  ( ) O pagamento das taxas é facultativo; é, por assim dizer, o preço do serviço obtido e _____ em que cada um o exige ou dele tira proveito.
  ( ) As taxas se devem revestir sempre do caráter de contraprestação inerente a essa espécie de tributos. Ao adotar-se interpretação outra, malograr-se-ão todas as cautelas da Constituição, que estabeleceu e quer uma rígida discriminação de competência, _____, prevendo a reedição de velhos abusos fiscais mascarados com o nome de taxas, preceituou proibição inequívoca.
  ( ) As despesas de administração da justiça poderiam ser pagas convenientemente por uma contribuição particular, _____ que a ocasião o exigisse.
  ( ) Enquanto pelas taxas, o indivíduo procura obter um serviço que lhe é útil pessoalmente, o Estado, _____, procura, pelo imposto, os meios de satisfazer as despesas necessárias da administração.

( ) Os clássicos, assim como os contemporâneos, não divergem sobre a noção básica de taxa, _____ se separem acerca de outros pontos acessórios.
(1) embora
(2) ao passo que
(3) à medida
(4) tanto assim que
(5) na medida
(6) visto como
(7) ao contrário
A sequência numérica correta é:
a) 6, 5, 1, 3, 4, 7, 2
b) 2, 5, 6, 7, 4, 3, 1
c) 1, 7, 5, 4, 2, 3, 6
d) 1, 3, 2, 6, 5, 7, 4
e) 2, 6, 5, 4, 3, 7, 1

As questões 22 e 23 referem-se ao texto que segue.
A insistência das secretarias estaduais de Fazenda em cobrar 25% de ICMS dos provedores de acesso à Internet deve acabar na Justiça. A paz atual entre os dois lados é apenas para celebrar o fim do ano. Os provedores argumentam que não têm de pagar o imposto porque não são, por lei, considerados empresas de telecomunicação, mas apenas prestadores de serviços. Com o caixa quebrado, os Estados permanecem irredutíveis. O Ministério da Ciência e Tecnologia alertou formalmente ao ministro da Fazenda, Pedro Malan, que a imposição da cobrança será repassada para o consumidor e pode prejudicar o avanço da Internet no Brasil. Hoje, pagam-se em média 40 reais para se ligar à rede.
(*Veja*, 08.01.1997, p. 17)

22. Infere-se do texto que
a) as empresas caracterizadas como prestadoras de serviço estão isentas do ICMS.
b) todas as pessoas que desejam ligar-se à Internet devem pagar 40 reais de ICMS.
c) os provedores de acesso à Internet estão processando os consumidores que não pagam o ICMS.
d) os Estados precisam cobrar mais impostos dos provedores para não serem punidos pelo Ministério da Ciência e Tecnologia.
e) o desenvolvimento da Internet no Brasil está sendo prejudicado pela cobrança do ICMS.

23. A conjunção *mas* destacada no texto estabelece entre as orações uma relação de
a) tempo
b) adição
c) consequência
d) causa
e) oposição

24. Os princípios da coerência e da coesão não foram violados em:
a) O Santos foi o time que fez a melhor campanha do campeonato. Teria, no entanto, que ser o campeão este ano.
b) Apesar da Sabesp estar tratando a água da Represa de Guarapiranga, portanto o gosto da água nas regiões sul e oeste da cidade melhorou.
c) Mesmo que os deputados que deponham na CPI e ajudem a elucidar os episódios obscuros do caso dos precatórios, a confiança na instituição não foi abalada.
d) O ministro reafirmou que é preciso manter a todo custo o plano de estabilização econômica, sob pena de termos a volta da inflação.
e) Antes de fazer ilações irresponsáveis acerca das medidas econômicas, deve-se procurar conhecer as razões que, por isso as motivaram.

25. Assinale a opção que mantém o mesmo sentido do trecho destacado a seguir:
Uma das grandes dificuldades operacionais encontradas em planos de estabilização é o conflito entre perdedores e ganhadores. Às vezes reais, outras fictícios, estes conflitos geram

confrontos e polêmicas que, com frequência, podem pressionar os formuladores da política de estabilização a tomar decisões erradas e, com isto, comprometer o sucesso das estratégias anti-inflacionárias.

(*Folha de S.Paulo*, 07.05.1994)

a) Estes conflitos, reais ou fictícios, geram confrontos e polêmicas que, frequentemente, podem pressionar os formuladores da política de estabilização a tomar decisões erradas, sem, com isso, comprometer o sucesso das estratégias anti-inflacionárias.
b) O sucesso das estratégias anti-inflacionárias pode ficar comprometido se, pressionados por conflitos, reais ou fictícios, os formuladores da política de estabilização tomarem decisões erradas.
c) Os conflitos, às vezes reais, outras fictícios, que podem pressionar os formuladores da política de estabilização a confrontos e polêmicas, comprometem o sucesso das anti--inflacionárias.
d) O sucesso das estratégias anti-inflacionárias pode ficar comprometido se os formuladores da política de estabilização, pressionados por confrontos e polêmicas decorrentes de conflitos, tomarem decisões erradas.
e) Os formuladores da política de estabilização podem tomar decisões erradas se os conflitos, gerados por confrontos e polêmicas os pressionarem; o sucesso das estratégias anti--inflacionárias fica, com isto comprometido.

26. Marque a opção que não constitui paráfrase do segmento abaixo:

O abolicionismo, que logrou pôr fim à escravidão nas Antilhas Britânicas, teve peso ponderável na política antinegreira dos governos britânicos durante a primeira metade do século passado. Mas tiveram peso também os interesses capitalistas, comerciais e industriais, que desejavam expandir o mercado ultramarino, de produtos industriais e viam na inevitável miséria do trabalhador escravo um obstáculo para este desiderato.

(Paul Singer, *A formação da classe operária*, São Paulo, Atual, 1988, p. 44)

a) Na primeira metade do século passado, a despeito da forte pressão do mercado ultramarino em criar consumidores potenciais para seus produtos industriais, foi o movimento abolicionista o motor que pôs cobro à miséria do trabalhador escravo.
b) A política antinegreira da Grã-Bretanha na primeira metade do século passado foi fortemente influenciada não só pelo ideário abolicionista como também pela pressão das necessidades comerciais e industriais emergentes.
c) Os interesses capitalistas que buscavam ampliar o mercado para seus produtos industriais tiveram peso considerável na formulação da política antinegreira inglesa, mas teve-o também a consciência liberal antiescravista.
d) Teve peso considerável na política antinegreira britânica o abolicionismo. Mas as forças de mercado tiveram também peso, pois precisavam dispor de consumidores para seus produtos.
e) Ocorreu uma combinação de idealismo e interesses materiais, na primeira metade do século XIX, na formulação da política britânica de oposição à escravidão negreira.

27. A linguagem do texto é predominantemente denotativa, empregando-se as palavras em sentido próprio, na alternativa:

a) Editores, escritores, professores e alunos têm opiniões divididas. A maioria, no entanto, concorda: o acordo é inoportuno e, não raro, contraditório.
b) O brasileiro gosta muito de ignorar as próprias virtudes e exaltar as próprias deficiências, numa inversão do chamado ufanismo. Sim, amigos, somos uns Narcisos às avessas, que cospem na própria imagem.
c) Poluído por denúncias de corrupção, (...) Luiz Antonio de Medeiros é considerado fósforo riscado.
d) Incumbidos de animar a explosão hormonal da juventude uberabense, Zezé Di Camargo e Luciano levaram 30 mil reais por sua apresentação.
e) Levou o nome de "fúria legiferante" o período entre 1964 e 1967, que cimentou com profusão de leis o edifício institucional da nova ordem econômica.

28. Assinale o item incorreto em relação ao texto.

Não faz muito tempo assim, um deputado-cartola disse para quem quisesse ouvir que quando vendeu um craque para o La Coruña, da Espanha, ele teve um trabalhão para depositar numa conta na Suíça parte do dinheiro devido ao jogador, como havia sido combinado. Comunicou o fato a telespectadores de uma mesa-redonda com a mesma tranquilidade com que sonegou a informação à Receita. Quem tem dinheiro, poder, notoriedade ou um bom advogado não costuma passar por grandes apertos. No retrato da nossa pátria-mãe tão distraída, jogadores de futebol são os adventícios que chegam aos andares de cima da torre social, como recompensa por um talento excepcional, o que convenhamos, é mérito raro. Mas isso não lhes confere isenções fiscais.

Se o Leão ficar arisco para repentinos sinais exteriores de riqueza, vai empanturrar-se de banquetes fora dos gramados.

(Flávio Pinheiro, Veja, 27 de agosto de 1997, com adaptações)

a) A expressão "andares de cima da torre social" está sendo utilizada em sentido figurado ou metafórico.
b) Uma paráfrase correta para o último período do texto seria: "Se a Receita Federal fiscalizar rigorosamente aqueles que mostram sinais de enriquecimento súbito, vai aumentar sua arrecadação em outras áreas que não apenas o futebol".
c) A palavra "adventícios" significa, no texto, "perseverantes, obstinados, místicos."
d) O uso do "se" em "Se o Leão ficar arisco" estabelece uma relação sintática de condição.
e) O uso do "se" em "empanturrar-se" tem função reflexiva.

29. Indique o único segmento que serve como argumento contrário à defesa da manutenção do ensino superior gratuito no Brasil.

a) Há um princípio de justiça social segundo o qual o pagamento por bens e serviços deve ser feito desigualmente, conforme as desigualdades de ganho.
b) A Europa considera investimento a formação de quadros de nível superior.
c) Nos EUA, a maior parte do orçamento das melhores universidades é composta por doações, convênios com empresas ou órgãos federais, fundos privados, cursos de atualização profissional.
d) Nos EUA, o montante arrecadado pelas universidades de seus estudantes, a título de taxas escolares, não chega ao percentual de 20% de seu orçamento global.
e) No Brasil, país com renda *per capita* de aproximadamente US$ 2 mil, uma taxa escolar de US$ 13 mil/ano por aluno, conforme estimativa do Banco Mundial, é quantia astronômica.

30. Indique o único item que serve como argumento favorável à defesa da legalização da pena de morte no Brasil.

a) A incapacidade de um ser humano julgar o outro com a isenção de ânimo.
b) O sistema carcerário encontra-se privado das condições necessárias capazes de promover a reabilitação para a plena convivência social.
c) A irreparabilidade do erro jurídico.
d) O sensacionalismo da mídia ao expor o sentimento dos familiares e amigos do réu diante da consumação da pena.
e) Os estados americanos que legalizaram a pena de morte apresentaram um recrudescimento no número de crimes violentos.

31. A revista *Veja* (27.09.1989, p. 5) entrevistou um endocrinologista e sobre ele afirmou:

"... acostumou-se a tratar todo tipo de moléstia metabólica, desde disfunções hormonais até o diabetes, sem jamais ter perfilado entre aqueles que consideram um grama um peso na consciência".

Marque a declaração desse médico que segue a mesma direção argumentativa do texto destacado.

a) "Mas a culpa da manipulação também é do próprio obeso, que quer resolver seus problemas através de fórmulas instantâneas."
b) "O gordo é explorado por uma indústria que reúne médicos, indústrias farmacêuticas, institutos de beleza e autores de livros sobre dietas."

c) "Os carboidratos têm a vantagem de ser uma alternativa mais saudável na dieta que as gorduras e as proteínas".
d) "A neurose das dietas está transformando em pecado o prazer de comer uma refeição saborosa".
e) "Essa história de ter de comer em determinados horários quando se faz dieta é bastante questionável. Teoricamente, o ideal é que a pessoa coma várias vezes ao dia".

Leia o seguinte texto para responder às questões de número 32 a 34.

A natureza sempre foi a grande inspiradora da nossa poesia. Desde Bento Teixeira Pinto, no alvorecer da nacionalidade, até os árcades, no século XVII, os românticos, os parnasianos e os simbolistas, no século XIX, aos poetas contemporâneos, não é difícil perceber essa influência predominante. Não possuímos, como os gregos antigos, os latinos e os franceses da Idade Média, o calor, a imaginação atrevida, a grandiloquência e o sopro heroico imprescindível à musa épica. Preferimos à epopeia cantada a epopeia realizada. Quem, até agora, cantou a conquista da floresta amazônica pelo cearense, a imensidão silenciosa dos sertões, as lutas contra os usurpadores estrangeiros, o episódio formidável das bandeiras? Bilac, por exemplo, no Caçador de Esmeraldas, tão formoso e comovido, deu-nos apenas um fragmento da aventura sem par dos bandeirantes. Seu poemeto admirável não traduz inteiramente nem as condições mesológicas do cenário, nem a totalidade da ação moral dos homens que empreenderam o milagre do desbravamento do solo brasileiro.

É certo que, aos seus versos sobram sentimento e paixão, mas falta-lhes justamente a visão panorâmica, a largueza cíclica exigida pelo motivo. Bilac apreciou apenas uma face do heroísmo: a tenacidade ambiciosa. Viu unicamente um aspecto do ambiente: o pitoresco, a fantasia graciosa e delicada do meio físico. Sua poesia mostra-se aí principalmente descritiva. À semelhança de Bilac, todos os nossos poetas épicos desde Santa Rita Durão e Basílio da Gama até Magalhães e Porto Alegre, foram, sobretudo, descritivos. O Caramuru e o Uraguai revelam, antes do mais, o propósito de pintar, ou simplesmente enumerar as excelências da nossa terra, a sua exuberância, a sua opulência, a sua formosura. As batalhas, os recontros, os episódios gloriosos que ali são narrados, têm a natureza rápida, a instantaneidade passageira das guerrilhas, das emboscadas súbitas, dos assaltos inopinados. Vê-se que o interesse primordial dos autores estava mais na pura representação das coisas que nos estudos dos caracteres. O heroísmo desaparecia ante a maravilha dos painéis pintados. As florestas, as cachoeiras, os rios e as montanhas dominavam com as suas mil vozes misteriosas e as suas massas brutais a frágil criatura humana. Eis porque, até hoje, não temos propriamente um poema épico, senão alguns cantos heroicos, repassados de um sopro contínuo de lirismo, muito peculiar à nossa psique, e onde está, realmente, a nossa verdadeira índole poética.

(Ronald de Carvalho. In: *O Espelho de Ariel*, p. 227-228)

32. As seguintes teses são apresentadas no texto, exceto:
a) A literatura greco-romana e a literatura francesa medieval caracterizam-se pela presença de poesia épica.
b) A reação às invasões estrangeiras não é tema frequente na poesia nacional.
c) Os feitos heroicos brasileiros não estão devidamente registrados em obras literárias.
d) A descrição de belezas naturais é privilegiada na literatura brasileira.
e) Na descrição literária dos episódios históricos de heroísmo e bravura predomina a análise dos sentimentos humanos.

33. Se substituirmos a palavra destacada pela palavra entre parênteses não alteramos o sentido dos enunciados exceto em:
a) Seu poemeto admirável não traduz inteiramente nem as condições mesológicas do cenário, nem a totalidade da ação moral dos homens (ecológicas).
b) As batalhas, os recontros, os episódios gloriosos que ali são narrados, têm a natureza rápida (reencontros).
c) Quem até agora cantou o episódio formidável das bandeiras? (magnífico).

d) As batalhas têm a natureza rápida, a instantaneidade passageira das guerrilhas, das emboscadas súbitas, dos assaltos inopinados (imprevistos).
e) Desde Bento Teixeira Pinto, no alvorecer da nacionalidade, até os poetas contemporâneos percebe-se essa influência (albor).

34. As palavras que compõem cada um dos pares estão relacionadas entre si morfológica ou semanticamente, exceto no caso de:
a) índole — indolência.
b) ação — ativo.
c) paixão — passional.
d) amazônica — hileia.
e) primordial — primeiro.

35. Marque o item que apresenta uma ilustração confirmatória da tese postulada no seguinte texto:
Pode-se afirmar que a distribuição injusta de bens culturais, principalmente das formas valorizadas de falar, é paralela à distribuição iníqua de bens materiais e de oportunidades.

(S. M. Bortoni)

a) Prova disso são os modernos "shopping centers", cujo espaço foi arquitetonicamente projetado para permitir a convivência harmoniosa da empregada e da "madame", do porteiro e do ministro, enfim, de ricos e pobres.
b) Temos na diversidade dos programas de televisão um exemplo de que diferença outrora marcante entre cultura de elite e cultura popular hoje está reduzida a uma mera questão de grau.
c) A iniquidade na distribuição de bens culturais no Brasil encontra demonstração inequívoca na oposição que ainda hodiernamente se faz entre casa-grande e senzala.
d) Demonstra este fato o esforço que fazem dirigentes políticos e sindicais provenientes das camadas baixas da sociedade para dominar a variedade padrão da língua portuguesa.
e) Os chamados "meninos de rua", menores abandonados e meninas prostituídas testemunham, no Brasil da modernidade, a falência das elites em dividir o bolo da economia.

36. Indique a alternativa que interpreta corretamente o trecho transcrito abaixo:
... esta minha a que chamam prolixidade, bem fora estaria de merecer os desprezilhos, que nesse vocábulo me torcem o nariz. A mais copiosa das orações não é, ainda assim, difusa, quando o assunto não comportara menos dilatado tratamento. Não haverá prolixidade, em não havendo sobejidão; e o discurso não entra a cair no vício de sobejo senão quando excede a medida à matéria do seu tema. Só principia a superabundância, onde se começa a descobrir a superfluidade.

(Ruy Barbosa)

a) No trecho, Ruy Barbosa rebate as críticas dos que lhe impõem a pecha de orador sobejo em superficialidade.
b) Ruy Barbosa desdenha dos vocábulos desprezíveis por fazerem eles o discurso cair no vício de sobejo.
c) A caracterização de um discurso prolixo, para Ruy, deve considerar a largueza do assunto a ser tratado.
d) Depreende-se do trecho que a medida da prolixidade é inversamente proporcional à medida da sobejidão.
e) O conceito de prolixidade, em Ruy Barbosa, incorpora as noções de complexidade temática e seletiva do auditório.

37. Marque a única sequência que, ao completar o trecho abaixo, atenda às exigências de coerência, adequação semântica e formulação de argumentos.
O uso que se faz das madeiras nobres é outra prova de insensatez, agravando o desmatamento indiscriminado, em si mesmo uma aberração. Ocorre que, na ânsia de promover o aumento da nossa receita cambial,

a) os empresários do setor madeireiro alinham-se aos ecologistas contra a extinção das madeiras nobres.
b) deixa-se de exportar essa madeira, para usá-la na indústria de marcenaria nacional.
c) dificulta-se a exportação justamente para os países que mais remuneram essa madeira.
d) a indústria tem preferido desenvolver os projetos que exigem grande consumo de madeiras nobres.
e) facilita-se a exportação dessa madeira, em toras, o que é desvantajoso financeiramente, em relação à madeira elaborada.

Leia o texto abaixo para responder às questões 38 e 39.

Um dos mais respeitados colégios particulares da cidade de São Paulo está fechando suas portas por causa da briga crônica entre pais de alunos e donos de escolas em torno das mensalidades escolares.

(*Veja*, 27.09.1989, p. 114)

38. **Assinale a alternativa que contém uma consequência do fato relatado.**
   a) Duas escolas se prontificaram a admitir os alunos da escola extinta. Uma delas está contratando boa parte de seu corpo docente.
   b) A interferência do governo na fixação dos índices de reajuste das mensalidades escolares é consequência do "lobby" bem-sucedido dos proprietários de escolas privadas junto ao MEC.
   c) O triste desfecho desse fato é emblemático da situação da educação brasileira.
   d) Dois meses depois que o governo federal liberou os preços das mensalidades escolares, a Justiça de São Paulo decidiu que os reajustes voltam a ser controlados, não podendo exceder os índices mensais de inflação.
   e) O Sindicato dos Professores de São Paulo realizou um levantamento segundo o qual esta é a escola que melhor remunera os professores.

39. **Assinale o trecho que constitui uma premissa do fato relatado.**
   a) As escolas que pagam salários baixos a seus professores e funcionários são as que mais dão lucros.
   b) Para manter a qualidade do ensino requerida pela sociedade, as escolas privadas estão incrementando convênios com empresas e indústrias.
   c) O ensino privado custa caro e tende a ficar mais caro com as necessidades tecnológicas impostas a cada dia pela moderna educação.
   d) No vácuo criado pela ausência do Estado no ensino secundário proliferaram as escolas privadas.
   e) Como decorrência do crescimento populacional urbano, existe hoje, nas grandes metrópoles, um grande déficit de salas de aula.

40. **Indique o item em que o par de sentenças NÃO apresenta o mesmo sentido.**
   a) O despreparo do aluno, principalmente na parte de emissão de mensagens escritas, fez com que as autoridades educacionais decretassem a inclusão da redação no vestibular.
      As autoridades educacionais instituíram nos exames vestibulares a prova de redação devido à falta de preparo do aluno mormente no tocante à produção escrita.
   b) Quem diz cópia pensa nalgum original, que tem a precedência, está noutra parte, e do qual a primeira é o reflexo inferior.
      Falar em cópia implica tomar algo como primeiro, que antecede, que está alhures, cujo original é o reflexo inferior.
   c) As estórias "abertas", isto é, incompletas ou com um final a escolher, têm a forma do problema fantástico: a partir de certos dados, decide-se sobre sua combinação resolutiva.
      As estórias que não apresentam o fechamento de um fim explícito, ou que trazem várias possibilidades de finalização, têm a forma do problema fantástico, no qual se chega à resolução pela combinação de certos dados.
   d) Inventar estórias com os brinquedos é quase natural, é uma coisa que vem por si nas brincadeiras com as crianças: a estória não é senão um prolongamento, um desenvolvimento, uma alegre explosão do brinquedo.

Quando brincam, é comum, quase natural, as crianças inventarem estórias com os brinquedos — a estória passa a ser uma extensão, um prolongamento, um alegre transbordar do brinquedo.

Leia o seguinte texto para responder às questões 41 e 42.

Com a exaltação de D. João III ao trono de Portugal se tornou claro o decréscimo dos rendimentos provindos do Brasil. Os primeiros contratos para o aproveitamento exclusivo de certos gêneros, depois a navegação facultada a quem satisfizesse a determinados direitos, finalmente as feitorias para guardar mercadorias ultramarinas ou recolher as da terra adquiridas pelos feitores no intervalo de uma a outra viagem, deram vantagem ao reinado anterior só na falta de concorrentes estrangeiros. A concorrência surgiu agora por força do pau-brasil.

Ao contrário da generalidade de nossos vegetais, salteadamente distribuídos, o pau-brasil avultava em matos mais ou menos grossos, da Paraíba ao Rio Real, no Cabo Frio e em suas cercanias, à beira-mar ou logo adiante, permitindo fornecimentos fartos de matéria já conhecida e empregada em várias indústrias europeias, e transporte cômodo para os portos de embarque.

Quase simultaneamente foram tais paragens reconhecidas pelos portugueses e pelos franceses. Estes, de espírito mais aberto, inteligência mais ágil, gênio mais alegre, trato mais agradável, aprenderam a língua, acataram, alguns até adotaram, os costumes, captaram as simpatias dos indígenas, isto é, dos produtores, e pouco a pouco foram preponderando. Ao escambo da madeira vermelha juntaram outros. A nau La Pélerine levava uma carga de mais de sessenta mil ducados em pau-brasil, algodão, pimenta, papagaios, peles e óleos medicinais quando foi tomada em frente a Málaga.

O comércio francês violava os privilégios conferidos por muitas bulas, e reconhecidos pelo pacto de Tordesilhas; minava os alicerces da singular política colonial portuguesa, ufana de transformar Lisboa em escala forçada, feira universal e única, desdenhosa do destino ulterior das drogas, confiado a nações subalternas. Livres de transbordos e alcavalas chegavam os produtos mais baratos aos consumidores imediatos.

(Capistrano de Abreu, capítulos de *História Colonial*)

41. As seguintes teses estão baseadas no texto, exceto:
a) A política portuguesa de exploração da colônia anterior ao reinado de D. João III tornou-se ineficiente diante da concorrência estrangeira.
b) O comércio francês, por não reduzir-se apenas ao pau-brasil, resultava em aumento do preço das mercadorias, conforme comprovou a apreensão da nau La Pélerine.
c) As áreas produtoras de pau-brasil não distavam muito da costa.
d) Os franceses, não obstante seu melhor entrosamento com os indígenas, não se anteciparam aos portugueses na identificação de áreas produtoras de pau-brasil.
e) A Portugal não interessava o destino das mercadorias depois de chegadas a Lisboa.

42. Se substituirmos a palavra destacada pela palavra entre parênteses não alteramos o sentido dos enunciados, exceto em:
a) Com a exaltação de D. João III **ao trono** de Portugal se tornou claro o decréscimo nos rendimentos provindos do Brasil (entronização).
b) A navegação **facultada** a quem satisfizesse a determinados direitos deu vantagens ao reinado anterior (permitida).
c) O pau-brasil **avultava** em matos mais ou menos grossos (sobressaía).
d) Livres de transbordos e **alcavalas** chegavam os produtos mais baratos aos consumidores imediatos (impostos).
e) O comércio francês **violava** os privilégios conferidos por muitas bulas e reconhecidos pelo pacto de Tordesilhas (infringia).

43. Assinale o item que apresenta argumento enfraquecedor da tese seguinte.

É preciso reconhecer que o imperialismo representou sem dúvida um grande estímulo para a vida econômica do País. Entrosando-a num sistema internacional altamente desenvolvido, como é o do capitalismo contemporâneo, realizou necessariamente nela muitos dos seus progressos.

(Caio Prado Júnior)

a) O aparelhamento moderno de base com que contaria a economia brasileira até vésperas da II Grande Guerra foi quase todo ele fruto do capital financeiro internacional.
b) A contribuição internacional veio no sentido de dotar o País de estradas de ferro, portos modernos, serviços urbanos, grandes indústrias, que não teria sido possível instalar apenas com os recursos nacionais.
c) A inversão de capital estrangeiro provoca alívio momentâneo sem aumentar a capacidade real do País para cobrir débitos e cumprir obrigações decorrentes do afluxo de recursos internacionais.
d) Com a contribuição material vieram o espírito de iniciativa, os padrões de qualidade, o exemplo e a técnica de países altamente desenvolvidos.
e) O ritmo acelerado da vida econômica brasileira, que está, qualitativamente, próximo ao nível do mundo moderno, é, em grande parte, reflexo da ação imperialista.

44. Identifique a letra que contém a introdução apropriada para integrar o trecho abaixo.

Mesmo tão diminutas, são as responsáveis pelas reações químicas que ocorrem nos seres vivos, dos vegetais e micro-organismos ao homem. São as enzimas.

a) Elas medem pouco menos de um milésimo de milímetro e estão presentes, aos milhares, em todas as células.
b) Uma enzima é uma molécula de proteína, formada por uma sequência de aminoácidos.
c) Não se tem notícia de outro ingrediente envolvido em tantos processos industriais e de tão grande potencial para novas aplicações.
d) Elas só foram descobertas no século passado. Até então, a transformação química de substâncias orgânicas que resultava em bebidas e pão, por exemplo, era mal compreendida.
e) Cada célula possui milhares de moléculas de enzimas, cada uma exercendo sua função catalisadora sobre uma substância específica chamada de substrato.

45. Marque, entre as opções propostas, aquela que não contém, ainda que parcialmente, as mesmas ideias expressas no trecho abaixo:

A reificação do escravo produzia-se objetiva e subjetivamente. Por um lado, tornava-se uma peça cuja necessidade social era criada e regulada pelo mecanismo econômico de produção. Por outro lado, o escravo autorrepresentava-se e era representado pelos homens livres como um ser incapaz de ação autonômica.

(Fernando Henrique Cardoso)

a) Do ponto de vista jurídico é óbvio que, no sul como no resto do país, o escravo era uma coisa, sujeita ao poder e à propriedade de outrem...
b) ... o escravo não encontra a condição de pessoa humana objetivada no respeito e nas expectativas formadas em torno de si pelos homens livres, pelos senhores.
c) A liberdade desejada e impossível apresentava-se pois como mera necessidade subjetiva de afirmação, que não encontrava condições para realizar-se concretamente.
d) ... o escravo se apresentava, enquanto ser humano tornado coisa, como alguém que, embora fosse capaz de empreender ações com "sentido", pois eram ações humanas, exprimia, na própria consciência e nos atos que praticava, orientações e significações sociais impostas pelos senhores.
e) ... a consciência do escravo apenas registrava e espelhava, passivamente, os significados sociais que lhe eram impostos.

46. Leia com atenção o segmento abaixo para responder à questão.

As relações dos cidadãos com os dirigentes se pautaram, ao longo dos séculos, pelo assistencialismo e a subserviência. Os indivíduos nunca participaram de nada. E isso faz com que nosso espírito de mobilização seja mínimo e o de organização, caótico. Mais difícil mesmo que reunir as pessoas é conseguir ordenar, sistematizar a sua participação. A verborragia dissipa a capacidade de ação. E é crítica a nossa capacidade crítica; não fomos formados para a análise desapaixonada de fatos ou situações; por isso mesmo, nossas opiniões são tão fluidas e nossas posições tão personalistas.

(Brasil: meio milênio, de Roberto B. Piscitelli. In: *Humanidade*, n. 15.87/88)

Marque o item que não completa corretamente a sentença abaixo, de acordo com o que se depreende do trecho lido.

A dificuldade de arregimentação e de organização participativa dos cidadãos deve-se ao fato de,

  a) nas reuniões, as pessoas falarem muitas coisas sem relevância para o que se está discutindo.
  b) ao longo dos séculos, o povo ter sido excluído das decisões dos dirigentes.
  c) no momento da ação, à vontade dos indivíduos sobrepor-se o interesse coletivo.
  d) historicamente, a classe dirigente ter-se colocado como provedora dos seus subordinados.
  e) a eles, faltar a capacidade de análise crítica e objetiva.

Leia o seguinte texto adaptado da *Folha de S.Paulo*, de 24.04.1994, para responder às questões 47 e 48.

A arte brasileira dos anos 60 começa com um movimento aparentemente conservador, a volta à figura depois do domínio dos abstratos na década de 50. Mas estava ali a senha para uma revolução. A pop arte não incorpora só os símbolos do consumo, tirados das propagandas, dos quadrinhos e das placas de trânsito. Tenta incorporar os objetos do mundo. E o mundo não se reduz a quadros, esculturas e gravuras — suportes tradicionais da arte.

47. Assinale o trecho que corresponde a uma conclusão coerente com a ideia central do texto.
  a) Além disso, a reação à arte abstrata busca pintar imagens do inconsciente.
  b) Assim, a arte brasileira dos anos 60 termina com a instalação da "Tropicália".
  c) Dessa maneira, participação é a palavra-chave para se entender a pop arte.
  d) Enfim, a revolução da linguagem artística dessa década não é nem conservadora nem inovadora.
  e) Começa, a partir daí, uma explosão de nova linguagem das artes.

48. Entre as seguintes afirmações de causa e consequência, assinale a única que não corresponde às ideias do texto.
  a) A arte brasileira dos anos 60 começa com um movimento aparentemente conservador porque volta à figura depois do domínio dos abstratos.
  b) A pop arte faz uso de símbolos do consumo, tirados das propagandas, dos quadrinhos e das placas de trânsito, porque tenta incorporar os objetos do mundo.
  c) Na arte brasileira que dominou os anos 60 estava a senha para uma revolução porque os objetos do mundo passaram a ser encarados como objetos de arte.
  d) A arte brasileira dos anos 60 não é um movimento conservador porque a volta à figura foi a senha para uma revolução na linguagem artística.
  e) O mundo não se reduz a quadros, esculturas e gravuras porque o movimento dos anos 60, a pop arte, os utiliza como suporte tradicional.

49. Leia o trecho abaixo e responda à questão.

A história da mulher no Brasil, tal como a das mulheres em vários outros países, ainda está por ser escrita. Os estudiosos têm dado muito pouca atenção à mulher nas diversas regiões do mundo, o que inclui a América Latina. Os estudos disponíveis sobre a mulher brasileira são quase todos meros registros de impressões, mais do que de fatos, autos de fé quanto à natureza das mulheres ou rápidas biografias de brasileiras notáveis, mais reveladoras sobre os preconceitos e a orientação dos autores do que sobre as mulheres propriamente ditas. As mudanças ocorridas no século XX reforçam a necessidade de uma perspectiva e de uma compreensão históricas do papel, da condição e das atividades da mulher no Brasil.

(June Hahner)

Assinale a afirmação correta em relação ao texto lido.
  a) A necessidade de uma perspectiva e de uma compreensão históricas do papel, da condição e das atividades da mulher reforçam as mudanças ocorridas no século XX.

b) O século XX dará à mulher o lugar de destaque que ela merece, não só à mulher brasileira, mas também às mulheres de outras partes do mundo.
c) Quanto à inexistência de um estudo histórico sobre seu papel na sociedade, a mulher brasileira assemelha-se à de várias partes do mundo.
d) Excetuando-se as rápidas biografias de brasileiras famosas, as demais obras sobre a mulher no Brasil estão impregnadas de juízos prévios que as tornam de discutível valor.
e) As próprias modificações de nosso século reforçam a necessidade de que se escreva uma verdadeira história da mulher no Brasil, eliminando-se o vácuo existente nesse campo e fazendo com que o país, nesse aspecto, supere todos os estudos que os outros povos já fizeram.

50. Leia o trecho abaixo para responder a esta questão.
O mais difícil Osíris conseguiu. Acordou uma parte da sociedade para o desmanche de um argumento segundo o qual é razoável que uma pessoa sonegue impostos, visto que o governo é um mau administrador. Se essa lorota fosse sincera, as pessoas doariam o dinheiro sonegado para as obras de Madre Teresa de Calcutá. Como o embolsam, felizmente apareceu um servidor público correndo-lhes atrás.

(*Veja*, 26.01.1994, p. 81)

O entendimento correto para o fato conseguido pelo Secretário da Receita Federal, Osíris Lopes Filho, é:
a) Despertou um segmento da sociedade para a desmontagem da lorota de que a sonegação de impostos é prática consentânea à má administração governamental dos recursos oriundos do contribuinte.
b) Convenceu grande parcela dos brasileiros acerca da razoabilidade da sonegação de impostos, desde que esses valores fossem doados a obras de caridade reconhecidamente filantrópicas, como as de Madre Teresa de Calcutá.
c) Fez com que parte significativa dos sonegadores acordasse para a veracidade da lorota de que a sonegação pode ser corolária da má aplicação dos recursos públicos, visto ser o governo um mau administrador.
d) Alertou grande parte da sociedade para a ilação falaciosa segundo o qual o perdão da dívida está em relação diretamente proporcional às doações a obras filantrópicas.
e) Mudou a visão da sociedade brasileira para referendar o silogismo da permissividade da sonegação, desde que condicionada à doação do montante sonegado para as obras de Madre Teresa de Calcutá.

Texto para as questões 51 e 52.
Um desafio cotidiano
Recentemente me pediram para discutir os desafios políticos que o Brasil tem pela frente. Minha primeira dúvida foi se eles seriam diferentes dos de ontem. Os problemas talvez sejam os mesmos, o país é que mudou e reúne hoje mais condições para enfrentá-los que no passado. A síntese de minhas conclusões é que precisamos prosseguir no processo de democratização do país.
Kant dizia que a busca do conhecimento não tem fim. Na prática, democracia, como um ponto final que uma vez atingido nos deixa satisfeitos e por isso decretamos o fim da política, não existe. Existe é democratização, o avanço rumo a um regime cada vez mais inclusivo, mais representativo, mais justo e mais legítimo. E quais as condições objetivas para tornar sustentável esse movimento de democratização crescente?
Embora exista forte correlação entre desenvolvimento e democracia, as condições gerais para sua sustentação vão além dela. O grau de legitimidade histórica, de mobilidade social, o tipo de conflitos existentes na sociedade, a capacidade institucional para incorporar gradualmente as forças emergentes e o desempenho efetivo dos governos são elementos cruciais na sustentação da democratização no longo prazo.
Nossa democracia emergente não tem legitimidade histórica. Esse requisito nos falta e só o alcançaremos no decorrer do processo de aprofundamento da democracia, que também é de legitimação dela.

Uma parte importante desse processo tem a ver com as relações rotineiras entre o poder público e os cidadãos. Qualquer flagrante da rotina desse relacionamento arrisca capturar cenas explícitas de desrespeito a pequenas ou grandes tiranias. As regras dessa relação não estão claras. Não existem mecanismos acessíveis de reclamação e desagravo.

(Sérgio Abranches, *Veja*, 23.08.2000, com adaptações)

51. Com relação às ideias do texto, julgue cada um dos seguintes itens como certo ou errado.
a) O autor considera que o modelo de democracia do Brasil não resolverá os problemas políticos do país.
b) Um regime democrático caracteriza-se pela existência de um processo contínuo de busca pela legitimidade, justiça, representatividade e inclusão.
c) Democracia é uma das condições de sustentação do desenvolvimento, mas não a única.
d) Enquanto não houver mecanismos acessíveis de reclamação e desagravo, as relações entre poder público e cidadãos não serão regidas por meio de regras claras.
e) De acordo com o desenvolvimento da argumentação, o pedido estabelecido no primeiro período do texto, e que deu origem ao ensaio, não pode ser atendido, razão pela qual o texto não é conclusivo.

52. Julgue cada um dos itens a seguir como certo ou errado, a respeito das relações de sentido estabelecidas no texto.
a) A decretação do "fim da política" traria, como consequência, a satisfação dos praticantes da democracia — representantes e representados.
b) A ideia de "democracia" está para um produto acabado assim como "democratização" está para um processo.
c) Relações entre poder público e cidadãos incluem-se no processo de aprofundamento e legitimação da democracia.
d) Cenas explícitas de desrespeito aos cidadãos têm como causa imediata a emergência de nossa democracia histórica.
e) Não havendo busca do conhecimento como sustentação histórica, não há democracia e, consequentemente, não há política.

Texto para as questões 53 e 54.
A Revolução Industrial provocou a dissociação entre dois pensamentos: o científico e tecnológico e o humanista. A partir do século XIX, a liberdade do homem começa a ser identificada com a eficiência em dominar e transformar a natureza em bens e serviços. O conceito de liberdade começa a ser sinônimo de consumo. Perde importância a prática das artes e consolidam-se a ciência e a tecnologia. Relega-se a preocupação ética. A procura da liberdade social se faz sem considerar-se sua distribuição. A militância política passa a ser tolerada, mas como opção pessoal de cada um.

Essa ruptura teve o importante papel de contribuir para a revolução do conhecimento científico e tecnológico. A sociedade humana se transformou, com a eficiência técnica e a consequente redução do tempo social necessário à produção dos bens de sobrevivência.

O privilégio da eficiência na dominação da natureza gerou, contudo, as distorções hoje conhecidas: em vez de usar o tempo livre para a prática da liberdade, o homem reorganizou seu projeto e refez seu objetivo no sentido de ampliar o consumo. O avanço técnico e científico, de instrumento da liberdade, adquiriu autonomia e passou a determinar uma estrutura social opressiva, que servisse ao avanço técnico e científico. A liberdade identificou-se com a ideia de consumo. Os meios de produção, que surgiram no avanço técnico, visam ampliar o nível dos meios de produção.

Graças a essa especialização e priorização, foi possível obter-se o elevado nível do potencial de liberdade que o final do século XX oferece à humanidade. O sistema capitalista permitiu que o homem atingisse as vésperas da liberdade em relação ao trabalho alienado, às doenças e à escassez. Mas não consegue permitir que o potencial criado pela ciência e tecnologia seja usado com a eficiência desejada.

(Cristovam Buarque, *Na fronteira do futuro*. Brasília: UnB, 1989, p. 13, com adaptações)

53. Julgue os itens abaixo como certos ou errados, relativos às ideias do texto.
   a) O conceito de "liberdade" é tomado como sinônimo de consumo e de eficiência no domínio e na transformação da natureza em bens e serviços.
   b) O autor sugere que o sistema capitalista apresenta a seguinte correlação: quanto mais tempo livre, mais consumo, mais lazer e menos opressão.
   c) Depreende-se do primeiro parágrafo que a ética foi abolida a partir do século XIX.
   d) No segundo parágrafo, a expressão "Essa ruptura" retoma e resume a ideia central do parágrafo anterior.
   e) O emprego da expressão "as vésperas da liberdade" sugere que a humanidade ainda não atingiu a liberdade desejada.

54. Quanto à organização do texto, julgue os itens a seguir como certos ou errados.
   a) A argumentação do texto estrutura-se em três eixos principais: ciência e tecnologia, busca da liberdade e militância política.
   b) A tese para esse texto argumentativo pode assim ser resumida: nem todo "potencial de liberdade" gera liberdade com a eficiência desejada.
   c) Para organizar o texto, predominantemente argumentativo, o autor recorre a ilustrações temáticas e trechos descritivos sobre condições das sociedades.
   d) A ideia de melhor aproveitamento do tempo como resultado da eficiência técnica é um argumento utilizado para provar a necessidade de lazer e descanso dos homens.
   e) O fragmento a seguir, caso fosse utilizado como continuidade do texto, manteria a coerência da argumentação: Existe, assim, uma ambiguidade entre a ampliação dos horizontes da liberdade e os resultados, de fato, alcançados pelo homem.

Leia o texto a seguir para responder à questão 55.
Um aspecto crucial para o bom funcionamento do sistema tributário é a importância estratégica da administração tributária. A efetividade e a eficácia do sistema tributário dependem da administração tributária, que desempenha um papel, fundamental e imprescindível, de instrumento de garantia da aplicação efetiva da legislação. Grande parte dos problemas do sistema brasileiro não poderá ser resolvida exclusivamente no plano da legislação. Há uma relação importante entre a fragilidade dos órgãos da administração e determinadas deficiências do sistema tributário nacional. Com uma administração tributária desprovida de recursos materiais e humanos, numa economia complexa e de proporções continentais como a brasileira, o sistema tributário, por mais concebido que possa ser sob o ponto de vista da legislação, deixará fatalmente a desejar em termos de qualidade, eficácia e justiça fiscal.
(<www.unafisco.org.br>)

55. Julgue as assertivas abaixo como certas ou erradas:
   I. Portanto, é fundamental o fortalecimento da máquina fiscal, que torna a administração tributária mais efetiva.
   II. Diante dessa evidência, hoje há um consenso quanto ao prescindível papel que desempenha o fortalecimento da administração tributária como efetivo instrumento de garantia da eficácia de todo o Sistema Tributário.
   III. Para que a administração tributária seja fortalecida e efetiva são também fundamentais o cumprimento voluntário das obrigações tributárias e a percepção do risco de sonegar por parte do contribuinte.
   IV. Embora a máquina fiscal não se mostre capaz de recuperar as obrigações tributárias descumpridas, então resta comprometida a eficácia de todo o sistema.
   V. Em última análise, é uma fiscalização fortalecida que vai definir o limite da efetividade da administração tributária, e, por consequência, do Sistema Tributário.

A quantidade de itens corretos é
a) 1
b) 2
c) 3
d) 4
e) 5

56. Assinale a opção que está de acordo com as ideias do texto.

O principal problema brasileiro, que consiste na retomada da confiança para possibilitar o crescimento, só terá solução possível a partir do momento em que houver um quadro favorável a uma redução substancial dos juros básicos da economia. Para isso, as reformas tributária e previdenciária são precondições estratégicas.

A tributária é fundamental para desonerar a indústria e elevar o poder aquisitivo dos salários, proporcionando escala e competitividade que ajudarão na substituição das importações e no crescimento consistente dos saldos positivos na balança comercial.

A previdenciária é imperiosa para construir um sistema autossustentável de seguridade social, que concomitantemente invista um grande volume de poupança em projetos produtivos de longo prazo.

(Emerson Kapaz, Para reverter o pessimismo. *Folha de S.Paulo*, 31.07.2002)

a) Os juros básicos da economia, se reduzidos, impulsionariam as reformas tributária e previdenciária.
b) Um sistema autossustentável de seguridade social traria as condições para que o crescimento permita a redução dos juros.
c) A retomada da confiança para possibilitar o crescimento contribui para promover a elevação dos salários.
d) Com a desoneração da indústria e com a elevação dos salários, há condições estratégicas para a reforma tributária e para investimentos em projetos produtivos de longo prazo.
e) As reformas tributária e previdenciária são o passo prévio para favorecer a redução dos juros básicos da economia, e, consequentemente, a retomada da confiança para que haja crescimento.

57. De acordo com as ideias do texto, julgue os itens abaixo para marcar, a seguir, a opção correta.

A produção, a socialização, o consumo e as práticas culturais incidem sobre usos diferenciais do espaço e espelham os ritmos desiguais que caracterizam não só as relações entre as classes, mas a dinâmica das gerações e dos grupos de idade, as relações entre os gêneros, os ciclos de vida no trabalho e no lazer. Enfim, conjunto intenso de relações que projetam em um só presente diversas temporalidades, a cidade pode se tornar, também, a expressão de conflitos multifacetados, capazes de oferecer novas possibilidades de apropriação do tecido urbano.

(Marília P. Sposito, *A sociabilidade juvenil e a rua:* novos conflitos e ação coletiva na cidade, com adaptações)

I. As relações entre as classes, a dinâmica das gerações e dos grupos de idade caracterizam-se por ritmos desiguais espelhados nos usos diferenciais do espaço.
II. A produção, a socialização, o consumo e as práticas culturais relacionam-se com os ciclos de vida no trabalho e no lazer tentando preservar as formas homogêneas dos espaços em que se distribuem.
III. O espaço urbano expressa conflitos multifacetados e abriga um conjunto intenso de relações, que, embora diferenciadas, projetam a influência de diversas temporalidades em um tempo presente.

a) Todos os itens estão corretos.
b) Apenas I e II estão corretos.
c) Apenas I e III estão corretos.
d) Apenas II e III estão corretos.
e) Nenhum item está correto.

Leia o texto a seguir para responder à questão 58.

No passado, para garantir o sucesso de um filho ou de uma filha, bastava conseguir que eles tirassem um diploma de curso superior. Uma vez formados, seriam automaticamente chamados de "doutor" e teriam um salário de classe média para o resto da vida. De uns anos para cá, essa fórmula não funciona mais. Quem pretende garantir o futuro dos filhos, além do curso superior, terá de lhes arrumar um capital inicial. Esse capital deverá ser suficiente para o investimento que gerará um emprego para seu filho.

Todo emprego requer investimentos prévios, algo óbvio mas esquecido por nossos políticos e governantes.

(Stephen Kanitz, *Veja*, 05.06.2002, com adaptações)

58. Marque a opção que não dá continuidade coerente ao texto.
a) Criar um emprego não é somente oferecer um salário e colocar o indivíduo para trabalhar. Muito antes de contratar um porteiro, é necessário construir uma guarita para alojá-lo.
b) Alguns dirão chocados: a que ponto chegamos, ter de comprar o próprio emprego! Mas no fundo sempre foi assim. Todos nós precisamos de um capital inicial para começar a trabalhar.
c) Se não forem os pais a investir no próprio filho, quem será? Quem comprará as máquinas, os equipamentos, o escritório, os computadores para que ele possa começar a trabalhar?
d) Americanos ganham oito vezes mais que brasileiros não porque trabalham oito vezes mais, mas porque investem muito mais em estoque, máquinas e equipamentos, aumentando brutalmente a produtividade de seus filhos.
e) Fica evidente que todos os investimentos prévios no combate à miséria devem propor um programa integrado de políticas sociais. Várias propostas apontam as fontes de recursos que, em geral, representam redirecionamentos de outros pagamentos.

O trecho abaixo serve de base às questões 59 e 60.

Questão velha, polêmica e controvertida, que constitui obstáculo à ação das autoridades administrativo-tributárias, mas que sempre viva e exacerbadamente atual, é a do "sigilo bancário", pois frente ao crédito tributário e ao Fisco, aquele como um bem público relevante e indisponível e este na busca de cumprir os objetivos a que se destina de aferir a real capacidade contributiva, arrecadar tributos, promover a igualdade e a justiça fiscal, colocam-se a preservação e a garantia dos direitos fundamentais invioláveis de privacidade e intimidade inerentes às pessoas dos contribuintes.

(Mary Elbe G. Q. Maia. A inexistência de sigilo bancário frente ao poder-dever de investigação das autoridades fiscais, *Tributação em Revista*, julho/setembro de 1999)

59. Assinale a opção que dá continuidade ao trecho, preservando a coerência, a coesão e a progressão das ideias.
a) No seu âmago, o que exsurge é a discussão acerca dos interesses públicos frente aos interesses privados e qual deles deverá prevalecer.
b) No cerne da questão, desponta a dicotomia entre um sistema fortemente estatal e o poder fiscalizador da sociedade organizada.
c) Em suma: trata-se de questionar até que ponto a quebra do sigilo bancário vai contribuir para revelar elisão fiscal e evasão de divisas.
d) Torna-se, assim, fundamental discutir sob o manto da ética a questão da inexistência de sigilo bancário em estados democráticos de direito.
e) A despeito disso, não basta conceder às autoridades fiscais o poder-dever de investigação, se não se lhes faculta o direito fundamental inviolável de privacidade.

60. Assinale a proposição nuclear do texto, aquela que contém a ideia-síntese em torno da qual se desenvolve sintática e semanticamente o parágrafo.
a) Questão velha, polêmica e controvertida é a do sigilo bancário frente ao crédito tributário e ao Fisco.
b) Frente ao crédito tributário e ao Fisco, coloca-se a questão do sigilo bancário como um obstáculo à ação das autoridades administrativo-tributárias.
c) Por ser um bem público relevante e indisponível, o crédito tributário deve preservar e garantir o direito de privacidade do contribuinte.
d) A preservação dos direitos fundamentais de privacidade dos contribuintes frente ao crédito tributário e ao Fisco deve ser colocada na discussão da questão do sigilo bancário.
e) Na tarefa de cumprir os objetivos de aferir a capacidade contributiva, arrecadar tributos e promover a igualdade e a justiça fiscal, o Fisco deve preservar e garantir a questão do sigilo bancário dos contribuintes.

Leia o texto abaixo para responder à questão 61.

Em artigo publicado na década de noventa, o professor Paul Krugman explicava que todos aqueles países que falavam inglês haviam tido um desempenho econômico acima da média de seus vizinhos e que o inglês estava se tornando rapidamente a língua franca dos negócios, do turismo e da internet. Assim, os processos de fusão de empresas, tão comuns naquele tempo, só teriam sucesso se utilizassem o inglês como língua de integração das corporações. Essa visão nos preocupou quando resolvemos integrar todas as áreas de consultoria espalhadas pela América Latina em uma única divisão de consultoria. Mas ficou uma pergunta no ar: "que língua oficial adotar"? O espanhol ou o português acirraria a rivalidade que já era bastante grande no campo dos esportes. Adotar o inglês teria a vantagem da neutralidade e da facilidade de interação com nossos colegas de outras regiões, mas com perda significativa na agilidade da comunicação e no andamento das reuniões. Foi adotada então uma postura única: haveria três línguas oficiais. Essa pequena sutileza significava, na verdade, que todos eram obrigados a entender as três línguas, mas poderiam se expressar no idioma em que se sentissem mais à vontade. Hoje, cinco anos depois, sentimos que essa decisão foi fundamental para o nosso processo de integração, e a lição aprendida é que muitas vezes a criatividade local pode ser mais efetiva que verdades importadas.

(José Luiz Rossi, *Integração cultural na América Latina*, CLASSE ESPECIAL, 89/2001, com adaptações)

61. Marque a opção em que, de acordo com as ideias do texto, existe uma relação de condição do tipo
Se X então Y

a) X = falássemos inglês
   Y = teríamos desempenho econômico acima da média
b) X = adotássemos inglês como língua oficial
   Y = agilizaríamos a comunicação
c) X = empregássemos espanhol ou português
   Y = exacerbaríamos a rivalidade
d) X = houvesse três línguas oficiais
   Y = teríamos facilidade de interação com outras regiões
e) X = entendêssemos as três línguas
   Y = deveríamos nos expressar nas três

62. Indique o período capaz de preencher o espaço assinalado por (...) com clareza, correção gramatical, além de respeitar a coerência de ideias e obedecer à direção argumentativa do segmento transcrito.

(...) Isso exatamente porque esse binômio, fundamental para o crescimento intelectual e social do indivíduo, tem hoje a sua concepção teórica ampliada do ponto de vista dos cientistas sociais e analistas de recursos humanos, ao reconhecerem acertadamente que, além da conquista pessoal, a saúde e a educação representam um investimento certo também no desenvolvimento coletivo.

(Lourdes Maria Frazão de Moraes, *Correio Braziliense*, 08.08.2002)

a) Um sistema de saúde, para ser adequado ao atendimento de saúde da população necessita-da, não pode prescindir da educação do povo assistido, tão somente.
b) Educação e saúde são valores que não mais podem ser compreendidos, na generalidade, como bens de consumo pessoal, apenas.
c) Segurança no trabalho e informação acerca das doenças e riscos a que podem submetê-lo as condições de trabalho — aí está o binômio que garante a higidez do trabalhador.
d) Investir em educação e saúde traz uma taxa de retorno cientificamente comprovada. A ignorância e a doença andam juntas: são companheiras inseparáveis na marcha fúnebre para o caos.

e) A assistência à saúde assegurada pelo Estado e a cobertura dos seguros de saúde privados são os dois termos do binômio que sustenta o desenvolvimento individual e coletivo.

63. Assinale a opção que não constitui uma inferência das ideias do trecho abaixo.

Na tentativa de explicar a ocorrência de fome nos países subdesenvolvidos, surge, após a Segunda Guerra Mundial, a teoria demográfica neomalthusiana, logo perfilhada pelos países desenvolvidos e pelas elites dos países subdesenvolvidos. Segundo essa teoria, uma população jovem numerosa, resultante das elevadas taxas de natalidade verificadas em quase todos os países subdesenvolvidos, exige grandes investimentos sociais em educação e saúde. Com isso, diminuem os investimentos produtivos nos setores agrícola e industrial, o que impede o pleno desenvolvimento das atividades econômicas e, portanto, da melhoria das condições de vida da população. Ainda segundo os neomalthusianos, quanto maior o número de habitantes de um país, menor a renda *per capita* e a disponibilidade de capital a ser distribuído pelos agentes econômicos.

(Eustáquio de Sene e João Carlos Moreira, *Geografia geral e do Brasil*: espaço geográfico e globalização, São Paulo: Scipione, 1998, pp. 338/9, com adaptações)

a) O crescimento populacional é o responsável pela ocorrência da miséria.
b) Em consequência das elevadas taxas de natalidade, os países subdesenvolvidos veem-se impedidos de alcançar o pleno desenvolvimento das atividades econômicas.
c) Sem programas efetivos de controle de natalidade acessíveis às camadas mais pobres, toda política de redistribuição de renda tenderá ao fracasso.
d) Uma população numerosa condena muitos jovens a engrossar o enorme contingente de mão de obra desqualificada que ingressa anualmente no mercado de trabalho.
e) À medida que as famílias obtêm condições condignas de vida, tendem a diminuir o número de filhos para não comprometerem o acesso de seus dependentes aos sistemas públicos de educação e saúde.

64. Num determinado ponto do discurso de posse como Arcebispo de Olinda e Recife, Dom Hélder Câmara faz um raciocínio baseado em quatro proposições. Ordene tais proposições, obedecendo ao esquema:

1. proposição genérica;
2. proposição acidental;
3. proposição resolutiva;
4. proposição consecutiva.

I. A melhor maneira de combater o erro é libertar as parcelas de verdade prisioneiras dentro dele.
II. Quando o erro perde a verdade que nele se esconde, deixa de ter poder de sedução e consistência interior.
III. Deus fez a inteligência voltada para a verdade.
IV. Quando a inteligência adere ao erro é seduzida pela alma de verdade que existe dentro de todo erro.

A ordenação correta é:
a) I, II, IV, III
b) I, IV, II, III
c) III, IV, I, II
d) III, II, I, IV
e) II, III, I, IV

O texto abaixo serve de base para as questões 65 e 66.

A época da independência fervilha de figuras representativas, em cujas atitudes o ideário político do momento se reflete. Figuras cujos perfis se recortam sobre um fundo um tanto confuso: novidades emancipacionistas, remanescências coloniais, antagonismos de tendências que puxavam a vida brasileira para posições diferentes. Época sem dúvida tumultuosa, ocupada por várias transições superpostas: a da dependência para a independência, a do agrarismo para os modos urbanos, a do quase silêncio para o falatório — um falatório crescente —, a dos particularismos para a consciência nacional. Agora, estabelecida a existência oficial de um Brasil declarado estado autônomo, a liquidação dos obstáculos restantes caberia a esses homens.

(Nelson Nogueira Saldanha, *História das ideias políticas no Brasil*, p. 97)

65. Na mesma linha de raciocínio do autor, várias transições se superpõem à época da independência, exceto uma. Aponte-a.
   a) do rural para o urbano
   b) do individualismo para o coletivo
   c) do desimpedimento para os obstáculos
   d) do atrelamento para a emancipação
   e) da dependência para a autonomia

66. Indique a paráfrase correta do primeiro período do texto.
   a) A época da independência fervilha de figuras representativas, e em suas atitudes se reflete o ideário político do momento.
   b) A época da independência fervilha de figuras representativas, nas quais atitudes o ideário político do momento se reflete.
   c) À época da independência, fervilham figuras representativas, nas atitudes das quais o ideário político do momento se reflete.
   d) À época da independência fervilha de figuras representativas, cujas atitudes refletem o ideário político do momento.
   e) A época da independência fervilha de figuras representativas, em cujas atitudes delas se reflete o ideário político do momento.

O texto abaixo serve de base para a questão 67.

A reforma tributária não pode ser realizada, na verdade, para livrar o orçamento da sangria dos juros exorbitantes, embora enfeitada com os argumentos apelativos, tanto da simplificação fiscal para todo o empresariado quanto do milagre fiscal da multiplicação dos empregos para os mais despossuídos.

Trata-se do contrário. Os de baixo vão, de fato, pagar mais e não há garantia nenhuma da boa teoria econômica de que o emprego possa crescer sem o planejamento de um projeto nacional digno do nome, que defina e articule todas as potencialidades existentes para tanto.

(Fátima Gondim Farias, Reforma Tributária, em *Tributação em revista*, abril/junho de 1999, com adaptações)

67. Em relação às ideias do texto, assinale a opção incorreta.
   a) Os argumentos arrolados para justificar a vinculação da reforma tributária ao pagamento de juros não se sustentam, aos olhos da autora.
   b) O atrelamento da reforma tributária à sangria dos juros é, para a autora, uma argumentação apelativa engendrada pelos empresários e desempregados.
   c) A reforma tributária vai onerar os pequenos e microempresários, sobre os quais vai recair o encargo de pagar mais imposto.
   d) Pela boa teoria econômica não é possível engendrar o milagre da multiplicação de empregos para os desempregados, sem o respaldo de uma política nacional de emprego.
   e) Imputar à reforma tributária o propósito de livrar o orçamento da sangria de juros escorchantes, para a autora, não desonera as empresas nem gera mais empregos.

68. Preencha os espaços do trecho, de forma a resultar um texto que preserve a coerência de ideias e da direção argumentativa.

Nenhuma reforma tributária será _____, _____ para os mesmos de sempre, enquanto cerca de metade da arrecadação fiscal _____ circuito do gasto público social e produtivo para consumar a delícia usurária da ciranda financeira global.

(Fátima Gondim Farias, Reforma Tributária, em *Tributação em revista*, abril/junho de 1999)

a) improdutiva — tirante — estiver afastando-se do
b) boa — exceto — for desviada do
c) eficaz — se dirigida — estiver centrada no
d) justa — inclusive — continuar concentrada no
e) distributiva — se acumula — ficar confinada ao

69. Marque o item que completa o trecho de forma correta, coesa e coerente. (*IstoÉ* — 04.05.1994)
Às vésperas de comemorar os 106 anos de Abolição da Escravatura, o Brasil volta ao banco dos réus por permitir que milhares de pessoas trabalhem em regime escravagista. Há denúncias de escravidão por dívidas em trabalho nas carvoeiras de Minas Gerais e nos seringais e garimpos da Amazônia. Embora se trate de uma denúncia que certamente comprometerá um pouco mais a imagem do Brasil,
a) entretanto, vem acompanhada de um livro assinado pelo jornalista Alison Sutton, lançado em Genebra.
b) que associe ainda o tráfico de mulheres e meninas para a prostituição nestas regiões.
c) a existência desses, e de centenas de outros focos de escravidão em todo o país, já é do conhecimento do governo há vários anos.
d) evidenciando que a abolição da escravatura ainda não pode ser comemorada, conforme os movimentos negros insistem propalar.
e) esse emaranhado de empreiteiras imobilizando mais de dez mil pessoas nas senzalas do carvão.

70. A respeito da posição do narrador no romance *Os miseráveis*, de Victor Hugo, diz Vargas Llosa:
Aí está ele legislando, tronando, autoritário, impudico, seguro de que exerce sobre o leitor o mesmo domínio absoluto que tem sobre suas personagens, convencido de que quem o ouve — o lê — acredita nele piamente...
Aponte a afirmativa **incorreta** que se faz acerca do trecho acima.
a) Vargas Llosa atribui ao narrador de *Os miseráveis* o poder de comandar o destino das personagens que criou para figurar no romance.
b) Vargas Llosa assegura que o leitor de *Os miseráveis* não vai poder se libertar da dominação que sobre ele exerce o narrador do livro.
c) Entende-se, pelo trecho, que V. Llosa está operando com a distinção autor/narrador.
d) Para V. Llosa, a maneira de constituição do narrador em *Os miseráveis* se assemelha ao desempenho de funções sociais de mando e poder.
e) Pode-se inferir do trecho que há relação entre a forma com que o narrador se põe numa narrativa e a forma com que os leitores o leem.

71. Indique a opção que completa com coerência e coesão o trecho abaixo (extraído do Manifesto dos "Pioneiros da Educação Nova").
"Na hierarquia dos problemas nacionais, nenhum sobreleva em importância e gravidade ao da educação. Nem mesmo os de caráter econômico lhe podem disputar a primazia nos planos de reconstrução nacional. Pois, se a evolução orgânica do sistema cultural de um país depende de suas condições econômicas,
a) é impossível desenvolver as forças econômicas ou de produção sem o preparo intensivo das forças culturais."
b) são elas as reais condutoras do processo histórico de arregimentação das forças de renovação nacional."
c) o entrelaçamento das reformas econômicas e educacionais constitui fato de somenos relevância para o soerguimento da cultura nacional."
d) às quais se associam os projetos de reorganização do sistema educacional com vista à renovação cultural da sociedade brasileira."
e) subordina-se o problema pedagógico à questão maior da filosofia da educação e dos fins a que devem se propor as escolas em todos os níveis de ensino."

72. Leia o seguinte texto e responda à questão a seguir.

A autoridade de que se reveste o Estado para impor sacrifícios à coletividade é uma decorrência da capacidade que revela no atendimento das necessidades e anseios dos membros que compõem o organismo social.

O fundamento do direito de tributar, por exemplo, repousa no princípio de que a produção dos serviços e bens públicos é o processo econômico que garante a máxima satisfação social com o mínimo de sacrifício para os contribuintes.

Infere-se do texto:
a) A capacidade que o Estado revela no atendimento das necessidades dos cidadãos decorre da autoridade que ele tem para impor sacrifícios.
b) O Estado só tem o direito de tributar quando os contribuintes acatam voluntariamente a tributação.
c) Os tributos dos contribuintes são decorrência inevitável da imposição da coletividade sobre a máquina governamental.
d) A tributação imposta pelo Estado aos contribuintes deve reverter, com vantagens, em benefício destes.
e) A produção de serviços e bens públicos é um direito do Estado, assim como usufruir desses serviços e bens é um dever do contribuinte.

Leia o texto abaixo para responder à questão 73.

Em *Os Sertões*, Euclides da Cunha descreve com realismo "cinematográfico" e grandeza trágica o momento em que dois países irreconciliáveis se confrontam: o Brasil racional, urbano e republicano do litoral, aspirante à modernidade, e o Brasil arcaico, agrário, ágrafo, místico e profundo do sertão, saudoso da monarquia.

O escritor argentino Jorge Luis Borges considerava *Os Sertões* um dos grandes épicos da literatura universal. Inspirado no livro de Euclides, o peruano Mario Vargas Llhosa recriou a epopeia no romance *A guerra do fim do mundo*.

Para a literatura brasileira, a influência do livro é inestimável, tendo marcado não só os estudos históricos e sociológicos, como a melhor ficção regionalista, de Graciliano Ramos a Guimarães Rosa.

(*Folha de S.Paulo*, 23.06.1996, D 14, adaptado)

73. **Em relação às ideias do texto, julgue cada um dos itens que se seguem como certo ou errado.**
a) O texto informa que o livro *Os Sertões* serviu de inspiração para obras cinematográficas.
b) Na época da Guerra de Canudos, aspirava à modernidade a parte republicana do Brasil, ou seja, as metrópoles situadas mais ao litoral.
c) O Brasil rural, analfabeto e místico do sertão, tinha saudade da monarquia e se opunha à parte republicana.
d) Graciliano Ramos e Guimarães Rosa influenciaram com sua marca regional o livro *Os Sertões*, de Euclides da Cunha.
e) Na caracterização de *Os Sertões*, segundo Euclides da Cunha, "realismo" está para "grandeza", assim como "cinematográfico" está para "trágica".

Leia o texto que se segue para responder à questão 74.

É comum e procedente o comentário de que a justiça e o povo estão separados por um grande abismo, o que torna praticamente impossível ao cidadão leigo, mesmo aquele com grau de instrução superior à média do País, compreender os assuntos inerentes ao Judiciário.

Uma das razões que contribuem para esse triste distanciamento — que se confunde com seus próprios efeitos e, por isso, engendra um círculo vicioso — reside na falta de cultura jurídica do povo brasileiro. Falta de cultura jurídica não no sentido de que as pessoas leigas não têm o desejável tirocínio para entender os meandros, o tecnicismo e os termos próprios do Direito, o que realmente não têm. Refiro-me ao fato de que o brasileiro não tem o costume de interessar-se por assuntos relativos à função judiciária do Estado.

(Rogério Schietti Machado Cruz, *Direito e Justiça*,
Correio Braziliense, 23.06.1996, p. 2, adaptado)

74. Com relação às ideias do texto, julgue cada um dos itens que se seguem como certo ou errado.
   a) Mesmo os cidadãos com formação específica em Direito têm dificuldade de compreender os assuntos relativos ao judiciário.
   b) A falta de cultura jurídica do povo brasileiro é razão, e também efeito, do distanciamento entre a justiça e o cidadão.
   c) Os leigos não têm experiência prática suficiente para entender os procedimentos, o tecnicismo e os termos próprios dos trâmites judiciários.
   d) É lamentável que o brasileiro não desenvolva o costume de se interessar pelos assuntos referentes à função judiciária do Estado.
   e) O judiciário cria, voluntariamente, um círculo vicioso entre as pessoas leigas e os meandros do tecnicismo.

Leia o texto que se segue para responder à questão 75.

Desde 1985, a Argentina e o Brasil vêm-se esforçando muito para reduzir as rivalidades nacionalistas e promover a convergência econômica, esforços esses que produziram um aumento no comércio bilateral entre os dois países nos últimos cinco anos.
Entretanto, a região é considerada por muitos observadores estrangeiros como sendo ainda economicamente atrasada, amarrada por políticas intervencionistas, pela hiperinflação, pela crise de débito e pelo protecionismo. As reputações são notoriamente lentas para se adaptarem a novas realidades. Gestos arrojados e inequívocos são as únicas formas certas de mudá-las.

(Klaus Schwab, *Folha de S.Paulo*, 23.06.1996, p. 2-2)

75. Em relação às ideias do texto, julgue cada um dos itens que se seguem como certo ou errado.
   a) O comércio bilateral entre a Argentina e o Brasil já era muito intenso antes de 1985.
   b) As rivalidades nacionalistas facilitaram as relações comerciais entre o Brasil e a Argentina.
   c) Políticas de convergência caracterizavam, antes de 1985, as relações econômicas entre Argentina e Brasil.
   d) Para mudar a reputação junto aos observadores estrangeiros, os países que têm uma imagem desfavorável precisam tomar atitudes ousadas, corajosas, objetivas e claras.
   e) A crise de débito, a hiperinflação, o protecionismo e as políticas intervencionistas prejudicam a imagem econômica da América do Sul no exterior.

76. Escolha o enunciado que contradiz informação do texto abaixo.

Na última terça-feira, fiscais da Receita Federal fizeram uma blitz no Porto de Santos com resultados surpreendentes. Eles apreenderam 122 contêineres com uma carga de 1500 toneladas de mercadoria importada de maneira fraudulenta. Num deles, mochilas chinesas, dessas que a criançada usa na escola, por um preço declarado de 70 centavos de dólar a dúzia — ou 5 centavos a unidade, o que é um valor impraticável mesmo na China. Em outro, que deveria carregar "peças diversas" segundo o documento de importação, acharam uma perua van. No total, os produtos confiscados valem 41 milhões de reais. Essa foi a maior apreensão feita pela Receita Federal em sua história e aponta para um problema que está crescendo à sombra da abertura comercial. Na gíria dos fiscais, ele se chama "importabando". Nessa operação, o importador malandro declara à Receita um valor muito menor do que realmente pagou por aquilo que está trazendo. O objetivo é recolher menos impostos e concorrer em posição de vantagem com o comerciante que importou de maneira legal.
Não há um cálculo oficial sobre o volume de contrabando, ou de importações com documentação fraudada, que está ingressando no país, mas apenas uma estimativa feita pela Confederação Nacional de Comércio. Ela calcula que, no ano passado, produtos no valor de 15 bilhões de dólares foram importados irregularmente, causando uma perda fiscal de 4 bilhões.

(Roger Ferreira e Leonel Rocha, *Veja*, 21.01.1998, adaptado)

   a) Uma parte do problema se deve à falta de fiscais.
   b) O aumento e a diversificação das importações são fatores inibidores das fraudes de subfaturamento.
   c) A Receita e a Polícia Federal abriram guerra contra a nova fórmula de contrabando.

d) A corrupção é endêmica nos sistemas aduaneiros, e não só no Brasil.
e) Quem perde dinheiro e clientes com a importação fraudulenta é o fabricante brasileiro e o importador que não se desvia da lei.

77. Marque o texto que *não* constitui sequência lógica do texto inicial.

O Brasil, no mundo globalizado, é uma das filiais preferidas da lavanderia internacional de dinheiro sujo, aquele obtido com o comércio ilegal de drogas e armamentos, corrupção, terrorismo, sequestro e outros meios.

a) Atualmente todos esses órgãos estão impedidos de trocar informações entre si devido à lei de sigilo bancário.
b) Não se sabe exatamente o montante de dinheiro legalizado no país, mas é certo que não é pouco.
c) O volume de dinheiro do tráfico de drogas e armas é tão grande que pode causar danos sociais e ameaçar a segurança nacional.
d) Uma boa parte dos supostos US$ 500 bilhões movimentados anualmente pelo crime organizado no mundo emerge na "Lavanderia Brasil" como dinheiro limpo.
e) Para o governo brasileiro, a "Lavanderia Brasil" só poderá ser atacada com eficiência, nove anos depois da adesão do país ao Tratado de Viena, que combate o tráfico de drogas.

(Baseado em *IstoÉ Dinheiro*, 14.01.1998)

78. Marque o período que não constitui sequência lógica e coesa do texto abaixo.

As estatísticas de acidentes de trabalho no Brasil assustam e envergonham. Nos últimos 25 anos, dos 27 milhões de brasileiros acidentados no desempenho de suas atividades profissionais, 107 mil morreram. Atualmente, das 1.080 ocorrências diárias, quinze resultam em morte, cifra superior à verificada no trânsito.

Apesar das reduções registradas nos últimos anos, o número de desastres ainda é elevado e nos confere o 140.º lugar no *ranking* mundial. Em 1997, esse triste quadro custou ao País US$ 5,8 bilhões, dos quais 85% (US$ 5,015 bilhões) foram pagos pelas empresas. A situação, portanto, é grave.

A Confederação Nacional da Indústria (CNI) resolveu, por isso, repetir este ano a Campanha de Prevenção de Acidentes no Trabalho, de 1997, a fim de conscientizar os profissionais dos riscos a que estão sujeitos quando não levam em conta cuidados essenciais na execução das tarefas ou dispensam equipamentos que os protegeriam e lhes salvariam a vida.

Dos acidentes, além dos lamentáveis casos fatais, resultam, anualmente, milhares de incapacitações permanentes para o exercício de atividades laborais, com prejuízos econômicos irreparáveis para os indivíduos, as empresas e o País.

(*Correio Braziliense*, 22.07.1998, adaptado)

a) São números inaceitáveis neste final de milênio para um país que tem pressa de ingressar no Primeiro Mundo.
b) O Brasil precisa, com urgência, reverter essas estatísticas.
c) É imprescindível que se elaborem medidas propiciatórias a uma parceria efetiva entre o sistema econômico e as instituições do governo capazes de baixar o número de acidentes a níveis civilizados.
d) A desinformação de ambos contribui para manter altas as cifras das ocorrências de lesões e morte no trabalho.
e) Não há como ignorar, ainda, que, apesar da campanha, estima-se que ocorrerão cerca de 300 mil desastres laborais nos próximos doze meses.

Leia o texto seguinte para responder à questão 79.

A Lei 9.677, de 2 de julho de 1998, alterou dispositivos do Código Penal, redefinindo os crimes contra a saúde pública. Todos sabemos que essa nova lei derivou da "descoberta" de falsificação e adulteração de medicamentos com requintes de desumanidade. Em alguns casos, venderam-se remédios para a cura ou o controle de doenças gravíssimas, como o câncer, causando, com toda razão, a revolta e a indignação da sociedade e dos consumidores e, o que é pior, a morte de um ainda incerto número de pessoas, lesadas pela avidez e engodo dos responsáveis por tal prática nefasta.

A esses últimos não há como deixar de aplicar os rigores do Direito Penal (ainda que falido), pois quem, ciente de sua conduta, falsifica um remédio para tão grave doença ou o vende a um necessitado consumidor é, na verdade, um homicida, e com similar severidade penal deve ser tratado.

Porém, o que o legislador deixou de fazer — como de costume — foi distinguir situações absolutamente distintas, preferindo, ao contrário, colocar dentro de uma vala comum condutas que apenas no verbo se assemelham.

(Rogério Schietti Machado Cruz, Direito e Justiça, *Correio Braziliense*, 10.08.1998)

79. O texto permite afirmar que o autor
 a) acredita que o procedimento legal de alteração do Código Penal, referido no texto, não condiz com a prática tradicional e costumeira dos legisladores.
 b) considera a referida alteração dos dispositivos do Código Penal imperfeita, pois iguala e torna equivalentes perante a lei condutas distintas.
 c) considera que a prática de falsificação e adulteração de medicamentos distancia-se do crime de homicídio, por ser motivada apenas pela avidez econômica.
 d) reconhece que o Direito Penal é satisfatório em seu texto e em sua aplicação para coibir e apenar crimes contra a saúde, prescindindo de alterações.
 e) está ciente de que a falsificação e adulteração de medicamentos chegou ao conhecimento do poder público após a alteração do Código Penal.

80. Marque o item que não liga de maneira coesa e gramaticalmente correta os dois segmentos seguintes do texto:

O relatório das atividades anuais do Tribunal Superior do Trabalho deve constituir objeto de análise pelos integrantes da Justiça do Trabalho, do Congresso Nacional e do Poder Executivo Federal, _____ estimularia a busca de respostas para indagações de relevante interesse socioeconômico.

(Baseado em Almir Pazzianotto Pinto)

 a) pois, sintetizando a crise que afeta as relações de trabalho,
 b) porquanto, sintetizando a crise que afeta as relações de trabalho,
 c) pelo qual, sintetizando a crise que afeta as relações de trabalho,
 d) uma vez que, ao apresentar síntese da crise que afeta as relações de trabalho,
 e) dado que, ao sintetizar a crise que afeta as relações de trabalho,

81. Numere os fragmentos, ordenando-os de modo a constituírem um texto coeso e coerente. Assinale, em seguida, a sequência numérica correta.
 ( ) E logo em seguida prevê e recomenda "políticas sociais e econômicas que visem à redução do risco de doença e de outros agravos".
 ( ) A Constituição de 1988, que o Governo insiste mais em reformar do que em executar, é expressa na defesa do povo.
 ( ) No artigo 196, declara que "a saúde é direito de todos e dever do Estado".
 ( ) Logo, esse tipo de organização de serviços vincula a União, os Estados, o Distrito Federal e os Municípios entre si para ação integrada e eficiente.
 ( ) Se a União tem maior poder de comando e de recursos, fica, por isso mesmo, investida de mais responsabilidade na adoção das providências oportunas.
 ( ) Em garantia do resguardo desse direito coletivo, o artigo 198 estipula que as ações e serviços públicos de saúde integram uma rede regionalizada e hierarquizada, constituindo um "sistema único".

(Josaphat Marinho, *Correio Braziliense*, 25.08.1998)

 a) 1, 3, 5, 4, 2, 6
 b) 3, 1, 2, 5, 6, 4
 c) 2, 4, 1, 3, 5, 6

d) 4, 2, 6, 1, 3, 5
e) 5, 6, 3, 2, 4, 1

Texto para as questões 82 e 83.

Polícia

É uma função do Estado que se concretiza em uma instituição de administração positiva e visa pôr em ação as limitações que a lei impõe à liberdade dos indivíduos e dos grupos, para salvaguarda e manutenção da ordem pública, em suas várias manifestações: da segurança das pessoas à segurança da propriedade, da tranquilidade dos agregados humanos à proteção de qualquer outro bem tutelado com disposições penais. Esta definição de Polícia não abrange o sentido que o termo teve no decorrer dos séculos: derivando de um primeiro significado diretamente etimológico de conjunto das instituições necessárias ao funcionamento e à conservação da Cidade-Estado, o termo indicou, na Idade Média, a boa ordem da sociedade civil, da competência das autoridades políticas do Estado, em contraposição à boa ordem moral, do cuidado exclusivo da autoridade religiosa. Na Idade Moderna, seu significado chegou a compreender toda a atividade da administração pública. Este termo voltou a ter um significado mais restrito, quando, no início do século XIX, passou a identificar-se com a atividade tendente a assegurar a defesa da comunidade dos perigos internos. Tais perigos estavam representados nas ações e situações contrárias à ordem pública e à segurança pública. A defesa da ordem pública se exprimia na repressão de todas aquelas manifestações que pudessem desembocar em uma mudança das relações político-econômicas entre as classes sociais, enquanto a segurança pública compreendia a salvaguarda da integridade física da população, nos bens e nas pessoas, contra os inimigos naturais e sociais. Estas duas atividades da polícia são apenas parcialmente distinguíveis do ponto de vista político: na sociedade atual, caracterizada por uma evidente diferenciação de classes, a defesa dos bens da população, que poderia parecer uma atividade destinada à proteção de todo o agregado humano, se reduz à tutela das classes possuidoras de bens que precisam de defesa; quanto à defesa da ordem pública, ela se resume também na defesa de grupos ou classes particulares. A orientação classista da atividade de polícia consentiu, além disso, que normas claramente destinadas à salvaguarda da integridade física da população contra inimigos naturais tenham sido utilizadas com fins repressivos: pensemos, por exemplo, nas normas sobre a funcionalidade dos locais destinados a espetáculos públicos (cinemas, teatros, estádios etc.) e no uso que deles se fez em tempos e países diversos para impedir manifestações ou reuniões antigovernamentais. É nesse sentido que se confirma a definição de Polícia acima apresentada, já que a defesa da segurança pública é, na realidade, uma atividade orientada a consolidar a ordem pública e, consequentemente, o estado das relações de força entre classes e grupos sociais.

(Norberto Bobbio et al. *Dicionário de Política*. Brasília, Editora da UnB, p. 944-945, 1995, com adaptações)

82. Um dicionário especializado, obra de consulta necessária quando se quer aprofundar os conhecimentos acerca de um assunto, caracteriza-se, primordialmente, por apresentar as informações em linguagem clara, objetiva, sequencialmente coerente e em ordem direta. Considerando a tipologia textual do verbete acima, julgue cada um dos itens que se seguem como certo ou errado.
   a) A estrutura do parágrafo acima é de natureza dissertativa, sendo a linguagem predominantemente denotativa.
   b) Apesar de estar transcrito em um único bloco formal, o verbete admite uma subdivisão em partes menores, segundo as ideias expostas, conforme indicação a seguir: introdução — apresentação do assunto: definição do termo; desenvolvimento — evolução do sentido do termo, em um enfoque histórico-crítico; conclusão — retomada do tópico inicial: a concepção de polícia.
   c) O verbete apresenta uma conceituação atual, de base política, e mostra uma definição etimológica, sem que ocorra qualquer exemplificação nessa parte do texto.

d) No desenvolvimento do significado do termo, em meio a outras abordagens, aparece o confronto entre as esferas de atuação de duas instituições sociais responsáveis pela ordem pública: o Estado e a Igreja.
e) Ao comentarem as duas fundamentais atividades da polícia, os autores do verbete inserem-se no texto, apresentam abonações e expressam julgamentos valorativos quanto aos fatos observados, sem violarem as normas aconselhadas a essa tipologia textual.

83. Para se compreender a abrangência de um verbete, é necessária uma leitura atenta, observando os aspectos que são abordados na explicitação do termo. Evidenciando a leitura compreensiva do texto, quanto à atuação da polícia ao longo dos tempos, julgue cada um dos itens que se seguem como certo ou errado.
a) O texto atribui à atuação policial grande parte da responsabilidade pela diferenciação das classes, na sociedade atual.
b) Ocorrido a partir do século XIX, o gerenciamento das atividades de polícia pelos detentores do poder estatal é o responsável pelos desvios dos objetivos originais da instituição policial, principalmente nas ações antipopulares, historicamente constantes, em várias comunidades do mundo.
c) No texto, fica explícito que não apenas as "classes possuidoras de bens" necessitam da intervenção policial, quanto à defesa de seus bens, mas todas as camadas da população.
d) Há uma crítica desabonatória à atuação da polícia na sociedade contemporânea, conforme esta é caracterizada no texto, no que tange à ordem pública: "ela se resume também na defesa de grupos ou classes particulares".
e) A utilização, com fins repressivos, das normas "destinadas à salvaguarda da integridade física da população" é consequência direta da introdução do espírito sindicalista entre os membros da corporação.

Leia o texto seguinte para responder à questão 84.
O saber produzido pelo iluminismo não conduzia à emancipação e sim à técnica e ciência moderna que mantém com seu objeto uma relação ditatorial. Se Kant ainda podia acreditar que a razão humana permitiria emancipar os homens de seus entraves, auxiliando-os a dominar e controlar a natureza externa e interna, temos de reconhecer hoje que essa razão iluminista foi abortada. A razão que hoje se manifesta na ciência e na técnica é uma razão instrumental, repressiva. Enquanto o mito original se transformava em Iluminismo, a natureza se convertia em cega objetividade. Inicialmente a razão instrumental da ciência e técnica positivista tinha sido parte integrante da razão iluminista, mas no decorrer do tempo ela se autonomizou, voltando-se inclusive contra as suas tendências emancipatórias.
(B. Freitag, *A teoria crítica ontem e hoje*, p. 35, com adaptações)

84. Marque o item que dá continuidade às ideias do texto, de forma coesa e coerente.
a) Por isso, a razão iluminista logrou seu intento ao assumir que os homens, sujeitos da história, dependem apenas de sua coragem e competência para dirigir o próprio destino.
b) A convicção partilhada pelos que acreditam no mito original de que, ao fazer uso da razão, o homem está preparado para iluminar a ciência e a técnica, fortaleceu-se no embate objetivo com o real.
c) Desta forma, a razão converteu-se em uma razão alienada que se desviou do seu objetivo emancipatório original, transformando-se em seu contrário: a razão instrumental, o controle totalitário da natureza e a dominação repressiva.
d) Nesse sentido, o sujeito abstrato da história, o iluminismo em todo seu apogeu, passou a acreditar em uma outra forma de razão emancipatória: aquela que converte a natureza externa em interna.
e) É, assim, pela razão instrumental proposta pelo iluminismo que a ciência e a técnica convertem-se em instrumento emancipatório do homem para, não só domesticar a natureza, mas também servir de libertação moral.

85. Indique a afirmação que *não* está de acordo com as ideias do seguinte trecho do texto:

Se Kant ainda podia acreditar que a razão humana permitiria emancipar os homens de seus entraves, auxiliando-os a dominar e controlar a natureza externa e interna, temos que reconhecer hoje que essa razão iluminista foi abortada.
   a) A razão iluminista, embora tenha sido adotada por Kant, fracassou.
   b) A razão humana, sob a perspectiva iluminista, permitiria que os homens se emancipassem de seus entraves.
   c) Kant acreditava em um determinado valor da razão humana.
   d) Reconhecemos o fracasso da razão iluminista porque Kant desacreditou da emancipação dos homens.
   e) Quando os homens se emancipam de seus entraves podem dominar e controlar a natureza externa e interna, segundo a razão iluminista.

86. Assinale o item que *não* preenche a lacuna do texto com coesão e coerência.

Os historiadores dizem que a troca de e-mails, o download de fotos dos amigos ou as reservas para as férias feitas pelo computador talvez sejam divertidos, _____ a Internet não pode ser comparada a inovações como a invenção da imprensa, o motor a vapor ou a eletricidade.

(Adaptado de *Negócios Exame*, p. 94)

   a) contudo
   b) no entanto
   c) entretanto
   d) todavia
   e) porquanto

87. Indique a sequência que preenche corretamente as lacunas.

A Organização das Nações Unidas para Educação, Ciência e Cultura (Unesco) estima que há 880 milhões de analfabetos adultos e 115 milhões de jovens em idade escolar fora da escola, entre a população mundial. A Unesco, _____, não divulgou os números para cada país pesquisado. Em setembro do ano passado, o Ministério da Educação divulgou os dados mais recentes sobre o Brasil, _____ 14,7% da população entre 14 e 49 anos de idade continua analfabeta. Houve uma grande redução do problema, _____, há 20 anos, mais de 30% da população naquela faixa etária não sabia ler e escrever.
O Ministério relacionou a queda dos índices de analfabetismo com o aumento da escolaridade: em 1980, apenas 49% das crianças entre 7 e 14 anos estavam na escola, percentual que subiu para 96% no ano passado. O Brasil reduziu pela metade o percentual de analfabetos na população, _____ dobrou o número de crianças em idade escolar nas salas de aula. Esse avanço é relevante, _____ a simples alfabetização já não é mais suficiente para a conquista de emprego num mercado de trabalho competitivo.

(*O Estado de S. Paulo*, Notas e Informações, 22.04.2000, p. A3)

   a) porém, onde, pois, porque, contudo
   b) entretanto, apesar de, já que, por que, mas
   c) apesar de, entretanto, pois, por que, mas
   d) no entanto, onde, apesar de, já que, por que
   e) pois, porque, apesar de, já que, entretanto

88. Julgue se os itens seguintes apresentam relações de sentido que correspondem à estrutura semântica dada pela fórmula genérica abaixo, em que X é uma estrutura linguística que expressa condição ou concessão, e Y é uma estrutura linguística afirmativa.
X, não Y.
   a) Apesar da proteção da justiça e do Estado, não parece que a resolução dos conflitos se desvie do âmbito privado.
   b) Embora a nossa concepção de violência tenha sido ampliada, não é possível afirmar que nossa sensibilidade e tolerância em relação a ela estejam igualmente distribuídas.
   c) Se alguns autores propõem que estamos vivendo um movimento de pacificação progressiva da vida em sociedade, não estão afirmando que esse processo seja fácil.

d) Não devemos pensar na pacificação da sociedade de forma isolada, mas sim dentro de um conceito mais geral das transformações econômicas que afetam o mundo.
e) Violência, direitos, justiça e o papel do Estado, se analisados como problemas fundamentais, estão dentro do quadro das transformações ocorridas, não só econômicas como também políticas.

Textos para a questão 89.

Fragmento A
O processo de ampliação dos direitos e de pacificação social não é neutro, nem é o caminho natural de evolução em todas as sociedades. Em geral, é fruto de um processo político, resultado de muitos conflitos e negociações. Nele se confrontam, nos diferentes períodos históricos e nas diferentes sociedades, grupos diversos — alguns mais representativos da maioria dos membros de uma sociedade, outros menos —, defendendo suas ideias e seus interesses a respeito de como organizar a sociedade.

(Andréa Buoro et al. *Violência urbana* — dilemas e desafios.
São Paulo: Atual, 1999, p. 17, com adaptações)

Fragmento B
IstoÉ — Estamos às portas da Terceira Guerra Mundial?
Clóvis Brigagão — Acho que uma nova guerra se estabeleceu, que é um confronto entre grupos terroristas e o Estado. Não é uma guerra clássica, não é uma guerra de guerrilha ou de longa duração, mas um confronto de ataques tópicos, uma espécie de acupuntura. Enquanto os poderosos americanos são visíveis, os inimigos são invisíveis, utilizam ataques de surpresa que põem o sistema internacional e a convivência humana em perigo. Isso já existe no Oriente Médio, onde Israel enfrenta os palestinos. Não é Estado contra Estado, mas Estado contra o terrorismo. Esse modelo de conflito se tornou um novo fator de desequilíbrio mundial. Pode inclusive estabelecer uma nova espiral armamentista não convencional.

(*IstoÉ*, n. 1.668, 19.09.2001, p. 10, com adaptações)

89. **Julgue os itens abaixo, com o auxílio dos dois fragmentos do texto.**
   a) Da leitura dos dois fragmentos, infere-se que guerras e conflitos não respeitam fronteiras estatais.
   b) O fragmento A mostra que muitos avanços sociais causam conflitos, e mesmo guerras.

Texto para a questão 90.

Uma ideia muito difundida atualmente é a associação da violência à pobreza. Justificando ou acusando, acredita-se que são as pessoas mais pobres que praticam os crimes, elas são os suspeitos em potencial. Tal associação revela a concepção de criminalidade e os mecanismos de criminalização presentes na nossa sociedade. É esse o assunto que vamos discutir agora.
Na verdade, a associação entre pobreza, violência e criminalidade já existe há algum tempo na história, pois decorre de uma das primeiras consequências do desenvolvimento do capitalismo nas sociedades ocidentais modernas: expulsão do campo de milhares de pessoas sem trabalho, que migraram para as cidades. Rapidamente, o modo de vida urbano passou a ser associado ao perigo, às epidemias, à promiscuidade, à agressão e à criminalidade.

(Andréa Buoro et al. *Violência urbana* — dilemas e desafios. São Paulo: Atual, 1999, p. 22)

90. **Julgue os itens abaixo, com respeito às relações de causa e consequência presentes no texto.**
   a) A expulsão de pessoas do campo é uma decorrência da violência e da criminalidade que o capitalismo produz.
   b) A associação entre a pobreza e a criminalidade tem como consequência o capitalismo nas sociedades modernas.
   c) A migração para as cidades grandes é consequência da violência e da criminalidade no campo.
   d) O fato de milhares de pessoas terem sido expulsas do campo sem trabalho é uma decorrência do desenvolvimento do capitalismo em sociedades do ocidente.
   e) Em consequência da migração de pessoas sem trabalho do campo para a cidade, o perigo, as epidemias, a promiscuidade, a agressão e a criminalidade foram associados à vida urbana.

f) No primeiro período do texto, a expressão "da violência à pobreza" pode ser substituída, sem prejuízo para a coerência do texto e para a correção gramatical, por qualquer uma das seguintes construções: da violência com a pobreza; de violência com pobreza; entre a violência e a pobreza; entre violência e pobreza.

Texto para a questão 91.

Pode parecer exagero, mas 2001 será o ano que não vai acabar. Daqui a muitas décadas, os livros vão registrar o dia 11 de setembro como uma das páginas mais importantes da história da civilização. Não apenas pelas mortes, pelo espetacular ataque usando uma arma inusitada, mas, principalmente, pelo fato de Osama Bin Laden ter provocado a ira do Império. O ato terrorista contra as torres gêmeas não foi apenas insano. Ele provocou um retrocesso nas liberdades civis, implantou o medo em escala planetária, levou ao acirramento da convivência possível no Oriente Médio, fortaleceu a extrema direita belicista. Muitos outros fatos aconteceram em 2001, mas nada, nem de longe, será um marco para a humanidade como os aviões se chocando, ao vivo pela televisão, com o símbolo da pujança americana.

(*IstoÉ*, n. 1.682, 26.12.2001, p. 33, com adaptações)

91. Com o auxílio do texto, julgue os itens seguintes.
   a) Depreende-se do texto que o "11 de setembro" está relacionado aos inusitados atos terroristas contra os EUA, quando aeronaves sequestradas atingiram alvos significativos — em termos estratégicos, de defesa e das finanças — do poder norte-americano.
   b) A palavra "acirramento", no sentido que lhe foi dado pelo texto, significa recrudescimento.

Texto para as questões 92 e 93.

Inflação em baixa com queda do dólar

A queda do dólar desde o final de outubro de 2001 já fez a dívida pública recuar 2,4 pontos percentuais do PIB, calcula o economista Odair Abate, do Lloyds TSB. Considerando a cotação da moeda americana de ontem, abaixo da média do ano, a dívida pública cairia abaixo de 54% do PIB, patamar em que o governo pretendia estabilizá-la. No fechamento de outubro, o dólar valia R$ 2,78. Ontem, estava em R$ 2,33. Foi a menor cotação desde o fim de junho, abaixo da média do ano, que foi de R$ 2,349.

O efeito positivo sobre a dívida pública e sobre a inflação, aparentemente, tem sido o motivo de o Banco Central do Brasil (BACEN) deixar o fluxo de recursos derrubar a cotação sem nenhuma interferência. Ontem, continuou a venda dos US$ 50 milhões diários, assim como a rolagem de papéis cambiais.

A primeira prévia do IGP-M de dezembro confirmou o impacto positivo sobre a inflação, com índice de 0,16%, bem abaixo dos 0,78% do primeiro decêndio de novembro. Para Abate, o índice ficou abaixo do esperado, observando que o Índice de Preços no Atacado (IPA) registrou deflação de 0,7%. Curiosamente, a pesquisa de expectativas do BACEN mostrou piora nas previsões de inflação. "Observando as previsões dos Top 5 — instituições com maior porcentagem de acerto das previsões de acordo com o BACEN —, as expectativas de inflação para 2002 caem ou ficam estáveis", destacou Abate.

Alguns analistas acreditam que, além dos efeitos positivos sobre contas públicas e preços, outra razão para que o BACEN esteja longe de iniciativas para conter a queda do dólar — e até contribuindo para sua queda — seja a criação de uma "reserva anticrise", uma folga que pode ser consumida se a Argentina desembocar mesmo em uma moratória e provocar nervosismo no mercado.

A consequência negativa deve ser o efeito sobre a balança comercial, ainda não muito bem dimensionado pelo mercado. Por enquanto, os bancos mantêm a expectativa de saldo positivo em torno de US$ 4,5 bilhões em 2002, mas devem reduzir suas previsões se o dólar continuar a cair. A média das previsões colhidas pelo BACEN nesta semana subiu de US$ 4,75 bilhões para US$ 4,8 bilhões. "É cedo para dizer se esse nível de câmbio é sustentável. O mais provável, dado o déficit em conta corrente, é que a taxa volte para níveis de R$ 2,50", afirma

Marcelo Audi, da Merrill Lynch. O Lloyds ainda não revisou a expectativa de superávit da balança comercial para o próximo ano, porque a taxa está mudando muito rapidamente. "Vamos esperar mais um pouco antes de mudar as previsões". A rapidez da queda de câmbio provocou desde outubro sucessivas revisões nas previsões dos bancos. A desvalorização do real no ano, que já chegou a superar 42%, ontem estava em 19%.

(Tatiana Bautzer. Disponível em: <http://www.valor.com.br/valoreconomico/materia>.

Acesso em: 11 dez. 2001, com adaptações)

92. Considerando as informações do texto, julgue os itens subsequentes.
a) Os efeitos da desvalorização do dólar ante o real encarecem os produtos brasileiros no exterior, podendo provocar consequências negativas sobre a balança comercial.
b) Como o câmbio denota uma relação de valor entre os preços dos produtos nacionais e os internacionais, a apreciação do real deverá elevar os índices de inflação nos próximos meses.
c) A redução do percentual expresso pela relação entre a dívida pública e o produto interno bruto é vista como um sinal negativo pelos investidores externos, uma vez que demonstra menor capacidade de captação por parte do Brasil.
d) Devido ao caráter temporal estabelecido, analisando-se a evolução da cotação do dólar ao longo de 2001, o texto entrelaça aspectos narrativos, expositivos e argumentativos.
e) O uso do futuro do pretérito no segundo período do primeiro parágrafo reforça uma ideia de possibilidade.

93. Considerando o texto, julgue os seguintes itens.
a) A criação, pelo BACEN, de uma reserva de dólares, para o caso de a "Argentina desembocar mesmo em uma moratória", configurou-se como uma medida precipitada, uma vez que, apesar das dificuldades políticas e financeiras enfrentadas, a Argentina tem honrado seus compromissos com os credores internacionais.
b) O segundo período do segundo parágrafo do texto fica corretamente reescrito da seguinte forma: A rolagem de papéis cambiais continuou ontem, assim como a venda dos cinquenta milhões de dólares diários.
c) No último período do terceiro parágrafo do texto, a autora faz a sua previsão para a inflação em 2002: queda ou estabilidade.
d) Segundo o último parágrafo do texto, a média das previsões colhidas pelo BACEN de US$ 4,8 bilhões já representa uma consequência negativa da subida do dólar sobre a balança comercial.

Texto para as questões 94 e 95.
A normalização e a codificação da norma
Seria inadequado, aqui, discutir conceitos como os de língua, sistema, norma, subnorma, subsistema, dialetos. Mas devemos ater-nos ao fato de que os indivíduos falantes e escreventes no geral automatizam o sistema relativamente cedo (pelos treze-quinze anos), vale dizer, não têm consciência de seu uso e não entendem o seu não uso. Mas a norma, que emerge dos usos do sistema no que eles tenham de mais frequente, em se tratando de uma língua culta, quer dizer, com tradição-transmissão escrita, de tal modo que nos seus escritos passados o passado esteja presente no presente, a norma culta pede estudo do passado para poder estar presente e ser usada no presente. Assim, pois, não parece que se deve lutar contra a norma comum culta de uma língua comum de cultura. Haveria, apenas, que contrarregrar o que há realmente como normal para o âmbito do português como um todo; o que há realmente como normal para cada variedade nacional do português (duas das quais, neste momento da história, perfeitamente caracterizáveis, a norma nacional portuguesa, a norma nacional brasileira). Porque, de fato, os impedimentos, na linguagem oficial, para que se possa atingir essa norma destituída de cerebrinices e bizantinices são de vária natureza:
I. a normalização oferecida pelas nossas gramáticas correntes tem vergonha de encampar como realidades cultas normais uma quantidade de práticas e pragmáticas linguageiras universalizadas entre nós, fatos esses cuja não observância constitui um ato de força permanente do escritor oficial ou usuário da linguagem oficial contra si mesmo;
II. a normalização oferecida pelas nossas gramáticas, ademais de suas cerebrinices ou bizan-

tinices, é uma normalização "culta", isto é, que encerra passado no presente, encerrando assim mais de uma potencialidade "regular"; seu aprendizado não é nem pode ser espontâneo (como o da língua falada no nível do vernáculo — a que é aprendida em casa e de uso em casa para os fins de casa), impondo-se seu estudo atento e cuidado por longos anos e a manutenção do conquistado por mais longos anos, já então como que espontâneo "de segunda natureza", a valer tanto quanto a primeira natureza que, no indivíduo, em não mais havendo, não se sabe como ora seria: o adquirido como segunda natureza pode funcionar — e na imensa maioria dos casos funciona — como "espontâneo" por ter sido (vá lá o termo) automatizado;

III. a normalização oferecida, mesmo despojada de cerebrinices, não está tendo ensino institucionalizado à altura das necessidades sociais — e isso parece claramente espelhar-se na forma porque, na modernidade, a linguagem oficial se vem alterando, perdendo a clareza das articulações mesmo convencionais ou tradicionais, obscurecendo-se no uso aparentemente personalizado da pontuação, vacilando na ortografia, fazendo-se difusa na semântica, não sabendo evitar as ambiguidades — e quanto mais se poderia dizer.

Na verdade, esses aspectos são passíveis de correção em âmbito nacional, desde que a sociedade, através do Estado ou de comissionados pelo Estado, gere instrumentos consabidos — vocabulários ortográficos, onomásticos, terminológicos, dicionário de autoridades para o cerne do léxico oficial [50 mil palavras — das 400 mil averbáveis (de fato averbadas no *Vocabulário ortográfico da língua portuguesa*, da Academia Brasileira de Letras) —, com o máximo de conexões possíveis, sinonímicas, antonímicas, paronímicas, ideológico-analógicas, etc. etc. etc.], uma gramática explícita quanto às inovações ou manutenções brasileiras universalizadas em nível culto e — sobretudo, sobretudo — um magistério qualificado em sua formação e não degradado no exercício de sua profissão, graças ao que os alunos pudessem, durante dez-catorze anos, ter duas horas, em cada um de cinco dias úteis da semana, de estudo, leitura, redação que transformassem a angústia presente, de uma assimilação mecânica, em convívio criativo com a língua — essa marca de humanidade e humanização que é a própria língua.

(Antonio Houaiss)

94. De acordo com o texto, várias condições são necessárias para se atingir o português como língua de cultura. O que constitui real impedimento para a consecução da norma culta do português é:
   a) o reconhecimento de variantes nacionais da língua portuguesa.
   b) a intensificação qualitativa e quantitativa do ensino da norma culta.
   c) o abandono de regras cerebrinas e bizantinas no ensino da língua oficial.
   d) a aceitação de variantes, desde que normais, na depreensão da norma culta.
   e) a valorização dos falares regionais das duas principais nações de língua portuguesa.

95. No tocante ao aprendizado da língua portuguesa, a afirmação que está em *desacordo* com o texto é:
   a) O aprendizado do português falado, como língua transmitida, deve ser espontâneo.
   b) O estudo da norma culta e a sua manutenção devem ser feitos ao longo de muitos anos.
   c) O estudo da gramática, visando à aquisição da norma culta, deve ter prioridade sobre o estudo de outros aspectos da língua.
   d) A linguagem oficial vem se apresentando, ultimamente, com muitas deficiências, uma vez que o ensino institucionalizado da língua não tem estado à altura das necessidades sociais.
   e) As deficiências da linguagem oficial são passíveis de correção, mesmo no âmbito nacional, mediante instrumentos adequados, tais como vocabulários específicos, uma gramática modernizada do uso culto e sobretudo um magistério qualificado.

As questões 96 a 98 referem-se ao texto abaixo.

É fato sabido há séculos que o desenvolvimento econômico está intimamente ligado ao crescimento da produtividade. O nó da questão são os fatores que determinam o aumento da produtividade. Há até duas décadas, a discussão se concentrava em apenas quatro pontos: estoque de capital físico por trabalhador; conhecimento tecnológico; grau de adestramento da mão de obra; e economias de escala. Nos últimos anos, vários outros fatores vêm-se associando à determinação da produtividade: o funcionamento do sistema de preços; a estabilidade da moeda; a estabilidade das regras econômicas; o nível de educação geral e moral da população; o sistema tributário; o funcionamento do mercado de capitais; a capacidade de competição internacional; e a cultura da empresa.

A razão para esse aprofundamento do conceito de produtividade resulta de uma observação simples segundo a qual, numa sociedade marcada pela extensa divisão do trabalho, a produtividade não pode ser medida apenas pelo ângulo do fabricante, disposto a obter o produto com o mínimo possível de recursos. Ela precisa ser vista também pela ótica do consumidor, que deve desejar esse produto. Ou seja, as produtividades setoriais precisam ser coordenadas para que se convertam em produtividade global. Isso obriga a sociedade a destacar de sua força de trabalho um elenco de fiscais de produtividade. Não lhes cabe produzir nada, a não ser obrigar os outros a produzir. Assim, conseguir essa fiscalização com o mínimo de fiscais é essencial para a determinação da produtividade.

(Mário Henrique Simonsen)

96. O título que melhor se adequaria ao texto é:
a) Produtividade é o que importa.
b) Economia do susto.
c) Inventário da década perdida.
d) Tecnologia força o liberalismo.
e) Liberar o comércio exige coragem.

97. De acordo com o ponto de vista defendido no texto, os quatro fatores que há 20 anos determinavam o crescimento da produtividade ligavam-se
a) às necessidades pouco sofisticadas de consumo do público.
b) às expectativas de obtenção de lucro do fabricante.
c) a um desejo do consumidor: a compra de novas tecnologias.
d) à presença crescente de fiscais nas empresas.
e) ao maior impulso no desenvolvimento econômico.

98. Segundo o que se afirma no texto, o surgimento dos fiscais
a) é uma necessidade, dada a extrema insegurança econômica dos tempos modernos.
b) liga-se ao advento de uma economia que visa à obtenção de lucros cada vez maiores.
c) é uma imposição do atual sistema tributário brasileiro às empresas.
d) relaciona-se à introdução de uma nova filosofia empresarial: a maior divisão do trabalho.
e) resulta da necessidade de coordenar a produtividade setorial para que gere a produtividade global.

Leia o texto abaixo para responder às questões de número 99 a 101.

O carnaval de Jandira

Ela irá ao carnaval. É indispensável que vá; que passe três dias dentro da indumentária abafada, e que, apesar de já não ser criança, obrigue sua corpulência às evoluções e às marchas forçadas que seriam capazes de derrear um fuzileiro naval. Mas irá; tem de ir; não pode deixar de ir.

Ora, eu não creio que seja simplesmente a atração do folguedo, como dizem, que incita a sisuda Jandira a trocar, durante três dias, a caçarola pelo pandeiro. Seus motivos são mais profundos. Em primeiro lugar, devemos considerar o justo sentimento de direito à extravagância, que no ambiente acanhado da cozinha não encontra oportunidades e espectadores. Todos nós temos um pouco de poeta, de doido e de palhaço. Ora, Jandira vestida de cossaco realizará uma síntese dessas três vocações universais, o que não deixa de ser um apreciável resultado.

Mas o motivo principal, creio eu, é de outra ordem. Jandira, como todos nós, precisa achar apoio exterior para se livrar de suas angústias metafísicas. Precisa fugir do nada. Precisa sentir que existe. E para isto não há nada melhor do que a gente se inserir no coletivo, num conjunto que nos escore, num grupo que nos engrosse a espessura do ser.

Indo ao carnaval, Jandira estará solidamente inserida. Os outros pandeiros, as outras fantasias virão reforçar a casca, a crosta de sua personalidade. Não indo, ainda que folguem as pernas, ela se sentiria excomungada; e até pior, desencarnada. Ora, ninguém quer ser fantasma; logo, é preciso inserir-se na grande sinfonia dos corpos. Andar, dançar, fazer em suma o que todo mundo faz.

Além disso, cumpre notar que Jandira, como o viajante de que fala Pascal, que só viaja para capitalizar assunto, quer também conquistar o direito de dizer que foi, que andou, que dançou.

O importante, na vida, é estar presente; e depois é ter o direito de explorar essa simultaneidade e essa concomitância do corpo. O homem precisa mais de assunto do que de pão. E como as mais irrespiráveis abstrações têm sempre raiz no que se vê e no que se ouve, é preciso de tempos em tempos ir esfregar o eu-dormente nas boas coisas que acontecem, para evitar as câimbras da alma.

Um incêndio é uma calamidade; mas ter visto um incêndio é uma satisfação. O Homem-que--viu-o-incêndio é um homem que desfruta um prestígio acalentador, embora efêmero. Hão de ouvi-lo. Nas rodas em que os outros estiverem discutindo a lamentável combustão, o homem-que-viu-o-incêndio fala de cadeira para um inferiorizado auditório que apenas soube da notícia, ou viu a fotografia, e que não tem outras alternativas além das conjecturas ou das ideias universais sobre bombeiros e edifícios em chamas. Ele não: inserido no fato, ele saboreia o concreto, o prêmio tirado na loteria dos acontecimentos.

É por esses motivos transcendentais, creio eu, que a minha austera cozinheira está costurando sua blusa de cossaco com o mesmo sorriso das noivas.

(Gustavo Corção, *Lições de Abismo*)

99. A frase que melhor se aplica, ao mesmo tempo, aos três tipos focalizados no texto é:
   a) Para não ser fantasma, a gente precisa inserir-se na grande sinfonia dos corpos.
   b) Todos nós temos um pouco de poeta, de doido e de palhaço.
   c) O importante na vida é estar presente, para depois ter o direito de explorar essa presença.
   d) O homem só viaja porque precisa capitalizar assunto para suas conversas.
   e) Um incêndio é uma calamidade; mas ter visto um incêndio é uma satisfação.

100. Ter visto um incêndio é uma satisfação porque o homem-que-viu-o-incêndio:
   a) sente-o como uma manifestação do belo.
   b) considera-o uma calamidade.
   c) goza de um prestígio permanente.
   d) fala de cadeira.
   e) satisfaz seus instintos de crueldade.

101. Para evitar as câimbras da alma, o homem tem necessidade:
   a) de estar presente.
   b) de ler Pascal.
   c) de fazer abstrações.
   d) de manter o eu-dormente.
   e) de evitar a agitação da vida.

102. Leia os fragmentos abaixo:
   1. Então é preciso comprar-lhe mais alguns livros? O que V.Sa. vir que...
   2. Essas conjeturas, porém, não ofereciam solução que o satisfizesse, e, muito razoavelmente, acabou o homem por se decidir a esperá-lo do entretenimento que não podia tardar.
   3. Finalmente achou-se de todo só e pôs-se de mãos nos bolsos, a passear no adro. No entretanto ia fazendo as suas conjecturas sobre os motivos que levariam o reitor a mandá-lo esperar e sobre a natureza da conversação que ia ter com ele.

4. Está à vontade, José, está à vontade. Ora ... nós temos que falar a respeito do teu pequeno.
5. De fato não tardou. O reitor saiu finalmente da sacristia, e dirigiu-se imediatamente para José das Dornas, que se descobriu ao avistá-lo.

Colocando os parágrafos acima numa ordem adequada, de tal forma que o texto fique coerente, teremos:
a) 3 — 5 — 2 — 4 — 1
b) 2 — 5 — 4 — 3 — 1
c) 3 — 2 — 5 — 4 — 1
d) 5 — 4 — 1 — 3 — 2
e) 5 — 4 — 2 — 1 — 3

Leia o texto abaixo para responder à questão 103.

A rigor, se cometêssemos para com a publicidade o ingênuo extremismo de acreditar plenamente no seu discurso, teríamos à nossa frente a mais desvairada das utopias. A sua eficiência, elevada ao absoluto, consistiria em fazer com que o consumidor, ao consumir um produto, incorporasse à sua percepção sensorial um deleite sublime, um estado nirvânico, um gozo celestial.

A se ressalvar e a se ressaltar, porém, a defasagem entre a promessa publicitária e o real preenchimento proporcionado pelos bens de consumo, conclui-se tristemente que o saldo é bastante negativo: a felicidade prometida é muito fugaz e o retorno ao abismo da lacuna primordial — da consciência da finitude — é ainda maior, uma vez que a busca do sublime esteve exacerbada por estímulos fantasiosos. Cada vez que o paraíso é prometido, representa-se (ritualiza-se) o drama do retorno. Cada vez que esse retorno é frustrado, dramatiza-se, outra vez, o mito da queda. A promessa de preenchimento dá lugar ao vazio. Existência e angústia retornam à sua condição de paralelismo. Compreende-se então o quanto a retórica publicitária é irreal, sublimadora. E uma leitura literalizante desse discurso delirante, coloca-se de imediato lidando com a elaboração profundamente onírica. Literalmente, a publicidade é uma fábrica de sonho.

(Luís Martins)

103. Todas as deduções abaixo são possíveis, exceto:
a) Interpretar literalmente o discurso publicitário é uma atitude ingênua.
b) A publicidade elabora um cenário onírico para os objetos da sociedade industrial.
c) O discurso publicitário é formulado com mensagens que se sustentam no princípio do prazer.
d) A felicidade prometida nas propagandas dá ao homem a consciência de sua finitude.
e) Está incorporado à publicidade o componente mítico de retorno ao paraíso.

Leia o texto e responda à questão 104.

O caboclo mal-encarado que encontrei um dia em casa do Mendonça também se acabou em desgraça. Uma limpeza. Essa gente quase nunca morre direito. Uns são levados pela cobra, outros pela cachaça, outros matam-se.

Na pedreira também perdi um. A alavanca soltou-se da pedra, bateu-lhe no peito, e foi a conta. Deixou viúva e órfãos miúdos. Sumiram-se: um dos meninos caiu no fogo, as lombrigas comeram o segundo, o último teve angina e a mulher enforcou-se.

(Graciliano Ramos)

104. Em referência ao texto lido, podemos afirmar apenas que:
a) **se acabou, limpeza, são levados** e **sumiram-se** são expressões que, no texto, se associam à ideia de morte.
b) a expressão **quase nunca morre direito** reforça a ideia de morte natural.
c) a expressão **bateu-lhe no peito** tem o mesmo sentido de "Ele bateu no próprio peito".
d) no texto **cobra** e **lombrigas** são palavras sinônimas.
e) no segundo parágrafo relata-se o que aconteceu ao **caboclo mal-encarado**, citado no primeiro parágrafo, e à sua família.

Leia o texto abaixo para responder à questão 105.

Nada mais curioso, por exemplo, do que a definição que ele dava da fraude. Chamava-lhe o braço esquerdo do homem; o braço direito era a força; e concluía: muitos homens são canhotos, eis tudo. Ora, ele não exigia que todos fossem canhotos, não era um exclusivista. Que uns fossem canhotos, outros destros; aceitava a todos, menos os que não fossem nada. A demonstração, porém, mais rigorosa e profunda, foi a da venalidade. Um casuísta do tempo chegou a confessar que era um monumento de lógica. A venalidade, disse o Diabo, era o exercício de um direito superior a todos os direitos. Se tu podes vender a tua casa, o teu boi, o teu sapato, o teu chapéu, coisas que são tuas por razão jurídica e legal, mas que, em todo caso, estão fora de ti, como é que não podes vender a tua opinião, o teu voto, a tua palavra, a tua fé, coisas que são mais do que tuas, porque são a tua própria consciência, isto é, tu mesmo? Negá-lo é cair no absurdo e no contraditório. Pois não há mulheres que vendem os cabelos? Não pode um homem vender uma parte do seu sangue para transfundi-lo a outro homem anêmico? E o sangue e os cabelos, partes físicas, terão privilégio que se nega ao caráter, à porção moral do homem? Demonstrando assim o princípio, o Diabo não se demorou em expor as vantagens de ordem temporal ou pecuniária; depois mostrou ainda que, à vista do preconceito social, conviria dissimular o exercício de um direito tão legítimo, o que era exercer ao mesmo tempo a venalidade e a hipocrisia, isto é, merecer duplicadamente.

(Machado de Assis)

105. De acordo com o texto, pode-se afirmar que:
  a) A sociedade revela sua hipocrisia ao marginalizar e punir aqueles que exercem direitos superiores e legítimos.
  b) Um casuísta da época sancionou o conteúdo moral da doutrina, com base nas tautologias e verdades axiomáticas que o compunham.
  c) O Diabo prega que o cidadão arbitre praticar aleivosia, considerando-a um direito legítimo e superior não acolhido pela sociedade.
  d) A fraude depende de uma habilidade superior do indivíduo tal como acontece com canhotos, que compõem uma minoria.
  e) O valor intrínseco da virtude é compatível com a retribuição pecuniária, desde que os princípios jurídicos superem os econômicos.

Leia o texto seguinte para responder às questões 106 e 107.

O sistema de Seguridade Social, misturando previdência, saúde e assistência social, foi criado na Constituição de 1988. As ambições eram escandinavas e os recursos, moçambicanos. Nossa Previdência, que é pública e compulsória, não satisfaz nenhum dos objetivos de um bom sistema: assegurar aposentadorias decentes, transferir recursos para os mais pobres e acumular poupanças para alavancagem do desenvolvimento.

As aposentadorias são miseráveis para a vasta maioria. E excessivas, mesmo pelos padrões de países ricos, para um grupelho privilegiado. Há uma "solidariedade invertida", pois que a poupança dos pobres, vertida numa vala comum, é saqueada para financiar aposentadorias precoces e especiais de grupos politicamente mobilizados. Não há acumulação de poupança investível, pois que tudo é consumido em gastos correntes com os aposentados. É um sistema de repartição simples, sem reservas e sem capitalização.

São frequentes no Brasil as brigas com a lógica econômica, de que foram exemplos os monopólios e a pretensão de autonomia tecnológica na informática. No caso do INSS, a briga é com o cálculo atuarial. Fatores vários — como o envelhecimento rápido da população, a proliferação de aposentadorias precoces especiais e múltiplas, o crescimento da economia informal, a redução do número de contribuintes por beneficiário — prenunciam um desastre atuarial com data marcada. Em seu formato atual, o sistema é antidemocrático, antissocial e antidesenvolvimentista. Antidemocrático, porque priva o cidadão do direito de escolher o administrador de sua poupança, pois as contribuições são compulsoriamente entregues ao INSS. A contribuição vira imposto. É também antissocial, porque afluindo para a vala comum do INSS as contribuições ficam sujeitas à predação de grupos politicamente mobilizados, que auferem benefícios desproporcionais. Na moderna literatura previdenciária, já se começa a reconhecer que o clássico "welfare state" das democracias ocidentais se torna cada vez mais uma conspiração da classe média e das burocracias estatais contra os estratos mais pobres da população, menos vocais e politicamente desorganizados. Nosso sistema é também antidesenvolvimentista, porque as contribuições dos ativos são gastas para financiar gastos correntes de aposentadorias, sem alavancagem de investimentos, através de cadernetas. A única solução para evitar os predadores políticos é o abandono do sistema de repartição em favor do sistema de capitalização individual previdenciária. Nesse sistema, o benefício é sempre o valor capitalizado das contribuições, eliminando-se o incentivo à busca de aposentadorias precoces e especiais.

(Roberto Campos, *Veja,* 18.02.1998, adaptado)

106. Indique o segmento que representa sequência lógica e coesa do texto.
   a) Cabe somente ao governo a função de supervisionar e fiscalizar os administradores privados da poupança previdenciária.
   b) A função da previdência não é complementar a renda daqueles que, ao fim da vida laboral, não alcançaram um mínimo vital garantido por lei.
   c) Estes, ou permitem opção entre previdência pública e privada, ou confinam a previdência pública a um teto modesto.
   d) Isso requer uma mudança fundamental da filosofia previdenciária.
   e) Daí se conclui que o Brasil é um país atrasado e tímido em suas reformas.

107. Indique o período que contém a tese central do texto.
   a) O sistema de seguridade social é ineficaz porque mistura previdência, saúde e assistência social.
   b) A solução para o atual sistema de previdência — antidemocrático, antissocial e antidesenvolvimentista — é a adoção da capitalização individual.
   c) A previdência básica deve passar a ser responsabilidade do indivíduo, cabendo ao estado apenas a fiscalização das instituições de seguro privado.
   d) O sistema de repartição, embora atenda bem alguns estratos sociais, tem defeitos genéticos.
   e) As aposentadorias no Brasil são irrisórias para uma grande maioria e excessivas para uma minoria privilegiada

108. Numere os fragmentos de modo que formem um texto coeso e coerente, em seguida, assinale a opção correspondente.
   ( ) Tal euforia foi alimentada pela expansão imoderada do crédito e, naturalmente, estava amparada em expectativas privadas excessivamente otimistas a respeito da evolução dos ganhos de capital e dos fluxos de rendimentos que decorreriam dos novos empreendimentos.
   ( ) O Fundo Monetário Internacional está sob fogo cerrado.
   ( ) Só agora os sábios entenderam que a degringolada foi resultado de sobrevalorização de ativos (incluídos os investimentos em capacidade produtiva).
   ( ) Tais increpações são até justificadas, mas não há qualquer sinal de que os acusadores tivessem sugerido, ainda que remotamente, a possibilidade do colapso.
   ( ) Muitos economistas de prestígio, como Jeffrey Sachs, vêm criticando duramente a incapacidade da instituição de se antecipar e prevenir o episódio asiático.

(Baseado em texto de Luiz Gonzaga Beluzzo, *Carta Capital,* 18.02.1998)

   a) 2, 3, 5, 4, 1
   b) 3, 4, 2, 1, 5
   c) 5, 1, 4, 3, 2
   d) 4, 1, 3, 5, 2
   e) 3, 4, 2, 5, 1

109. Numere os fragmentos de modo que formem um texto coeso e coerente, em seguida, assinale a opção correspondente.

( ) Não obstante, é ali que a velocidade espantosa das conquistas tecnológicas dispensa em maior grau a mobilização de novos recursos humanos para aumentar a produtividade das empresas.
( ) A causa fundamental está nas migrações de grupos étnicos em processo de dizimação em seus países e de milhões de pessoas tangidas pela fome.
( ) Nos Estados Unidos, por exemplo, a mão de obra fora do mercado de trabalho tem a mesma dimensão estatística dos últimos cinco anos.
( ) As elevadas estatísticas de desemprego no Brasil não podem ser justificadas com o argumento de que se trata de fenômeno mundial.
( ) Na Europa, onde há dezoito milhões de trabalhadores atirados à ociosidade forçada, o desemprego não resulta apenas da substituição do homem pela máquina.

(Josemar Dantas, *Direito & Justiça*, 23.02.1998)

a) 4, 1, 2, 5, 3
b) 5, 3, 1, 2, 4
c) 1, 2, 3, 5, 4
d) 3, 5, 2, 1, 4
e) 2, 3, 5, 4, 1

110. Dentre as alternativas que seguem, extraídas de diversas fontes, existe uma que, do ponto de vista da coerência, funciona como argumento contrário ao que se diz no texto abaixo. Assinale-a:

Se o Brasil quer efetivamente ingressar no Primeiro Mundo, não basta combater a inflação, coibir os cartéis e abrir a economia ao exterior. É preciso, antes de tudo, investir em educação, treinando os recursos humanos necessários para operar a nova era industrial, e valorizar a mão de obra nacional.

(Mário Henrique Simonsen, *Exame*, abril 1997, p. 13-14)

a) Cresce, a olhos vistos, o número de empresas que decidiram investir mais na escolaridade de seus funcionários.
b) Um funcionário com mais preparo intelectual entende melhor os processos de trabalho e resolve problemas inesperados com mais facilidade.
c) Dados o gigantismo do país e os problemas sociais daí decorrentes, é natural que investimentos na área de educação fiquem relegados a um segundo plano.
d) As melhores universidades brasileiras nada ficam a dever às de países com economia compatível ou mesmo às da França e Espanha.
e) Com a modernização, muitas atividades desaparecerão. Um funcionário com boa formação escolar terá mais chances de reciclar-se e ser aproveitado em outras funções.

As questões 111 e 112 referem-se ao texto que segue.

Por alguma razão obscura tornou-se moda no Brasil considerar que a utilização correta do português é algo secundário, desimportante. (...)
"Durante bom tempo a prática de escrever bem andou ligada à ideia de cultura inútil, que não era fundamental para a produtividade", diz Carlos Faccina, diretor de RH e assuntos institucionais da Nestlé. "De uns sete ou oito anos para cá, quando as empresas passaram a dar mais ênfase à comunicação como um todo, ficou visível o total despreparo dos executivos para redigir um texto."
(...)
A dificuldade dos profissionais em se expressar por escrito não sai de graça. Uma das consequências dentro da empresa é que a comunicação tem de ser cada vez mais falada. O que se faz quando uns não sabem escrever e outros não vão conseguir entender? Convoca-se uma reunião. Ou melhor, mais uma reunião. O que acontece quando se recebe uma carta, memorando ou relatório importantes, porém confusos? Na melhor das hipóteses quem recebeu é

obrigado a dar um (no mínimo) telefonema a quem mandou a correspondência para esclarecer as dúvidas. Ou seja, há uma perda enorme de tempo, recursos e energia, pela falta de gente capacitada para exprimir pensamentos e informações de forma ordenada numa folha de papel.

(Maria Amália Bernardi, *Exame*, 23.04.1997, p. 122)

111. "Durante bom tempo a prática de escrever bem andou ligada à ideia de cultura inútil, que não era fundamental para a produtividade", diz Carlos Faccina, diretor de RH e assuntos institucionais da Nestlé.
A frase acima se caracteriza como
   a) um argumento contrário à tese postulada no parágrafo inicial.
   b) um argumento de autoridade sobre a tese inicialmente proposta.
   c) uma síntese do argumento a ser desenvolvido no terceiro parágrafo.
   d) a conclusão sobre o argumento proposto no parágrafo inicial.
   e) um argumento fundado na desigualdade hierárquica.

112. Conclui-se que a consequência mais grave criada pelo "despreparo dos executivos para redigir um texto" é
   a) o acúmulo de reuniões sobre assuntos institucionais.
   b) o congestionamento das linhas telefônicas.
   c) o prejuízo da produtividade.
   d) a proliferação de conversas pelos corredores.
   e) a descrença nas chefias.

Leia o texto abaixo para responder às questões 113 e 114.
Ao começar esta crônica, sinto que qualquer assunto, fora o futebol, já nasce morto. Portanto falaremos do escrete, que é, neste momento, a obsessão de 90 milhões. Hoje jogaremos com o Uruguai a semifinal da Copa. E vejam, vejam as janelas, e vejam as caras.
Sempre digo que no ser humano tudo é cara, e o resto, paisagem. Comecemos pela cara. Não sei se vocês repararam que o escrete mudou-se até fisicamente. Um dia puxei um amigo: "— Vem ver como o povo é triste". Levei-o para a esquina de Ouvidor com Avenida. E ficamos olhando os que passavam. A multidão tem algo de fluvial no seu lerdo escoamento. Ficamos ali uns quinze, vinte minutos. E constatamos o óbvio, isto é, que todos tinham a cara amarrada. Mas desde a primeira vitória brasileira no México, começou, de brasileiro para brasileiro, uma euforia nunca vista.
Já contei o caso do meu amigo rico. Tão brasileiro como o chafariz da Praça da Bandeira. E, como não sai de Paris, perguntei-lhe: "— Você é ou não é brasileiro?". Respondeu: "— Sou brasileiro quando o escrete ganha." Um outro só cumprimenta o Pão de Açúcar quando o escrete ganha. Os lorpas, os pascácios, os bovinos imaginam: "— O escrete é futebol".
Meu Deus, não sejamos cegos. O escrete tem outras dimensões vitais decisivas. (...) Portanto (e aqui vai o óbvio) o escrete realiza o brasileiro e o compensa de velhas humilhações jamais cicatrizadas.
Mas voltemos ao jogo com o Uruguai. Não vamos pensar em facilidades, e repito: — a facilidade derrota um Napoleão. A "Celeste" será difícil e vamos desejar que seja difícil. Por isso mesmo o escrete terá de ser mais Brasil. Não posso olhar sem uma compassiva ironia os que negam qualquer relação entre o escrete e a pátria. Semanas atrás o António do Passo teria dito: "— Não vamos misturar o escrete com o nome, a bandeira e o hino da pátria."
O que salvou o nosso Passo foi a ingenuidade. Pois o escrete não é outra coisa senão a pátria. Se não é a pátria, que fazem as bandeiras, sim as bandeiras, que pendem das janelas? Ou será o querido Passo menos patriota do que as janelas? E o hino? Por que tocam o hino diante do escrete perfilado? E ainda mais: por que o escrete está vestido de verde e amarelo?
Acredite o Passo que a pátria é muito, ou, melhor dizendo, é tudo. No princípio do século, uma caixa de fósforos brasileiros ganhou prêmio na Exposição de Paris. Não sei se merecia ou se o prêmio lhe foi dado de mão beijada. O Brasil tremeu. E linda foi a recepção. A caixa de

fósforos desfilou pela Avenida em carruagem aberta, atirando beijos com as duas mãos. O que eu queria dizer é que, naquele momento, a pátria assumia exatamente a forma de uma caixa de fósforos. (...)

A sensação que todos temos é de que a batalha de hoje é uma finalíssima. Antes, porém, de falar no jogo, eu convidaria vocês para olhar as ruas. As caras amarradas já desapareceram. E, nas esquinas, como todo mundo se torna íntimo de todo mundo! Como as pessoas se entendem melhor e como um simples bom-dia vem saturado de amor. E dois desconhecidos se tratam como súbitos amigos de infância. Por outro lado, a bondade nasce no brasileiro como uma irradiação de profundezas.

Um turista que por aqui passasse e visse as caras iluminadas, e os botecos em flor, e as esquinas em sonho, haveria de perguntar: "— O que é que há como Brasil?" Não há nada, ou por outra: há o escrete.

(Nélson Rodrigues. *O Globo*, 19.06.1970)

113. Todas as alternativas abaixo interpretam corretamente o texto, exceto:
 a) O autor da crônica explicita a ideia de que o futebol agrada ao povo comum e informa, ao falar do seu amigo rico, que agrada também a pessoas de outras classes, da mesma forma.
 b) Malgrado expressões particulares que identificam o estilo do autor, podemos afirmar que ao escrever: *Os lorpas, os pascácios, os bovinos imaginam: "— o escrete é futebol."* o cronista está sendo ofensivo.
 c) O evento anunciado pelo autor como assunto de sua crônica é a partida semifinal da Copa do México de 1970, entre Brasil e Uruguai.
 d) O jornalista, ao perguntar a si mesmo "... que fazem as bandeiras, sim, as bandeiras, que pendem das janelas? (...) E o hino? Por que tocam o hino diante do escrete perfilado? E ainda mais: por que o escrete está vestido de verde e amarelo?" Está tentando esclarecer uma dúvida levantada por António Passo ao dizer: "— Não vamos misturar o escrete com o nome da pátria."
 e) Nélson Rodrigues, durante toda sua crônica emite ideias personalistas, que podem ser ou não coniventes com as de quem o lê. Tendo em vista o que seu texto nos transmite, podemos afirmar que ele cria em que a paixão pelo futebol redimisse o brasileiro de seus pesares.

114. Nélson Rodrigues diz que seria melhor o jogo contra o Uruguai ser difícil, pois "a facilidade derrota até um Napoleão". Com qual destas frases (todas de outras crônicas do autor) esse argumento se identifica?
 a) Nós sabemos que o martírio é que dá a um jogo, seja ele um clássico ou uma pelada, um charme desesperador.
 b) Nós sabemos que a história de um império influi nas boas ou más ações de seus súditos.
 c) Eis a caridade que nos faz o escrete: dá ao roto, ao esfarrapado, uma sensação de onipotência.
 d) Ou expulsamos de nós a alma da derrota ou nem vale a pena competir mais.
 e) É difícil acreditar que tenham homenageado aquela caixa de fósforos premiada...

115. Indique o fragmento que dá sequência ao trecho abaixo, respeitadas a coesão e coerência das ideias nele contidas.

Neste final de século, assiste-se à configuração de uma nova demarcação do curso do pensamento. As categorias com que se tem pensado a realidade foram e estão sendo postas em questão. Os modelos de pensamento que até então davam conta do mundo
 a) continuam a explicar a relação do homem moderno com seu mundo biopsíquico e social.
 b) reafirmam-se com a força da tradição filosófica ocidental.
 c) foram ratificadas como paradigmas explicativos da realidade atual.
 d) parecem não mais apropriados para se apreender a realidade dos novos tempos.
 e) superaram os parâmetros da racionalidade pós-moderna dos tempos atuais.

116. Indique o trecho que constitui paráfrase das ideias essenciais do segmento transcrito abaixo:

8 ■ Interpretação de Texto

Os europeus do século XVI, cuja vida continuava pautada na religião e nas normas da Igreja, não haviam de todo abandonado as antigas prescrições teológicas que condenavam os lucros advindos de empréstimos a juro, por serem uma forma estéril de riqueza.

(Adalberto Marson)

a) Nem todos os europeus do século XVI, cuja vida permanecia adstrita às normas religiosas da Igreja, haviam abandonado as antigas determinações teológicas de condenação aos lucros obtidos pelos agiotas, por serem uma forma espúria de gerar riqueza.
b) Por terem abandonado as antigas restrições teológicas que condenavam os lucros provenientes de juros de empréstimos, consideradas uma forma improdutiva de riqueza, os europeus do século XVI continuavam a pautar sua vida na religião e nas normas da Igreja.
c) Seguindo as normas religiosas e cristãs, os europeus de seiscentos não haviam abandonado completamente os antigos preceitos teológicos de obtenção de riqueza através da forma estéril de empréstimos a juros.
d) Obter riqueza por meio da usura era prática condenada pelas antigas prescrições teológicas, cuja religião e normas da Igreja os europeus do século XVI não haviam de todo abandonado.
e) Continuando a manter sua vida pautada na religião e nas normas da Igreja, os europeus quinhentistas respeitavam as antigas determinações teológicas segundo as quais os lucros obtidos a partir de empréstimos a juro mereciam condenação, por constituírem uma forma improlífera de riqueza.

117. Indique a opção que completa com coerência e coesão o trecho abaixo.

Se a sociedade estabelece proibições é porque ali o desejo procura se infiltrar. Não é necessário proibir que as pessoas comam pedras, porque ninguém o deseja. Só se proíbe o desejado. Assim, pode haver leis proibindo o incesto, o furto, a exibição da nudez, os atos sexuais em público, a crueldade para com crianças e animais, o assassinato, o homossexualismo e lesbianismo, a ofensa a poderes constituídos. É que tais desejos são muito fortes.

(Rubem Alves, *O que é religião*, Editora Brasiliense, 1984)

a) A ânsia por mais repressão e censura, será, assim, inevitável e cada vez maior, à medida em que as sociedades tornam-se mais complexas.
b) O aparato de repressão e censura será tanto mais forte quanto mais intensa for a tentação de transgredir a ordem estabelecida pela sociedade.
c) A necessidade de interdição resultará da sensação de estarem surgindo, a cada dia, mais e melhores prazeres, aos quais o homem tentará impor freios.
d) E se o são, necessariamente trarão consigo a imediata compreensão de que só leis amenas poderão fazê-los alcançáveis aos homens.
e) Desta forma, tudo aquilo que for indispensável à sua maior fruição aflorará do inconsciente, deixando-nos capazes de sermos, finalmente, felizes.

118. Assinale a ordem em que os fragmentos a seguir devem ser dispostos para se obter um texto com coesão, coerência e correta progressão de ideias.
1. Não podia imaginar que numa fração de segundos golpearia a bola ainda com o corpo no ar e a lançaria por cima de si mesmo para fora da área.
2. Foi um movimento bonito, ousado, uma espécie de coice plástico que levantou o estádio inglês. Milhares de pessoas aplaudiram de pé.
3. A bola foi chutada de fora da área. Higuita estava no centro do gol. Ele poderia simplesmente levantar as mãos e agarrar a bola.
4. Esse salto maluco de Higuita me encheu de alegria. A bola já estava quase na linha do gol e o corpo de Higuita estava estirado para a frente.
5. Em vez disso, Higuita se jogou para a frente, num nível mais baixo que a bola, deixou que ela passasse e a rebateu com os dois pés juntos, quase na linha do gol.

(Fernando Gabeira, com adaptações)

a) 2 — 4 — 1 — 5 — 3
b) 3 — 2 — 4 — 1 — 5
c) 3 — 5 — 2 — 4 — 1

d) 3 — 4 — 2 — 5 — 1
e) 4 — 5 — 1 — 3 — 2

Leia o texto abaixo para responder às questões de 119 a 121.

O paradoxo da linguagem

Por que as ambiguidades da linguagem são inelimináveis? Os linguistas se empenham, incansavelmente, em formular com precisão as leis que regem os fenômenos linguísticos. Os gramáticos se esforçam para definir as regras e delimitar o espaço das exceções. Mais cedo ou mais tarde, entretanto, acabam sendo forçados a reconhecer que a vida da linguagem, na sua riqueza aparentemente caótica, desborda de todas as explicações e ultrapassa as fronteiras dos campos em que se pretende analisá-la.

Ao que tudo indica, as ambiguidades do que pode ser dito são uma consequência necessária da inesgotabilidade do real, da irredutibilidade do real ao saber. Como o movimento da realidade é infinito, o movimento do discurso sobre ela jamais poderá construir uma ordem "acabada", uma totalidade "fechada", um sistema definitivo, completamente feito em si mesmo (etimologicamente: perfeito).

A linguagem, mesmo sofrendo uma codificação permanente, preserva sempre uma dimensão rebelde, que escapa a todas as codificações. Nela, reconhecemos a realidade constituída e nos defrontamos com a realidade que estamos inventando (e que ainda não foi inventada). Nela, cada um pode apreender o mundo que já foi criado e pode antever o mundo possível das criações que ainda não aconteceram.

De fato, a linguagem nos ensina a reconhecer e apreciar o charme do inacabado.

Essa, aliás, é uma das razões pelas quais a linguagem exerce um antigo fascínio sobre os seres humanos. Ela não é só o meio pelo qual nos comunicamos e nos expressamos: é também, decisivamente, um elemento constitutivo do que somos. É uma revelação de como somos, de como podemos nos tornar.

Somos o que fizeram de nós, mas somos igualmente — e com força crescente — o que fazemos daquilo que fizeram de nós. Somos o que assimilamos do passado e o que pretendemos para o futuro. E tudo isso aparece, de maneira radical, na nossa linguagem.
(...)

(Leandro Konder, O Globo, 29.03.1998, com cortes)

119. Marque a *única* afirmativa verdadeira.
a) É impossível conter a riqueza caótica da linguagem nos limites restritos das ciências que, mais detidamente, empenham-se por estudá-la: a linguística e a gramática.
b) Do embate de dois fatores, um, finito, qual seja o cotidiano que nos cerca, outro, infinito, representado pela linguagem que manipulamos, resultam as ambiguidades da linguagem.
c) Através da linguagem estamos aptos a entender o mundo circundante, bem como podemos pressupor um hipotético mundo ainda não inventado.
d) Ser o meio através do qual nos comunicamos e pelo qual expressamos nossas emoções constitui a única causa do grande fascínio que a linguagem vem exercendo sobre os homens.
e) A linguagem, por tentar acompanhar o movimento ininterrupto da realidade que pretende expressar, virá, um dia, a ser um sistema fechado, um conjunto de normas imutáveis.

120. Indique a alternativa em que a substituição de vocábulos ou expressões empregadas no texto não manteve o sentido da mensagem original.
a) "Os linguistas se empenham, incansavelmente, em formular com precisão as leis que regem os fenômenos linguísticos." (primeiro parágrafo) / Os linguistas se empenham, diligentemente, em formular com precisão as leis que regem os fenômenos linguísticos.
b) "... acabam sendo forçados a reconhecer que a vida da linguagem, na sua riqueza aparentemente caótica, desborda de todas as explicações..." (primeiro parágrafo) / ... acabam sendo forçados a reconhecer que a vida da linguagem, na sua riqueza aparentemente caótica, excede todas as explicações...
c) "Nela, reconhecemos a realidade constituída e nos defrontamos com a realidade que estamos inventando (e que ainda não foi inventada)." (terceiro parágrafo) / Nela, reconhecemos a realidade constituída e deparamos com a realidade que estamos inventando (e que ainda não foi inventada).

d) "Essa, aliás, é uma das razões pelas quais a linguagem exerce um antigo fascínio sobre os seres humanos." (quinto parágrafo) / Essa, aliás, é uma das razões pelas quais a linguagem faz sentir um antigo encantamento sobre os seres humanos.
e) "E tudo isso aparece, de maneira radical, na nossa linguagem." (sexto parágrafo) / E tudo isso surge, inflexivelmente, na nossa linguagem.

121. Indique o item em que o valor semântico das orações assinaladas *não* está devidamente apontado.
   a) "Os gramáticos se esforçam para definir as regras e delimitar o espaço das exceções." — finalidade.
   b) "Como o movimento da realidade é infinito, o movimento do discurso sobre ela jamais poderá construir uma ordem 'acabada'..." — causalidade.
   c) "A linguagem, mesmo sofrendo uma codificação permanente, preserva sempre uma dimensão rebelde..." — concessão.
   d) "Essa, aliás, é uma das razões pelas quais a linguagem exerce um antigo fascínio sobre os seres humanos" — proporcionalidade.
   e) "Os gramáticos se esforçam para definir as regras e delimitar o espaço das exceções." — finalidade.

122. Numere os períodos de modo a compor um texto coeso e coerente e, depois, escolha a sequência correta.
   ( ) Lá, complementou seu programa de ação anunciando medidas enérgicas contra o Movimento dos Sem-Terra e os assaltos das massas esfomeadas aos armazéns.
   ( ) Fernando Henrique, como novo monarca, voou até o Ceará, onde visitou rapidamente a zona menos chocante da "seca verde", bem perto de Fortaleza.
   ( ) Foi preciso que a televisão transmitisse ao vivo o espetáculo da fome dos flagelados nordestinos, alimentando-se de sopa de cacto, para despertar as consciências urbanas entorpecidas pela festança do consumismo.
   ( ) "Eu tenho experiência de seca", afirmou.
   ( ) Logo depois deu um pulo a Ipirá, numa região da Bahia classificada como de "seca light".
   (Moacir Werneck de Castro, *Jornal do Brasil*, 12.05.1998, adaptado)
   a) 4, 5, 1, 2, 3
   b) 5, 1, 2, 4, 3
   c) 4, 1, 5, 3, 2
   d) 5, 2, 1, 3, 4
   e) 3, 5, 1, 2, 4

Leia o seguinte texto para responder à questão 123.
A entrada dos anos 2000 tem trazido a reversão das expectativas de que haveria a inauguração de tempos de fraternidade, harmonia e entendimento da humanidade. Os resultados das cúpulas mundiais alimentaram esperanças que novos tempos trariam novas perspectivas referentes a qualidade de vida e relacionamento humano em todos os níveis.
Contudo, o movimento que se observa em nível mundial sinaliza perdas que ainda não podemos avaliar. O recrudescimento do conservadorismo e de práticas autoritárias, efetivadas à sombra do medo, tem representado fonte de frustração dos ideais historicamente buscados.
(Roseli Fishmann, *Correio Braziliense*. 26.08.2002, com adaptações)

123. Se cada período sintático do texto for representado, respectivamente, pelas letras X, Y, W e Z, as relações semânticas que se estabelecem no trecho correspondem às ideias expressas pelos seguintes conectivos:
   a) X e Y mas W e Z.
   b) X porque Y porém W logo Z.
   c) X mas Y e W porque Z.
   d) Não só X mas também Y porque W e Z.
   e) Tanto X como Y e W embora Z.

124. Considerando as ideias do texto, assinale as inferências como Verdadeiras (V) ou Falsas (F) e marque a correta opção em seguida

Li que a espécie humana é um sucesso sem precedentes. Nenhuma outra com uma proporção parecida de peso e volume se iguala à nossa em termos de sobrevivência e proliferação. E tudo se deve à agricultura. Como controlamos a produção do nosso próprio alimento, somos a primeira espécie na história do planeta a poder viver fora de seu ecossistema de nascença. Isso nos deu mobilidade e a sociabilidade que nos salvaram do processo de seleção, que limitou outros bichos de tamanho equivalente. É por isso que não temos mudado muito, mas também não nos extinguimos.

(Luiz Fernando Veríssimo, Recursos humanos. In: *O desafio ético*, org. de Ari Roitman, com adaptações)

( ) Mede-se o sucesso pela capacidade de sobrevivência e proliferação.
( ) Se a espécie humana tivesse outro peso e volume não teria sobrevivido.
( ) Viver fora do ecossistema de nascença depende da capacidade de criar o próprio alimento.
( ) O processo de seleção das espécies é que limita a mobilidade e a sociabilidade.
( ) A história da espécie humana poderia ser outra se não houvesse agricultura.
( ) Poucas mudanças trazem como consequência a não extinção da espécie.

A sequência correta é:

a) V, V, V, F, F, V
b) V, F, F, V, V, F
c) F, F, V, V, F, V
d) F, V, F, V, V, F
e) V, F, V, F, V, F

A questão 125 está baseada no seguinte texto:

Época — Na economia globalizada, expectativa, confiança e credibilidade são moedas de grande valor. Do pequeno poupador interno ao grande investidor externo, tudo é questão de acreditar. Como fazer crescer a economia num país com escândalos de corrupção e falta de credibilidade nas instituições públicas?

Langoni — O novo governo terá de dar um choque de credibilidade. Escolher pessoas competentes e confiáveis. E não adiar medidas imprescindíveis. Eu apontaria três principais: reforma tributária que estimule a poupança, novo ambiente para crescimento das exportações e o Banco Central independente. Só o crescimento contínuo gera empregos e aumento real da renda. Com 5%, 6% ao ano por dez anos, duplicamos a renda *per capita*. E daí combater a pobreza fica mais fácil.

(Entrevista com Carlos Langoni. *Revista Época*. 26.08.2002, p. 17)

125. Indique a única opção abaixo cujo conteúdo *vai de encontro* às ideias contidas na entrevista.

a) A estrutura de impostos do Brasil, embora arraste multidões para a informalidade, precisa continuar.
b) Precisamos dar ao comércio exterior um novo *status* e poder político para traçar estratégias.
c) Na economia globalizada, o Brasil precisa ter acesso aos megamercados mundiais para fazer a economia crescer.
d) Hoje a carga tributária do Brasil é de 36% do PIB, índice de país desenvolvido, mas os serviços sociais são de Terceiro Mundo.
e) A informalidade é um mundo de baixa produtividade, só capaz de competir em preços por deixar de pagar as contas.

126. Analise as paráfrases propostas para o período abaixo e assinale a opção em que se preservam as relações semânticas e a correção gramatical.

Não denunciamos com eficácia o desemprego e o desleixo com que tratamos metade da população urbana brasileira que vive em condições subumanas.

(João Sayad. Crime e Castigo, *Revista Classe*, n. 87, 2002, com adaptações)

a) Não denunciamos com eficácia o desemprego e o desleixo que metade da população urbana é, por nós, tratada e que vive em condições subumanas.
b) Tratamos com o desemprego e o desleixo metade da população urbana brasileira vivendo em condições subumanas; não a denunciamos com eficácia.
c) Não somos eficazes ao denunciar nem o desemprego nem o desleixo com que tratamos metade da população urbana brasileira que vive em condições subumanas.
d) Metade da população urbana brasileira que vive em condições subumanas não é denunciada com eficácia quanto ao desemprego e o desleixo em que a tratamos.
e) Não denunciamos metade da população urbana brasileira — que vive em condições subumanas — devido à nossa ineficácia e o desleixo que tratamos o desemprego.

127. Os trechos abaixo constituem um texto, mas estão desordenados. Ordene-os e assinale a opção que apresenta a sequência que organiza o texto de forma coesa e coerente.

( ) Por isso, foi apresentado à Mesa da Câmara o Projeto de Lei 6680/02, que obriga o chefe do Executivo a encaminhar anualmente ao Congresso Nacional, como parte integrante da Prestação de Contas de que trata a Constituição, o mapa da exclusão social brasileira.
( ) O projeto já está na comissão de Seguridade Social e Família, onde o relator apresentará seu parecer no retorno dos trabalhos parlamentares, após as eleições. Depois será votado conclusivamente pela comissão de Desenvolvimento urbano e Interior, pela comissão de Constituição, Justiça e Redação.
( ) Tal proposta é classificada pelo seu autor como Lei de Responsabilidade Fiscal — que impõe ao Governo determinadas medidas visando atingir metas financeiras.
( ) Para comprovar essa responsabilidade social, o mapa deverá fazer um diagnóstico da exclusão por região e estados, com base nos indicadores sociais referentes à expectativa de vida, renda, desemprego, educação, saúde, saneamento básico, habitação, população em situação de risco nas ruas, reforma agrária e segurança.
( ) O principal problema que o País enfrenta na hora de definir um planejamento estratégico de combate à exclusão social é falta de informações e estatísticas oficiais sobre a nossa realidade social.
( ) Os dados de cada item serão comparados com os do ano anterior, a fim de avaliar a ação do governo em cada área.

(Adaptado de Agência Câmara)

a) 1.º, 3.º, 5.º, 2.º, 4.º, 6.º
b) 2.º, 1.º, 4.º, 5.º, 6.º, 3.º
c) 2.º, 6.º, 3.º, 4.º, 1.º, 5.º
d) 3.º, 4.º, 1.º, 6.º, 2.º, 5.º
e) 6.º, 3.º, 4.º, 5.º, 1.º, 2.º

Leia o texto abaixo para responder à questão 128.

Índio quer voltar a ser índio
Depois da gripe, tribos indígenas costumam assimilar da cultura urbana as roupas, o apego ao dinheiro e hábitos alimentares não exatamente saudáveis. Com o tempo, submergem outros elementos característicos, como crenças, idioma e até formas de organização social. Em boa parte dos casos, resta, passados alguns anos, uma comunidade pobre, mal assistida, marginalizada, sem identidade e por vezes dispersa. Muitos desses grupos estão descobrindo agora que é mais negócio retomar o comportamento de índios. Desde o fim dos anos 80, além de uma constituição que deu a comunidades indígenas até participação na exploração de recursos naturais, surgiram centenas de ONGs para dar assistência material a tribos, a Funai passou a ter uma ação mais evidente na defesa dos grupos culturalmente preservados e o governo avançou muito na demarcação das terras. Mas esses benefícios só existem para índios que sejam reconhecidos como índios.

(*Veja*, 17.09.2003, com adaptações)

128. Analise as seguintes possibilidades de continuidade para o texto.

I. Por isso, existem grupos que estão mesmo fazendo cursos para recuperar tradições e hábitos silvícolas e, só no Nordeste, o número de grupos que se declaram indígenas passou de 16 para 47.

II. Com isso, entre os potiguaras, que deixaram de falar o tupi há mais de 300 anos, 1500 crianças estão agora estudando a língua dos antepassados — e uma porção de adultos também.

III. Assim, comprova-se que, para certas etnias, o caso é de mera encenação para fins de sobrevivência. De dia, elas se vestem de índio para vender artesanato; de noite vão tomar cerveja e acompanhar a novela, vestidos.

IV. No entanto, há quem veja alguns exageros nessa volta às etnias; principalmente quando é o caso de uma busca do retorno à forma mais pura do índio brasileiro.

Constituem uma continuidade coerente e gramaticalmente correta para o texto:
a) apenas I, II e IV
b) apenas I, III e IV
c) apenas II e III
d) apenas II, III e IV
e) todos os itens

Para responder às questões 129 a 131 leia o texto abaixo.

Dinheiro é a maior invenção dos últimos 700 anos.

Com ele, você pode comprar qualquer coisa, ir para qualquer lugar, consolar o aleijado que bate no vidro do carro no sinal fechado, mostrar quanto você ama a mulher amada ou comprar uma hora de amor. É o passaporte da liberdade. Com dinheiro, você pode xingar o ditador da época e sair correndo para o exílio, ou financiar todos os candidatos a presidente e comparecer aos jantares de campanhas de todos.

Nos tempos que estamos vivendo, dinheiro é como Deus na Idade Média — o sentido único e todos os sentidos das coisas. O que não produz nem é dinheiro, não existe, é falso, postiço.

Os sábios da igreja de antigamente são os economistas de hoje em dia. Dividem-se em dois grupos — os idólatras, para quem dinheiro é o pedacinho de papel, a imagem do sagrado, o santinho. Para eles, o valor do dinheiro depende da quantidade de papéis em circulação. Para os iconoclastas, dinheiro é a base das relações sociais do mundo capitalista, a rede que organiza a sociedade. É um conceito, um crédito, um débito.

Como os sacerdotes de antigamente, economistas têm a missão de explicar o inexplicável — como o dinheiro é tudo e nada ao mesmo tempo, por que falta dinheiro se dinheiro é papel impresso, ou se a quantidade de santinhos muda o tamanho do milagre.

(João Sayad, *Cidade de Deus,* Classe Revista de Bordo da TAM, n. 95, com adaptações)

129. Assinale como verdadeiras (V) ou falsas (F) as seguintes inferências para o texto. A seguir, assinale a opção correta.

( ) Os sábios da Igreja de antigamente são identificados aos idólatras; os economistas de hoje em dia, aos iconoclastas.

( ) Hoje em dia, o dinheiro representa um deus, porque remete ao sentido de todas as coisas.

( ) Considerar dinheiro como um pedacinho de papel retira dele o valor sagrado com que é reverenciado nos dias de hoje.

( ) O valor do dinheiro para os iconoclastas está ligado ao simbólico, ao conceito, como crédito ou débito.

( ) É "inexplicável" dizer que dinheiro é tudo e nada ao mesmo tempo porque se trata de uma realidade paradoxal.

a) V, V, F, V, F
b) V, F, V, F, F

c) F, V, F, V, V
d) F, V, V, V, F
e) F, F, V, F, V

130. Assinale a relação lógica em desacordo com a argumentação do segundo parágrafo do texto.
a) O que não é dinheiro é falso.
b) Não existe o que não produz dinheiro.
c) Não existe o que é postiço.
d) O que não é falso produz dinheiro.
e) É postiço o que não produz dinheiro.

131. Algumas conjunções e pronomes do texto, apesar de iniciarem orações afirmativas, têm também valor interrogativo. Assinale, nas opções abaixo, aquela a que, textualmente, é *impossível* associar esse valor interrogativo.
a) "*quanto* você ama a mulher amada".
b) "*para quem* dinheiro é o pedacinho de papel".
c) "*como* o dinheiro é tudo".
d) "*por que* falta dinheiro".
e) "*se* a quantidade de santinhos muda o tamanho do milagre".

132. Foi publicado na seção Painel do Leitor, da *Folha de S.Paulo* (15.11.2003), o seguinte trecho de correspondência enviada ao jornal por um leitor:
Revoltante o editorial "Maioridade Penal". Quer dizer que este jornal, que tanto apregoa a democracia, ignora a opinião de 89% da população a favor da redução da maioridade penal e quer impor-nos a visão de "meia dúzia" de intelectuais? É essa a ideia de democracia que o jornal que tanto admiro apregoa?
Aponte a única dedução correta extraída do trecho lido.
a) O editorial a que se refere o missivista deve ter refutado a tese da imputabilidade penal para menores de 18 anos.
b) O corpo editorial da *Folha de S.Paulo* é composto por um grupo reduzido de representantes da elite nacional que se acha no direito de impor sua opinião.
c) O missivista está revoltado com a *Folha de S.Paulo* por ela ter descumprido o compromisso público com seus leitores de veicular apenas a verdade dos fatos.
d) Discordando da visão exposta no referido editorial, o missivista se alia aos 89% da população que manifestou adesão à tese da redução da maioridade penal.
e) O missivista questiona a democracia da informação apregoada pela *Folha de S.Paulo*, pois só um dos lados da questão — o da manutenção da maioridade penal — foi combatido no editorial.

133. Assinale o título sugerido para o texto que corresponde à sua ideia principal.
Vale lembrar que nos governos Vargas e JK e nos governos do ciclo militar, apesar da preponderância do estatismo, as empresas ocuparam posição central. Vargas governou com os empresários ao seu lado. Dificilmente dava um passo importante sem antes ouvir a Confederação Nacional da Indústria. Juscelino fez do capital privado um trunfo. Basta citar o caso emblemático da produção automobilística que fez a imprensa mundial comparar São Paulo a uma nova Detroit. Os militares criaram sistemas híbridos, a exemplo da petroquímica, associando o Estado e iniciativa privada. A iniciativa privada foi o pulmão do desenvolvimento na época do estatismo e terá ainda maior relevância na economia contemporânea. Um modelo de desenvolvimento que não leve esta evidente nuança em consideração é como se fosse um dinossauro, muito bom para as primeiras eras geológicas e muito distante da era atual.

(Emerson Kapaz, Dedos cruzados, *Revista Política Democrática*, n. 6, p. 41)

a) Os governos Vargas e JK & os governos militares.
b) A iniciativa privada no desenvolvimento econômico.
c) O papel da Confederação Nacional da Indústria no governo JK.

d) Os sistemas híbridos dos governos militares.
e) O estatismo de Vargas a JK.

Leia o texto para responder à questão 134.

Um dos motivos principais pelos quais a temática das identidades é tão frequentemente focalizada tanto na mídia assim como na universidade são as mudanças culturais, sociais, econômicas, políticas e tecnológicas que estão atravessando o mundo e que são experenciadas, em maior ou menor escala, em comunidades locais específicas. Como indica Fridman (2000, p. 11), "se a modernidade alterou a face do mundo com suas conquistas materiais, tecnológicas, científicas e culturais, algo de abrangência semelhante ocorreu nas últimas décadas, fazendo surgir novos estilos, costumes de vida e formas de organização social". Há nas práticas sociais cotidianas que vivemos um questionamento constante de modos de viver a vida social que têm afetado a compreensão da classe social, do gênero, da sexualidade, da idade, da raça, da nacionalidade etc., em resumo, de quem somos na vida social contemporânea. É inegável que a possibilidade de vermos a multiplicidade da vida humana em um mundo globalizado, que as telas do computador e de outros meios de comunicação possibilitam, tem colaborado em tal questionamento ao vermos de perto como vivemos em um mundo multicultural e que essa multiculturalidade, para qual muitas vezes torcíamos/torcemos os narizes, está em nossa própria vida local, atravessando os limites nacionais: os grupos gays, feministas, de rastafáris, de hip-hop, de trabalhadores rurais sem-terra etc.

(Luiz Paulo da Moita Lopes, *Discursos de identidades*, p. 15)

134. Das seguintes relações de causa (primeira informação) e consequência (segunda informação), assinale a única que *não* é possível interferir a partir do texto.
a) mudanças culturais e sociais — focalização da temática das identidades.
b) modernidade no mundo — novas formas de organização social.
c) acesso à multiculturalidade — acesso às telas do computador.
d) questionamento dos modos de viver — alteração na compreensão da sexualidade.
e) novas conquistas tecnológicas e culturais — novos estilos e costumes de vida.

Leia o texto abaixo para responder à questão 135.

Com a tramitação das reformas constitucionais no Congresso, estamos prestes a inscrever em nossa Carta Magna disposições como limite salarial de integrantes dos poderes e dos serviços públicos estaduais, assunto que dificilmente se discutirá no Legislativo de qualquer outra federação, monárquica ou republicana, presidencialista ou parlamentarista, e que pouco provavelmente se encontrará em outra Constituição. A indagação cabível, a meu ver, é como e por que chegamos a tanto.

O cerne desse desafio, que julgo não respondido, pode ser resumido num simples raciocínio: o sistema federativo, por oposição a uma forma unitária do Estado, nada mais é do que distribuir espacialmente o poder. A origem e o fundamento da divisão espacial do poder, representados pela federação, devem ser procurados entre aqueles que criaram o primeiro regime federativo do mundo. O modelo confederativo, como se sabe, já era conhecido historicamente e foi adotado nos artigos de confederação que precederam e viabilizaram a luta pela independência das 13 colônias da América do Norte. O que marca a singularidade do novo sistema é exatamente a diferença entre as confederações anteriores e a alternativa criada pelos convencionais da Filadélfia.

Equilibrar poderes, distribuir competências e responsabilidades rigorosamente simétricas em uma nação tão profundamente assimétrica, mais do que um desafio de engenharia política, ainda é uma incógnita indecifrada, que, como a esfinge, ameaça-nos devorar.

(Marco Maciel, Pacto federativo, *Folha de S.Paulo*, 14.09.2003, com adaptações)

135. Marque F (falso) ou V (verdadeiro) para inferências a partir do texto.
( ) As reformas constitucionais reforçam a distribuição espacial do poder.

( ) Um estado que adota uma forma unitária não distribui espacialmente o poder.
( ) Confederações são Estados que adotam, constitucionalmente, o regime federativo a partir da independência dos Estados Unidos.
( ) Nossa Carta Magna será a primeira, ou uma das primeiras, a dispor sobre limite salarial de integrantes dos poderes mas não sobre o dos serviços estaduais.

A sequência correta é:

a) V, V, F, V
b) V, V, F, F
c) F, V, V, V
d) V, F, F, F
e) F, F, V, F

Leia o texto abaixo para responder às questões 136 e 137.

Seja nos mitos de criação seja na cosmologia de hoje, há uma busca no sentido do mundo, um esforço de compreensão da natureza e do universo. As representações do espírito humano, num caso e noutro, constituem variações sobre o mesmo tema: penetrar no âmago da realidade.

Não é segredo algum descobrir que a busca de sentido para o cosmos se engata com a procura de sentido para a existência da família humana. Para além das concepções científicas e das diversidades culturais, o porquê da nossa vida, de sua origem e do seu destino, acompanha passo a passo nossa evolução histórica. A ocupação do planeta, a organização da convivialidade, a compatibilização dos contrários, presentes em toda a parte, e a eterna busca de valores transcendentes estão no mesmo séquito que acompanha a observação do mundo natural, nas descobertas de nexo entre causa e efeito, nos postulados científicos e nas aplicações técnicas.

(José de Ávila Aguiar Coimbra, *Fronteiras da ética*, São Paulo: Senac, 2002, p. 20)

136. Assinale a opção que está de acordo com a ideia central do texto.
a) A cosmologia é uma ciência exata que dispersa valores humanísticos e procura apenas relações de causa e efeito.
b) Os mitos, como exclusivas representações do espírito humano, configuram o caminho por excelência para a busca por valores transcendentes.
c) As concepções científicas e a diversidade cultural são obstáculos que invalidam uma visão hegemônica do mundo natural.
d) O porquê da vida humana, sua origem e seu destino são indagações subjacentes tanto aos mitos quanto às investigações de caráter científico.
e) Nos postulados científicos e nas aplicações técnicas, as descobertas de nexo entre causa e efeito negligenciam as leis da cosmologia.

137. Assinale a opção em *desacordo* com as ideias do texto.

Não mais se conta com um eixo filosófico ou religioso sobre o qual girem as ciências, as técnicas e até mesmo a organização social. Como adverte Edgar Morin, a ciência também produz a ignorância, uma vez que as especializações caminham para fora dos grandes contextos reais, das realidades complexas. Paradoxalmente, cada avanço unidirecional dos conhecimentos científicos produz mais desorientação e perplexidade na esfera das ações a implementar, para as quais se pressupõe acerto e segurança. Vivemos em uma nebulosa, que não é via láctea deslocando-se no espaço cósmico e explicável pela astronomia, mas em uma nebulosa provocada pela falta de contornos definidos para o saber, para a razão e, na prática, para as decisões fundamentais. Afinal, o que significa tudo isso para a felicidade das pessoas e o destino último da sociedade?

(José de Ávila Aguiar Coimbra, *Fronteiras da ética*, São Paulo: Senac, 2002, p. 27)

a) O eixo filosófico ou religioso sobre o qual giravam as ciências, as técnicas e até mesmo a organização social não está mais disponível.

b) Como as especializações se desviam dos grandes contextos reais e das realidades complexas, a ciência também produz ignorância.
c) Se o avanço dos conhecimentos é unidirecional, produz-se desorientação e perplexidade nas ações para as quais acerto e segurança são pressupostos.
d) A falta de contornos definidos para o saber é provocada pela razão e pelas decisões fundamentais da prática.
e) A nuvem de matéria interestelar em que vivemos, que se desloca no espaço cósmico, é explicável pela astronomia.

138. Os trechos abaixo constituem um texto, mas estão desordenados. Ordene-os nos parênteses e, em seguida, assinale a sequência correspondente.

( ) As operações de compra de imóveis pelas *off shores* também estão sendo monitoradas pela Receita. Os dados serão comparados com as declarações de Imposto de Renda dos residentes no Brasil e até com o cadastro de imóveis das prefeituras.
( ) Sem identificação dos donos, cujos nomes são mantidos em sigilo pela legislação dos países onde estão registradas, muitas dessas empresas fazem negócios no Brasil, como a participação em empreendimentos comerciais ou industriais, compra e aluguel de imóveis.
( ) Além de não saber quem são os proprietários dessas *off shores*, pois não há mecanismos legais que permitem acesso aos verdadeiros donos, o governo também não tem conhecimento da origem desse dinheiro aplicado no País, sem o recolhimento dos impostos devidos.
( ) A Receita Federal está fechando o cerco contra as empresas estrangeiras sediadas em paraísos fiscais que atuam no Brasil, conhecidas como *off shores*.
( ) Para reduzir essa evasão fiscal, a Receita está identificando as pessoas físicas que alugam imóveis de luxo pertencentes a pessoas jurídicas ou mesmo fiscais que atuam em paraísos fiscais. Toda remessa de aluguel é tributada.
(Adaptado de Ana D'Angelo, Andréa Cordeiro e Vicente Nunes, *Correio Braziliense*, 08.09.2003)

a) 1.º, 2.º, 4.º, 3.º, 5.º
b) 2.º, 3.º, 5.º, 4.º, 1.º
c) 5.º, 2.º, 3.º, 1.º, 4.º
d) 1.º, 5.º, 4.º, 3.º, 2.º
e) 3.º, 2.º, 1.º, 5.º, 4.º

139. Os trechos abaixo constituem um texto, mas estão desordenados. Ordene-os nos parênteses e, em seguida, assinale a sequência correspondente.

( ) Em geral, esta firma é constituída apenas para atuar como subsidiária da estrangeira, intermediando seus negócios. Caso a empresa compre imóvel no Brasil, tem que haver registro, tem que existir um responsável, com CPF, o que permite o controle.
( ) O investidor estrangeiro entra no Brasil via Bolsa de Valores, fundos de investimentos ou como sócio de uma empresa brasileira.
( ) O secretário da Receita admite, no entanto, que não há mecanismos para controlar a atuação de brasileiros que mandam dinheiro ilícito para os paraísos fiscais e o repatriam por meio de negócios realizados em nome das *off shores*.
( ) E também a contabilidade da empresa, em tais países, não precisa ser auditada. Os donos dos recursos podem movimentar dinheiro ou constituir empresas por vários meios que omitem seus nomes, como o sistema de ações ao portador.
( ) Esses países conhecidos como paraísos fiscais têm como principais atrativos a legislação tributária branda, com direito até a isenção de impostos, e garantia de sigilo bancário, comercial e societário.
(Adaptado de Ana D'Angelo, Andréa Cordeiro e Vicente Nunes, *Correio Braziliense*, 08.09.2003)

a) 1.º, 2.º, 4.º, 3.º, 5.º
b) 2.º, 1.º, 3.º, 5.º, 4.º
c) 3.º, 2.º, 1.º, 5.º, 4.º
d) 1.º, 5.º, 4.º, 3.º, 2.º
e) 5.º, 2.º, 3.º, 1.º, 4.º

As questões de números 140 a 147 referem-se ao texto que segue.

A sociedade humana, tal como se acha organizada, não é una, nem uniforme e nem está, em seu conjunto, no mesmo estágio de desenvolvimento.

Nela coexistem, pois, diferentes comunidades, estabelecidas e organizadas de conformidade com objetivos e interesses específicos. Tais comunidades (nacionais, regionais, municipais, por exemplo) relacionam-se necessariamente umas com as outras, direta ou indiretamente. Conforme o caso, intercambiam produtos, ideias, cultura, arte, costumes, tecnologia, conhecimentos e experiências diversas, além do que não existe, compõe e constitui a sociedade humana e a natureza.

No plano internacional, esse intercâmbio permanente e incessante ocorre num quadro extremamente variado, composto de especializações, singularidades e discrepante e injusto grau de desenvolvimento. Essas diversidades, aliás ligadas à necessidade de troca e obtenção de determinados produtos, constituem a causa da ocorrência e intensificação do relacionamento intercomunitário. Pelas mesmas razões (e também por outras que ora não vêm a pelo) implicam a prevalência ou quando não o domínio puro e simples de umas comunidades sobre outras, obliterando-lhes, parcial e às vezes totalmente, os espaços de e para um desenvolvimento autonômico e independente.

(Guido Bilarinho, *Revista Dimensão*, ano V, n. 9, p. 3-4)

140. O texto
   a) enfatiza o cultivo das ações propulsoras do desenvolvimento autonômico e independente.
   b) aponta as desvantagens decorrentes de um grau injusto de desenvolvimento das comunidades.
   c) critica o processo organizacional deficitário das comunidades em geral.
   d) tece considerações sobre a maneira como se organiza a sociedade humana.
   e) condena os meios modernos de supremacia no relacionamento intercomunitário.

141. O texto
   a) atribui ao intercâmbio permanente a fonte de progresso das comunidades.
   b) acentua a exploração econômico-financeira como canal de dominação.
   c) afirma a inexistência de igualdade nas comunidades da sociedade humana.
   d) condiciona o relacionamento intercomunitário à mudança de organização da sociedade.
   e) associa o intercâmbio permanente ao injusto grau de desenvolvimento social.

142. De acordo com o texto, as diferentes comunidades na sociedade humana
   a) ajustam-se às peculiaridades da natureza.
   b) permutam benefícios de natureza diversa.
   c) repudiam o relacionamento intercomunitário.
   d) manifestam-se no mesmo nível de desenvolvimento.
   e) caracterizam-se por traços homogêneos.

143. Entre o primeiro e o segundo parágrafos do texto, há uma relação de
   a) concessão.
   b) condição.
   c) adição.
   d) finalidade.
   e) causa e consequência.

144. A substituição da expressão destacada em "... implicam a prevalência ou *quando não* o domínio de umas comunidades sobre outras..." mantém o sentido original em:
   a) senão.

b) aliás.
c) ainda.
d) também.
e) assim.

145. Na relação entre o vocabulário e os efeitos de sentido do texto, os termos (do 3.º parágrafo) discrepante, prevalência, obliterar estão correta e respectivamente substituídos por
a) diferente — predominância — esquecer.
b) atenuante — preferência — encurtar.
c) dissonante — predominância — oferecer.
d) díspar — supremacia — extinguir.
e) intenso — preferência — invalidar.

146. A substituição da expressão sublinhada em ... relacionam-se necessariamente umas com as outras... mantém o sentido original em:
a) as outras.
b) para com as outras.
c) pelas outras.
d) das outras.
e) às outras.

147. Em ... os espaços para um desenvolvimento..., a ligação da preposição com o termo desenvolvimento traduz ideia de
a) finalidade.
b) qualidade.
c) proximidade.
d) limitação.
e) quantidade.

Texto para as questões de 148 e 149.

O homem, como ser histórico, é o construtor da sociedade e o responsável pelo rumo que ela venha a tomar.
Tornamo-nos seres humanos na dialética mesma da hominização, ao produzirmos e transformarmos coletivamente a cultura e nos construirmos como sujeitos.
A nossa cultura atual, eivada de violências físicas e simbólicas, tem levado os seres humanos à massificação, à desumanização e à autodestruição. Fazendo frente a essa crise, a Cultura da Paz surge como uma proposta da ONU que tem por objetivo conscientizar a todos — governos e sociedades civis — para que se unam em busca da superação da falência do nosso paradigma atual, conclamando para a construção de um novo modelo substitutivo, assentado em ações, valores e princípios calcados em uma nova ética social, no respeito à diversidade cultural e na diminuição das desigualdades e injustiças.
(Editorial. *Revista da Faculdade de Educação do Estado da Bahia*,
ano 10, n. 14, jan./jun. 2001, com adaptações)

Julgue os itens 148 e 149, acerca do texto acima.

148. O aposto "como ser histórico" esclarece ou justifica as razões das características de homem que o período sintático apresenta a seguir.

149. A ideia de hipótese que o emprego de "venha" confere ao texto pode ser alternativamente expressa por *porventura vem*, sem prejuízo da argumentatividade e da correção gramatical do texto.

Texto para as questões de 150 a 152.

A polêmica sobre o porte de armas pela população não tem consenso nem mesmo dentro da esfera jurídica, na qual há vários entendimentos como: "o cidadão tem direito a reagir em legítima defesa e não pode ter cerceado seu acesso aos instrumentos de defesa", ou "a utilização da força é direito exclusivo do Estado" ou "o armamento da população mostra que o

Estado é incapaz de garantir a segurança pública". Independente de quão caloroso seja o debate, as estatísticas estão corretas: mais armas potencializam a ocorrência de crimes, sobretudo em um ambiente em que essas sejam obtidas por meios clandestinos. A partir daí, qualquer fato corriqueiro pode tornar-se letal. O porte de arma pelo cidadão pode dar uma falsa sensação de segurança, mas na realidade é o caminho mais curto para o registro de assaltos com morte de seu portador.

(Disponível em: <http://www.serasa.com.br/guiacontraviolencia>.
Acesso em: 28 set. 2004, com adaptações)

A respeito do texto, julgue os itens a seguir.

150. A retirada da expressão "nem mesmo" preservaria a coerência e a correção gramatical do texto, mas enfraqueceria o argumento que mostra a fragilidade do consenso.

151. O emprego das aspas indica vozes que representariam opiniões paradigmáticas a respeito do porte de armas.

152. De acordo com o desenvolvimento das ideias no texto, o advérbio "daí", no último parágrafo, marca o momento do debate.

Considerando o texto abaixo, julgue o seguinte item 153.

O que importa para os proponentes do desarmamento da população é o sentimento de estar "fazendo algo" para acabar com a violência, mesmo que o tal "algo" seja absolutamente inócuo.
Desarmar a população só pode trazer dois resultados. O mais imediato é a continuação e até o recrudescimento da violência, já que bandidos vão contar com a certeza de que ninguém terá como reagir. O resultado mais remoto — mas nem por isso desprezível — é deixar a população indefesa frente a aventuras políticas.
Quem duvida, procure a seção de História da biblioteca mais próxima.

(Paulo Leite. *Desarmamento e liberdade.*
Disponível em: <http://www.diegocasagrande.com.br>, com adaptações)

153. A argumentação do texto leva a inferir que aquilo que se encontrará na "seção de História da biblioteca mais próxima" serão razões políticas a favor do desarmamento da população.

Para responder às questões de 154 a 158, considere o texto abaixo.

A expressão "indústria da cultura" foi provavelmente utilizada pela primeira vez no livro Dialética do Iluminismo, que Horkheimer e eu publicamos em Amsterdan, em 1947. Nas versões iniciais, falava-se de "cultura de massas".
Substituímos esta expressão por "indústria da cultura", a fim de excluir, logo de início, a interpretação que convém aos advogados daquela, ou seja, que se trataria de qualquer coisa como uma cultura que surge espontaneamente das próprias massas, a forma contemporânea da arte popular.
A indústria da cultura encontra-se nos antípodas de tal concepção. Ela reorganiza o que há muito se tornou um hábito, dotando-o de uma nova qualidade. Em todos os setores, os produtos são fabricados mais ou menos segundo um plano, talhados para o consumo de massas e, em larga medida, determinando eles próprios esse consumo. Os setores individuais assemelham-se quanto à estrutura ou, pelo menos, articulam-se entre si. Integram-se no sistema de forma ordenada e praticamente sem falhas, processo que fica a dever tanto aos recursos atuais da tecnologia como à concentração econômica e administrativa. A indústria da cultura é a integração propositada de seus consumidores, a partir de cima. Ela impõe igualmente a junção do domínio específico da arte maior e o da arte menor, domínios que estiveram separados durante séculos.
Junção que é desvantajosa para ambos. A seriedade da arte maior perece na especulação sobre os efeitos que produz: a coação civilizacional destrói, por seu turno, o elemento de

resistência rebelde que era inerente à arte menor quando o controle de sociedade não era ainda total.

Se bem que a especulação da indústria da cultura acerca do estado de consciência ou inconsciência dos milhões de pessoas a quem se dirige seja um fato incontestável, as massas não representam uma realidade primária, mas constituem-se antes como objeto secundário e calculado, um apêndice da engrenagem. O cliente não é rei, como a indústria da cultura gostaria de fazer crer; não é o seu sujeito, mas sim o objeto.

(Adaptado de ADORNO, Theodor W. Breves considerações acerca da indústria da cultura. In: *Sobre a indústria da cultura.* Coimbra: Ângelus Novus, 2003, p. 97-98)

154. Nas linhas iniciais do texto:
a) O livro de Horkheimer foi citado como comprovação da ideia cabalmente estabelecida de que a expressão "indústria da cultura" é inovadora.
b) É apresentado de maneira assertiva o fato de que outros autores que antecederam a *Dialética* faziam uso da expressão "cultura de massas", opondo-a a "indústria da cultura".
c) A palavra que introduz o segmento "se trataria de qualquer coisa (...) da arte popular", tem como antecedente o pronome *daquela*.
d) O cotejo estabelecido pela palavra "como" esclarece a distinção entre "cultura de massas" e "forma contemporânea da arte popular", tal como proposta pelos defensores da primeira expressão.
e) Está expressa a ideia de que a substituição feita pelos autores não se deu pela revisão da natureza do fenômeno designado, mas para não favorecer certo tipo de leitura do fato.

155. A frase *A indústria da cultura encontra-se nos antípodas de tal concepção*, no contexto, deve ser entendida da seguinte maneira:
a) O modo como a indústria cultural se estrutura na contemporaneidade opõe-se diametralmente ao modo espontâneo como as massas se expressavam anteriormente.
b) A concepção de que a cultura de massas é qualquer coisa que implique a manifestação de arte reverte o sentido que se dava à expressão, sendo-lhe acrescentada a qualidade de "popular".
c) O modo como o autor do texto compreende a indústria da cultura é incompatível com o entendimento de que ela se constitui de manifestações espontâneas das massas.
d) A interpretação que o autor do texto propõe como correta para a expressão "indústria da cultura" contrapõe-se à ideia de que existe uma forma contemporânea de arte popular.
e) "Cultura de massas" e "forma contemporânea da arte" são manifestações que, embora em extremidades opostas, não apresentam a contradição que o autor vê na aproximação dos termos "indústria" e "da cultura".

156. Integram-se no sistema de forma ordenada e praticamente sem falhas, *processo que fica a dever tanto aos recursos atuais da tecnologia como à concentração econômica e administrativa.* A indústria da cultura é a integração propositada de seus consumidores, a partir de cima. Ela impõe igualmente a junção do domínio específico da arte maior e o da arte menor, domínios que estiveram separados durante séculos. Junção que é desvantajosa para ambos. A seriedade da arte maior perece na especulação sobre os efeitos que produz: a coação civilizacional destrói, por seu turno, o elemento de resistência rebelde que era inerente à arte menor quando o controle da sociedade não era ainda total.

Considerando o fragmento acima, e o contexto, assinale a *única* afirmação INCORRETA.
a) Uma possível redação para o segmento grifado, totalmente adequada à norma da gramática prescritiva, seria: "processo que fica em débito quer com a concentração econômica e administrativa".
b) A expressão "a partir de cima" associada a "fabricados mais ou menos segundo um plano" contribui para a construção do sentido de que a indústria cultural não contempla a espontaneidade das massas.
c) O segmento *na especulação sobre os efeitos que produz* expressa noção de processo.
d) No fragmento está pressuposto que, em tempos de indústria cultural, o controle da sociedade é completo.

e) No fragmento, está subtendida a ideia de que, sob certas condições, a resistência rebelde é elemento intrínseco à arte menor.

157. Se bem que a especulação da indústria da cultura acerca do estado de consciência ou inconsciência dos milhões de pessoas a quem se dirige seja um fato incontestável, as massas não representam uma realidade primária, mas constituem-se antes como objeto secundário e calculado, um apêndice da engrenagem.
No período acima transcrito,
a) *se bem que* equivale a "tanto que".
b) se houvesse uma vírgula depois de *se bem que*, não haveria prejuízo da norma padrão.
c) *se bem que* poderia ser trocado por "embora", sem que fossem feitas adaptações no restante da frase.
d) a palavra *como* tem idêntica natureza e função de *como* encontrado na frase: "Como as ciências modernas evoluem rapidamente hoje em dia!".
e) se a palavra *antes* fosse deslocada, a nova sequência "mas constituem-se como objeto secundário e calculado, antes, um apêndice da engrenagem" preservaria o sentido original.

158. O cliente não é rei, *como* a indústria da cultura gostaria de fazer crer; *não é* seu sujeito, mas sim o objeto.
Levando em conta o contexto, considere as afirmações que seguem sobre o autor e seus procedimentos na frase acima.
I. Fazendo uso de linguagem conotativa, expressa sua opinião acerca do lugar que o cliente verdadeiramente ocupa no contexto da indústria cultural.
II. Recorrendo a frase hipotética, explicita, pelo deslocamento da posição do cliente, o que lhe parece ser a relação entre "aquilo que é" e "aquilo que se deseja fazer parecer que é".
III. Estabelecendo uma comparação — articulada pelos elementos grifados na frase acima — evidencia que o cliente não constitui preocupação da indústria cultural, embora esta indústria tente criar a ilusão de que a produção é ditada pela expectativa das massas.

É correto o que se afirma em:
a) I, apenas.
b) I e II, apenas.
c) II e III, apenas.
d) II, apenas.
e) I, II e III.

Leia o texto abaixo para responder às questões 159 a 162.
De modo geral, o século XVIII assistiu à passagem do sistema do mecenato, pelo qual o artista era financiado por um produtor opulento — secular ou eclesiástico — ao sistema de produção para o mercado. Sem dúvida, essa passagem foi gradual, e o mecenato não se extinguiu de todo. Giambattista Tiepolo passou a vida a serviço de protetores, como príncipe-bispo da Francônia e o rei da Espanha. Handel foi protegido pelos reis de Hanover.
Mas pouco a pouco surgiu um novo personagem — o artista que vivia do seu trabalho e era remunerado por sua própria clientela. O livro podia ser vendido, e bem vendido.
Dryden recebeu em 1697 a soma de 1400 libras por sua tradução de Virgílio. Pope enriqueceu com sua próprias obras e com a tradução da *Ilíada* e da *Odisseia*. Lessage ganhou a vida com seus romances e seu teatro. Surgiu o autor profissional. "Ser autor", diz o *Almanach des auteurs*, de 1755, "hoje é uma profissão, como ser militar, eclesiástico ou financista."
Essa independência é assegurada pelo favor do público, às vezes tão caprichoso como os antigos mecenas, mas outorgando aos autores um grau de liberdade que seria impensável no passado.
A independência não se limitava às letras. Um pintor como Reynolds enriqueceu com seus retratos, pelos quais cobrava preços astronômicos. A liberdade proporcionada pelo sucesso comercial não impedia os artistas de trabalharem para os grandes, mas permitia estabelecer com eles uma relação de altivez e até de arrogância.

Contratado pela corte da Rússia para executar uma estátua de Pedro, O Grande, o escultor Falconet recusou os vários projetos que lhe haviam sido submetidos a título de sugestão e teve o gesto magnífico de não aceitar a remuneração de 400 mil libras que lhe foi proposta: soberbo de desdém, exigiu receber exatamente a metade da quantia.

(Adaptado de Sérgio Paulo Rouanet, Ilustração e modernidade.
In: *Mal-estar na modernidade* (ensaios). São Paulo: Companhia das Letras, 1993, p. 138)

159. A alternativa que apresenta o resumo mais adequado do texto é:
   a) De modo geral, no século XVIII ocorreu a passagem lenta e permanente de sistemas de produção artística, sem que o mecenato se extinguisse (artistas como Handel continuaram a ser protegidos); quando surgiu a profissão de autor — como militar, por exemplo —, o público, mesmo exigente, deu-lhe liberdade, e o sucesso o fez ser arrogante até com os poderosos, de quem cobravam preços astronômicos.
   b) De modo geral, no século XVIII se deu, de maneira progressiva, o abandono do sistema de mecenato pelo de produção para o mercado, dando origem à profissão de autor; o sucesso de vendas permitia liberdade antes desconhecida, que propiciava ao artista não só poder trabalhar inclusive com os poderosos, mas também assumir, na relação com eles, até atitudes arrogantes.
   c) De uma forma abrangente, pode-se dizer que o século XVIII foi o que permitiu que o produtor secular ou eclesiástico deixasse ao artista a liberdade de produzir para o mercado; muitos enriqueceram, como Dryden e Pope, outros continuaram a ser protegidos; autores e pintores eram livres para cobrar o que quisessem, e muitos, pelo sucesso, passaram a ser arrogantes até com os poderosos.
   d) De certa forma, o século XVIII viu nascer nova profissão, a do artista, oriunda do abandono pelos mecenas e da produção para o mercado; o autor, por exemplo, se tivesse traduzido ou produzido obras importantes (caso de Dryden ou Pope), podia ser independente, chegando até a ser prepotente com os poderosos quando queriam um trabalho seu.
   e) De certa forma, o século XVIII conheceu o processo de passagem de atividade artística de um polo a outro: do mecenato ao mercado; sem dúvida, lentamente, mas viu-se o aparecimento do novo personagem, o artista que vendia sua produção, e que podia ser mais livre; mesmo muito rigoroso, o público podia pagar bem, até enriquecendo o artista (caso de Reynolds) e tornando-o mais arrogante com os poderosos.

160. A frase que, no contexto, constitui um argumento de confirmação é:
   a) Sem dúvida, essa passagem foi gradual e o mecenato não se extinguiu de todo.
   b) Mas pouco a pouco surgiu um novo personagem — o artista que vivia do seu trabalho...
   c) A independência não se limitava às letras.
   d) Essa independência é assegurada pelo favor do público...
   e) "Ser autor", diz o *Almanach des auteurs*, de 1755, "é hoje uma profissão, como ser militar, eclesiástico ou financista".

161. Contratado pela corte da Rússia para executar uma estátua de Pedro, o Grande, o escultor Falconet recusou os vários projetos que lhe haviam sido submetidos a título de sugestão e teve o gesto magnífico de não aceitar a remuneração de 400 mil libras que lhe foi proposta: soberbo de desdém, exigiu receber exatamente a metade da quantia.
Com relação ao fragmento acima transcrito, é correto afirmar:
   a) Os dois-pontos anunciam um esclarecimento acerca de algo anteriormente enunciado.
   b) **Contratado pela corte da Rússia** expressa, no contexto, noção da causa.
   c) **Haviam sido submetidos** indica ação ocorrida simultaneamente à ação citada anteriormente, realizada pelo escultor — **recusou**.
   d) **A título de sugestão** equivale a "porque ele pedira sugestão".
   e) De natureza predominantemente narrativa, o excerto é objetivo, não apresentando marca alguma de subjetividade do autor.

162. É correto afirmar que, no texto,
   a) **bem**, em **O livro podia ser vendido, e bem vendido**, intensifica o ganho auferido com a venda.

b) **pelo qual**, em **pelo qual o artista era financiado por um produtor opulento**, pode ser substituído por "porque", sem que sejam afetados o sentido original e a norma padrão.
c) a frase **Essa independência é assegurada pelo favor do público** manteria o sentido original se fosse transposta para a voz ativa assim: O favor do público tinha assegurado essa independência.
d) o segmento grifado, em **Reynolds enriqueceu com seus retratos, pelos quais cobrava preços astronômicos**, pode ser substituído, sem que seja afetada a norma padrão, por "cujos os preços eram astronômicos".
e) **até**, em **permitia estabelecer com eles uma relação de altivez e até de arrogância**, indica que numa escalada ascendente, *arrogância* ocupa o menor grau.

A propósito do texto abaixo, julgue as questões 163 e 164 como certas ou erradas.

O Mercado Comum do Sul (MERCOSUL) ganha uma sede oficial para funcionamento do Tribunal Permanente de Revisão do bloco, que vai funcionar como última instância no julgamento das pendências comerciais entre os países-membros. Melhorar o mecanismo de solução de controvérsias é um dos requisitos para o fortalecimento do MERCOSUL, *vide* as últimas divergências entre Brasil e Argentina. As decisões do tribunal terão força de lei. Sua sede será Assunção, no Paraguai.

Até agora, quando os países-membros divergiam sobre assuntos comerciais, era acionado o Tribunal Arbitral. Quem estivesse insatisfeito com o resultado do julgamento, no entanto, tinha de apelar a outras instâncias internacionais, como a Organização Mundial do Comércio (OMC).

(Gisele Teixeira, MERCOSUL ganha tribunal permanente, *Jornal do Brasil*, ago. 2004, com adaptações)

163. A expressão "bloco" retoma, sem necessidade de repetição da mesma palavra, a ideia de "MERCOSUL".

164. Infere-se das informações do texto que um dos pontos frágeis do funcionamento do MERCOSUL está no mecanismo de solução de controvérsias entre os países que o compõem.

Em relação ao texto abaixo, julgue os itens de número 165 a 167 como certos ou errados.

A análise que a sociedade costuma fazer da violência urbana é fundamentada em fatores emocionais, quase sempre gerados por um crime chocante, pela falta de segurança nas ruas do bairro, por preconceito social ou por discriminação. As conclusões dos estudos científicos não são levadas em conta na definição de políticas públicas. *Como reflexo dessa atitude*, o tratamento da violência evoluiu pouco no decorrer do século XX, ao contrário do que ocorreu com o tratamento das infecções, do câncer ou da AIDS. Nos últimos anos, entretanto, estão sendo desenvolvidos métodos analíticos mais precisos para avaliar a influência dos fatores econômicos, epidemiológicos e sociológicos *associados às raízes* sociais da violência *urbana*: pobreza, impunidade, acesso a armamento, narcotráfico, intolerância social, ruptura de laços familiares, imigração, corrupção de autoridades ou descrédito na justiça.

(Drauzio Varella. Disponível em: <http://www.drauziovarella.com.br>, com adaptações)

165. As informações do texto indicam que, além da consideração de "fatores emocionais" que geram violência, as políticas públicas voltadas para a segurança dos cidadãos baseiam-se frequentemente nas "conclusões dos estudos científicos" que focalizam esse tema.

166. A expressão "Como reflexo dessa atitude" introduz uma ideia que é uma *consequência* em relação à informação antecedente. Portanto poderia, sem prejuízo da correção e do sentido do texto, ser substituída pela palavra Consequentemente.

167. É correto inferir no texto que houve evolução no tratamento de certas doenças porque estão sendo desenvolvidos métodos analíticos mais exatos para avaliar seus fatores econômicos, epidemiológicos e sociológicos associados às raízes da violência.

Os dois textos que seguem (A e B) são referência para as questões de 168 a 173.

Texto A:
Diversos municípios brasileiros, especialmente aqueles que se urbanizaram de forma muito rápida, não oferecem à população espaços públicos para a prática de atividades culturais, esportivas e de lazer. A ausência desses espaços limita a criação e fortalecimento de redes de relações sociais. Em um tecido social esgarçado, a violência é *cada vez* maior, ameaçando a vida e enclausurando ainda mais as pessoas nos espaços domésticos.
(Disponível em: <http://www.polis.org.br>, com adaptações)

Considerando o texto A, julgue os seguintes itens como certos ou errados.

168. A expressão "tecido social esgarçado" está empregada em sentido figurado e representa a ideia de que as estruturas sociais estão *fortalecidas* em suas instituições oficiais.

169. A inserção da palavra consequentemente, entre vírgulas, antes de "cada vez" torna explícita a relação entre ideias desse período e aquelas apresentadas anteriormente no texto.

170. A expressão "ainda mais" reforça a ideia implícita de que há dois motivos para o enclausuramento das pessoas: falta de espaços públicos que favoreçam as relações sociais com atividades culturais, esportivas e de lazer e o aumento da ameaça de violência.

Texto B:
Entre os primatas, o aumento da densidade populacional não conduz necessariamente à violência desenfreada. Diante da redução do espaço físico, criamos leis mais fortes para controlar os impulsos individuais e impedir a barbárie. Tal estratégia de sobrevivência tem lógica evolucionista: descendemos de ancestrais que tiveram sucesso na defesa da integridade de seus grupos; os incapazes de fazê-lo não deixaram descendentes. Definitivamente, não somos como os ratos.
(Drauzio Varella. Disponível em: <http://www.drauziovarella.com.br>, com adaptações)

Acerca dos textos A e B, julgue cada um dos itens a seguir como certo ou errado.

171. Tanto no texto A como no B a questão do espaço físico como um dos fatores intervenientes no processo de intensificação da violência é vista sob o prisma da densidade populacional excessiva.

172. Como a escolha de estruturas gramaticais pode evidenciar informações pressupostas e significações implícitas, no texto B o emprego da forma verbal em primeira pessoa — "criamos" — autoriza a inferência de que os seres humanos pertencem à ordem dos primatas.

173. Por funcionar como um recurso coesivo de substituição de ideias já apresentadas, no texto B, a expressão "Tal estratégia de sobrevivência" retoma o termo antecedente "violência desenfreada".

Com base no texto abaixo, julgue os itens de 174 a 178.
O valor da vida é de tal magnitude que, até mesmo nos momentos mais graves, quando tudo parece perdido dadas as condições mais excepcionais e precárias — como nos conflitos internacionais, na hora em que o direito da força se instala negando o próprio Direito, e quando tudo é paradoxal e inconcebível —, ainda assim a intuição humana tenta protegê-lo contra a insânia coletiva, criando regras que impeçam a prática de crueldades inúteis.
Quando a paz passa a ser apenas um instante entre dois tumultos, o homem tenta encontrar nos céus do amanhã uma aurora de salvação. A ciência, de forma desesperada, convoca os cientistas a se debruçarem sobre as mesas de seus laboratórios, na procura de meios salvadores da vida. Nas salas de conversação internacionais, mesmo entre intrigas e astúcias, os líderes do mundo inteiro tentam se reencontrar com a mais irrecusável de suas normas: o respeito pela vida humana.
Assim, no âmago de todos os valores, está o mais indeclinável de todos eles: a vida humana. Sem ela, não existe a base de sua identidade. Mesmo diante da proletária tragédia de cada homem e de cada mulher, quase naufragados na luta desesperada pela sobrevivência do dia a dia, ninguém abre mão do seu direito de viver. Essa consciência é que faz a vida mais que um bem: um valor.

A partir dessa concepção, hoje, mais ainda, a vida passa a ser respeitada e protegida não só como um bem afetivo ou patrimonial, mas pelo valor ético de que ela se reveste. Não se constitui apenas de um meio de continuidade biológica, mas de uma qualidade e de uma dignidade que faz com que cada um realize seu destino de criatura humana.

(Disponível em: <www.dhnet.org.br>. Acesso em: ago. 2004, com adaptações)

174. O texto estrutura-se de forma argumentativa em torno de uma ideia fundamental e constante: *a vida humana como um bem indeclinável*.

175. O primeiro parágrafo discorre acerca da valorização da existência e da necessidade de proteção da vida contra a insânia coletiva, por intermédio de normas de convivência que impeçam a prática de crueldades inúteis, principalmente em épocas de graves conflitos internacionais, quando o direito da força contrapõe-se à força do Direito e quando a situação se apresenta paradoxal e inconcebível.

176. No segundo parágrafo, estão presentes as ideias de que *a paz é ilusória*, não passando de um instante apenas de trégua entre dois tumultos, e de que, *para mantê-la, os cientistas se desdobram à procura de fórmulas* salvadoras da humanidade e os líderes mundiais se encontram para preservar o *respeito recíproco*.

177. No penúltimo parágrafo, encontra-se uma redundância: a afirmação de que o soberano dos valores é *a vida humana, sem a qual não existe a pessoa humana*, sequer a sua identidade.

178. O comprometimento ético para com a humanidade é defendido no último parágrafo do texto, que discorre *acerca da vida não só como um meio de continuidade biológica, mas como a responsável pelo destino da criatura humana*.

Texto para os itens 179 e 180.

Os novos sherlocks
Dividida basicamente em dois campos, criminalística e medicina legal, a área de perícia nunca esteve tão na moda. Seus especialistas volta e meia estão no noticiário, levados pela profusão de casos **que requerem algum tipo de tecnologia na investigação**. Também viraram heróis de seriados policiais campeões de audiência. Nos EUA, **maior produtor de programas desse tipo**, o sucesso é tão grande que o horário nobre, chamado de *prime time*, ganhou o apelido de *crime time*. Seis das dez séries de maior audiência na TV norte-americana fazem parte desse filão.
Pena que a vida de perito não seja tão fácil e glamourosa como se vê na TV. Nem todos **utilizam aquelas lanternas com raios ultravioleta para rastrear fluidos do corpo humano nem as canetas com raio laser que traçam a trajetória da bala**. "Com o avanço tecnológico, **as provas técnicas vêm ampliando seu espaço no direito brasileiro**, principalmente na área criminal", declara o presidente da OAB/SP, mas, antes disso, já havia peritos que recorriam às mais diversas ciências para tentar solucionar um crime.
Na divisão da polícia brasileira, o pontapé inicial da investigação é dado pelo perito, sem a companhia de legistas, como ocorre nos seriados norte-americanos. **Cabe a ele examinar o local do crime, fazer o exame externo na vítima, coletar qualquer tipo de vestígio, inclusive impressões digitais, pegadas e objetos do cenário, e levar as evidências para análise nos laboratórios forenses**.

(Pedro Azevedo, *Folha Imagem*, ago. 2004, com adaptações)

A respeito do texto acima, julgue os itens 179 e 180.

179. De acordo com o presidente da OAB/SP, *as provas técnicas têm sido ampliadas*, principalmente na área criminal, com o avanço tecnológico no espaço do direito brasileiro.

180. Está explícita no último parágrafo do texto a seguinte relação de causa e consequência: o perito examina o local do crime, faz o exame externo da vítima e coleta qualquer tipo de vestígio porque precisa levar as evidências para análise nos laboratórios forenses.

181. (FCC) Leia as afirmações abaixo:
I. Os gregos antigos criaram as olimpíadas.
II. As olimpíadas ganharam força nos tempos modernos.
III. Nos tempos modernos, a tecnologia é uma aliada dos atletas.

Essas afirmações articulam-se de modo correto e coerente no período:
a) Nos tempos modernos, as olimpíadas ganharam força, apesar de criarem os gregos antigos, e agora a tecnologia aliou-se aos atletas.
b) Ganharam força as olimpíadas criadas pelos gregos antigos nos tempos modernos, porque com a tecnologia atual os atletas têm uma aliada.
c) Um vez criadas pelos gregos antigos, as olimpíadas ainda assim ganharam força nos tempos modernos, onde uma aliada dos atletas é a tecnologia.
d) As olimpíadas, criadas pelos gregos antigos, ganharam força nos tempos modernos, quando a tecnologia veio a ser uma aliada dos atletas.
e) Criadas pelos gregos antigos, as olimpíadas nos tempos modernos ganharam força, ainda que sendo a tecnologia uma aliada dos atletas.

GABARITO

1. "c". O texto apresenta as características da descrição: ausência de progressão temporal e verbos no pretérito imperfeito; não há mudança de estado.

2. "a". O texto começa com uma frase narrativa, para logo em seguida mudar para a dissertação: verbo no presente, progressão temática, apresentação e discussão de uma ideia.

3. "d". Veja a frase síntese de cada parágrafo, nelas estão contidas as palavras-chave: 1.º parágrafo: "É universalmente... investimento em sua prevenção."; 2.º parágrafo: "Falta, evidentemente, fiscalização."; 3.º parágrafo: "Falta também a educação básica,"; 4.º parágrafo: "E há, enfim, o fenômeno recente da terceirização,".

4. "c". O texto trata da religião ligada às superstições, por isso para darmos continuidade a ele precisamos continuar a tratar desses dois assuntos. O item c fala da segurança das viagens, o que contraria a ideia do texto.

5. "c". Vejamos o que está errado nas outras opções: a) os especialistas NÃO dispõem de cálculos precisos; b) os outros minérios não são baratos; d) as tecnologias que permitem obter o hidrogênio já existem; e) o texto não fala em restringir o uso do petróleo.

6. "e". O petróleo vai acabar, então é preciso encontrar novas fontes de energia.

7. "d". Se o ecologista não se queixa é porque não há poluição no meio ambiente.

8. "b". O hidrogênio ainda não substitui o petróleo, pois seu custo de comercialização é muito alto.

9. "a". Depois dos dois pontos há uma explicação para o fato de o hidrogênio ser fundamental para a vida.

10. "c". Aconteça está no modo subjuntivo, que expressa a ideia de possibilidade.

11. "b". Vejamos os elementos coesivos de retomada: 1) ... **as** de caráter...; 2) **Tal** intervenção...; 3) E, **em seguida**,...; 4) A intervenção direta do setor público abrange uma ampla gama de demandas e atividades. No fundamental, essas atividades são de duas ordens; 5) **Além dessas formas**... — o único item que não traz elemento coesivo de retomada é o item 4, por isso ele deve iniciar o texto.

12. "b". 1) O **País**... — para usar a palavra País com letra maiúscula no meio do texto substituindo o nome próprio do país, eu preciso anteriormente ter citado o nome próprio do país, então esse item não inicia o texto; 2) Brasil tem memória curta. — essa é uma afirmação que pressupõe uma explicação, ou seja, algo posterior que lhe elucide o sentido, por isso pode iniciar o texto; 3) É mais como... — note que o verbo inicial apresenta sujeito oculto, assim sendo não poderia iniciar um texto, pois ficaria sem referente; 4) Não lembro, responde,... — "responde" necessita obrigatoriamente de uma pergunta, que está no item "5) Lembra o personagem...", então 5 vem antes de 4; 6) Mas esta memória curta (...) não é como no caso de Bogart... — esse item deve aparecer depois de "2" e antes de "5-4", pois utiliza o termo "Bogart" com certa intimidade, isto é, o personagem já fora apresentado (item 5 — Humphrey Bogart, em Casablanca).

13. "e". Nessa questão há várias possibilidades de "início" para o texto, porém podemos resolvê-la observando os pares lógicos de frases, e fazendo "eliminações" pelo gabarito: 3-6 são pares lógicos, não podem ser separados; 4-5 são pares lógicos, não podem ser separados. A única opção do gabarito em que se veem as sequências 3-6 e 4-5 é a opção "e" (Veja que *poderíamos* montar o texto com 3-6 depois 4-5, ou 4-5 depois 3-6).

14. "e". Notem-se as ligações lógicas: 4+3; 1+5; 4,3+2 etc.

15. "b". O texto trata do carnaval na Idade Média e afirma que "ao contrário da festa oficial" ele era a liberação de hierarquias, privilégios e tabus. O enunciado pede que assinalemos uma opção que trate das FESTAS OFICIAIS. Se o texto afirma "ao contrário da festa oficial, o carnaval era o triunfo de uma liberação...", podemos depreender que a "festa oficial prezava por "hierarquias, privilégios e tabus".

16. "a". O texto afirma que o conceito de "raça" não existe, por isso não podemos afirmar que "a) O Projeto Genoma Humano tem como objetivo primordial reconhecer as diferenças entre as várias raças do mundo".

17. "b". Para resolver essa questão devemos conhecer as conjunções para saber quais delas podem ser classificadas da mesma maneira, ou seja, reconhecer cada grupo: I — visto que = causal; II — contanto que = condicional; III — como = conformativa; IV — portanto = conclusiva. A mesma sequência está em b) como (causal), desde que (condicional), conforme (conformativa), logo (conclusiva). Estude as conjunções, elas são muito importantes para se perceber as relações sintáticas entre as ideias do texto.

18. "e". O pronome "onde" só pode indicar "lugar".

19. "e". Mal — conjunção temporal: Mal se sentou = logo que se sentou, assim que se sentou. Em língua portuguesa não existem conjunções de "modo".

20. "b". Conquanto é conjunção concessiva; todas as outras são adversativas: todavia, entretanto, não obstante e no entanto. Assim, a única que não pode ocupar o espaço do texto é a única que não pertence ao grupo das adversativas.

21. "e". O que resolve essa questão é o conhecimento sobre o uso das conjunções: (3) à medida; (5) na medida. Essas locuções conjuntivas só podem se completar da seguinte maneira: à medida QUE, na medida EM QUE. Perceba que o terceiro trecho tem lacuna seguida de EM QUE, e o quinto trecho tem lacuna seguida de QUE. Assim sendo, só podem ser colocadas nesta sequência: (X) (X) (5) (X) (3) (X) (X).

22. "a". Inferir é fazer uma dedução a partir de informações contidas no texto. O texto afirma: "Os provedores argumentam que não têm de pagar o imposto porque não são, por lei, considerados empresas de telecomunicação, mas apenas prestadores de serviços.", ou seja: as empresas caracterizadas como prestadoras de serviço estão isentas do ICMS.

23. "e". Mas — conjunção coordenativa adversativa (oposição).

24. "d". Vamos corrigir as incorretas: a) O Santos foi o time que fez a melhor campanha do campeonato. Teria, portanto, que ser o campeão este ano. b) A Sabesp está tratando a água da Represa de Guarapiranga, portanto o gosto da água nas regiões sul e oeste da cidade melhorou. c) Mesmo que os deputados deponham na CPI e ajudem a elucidar os episódios obscuros do caso dos precatórios, a confiança na instituição já foi abalada. e) Antes de fazer ilações irresponsáveis acerca das medidas econômicas, deve-se procurar conhecer as razões que as motivaram.

25. "d". A sequência correta é: conflitos > confrontos e polêmicas > formuladores > decisões erradas > comprometer o sucesso das estratégias. A opção a) nega o comprometimento; a opção b) não cita os confrontos e polêmicas; a opção c), além de inverter a ordem dos fatos, não cita as decisões erradas; a opção e) inverte a ordem dizendo que os confrontos e polêmicas geram conflitos (no texto os conflitos é que geram confrontos e polêmicas).

26. "a". Paráfrase é dizer a mesma coisa com outras palavras. O texto afirma que **o abolicionismo e os interesses capitalistas, juntos, colocaram fim à escravidão**. A opção a) nega a participação dos interesses capitalistas quando diz "a despeito da forte pressão dos mercados ultramarinos".

27. "a". Apenas a letra a) apresenta linguagem denotativa.

28. "c". "Adventícios" significa 1. que veio de outro lugar, que não é natural do lugar em que está ou vive; ESTRANGEIRO; FORASTEIRO 2. Que acontece casualmente, sem ser esperado; IMPREVISTO 3. Que ocorre ou está fora do lugar ou da época habituais.

29. "a". Aquilo que é contrário à gratuidade só pode ser pago. Assim sendo, a única opção que fala em "pagamento" é a opção a) Há um princípio de justiça social segundo o qual **o pagamento por bens e serviços deve ser feito** desigualmente, conforme as desigualdades de ganho.

30. "b". A opção b) afirma que se não há como recuperar o melhor é eliminar. É uma visão objetiva, apesar de parecer antiética.

31. "d". "sem jamais ter perfilado entre aqueles que consideram um grama um peso na consciência." — peso na consciência = pecado. Assim: A neurose das dietas está transformando em *pecado* o prazer de comer uma refeição saborosa.

32. "e". O texto afirma que na descrição literária dos episódios de heroísmo e bravura prevalece a natureza. "Vê-se que o interesse primordial dos autores estava mais na pura representação das coisas que nos estudos dos caracteres."

33. "b". Recontros são brigas, disputas, batalhas, guerras.

34. "a". Índole = moral; indolência = preguiça.

35. "d". O texto trata "principalmente das formas valorizadas de falar", assim, a única ilustração possível é a opção d) Demonstra este fato o esforço que fazem dirigentes políticos e sindicais provenientes das camadas baixas da sociedade para dominar a *variedade padrão da língua portuguesa*. Ainda: a opção c) não serve como resposta, pois representa uma paráfrase do texto e não uma ilustração como solicitado no enunciado da questão.

36. "c". Vejamos o erro das outras opções: a) fala em superficialidade, e o texto trata da superfluidade; b) extrapola a ideia do texto, pois Ruy Barbosa não desdenha dos vocábulos; d) a medida da prolixidade não é inversamente e sim diretamente proporcional à medida da sobejidão; e) o texto não diz nada a respeito do ouvinte, ou seja, "seletiva do auditório".

37. "e". O texto afirma o "aumento da receita cambial", ou seja, um aumento na exportação. A única opção que trata de aumento na exportação é a opção e).

38. "a". Uma consequência é uma posterioridade em relação ao fato narrado. Assim sendo, devemos pensar em algo que "possa ter acontecido" depois do fechamento da escola. Ora, se a escola fechou (escola extinta), os alunos devem ir para outra escola, e os professores serão contratados por outra escola. Lembre-se de que ao trabalharmos "que consequência", devemos ampliar o texto, acrescentar uma informação, mas um acréscimo lógico em relação ao texto dado.

39. "c". Premissa representa uma anterioridade em relação ao fato narrado. Assim sendo, devemos pensar em algo que "possa ter acontecido" antes do fechamento da escola. Ora, se os pais brigaram por causa da mensalidade é porque estava muito elevada.

40. "b". O erro está em dizer que o "original é o reflexo inferior".

41. "b". Em momento algum o texto afirma que a apreensão da nau La Pélerine indicava aumento de preço das mercadorias. O texto apenas cita as mercadorias na nau e seu valor de mercado.

42. "d". Transbordo é a transferência de carga ou passageiro de um veículo para outro; baldeação.

43. "c". O texto fala bem do imperialismo. Já a opção c) diz que o País recebe muito capital estrangeiro, mas não tem como pagar, e isso é ruim. Assim sendo, enfraquece a tese de que o imperialismo foi bom para o País.

44. "a". O texto faz uma concessão (abre uma exceção) em relação ao tamanho das enzimas. A única opção que trata do tamanho das enzimas é a opção a).

45. "c". A ideia geral do texto é a de que o escravo era uma coisa, tanto pela visão dos outros quanto por sua própria visão. a), b), d) e e) falam disso. A opção c) trata de liberdade, ou seja, nada a ver com o texto.

46. "c". O problema é gramatical: ao colocar a preposição em "à vontade dos indivíduos", altera-se a sequência apresentada pelo texto. Para que estivesse de acordo com o texto deveria ser assim expressa a frase: "no momento da ação, a vontade dos indivíduos sobrepõe-se ao interesse coletivo." Note-se que a preposição A agora antecede o termo "interesse coletivo", assim ficando de acordo com o texto.

47. "e". O texto fala de novas maneiras de se fazer/expor arte, ou seja, novas linguagens.

48. "e". Essa opção contraria o texto, faltou uma negativa: a pop arte NÃO os utiliza como suporte tradicional.

49. "c". De acordo com o texto não há no Brasil e em nenhuma outra parte do mundo um estudo histórico do papel da mulher na sociedade.

50. "a". O texto diz que as pessoas sonegam porque não querem pagar mesmo, pois, se o problema fosse a má administração dos recursos oriundos dos contribuintes, essas pessoas doariam tal valor para instituições de caridade.

51. Alternativa "a", errada: o autor diz: "A síntese das minhas conclusões é que precisamos prosseguir no processo de democratização." Isto quer dizer que ele acredita no modelo atual; se ele não acreditasse nisso, ele teria usado outro verbo no lugar de "prosseguir", algo como mudar, alterar, rever, trocar. Alternativas "b", "c" e "d", certas. Alternativa "e", errada: o pedido foi atendido sim, o texto é conclusivo sim, pois o autor afirma: "A síntese das minhas conclusões é que precisamos prosseguir no processo de democratização."

52. Alternativa "a", errada: o texto diz justamente o contrário: a satisfação dos praticantes da democracia traria como consequência a decretação do fim da política. Alternativas "b" e "c", certas. Alternativa "d", errada: a causa das cenas explícitas de desrespeito aos cidadãos é a ausência de regras claras e mecanismos de reclamação e desagravo. Alternativa "e", errada: não é a busca do conhecimento que dá sustentação histórica, o que dá sustentação histórica é o passar do tempo. Por isso o autor afirma que nossa democracia é recente, ou seja, não tem sustentação histórica.

53. Alternativa "a", certa. Alternativa "b", errada: quanto mais consumo, menos lazer e mais opressão. Alternativa "c", errada: o texto afirma que a ética foi relegada e não abolida, são coisas diferentes. Alternativas "d" e "e", certas.

54. Alternativa "a", errada: o texto não trata de militância política. Alternativa "b", certa. Alternativa "c", errada: não há trechos descritivos. Alternativa "d", errada: a ideia de melhor aproveitamento do tempo é um argumento utilizado para provar a necessidade de produzir e consumir mais. Alternativa "e", certa.

55. "c". Os itens corretos são I, II e V.

56. "e". Essa opção traz todas as informações contidas no texto.

57. "c". O item II está errado, pois o texto não trata de formas homogêneas e sim de "ritmos desiguais".

58. "e". O texto tem como ideia central "o investimento no emprego". A opção e) fala em investimento no combate à miséria.

59. "a". O texto coloca de um lado o crédito tributário e o Fisco, de outro o direito de privacidade dos contribuintes, então "o que exsurge é a discussão acerca dos interesses públicos frente aos interesses privados e qual deles deverá prevalecer."

60. "d". Vejamos a ideia principal do texto, destacada a seguir: **Questão** velha, **polêmica** e controvertida, que constitui obstáculo à ação das autoridades administrativo-tributárias, mas que sempre viva e exacerbadamente atual, **é a do "sigilo bancário", pois frente ao crédito tributário e ao Fisco**, aquele como um bem público relevante e indisponível e este na busca de cumprir os objetivos a que se destina de aferir a real capacidade contributiva, arrecadar tributos, promover

a igualdade e a justiça fiscal, **colocam-se a preservação** e a garantia **dos direitos** fundamentais invioláveis **de privacidade** e intimidade inerentes às pessoas **dos contribuintes**.

61. "c". Se empregássemos inglês ou espanhol exacerbaríamos a rivalidade que segundo o texto "já era bastante grande no campo dos esportes."

62. "b". O trecho dado afirma: "Isso exatamente porque esse binômio," — o binômio mencionado aparece em b) Educação e saúde são...

63. "e". O texto todo trata de fatos pessimistas, de coisas ruins. Nota-se que as quatro primeiras opções (a, b, c, d) continuam a tratar de coisas ruins. A opção e) trata de coisa boa: e) À medida que as famílias obtêm condições condignas de vida, tendem a diminuir o número de filhos para não comprometerem o acesso de seus dependentes aos sistemas de educação e saúde. Então, a única que não pode continuar o texto é a que trata de coisas boas.

64. "c". Proposição genérica: "Deus fez a inteligência voltada para a verdade."; Proposição acidental: "Quando a inteligência adere ao erro é seduzida pela alma de verdade que existe dentro de todo erro."; Proposição resolutiva: "A melhor maneira de combater o erro é libertar as parcelas de verdade prisioneiras dentro dele."; Proposição consecutiva: "Quando o erro perde a verdade que nele se esconde, deixa de ter poder de sedução e consistência interior."

65. "c". O texto afirma o contrário: dos obstáculos para os desimpedimentos.

66. "a". O problema das outras opções está na gramática. Note-se o erro de cada uma delas: b) nas quais atitudes; c) À época; d) À época; e) em cujas atitudes delas.

67. "b". Ao citar os desempregados a opção b) torna-se incorreta.

68. "b". As palavras que completam corretamente a lacuna são: 1.ª lacuna — boa, eficaz, justa, distributiva; 2.ª lacuna — tirante, exceto; 3.ª lacuna — estiver afastando-se do, for desviada do. A opção b) é a única que traz palavras adequadas para as três lacunas.

69. "c". Como o último período do texto traz uma oração concessiva (Embora se trate de uma denúncia que certamente comprometerá um pouco mais a imagem do Brasil), temos de continuar com uma afirmação categórica a respeito de um fato "ruim".

70. "c". Em nenhum momento do texto se faz distinção entre autor e narrador.

71. "a". O último período do texto faz um raciocínio lógico condicional entre "sistema cultural" e "condições econômicas", por isso devemos continuar tratando disso. A única opção que trata de "cultura" e "economia" é a opção a).

72. "d". Inferir é o mesmo que depreender, deduzir, concluir. A única conclusão de acordo com o texto está em d).

73. Alternativa "a", errada: Euclides da Cunha é que faz descrições "cinematográficas". Alternativa "b" e "c", certas. Alternativa "d", errada: o jogo de palavras pode fazer com que confundamos as coisas. O texto afirma: "tendo marcado não só os estudos históricos e sociológicos, como a melhor ficção regionalista, de Graciliano Ramos a Guimarães Rosa." — e não o contrário como está em d. Alternativa "e", errada: não faz sentido dizer que "cinematográfico" está para "trágica".

74. Alternativa "a", errada: o texto fala do cidadão leigo com formação superior e não especificamente do formado em Direito. Alternativas "b", "c" e "d", certas. Alternativa "e", errada: não é o judiciário que cria o círculo vicioso e sim a "falta de cultura jurídica" das pessoas leigas.

75. Alternativa "a", errada: o texto afirma que desde 1985 esses países vêm se esforçando para reduzir as rivalidades, então não se pode dizer que antes disso o comércio entre eles já era muito intenso. Alternativa "b", errada: as rivalidades dificultaram e não facilitaram as relações comerciais entre o Brasil e a Argentina. Alternativa "c", errada: não foram antes de 1985 e sim a partir de 1985. Alternativas "d" e "e", certas.

76. "b". De acordo com o texto, o aumento das importações e sua diversidade são fatores que aumentam as possibilidades de fraude e subfaturamento.

77. "a". Não há, no texto, referencial para o termo "todos esses órgãos" citado na opção a).

78. "d". Não há, no texto, referencial para o termo "de ambos" citado na opção d).

79. "b". A única inferência possível para o texto é a de que o autor considera a alteração dos dispositivos do Código Penal imperfeita, uma vez que torna iguais as condutas distintas.

80. "c". A frase iniciada na lacuna deve ser uma explicação ou uma causa para a oração anterior. Assim deve ser iniciada por uma conjunção explicativa (pois, porquanto) ou causal (uma vez que, dado que). Na opção c), aparece um pronome relativo antecedido de preposição (pelo qual); não há referência antecedente para ele, por isso essa opção não pode ser inserida no texto.

81. "b". Vejamos os elementos coesivos existentes nos segmentos dados:

(?) E logo em seguida,... — esse trecho não pode iniciar o texto, pois afirma "logo em seguida".

(1) A Constituição de 1988, que o Governo insiste mais em reformar do que em executar, é expressa na defesa do povo. — esse trecho pode iniciar o texto, pois traz uma afirmação categórica, sem elemento coesivo de retomada.

(?) No artigo 196, declara que... — esse trecho não pode iniciar o texto, pois traz um sujeito oculto que depende de uma informação antecedente: "declara".

(?) Se a União tem maior poder... — esse trecho traz uma afirmação vaga que depende de um contato anterior com o texto para que se firme como coerente. Assim, não pode iniciar o texto.

(?) Em garantia do resguardo desse direito coletivo,... — esse trecho não pode iniciar o texto, pois necessita de um referente (anterior) para o termo "desse direito coletivo".

Dito isso, a única sequência possível, coloca o segundo segmento como inicial do texto: ? 1 ? ? ?.

82. Alternativa "a", certa: o texto é temático e não figurativo, por isso dissertativo. No texto dissertativo há o predomínio da linguagem denotativa, real. Alternativa "b", certa: a divisão apresentada corresponde à clássica partição da dissertação objetiva em introdução (apresentação do tema), desenvolvimento (argumentação sobre o tema) e conclusão (retomada do tema). Alternativa "c", errada: o texto apresenta uma conceituação histórica e apresenta sim exemplificação, pois isso é um dos recursos argumentativos empregados nas dissertações. Alternativa "d", certa: em certo ponto do texto, há uma explicação a respeito da atuação do Estado e também da atuação da Igreja. Alternativa "e", certa: na dissertação objetiva, prevalece a impessoalidade, assim as opiniões devem ser expressas sem conotações subjetivas, persuadindo o leitor acerca das ideias apresentadas. Uma maneira de se fazer isso é usar a 1.ª pessoa do plural: "pensemos, por exemplo, nas normas".

83. Alternativa "a", errada: em nenhum momento o texto afirma ser a polícia a responsável pelas diferenciações atuais das classes. Alternativa "b", errada: esse trecho extrapola a ideia contida no texto ao afirmar que as ações antipopulares são "historicamente constantes, em várias comunidades do mundo". Alternativas "c" e "d", certas. Alternativa "e", errada: há aqui outra extrapolação, pois o texto não menciona a "introdução do espírito sindicalista entre os membros da corporação".

84. "c". Esta opção representa uma retomada à frase síntese do parágrafo ("O saber produzido pelo iluminismo não conduzia à emancipação e sim à técnica e ciência moderna que mantêm com seu objeto uma relação ditatorial."), por isso pode ser colocada ao final dele, como uma conclusão. Note-se que em todas as outras há problema com a concatenação de ideias entre o que se diz no texto e o que se afirma em cada uma delas.

85. "d". Essa opção contraria o texto ao afirmar que "Kant desacreditou da emancipação dos homens."

86. "e". Porquanto é conjunção explicativa. Contudo, no entanto, entretanto e todavia são conjunções adversativas. Ora, se quatro são sinônimas entre si, a única "diferente" é a única que não pode ser inserida no trecho.

87. "a". Para resolver essa questão devemos observar as relações existentes entre as orações dos períodos do texto, para assim decidirmos sobre uma ou outra conjunção ou pronome. A

segunda lacuna ajuda muito a resolver a questão: note-se que precisamos de uma palavra que retome a ideia "Brasil" — uma localidade. As opções a) e d) trazem o pronome relativo "onde" — que se refere a uma localidade. Assim eliminamos as outras três. Na terceira lacuna precisamos de uma expressão explicativa ("pois") que aparece na letra a); e com isso resolvemos a questão.

88. O enunciado é bastante claro: a primeira frase (X) deve ser condicional ou concessiva, e a segunda frase (Y) deve ser afirmativa. E, "a pegadinha", entre elas deve aparecer a palavra "Não" (X, não Y):

a) Apesar da... (concessiva) + NÃO + parece que... (afirmativa) — atende à solicitação do enunciado.

b) Embora... (concessiva) + NÃO + é possível... (afirmativa) — atende à solicitação do enunciado.

c) Se... (condicional) + NÃO + estão afirmando (afirmativa) — atende à solicitação do enunciado.

d) Não devemos pensar... (não é condicional nem concessiva) — já está em desacordo com a solicitação do enunciado.

e) Violência, direitos, justiça... (não é condicional nem concessiva) — já está em desacordo com a solicitação do enunciado.

89. Alternativa "a", errada: os fragmentos não falam de guerras entre nações, mas de outro tipo de guerra. Alternativa "b", certa.

90. Alternativa "a", errada: a ideia é justamente o contrário, pois a violência e a criminalidade decorrem da expulsão de pessoas do campo. Alternativa "b", errada: não há no texto nada que prove que a pobreza e a criminalidade sejam decorrentes do capitalismo. Alternativa "c", errada: essa opção afirma a mesma coisa que a opção a); então novamente o contrário — a violência e a criminalidade é que decorrem da migração para a cidade. Alternativas "d", "e" e "f", certas.

91. Alternativas "a" e "b", certas.

92. Alternativa "a", certa. Alternativa "b", errada: pois o texto não fala da relação entre preços de produtos nacionais e preços de produtos internacionais. Alternativa "c", errada: a redução é vista pelos investidores com cautela e não como sinal negativo. Alternativas "d" e "e", certas.

93. Alternativa "a", errada: essa opção afirma que o BACEN criou uma reserva, mas o texto diz apenas "seja a criação de uma 'reserva' anticrise", isso é, no texto há apenas a hipótese de se criar a reserva, não que ela já esteja criada. Alternativa "b", certa. Alternativa "c", errada: a previsão não é da autora do texto e sim da autoridade que ela cita, por isso o trecho aparece entre aspas. Alternativa "d", errada: pois o teto afirma que "É cedo para dizer se esse nível de câmbio é sustentável."

94. "e". O autor afirma, no 1.º parágrafo: "o que há como realmente normal para cada variedade nacional do português (duas das quais, neste momento da história, perfeitamente caracterizáveis, a norma nacional portuguesa, a norma nacional brasileira). "Ou seja, isso não constitui impedimento. O impedimento é justamente a valorização dos falares regionais "internos" dessas duas principais nações de língua portuguesa.

95. "c". O autor afirma ser importante o aprendizado da norma culta, mas que isso não "deve lutar contra a norma comum culta de uma língua comum de cultura." Isso quer dizer que há possibilidade de se aceitar aquilo que há de comum na cultura popular.

96. "a". "Produtividade é o que importa." — Percebe-se isso lendo a frase síntese do primeiro parágrafo: "É fato sabido há séculos que o desenvolvimento econômico está intimamente ligado ao crescimento da produtividade."

97. "b". Comprova-se essa afirmação pelo segundo parágrafo: "... a produtividade não pode ser medida apenas pelo ângulo do fabricante, disposto a obter o produto com o mínimo possível de recursos."

98. "e". Os fiscais surgem não para produzir, mas para "obrigar os outros a produzir." Isto quer dizer que o surgimento dos fiscais "e) resulta da necessidade de coordenar a produtividade setorial para que se gere a produtividade global."

99. "c". De acordo com o texto, é preciso estar presente, pois assim se fala da "coisa" com mais autoridade.

100. "d". "Fala de cadeira", é o que confirma justamente a questão anterior: estar presente é importante para que você possa se tornar uma autoridade naquilo que diz.

101. "a". O texto gira em torno justamente "de estar presente", ser participativo, não deixar simplesmente a vida acontecer.

102. "c". Para resolver essa questão devemos observar as ligações lógicas entre as frases que compõem o texto, ou seja, os conectivos, os operadores lógicos, os elementos coesivos, para assim percebermos a coerência. Vejamos as ligações: 3. Finalmente achou-se de todo só e pôs-se de mãos nos bolsos, a passear no adro. No entretanto **ia fazendo as suas conjeturas** sobre os motivos que levariam o reitor a mandá-lo esperar e sobre a natureza da conversação que ia ter com ele. 2. **Essas conjeturas**, porém, não ofereciam solução que o satisfizesse, e, muito razoavelmente, acabou o homem por se decidir a esperá-lo do entretenimento que **não podia tardar**. 5. **De fato não tardou**. O reitor saiu finalmente da sacristia, e **dirigiu-se imediatamente para José das Dornas**, que se descobriu ao avistá-lo. 4. **Está à vontade, José**, está à vontade. Ora ... nós temos que falar a respeito do teu pequeno. 1. Então é preciso comprar-lhe mais alguns livros? O que V.Sa. vir que... As expressões marcadas em negrito revelam a progressão textual.

103. "d". O texto afirma que, pela propaganda, o homem é o todo-poderoso, ou seja, um ser infinito, e não como afirma a opção d) "... consciência da sua finitude."

104. "a". Notemos que todas as expressões retiradas do texto têm, sim, ligação com a ideia de morte: "se acabou", "limpeza", "são levados" e "sumiram-se". Vejamos o erro das outras: b) "quase nunca morre direito" é uma ideia de morte antinatural; c) no texto, "a alavanca soltou-se da pedra, bateu-lhe no peito", ou seja, não foi ele que bateu no próprio peito; d) "cobra" e "lombrigas" não são sinônimas; e) no segundo parágrafo fala-se de uma outra pessoa, que tem o mesmo fim trágico do "caboclo mal-encarado" do primeiro parágrafo.

105. "c". "Aleivosia" é, segundo o dicionário Houaiss, "1. traição ou crime cometido com falsas demonstrações de amizade; perfídia; deslealdade. 2. qualidade de quem engana, atraiçoa; dolo, fraude. 3. acusação fundamentada numa mentira (ger. feita por acinte); injúria, calúnia". É justamente disso que fala o texto: desse direito que todo cidadão tem, considerado pelo Diabo como legítimo e superior, mas que a sociedade repudia.

106. "d". Se verificarmos a ideia contida no primeiro parágrafo do texto, perceberemos que há um problema quanto à maneira como encaramos a Previdência: 1.º parágrafo: "O sistema de Seguridade Social, misturando previdência, saúde e assistência social, foi criado na Constituição de 1988. As ambições eram escandinavas e os recursos, moçambicanos. Nossa Previdência, que é pública e compulsória, não satisfaz nenhum dos objetivos de um bom sistema: assegurar aposentadorias decentes, transferir recursos para os mais pobres e acumular poupanças para alavancagem do desenvolvimento." No decorrer do texto o autor justifica tudo isso que foi dito no parágrafo de introdução. Por isso é natural que na "conclusão" (parágrafo final do texto), seja proposta uma maneira de solucionar esses problemas, e que se chegue à ideia de que "Isso requer uma mudança fundamental da filosofia previdenciária."

107. "b". O autor trata dos problemas e propõe soluções, então as "soluções" são a tese central do texto: "A solução para o atual sistema de previdência (...) é a adoção da capitalização individual."

108. "c". Devemos verificar as ligações lógicas: (1) O Fundo Monetário Internacional está sob fogo cerrado. — esse trecho representa a frase síntese do texto: uma afirmação clara e objetiva; (2) Muitos economistas de prestígio, como Jeffrey Sachs, vêm criticando duramente a incapacidade da instituição de se antecipar e prevenir o episódio asiático. — a expressão "vêm criticando" está diretamente ligada ao termo "fogo cerrado" do período anterior; (3) Tais increpações são até justificadas, mas não há qualquer sinal de que os acusadores tivessem sugerido, ainda que remotamente, a possibilidade do colapso. — "increpações" são as críticas citadas no período antecedente; (4) Só agora os sábios entenderam que a degringolada foi resultado de sobrevalorização de ativos (incluídos os investimentos em capacidade produtiva). — representa uma mudança no pensamento expresso anteriormente; (5) Tal euforia foi alimentada pela expansão imoderada do crédito e, naturalmente, estava amparada em expectativas privadas excessivamente otimistas a respeito da evolução dos ganhos de capital e dos fluxos de rendimentos que decorreriam dos novos empreendimentos. — "Tal euforia" retoma a ideia de "degringolagem".

109. "d". Destacamos, a seguir, os elementos coesivos: *(1)* As elevadas estatísticas de desemprego no Brasil não podem ser justificadas com o argumento de que se trata de **fenômeno mundial**. (2) **Nos Estados Unidos, por exemplo**, a mão de obra fora do mercado de trabalho tem a mesma dimensão estatística dos últimos cinco anos. (3) Não obstante, é **ali** que a **velocidade espantosa das conquistas tecnológicas** dispensa em maior grau a mobilização de novos recursos humanos para aumentar a produtividade das empresas. (4) **Na Europa**, onde há dezoito milhões de trabalhadores atirados à ociosidade forçada, **o desemprego não resulta apenas** da substituição do homem pela máquina. (5) **A causa fundamental está nas migrações de grupos étnicos** em processo de dizimação em seus países e de milhões de pessoas tangidas pela fome.

110. "c". O texto afirma que é preciso investir em "educação" para que seja possível ao País ingressar no Primeiro Mundo. A opção c) afirma justamente o contrário: "c) (...) é natural que investimentos na área de educação fiquem relegados a um segundo plano."

111. "b". Argumento é a comprovação de uma ideia apresentada. A fala de autoridade é a citação de uma pessoa, ou obra, ou publicação que tenha afirmado a mesma coisa — essa pessoa, ou obra, ou publicação deve, então, ser reconhecida para que tal afirmação tenha peso. A isso damos o nome de "argumento de autoridade". Nota-se que o trecho destacado para essa questão é a fala de Carlos Faccina, diretor de RH e assuntos institucionais da Nestlé, ou seja, ele tem autoridade para falar acerca do assunto discutido no texto.

112. "c". "A dificuldade dos profissionais em se expressar por escrito não sai de graça.", ou seja, há prejuízo para a produtividade.

113. "d". O autor utiliza esse trecho: "... que fazem as bandeiras (...) está vestido de verde e amarelo?" para dizer que António Passo está errado, e não para esclarecer (explicar) o que ele dissera com a frase "— Não vamos misturar o escrete com o nome da pátria."

114. "a". O autor, na crônica dada, afirma que "a facilidade derrota até um Napoleão", isso quer dizer que o melhor é serem as coisas difíceis (como assim afirma ao escrever "vamos desejar que seja difícil."). A opção a) tem esse mesmo teor: trata do "martírio": "Nós sabemos que o martírio é que dá a um jogo, seja ele um clássico ou uma pelada, um charme desesperador."

115. "d". O texto se inicia afirmando que está ocorrendo uma mudança no modo de pensar o mundo, em seguida fala da maneira como vínhamos pensando o mundo, então é lógico dizer que "os modelos de pensamento que até então davam conta do mundo" "parecem não mais apropriados para se apreender a realidade dos novos tempos".

116. "e". A paráfrase constitui um texto paralelo ao original, mantendo todas as suas ideias, porém utilizando-se de vocabulário e estrutura sintática distinta.

117. "b". O texto afirma que só é preciso estabelecer proibições porque há desejo. Não se proíbe algo que não se deseja. Então devemos continuar nessa linha de raciocínio, para que possamos continuar o texto com coerência. A mesma ideia aparece na opção b): "o aparato de repressão e censura será tanto mais forte quanto mais intensa for a *tentação* de transgredir a ordem estabelecida pela sociedade."

118. "c". Destacam-se a seguir os elementos coesivos que garantem a unidade do texto: 3. A bola foi chutada de fora da área. **Higuita** estava no centro do gol. **Ele poderia simplesmente levantar as mãos e agarrar a bola**. 5. **Em vez disso**, Higuita **se jogou para a frente**, num nível mais baixo que a bola, deixou que ela passasse **e a rebateu com os dois pés juntos**, quase na linha do gol. 2. **Foi um movimento bonito, ousado, uma espécie de coice** plástico que levantou o estádio inglês. Milhares de pessoas aplaudiram de pé. 4. **Esse salto maluco de Higuita** me encheu de alegria. A bola já estava quase na linha do gol e o corpo de Higuita estava estirado para a frente. 1. Não podia imaginar que numa fração de segundos **golpearia a bola ainda com o corpo no ar** e a lançaria por cima de si mesmo para fora da área.

8 ◼ Interpretação de Texto

119. "c". Opção a) extrapolação: em momento algum o texto diz que "é impossível conter a riqueza caótica da linguagem", o que o texto afirma é que os gramáticos tentam definir regras e que depois acabam por reconhecer que as regras não são fixas; além disso esse trecho fala de "linguística", outra extrapolação em relação ao texto. Opção b): de acordo com o texto, as ambiguidades são "consequência necessária da inesgotabilidade do real, da irredutibilidade do real ao saber." e não do embate entre finito e infinito. Opção d): o fascínio de que o texto fala é o "charme do inacabado". Opção e): essa afirmação contraria o texto, pois o texto afirma que a linguagem será sempre mutável.

120. "a". Incansavelmente não é sinônimo de diligentemente. Diligentemente significa atenciosamente, zelosamente, cuidadosamente. Todas as outras opções apresentam sinônimos.

121. "d". Esta é uma questão que se resolve pela observação das conjunções de outros conectivos dentro do período. Na opção a), temos uma oração reduzida de infinitivo introduzida pela preposição "para" — isso atribui a ela uma ideia de finalidade. Da mesma forma aparece a opção e), em que há duas orações reduzidas de infinitivo ligadas pela conjunção aditiva "e" [para definir as regras E delimitar o espaço das exceções.] A "pegadinha" estava em destacar apenas a segunda oração. Na opção b), temos uma conjunção causal "como". Na opção c), temos a oração reduzida de gerúndio com ideia concessiva (mesmo sofrendo). Na opção d), a oração introduzida por pronome relativo tem valor adjetivo. Assim sendo, não expressa proporcionalidade.

122. "d". Vejamos as ligações: (1) Foi preciso que a televisão transmitisse ao vivo o espetáculo da fome dos **flagelados nordestinos**, alimentando-se de sopa de cacto, para despertar as consciências urbanas entorpecidas pela festança do consumismo. (2) Fernando Henrique, como novo monarca, **voou até o Ceará, onde** visitou rapidamente a zona menos chocante da "seca verde", bem perto de Fortaleza. (3) "Eu tenho experiência de seca", **afirmou**. (4) **Logo depois deu** um pulo a Ipirá, numa região da Bahia classificada como de "seca light". (5) **Lá, complementou** seu programa de ação anunciando medidas enérgicas contra o Movimento dos Sem-Terra e os assaltos das massas esfomeadas aos armazéns.

123. "a". Esta questão exige que nós percebamos as relações de sentido entre os períodos do texto. As relações que se estabelecem são: X e Y, mas W e Z: entre o primeiro e o segundo períodos há uma relação de soma, adição; assim como acontece entre o terceiro e o quarto períodos, por isso utilizamos a conjunção "e" entre esses períodos (X e Y / W e Z). O primeiro e o segundo períodos constituem o primeiro parágrafo; e o terceiro e o quarto períodos constituem o segundo parágrafo; há uma relação de oposição entre esses parágrafos, por isso usamos a conjunção adversativa "mas". Temos então a seguinte relação: (X) *A entrada dos anos 2000 tem trazido a reversão das expectativas de que haveria a inauguração de tempos de fraternidade, harmonia e entendimento da humanidade.* E (Y) *Os resultados das cúpulas mundiais alimentaram esperanças que novos tempos trariam novas perspectivas referentes a qualidade de vida e relacionamento humano em todos os níveis.* MAS (W) *Contudo, o movimento que se observa em nível mundial sinaliza perdas que ainda não podemos avaliar.* E (Z) *O recrudescimento do conservadorismo e de práticas autoritárias, efetivadas à sombra do medo, tem representado fonte de frustração dos ideais historicamente buscados.*

124. "e". (V) Mede-se o sucesso pela capacidade de sobrevivência e proliferação. — *a espécie humana é um sucesso, justamente, por sua sobrevivência e proliferação.* (F) Se a espécie humana tivesse outro peso e volume não teria sobrevivido. — *O texto não afirma isso, essa opção representa uma extrapolação.* (V) Viver fora do ecossistema de nascença depende da capacidade de criar o próprio alimento. — *o texto diz que nós, espécie humana, só conseguimos viver fora do nosso ecossistema de nascença porque produzimos o nosso próprio alimento.* (F) O processo de seleção das espécies é que limita a mobilidade e a sociabilidade. — *O texto não afirma isso, o que ele afirma é "a mobilidade e a sociabilidade ... nos salvaram do processo de seleção", daí não se pode concluir que o oposto seja verdadeiro.* (V) A história da espécie humana poderia ser outra se não houvesse agricultura. — *Se não fosse a agricultura, não teríamos a mobilidade e sociabilidade que nos salvaram do processo de seleção, ou seja, nossa história seria outra.* (F) Poucas mudanças trazem como consequência a não extinção da espécie. — *Novamente extrapolação, pois o texto diz que a espécie humana não mudou muito mas não se extinguiu, daí dizer que "se não há mudança, então haverá extinção" é interpretar além daquilo que o texto permite.*

125. "a". A "pegadinha" está na expressão VAI DE ENCONTRO. Essa expressão indica uma ideia contrária, oposta. Assim, a única ideia que se opõe ao texto está na opção a): A estrutura de impostos do Brasil, embora arraste multidões para a informalidade, precisa continuar. — Note que na resposta de Langoni há a seguinte informação: "Eu apontaria três principais: **reforma tributária** que estimule a poupança, novo ambiente para o crescimento das exportações e o Banco Central independente." A expressão "reforma" mostra mudança, assim, não podemos dizer que "A estrutura de imposto do Brasil (...) precisa continuar."

126. "c". A questão exige uma paráfrase gramaticalmente correta. A única opção que satisfaz ao enunciado é a opção c).

127. "c". *Destaquemos, como das outras vezes, os elos entre os enunciados:* (1.º) O principal problema que o País enfrenta na hora de definir um planejamento estratégico de combate à exclusão social é falta de informações e estatísticas oficiais sobre a nossa realidade social. — período que representa a frase síntese do texto, ou seja, frase inicial, o parágrafo em que está contida a ideia básica, que será discutida adiante. (2.º) *Por isso*, foi apresentado à Mesa da Câmara o *Projeto de Lei* 6680/02, que obriga o chefe do Executivo a encaminhar anualmente ao Congresso Nacional, como parte integrante da Prestação de Contas de que trata a Constituição, o mapa da exclusão social brasileira. (3.º) *Tal proposta* é classificada pelo seu autor *como Lei de Responsabilidade Fiscal* — que impõe ao Governo determinadas medidas visando atingir metas financeiras. (4.º) Para comprovar *essa responsabilidade social*, o mapa deverá fazer um diagnóstico da exclusão por região e estados, com base nos *indicadores sociais* referentes à expectativa de *vida, renda, desemprego, educação, saúde, saneamento básico, habitação, população em situação de risco nas ruas, reforma agrária e segurança*. (5.º) *Os dados de cada item* serão comparados com os do ano anterior, a fim de avaliar a ação do governo em cada área. (6.º) *O projeto já está na comissão* de Seguridade Social e Família, onde o relator apresentará seu parecer no retorno dos trabalhos parlamentares, após as eleições. Depois *será votado* conclusivamente pela comissão de Desenvolvimento urbano e Interior, pela comissão de Constituição, Justiça e Redação.

128. "a". A opção III está incorreta. Como o texto termina com a seguinte frase: "Mas esses benefícios só existem para índios que sejam reconhecidos como índios.", não se pode dizer que "Assim, comprova-se que, para certas etnias, o caso é de mera encenação para fins de sobrevivência. De dia, elas se vestem de índios para vender artesanato; de noite, vão tomar cerveja e acompanhar a novela, vestidos.", pois as pessoas que se comportam assim não são, verdadeiramente, reconhecidas como índios. Essa frase contraria o texto.

129. "c". Inferência é uma dedução a que se pode chegar com base em informações contidas no texto. Para que uma inferência seja correta, e não considerada uma extrapolação, é preciso encontrar no texto algo que a comprove: uma expressão, uma frase, uma ideia que garanta tal dedução. Assim, a primeira e a terceira frases são falsas: "(F) Os sábios da Igreja de antigamente são identificados aos idólatras; os economistas de hoje em dia, aos iconoclastas. (F) Considerar dinheiro um pedacinho de papel retira dele o valor sagrado com que é referenciado nos dias de hoje.", pois não há no texto comprovação para essa comparação (sábios/idólatras, economistas/iconoclastas) nem para essa dedução (considerar o dinheiro como um pedacinho de papel retira dele o valor de sagrado com que é referenciado nos dias de hoje).

130. "d". As frases dadas na questão representam raciocínios lógicos a partir das informações contidas no texto. A única dedução incorreta está em dizer que "o que não é falso produz dinheiro."

131. "b". A questão trabalha com a interrogativa indireta — aquela que, apesar de se apresentar como uma oração declarativa (terminada em ponto final), pressupõe uma resposta. Assim, temos as seguintes ideias: a) *Quanto você ama a mulher amada?*; c) *Como o dinheiro é tudo?*; d) *Por que falta dinheiro?*; e) *A quantidade de santinhos muda o tamanho do milagre?*. A única opção que, no texto, não representa uma frase interrogativa é a opção b), pois expressa uma finalidade, uma explicação, uma resposta — não uma pergunta.

132. "d". Todas as outras opções são extrapolação em relação ao que se afirma no texto.

133. "b". Comprova-se isso pela frase síntese, e mais ainda pela seguinte conclusão: "A iniciativa privada foi o pulmão do desenvolvimento na época do estatismo e terá ainda relevância na economia contemporânea."

134. "c". A relação de causa e consequência nesta opção está invertida: o acesso às telas dos computadores é a causa e o acesso à multiculturalidade é a consequência.

135. "b". As duas primeiras afirmações são verdadeiras e as duas últimas, falsas. Veja os porquês das duas últimas serem falsas: o texto afirma que "O modelo confederativo, como se sabe, já era conhecido historicamente e foi adotado nos artigos de confederação que precederam e viabilizaram a luta pela independência das 13 colônias da América do Norte", então não se pode dizer que "(F) Confederações são Estados que adotam, constitucionalmente, o regime federativo **a partir** da independência dos Estados Unidos."; o texto começa dizendo que *"Com a tramitação das reformas constitucionais no Congresso, estamos prestes a inscrever em nossa Carta Magna disposições como limite salarial de integrantes dos poderes e dos serviços públicos estaduais, assunto que dificilmente se discutirá no Legislativo de qualquer outra federação, monárquica ou republicana, presidencialista ou parlamentarista, e que pouco provavelmente se encontrará em outra Constituição. A indagação cabível, a meu ver, é como e por que chegamos a tanto"*, o que não quer dizer que "(F) Nossa Carta Magna será **a primeira, ou uma das primeiras**, a dispor sobre limite salarial de integrantes dos poderes **mas não sobre o dos serviços estaduais**".

136. "d". O texto apresenta a seguinte introdução: "Seja nos mitos de criação seja na cosmologia de hoje, há uma busca no sentido do mundo, um esforço de compreensão da natureza e do universo." É o mesmo que se afirma em "d) O porquê da vida humana, sua origem e seu destino são indagações subjacentes tanto aos mitos quanto às investigações de caráter científico."

137. "d". Em momento algum do texto percebemos que "a falta de contornos definidos para o saber é provocada pela razão e pelas decisões fundamentais da prática."

138. "c". Podemos notar pela leitura dos fragmentos que o único que não apresenta elemento coesivo de retomada é o penúltimo segmento. Assim sendo, é o único que pode iniciar o texto: 5.º, 2.º, 3.º, 1.º, 4.º.

139. "b". Fazemos aqui a mesma análise da questão anterior. Podemos notar pela leitura dos fragmentos que o único que não apresenta elemento coesivo de retomada é o segundo segmento. Assim sendo, é o único que pode iniciar o texto: 2.º, 1.º, 3.º, 5.º, 4.º.

140. "d". Nunca podemos perder de vista que o texto se estrutura a partir de uma ideia central que deve ser apresentada no parágrafo de introdução, ou frase síntese. Nesse texto a frase síntese é: "A sociedade humana, tal como se acha organizada, não é una, nem uniforme e nem está, em seu conjunto, no mesmo estágio de desenvolvimento." Daí podermos afirmar que o texto "d) tece considerações sobre a maneira como se organiza a sociedade humana".

141. "d". O texto fala dos diferentes graus de desenvolvimento, o que aparece na opção d). As outras opções extrapolam as ideias apresentadas no texto. Vejamos a informação falsa: a) fonte de progresso; b) acentua a exploração; c) afirma a inexistência de igualdade; e) injusto grau de desenvolvimento.

142. "b". As diferenças são benéficas pois permitem intercâmbios, ou seja, "permutam benefícios de natureza diversa".

143. "e". Causa e consequência. Note que o primeiro parágrafo diz que as sociedades não são iguais (causa) e por isso intercambiam ideias, cultura, arte..." (consequência).

144. "a". A expressão "quando não" equivale semântica e sintaticamente, no texto, a "senão".

145. "d". Discrepante = diferente, dissonante, diferente; prevalência = predominância, supremacia; obliterar = extinguir, invalidar. Assim a única opção com a sequência possível é d) **díspar, supremacia, extinguir**.

146. "e". Questão gramatical, pois se observa o uso de preposição e artigo, sendo que a preposição vem regida pelo verbo antecedente "relacionam-se", que pode ter as preposições "com" e "a", indiferentemente: **relacionam-se umas COM as outras, ou relacionam-se umas ÀS outras**.

147. "a". A preposição "para", nessa frase, indica finalidade.

148. Certo.

149. Errado: o uso de "vem" (presente do indicativo) torna o texto gramaticalmente incorreto, já que a ideia é de hipótese.

150. Certo.

151. Certo.

152. Errado: o advérbio "daí" marca uma conclusão para o que foi dito anteriormente.

153. Errado: o que se encontra na "seção de História da biblioteca mais próxima" são relatos de violência contra o povo *desarmado*.

154. "e". O texto afirma "Substituímos esta expressão por 'indústria da cultura', a fim de excluir, logo de início, a interpretação que convém aos advogados daquela, ou seja, que se trataria de qualquer coisa como uma cultura que surge espontaneamente das próprias massas, a forma contemporânea da arte popular." Isso significa dizer que substituíram a expressão "e) ... para não favorecer certo tipo de leitura do fato".

155. "c". A resolução se dá pelo entendimento da palavra "antípodas", que significa "contrários, opostos". Então "O modo como o autor do texto compreende a indústria da cultura é *incompatível* com o entendimento de que ela se constitui de manifestações espontâneas das massas."

156. "e". Todas as ideias apresentadas nas assertivas estão no texto, exceto a de que "a resistência, sob certas condições a rebeldia é elemento intrínseco à arte menor".

157. "c". A troca seria possível, sem necessidade de adaptação do restante da frase: Embora a especulação da indústria da cultura acerca do estado de consciência ou inconsciência dos milhões de pessoas a que se dirige seja um fato incontestável, as massas não representam uma realidade primária, mas constituem-se antes como objeto secundário e calculado, um apêndice da engrenagem.

158. "b". A afirmação que se faz em "III" está errada, pois a palavra "como" empregada no texto tem valor "conformativo" e não "comparativo".

159. "b". Um resumo deve trazer todas as ideias contidas no texto, deixando de lado os exemplos, os adjetivos e as circunstâncias, ou seja, deve-se trabalhar com o essencial. Vejamos como isso aparece na opção b): **De modo geral, no século XVIII se deu, de maneira progressiva, o abandono do sistema de mecenato pelo de produção para o mercado, dando origem à profissão de autor** (1.º e 2.º parágrafos); **o sucesso de vendas permitia liberdade antes desconhecida, que propiciava ao artista não só poder trabalhar inclusive com os poderosos, mas também assumir, na relação com eles, até atitudes arrogantes** (3.º e 4.º parágrafos). Note que o último parágrafo não precisa entrar no resumo, por tratar-se apenas de uma ilustração para o que foi explicitado anteriormente (a arrogância do autor).

160. "e". Argumento é a comprovação de uma ideia, e um dos recursos argumentativos é a "fala de autoridade"; como acontece na opção "e) 'Ser autor', diz *Almanach des auteurs*, de 1755, 'é hoje uma profissão, como ser militar, eclesiástico ou financista'."

161. "a". Os dois-pontos podem introduzir um diálogo, uma citação, uma enumeração ou, como no fragmento destacado, uma explicação. Vejamos o que está errado nas outras opções: b) não é noção de "causa" e sim de finalidade; c) "haviam sido submetidos" expressa uma ação anterior a outra já passada, ou seja, é a noção de pretérito mais-que-perfeito; d) não é "porque" — que indica explicação —, pois a ideia é de conformidade; e) O texto é dissertativo, pois discute uma ideia: a passagem do sistema de mecenato para o sistema de produção de mercado; apresenta marcas de subjetividade, tais como: "Sem dúvida", "e bem vendido", "o gesto magnífico".

162. "a". Vejamos o erro das outras opções: b) "pelo qual" poderia ser substituído por "por que" — separado —, pois representa uma preposição e um pronome; c) na transformação de voz, devemos preservar o tempo verbal, assim não podemos mudar "é assegurada" — presente — por "tinha assegurado" — passado; d) depois do pronome "cujos" não pode aparecer artigo; e) "arrogância" ocupa maior grau, pois é o que vem depois do "até".

163.	Certa.
164.	Certa.
165.	Errado. O texto afirma que houve uma evolução no tratamento das doenças por causa das conclusões dos estudos científicos, e faz uma crítica, justamente, ao fato de o tratamento da violência ter evoluído pouco, por falta de estudos científicos.
166.	Certo.
167.	Errado. A evolução no tratamento das doenças se deu pelos resultados dos estudos científicos e não pelos "fatores econômicos, epidemiológicos e sociológicos associados às raízes da violência." Houve uma mistura de informações contidas no texto.
168.	Errado. O adjetivo "esgarçado" expressa a ideia de coisa fraca, destruída, que se desfaz — o contrário de "fortalecidas".
169.	Certo.
170.	Certo.
171.	Errado. No texto B se afirma que "o aumento da densidade populacional não conduz necessariamente à violência." Essa ideia aparece apenas no texto A.
172.	Certo.
173.	Errado. "Tal estratégia de sobrevivência" retoma o termo antecedente "criamos leis mais fortes para controlar os impulsos individuais e impedir a barbárie."
174.	Certo.
175.	Certo.
176.	Errado. O texto afirma que a paz se torna "um instante entre dois tumultos", mas não afirma que ela seja ilusória; quando escrevemos "para mantê-la, os cientistas...", esse "-la" se refere à "paz", quando o texto afirma que os cientistas se desdobram para manter a "vida"; quando escrevemos "os líderes mundiais se encontram para preservar o respeito recíproco", esse respeito acontece entre eles próprios, mas o texto afirma que eles se encontram pelo "respeito à vida".
177.	Certo.
178.	Errado. O texto é claro: "a vida passa a ser respeitada e protegida **não só como um bem afetivo ou patrimonial, mas pelo valor ético de que ela se reveste**". É isso que defende o último parágrafo.
179.	Errado. De acordo com o texto, "as provas técnicas não têm sido ampliadas", e sim "vêm ampliando o seu espaço no direito brasileiro" — são ideias bem diferentes.
180.	Errado. Antes de tudo, "o perito examina o local do crime, faz o exame externo da vítima e coleta qualquer tipo de vestígio", em seguida leva "as evidências para a análise nos laboratórios forenses." Levar as evidências para a análise não é causa, é posterioridade.
181.	"d". As outras opções apresentam erros ou incoerências: a) apesar de criarem os gregos antigos; b) Ganharam força as olimpíadas criadas pelos gregos antigos nos tempos modernos — ambiguidade; c) as olimpíadas ainda assim ganharam força; e) ganharam força, ainda que sendo a tecnologia uma aliada dos atletas.

9

REDAÇÃO OFICIAL

> *CAPÍTULO VII*
> *DA ADMINISTRAÇÃO PÚBLICA*
> *Seção I*
> *DISPOSIÇÕES GERAIS*
> *Art. 37. A administração pública direta e indireta de qualquer dos Poderes da União, dos Estados, do Distrito Federal e dos Municípios obedecerá aos princípios de legalidade, impessoalidade, moralidade, publicidade e eficiência (...).*
>
> Constituição Federal

9.1. CORRESPONDÊNCIA

Correspondência é qualquer forma de **comunicação escrita entre duas** pessoas ou entidades. Isso inclui um simples bilhete informal, despreocupado e íntimo, até o ofício com suas formalidades e seu tom grave.

São inúmeros os tipos de correspondência, mas podemos citar três como os mais importantes: **oficial, comercial** e **particular**.

Nos concursos públicos, temos questões referentes à correspondência oficial.

9.2. CORRESPONDÊNCIA OFICIAL

Muito frequente **entre órgãos públicos e entre pessoas/empresas e órgãos públicos**, a correspondência oficial tem um aspecto para o qual poucos atentam: ela inclui textos que têm caráter documental e jurídico mesmo que tramitem apenas entre pessoas. É o caso da declaração, da ata, do atestado, do parecer etc.

Existem as mais variadas divisões sobre os tipos de correspondência oficial, que podem ser vistas em vários livros que tratam do assunto. Uma divisão didática é:

- abaixo-assinado;
- acórdão;
- alvará;
- ato;
- auto;
- boletim;

- certificado;
- citação;
- **comunicação:** apostila, ata, aviso, certidão, circular, contrato, convênio, declaração, decreto, edital, exposição de motivos, instrução, lei, memorando, mensagem, ofício, ordem de serviço ou instrução, parecer, petição, portaria, relatório, requerimento, resolução, telegrama;
- consulta;
- convenção;
- decisão;
- diploma;
- ementa;
- estatuto;
- fórmula;
- guia;
- indicação;
- manifesto;
- memorial;
- moção;
- norma;
- notificação;
- procuração;
- proposição;
- protocolo;
- provisão;
- recomendação;
- registro;
- requisição;
- termo.

9.3. CARACTERÍSTICAS DA REDAÇÃO OFICIAL

São características de toda redação oficial:

- **clareza e precisão;**
- **objetividade;**
- **concisão;**
- **coesão e coerência;**
- **impessoalidade;**
- **formalidade e padronização;**
- **norma culta da língua portuguesa.**

Elas estão no art. 37 da Constituição Federal, e são elencadas na 3.ª edição, de 2018, do Manual de Redação da Presidência da República.

A administração pública direta, indireta ou fundacional, de qualquer dos Poderes da União, dos Estados, do Distrito Federal e dos municípios, obedecerá aos princípios de legalidade, impessoalidade, moralidade, publicidade e eficiência.

É inconcebível que uma comunicação oficial não possa ser entendida por qualquer cidadão; assim sendo, a publicidade citada na Constituição implica necessariamente clareza e concisão.

Outro aspecto importante é a interpretação do texto oficial. Ela deve ser sempre **impessoal e uniforme**, para que possa ser única; isso pressupõe o uso de certo nível de linguagem: o padrão culto.

A uniformidade da redação oficial é imprescindível, pois há sempre um único emissor (o Serviço Público) e dois possíveis receptores (o próprio Serviço Público ou os cidadãos).

Isso não quer dizer que a redação oficial deva ser árida e infensa à evolução da língua. A sua finalidade básica — comunicar com impessoalidade e máxima clareza — impõe certos parâmetros ao uso que se faz da língua, de maneira diversa daquele da literatura, do texto jornalístico, da correspondência particular etc.

9.3.1. Impessoalidade

A comunicação se efetiva pela presença de três pessoas:[1]

a) alguém que comunique — emissor;

b) algo a ser comunicado — mensagem;

c) alguém que receba essa comunicação — receptor.

Na redação oficial, o emissor é sempre o Serviço Público (este ou aquele Ministério, Secretaria, Departamento, Divisão, Serviço, Seção).

A mensagem é sempre algum assunto relativo às atribuições do órgão que comunica.

O receptor dessa comunicação ou é o público, o conjunto dos cidadãos, ou outro órgão público, do Executivo, do Legislativo ou do Judiciário.

A **impessoalidade** que deve ser característica da redação oficial decorre:

a) da ausência de impressões individuais de quem comunica: obtém-se, assim, uma desejável padronização, que permite que comunicações elaboradas em diferentes setores da Administração guardem entre si certa uniformidade;

b) da impessoalidade de quem recebe a comunicação: ela pode ser dirigida a um cidadão, sempre concebido como *público*, ou a outro órgão público — em um e outro casos temos um destinatário concebido de forma homogênea e impessoal;

c) do caráter impessoal do próprio assunto tratado: o tema das comunicações oficiais se restringe a questões que dizem respeito ao interesse público.

Na redação oficial não há lugar para impressões pessoais, ela deve ser isenta da interferência da individualidade de quem a elabora.

---

[1] No discurso, o termo "pessoa" se refere a qualquer elemento da comunicação, seja pessoa mesmo ou não.

9.3.2. Uso da norma culta da língua portuguesa

Deve-se empregar **linguagem padrão** nos expedientes oficiais, cuja finalidade primeira é a de informar com clareza e objetividade.

A necessidade de empregar essa determinada linguagem nos atos e expedientes oficiais decorre do caráter público desses atos e comunicações e de sua finalidade.

Os atos oficiais, entendidos como atos de caráter normativo, estabelecem regras para a conduta dos cidadãos e regulam o funcionamento dos órgãos públicos. Isso é alcançado se, em sua elaboração, for empregada linguagem adequada. O mesmo se dá com os expedientes oficiais, cuja finalidade precípua é a de informar com clareza e objetividade.

Nos textos oficiais, por seu caráter impessoal, por sua finalidade de informar com o máximo de clareza e concisão, deve-se usar o padrão culto da língua. Há consenso de que o padrão culto é aquele em que se observam as regras da gramática formal e em que se emprega vocabulário comum ao conjunto dos usuários do idioma. É importante ressaltar que a obrigatoriedade do uso do padrão culto na redação oficial decorre do fato de que ele está acima das diferenças lexicais, morfológicas ou sintáticas regionais, dos modismos vocabulares, das idiossincrasias linguísticas, permitindo, por essa razão, que se atinja a pretendida compreensão por todos os cidadãos.

As gírias, os regionalismos vocabulares, os jargões técnicos ou qualquer outro tipo de linguagem de um grupo específico são proibidos, pois as comunicações que partem dos órgãos públicos devem ser compreendidas por todo e qualquer cidadão brasileiro. Não há dúvida de que qualquer texto que apresente tais linguagens terá sua compreensão dificultada.

A língua escrita compreende diferentes níveis, de acordo com o uso que dela se faça. Não podemos nos esquecer de que o texto oficial deve ser claro e objetivo e, por seu caráter impessoal, por sua finalidade de informar com o máximo de clareza e concisão, requer o uso do padrão culto da língua.

O padrão culto é aquele em que:

a) se observam as regras da gramática formal;

b) se emprega um vocabulário comum ao conjunto dos usuários do idioma.

Ressalte-se ainda que o *jargão burocrático*, como todo jargão, deve ser evitado, pois terá sempre sua compreensão limitada.

Ao utilizarmos o padrão culto da língua portuguesa, estamos atendendo a outras características inerentes às comunicações oficiais; são elas a **coesão** e a **coerência** – dois **princípios fundamentais na construção da textualidade**.

A textualidade consiste no conjunto de características que fazem com que um texto seja assim concebido, e não como um conjunto de palavras, frases ou sequência de frases.

A **coesão** é uma decorrência da própria *continuidade* exigida pelo texto, a qual, por sua vez, é exigência da *unidade* que dá *coerência* ao texto (ver item 8.4.1).

E a **coerência** é uma propriedade que tem a ver com as possibilidades de o texto funcionar como uma peça *comunicativa* — **unidade** —, como um meio de interação verbal (ver item 8.4.2).

9.3.3. Formalidade e padronização

As comunicações oficiais **devem ser sempre formais:** são necessárias certas formalidades de tratamento. Isso diz respeito:

a) ao correto emprego do pronome de tratamento para uma autoridade de certo nível;

b) à polidez;

c) à civilidade no próprio enfoque dado ao assunto do qual cuida a comunicação.

A formalidade de tratamento vincula-se à ideia de a administração federal ser una, portanto as comunicações devem seguir um determinado padrão.

A clareza gráfica (impressão), o uso de papéis uniformes para o texto definitivo e a correta diagramação do texto são indispensáveis para a padronização.

9.3.3.1. Pronomes de tratamento

O uso de pronomes de tratamento é a **forma respeitosa** de nos dirigirmos às autoridades civis, militares e eclesiásticas.

Os pronomes de tratamento apresentam certas peculiaridades quanto à concordância verbal, nominal e pronominal:

a) **referem-se à *segunda pessoa* gramatical** (à pessoa com quem se fala, ou a quem se dirige a comunicação);

b) **concordam com a *terceira pessoa*** (aquele de quem se fala).

Assim sendo, os pronomes possessivos referidos a pronomes de tratamento são sempre os da terceira pessoa: "Vossa *Senhoria* levará *seu* secretário" (e não "*vosso*").

Os adjetivos que se referem a esses pronomes concordam com o sexo da pessoa a quem se dirigem, e não com o substantivo que compõe a locução. Assim, se nosso interlocutor for homem, o correto é "*Vossa Excelência está preocupado*", "*Vossa Senhoria será eleito*"; se for mulher, "*Vossa Excelência está preocupada*", "*Vossa Senhoria será eleita*".

9.3.3.1.1. Emprego dos pronomes de tratamento

9.3.3.1.1.1. Vossa Excelência

Em comunicações dirigidas às seguintes autoridades:

a) **do Poder Executivo:** Presidente da República; Vice-Presidente da República; Ministros de Estado; Governadores (e Vice) de Estado e do Distrito Federal; Oficiais--Generais das Forças Armadas; Embaixadores; Secretários-Executivos de Ministérios e demais ocupantes de cargos de natureza especial; Secretários de Estado dos Governos Estaduais; Prefeitos Municipais.

b) **do Poder Legislativo:** Deputados Federais e Senadores; Ministro do Tribunal de Contas da União; Deputados Estaduais e Distritais; Conselheiros dos Tribunais de Contas Estaduais; Presidentes das Câmaras Legislativas Municipais.

c) **do Poder Judiciário:** Ministros dos Tribunais Superiores; Membros de Tribunais; Juízes; Auditores da Justiça Militar.

Todas as autoridades serão tratadas com o vocativo *Senhor*, seguido do cargo respectivo: Senhor Senador; Senhor Juiz; Senhor Ministro; Senhor Governador.

Porém, **o vocativo a ser empregado em comunicações dirigidas aos Chefes de Poder é *Excelentíssimo Senhor*, seguido do cargo respectivo:** Excelentíssimo Senhor Presidente da República; Excelentíssimo Senhor Presidente do Congresso Nacional; Excelentíssimo Senhor Presidente do Supremo Tribunal Federal.

No envelope, o endereçamento das comunicações dirigidas às autoridades tratadas por *Vossa Excelência* obedecerá à seguinte forma:

A Sua Excelência o Senhor
Fulano de Tal
Ministro de Estado da Justiça
70064-900 — Brasília-DF

A Sua Excelência o Senhor
Senador Fulano de Tal
Senado Federal
70165-900 — Brasília-DF

A Sua Excelência o Senhor
Fulano de Tal
Juiz de Direito da 10.ª Vara Cível
Rua XYZ, n. 567
01219-012 — São Paulo-SP

Fica abolido o uso do tratamento *digníssimo* (DD) às autoridades arroladas acima. A dignidade é pressuposto para que se ocupe qualquer cargo público, sendo desnecessária sua repetida evocação.

9.3.3.1.1.2. Vossa Senhoria

É empregado para as demais autoridades e para particulares. O vocativo adequado é *Senhor* seguido do cargo do destinatário: Senhor Chefe da Divisão de Serviços Gerais.

No envelope, deve constar do endereçamento:

Ao Senhor
Fulano de Tal
Rua Dom Juan de Marco, n. 386
05591-010 — São Paulo-SP

Como se depreende do exemplo acima, fica dispensado o emprego do superlativo *ilustríssimo* para as autoridades que recebem o tratamento de *Vossa Senhoria* e para particulares. É suficiente o uso do pronome de tratamento *Senhor*.

Acrescente-se que *doutor* não é forma de tratamento, e sim título acadêmico. Seu emprego deve ser restrito a comunicações dirigidas a pessoas que tenham tal grau por terem concluído curso universitário de doutorado. Nos demais casos, o tratamento *Senhor* confere a desejada formalidade às comunicações.

9.3.3.1.1.3. Vossa Magnificência

Empregada, por força da tradição, em comunicações dirigidas a reitores de universidade. Corresponde-lhe o vocativo *Magnífico Reitor*.

9.3.3.1.1.4. Vossa Santidade

Em comunicações dirigidas ao Papa. O vocativo correspondente é *Santíssimo Padre*.

9.3.3.1.1.5. Vossa Eminência ou Vossa Eminência Reverendíssima

Em comunicações aos Cardeais. Corresponde-lhe o vocativo *Eminentíssimo Senhor Cardeal* ou *Eminentíssimo e Reverendíssimo Senhor Cardeal*.

9.3.3.1.1.6. Vossa Excelência Reverendíssima

É usado em comunicações dirigidas a Arcebispos e Bispos.

9.3.3.1.1.7. Vossa Reverendíssima ou Vossa Senhoria Reverendíssima

Para Monsenhores, Cônegos e superiores religiosos.

9.3.3.1.1.8. Vossa Reverência

É empregado para sacerdotes, clérigos e demais religiosos.

> **Curiosidade:** Em 2019, alguns meses após a publicação da 3.ª edição do Manual de Redação da Presidência da República, o recém-empossado Presidente publicou um decreto alterando a forma de tratamento e de endereçamento nas comunicações dirigidas aos agentes públicos da administração pública federal.

Nas provas para concursos públicos, devemos atentar para o fato de uma questão mencionar o Manual de Redação da Presidência da República — então, observa-se tudo que vimos até aqui —, ou o Decreto n. 9.748, de 11.04.2019 — neste caso, vale o que vem a seguir. Veja o que diz esse decreto[2]:

> DECRETO N. 9.758, DE 11 DE ABRIL DE 2019
> *Dispõe sobre a forma de tratamento e de endereçamento nas comunicações com agentes públicos da administração pública federal.*
>
> O PRESIDENTE DA REPÚBLICA, no uso da atribuição que lhe confere o art. 84, *caput*, inciso VI, alínea *a*, da Constituição,
> DECRETA:

---

[2] Disponível em: http://www.planalto.gov.br/ccivil_03/_ato2019-2022/2019/decreto/D9758.htm

Objeto e âmbito de aplicação

Art. 1.º Este Decreto dispõe sobre a forma de tratamento empregada na comunicação, oral ou escrita, com agentes públicos da administração pública federal direta e indireta, e sobre a forma de endereçamento de comunicações escritas a eles dirigidas.

§ 1.º O disposto neste Decreto aplica-se às cerimônias das quais o agente público federal participe.

§ 2.º Aplica-se o disposto neste Decreto:

I — aos servidores públicos ocupantes de cargo efetivo;

II — aos militares das Forças Armadas ou das forças auxiliares;

III — aos empregados públicos;

IV — ao pessoal temporário;

V — aos empregados, aos conselheiros, aos diretores e aos presidentes de empresas públicas e sociedades de economia mista;

VI — aos empregados terceirizados que exercem atividades diretamente para os entes da administração pública federal;

VII — aos ocupantes de cargos em comissão e de funções de confiança;

VIII — às autoridades públicas de qualquer nível hierárquico, incluídos os Ministros de Estado; e

IX — ao Vice-Presidente e ao Presidente da República.

§ 3.º Este Decreto não se aplica:

I — às comunicações entre agentes públicos federais e autoridades estrangeiras ou de organismos internacionais; e

II — às comunicações entre agentes públicos da administração pública federal e agentes públicos do Poder Judiciário, do Poder Legislativo, do Tribunal de Contas, da Defensoria Pública, do Ministério Público ou de outros entes federativos, na hipótese de exigência de tratamento especial pela outra parte, com base em norma aplicável ao órgão, à entidade ou aos ocupantes dos cargos.

Pronome de tratamento adequado

Art. 2.º O único pronome de tratamento utilizado na comunicação com agentes públicos federais é "senhor", independentemente do nível hierárquico, da natureza do cargo ou da função ou da ocasião.

Parágrafo único. O pronome de tratamento é flexionado para o feminino e para o plural.

Formas de tratamento vedadas

Art. 3.º É vedado na comunicação com agentes públicos federais o uso das formas de tratamento, ainda que abreviadas:

I — Vossa Excelência ou Excelentíssimo;

II — Vossa Senhoria;

III — Vossa Magnificência;

> IV — doutor;
> V — ilustre ou ilustríssimo;
> VI — digno ou digníssimo; e
> VII — respeitável.
>
> § 1.º O agente público federal que exigir o uso dos pronomes de tratamento de que trata o *caput*, mediante invocação de normas especiais referentes ao cargo ou carreira, deverá tratar o interlocutor do mesmo modo.
>
> § 2.º É vedado negar a realização de ato administrativo ou admoestar o interlocutor nos autos do expediente caso haja erro na forma de tratamento empregada.
>
> **Endereçamento de comunicações**
>
> Art. 4.º O endereçamento das comunicações dirigidas a agentes públicos federais não conterá pronome de tratamento ou o nome do agente público.
>
> Parágrafo único. Poderão constar o pronome de tratamento, na forma deste Decreto, e o nome do destinatário nas hipóteses de:
>
> I — a mera indicação do cargo ou da função e do setor da administração ser insuficiente para a identificação do destinatário; ou
>
> II — a correspondência ser dirigida à pessoa de agente público específico.
>
> **Vigência**
>
> Art. 5.º Este Decreto entra em vigor em 1.º de maio de 2019.
>
> Brasília, 11 de abril de 2019; 198.º da Independência e 131.º da República.
>
> JAIR MESSIAS BOLSONARO
> *Marcelo Pacheco dos Guaranys*

9.3.4. Clareza e precisão

A clareza deve ser a qualidade básica de todo texto oficial. Pode-se definir como claro aquele texto que possibilita imediata compreensão pelo leitor. Ela depende estritamente das demais características da redação oficial.

Para que haja clareza são necessários:

a) a impessoalidade;

b) o uso do padrão culto de linguagem;

c) a formalidade e a padronização;

d) a concisão.

Outra das qualidades de um texto é a **precisão**, ou **concisão**. Preciso ou conciso é o texto que consegue transmitir um máximo de informações com um mínimo de palavras.

Existe um **princípio de economia linguística**, e a **precisão** e a **concisão** atendem a esse princípio. Não se deve de forma alguma entendê-la como *economia de pensamento*. Trata-se exclusivamente de cortar palavras inúteis, redundâncias, passagens que nada acrescentem ao que já foi dito.

A clareza, a precisão e a concisão levam-nos a outra característica importantíssima da Redação Oficial: a **objetividade** – que podemos definir como o fato de **dizer tudo que é necessário sem rodeios** ou digressões.

9.4. MANUAL DE REDAÇÃO DA PRESIDÊNCIA DA REPÚBLICA

Em 11 de janeiro de 1991, por meio do Decreto n. 100.000, criou-se uma comissão para simplificar, uniformizar e atualizar as normas da redação dos atos e comunicações oficiais, pois eram utilizados os mesmos critérios desde 1937. A obra, denominada **Manual de Redação da Presidência da República**, dividiu-se em duas partes: a primeira trata das comunicações oficiais, a segunda cuida dos atos normativos no âmbito Executivo. Os responsáveis pelas duas partes foram, respectivamente, o diplomata Nestor Forster Jr. e o então Ministro Gilmar Mendes.

Em 2002, ocorreu a revisão desse Manual, adequando-o aos avanços da informática.

Em 27 de dezembro de 2018, por meio da Portaria n. 1.369, apresenta-se a 3.ª edição do Manual de Redação da Presidência da República – a mais recente revisão dessa obra, pelos mesmos motivos: adequar o Manual às novas realidades vividas pela administração pública.

De acordo com o Manual de Redação da Presidência da República, as comunicações oficiais a serem utilizadas são:

a) **PADRÃO OFÍCIO;**
b) **EXPOSIÇÃO DE MOTIVOS;**
c) **MENSAGEM; e**
d) **CORREIO ELETRÔNICO.**

Trataremos de todas elas aqui, e – para tornar nosso estudo mais amplo – cuidaremos ainda **de várias outras formas de redação oficial**.

9.5. INSTRUÇÃO NORMATIVA N. 4/92

O *Diário Oficial da União* publicou, em 9 de março de 1992, o Decreto n. 468, de 6 de março de 1992, em que o Presidente estabeleceu regras para a redação de atos normativos do Poder Executivo. No mesmo dia, a Secretaria de Administração Federal baixou a Instrução Normativa n. 4, tornando obrigatória, nos órgãos da administração federal, a observação das modalidades de comunicação oficial, constantes no **Manual de Redação da Presidência da República**.

Não obstante as atualizações necessárias feitas recentemente no Manual de Redação, as diretrizes básicas continuam valendo.

Eis, a seguir, as instruções a serem observadas.

9.6. O PADRÃO OFÍCIO

Até 2018, havia três tipos de expedientes que se diferenciam antes pela finalidade do que pela forma: o **aviso** (utilizado entre os Ministros de Estado e cargos afins), o **memorando** (utilizado entre unidades administrativas de um mesmo órgão – uma comunicação interna) e o **ofício** (utilizado pelas e para outras autoridades).

Com o fito de uniformização, padronização e objetividade, passamos a adotar uma diagramação única, que chamamos de *padrão ofício*.

Há, contudo, variações possíveis, que devem ser sempre observadas, como seguem:

a) **OFÍCIO CIRCULAR** – quando um órgão envia o mesmo expediente para mais de um órgão receptor – a sigla na epígrafe será apenas do órgão remetente;

b) **OFÍCIO CONJUNTO** – quando mais de um órgão envia, conjuntamente, o mesmo expediente para um único órgão receptor – as siglas dos órgãos rtemetentes constarão na epígrafe;

c) **OFÍCIO CONJUNTO CIRCULAR** – quando mais de um órgão envia, conjuntamente, o mesmo expediente para mais de um órgão receptor – as siglas dos órgãos remetentes constarão na epígrafe.

OFÍCIO CIRCULAR N. 652/2018/MEC
OFÍCIO CONJUNTO N. 368/2018/SECEX/SAJ
OFÍCIO CONJUNTO CIRCULAR N. 795/2018/Comunicação/MJ/MRE

9.6.1. Partes do documento no padrão ofício

As comunicações oficiais devem conter as seguintes partes: **tipo do documento, local, data, destinatário, assunto, texto, fecho, assinatura e identificação do signatário**. Vejamos uma a uma.

9.6.2. Tipo do documento

A identificação do tipo do documento se fará da seguinte maneira:

a) **nome do documento** por extenso, com todas as letras maiúsculas;

b) **número do documento**, com a abreviatura padronizada "Nº";

c) **ano** (com quatro dígitos) seguido da sigla do órgão que o expede – da menor para a maior hierarquia, separados por barra (/);

d) **alinhamento** à margem esquerda da página.

OFÍCIO N. 652/2018/SAA/SE/MT

9.6.3. Local e data

Local e data, por extenso, com alinhamento à direita:

São João da Boa Vista, 13 de julho de 2020.

9.6.4. Destinatário

Nome e cargo da pessoa a quem é dirigida a comunicação. No caso do ofício, deve ser incluso também o *endereço*.

9.6.5. Assunto

Resumo do teor do documento.

Assunto: *Produtividade do órgão em 2002.*

Assunto: *Necessidade de aquisição de novos computadores.*

9.6.6. Texto

O expediente deve conter a seguinte estrutura:

a) introdução, que se confunde com o parágrafo de abertura, na qual é apresentado o assunto que motiva a comunicação. Evite o uso das formas: *"Tenho a honra de"*, *"Tenho o prazer de"*, *"Cumpre-me informar que"*; empregue a forma direta;

b) desenvolvimento, no qual o assunto é detalhado; se o texto contiver mais de uma ideia sobre o assunto, elas devem ser tratadas em parágrafos distintos, o que confere maior clareza à exposição;

c) conclusão, em que é reafirmada ou simplesmente reapresentada a posição recomendada sobre o assunto.

Os parágrafos do texto devem ser numerados, exceto nos casos em que estes estejam organizados em itens ou títulos e subtítulos.

Nos casos em que for de mero encaminhamento de documentos, a estrutura é a seguinte:

a) introdução: deve iniciar com referência ao expediente que solicitou o encaminhamento. Se a remessa do documento não tiver sido solicitada, deve iniciar com a informação do motivo da comunicação, que é *encaminhar*, indicando a seguir os dados completos do documento encaminhado (tipo, data, origem ou signatário e assunto de que trata) e a razão pela qual está sendo encaminhado, segundo a fórmula:

"Em resposta ao Aviso n. 12, de 1.º de fevereiro de 1991, encaminho, anexa, cópia do Ofício n. 34, de 3 de abril de 1990, do Departamento Geral de Administração, que trata da requisição do servidor Fulano de Tal."

ou

"Encaminho, para exame e pronunciamento, a anexa cópia do telegrama n. 12, de 1.º de fevereiro de 1991, do Presidente da Confederação Nacional de Agricultura, a respeito de projeto de modernização de técnicas agrícolas na região Nordeste."

Observação: Se o autor da comunicação desejar fazer algum comentário a respeito do documento que encaminha, poderá acrescentar parágrafos de *desenvolvimento*.

9.6.7. Fecho

O fecho das comunicações oficiais possui, além da finalidade óbvia de arrematar o texto, a de saudar o destinatário. Os modelos para fecho que vinham sendo utilizados foram regulados pela Portaria n. 1 do Ministério da Justiça, de 1937, que estabelecia quinze padrões. Na intenção de simplificá-los e uniformizá-los, a Instrução Normativa n. 4 estabelece o emprego de somente dois fechos diferentes para todas as modalidades de comunicação oficial:

a) **Respeitosamente**, para autoridades superiores;

b) **Atenciosamente**, para autoridades de mesma hierarquia ou subordinadas.

9.6.8. Identificação do signatário

Excluídas as comunicações assinadas pelo Presidente da República, todas as demais comunicações oficiais devem trazer o nome e o cargo da autoridade que as expede, abaixo do local de sua assinatura. A forma da identificação deve ser a seguinte:

(espaço para assinatura)
Nome
Cargo

9.7. FORMA DE DIAGRAMAÇÃO

Os documentos devem obedecer à seguinte forma de apresentação:

a) deve ser utilizada fonte do tipo *CALIBRI* ou *CARLITO* de corpo 12 no texto em geral, 11 nas citações e 10 nas notas de rodapé;

b) para símbolos não existentes nas fontes citadas, poder-se-á utilizar as fontes *Symbol* e *Wingdings*;

c) é obrigatório constar, a partir da segunda página, o número da página;

d) o início de cada parágrafo do texto deve ter 2,5 cm de distância da margem esquerda;

e) o campo destinado à margem lateral esquerda terá, no mínimo, 3 cm de largura, no caso de juntada ou anexação em processo;

f) o campo destinado à margem lateral direita terá 1,5 cm;

g) deve ser utilizado espaçamento simples entre as linhas;

h) não deve haver abuso no uso de negrito, itálico, sublinhado, letras maiúsculas, sombreado, sombra, relevo, bordas ou qualquer outra formatação que afete a elegância e a sobriedade do documento;

i) a impressão dos textos deve ser feita na cor preta em papel branco. A impressão colorida deve ser usada apenas para gráficos e ilustrações;

j) todos os tipos de documentos do *padrão ofício* devem ser impressos em papel de tamanho *A4*, ou seja, 29,7 x 21,0 cm;

l) dentro do possível, todos os documentos elaborados devem ter o arquivo de texto preservado (Arquivo (de computador): Armazenamento) para consulta posterior ou aproveitamento de trechos para casos análogos;

m) para facilitar a localização, os nomes dos arquivos devem ser formados da seguinte maneira: *tipo do documento + número do documento + palavras-chave do conteúdo*.

9.8. COMUNICAÇÕES OFICIAIS

Veremos agora as particularidades de cada uma das modalidades das comunicações oficiais.

9.8.1. Apostila

Apostila é o **aditamento a um ato administrativo anterior, para fins de retificação ou atualização**. Apostilar é o mesmo que *anotar à margem, emendar, corrigir*. É a complementação de um ato. Trata-se de ato aditivo, confirmatório de alterações de honras, direitos, regalias ou vantagens, exarado em documento oficial, com a finalidade de atualizá-lo. A apostila tem por objeto a correção de dados constantes em atos administrativos anteriores ou o registro de alterações na vida funcional de um servidor, tais como promoções, lotação em outro setor, majoração de vencimentos, aposentadoria, reversão à atividade, entre outros.

Geralmente, a apostila é feita no verso do documento a que se refere. Pode, no entanto, caso não haja mais espaço para o registro de novas alterações, ser feita em folha separada (com timbre oficial), que será anexada ao documento principal. É lavrada como um termo e publicada em órgão oficial.

Partes:

a) título: denominação do documento;

b) texto: desenvolvimento do assunto;

c) data: às vezes precedida da sigla do órgão;

d) assinatura;

e) identificação do signatário: nome e cargo ou função da autoridade.

Modelo de Apostila

APOSTILA

A Diretora do _____, no uso de suas atribuições, tendo em vista o que consta do Processo n. _____, declara, em retificação à Portaria n. _____, que a designação de Assistente Administrativo, classe F, da Secretaria de _____, a _____ [NOME DO FUNCIONÁRIO] _____, é para o período de _____ de _____ de _____ a _____ de _____ de _____, e não como constou na referida Portaria.

[SIGLA DO ÓRGÃO], em _____ de _____ de _____.

[ASSINATURA]
[NOME]
[CARGO]

9.8.2. Ata

Ata é o **documento em que se registram, de forma exata e metódica, as ocorrências, resoluções e decisões das assembleias, reuniões ou sessões realizadas por comissões, conselhos, congregações, corporações ou outras entidades semelhantes.**

É documento de valor jurídico. Por essa razão, deve ser redigida de tal maneira que não se possa modificá-la posteriormente. Geralmente é lançada em livros próprios, devidamente autenticados, cujas páginas são rubricadas por quem redigiu os termos de abertura e de encerramento, o que lhes dá cunho oficial. Há os que substituem os livros por folhas soltas, sistema que, embora ofereça algumas vantagens de caráter prático, tem, por outro lado, sérios inconvenientes, tais como a facilidade de extravio e de acréscimos ou modificações posteriores, com objetivos fraudulentos.

Na ata não se fazem parágrafos ou alíneas; escreve-se tudo seguidamente para evitar que nos espaços em branco se façam acréscimos. Existem, no entanto, tipos de ata que, por se referirem a atos rotineiros e de procedimento padronizado, são lançados em formulários a serem preenchidos. Mesmo nesses tipos de ata é conveniente, com a finalidade de prevenir qualquer fraude, preencher os eventuais espaços em branco com pontos ou outros sinais convencionais.

Não se admitem rasuras. Para ressalvar erro constatado durante a redação, usa-se a palavra "digo", depois da qual se repete a palavra ou expressão anterior ao mesmo erro.

Ex.: *Aos dezesseis dias do mês de maio, digo, do mês de setembro de mil novecentos e noventa e nove, reuniu-se o...*

Quando se constata erro ou omissão após a redação, usa-se a expressão "em tempo", que é colocada após o escrito, seguindo-se a emenda ou acréscimo.

Ex.: *Em tempo: Na linha onde se lê abono, leia-se abandono.*

Em caso de contestações ou emendas ao texto apresentado, a ata só poderá ser assinada depois de aprovadas as correções. Assinam a ata, geralmente, todas as pessoas presentes à reunião. Às vezes, ela é assinada somente pelas pessoas que presidiram a sessão (presidente e secretário) e/ou outros, e seu conteúdo é dado à publicidade, para conhecimento dos interessados ou para fins de legalização.

As partes de uma ata variam segundo a natureza das reuniões. As mais importantes e que mais frequentemente aparecem, além do título e das assinaturas, são as seguintes:

a) dia, mês, ano e hora da reunião (por extenso);

b) local da reunião;

c) pessoas presentes, devidamente qualificadas (conselheiros, professores, delegados etc.);

d) presidente e secretário dos trabalhos;

e) ordem do dia (discussões, votações, deliberações etc.);

f) fecho.

Modelo de Ata

COMISSÃO ESPECIAL DE INQUÉRITO

Ata da Reunião da Comissão _____ *das irregularidades existentes no* _____.

Aos _____ dias do mês de _____ de _____, às dez horas e trinta minutos, no Plenário _____, do Edifício _____, no Estado de São Paulo, realizou-se a oitava Reunião da Comissão Especial de Inquérito constituída com a finalidade de proceder a um levantamento das condições e irregularidades existentes no Sistema _____, sob a Presidência do(a) _____, em que estiveram presentes os(as) Senhores(as) _____, _____ e _____. Havendo número regimental, o(a) Senhor(a) Presidente declarou abertos os trabalhos. Concedida a palavra inicialmente ao Doutor _____, este fez uma explanação sobre o sistema _____, suas falhas e problemas, e sobre a busca de soluções. Nada mais havendo a tratar, _____ agradeceu a presença de todos e declarou encerrada a reunião, da qual eu, _____, Secretário da Comissão, lavrei a presente ata, que vai assinada pelo Senhor Presidente, por mim e pelos presentes.

[ASSINATURA(S)]

9.8.3. Aviso

Com a 3.ª edição do Manual de Redação da Presidência da República, esse documento deixa de ser utilizado, porém seguem comentários sobre o seu uso até então.

O aviso é **expedido exclusivamente por Ministros de Estado, Secretário-Geral da Presidência da República, Consultor-Geral da República, Chefe do Estado-Maior das Forças Armadas, Chefe do Gabinete Militar da Presidência da República e pelos Secretários da Presidência da República, para autoridades de mesma hierarquia.** Tem como finalidade o tratamento de assuntos oficiais pelos órgãos da Administração Pública entre si.

Quanto à sua forma, o *aviso* segue o modelo do *padrão ofício*, com acréscimo do *vocativo*, que invoca o destinatário, seguido de vírgula.

Exemplos:
Excelentíssimo Senhor Presidente da República,
Senhora Ministra,
Senhor Chefe de Gabinete,

Modelo de Aviso

> Aviso nº 35/SSP-PR
> Brasília, 17 de fevereiro de 2000.
>
>
> A Sua Excelência o Senhor
> [NOME E CARGO]
>
>
> Assunto: Seminário sobre uso de energia no setor público.
>
>
> Senhor Ministro,
>
> Convido Vossa Excelência a participar da sessão de abertura do *Primeiro Seminário Regional sobre o Uso Eficiente de Energia no Setor Público*, a ser realizado em 5 de março próximo, às 9 horas, no auditório da Escola Nacional de Administração Pública — ENAP, localizada no Setor de Áreas Isoladas Sul, nesta capital.
>
> O Seminário mencionado inclui-se nas atividades do *Programa Nacional das Comissões Internas de Conservação de Energia em Órgãos Públicos*, instituído pelo Decreto nº 99.656, de 26 de outubro de 1990.
>
> Atenciosamente,
>
>
> [NOME DO SIGNATÁRIO]
> [CARGO DO SIGNATÁRIO]

9.8.4. Certidão

Trata-se de **documento revestido de formalidades legais, fornecido por autoridade competente, a pedido do interessado, solicitado ou requisitado *ex officio* por autoridade administrativa ou judicial e destinado a fazer certa a existência de registro em livro, processo ou documento qualquer em poder do expedidor, referente a determinado ato ou fato, ou dar forma à inexistência de tal registro**.

Como um documento público, a certidão pode servir de prova de ato jurídico. As certidões negativas da Fazenda Nacional, Estadual ou Municipal, em casos de escritura de transferência de imóveis, exoneram o imóvel e isentam o adquirente de qualquer responsabilidade.

As certidões podem ser de inteiro teor ou resumidas, contanto que exprimam fielmente o que contém o original de onde foram extraídas. Quando a certidão consiste em transcrição *verbum ad verbum*, isto é, integral, também recebe o nome de *traslado*. É escrita em linhas corridas, sem emendas ou rasuras.

Quaisquer espaços em branco devem ser preenchidos com pontos ou outros sinais convencionais.

Partes:

a) título: nome do documento, muitas vezes já impresso em papel próprio;

b) preâmbulo: alusão ao ato que determinou a expedição do documento. Também, quando for o caso, será mencionado o documento ou livro de onde a certidão está sendo extraída;

c) texto: teor do que se certifica; transcrição do documento original ou descrição do que foi encontrado;

d) fecho: termo de encerramento e assinatura dos funcionários que intervieram no ato (quem lavrou e quem conferiu);

e) local e data (da expedição do ato);

f) visto da autoridade que autorizou a lavratura da certidão: representa o ato de aprovação e reconhecimento da autoridade, a fim de que a certidão produza os efeitos legais desejados.

Modelo de Certidão

CERTIDÃO

CERTIFICO, a pedido verbal da parte interessada e à vista dos registros existentes na Seção de Pessoal, que a Senhora _____ ocupa, atualmente, o cargo de Chefe de Secretaria PJ-1, do Quadro de Pessoal da Secretaria _____, do Setor Administrativo, para o qual foi nomeada pelo Ato n. _____, de dois de agosto de mil novecentos e setenta e dois, tendo tomado posse e entrado em exercício na mesma data, ficando lotada na _____ desta Capital. CERTIFICO, ainda, que as atribuições inerentes ao referido cargo se acham enumeradas no artigo _____ da Consolidação das Leis do Trabalho. CERTIFICO, finalmente, que a Senhora _____ foi efetivada no cargo de Chefe de Secretaria PJ-1, desde a data de sua nomeação (dois de agosto de mil novecentos e setenta e dois) até a data em que é expedida a presente certidão. Do que, para constar, eu, _____, Auxiliar Administrativo, nível 7A, extraí a presente certidão, aos seis dias do mês de outubro de dois mil e três, a qual vai devidamente conferida e assinada pelo Senhor _____, Chefe da Seção de Pessoal, e visada pelo Senhor _____, Diretor da Divisão Administrativa da Secretaria _____.

Visto:

[ASSINATURA] [ASSINATURA]
[NOME]   [NOME]
[CARGO]   [CARGO]

9.8.5. Circular

Circular é toda comunicação reproduzida em cópias, de igual teor, e expedida a diferentes pessoas, órgãos ou entidades. Especificamente, como documento, é **mensagem endereçada simultaneamente a diversos destinatários, para transmitir avisos, ordens ou instruções**.

Modelo de Circular

CIRCULAR N. _____, _____ DE _____ DE _____

Senhor Secretário,

Comunico a Vossa Excelência que, por determinação do Senhor Governador do Estado de São Paulo, no dia 28 do mês em pauta, dia do Servidor Público, o expediente será normal nas repartições públicas do Estado. Porém, será considerado ponto facultativo o dia 1.º de novembro, segunda-feira. A medida não abrangerá serviços que, por sua natureza, não admitem paralisação.

Atenciosamente,

[ASSINATURA]
[NOME]
[CARGO]

Ao senhor
[NOME]
[CARGO]
Nesta Capital

9.8.6. Contrato

Contrato é o **acordo de vontades que tem por fim criar, modificar ou extinguir direitos e obrigações**. Os contratos celebrados compreendem, quanto ao regime jurídico, duas modalidades:

a) os contratos de direito privado, como a compra e venda, a doação, o comodato, regidos pelo Código Civil, parcialmente derrogados por normas publicistas;

b) os contratos administrativos, dentre os quais se incluem:

■ os tipicamente administrativos, sem paralelo no direito privado e inteiramente regidos pelo direito público, como a concessão de serviços, de obras e de uso de bem público;

■ os que têm paralelo no direito privado, mas também são regidos pelo direito público, como o mandato, o empréstimo, o depósito, a empreitada.

Contrato administrativo é todo aquele que a Administração Pública firma com o particular ou outra entidade administrativa, para a realização de serviço, execução de obra ou obtenção de qualquer outra prestação de interesse público nas condições estabelecidas pela própria administração.

A expressão "contrato administrativo" é utilizada para indicar vínculo jurídico entre a administração pública e um particular visando à realização de determinada prestação. Esse tipo de contrato é precedido de licitação, para a qual a administração pública deverá, formalmente, estabelecer as suas necessidades e os encargos que assumirá.

Esses contratos devem estabelecer com clareza e precisão as condições para a sua execução expressas em cláusulas que definam os direitos, obrigações e responsabilidades das partes, em conformidade com os termos do instrumento convocatório (o edital de licitação) e da proposta a que se vinculam.

Os contratos para os quais a legislação permita dispensa ou inexigibilidade de licitação deve atender aos termos do ato que os autorizou e da respectiva proposta.

A formalização é a materialização do contrato administrativo, o qual deve estar vinculado ao instrumento convocatório e às cláusulas necessárias estabelecidas na Lei de Licitações e Contratos.

As cláusulas necessárias em todo contrato estabelecem:

I — o objeto e seus elementos característicos;

II — o regime de execução ou a forma de fornecimento;

III — o preço e as condições de pagamento, os critérios, a data-base e a periodicidade do ajustamento de preços, os critérios de atualização monetária entre a data do adimplemento (pagamento em dia) das obrigações e a do efetivo pagamento;

IV — os prazos de início de etapas de execução, de conclusão, de entrega, de observação e de recebimento definitivo, conforme o caso;

V — o crédito pelo qual correrá a despesa, com a indicação da classificação funcional programática e da categoria econômica;

VI — as garantias oferecidas para assegurar sua plena execução quando exigidas;

VII — os direitos e as responsabilidades das partes, as penalidades cabíveis e os valores das multas;

VIII — os casos de rescisão;

IX — o reconhecimento dos direitos da Administração, em casos de rescisão administrativa;

X — as condições de importação, a data e a taxa de câmbio para conversão, quando for o caso;

XI — a vinculação ao edital de licitação ou ao termo que a dispensou ou a inexigiu ao convite e à proposta do licitante vencedor;

XII — a legislação aplicável à execução do contrato e especialmente aos casos omissos;

XIII — a obrigação do contratado de manter, durante toda a execução do contrato, em compatibilidade com as obrigações por ele assumidas, todas as condições de habilitação e qualificação exigidas em uma licitação.

Modelo de Contrato

TERMO DE CONTRATO

Termo de Contrato celebrado entre o Departamento _____ *e a Empresa* _____ *para a aquisição de bens e contratação de serviços pela Administração Pública Estadual.*

Aos _____ dias do mês de março de dois mil e quatro, no gabinete do Diretor do _____ / SIGLA, compareceu perante o senhor (Nome), Diretor, o representante da Empresa _____, o qual declarou que assina o presente termo de contrato, mediante as seguintes cláusulas:

Cláusula Primeira — O objeto do presente Contrato corresponde a:
I — fornecimento de material de _____;
II — acompanhamento das necessidades _____.

Cláusula Segunda — A Empresa se obriga a ____:
I — fornecer ___;
II — esclarecer ___.

Cláusula Terceira — Para assinatura do Contrato, a Contratada deverá:
I — depositar no Banco ___;
II — como garantia de execução ___.

Cláusula Quarta — Fica eleito o foro da cidade de São Paulo, Estado de São Paulo, para dirimir quaisquer controvérsias originadas do presente Contrato.
E, por estarem assim justos e contratados, firmam o presente instrumento em três vias de igual teor, na presença de duas testemunhas.

São Paulo, _____ de _____ de _____.

[ASSINATURA]
[NOME]
[CARGO]

Testemunhas:
Assinatura: _____
Assinatura: _____

9.8.7. Convênio

Convênios administrativos são **acordos firmados por entidades públicas de qualquer espécie, ou entre estas e organizações particulares, para a realização de objetivos de interesse comum dos partícipes.**

Convênio é acordo, mas não é contrato. No contrato, as partes têm interesses diversos e opostos; no convênio, os partícipes têm interesses comuns e coincidentes. Em outras palavras, no contrato há sempre duas partes (podendo ter mais de dois signatários), uma que pretende o objeto do ajuste (a obra, o serviço etc.), outra que pretende a contraprestação correspondente (o preço ou qualquer outra vantagem), diversamente do que ocorre no convênio, em que não há partes, mas unicamente partícipes com as mesmas pretensões.

Por essa razão, no convênio, a posição jurídica dos signatários é uma só, idêntica para todos, podendo haver apenas diversificação na cooperação de cada um, segundo suas possibilidades, para a consecução do objetivo comum, desejado por todos.

O convênio manter-se-á como simples pacto de cooperação, mas irá dispor de uma pessoa jurídica que lhe dará execução, exercendo direitos e contraindo obrigações em nome próprio e oferecendo as garantias peculiares de uma empresa.

A organização dos convênios não tem forma própria, mas sempre se fez com autorização legislativa e recursos financeiros para atendimento dos encargos assumidos no termo de cooperação. A execução dos convênios tem ficado, comumente, a cargo de uma das entidades participantes ou de comissão diretora.

O convênio deve conter o prazo de duração, podendo ser prorrogado quantas vezes se fizerem necessárias ao objetivo final.

O convênio pode ser extinto a qualquer momento pela vontade dos partícipes. Acertada a extinção, lavra-se o termo de extinção ou de rescisão.

A Lei Federal n. 8.666/93 é aplicada aos convênios, acordos, ajustes e outros instrumentos congêneres celebrados por órgãos e entidades da Administração Pública.

A celebração de convênio, acordo ou ajuste pelos órgãos ou entidades da Administração Pública depende de prévia aprovação de competente Plano de Trabalho, também chamado de Plano de Aplicação, proposto pela organização interessada, o qual deverá conter, no mínimo, as seguintes informações:

a) identificação do objeto a ser executado;

b) metas a serem atingidas;

c) etapas ou fases de execução;

d) plano de aplicação dos recursos financeiros;

e) cronograma de desembolso;

f) previsão de início e fim da execução do objeto, bem como da conclusão das etapas ou fases programadas. Se o ajuste compreender obra ou serviço de engenharia, comprovação de que os recursos próprios para complementar a execução do objeto estão devidamente assegurados, salvo se o custo total do empreendimento recair sobre a entidade ou órgão descentralizador.

Após a assinatura do convênio, dá-se a publicidade necessária, e a entidade ou o órgão repassador dará ciência dele à Assembleia Legislativa ou à Câmara Municipal respectiva.

As parcelas do convênio serão liberadas em estrita conformidade com o plano de aplicação aprovado e podem ficar retidas até o saneamento das impropriedades, como, por exemplo:

a) não comprovação de boa e regular aplicação da parcela anteriormente recebida;

b) desvio de finalidade na aplicação dos recursos, atrasos não justificados no cumprimento das etapas ou fases programadas ou ainda inadimplemento do executor com relação a outras cláusulas conveniais básicas;

c) quando o executor deixar de adotar as medidas saneadoras apontadas pelo partícipe repassador dos recursos ou por integrantes do respectivo sistema de controle interno.

Modelo de Convênio

TERMO DE CONVÊNIO

Termo de Convênio que entre si estabelecem o Departamento — [SIGLA] e a Secretaria _____, para uma ação conjunta na área de Gestão de Documentos.

O Departamento _____, representado neste ato pela sua Diretora, [NOME], de um lado, de outro lado a Secretaria Estadual _____, representada pelo seu Secretário, [NOME], firmam o presente Convênio, mediante adoção das Cláusulas seguintes:

Cláusula Primeira — A Secretaria Estadual de _____ transferirá ao [SIGLA] recursos financeiros no valor de R$ [ESCREVER POR EXTENSO], como parcela inicial, para elaboração do projeto de Treinamento Profissional nas Escolas _____.

Parágrafo único. A complementação de recursos será efetuada com dotações previstas para o ano _____.

Cláusula Segunda — Os encargos previstos na Cláusula anterior correrão por conta do _____.

Cláusula Terceira — Os recursos financeiros serão aplicados de acordo _____.

Cláusula Quarta — ____.

Cláusula Quinta — A dotação do Projeto, anteriormente relacionado, acha-se empenhada no _____ com as seguintes características:

Elemento: 4.1.2.0 Nota de Empenho n. ____, de ____ de ____ de _____.

Cláusula Sexta — O presente Termo terá vigência até _____ de _____ de _____, podendo ser prorrogado após aprovação orçamentária.

E, por estarem de pleno acordo com as Cláusulas e condições anteriores, firmam o presente, perante as testemunhas a seguir.

        São Paulo, _____ de _____ de _____.

        [ASSINATURA]
        [NOME]
        [CARGO]

        [ASSINATURA]
        [NOME]
        [CARGO]

Testemunhas:
Assinatura: _____
Assinatura: _____

9.8.8. Correio eletrônico (*e-mail*)

O correio eletrônico *(e-mail)*, por seu baixo custo e celeridade, transformou-se na principal forma de comunicação para transmissão de documentos.

Um dos atrativos da comunicação por correio eletrônico é a sua flexibilidade. Assim, não interessa definir uma forma rígida para a sua estrutura. Entretanto, deve-se evitar o uso de linguagem incompatível com uma comunicação oficial.

O campo *assunto* do formulário de correio eletrônico "mensagem" deve ser preenchido de modo a facilitar a organização documental, tanto do destinatário quanto do remetente. Para os arquivos de textos, a serem anexados à mensagem, deve ser utilizado, preferencialmente, o formato *Rich Text* (*arquivo>salvar como>tipo de arquivo>formato rich text*). A mensagem que encaminha algum arquivo deve trazer informações mínimas sobre seu conteúdo. "Arquivo (de computador): Envio pela Internet."

Sempre que disponível, deve-se utilizar o recurso de *confirmação de leitura*. Caso não seja disponível, deve constar da mensagem pedido de confirmação de recebimento.

Nos termos da legislação em vigor, para que a mensagem de correio eletrônico tenha *valor documental* e para que possa ser aceita como documento original, é necessário existir *certificação digital* que ateste a identidade do remetente, na forma estabelecida em lei.

9.8.9. Declaração

Significa a **afirmação da existência de um fato; existência ou não de um direito**. Tanto pode ser manifestada por escrito como por meio de viva voz. Quando for por escrito, a declaração é conhecida como documento. Entretanto, quando a declaração provém de alguma autoridade, recebe várias denominações, conforme o caso; por exemplo: aviso, edital, instrução, despacho, decisão, ofício, portaria, sentença. Ainda, segundo as circunstâncias e a finalidade da declaração, ela toma várias outras denominações, como, por exemplo: declaração de direito, de vontade, de ausência, de crédito, de guerra, de falência, de interdição, de nascimento, de óbito, de renda, de princípios etc.

Pode-se iniciar uma declaração assim:

Declaro, para fins de prova junto ao órgão...
Declaro, para os devidos fins, que...
Declaro, a pedido verbal de...

Modelo de Declaração

DECLARAÇÃO

DECLARAMOS, para os devidos fins, que _____ submeteu-se às provas do Concurso Vestibular Unificado de _____, realizado por esta Comissão, nos dias _____ de _____, das _____ às _____ horas.

Sete Palmos, _____ de _____ de _____.

[ASSINATURA]
[NOME]
[CARGO]

9.8.10. Decreto

Decretos, em sentido próprio e restrito, são **atos administrativos da competência exclusiva dos chefes do Executivo, destinados a prover situações gerais ou individuais, abstratamente previstas de modo expresso, explícito ou implícito pela legislação**.

Os decretos executivos têm por objeto:

a) pôr em execução uma disposição legal;

b) estabelecer medidas gerais para cumprimento da lei;

c) providenciar sobre matéria de ordem funcional;

d) resolver sobre interesse da Administração;

e) decidir sobre algum interesse de ordem privada que se prenda ao da Administração;

f) criar, modificar, limitar ou ampliar uma situação jurídica;

g) organizar, reformar ou extinguir serviços públicos dentro da competência do Poder Executivo.

Os decretos executivos costumam ser divididos em dois tipos:

9.8.10.1. Decretos regulamentares

São aqueles que visam "explicar a lei e facilitar a sua execução, aclarando seus mandamentos e orientando a sua aplicação".[3] Expressam regras jurídicas gerais e abstratas, de caráter impessoal. Sempre são numerados.

9.8.10.2. Decretos individuais ou coletivos

São os relativos a situações funcionais, podendo abranger um (decreto individual) ou mais (decreto coletivo) servidores. Não são, geralmente, numerados. São compostos das seguintes partes:

a) numeração (epígrafe): denominação, número e data de expedição do decreto. Os decretos referentes a situações funcionais (que, em determinadas administrações estaduais, substituem-se por atos) não são, geralmente, numerados;

b) ementa ou rubrica: resumo da matéria do decreto. É digitada em espaço simples, a partir do meio em direção à margem direita do papel. Não costuma aparecer nos decretos de ordem funcional;

c) título ou preâmbulo: parte preliminar de uma lei, decreto ou diploma na qual o soberano anuncia a sua promulgação; denominação completa, em caracteres maiúsculos, da autoridade executiva que expede o ato. É representado por fórmulas convencionais de introdução;

d) fundamentação: citação do dispositivo legal em que se apoia a decisão, seguida da palavra "decreta". Em decretos de ordem funcional, a forma "decreta" é substituída por "resolve", seguida do verbo que indica especificamente a matéria do ato: tornar sem efeito, designar, declarar etc. Em muitos decretos numerados, após a citação do dispositivo legal em que se fundamenta o decreto, aparecem os considerandos. Trata-se de considerações cuja finalidade é justificar a expedição do ato respectivo;

e) texto (ou contexto): é a parte essencial do ato e tem o artigo como a unidade básica para apresentação, divisão ou agrupamento dos assuntos. Quanto à numeração, consagrou-se a práxis, hoje positivada pela Lei Complementar n. 95, de 26 de fevereiro de 1998, de até o artigo nono (art. 9.º) se adotar a numeração ordinal. A partir do de número 10, empregam-se os algarismos arábicos correspondentes, seguidos de ponto-final (art. 10.). Os artigos serão designados pela abreviatura "*Art.*" sem traço antes do início do texto. Os textos dos artigos serão iniciados com letra maiúscula e encerrados com ponto-final, exceto quando tiverem incisos, caso em que serão encerrados por dois-pontos.

Os artigos podem desdobrar-se em *parágrafos* ou *incisos,* estes em *alíneas ou letras,* que serão desdobradas em *itens ou números.*

Os *parágrafos*, representados pelo sinal gráfico (§§), constituem a imediata divisão de um artigo, ou, como anotado por Arthur Marinho, "(...) *parágrafo* sempre foi, numa lei, disposição secundária de um artigo em que se explica ou modifica a disposição

---

[3] MEIRELLES, Hely Lopes. *Direito administrativo brasileiro*. 27. ed. São Paulo: Malheiros, 2002.

principal". Também, no parágrafo, consagrou-se a prática da numeração ordinal até o nono (§ 9.º) e cardinal a partir do parágrafo dez (§ 10). No caso de haver apenas um parágrafo, adota-se a grafia *Parágrafo único* (e não *§ único*). Os textos dos parágrafos serão iniciados com letra maiúscula e encerrados com ponto-final.

Os incisos são utilizados como elementos discriminativos do artigo se o assunto nele tratado não puder ser condensado no próprio artigo ou se não se mostrar adequado a constituir parágrafo. Os incisos são indicados por algarismos romanos e as alíneas por letras.

As alíneas ou letras constituem desdobramentos dos incisos e dos parágrafos. A alínea ou letra será grafada em minúscula e seguida de parêntese: *a*); *b*); *c*) etc. O desdobramento das alíneas (itens) faz-se com números cardinais, seguidos do ponto: 1.; 2. etc.

Artigos Agrupados = Seções

Seções Agrupadas = Capítulos

Capítulos Agrupados = Títulos

Títulos Agrupados = Livros

Livros Agrupados = Partes

Partes se dividirão em Geral e Especial;

f) local e data: o fecho também é constituído de formas consagradas.

Exemplos:

Palácio do Governo em São Paulo, _____ de _____ de _____.
Prefeitura Municipal de São Paulo, em _____ de _____ de _____.
São Paulo, _____ de _____, de _____, _____ da Independência e _____ da República;

g) assinatura do Chefe do Governo e referenda de um ou mais Secretários de Estado.

Modelo de Decreto

DECRETO N. _____, DE _____ DE _____ DE _____
Norteia os editais e minutas dos contratos de licitação.

O GOVERNADOR DO ESTADO DE SÃO PAULO, no uso das atribuições que lhe confere o art. 87, itens V e VI, da Constituição Estadual, e tendo em vista o disposto na Lei Estadual n. 7.465, de 5 de junho de 1977,

DECRETA:

Art. 1.º Deve fazer parte integrante dos editais e das minutas de contratos, de toda e qualquer licitação, a exigência de prestação de garantia para a contratação de empresa prestadora de serviço.
Art. 2.º O contratado, na assinatura do documento em pauta, optará por uma das três modalidades previstas no § 1.º, do art. 56, da Lei Federal n. 8.666, de 21 de junho de 1993.
Art. 3.º Este Decreto entra em vigor na data de sua publicação.
Art. 4.º Revogam-se as disposições em contrário.

São Paulo, _____ de _____ de _____, _____ da Independência e _____ da República.

[ASSINATURA]
[NOME]
Governador do Estado de São Paulo

[ASSINATURA]
[NOME]
Secretário de Estado da Administração e da Previdência

[ASSINATURA]
[NOME]
Secretário de Estado da Educação

[ASSINATURA]
[NOME]
Procurador-Geral do Estado

9.8.11. Edital

Edital é o **ato escrito oficial, contendo aviso, determinação, ou citação, mandado publicar, por autoridade competente, no órgão oficial ou outros órgãos de imprensa, ou, ainda, afixado em lugares públicos, onde seja facilmente lido por todos**.

São objeto de editais concorrências administrativas para aquisição, alienação ou recuperação de material, aberturas de concursos para provimento de cargos públicos, intimações, notificações, convocações e demais avisos que, por sua natureza, devam ter ampla divulgação, conforme a legislação vigente.

Partes:

a) título: denominação do ato, muitas vezes seguido do seu número de ordem e data de expedição. Outras vezes, o título é completado com a espécie de edital de que se trata: de citação, de anulação etc. Não sendo colocada junto ao título, a data aparece após o texto;

b) ementa: resumo do assunto do edital. Não é parte obrigatória e aparece, principalmente, em editais de concorrência pública e tomada de preço. Oferece a vantagem de propiciar o conhecimento prévio e sucinto do que é exposto em seguida;

c) texto: desenvolvimento do assunto. Havendo vários parágrafos, convém numerá-los com algarismos arábicos, de preferência, e, se necessário, desdobrá-los em itens e alíneas. Não se numera o primeiro parágrafo;

d) assinatura: nome da autoridade competente, indicando-se seu cargo ou função.

Os editais de licitação deverão seguir a Lei Federal n. 8.666, de 21 de junho de 1993, atualizada pela Lei Federal n. 8.883, de 8 de junho de 1994. É necessário que se tenha conhecimento da referida lei para a elaboração do Instrumento Convocatório.

Modelo de Edital

SECRETARIA DE ESTADO DA _____
DEPARTAMENTO DE _____
Seção de Recrutamento e Seleção

EDITAL DE INSCRIÇÃO N. _____
CONCURSO PÚBLICO DE TÍTULOS E PROVAS PARA PROVIMENTO DE _____

O DIRETOR-GERAL DA _____ torna público que, pelo prazo de 60 (sessenta) dias corridos contados da publicação deste Edital no *Diário Oficial do Estado*, serão recebidas as inscrições ao CONCURSO PÚBLICO DE _____ nos Departamentos e Áreas discriminados no anexo deste Edital, com as vagas respectivas.

São Paulo, _____ de _____ de _____

[ASSINATURA]
[NOME]
[CARGO]

9.8.12. Exposição de motivos

Exposição de motivos é o nome que se dá ao **preâmbulo** ou aos **considerandos que antecedem os textos dos projetos de lei, com o objetivo de mostrar suas vantagens**. É uma justificativa às medidas propostas. É documento em que se justifica a necessidade de se tomar alguma providência.

Os documentos ou quaisquer outros expedientes que devam ser decididos pelo Presidente da República ou Vice-presidente, Governador de Estado ou Prefeito Municipal devem ter despachos acompanhados da exposição de motivos para:

a) informar sobre determinado assunto;

b) propor alguma medida; ou

c) submeter à consideração do destinatário projeto de ato normativo.

Nos casos em que o assunto tratado envolva mais de uma Pasta ou Secretaria, a exposição de motivos deverá ser assinada por todos os envolvidos.

Partes:

a) resumo do texto;

b) síntese das alegações, argumentos ou fundamentos oferecidos;

c) apreciação do assunto, razões e esclarecimentos que o ilustrem;

d) transcrição da legislação citada;

e) parecer conclusivo.

Forma e estrutura:

Formalmente, a exposição de motivos tem a apresentação do *padrão ofício*. O anexo que acompanha a exposição de motivos que proponha alguma medida ou apresente projeto de ato normativo segue o modelo descrito adiante.

A *exposição de motivos*, de acordo com sua finalidade, apresenta duas formas básicas de estrutura: uma para aquela que tenha caráter exclusivamente informativo e outra para a que proponha alguma medida ou submeta projeto de ato normativo.

No primeiro caso, o da exposição de motivos que simplesmente leva algum assunto de caráter informativo, sua estrutura segue o modelo do *padrão ofício*. Já a exposição de motivos que submeta à consideração do Presidente da República, Governador ou Prefeito Municipal a sugestão de alguma medida a ser adotada ou a que lhe apresente projeto de ato normativo, embora siga também a estrutura do *padrão ofício*, além de outros comentários julgados pertinentes por seu autor, deve, obrigatoriamente, apontar:

a) na *introdução*: o problema que está reclamando a adoção da medida ou do ato normativo proposto;

b) no *desenvolvimento*: o porquê de ser aquela medida ou aquele ato normativo o ideal para se solucionar o problema e eventuais alternativas existentes para equacioná-lo;

c) na *conclusão:* novamente, qual medida deve ser tomada, ou qual ato normativo deve ser editado para solucionar o problema.

Deve, ainda, trazer apenso o formulário de anexo à exposição de motivos, devidamente preenchido, de acordo com o seguinte modelo previsto no Anexo II do Decreto Federal n. 4.176, de 28 de março de 2002:

1. Título:

Anexo à Exposição de Motivos do (indicar nome do órgão emitente) n. _____, de _____ de _____.

2. Síntese do problema ou da situação que reclama providências.

3. Soluções e providências contidas no ato normativo ou na medida proposta.

4. Alternativas existentes às medidas propostas.

Mencionar:

— se há outro projeto do Executivo sobre a matéria;

— se há projetos sobre a matéria no Legislativo; outras possibilidades de resolução do problema.

5. Custos.

Mencionar:

— se a despesa decorrente da medida está prevista na lei orçamentária anual; se não, quais as alternativas para custeá-la;

— se é o caso de solicitar-se abertura de crédito extraordinário, especial ou suplementar; valor a ser despendido em moeda corrente.

6. Razões que justificam a urgência (a ser preenchido somente se o ato proposto for medida provisória ou projeto de lei que deva tramitar em regime de urgência).

Mencionar:

— se o problema configura calamidade pública;

— por que é indispensável a vigência imediata;

— se se trata de problema cuja causa ou agravamento não tenham sido previstos;

— se se trata de desenvolvimento extraordinário de situação já prevista.

7. Impacto sobre o meio ambiente (sempre que o ato ou medida proposta possa vir a tê-lo).

8. Alterações propostas: texto atual e proposto.

9. Síntese do parecer do órgão jurídico:

Com base em avaliação do ato normativo ou das medidas propostas, a falta ou insuficiência das informações prestadas nas questões levantadas podem acarretar, a critério da chefia para Assuntos Jurídicos da Casa Civil, a devolução do projeto do ato normativo para que se complete o exame ou se reformule a proposta.

O preenchimento obrigatório do anexo para as exposições de motivos que proponham a adoção de alguma medida ou a edição de ato normativo tem como finalidade:

a) permitir a adequada reflexão sobre o problema que se busca resolver;

b) avaliar as diversas causas do problema e dos efeitos que pode ter a adoção da medida ou a edição do ato, em conformidade com *as questões que devem ser analisadas na elaboração de proposições normativas no âmbito do Poder Executivo*;

c) conferir perfeita transparência aos atos propostos.

Dessa forma, ao atender às *questões que devem ser analisadas na elaboração de atos normativos no âmbito do Poder Executivo*, o texto da exposição de motivos e seus anexos se complementam e formam um todo coeso: no anexo, encontramos uma avaliação profunda de toda a situação que está reclamando a adoção de certas providências ou a edição de um ato normativo; o problema a ser enfrentado e suas causas; a solução que se propõe, seus efeitos e seus custos; e as alternativas existentes. O texto da exposição de motivos fica, assim, reservado à demonstração da necessidade da providência proposta: por que deve ser adotada e como resolverá o problema.

Nos casos em que o ato proposto for questão de pessoal (nomeação, promoção, ascensão, transferência, readaptação, reversão, aproveitamento, reintegração, recondução, remoção, exoneração, demissão, dispensa, disponibilidade, aposentadoria), **não** é necessário o encaminhamento do formulário de *anexo à exposição de motivos*.

Observe que:

■ a síntese do parecer do órgão de assessoramento jurídico **não** dispensa o encaminhamento do parecer completo;

■ o tamanho dos campos do *anexo à exposição de motivos* pode ser alterado de acordo com a maior ou menor extensão dos comentários a serem ali incluídos.

Modelo de Exposição de Motivos

EM N. 23495/2000/MIP
Brasília, 30 de maio de 2000.

Excelentíssimo Senhor Presidente da República,

O Presidente George Bush anunciou, no último dia 13, significativa mudança da posição norte-americana nas negociações que se realizam — na Conferência do Desarmamento, em Genebra — de uma convenção multilateral de proscrição total das armas químicas. Ao renunciar à manutenção de cerca de dois por cento de seu arsenal químico até a adesão à convenção de todos os países em condições de produzir armas químicas, os Estados Unidos reaproximaram sua postura da maioria dos quarenta países participantes do processo negociador, inclusive o Brasil, abrindo possibilidades concretas de que o tratado venha a ser concluído e assinado em prazo de cerca de um ano. (...)

Respeitosamente,

[NOME]
[CARGO]

9.8.13. Fax

O fax (forma abreviada já consagrada de *fac-simile*) é uma forma de comunicação que está sendo menos usada devido ao desenvolvimento da internet. É utilizado para a transmissão de mensagens urgentes e para o envio antecipado de documentos, de cujo conhecimento há premência, quando não há condições de envio do documento por meio eletrônico. Quando necessário o original, ele segue posteriormente pela via e na forma de praxe.

Se necessário o arquivamento, deve-se fazê-lo com cópia xerox do fax e não com o próprio fax, cujo papel, em certos modelos, se deteriora rapidamente.

Os documentos enviados por fax mantêm a forma e a estrutura que lhes são inerentes.

É conveniente o envio, com o documento principal, de *folha de rosto*, isto é, de pequeno formulário com os dados de identificação da mensagem a ser enviada, conforme exemplo a seguir:

```
[Órgão Expedidor]
[setor do órgão expedidor]
[endereço do órgão expedidor]


Destinatário:

Número do fax de destino:    Data: ___/___/_____

Remetente:

Telefone para contato:

Fax/correio eletrônico:

Número de páginas: esta +

Número do documento:

Observações:
```

9.8.14. Informação

Em linguagem administrativa, a informação **tem o sentido de parecer, em que o funcionário escreve acerca de certo fato ou pedido, prestando os esclarecimentos necessários para que a autoridade dê seu despacho ou solução.** Deve ser concisa e indicar a solução proposta. É ato de servidor subalterno incumbido de estudar qualquer documento para que o chefe possa deliberar sobre o caso. No Direito Penal, equivale à sindicância ou investigação; no Direito Comercial e, principalmente, no Direito Falimentar, também significa sindicância.

9.8.15. Instrução e instrução normativa

Na linguagem jurídica, a instrução normativa é **utilizada para indicar a soma de atos e diligências que podem ou devem ser praticados no processo, de modo que se esclareçam fatos ou questões objeto da demanda ou do litígio.** Representa, assim, a reunião de provas que determinam a procedência ou não dos fatos alegados.

Portanto, instrução equivale a elucidação, esclarecimento. Em outro sentido, principalmente empregado no plural, significa ordem emanada de uma pessoa e dirigida a outras; nela se determinam as regras de procedimento ou a execução de certos atos ou serviços. É assim no campo do Direito Administrativo, em que a autoridade determina a maneira de se organizar a repartição ou o departamento e como se executam os serviços. As instruções podem surgir como avisos, circulares, ementas, portarias ou provisões. Instrução é, ainda, explicação ou esclarecimento dado para uso especial. Apontamento, regimento, explicação que se dá a uma pessoa encarregada de algum negócio ou de alguma empresa. É o conjunto de formalidades e informações necessárias para elucidar uma causa e colocá-la em estado de ser julgada. Administrativamente, é um instrumento que orienta a execução de leis ou decretos. A instrução fixa normas para a execução de outros atos ou disciplina a execução de serviços.

Modelo de Instrução Normativa

DEPARTAMENTO ESTADUAL DE ARQUIVO PÚBLICO DE SÃO PAULO

INSTRUÇÃO NORMATIVA N. _____, DE _____ DE _____ DE _____.
Estabelece os procedimentos para entrada de acervos arquivísticos no Departamento Estadual de Arquivo Público de São Paulo.

O DIRETOR DO DEPARTAMENTO ESTADUAL DE ARQUIVO, usando da atribuição que lhe confere o item V do art. 27 do Regimento Interno aprovado pelo Governador do Estado de São Paulo, através da Portaria Governamental n. _____, de _____ de _____ de _____,

RESOLVE:

1. Estabelecer na forma dos Anexos 1 a 4 os procedimentos a serem observados quando da transferência ou do recolhimento de acervos arquivísticos para o Arquivo Público.

2. Esta Instrução Normativa entra em vigor na data de sua publicação, aplicando-se aos fatos ocorridos a partir de _____ de _____ de _____.

[ASSINATURA]
[NOME]
[CARGO]

9.8.16. Memorando

Com a 3.ª edição do Manual de Redação da Presidência da República, esse documento deixa de ser utilizado, porém seguem comentários sobre o seu uso até então.

A Instrução Normativa n. 4, de 6 de março de 1992, do Governo Federal, esclarece: "O memorando é uma **modalidade de comunicação entre unidades administrativas de um mesmo órgão, que podem estar hierarquicamente em mesmo nível ou em nível diferente. Trata-se, portanto, de uma forma de comunicação eminentemente interna**".

Pode ter caráter meramente administrativo ou ser empregado para a exposição de projetos, ideias, diretrizes etc., a serem adotados por determinado setor do serviço público. Suas características principais são a agilidade, a concisão e a clareza. A tramitação do memorando em qualquer órgão deve pautar-se pela rapidez e pela simplicidade de procedimentos burocráticos. Para evitar desnecessário aumento do número de comunicações, os despachos devem ser dados no próprio memorando e, no caso de falta de espaço, em folha de continuação. Esse procedimento permite formar uma espécie de processo simplificado, assegurando maior transparência à tomada de decisões e o histórico do andamento da matéria tratada no memorando.

Quanto à sua forma, o *memorando* segue o modelo do *Padrão Ofício*, com a diferença de que o seu destinatário deve ser mencionado pelo cargo que ocupa.

Exemplos:

Ao Senhor Chefe do Departamento de Administração:
Ao Senhor Subchefe para Assuntos Jurídicos:

Modelo de Memorando

Mem. 119/DJ   Em 21 de maio de 2000.

Ao Sr. Chefe do Departamento de Administração

Assunto: Administração. Instalação de microcomputadores

    1. Nos termos do Plano Geral de informatização, solicito a Vossa Senhoria verificar a possibilidade de que sejam instalados três microcomputadores neste Departamento.
    2. Sem descer a maiores detalhes técnicos, acrescento, apenas, que o ideal seria que o equipamento fosse dotado de disco rígido e de monitor padrão EGA. Quanto a programas, haveria necessidade de dois tipos: um processador de textos e um gerenciador de banco de dados.
    3. O treinamento de pessoal para operação dos micros poderia ficar a cargo da Seção de Treinamento do Departamento de Modernização, cuja chefia já manifestou seu acordo a respeito.
    4. Devo mencionar, por fim, que a informatização dos trabalhos deste Departamento ensejará racional distribuição de tarefas entre os servidores e, sobretudo, uma melhoria na qualidade dos serviços prestados.

Atenciosamente,

[ASSINATURA]
[NOME]
[CARGO]

9.8.17. Mensagem

É o instrumento de **comunicação oficial entre os Chefes dos Poderes enviada pelo Chefe do Poder Executivo ao Poder Legislativo para informar sobre atos da Administração Pública**. Através desse instrumento, o Poder Executivo propõe medidas sobre a Administração, expõe os planos de governo na abertura da sessão legislativa, submete à Câmara matérias que dependem da deliberação de suas Casas, apresenta vetos, faz e agradece as comunicações de tudo quanto seja de interesse dos poderes públicos.

A Constituição Federal, as Constituições dos Estados e as Leis Orgânicas dos Municípios preveem diversos casos em que caberá ao Chefe do Poder Executivo dirigir-se ao Poder Legislativo através de mensagem. A mensagem e a minuta da lei devem ser encaminhadas pelo Órgão responsável à Assessoria Técnica Legislativa, a quem caberá a redação final.

Modelo de Mensagem

> Mensagem N. 298
>
> Excelentíssimo Senhor Presidente do Senado Federal,
>
> Comunico a Vossa Excelência o recebimento das Mensagens SM n. 106 a 110, de 1991, nas quais informo a promulgação dos Decretos Legislativos n. 93 a 97, de 1991, relativos à exploração de serviços de radiodifusão.
>
> Brasília, 1.º de abril de 2000.

9.8.18. Ofício

Ofício e *aviso* são modalidades de comunicação oficial praticamente idênticas. A única diferença entre eles é que o aviso é expedido exclusivamente por Ministros de Estado, Secretário-Geral da Presidência da República, Consultor-Geral da República, Chefe do Estado-Maior das Forças Armadas, Chefe do Gabinete Militar da Presidência da República e pelos Secretários da Presidência da República, para autoridades de mesma hierarquia, ao passo que o **ofício é expedido para e pelas demais autoridades. Tem como finalidade o tratamento de assuntos oficiais pelos órgãos da Administração Pública entre si e também com particulares.**

Quanto à sua forma, o *ofício* segue o modelo do *padrão ofício*, com acréscimo do *vocativo*, que invoca o destinatário, seguido de vírgula.

Exemplos:

Excelentíssimo Senhor Presidente da República,
Senhora Ministra,
Senhor Chefe de Gabinete,

Devem constar do cabeçalho ou do rodapé do *ofício* as seguintes informações do remetente:

- nome do órgão ou setor;
- endereço postal;
- telefone e endereço de correio eletrônico.

Modelo de Ofício

[REMETENTE: NOME DO ÓRGÃO OU SETOR,
ENDEREÇO POSTAL, TELEFONE E ENDEREÇO DE CORREIO ELETRÔNICO]

OFÍCIO N. 435/2000 — SG-PR   Brasília, 30 de abril de 2000.

Ao Senhor
Deputado [NOME]
Câmara dos Deputados
70160-900 — Brasília — DF

Assunto: Demarcação de terras indígenas

Senhor Deputado,

    1. Em complemento às observações transmitidas pelo telegrama n 154, de 24 de abril último, informo Vossa Excelência de que as medidas mencionadas em sua carta n 6.708, dirigida ao Senhor Presidente da República, estão amparadas pelo procedimento administrativo de demarcação de terras indígenas instituído pelo Decreto n 22, de 4 de fevereiro de 1991 (cópia anexa).
    2. Em sua comunicação, Vossa Excelência ressalva a necessidade de que — na definição e demarcação das terras indígenas — fossem levadas em consideração as características socioeconômicas regionais.
    3. Nos termos do Decreto n. 22, a demarcação de terras indígenas deverá ser precedida de estudos e levantamentos técnicos que atendam ao disposto no art. 231, § 1.º, da Constituição Federal. Os estudos deverão incluir os aspectos etno-históricos, sociológicos, cartográficos e fundiários. O exame deste último aspecto deverá ser feito conjuntamente com o órgão federal ou estadual competente.
    4. Os órgãos públicos federais, estaduais e municipais deverão encaminhar as informações que julgarem pertinentes sobre a área em estudo. É igualmente assegurada a manifestação de entidades representativas da sociedade civil.
    5. Como Vossa Excelência pode verificar, o procedimento estabelecido assegura que a decisão a ser baixada pelo Ministro de Estado da Justiça sobre os limites e a demarcação de terras indígenas seja informada de todos os elementos necessários, inclusive daqueles assinalados em sua carta, com a necessária transparência e agilidade.

Atenciosamente,

[ASSINATURA]
[NOME]
[CARGO]

9.8.19. Ordem de serviço

É **instrução dada a um servidor ou a um órgão administrativo**. Encerra orientações a serem tomadas pela chefia para a execução de serviços ou o desempenho de encargos. É o documento, o ato pelo qual se determinam providências a serem cumpridas por órgãos subordinados.

Instrução de serviço: é o ato pelo qual se fixam normas para a execução de outros atos ou se disciplina a execução de serviços.

Orientação de serviço: é o ato pelo qual se estabelecem normas administrativas no âmbito de setores subordinados.

Quando o administrador deseja que alguém o substitua nos encargos, sem direito a qualquer remuneração extra, faz uso da ordem de serviço. Já a portaria assegura direitos de remuneração. A ordem de serviço é um ato interno de um órgão cuja finalidade é regular procedimentos em geral.

Embora se trate de documento com estrutura variável, às vezes semelhante à portaria, apresenta, normalmente, as seguintes partes:

a) título: identificação, número e data de expedição do ato. Às vezes, a data é colocada após o texto, antes da assinatura da autoridade;

b) texto: desenvolvimento do assunto. Pode conter vários parágrafos, numerados por algarismos cardinais e desdobráveis, se necessário, em alíneas. Não se numera o primeiro parágrafo;

c) assinatura: nome da autoridade e indicação do cargo que ocupa ou função que exerce.

Modelo de Ordem de Serviço

ORDEM DE SERVIÇO N. _____ — [SIGLA DO ÓRGÃO]

O SECRETÁRIO DE ESTADO DA _____, no uso de suas atribuições, em aditamento à Ordem de Serviço n. _____, de _____ de _____ de _____, desta Secretaria, determina que terão expediente externo também na parte da manhã, no horário das 8h às 11h, os seguintes órgãos do Tesouro do Estado, sediados na Capital:

a) *Subordinados à Coordenadoria-Geral do* [SIGLA]:
Divisão de Fiscalização da _____ [SIGLA];
Divisão de Fiscalização do _____ [SIGLA];
Divisão do Recenseamento e Programação Fiscais [SIGLA].
b) *Subordinados à Inspetoria-Geral da Fazenda:*
Exatoria Estadual de São Paulo.

São Paulo, _____ de _____ de _____ .

[ASSINATURA]
[NOME]
[CARGO]

9.8.20. Parecer

Na Administração Pública, o parecer, geralmente, é **parte integrante de um processo, para o qual aponta solução favorável ou desfavorável, precedida da necessária justificativa, com base em dispositivos legais, jurisprudência e informações**. É um ato de procedimento administrativo que indica e fundamenta a solução que deve ser aplicada ao caso. O parecer pode ser:

a) **administrativo:** refere-se a caso burocrático;

b) **científico ou técnico:** relaciona-se com matéria específica. Ex.: o parecer dos auditores.

Partes:

a) número do processo respectivo, ao alto, no centro do papel;

b) título: parecer, seguido do número de ordem, dia, mês e ano;

c) ementa: resumo do assunto do parecer. A ementa deve ser sintética. É digitada em espaço simples, a dois espaços do título;

d) texto: introdução (histórico); esclarecimentos (análise do fato); e conclusão clara e objetiva do assunto;

e) fecho: o local e/ou a denominação do órgão (este, geralmente, em forma de sigla); a data; e a assinatura: nome e cargo ou função de quem emite o parecer.

Modelo de Parecer

PROCESSO N. _____
PARECER N. _____

Lei n. _____ — _____ *Interpretação. Os Conselhos Federal e Regional dos Técnicos de Administração constituem uma única autarquia. O acervo decorrente da atuação da Junta Executiva e suas representantes administrativas se transfere ao Conselho Federal.*

1. A Lei n. _____, de _____ de _____ de _____, dispõe sobre o exercício da profissão de _____, para promover as medidas _____. Essa Junta extinguir-se-ia com a _____, que lhe absorveria o acervo.

2. Com efeito, pelo Decreto n. _____, de _____ de _____ de _____, criou-se a citada Junta Executiva, que _____, na área de sua jurisdição.

3. Criados os Conselhos, suscitaram-se dúvidas sobre _____. Compreende o Conselho Federal, ou _____, dos respectivos Conselhos Regionais.

4. A clareza do texto legal, "data venia", não permite discussão. Os Conselhos foram _____ em seu conjunto uma autarquia.

5. Por igual, para promover os atos preparados à implantação do sistema, a lei determinou se _____, ou seja, o que deve ser absorvido pelo Conselho Federal.

Assim sendo, não há como possa a arrecadação das Juntas Administrativas em referência transferir-se aos Conselhos Regionais. A tanto, não permite a lei.

São Paulo, _____ de _____ de _____.

[ASSINATURA]
[NOME]
[CARGO DO SIGNATÁRIO]

9.8.21. Requerimento

É o instrumento que **serve para solicitar algo** a uma autoridade do serviço público, pois o requerimento é a solicitação **sob o amparo da lei, mesmo que suposto**.

O requerimento deve ser escrito sempre em 3.ª pessoa e não aceita fechos que não os seus. Tais como:

Nestes termos, aguarda deferimento.
Nestes termos, espera deferimento.
Nestes termos, pede deferimento.

Observação: a **petição** é um instrumento muito parecido com o requerimento, a diferença está em que a petição **é o pedido, sem certeza legal ou sem segurança quanto ao despacho favorável**.

Quando concorrem **duas ou mais pessoas, então teremos**: abaixo-assinado (requerimento coletivo) e memorial (petição coletiva).

Modelo de Requerimento

Senhor Diretor da Escola Técnica de Comércio:

[NOME], aluna regularmente matriculada no terceiro semestre da Habilitação desta Escola, requer certidão de vida escolar relativa aos primeiro e segundo semestres do referido curso.
Nestes termos, pede deferimento.

São Paulo, _____ de _____ de _____.

[ASSINATURA]

9.8.22. Portaria

Trata-se de um **documento oficial emanado de uma autoridade, por meio do qual transmite aos subordinados ordens de serviço de sua competência.**

Partes:

a) numeração: número e data de expedição;

b) título: denominação da autoridade que expede o ato, em geral já impresso no modelo próprio;

c) fundamentação: citação da legislação básica, seguida da palavra RESOLVE;

d) texto;

e) assinatura: nome da autoridade competente, sem indicação de cargo, pois já vem impresso no alto da página.

Modelo de Portaria

PORTARIA N. _____, _____ de _____ de _____

O DIRETOR-GERAL DA _____, no uso das atribuições que lhe confere o art. _____, Decreto n. _____, de _____, de _____ de _____, e considerando o que consta do Processo CP _____, resolve:

Art. 1.º Aprovar o Projeto de Assistência Pré-Escolar/Auxílio-Creche para os servidores do Colégio _____.

Art. 2.º O atendimento pré-escolar alcançará as crianças da faixa etária de _____ meses a _____ anos e far-se-á, conforme a idade dos atendidos, através de creches, maternais e jardins de infância.

Art. 3.º Fica estabelecida a modalidade de atendimento pré-escolar através do reembolso de despesas aos beneficiários, conforme previsto no art. _____, inc. _____, do Decreto n. _____, de _____ de _____ de _____.

Art. 4.º A Diretoria-Geral baixará normas e instruções necessárias à execução do Projeto.

Art. 5.º Esta Portaria entra em vigor na data de sua publicação, revogadas as disposições em contrário.

[ASSINATURA]
[NOME]
[CARGO]

9.8.23. Relatório

Relatório é uma **descrição de fatos passados, analisados com o objetivo de orientar o servidor interessado ou o superior imediato, para determinada ação**. Relatório, do ponto de vista da administração pública, é um documento oficial no qual uma autoridade expõe a atividade de uma repartição, ou presta contas de seus atos a uma autoridade de nível superior.

O relatório não é um ofício desenvolvido. Ele é **exposição ou narração de atividades ou fatos, com a discriminação de todos os seus aspectos ou elementos**.

Existem muitos tipos de relatórios, classificáveis sob vários pontos de vista. O exposto a seguir refere-se apenas àqueles relatórios menos complexos ou mais informais que um servidor produz com o objetivo de prestar contas de tarefas ou encargos de que foi incumbido.

Partes:

a) título: denominação do documento (relatório);

b) invocação: tratamento e cargo ou função da autoridade a quem é dirigido, seguidos, preferencialmente, de dois-pontos;

c) texto: exposição do assunto. O texto do relatório deve obedecer à seguinte sequência:

- *introdução*: referência à disposição legal ou à ordem superior que motivou ou determinou a apresentação do relatório e breve menção ao assunto ou objeto. A introdução serve para dizer por que o relatório foi feito e indicar os problemas ou fatos examinados;

- *análise*: apreciação do assunto, com informações e esclarecimentos que se façam necessários à sua perfeita compreensão. A análise deve ser honesta, objetiva e imparcial. O relator deve apenas registrar os fatos de que tenha conhecimento direto, ou através de fontes seguras, abstendo-se de divagações ou apreciações de natureza subjetiva sobre fatos desconhecidos ou pouco conhecidos. Quando se fizer necessário, o relatório poderá ser acompanhado de tabelas, gráficos, fotografias e outros elementos que possam contribuir para o perfeito esclarecimento dos fatos e sua melhor compreensão por parte da autoridade a quem se destina o documento. Esses elementos podem ser colocados no corpo do relatório ou, se muito extensos, reunidos a ele em forma de anexo;

- *conclusão*: determinados os fatos e feita sua apreciação, chega o momento de se tirarem as conclusões, deduzidas logicamente da argumentação que as precede. Não podem ir além da análise feita, o que as tornaria insubsistentes e, por isso mesmo, despidas de qualquer valor;

- *sugestões ou recomendações*: muitas vezes, além de tirar conclusões, o relator também apresenta sugestões ou recomendações sobre medidas a serem tomadas, em decorrência do que constatou e concluiu. Essas sugestões ou recomendações devem ser precisas, práticas e concretas, devendo relacionar-se com a análise anteriormente feita. Os diversos parágrafos do texto, com exceção do primeiro, podem ser numerados (com algarismos arábicos) e, se necessário, divididos em alíneas. É recomendável a numeração dos parágrafos, principalmente em relatórios mais extensos, pois, além de dar maior destaque às diferentes partes do texto, facilita as eventuais referências que a elas se queira fazer;

d) fecho: fórmula de cortesia. Trata-se de parte dispensável;

e) local e data: Ex.: São Paulo, _____ de _____ de _____;

f) assinatura: nome e cargo ou função da(s) autoridade(s) ou servidor(es) que apresenta(m) o relatório.

Modelo de Relatório

RELATÓRIO

Senhor Diretor,

Conforme determinação, relatamos a Vossa Senhoria os acontecimentos ocorridos no dia _____ de _____ último, nesta repartição.

1. Encontrávamo-nos em atividades funcionais, quando entrou na repartição o senhor _____, residente nesta cidade, o qual solicitou informações sobre _____.

2. Não estando esta repartição em condições de atender à consulta solicitada, comunicamos _____.

3. Não se conformando com a resposta, o referido senhor passou a nos agredir com palavras de baixo calão e _____.

4. Como continuasse a nos provocar, telefonamos para _____.

5. Ainda ouvimos quando o cidadão dizia que iria comunicar à Imprensa _____.

6. Procuramos, durante os acontecimentos, manter a atitude compatível com nosso cargo, porém _____.

7. Dessa forma, embora desconhecendo as acusações feitas contra nós, _____.

Sendo esta a nossa informação.

São Paulo, _____ de _____ de _____

[ASSINATURA]
[NOME]
[CARGO]

9.8.24. Resolução

Resolução, no Poder Executivo, é o ato de autoridade competente de um órgão de deliberação coletiva para estabelecer normas regulamentares. A estrutura da resolução é idêntica à da portaria.

Resolução e Portaria são formas de que se revestem os atos, gerais ou individuais, emanados de autoridades outras que não o Chefe do Executivo.

Resolução é deliberação ou determinação. Indica, assim, **o ato pelo qual a autoridade pública ou o poder público toma uma decisão, impõe uma ordem ou estabelece uma medida.** Em regra, as resoluções dizem respeito a questões de ordem administrativa ou regulamentar.

Há uma distinção, sob o aspecto formal, entre os atos normativos do Poder Executivo que são de competência privativa:

a) do Governador, o Decreto;

b) dos Secretários de Estado, a Resolução;

c) de órgãos colegiados, a Deliberação;

d) de outras autoridades, inclusive dirigentes de autarquias, a Portaria.

De acordo com essa norma, a diferença entre os vários tipos de atos está apenas na autoridade de que emanam, podendo uns e outros terem conteúdo individual (punição, concessão de férias, dispensa) ou geral, neste último caso contendo normas emanadas em matérias de competência de cada uma das referidas autoridades.

Partes:

a) numeração (classificação): número do ato e data de expedição;

b) título: denominação completa (em caracteres maiúsculos, de preferência) da autoridade que expede o ato.

Ex.: Resolução n. _____, de _____ de _____ de _____;

c) ementa;

d) fundamentação: citação da legislação básica em que a autoridade apoia sua decisão, seguida da palavra *resolve*. Às vezes a citação de dispositivos legais é substituída pela expressão "no uso de suas atribuições", ou similar. É preferível citar explicitamente a legislação que fundamenta o ato, o que lhe dá maior autoridade e facilita a eventual análise ou constatação da validade e alcance da decisão nele contida. A palavra *resolve* pode ser colocada logo após a fundamentação, ou em linha separada (com entrada de parágrafo e em caracteres maiúsculos), ou, ainda, imediatamente antes e na mesma linha do texto. Embora as três formas sejam encontradas e válidas, a segunda é a mais estética e destaca as partes fundamentais do ato (fundamentação e texto). Em certas portarias aparecem, entre a fundamentação e a palavra *resolve*, os *considerandos*, que se destinam a justificar a decisão tomada;

e) texto: desenvolvimento do assunto. Há portarias mais extensas, cujo texto é dividido em vários artigos ou parágrafos, devidamente numerados e subdivididos, quando necessário, em itens e alíneas;

f) assinatura: nome da autoridade que expede o ato. É dispensável a indicação do cargo, pois esse já aparece, em destaque, no título (O SECRETÁRIO DE ESTADO DA EDUCAÇÃO, _____). Porém, em caso de assinatura por substituto, essa situação deverá ser indicada.

Modelo de Resolução

RESOLUÇÃO N. _____, DE _____ DE _____ DE _____
Regulamenta os procedimentos de classificação de licitantes nas concorrências para registro de preços e as negociações registradas.

O SECRETÁRIO DE ESTADO DA _____, no uso da delegação de competência conferida pela Lei n. _____, de _____ de _____ de _____ e considerando o artigo 12 do Decreto n. _____ de _____ de _____ de _____; considerando o artigo 48, parágrafo 3.º, da Lei n. _____; considerando a redação da Lei n. _____, de _____ de _____ de _____; considerando a necessidade de regulamentar os procedimentos de classificação de licitantes nas concorrências para registro de preços e as negociações registradas,

RESOLVE:

Art. 1.º Serão convocados para firmar a Ata de Registro de Preços todos os proponentes que concordarem com o fornecimento do bem ou a prestação de serviços ao preço do primeiro colocado, mantidas a ordem de classificação dos preços cotados e as mesmas condições editalícias.

Art. 2.º O controle dos preços registrados será exercido com base na dinâmica do mercado, podendo caracterizar redução ou elevação de seus valores.

§ 1.º A Administração poderá convocar os licitantes classificados após a assinatura da Ata de Registro de Preços, para negociar a redução e manter a cotação em qualidade e especificações indicadas na proposta, em decorrência da redução dos preços de mercado.

§ 2.º O licitante poderá desonerar-se do compromisso ajustado quando, a critério da Administração, comprovar o desequilíbrio econômico-financeiro, motivo de força maior ou caso fortuito, através das seguintes exigências:

I — comprovação feita por meio de documentos, como:
a) lista de preços do fabricante;
b) nota fiscal de aquisição da matéria-prima e do transporte da mercadoria referente à época da elaboração da proposta;
c) pedido de desoneração do compromisso.

II — reconhecendo o desequilíbrio econômico-financeiro, a Administração formalmente desonerará o licitante em relação ao item;

III — a Administração, simultaneamente ou após a desoneração, poderá:
a) requerer aos licitantes que foram classificados na concorrência para o SRP com o respectivo item, a apresentação de nova proposta julgando-a de acordo com a planilha de custos e pesquisa de mercado;
b) promover nova licitação para o item.

§ 3.º As alterações decorrentes serão publicadas na Imprensa Oficial.

Art. 3.º O preço registrado poderá ainda ser cancelado pela Administração mediante solicitação formal do licitante que comprovar, na forma do artigo anterior, que está impossibilitado de cumprir as exigências da concorrência que deu origem ao registro de preços, ressalvadas as aquisições efetivadas até a data da decisão.

Parágrafo único. Ocorrendo a hipótese desse artigo, se a solicitação for efetuada antes da emissão da ordem de compra ou serviço e respectiva nota de empenho pela Administração, ficará o licitante desonerado da aplicação de penalidades.

[ASSINATURA]
[NOME]
[CARGO DO SIGNATÁRIO]

9.8.25. Telegrama

Mensagem telegráfica empregada em casos urgentes. A linguagem, que chega ao máximo da concisão, deve limitar-se ao estritamente necessário, omitindo-se todas as expressões, palavras ou partículas desnecessárias, sem, contudo, prejudicar a clareza do texto.

Para que se atinja esse objetivo, usam-se os seguintes recursos:

a) aglutinação de expressões: VOSSENHORIA (Vossa Senhoria); VINTEDOIS (vinte e dois);

b) abreviação de palavras e expressões: SDS (saudações); ASDS (atenciosas saudações);

c) omissão de palavras desnecessárias à compreensão do texto: MATRICULAS ENCERRAM DIA TREZE CORRENTE (As matrículas encerram no dia treze do corrente);

d) supressão dos hífens nas palavras justapostas de uso corrente e nas formas verbais com pronomes oblíquos: DECRETOLEI (decreto-lei); INSCREVIME (inscrevi-me).

A linguagem telegráfica apresenta:

a) texto conciso, claro e objetivo;

b) preferência por formas simples a compostas: comprara e não havia comprado;

c) supressão de expressão de cortesia;

d) eliminação de rasuras, anulações, acréscimos ou outras alterações;

e) não se permite a translineação, ou seja, a divisão de palavras no fim da linha;

f) o telegrama deve ser grafado em letras maiúsculas, deixando-se dois espaços entre cada palavra;

g) supressão dos hífens nos termos compostos e em expressões com pronomes oblíquos;

h) dispensam-se os acentos gráficos;

i) omitem-se as palavras desnecessárias;

j) os números inteiros são escritos em algarismos arábicos: 200, 1950;

k) se os números, em virtude de importância substancial, forem grafados por extenso, deverão ser aglutinados: CENTO VINTESEIS; DEZESSEISMIL; QUARENTASEIS;

l) para as datas pode ser usado o seguinte recurso:

2610998 — 26 de outubro de 1998

2610997 — 26 de outubro de 1997

Observações:
a) Sinais de pontuação. Os sinais de pontuação básicos, tais como ponto (.), vírgula (,) e ponto e vírgula (;), são registrados pelo telégrafo. Porém, quando o telégrafo não os registrar, será necessário o uso das abreviaturas convencionais:
SOLICITO SEU COMPARECIMENTO URGENTE ESTA SECRETARIA EXPEDIENTE TARDE TRATAR ASSUNTO SUA LICENÇA PREMIO PT
b) Atualmente, não há necessidade de se utilizar a forma telegráfica tradicional, em razão de os Correios permitirem um texto de até 130 palavras com taxa única.

9.9. QUESTÕES

(Cespe-UnB) Leia o texto abaixo para julgar os itens de 1 a 5:
A subchefia de assuntos jurídicos desse ministério submeteu ao magnífico procurador-geral da república, Dr. Aristóteles Sócrates Platão, consulta sobre sua opinião pessoal a respeito de matéria controversa que versa sobre os limites entre os direitos dos cidadãos e a esfera do poder público, no sentido de tornar clara, explícita e incontroversa a questão levantada pela prestigiosa comissão que investiga o recebimento de um excelente automóvel zero quilômetro da marca Mercedez Benz pelo senhor chefe dos serviços gerais do nosso ministério para que seje investigado a fundo se o episódio pode ser considerado inflação do código de ética recentemente promulgado pelo poder executivo.

De acordo com o *Manual de Redação da Presidência da República*, a redação oficial deve caracterizar-se por impessoalidade, uso de padrão culto da linguagem, clareza, concisão, forma-

lidade e uniformidade. Em face dessa caracterização e do fragmento de texto oficial acima, julgue os itens que se seguem.

1. Exceto pelo emprego de períodos sintáticos longos, o fragmento respeita as normas de concisão e objetividade recomendadas pelo *Manual de Redação da Presidência da República*.

2. No fragmento, para que a característica de clareza seja observada, deve não apenas ser reformulado o nível sintático como também deve haver mais precisão na organização das ideias.

3. Embora os níveis gráfico e lexical estejam corretos, o texto desrespeita as regras do padrão culto da linguagem no nível sintático.

4. O texto não obedece às características de formalidade e de impessoalidade que devem nortear toda correspondência oficial para que esta adquira uniformidade.

5. As formas de tratamento empregadas no texto revelam um caráter de respeitosa formalidade e estão de acordo com as recomendações para textos oficiais.

(Cespe-UnB) Nos itens seguintes, julgue se são obedecidas as exigências da norma culta da escrita, e se são pertinentes as associações entre o tipo de documento oficial, grafado em itálico, e o fragmento de texto que o segue.

6. *Relatório* — Os consultores constataram que algumas das condutas expressas no novo Código de Ética proposto para o funcionalismo público já são previstas na Lei de Improbidade.

7. *Ata* — Ao final da reunião ficou decidido que os quatrocentos ocupantes de cargos importantes no Governo Federal, nomeados pelo Presidente da República, ficarão sujeitos à punições administrativas, podendo mesmo perder o cargo, caso desobedeça ao Código de Ética.

8. *Ofício* — Vimos informar a Vossas Senhorias que está em tramitação no Congresso Nacional projeto de lei de Código de Ética com novas regras que obrigam o ocupante de cargo de confiança a apresentar sua declaração de bens também à Comissão de Ética Pública.

9. *Ata* — Durante o debate, evidenciou-se o concenso de que a autoridade pública não poderá receber qualquer remuneração de fonte privada, nem mesmo ter hospedagem paga por empresa que presta serviço ao Governo.

10. *Atestado* — Ao analisar a proposta, observaram que é necessário explicar que fica proibido ao servidor público receber brindes de valor superior a R$ 100,00 e que diretor de autarquia que se utilizar de jatinho de empreiteira expõe a processo judicial.

11. Caso você precise se comunicar oficialmente com uma alta autoridade do Poder Judiciário, caberá atentar para as seguintes providências:
   I. A forma de tratamento será, preferencialmente, Eminência.
   II. O assunto central, por razões de estilo, deve ser tratado com ênfase no parágrafo final do ofício.
   III. A referência sintética ao assunto central deve ser anunciada antes do corpo do texto, de modo destacado.

Está correto o que se indica apenas em
a) I.
b) II.
c) III.
d) I e III.
e) II e III.

(Cespe-UnB) Texto para o item 12.
Segurança do Medo
A síndrome de Nova Iorque, 11 de setembro, projetou-se sobre Atenas, agosto, sexta-feira, 13, data da abertura dos 28.º Jogos Olímpicos. De tal forma que os gastos de 1,2 bilhão de

euros (cerca de R$ 4,8 bilhões) são a maior quantia já investida em segurança na história da competição. O dinheiro foi aplicado em um poderoso esquema para evitar ataques terroristas, como ocorreu nos Jogos de Munique, em 1972, quando palestinos da organização Setembro Negro invadiram a Vila Olímpica e mataram dois atletas israelenses. Do esquema grego, montado em colaboração com sete países — Estados Unidos da América (EUA), Austrália, Alemanha, Inglaterra, Israel, Espanha e Canadá —, faz parte o sistema de navegação por satélite da Agência Espacial Europeia. Da terra, ar e água, 70 mil policiais, bombeiros, guarda costeira e mergulhadores da Marinha vão zelar pela segurança. Até a Organização do Tratado do Atlântico Norte (OTAN) emprestará sua experiência militar no combate ao terrorismo.

(*Correio Brasiliense, 0*7.08.2004, "Guia das Olimpíadas", p. 3, com adaptações)

12. No primeiro parágrafo, o emprego das expressões "Nada menos que" e "e muito" é adequado ao texto jornalístico, mas não o seria caso esse parágrafo compusesse um texto de comunicação oficial, como um relatório, por exemplo.

(Cespe-UnB) Texto para o item 13.

A polêmica sobre o porte de armas pela população não tem consenso nem mesmo dentro da esfera jurídica, na qual há vários entendimentos como: "o cidadão tem direito a reagir em legítima defesa e não pode ter cerceado seu acesso aos instrumentos de defesa", ou "a utilização da força é direito exclusivo do Estado" ou "o armamento da população mostra que o Estado é incapaz de garantir a segurança pública". Independente de quão caloroso seja o debate, as estatísticas estão corretas: mais armas potencializam a ocorrência de crimes, sobretudo em um ambiente em que essas sejam obtidas por meios clandestinos. A partir daí, qualquer fato corriqueiro pode tornar-se letal. O porte de arma pelo cidadão pode dar uma falsa sensação de segurança, mas na realidade é o caminho mais curto para os registros de assaltos com morte de seu portador.

(Internet. <http://www.serasa.com.br/guiacontraviolencia>,
acesso em: 28.09.2004, com adaptações)

13. Pelo tema, impessoalidade e clareza, o texto poderia constituir parte de um documento oficial — como, por exemplo, um relatório ou um parecer — mas o emprego das aspas lhe confere uma coloquialidade que o torna inadequado às normas da redação oficial.

(Cespe-UnB) Com base no que prescrevem os manuais de redação de comunicações oficiais e as gramáticas normativas, julgue os próximos itens de 14 a 23.

14. O denominado padrão ofício foi estabelecido para que se uniformizasse, em diagramação única, a redação da exposição de motivos, do aviso e do ofício, instrumentos de comunicação oficial que diferem antes pela finalidade do que pela forma.

15. Na parte do ofício denominada desenvolvimento, mesmo que se deseje transmitir mais de uma ideia, elas devem ser expressas em um só parágrafo.

16. O memorando, tal como o ofício e a exposição de motivos, é um expediente de comunicação oficial eminentemente interno, ou seja, a comunicação se estabelece entre unidades administrativas de um mesmo órgão público.

17. Visando-se à eficiência no entendimento da comunicação oficial, deve ser adotado o uso do padrão culto da língua, o que não se confunde com o emprego do jargão burocrático, o qual deve ser evitado.

18. O seguinte trecho é exemplo de escrita que não atende à recomendação de clareza do texto da comunicação oficial: "A necessidade emergente se caracteriza por uma correta correlação entre estrutura e superestrutura no interesse da população, vitalizando, em uma ótica preventiva, a transparência de cada ato decisional".

19. Sem que se considere a diagramação característica de cada expediente oficial, atende às prescrições gramaticais e às de redação de comunicação oficial o seguinte trecho:
   Senhora Juíza,
   Por considerarmos que Vossa Excelência deva estar preocupada com os desdobramentos que a imprensa conferiu à sentença proferida por V.Exa. em 16 de abril de 2006, encaminhamos anexa a cópia do ofício remetido por este órgão ao Senado Federal.

20. Com relação à forma, no expediente de comunicação oficial *exposição de motivos*, que, geralmente, vem abreviado "EM n. ...", não deve constar, além do vocativo, nenhuma expressão que designe o destinatário de tal comunicação.

21. Na comunicação oficial, o termo "doutor" deve ser usado como tratamento genérico dispensado a autoridades, não restrito, portanto, a pessoas que tenham tal grau em razão de conclusão de doutorado.

22. Caso, no fecho de uma comunicação oficial, tenha sido corretamente empregado o advérbio "Atenciosamente", infere-se que o remetente ocupa cargo de hierarquia inferior à do cargo do destinatário do expediente.

23. Verifica-se transgressão à norma gramatical no seguinte trecho de expediente oficial: "Está sendo encaminhado a V.S^a a cópia do telegrama n. 24, de 1.º de fevereiro de 2006, remetido ao interessado por este departamento."

(Cespe-UnB) Texto para o item 24.

Os jovens brasileiros têm fé em seu potencial de mudar o mundo. Nada menos que 58% acreditam, e muito, nesse ideal — é o que mostra uma pesquisa recém-concluída com 3.500 pessoas de 15 a 24 anos de idade em 198 cidades.
O que se pode afirmar com certeza é que se está diante de uma geração que trocou a utopia pelo pragmatismo. Os jovens não são mais arrebatados por grandes questões de ordem, na linha capitalismo *versus* comunismo ou rebeldia *versus* caretice. De olho no futuro, estão mais interessados naquilo que pode afetar sua felicidade de forma concreta. Não à toa, acham que educação é muito importante. E preocupam-se com os fatores que podem ameaçar seus sonhos: a violência, da qual são as maiores vítimas, e o desemprego, capaz de minar a conquista da autonomia.
O fantasma que mais assusta é mesmo a violência. O problema atinge principalmente os garotos. Embora as camadas de menor poder aquisitivo sejam mais afetadas pelos efeitos da violência, é claro que os jovens das classes A e B também não estão livres dessa ameaça. Na ânsia de dar um basta à situação, a maioria deles defende medidas como a redução da idade penal para menos de 18 anos e a proibição da venda de armas.
Veja Especial Jovens, jun. 2004, p. 13-14 (com adaptações)

Julgue o item que se segue, a respeito do texto acima.

24. No primeiro parágrafo, o emprego das expressões "Nada menos que" e "e muito" é adequado ao texto jornalístico, mas não o seria caso esse parágrafo compusesse um texto de comunicação oficial, como um relatório, por exemplo.

(Cespe-UnB) Nos itens 25 a 27, são apresentados trechos de correspondências oficiais. Julgue-os no que se refere à correção gramatical e à adequação da linguagem.

25. Encaminho, para apreciação de V.Exª, o projeto anexo, que, visando ao fortalecimento da organização social, política e econômica das famílias que sobrevivem da agricultura familiar e do agroextrativismo, pode contribuir para a redução das desigualdades sociais e econômicas nas áreas dos babaçuais, no estado do Tocantins.

26. Tenho a satisfação de me dirigir a Vossa Senhoria para solicitar-lhe a gentileza de autorizar seja posto à disposição desta Secretaria dois computadores, necessários para a execução das tarefas administrativas de recebimento e acompanhamento de processos.

27. Aguardamos o pronunciamento de V.Sª acerca da proposta que vos foi apresentada, para que possamos encaminhá-la, com a maior brevidade possível, as instâncias superiores, que a aguardam para as devidas considerações.

(Cespe-UnB) Texto para os itens 28 e 29.

(...)
Considerando que as alegações apresentadas pelos responsáveis às fls. 5 e 6 não se comprovaram suficientes para justificar as atitudes discriminatórias denunciadas, e com fundamento nos artigos 2.º e 3.º da Lei n. XX/1992, manifesta-se esta comissão no sentido de que:
a) seja notificada a Secretaria de Esportes, objeto desta auditoria, para as providências elencadas às fls. 2 e 3 deste documento;
b) sejam aplicadas, aos responsáveis, as penas previstas nos artigos 6, 7 e 8 da Lei YYY/89.
Em 17 de julho de 2005
(assinatura)
Fulano de Tal
(cargo)

A respeito do texto acima e dos requisitos de redação oficial, julgue os itens 28 e 29.

28. O trecho representa a parte final de um documento informativo, como aviso, ofício ou memorando.

29. Considerando que abaixo da assinatura está discriminado o nome completo do responsável pelo documento, é opcional a indicação do cargo.

(Cespe-UnB) Em cada um dos itens de 30 a 32, é apresentada uma situação hipotética, seguida de uma afirmativa a ser julgada, acerca de redação de correspondências oficiais.

30. A chefe do departamento de pessoal de uma autarquia pública quer redigir documento para solicitar reparo de maquinário de informática utilizado no setor de atendimento ao público. Nessa situação, a chefe deve encaminhar ao setor competente requerimento formal, feito em seu próprio nome, na terceira pessoa do discurso, para não ferir o princípio da impessoalidade, que rege o serviço público.

31. Mário, analista de meio ambiente e de recursos hídricos do IEMA, precisa encaminhar à direção do instituto parecer técnico sobre o impacto ambiental de determinada obra estadual. Nessa situação, Mário pode redigir o documento de modo informal, sem se preocupar com a linguagem padrão, visto que, no serviço público, a exigência de formalidade na redação de documentos restringe-se às correspondências externas.

32. A diretora-presidente do IEMA recebeu ofício de solicitação iniciado da seguinte forma:
Ofício n. 28/MEFP
Vitória, 9 de setembro de 2007.
Estimada Vossa Excelência,
Como é do vosso conhecimento, a construção da via estrutural (...)
Nesse documento, é inadequado o emprego, no vocativo, de adjetivo e de pronome de tratamento e, na parte introdutória, há erro de concordância pronominal.

(Cespe-UnB) Texto para os itens 33 e 34.

Poderíamos definir o amazonismo como um conjunto de ideias e de discursos, produzidos pelo imaginário ocidental sobre a Amazônia e as populações nativas, destinado a viabilizar interesses políticos e econômicos. Como espaço imaginado pelo Ocidente, o amazonismo partilha muitas características com o orientalismo. Todavia, enquanto Said nos apresenta um Oriente construído de maneira negativa por um Ocidente hegemônico, o amazonismo constitui um campo ambíguo, catalisador de imagens e de discursos contraditórios, que podem ser mobilizados para servir a interesses muito divergentes.

Primeiras testemunhas da Amazônia e de seus habitantes, Carvajal (1542) e Acuña (1641) elaboraram relatos em que combinaram o fantástico e o exótico e edificaram as bases do amazonismo: mito das amazonas, inferno verde, eldorado, seres canibais e nobre selvagem. A Amazônia e seus primeiros habitantes concentraram e continuam concentrando sentimentos e fantasias ocidentais. Símbolo de riqueza e miséria, de medo e esperanças, de sonhos e pesadelos, de futuro e passado, de inferno e paraíso. A alteridade é o espelho invertido do ocidente e é manipulada conforme os interesses em jogo. Essas imagens contraditórias acompanharam e informaram a conquista da América e o encontro com as populações indígenas. Além de legitimarem a ocupação e a exploração econômica, os mitos também serviram para sustentar os interesses políticos e ideológicos da Europa.

José Pimenta, <http://www.ambienteacreano.blogspot.com> (com adaptações)

Considerando o texto acima, julgue os itens 33 e 34.

33. Pelo emprego de expressões coloquiais, pela informalidade, pelas escolhas lexicais e sintáticas, a linguagem do texto é inadequada para documentos oficiais.

34. O emprego do plural em "Poderíamos" (primeira linha) é suficiente para se considerar o texto subjetivo e pessoal, em oposição a um texto impessoal, neutro, objetivo.

(Cespe-UnB) Texto para os itens 35 e 36.

O 29 de julho de 2007 será lembrado como o dia em que os iraquianos usaram suas armas para comemorar. Após mais de quatro anos vivendo em meio ao caos sob a malsucedida ocupação norte-americana, eles tiveram finalmente um dia de alegria. Em todos os cantos do Iraque, a população festejou a histórica vitória de sua seleção na final da Copa da Ásia de futebol — com receita brasileira do técnico Jorvan Vieira, que comemorou como "do Brasil" a vitória por 1 a 0 sobre a Arábia Saudita, comandada por Hélio dos Anjos, outro brasileiro.

Correio Braziliense, 30.07.2007, p. 18 (com adaptações)

A respeito das ideias e das estruturas do texto acima e também considerando aspectos da geopolítica do mundo nos dias atuais, julgue os itens 35 e 36.

35. O emprego do artigo determinando a expressão "29 de julho de 2007" (primeira linha) desrespeita as regras gramaticais da norma culta a ser usada em documentos oficiais; por isso, se a informação da primeira linha do texto for usada em um documento oficial, o artigo deve ser omitido.

36. Se a data constante do texto fosse usada para integrar uma ata, deveria ser assim escrita: O vinte e nove de julho de dois mil e sete.

(Cespe-UnB) Texto para o item 37.

No contexto da importância que a questão agrária tem assumido no Brasil, é fundamental articulá-la com outras questões e movimentos sociais. Trata-se de uma questão nacional, como poucas que atualmente têm mobilizado o país e seus vários setores sociais, políticos e econômicos. Tornar-se uma questão nacional tem sido um desafio para a questão racial no Brasil. É fundamental incluir no debate sobre a questão agrária no Brasil a questão étnica, especialmente as experiências do cativeiro — com os quilombos/mocambos e formas de protesto de ocupação de terra — e aquelas do período pós-emancipação, com as comunidades remanescentes. A recuperação da história dos quilombos é importante capítulo das lutas em torno do acesso à terra — face importante da luta pela cidadania — no Brasil.

Flávio dos Santos Gomes. Sonhando com a terra, construindo a cidadania.
In: Jaime Pinsky (Org.). História da cidadania, p. 463

Quanto ao emprego das estruturas linguísticas e às ideias do texto acima, julgue o item 37.

37. Se o texto fosse utilizado como parte de um relatório, os duplos travessões deveriam ser eliminados para que fossem respeitadas as exigências de formalidade de documentos oficiais.

9 ■ Redação Oficial

(Cespe-UnB) Texto para o item 38.
A polêmica sobre o porte de armas pela população não tem consenso nem mesmo dentro da esfera jurídica, na qual há vários entendimentos como: "o cidadão tem direito a reagir em legítima defesa e não pode ter cerceado seu acesso aos instrumentos de defesa", ou "a utilização da força é direito exclusivo do Estado" ou "o armamento da população mostra que o Estado é incapaz de garantir a segurança pública". Independente de quão caloroso seja o debate, as estatísticas estão corretas: mais armas potencializam a ocorrência de crimes, sobretudo em um ambiente em que essas sejam obtidas por meios clandestinos. A partir daí, qualquer fato corriqueiro pode tornar-se letal. O porte de arma pelo cidadão pode dar uma falsa sensação de segurança, mas na realidade é o caminho mais curto para os registros de assaltos com morte de seu portador.
(Internet: <http://www.serasa.com.br/guiacontraviolencia>.
Acesso em: 28.09.2004, com adaptações)

A respeito do texto, julgue o item a seguir.

38. Pelo tema impessoalidade e clareza, o texto poderia constituir parte de um documento oficial — como, por exemplo, um relatório ou um parecer —, mas o emprego da expressão "A partir daí" no penúltimo período confere coloquialidade ao texto, tornando-o inadequado às normas de redação oficial.

(Cespe-UnB) Texto para os itens 39 e 40.
O mundo do trabalho tem mudado numa velocidade vertiginosa e, se os empregos diminuem, isso não quer dizer que o trabalho também.
Só que ele está mudando de cara. Como também está mudando o perfil de quem acaba de sair da universidade, da mesma forma que as exigências da sociedade e — por que não? — do mercado, cada vez mais globalizado e competitivo.
Tudo indica que mais de 70% do trabalho no futuro vão requerer a combinação de uma sólida educação geral com conhecimentos específicos; um coquetel capaz de fornecer às pessoas compreensão dos processos, capacidade de transferir conhecimentos, prontidão para antecipar e resolver problemas, condições para aprender continuamente, conhecimento de línguas, habilidade para tratar com pessoas e trabalhar em equipe.
Revista do Provão, n. 4, 1999, p. 13 (com adaptações)

A partir do texto acima, julgue os itens 39 e 40.

39. A interpretação coerente das ideias do texto permite associar "ele" (2.º parágrafo) tanto com "trabalho" (1.º parágrafo) quanto com "mundo do trabalho" (1.º parágrafo). Ambiguidades assim devem ser evitadas na redação de textos oficiais.

40. Respeitaria as regras de pontuação e de redação de documentos oficiais a inserção da expressão "por que não?" (2.º parágrafo) no corpo de um ofício, tanto entre vírgulas quanto entre parênteses.

(Cespe-UnB) Texto para o item 41.
O cenário econômico otimista levou os empresários brasileiros a aumentarem a formalização do mercado de trabalho nos últimos cinco anos. As contratações com carteira assinada cresceram 19,5% entre 2003 e 2007, enquanto a geração de emprego seguiu ritmo mais lento e aumentou 11,9%, segundo estudo comparativo divulgado pelo IBGE.
Correio Braziliense, 25.01.2008 (com adaptações)

Considerando o texto acima, julgue o item abaixo:

41. Haveria coerência com as ideias do texto e respeitaria as normas de redação de documentos oficiais se o texto apresentado fosse incluído como parágrafo inicial em um ofício complementado pelo parágrafo final e o fecho apresentados a seguir.

(...)
Solicita-se, portanto, a divulgação desses dados junto aos órgãos competentes.
Atenciosamente,
(assinatura)
Pedro Santos
Secretário do Conselho

(Cespe-UnB) Texto para o item 42.
Os trabalhadores cada vez mais precisam assumir novos papéis para atender às exigências das empresas. Muitos países já estão revendo seus conceitos comerciais e os profissionais familiarizados com políticas e práticas sociais terão cada vez mais destaque no mercado de trabalho. Gente boa em inclusão social é o que se quer.
Trocando em miúdos, o desenvolvimento econômico e social de um país depende do compromisso ético de empresas e governos.

Escola, jan./fev. 2004 (com adaptações)

A respeito das estruturas linguísticas do texto acima e dos sentidos por ele produzidos, julgue o item seguinte.

42. O texto, como está redigido, respeita as normas de clareza, objetividade, correção gramatical e formalidade da redação de documentos oficiais, e, por isso, poderia corretamente ser incluído em textos de ofícios ou relatórios.

(Cespe-UnB) Texto para o item 43.
Andar pela região do Alto Xingu, no nordeste de Mato Grosso, é mais que turismo. Beira uma experiência antropológica. A troca de conhecimento com os índios é, sem dúvida, enriquecedora. Além da convivência na aldeia — o ponto principal da viagem — os passeios de barco e canoa pelo rio Von den Steinen são um deslumbramento. A mata preservada contrasta com o espelho formado na água, produzindo uma paisagem belíssima. À noite, o céu se abre limpo e estrelado. É um convite à contemplação da natureza. Caminhar em trilhas pela floresta também faz parte do programa. Chegar a esse paraíso não é das missões mais fáceis, o que garante parte de sua preservação. Pelo caminho, pode-se comprovar uma das tragédias da região: uma enorme quantidade de carretas carregando madeira nobre retirada da floresta. E as clareiras deixadas por elas nas matas.

Época, 09.05.2005 (com adaptações)

Julgue o seguinte item a respeito da organização das ideias e das estruturas linguísticas no texto.

43. Embora a substituição da forma indeterminada "pode-se" por *podemos* respeite a organização e a argumentação textual, se o período sintático fizesse parte de um documento oficial, tal substituição não seria permitida em respeito aos padrões da norma culta em redação oficial.

(Cespe-UnB) Texto para o item 44.
Mais vale ser amado que temido, ou temido que amado?
O melhor consistiria em ser amado e temido, mas isso é difícil. Então, é mais seguro ser temido. Por quê? Há várias razões para isso. Em primeiro lugar, os homens são geralmente "ingratos, inconstantes, dissimulados, trêmulos em face dos perigos e ávidos de lucro; enquanto lhes fazeis bem, são dedicados; oferecem-vos o sangue, os bens, a vida, os filhos, enquanto o perigo se apresenta remotamente, mas quando este se aproxima, bem depressa se esquivam". Ai do príncipe que confiasse exclusivamente em todas as amizades pagas em prodigalidades, "em breve estaria perdido"! Além disso, os homens receiam muito menos ofender aquele que se faz amar do que aquele que se faz temer. O vínculo do amor, rompem-no ao sabor do próprio interesse, ao passo que o temor sustenta-se por um medo do castigo, que jamais os abandona. Enfim, não depende do príncipe ser amado, os homens "amam a seu bel-prazer"; mas dele depende ser temido, os homens "temem conforme quer o príncipe".

Ora, um príncipe prudente deve basear-se não no que depende de outrem, mas no que depende de si mesmo.
Ser temido, aliás, em nada significa ser odiado; o ódio dos súditos — como seu desprezo — é grave; nele não se deve incorrer. Porque todas as fortalezas que o príncipe odiado possuir contra os súbitos não o salvarão de suas conjurações.
   Jean-Jacques Chevalier. O príncipe. In: *As grandes obras políticas de Maquiavel a nossos dias.* Tradução de Lydia Cristina. 7. ed. Rio de Janeiro: Agir, 1995, p. 37-38 (com adaptações)

Referente às ideias e às estruturas linguísticas do texto acima, julgue o item a seguir.

44. A forma verbal "fazeis" e o pronome pessoal "vos" (ambos no 1.º parágrafo) são, correta e adequadamente, empregados, na redação oficial, em concordância com a forma de tratamento Vossa Excelência, em situações de alta formalidade em que se deseje demonstrar respeito a uma autoridade.

(Cespe-UnB) Texto para os itens 45 e 46.

Substantivo *versus* adjetivo
Além das denúncias de tráfico de influência, lavagem de dólares, prevaricação, sonegação de impostos, nepotismo, fisiologismo, clientelismo político, outro tema que se encontra no centro das discussões éticas e políticas no país é o papel da imprensa.
Acusam, do lado de lá, a imprensa, entre outras coisas, de sensacionalista, injusta, partidária, tendenciosa, integrante do ficcional sindicato do golpe ou daqueles segmentos interessados em destruir as instituições, como a presidência da República.
Para melhor avaliar hoje o que ocorre nessa relação entre imprensa e governo, os jornalistas, cientistas políticos, sociólogos e historiadores de amanhã terão mais isenção e muito o que pesquisar. Hoje, estamos todos envolvidos como profissionais, como cidadãos.
O senso profissional do jornalista mistura-se com sentimentos difusos de patriotismo, ódio, raiva, impotência, esperança, descrença. O momento apresenta um quadro rico em detalhes carregados de tensão. O conflito manifesta uma temática, mediante a qual se tenta conquistar a opinião pública.
Os acusados, alvos de denúncias substantivas, partem para o contra-ataque, na tentativa de atingir seus acusadores com frases adjetivas. De preferência, desabonadoras. A Tática não é nova. Quando Nero procurou alguém para responsabilizar pelo incêndio de Roma, não titubeou. Escolheu os cristãos, vistos pelo imperador e sua corte como inimigos políticos. Para preservar a instituição romana e a si próprio, Nero transferiu sua loucura para o suposto ato dos cristãos.
Sempre se pode colher na história entre dominados e dominadores, governantes e súditos, situação e oposição, instituição pública governamental e imprensa, entre outras divisões maniqueístas, condutas assemelhadas. Na defensiva, quem tem o poder procura, diante de acusações substantivas, desqualificar os inimigos com adjetivos.
Na revelação da divergência, do conflito e da ira pela palavra, procura-se esconder o que mais se manifesta na realidade do discurso: a verdade. Aí, a imprensa apresenta-se como veículo mais eficaz para distribuir as informações e as interpretações factuais. Sem os jornais independentes, há o discurso político surdo. Uma contradição que nega a essência e a natureza política, ou seja, o caráter público.
Com erros, até grandes, é a imprensa o canal mais eficiente para revelar as verdades que se escondem em tantos discursos, cenas de TV, papéis burocráticos, atos simbolicamente autoritários e totalitários. A imprensa, ao contrário do discurso político, em que predomina a locução adjetiva, tem por fundamento a revelação substantiva do cotidiano.
   Marcel Cheida. In: *Folha de S.Paulo,* 26.07.1992 (com adaptações)

Com base nos princípios de redação e correspondência oficiais, julgue os itens a seguir, relativos ao texto.

45. O quinto parágrafo, da forma como se encontra no texto, grafada entre aspas e indicando a autoria, porém sem a indicação de parágrafo, comporta a transcrição para o corpo de uma ata.

46. O texto, citando a fonte de onde foi retirado, fará parte de um relatório técnico, desde que transcrito em folha padrão ofício.

(Cespe-UnB) Texto para o item 47.

A contemporaneidade vai urdindo novas situações que demandam por novas opções éticas e pela consignação de novos direitos. A produção apresenta sua clara dimensão fáustica, a se usar a expressão de Marshall Bermann. Quanto mais ela avança, mais ela destrói, em um processo entropisante assustador. As distâncias sociais entre os países desenvolvidos e sub-desenvolvidos aumentam de modo devastador, não somente a partir de seus indicadores econômicos, como também por sua produção de saber, o que faz alguns autores vislumbrarem uma terceira fase do capitalismo traduzida pela produção de *know-how*. Ao mesmo tempo, o ser humano chegou à sofisticação de poder se suicidar enquanto espécie zoológica pelas armas que ele próprio produz e, cada vez menos, controla. Os anos 30 voltam sinistros com a reaparição agressiva dos racismos. As distâncias sociais nos países subdesenvolvidos são assustadoras, uma vez que uma ínfima minoria detém parcela significativa dos bens.

Roberto de Aguiar. Ética e direitos humanos. In: *Desafios éticos.*
Brasília: Conselho Federal de Medicina, p. 65 (com adaptações)

A partir do texto acima, julgue o item subsequente.

47. Se o texto fizesse parte de um documento oficial, como relatório ou parecer, a expressão "processo entropisante" deveria ser substituída para atender ao quesito de clareza e objetividade; além disso, a segunda ocorrência do pronome "ela" deveria ser suprimida para que se respeitasse a formalidade.

(Cespe-UnB) Texto para o item 48.

Em uma iniciativa inédita, dez grandes corporações assinaram um compromisso com o Fórum Econômico Mundial para divulgar regularmente o volume de suas emissões de gases poluentes. Com isso, elas se antecipam aos governos que ainda estão aguardando a entrada em vigor do protocolo de Kyoto. Pelo acordo, denominado Registro Mundial de Gases que Causam o Efeito Estufa, as multinacionais passam a informar o seu grau de poluição do meio ambiente, atendendo a expectativas de acionistas, que cobram mais transparência sobre o tema. Juntas, essas empresas são responsáveis pela emissão de 800 milhões de toneladas de dióxido de carbono por ano, o que representa cerca de 5% das emissões mundiais.

O Globo, 23.01.2004, p. 30 (com adaptações)

A partir do texto acima e considerando aspectos marcantes da questão ambiental no mundo contemporâneo, julgue o item seguinte.

48. Para tornar o texto mais formal e adequado a uma redação oficial, mantendo a correção gramatical e as relações semânticas, deve-se reescrever o trecho "passam a informar o seu grau" da seguinte forma: *passam a informar-lhe o grau.*

(Cespe-UnB) Texto para o item 49.

A EMBRAPA virou símbolo de excelência na administração pública. Em mais uma década, terá sido a responsável pela melhoria do padrão nutricional dos brasileiros, por meio de um programa para a produção de alimentos mais saudáveis. Os componentes de nossa dieta básica — arroz, feijão, milho, soja — estão sendo pesquisados para que adquiram teores mais elevados de vitaminas, proteínas e aminoácidos. Do projeto, há poucos anos surgiu a cenoura com mais procaroteno (que ajuda no combate à cegueira), já incorporada ao mercado. A presidente interina da EMBRAPA, Marisa Barbosa, acentua que outros resultados positivos serão alcançados nos próximos anos. Com isso, o índice de subnutrição e doenças dela resultantes serão gradativamente reduzidos. Alimentos denominados funcionais, proteicamente enriquecidos, estão sendo pesquisados para transformação genética. A EMBRAPA tem 2.220 pesquisadores, sendo 1.100 com doutorado.

Jornal do Brasil (Informe JB), 15.03.2004, p. A6 (com adaptações)

Tendo em vista o texto acima e o tema nele focalizado, julgue o item seguinte.

49. Para que o início do texto seja adequado à linguagem formal exigida por documentos oficiais, deve-se substituir "virou" por tornou, a fim de se preservar a correção gramatical e as relações semânticas do texto.

50. (Cespe) Julgue os fragmentos contidos nos itens a seguir quanto à sua correção gramatical e à sua adequação para compor um documento oficial que, de acordo com o Manual de Redação da Presidência da República, deve caracterizar-se pela impessoalidade, pelo emprego do padrão culto da linguagem, pela clareza, pela concisão, pela formalidade e pela uniformidade.

1) Cumpre destacar a necessidade do aumento do contingente policial e que é imperioso a ação desses indivíduos em âmbito nacional, pelo que a realização do concurso público para provimento de vagas no Departamento de Polícia Federal consiste em benefícios a toda a sociedade.
2) Caro Senhor Perito Criminal,
Convidamos Vossa Senhoria a participar do evento "Destaques do ano", em que será homenageado pelo belo e admirável trabalho realizado na Polícia Federal. Por gentileza, confirme sua presença a fim de que possamos providenciar as honrarias de praxe.
3) O departamento que planejará o treinamento de pessoal para a execução de investigações e de operações policiais, sob cuja responsabilidade está também a escolha do local do evento, não se manifestou até o momento.
4) Senhor Delegado,
Segue para divulgação os relatórios das investigações realizadas no órgão, a fim de fazer cumprir a lei vigente.
5) Solicito a Vossa Senhoria a indicação de cinco agentes de polícia aptos a ministrar aulas de direção no curso de formação de agentes. O início do curso, que será realizado na capital federal, está previsto para o segundo semestre deste ano.

Veja também propostas que solicitam ao candidato redigir o texto oficial.

(FCC) Proposta 1:
Considere as informações abaixo:
O Presidente da Comissão de Defesa do Consumidor, Deputado Federal XYZ dos Reis, convocou reunião para as 15:00 h do dia 04/06/07. Na data aprazada, contou com a presença dos Deputados Federais A, B, C, D e E, para tratar de questões referentes ao combate à pirataria. Assuntos abordados:
1) avaliação de resultados de medidas em andamento;
2) criação de campanha educativa;
3) apoio à tramitação de alterações legislativas relacionadas à apreensão de produtos pirateados.
A reunião foi encerrada duas horas e quinze minutos após o início, com impasse surgido na discussão. O Presidente determinou nova reunião, às 16:00 h do próximo dia 14/06, e convocação do Diretor da Fundação ICL — Instituto do Cidadão Legal, especialista no assunto, para esclarecimentos necessários. O Técnico Legislativo-Assistente Administrativo do apoio legislativo, Senhor MNO dos Santos, foi designado para elaborar o registro dos fatos.
Redija o documento apropriado, criando uma situação compatível com o desenvolvimento da reunião, a partir dos dados apresentados. A redação deverá obedecer ao limite máximo de 30 linhas e respeitar o disposto no *Manual de Redação da Presidência da República*.

(FCC) Proposta 2:
Atenção: O relatório sobre a situação abaixo descrita deverá ter a extensão mínima de 20 linhas e máxima de 30 linhas.

Há, no setor em que você atua, cinco computadores ligados à rede, nos quais estão instalados programas e sistemas relacionados à rotina do Tribunal.

Considerando que esses aparelhos estão apresentando problemas de manutenção, pela qual você é o responsável, elabore um relatório, que será encaminhado à sua chefia imediata, a respeito dos serviços necessários, apontando:
a) situação geral;
b) problemas encontrados;
c) providências a serem tomadas;
d) responsabilidades.

GABARITO

1. Errado. O trecho não respeita as normas de concisão e objetividade.

2. Certo.

3. Errado. Os níveis gráficos (seje) e lexicais (inflação) não estão corretos.

4. Certo.

5. Errado. O vocativo "magnífico" deve ser empregado apenas para reitores de universidades. O Procurador-Geral da República recebe o vocativo "Senhor".

6. Certo.

7. Errado. Há problemas com a gramática — crase e concordância: Ao final da reunião ficou decidido que os quatrocentos ocupantes de cargos importantes no Governo Federal, nomeados pelo Presidente da República, ficarão sujeitos a punições administrativas, podendo mesmo perder o cargo, caso desobedeçam ao Código de Ética.

8. Certo.

9. Errado. A palavra "consenso" se escreve com "s".

10. Errado. O texto apresentado é de um relatório e não de um atestado. Além disso, há também problema gramatical: "diretor de autarquia que se utilizar de jatinho de empreiteira expõe-SE a processo judicial."

11. "c". I. Eminência é utilizado para cardeais; II. O assunto central deve ser tratado no parágrafo inicial.

12. Certo.

13. Errado. O erro aqui está no fato de se afirmar que as aspas tornam o texto inadequado às normas da redação oficial.

14. Certo.

15. Errado. O desenvolvimento de todo documento oficial deve seguir as normas de redação da boa estrutura textual da língua portuguesa, e por isso cada ideia deve ser expressa num parágrafo diferente.

16. Errado. O ofício e a exposição de motivos não são comunicações internas, apenas o memorando é a comunicação interna, ou seja, a comunicação que se estabelece entre as unidades administrativas de um mesmo órgão público.

17. Certo. Cuidado: o uso de jargão burocrático é considerado um problema para a redação oficial. Assim como o próprio termo "jargão" já informa — jargão = gíria. Qualquer jargão deve ser evitado.

18. Certo. Note que se faz um texto com palavras bonitas, mas a frase é vazia de significado. Não se sabe o que ela pretende informar.

19. Certo.

20. Certo. Nas comunicações oficiais usamos apenas o vocativo seguido do cargo que a pessoa ocupa, nunca utilizamos o nome próprio do destinatário.

21. Errado. Atenção: "doutor" é nível de graduação, e não pronome de tratamento, portanto utilizamos o termo "doutor" antecedendo apenas nomes próprios de pessoas que cursaram doutorado. Repetindo: "doutor" não é forma de tratamento.

22. Errado. O fecho "Atenciosamente" é utilizado por remetentes que tenham a mesma hierarquia do destinatário, ou superior a ele. Se o remetente está numa hierarquia inferior à do destinatário deve empregar "Respeitosamente".

23. Certo. A transgressão gramatical se dá no nível da concordância: "Está sendo ENCAMINHADA a V.Sª A CÓPIA do telegrama n. 24, de 1.º de fevereiro de 2006, remetido ao interessado por este departamento."

24. Certo. Essas expressões ferem o princípio da impessoalidade.

25. Certo.

26. Errado. Esse trecho peca nos aspectos impessoalidade e concisão. Vejamos, em destaque, os exageros: **Tenho a satisfação** de me dirigir a Vossa Senhoria para solicitar-lhe **a gentileza** de autorizar seja posto à disposição desta Secretaria dois computadores, necessários para a execução das tarefas administrativas de recebimento e acompanhamento de processos.

27. Errado. Erro na concordância do pronome de tratamento (refere-se à 2.ª pessoa, mas concorda em 3.ª pessoa), no emprego do acento grave indicativo de crase e no quesito concisão. Assim, devemos corrigir o trecho para: Aguardamos o pronunciamento de V.Sª acerca da proposta que lhe foi apresentada, para que possamos encaminhá-la às instâncias superiores.

28. Errado. Esse é o final de um parecer.

29. Errado. De acordo com o *Manual de Redação Oficial da Presidência da República*, a identificação do signatário se faz com nome e cargo.

30. Errado. O requerimento é o expediente utilizado para solicitar um direito amparado por lei, não para pedir reparo de maquinário.

31. Errado. O parecer é uma forma de comunicação oficial, por isso deve seguir as normas estabelecidas pelo *Manual de Redação da Presidência da República*.

32. Certo. O vocativo deve ser apenas "Senhor(a) + cargo", jamais empregaremos qualquer adjetivação — a não ser no caso dos chefes de poderes, que recebem o termo "Excelentíssimo Senhor(a) + cargo". Além disso, a concordância do pronome deve ser feita em 3.ª pessoa: "Como é do SEU conhecimento...".

33. Errado. O texto é adequado, sim, a um documento oficial, pois não apresenta expressões coloquiais, não é informal e as escolhas lexicais e sintáticas estão de acordo com a norma culta. O texto apresentado poderia ser parte de um relatório, por exemplo.

34. Errado. O uso da primeira pessoa do plural em "Poderíamos" não é indicação de pessoalidade, pelo contrário, é uma forma preconizada pela boa redação para dar ao texto impessoalidade.

35. Certo. O emprego de artigo, substantivando a data, imprime ao texto certa subjetividade. E a redação de documentos oficiais rejeita isso.

36. Errado. Na ata utilizamos: "Aos vinte e nove de julho de dois mil e sete" ou "Aos vinte e nove dias do mês de julho do ano de dois mil e sete".

37. Errado. O travessão é um sinal de pontuação da norma culta e, portanto, de acordo com as exigências de formalidade da redação oficial.

38. Errado. A expressão "A partir daí" não indica coloquialidade, por isso pode, sim, ser empregada em um relatório ou parecer.

39. Certo.

40. Errado. A expressão "por que não?" é marca de subjetividade, por isso não pode aparecer no corpo de um ofício.

41. Certo.

42. Errado. Na redação oficial não se permite o uso de expressões coloquiais, como "Trocando em miúdos".

43. Errado. Não há problema em utilizar o verbo na 1.ª pessoa do plural em um texto oficial.

44. Errado. O pronome de tratamento concorda em 3.ª pessoa.

45. Certo. A ata é a narrativa de uma reunião ou assembleia. O parágrafo citado poderia sim fazer parte de uma ata. Outra coisa, na ata não há marcação de parágrafo — como dito na assertiva: Marcel Cheida disse: "Os acusados, alvos de denúncias substantivas, partem para o contra-ataque, na tentativa de atingir seus acusadores com frases adjetivas. De preferência, desabonadoras. A Tática não é nova. Quando Nero procurou alguém para responsabilizar pelo incêndio de Roma, não titubeou. Escolheu os cristãos, vistos pelo imperador e sua corte como inimigos políticos. Para preservar a instituição romana e a si próprio, Nero transferiu sua loucura para o suposto ato dos cristãos."

46. Errado. O relatório é um texto narrativo. O texto apresentado é dissertativo.

47. Errado. Não há problema com o uso da expressão "processo entropisante", ou com a segunda ocorrência do pronome "ela".

48. Errado. O pronome "lhe" usado com o verbo "informar" desempenha a função de objeto indireto, alterando assim as relações semânticas do texto (no texto, temos o adjunto adnominal "seu" — foi uma tentativa de confundir o candidato com o uso de "lhe" como adjunto adverbial e adjunto adnominal).

49. Errado. Se trocarmos o verbo "virou" por "tornou" precisaremos acrescentar o pronome reflexivo "se": A EMBRAPA **tornou-se** símbolo de excelência na administração pública.

50. 1 — Errado: erro de paralelismo — Cumpre destacar "a necessidade de aumento do contingente policial" e "que é imperioso a ação..."; erro de concordância — é imperioso a ação. 2 — Errado: problema com o item impessoalidade e formalidade — na redação oficial, não se usam expressões como "caro", "belo", "admirável", "por gentileza". 3 — Certo. 4 — Errado: problema na concordância — Segue... os relatórios. 5 — Certo.

10

REDAÇÃO DISCURSIVA

> *Aprender a escrever não é só aprender a pensar, como se tem dito e redito; mas também — e principalmente — aprender a dizer bem o que foi pensado. E isto pode ensinar-se — mas ainda assim com renúncia a qualquer dogmatismo e sem a camisa de força de fórmulas e receitas fabricadas, que antes inibem, cerceiam e até anulam a livre afirmação da personalidade do estudante. Mais propriamente sugerir, estimular, apontar caminhos — numa palavra: guiar.*
>
> Rocha Lima
> Raimundo Barbadinho Neto

Antes de qualquer comentário sobre o texto em si, faremos algumas considerações a respeito de *como* escrever o seu texto, pois muitos candidatos ficam em dúvida quanto a isso, e se perguntam:

Devo colocar título na minha redação?

Que tipo de letra devo usar?

Posso pular linha entre um parágrafo e outro?

Se eu cometer um erro, como faço para corrigi-lo?

Posso escrever na margem da folha, se a quantidade de linhas for insuficiente para o meu texto?

Preciso marcar os parágrafos?

Posso começar/encerrar a minha escrita em qualquer ponto da linha ou devo encostar nas margens esquerda e direita?

Se a palavra não couber inteira na linha, o que eu faço?

Vamos, então, responder a todas essas perguntas.

■ **Devo colocar título na minha redação?**

a) A maioria das bancas não menciona nada a respeito de título na redação. Então, não se deve colocar título em redação de concurso. O título é um exercício de criatividade, e a prova para concurso prevê técnica: o examinador deseja apenas saber se o candidato é capaz de expor uma ideia de maneira clara, objetiva e concisa. Por isso, não coloque título. Na linha 1 da folha de texto definitivo você já começa com o seu parágrafo de introdução.

b) Algumas bancas pedem, expressamente, no caderno de prova, que se dê um título à redação. Neste caso, ele deve ser colocado na primeira linha, com a primeira letra maiúscula e o restante em minúsculas, como uma outra frase qualquer. E deve ser iniciado na marcação de parágrafo, como outra frase qualquer (não tente centralizar!). Não deve ser sublinhado, nem escrito com um traço mais forte (uma tentativa de se fazer um negrito manuscrito!). Evite títulos longos, utilize apenas uma linha para ele. E já na linha 2 você começa o seu parágrafo de introdução — ou seja, não se pula uma linha entre o título e o texto.

Lembre: você só dará um título à sua redação se houver um comando específico no caderno de prova solicitando isso!

■ Que tipo de letra devo usar?

Escreva sempre com letra legível. Você pode usar qualquer tipo de letra — cursiva, de imprensa, de forma, bastão etc. —, pode até misturar os tipos de letras, não há problema, desde que as palavras estejam legíveis.

■ Posso pular linha entre um parágrafo e outro?

Não se pulam linhas em redações de concursos.

■ Se eu cometer um erro, como faço para corrigi-lo?

Se você, ao passar a limpo, cometeu um erro, escreveu uma palavra a mais, um acento a mais, um sinal de pontuação a mais, basta passar um traço simples sobre eles, e o examinador já entende como item cancelado. Não tente passar dois ou mais traços, apenas **um** traço sobre o erro. E na sequência coloque a forma correta. Assim: "A ~~caza~~ casa amarela é linda."

■ Posso escrever na margem da folha, se a quantidade de linhas for insuficiente para o meu texto?

Você só pode utilizar o número de linhas determinado pela banca examinadora. Sempre observando a quantidade mínima e máxima.

Caso você escreva menos que a quantidade mínima solicitada, o examinador tirará dos seus pontos totais obtidos um ponto para cada linha faltante para se atingir o mínimo. Por exemplo: a banca pede no mínimo 20 e no máximo 30 linhas; você escreveu apenas 18 linhas — faltam duas linhas para chegar à quantidade mínima. Você perderá então dois pontos (ou a quantidade estipulada em edital) do total de nota obtida na correção do seu texto.

Caso você escreva mais que a quantidade máxima solicitada, o examinador não lerá isso. Geralmente a folha de prova vem com as linhas numeradas. E, se você ultrapassou esse número, pode se considerar eliminado do concurso, pois incorreu nos erros de: a) escrever texto em lugar indevido; b) não concluir a redação (pois o examinador não leu o excedente).

■ Preciso marcar os parágrafos?

Os parágrafos devem sempre ser marcados. Geralmente, iniciamos o parágrafo a dois centímetros da margem. Todos os parágrafos devem estar no mesmo alinhamento.

■ Posso começar/encerrar a minha escrita em qualquer ponto da linha ou devo encostar nas margens esquerda e direita?

Em Língua Portuguesa, utilizamos os parágrafos justificados, ou seja, as palavras devem encostar na margem esquerda e na margem direita.

■ Se a palavra não couber inteira na linha, o que eu faço?

Para justificar o parágrafo na margem esquerda, é necessário algumas vezes fazer a divisão da palavra na translineação (passagem para a linha de baixo). Se houver espaço, podemos fazer isso com hífen; se não houver espaço para o hífen, sublinhamos a última sílaba daquela linha (assim: *transli- neação* ou *transli neação*).

10.1. QUALIDADES FUNDAMENTAIS DO TEXTO

Entre as **qualidades** que qualquer texto deve possuir estão **a clareza, a concisão e a correção**, às quais se reduzem, de certo modo, todas as demais.

A importância da **clareza** decorre da própria finalidade maior da linguagem: propiciar ao homem a comunicação de seus pensamentos. **Quanto mais nitidamente alguém souber transmitir o que pensa, mais eficiente será a sua linguagem.**

A **concisão** é a **qualidade que nos ensina a prezar a economia verbal**, sem prejuízo da mais completa e perfeita eficácia da comunicação do pensamento. Ela contribui muito para a clareza. Porém, se nos preocupamos exageradamente com ela, corremos o risco de beirar o laconismo — que conduz à obscuridade e à imprecisão.

Dentro da diversidade de usos própria de toda língua — diversidade decorrente de fatores individuais, sociais, temporais ou geográficos —, não pode deixar de haver um padrão de linguagem que sirva de instrumento geral de comunicação: a **norma culta**, com a sua **correção** gramatical.

Curiosidade: Veja, no texto abaixo, se você consegue saber de que o autor trata.

Foi a abadessa[1]
Carlos Heitor Cony

Ninguém sabe como foi mas todos concordam que foi a abadessa. O preboste mandou instaurar um inquérito e o condestável ordenou que os arautos percorressem os caminhos anunciando que fora a abadessa. E o povo tremeu, ouvindo que fora a abadessa. Grandes flagelos, grandes angústias e penas desabariam sobre a cabeça do rei e do povo. Nada se podia fazer: a abadessa já havia feito. O arcipreste suspeitou do outro lado da notícia e baixou a bula cobrindo de opróbrio os verdugos que levassem a abadessa ao catafalco. Mas o esmoler-mor contestou o condestável e exigiu que em nome da fé e do rei a verdade fosse feita. Contestado, o condestável mobilizou seus arqueiros e concitou o capelão a distribuir pão aos filhos do povo e aos camponeses famintos que se levantaram contra a abadessa e contra a coisa que ela havia feito. Mais complicada

---

[1] CONY, Carlos Heitor. *Folha de S.Paulo.* São Paulo, 17 de abril de 1994.

ficou a situação quando o preboste envenenou o arcediago e o arcipreste caiu fulminado quando soube que a abadessa fugira em cima de um corcel de crinas ao vento. Os camponeses então resolveram voltar para suas terras, pois não valia a pena matar ou morrer por causa da coisa que a abadessa tinha ou não tinha feito. Ante a iminência do saque às cidades, o esmoler-mor ordenou que se queimassem as feiticeiras e numa só noite foram devoradas pelo fogo nada menos de 567 feiticeiras de diversos e criminosos feitios e malefícios. Os arautos percorreram novamente as cidades famintas e os campos devastados distribuindo hinos de louvor ao rei e à paz que voltava ao reino depois que a abadessa fizera a coisa. E estavam as coisas nesse pé — inclusive a coisa que a abadessa havia feito — quando, alta noite, surgiu no palácio, vinda dos campos, a assombrosa notícia de que não fora abadessa que fizera a coisa pois coisa nenhuma havia sido feita. Reza a lenda que a abadessa, depois de muito cavalgar no seu corcel de crinas ao vento, em sabendo que não havia feito a coisa, resolveu fazê-la.

Carlos Heitor Cony é um dos maiores cronistas brasileiros; seu texto não tem clareza, mas isso é intencional! É um ótimo texto justamente por isso, por ter a ambiguidade como intenção.

Numa prova de redação isso seria reprovável.

Um bom trabalho de pesquisa será verificar o jornal da época em que a crônica foi publicada e tentar descobrir o fato que deu origem ao texto.

10.2. TIPOLOGIA TEXTUAL

Já vimos na interpretação de texto que as tipologias textuais são: descrição, narração e dissertação.

Sabemos que a descrição e a narração são textos figurativos e a dissertação representa o texto temático. **As provas de concurso, geralmente, trabalham com a dissertação.** Isso porque a intenção do examinador é saber se o candidato é capaz de organizar suas ideias em torno de temas apresentados.

É importante que, ao escrever um texto, não nos percamos nas tipologias.

Para relembrar, vejamos o quadro a seguir:

DESCRIÇÃO	NARRAÇÃO	DISSERTAÇÃO
É o **retrato verbal**, aquilo que vemos ou sentimos. Pode ser: a) objetiva: A casa é amarela. b) subjetiva: A casa é linda.	É o **relato de um acontecimento**, em que há personagens atuando em determinado tempo e espaço.	É a **exposição de ideias**, opiniões, pontos de vista, fundamentados em argumentos e raciocínios baseados em nossa experiência de mundo, nossas leituras, nossas abstrações. Divide-se em introdução, desenvolvimento e conclusão.
Dificilmente se encontram textos exclusivamente descritivos. O que ocorre, na maioria das vezes, é aparecerem trechos descritivos inseridos na narração ou na dissertação.		
Às vezes, um fragmento pode apresentar características próprias de cada uma das tipologias; será um texto misto em que predominará uma delas, não invalidando a existência das outras.		

Reveja na "Interpretação de texto" a explanação completa sobre esse assunto.

10.3. FIGURAS E TEMAS

Como já afirmamos e reafirmamos, a descrição e a narração são textos figurativos, ou seja, trabalham com a concretude; já a dissertação é um texto temático, trabalha com ideias, com abstrações.

Muitas vezes, a partir de um texto figurativo (descrição ou narração) temos de criar um texto temático (dissertação). Para isso precisamos transformar figuras em temas.

As figuras são as partes "concretas" do texto; já os temas são as partes abstratas dele.

Um exercício de reflexão faz com que cheguemos a temas a partir de figuras.

Por exemplo, pensemos no objeto "giz". Para que serve o giz? Para escrever na lousa. Onde, geralmente, encontramos a lousa? Na escola. O que se faz, na escola, com giz e lousa? Geralmente, o professor escreve na lousa com o giz aquilo que o aluno deve saber: o assunto a ser estudado, aprendido. Então, que abstração podemos fazer disso? Giz > lousa > assunto > conhecimento. Assim, podemos dizer que a figura "giz" nos remete ao tema "conhecimento" — giz, concreto; conhecimento, abstrato.

As histórias infantis estão cheias dessas simbologias: na história de Chapeuzinho Vermelho, o Lobo Mau representa o perigo; na história de Cinderela, a madrasta representa a maldade; e daí por diante.

Vejamos um texto infanto-juvenil de Ruth Rocha.

O homem e a galinha[2]
Era uma vez um homem que tinha uma galinha.
Era uma galinha como as outras.
Um dia a galinha botou um ovo de ouro.
O homem ficou contente. Chamou a mulher:
— Olha o ovo que a galinha botou.
A mulher ficou contente:
— Vamos ficar ricos!
E a mulher começou a tratar bem da galinha.
Todos os dias a mulher dava mingau para a galinha.
Dava pão de ló, dava até sorvete.
E todos os dias a galinha botava um ovo de ouro.
Vai que o marido disse:
— Pra que esse luxo com a galinha?
Nunca vi galinha comer pão de ló... Muito menos sorvete!
Então a mulher falou:
— É, mas esta é diferente. Ela bota ovos de ouro!
O marido não quis conversa:
— Acaba com isso, mulher. Galinha come é farelo.
Aí a mulher disse:

---

[2] ROCHA, Ruth. *Enquanto o mundo pega fogo*. Rio de Janeiro: Nova Fronteira, 1984.

— E se ela não botar mais ovos de ouro?
— Bota sim! — o marido respondeu.
A mulher todos os dias dava farelo à galinha.
E todos os dias a galinha botava um ovo de ouro.
Vai que o marido disse:
— Farelo está muito caro, mulher, um dinheirão! A galinha pode muito bem comer milho.
— E se ela não botar mais ovos de ouro?
— Bota sim! — o marido respondeu.
Aí a mulher começou a dar milho pra galinha.
E todos os dias a galinha botava um ovo de ouro.
Vai que o marido disse:
— Pra que esse luxo de dar milho pra galinha? Ela que cate o de-comer no quintal!
— E se ela não botar mais ovos de ouro? — a mulher perguntou.
— Bota sim! — o marido falou.
E a mulher soltou a galinha no quintal.
Ela catava sozinha a comida dela.
Todos os dias a galinha botava um ovo de ouro.
Um dia a galinha encontrou o portão aberto.
Foi embora e não voltou mais.
Dizem, eu não sei, que ela agora está numa boa casa onde tratam dela a pão de ló.

Temos as seguintes figuras: homem, mulher, galinha, ovos de ouro, mingau, pão de ló, sorvete, farelo, milho, de-comer no quintal, portão aberto.

Podemos começar a abstração pensando que a galinha trabalha produzindo os ovos de ouro para o homem e a mulher, recebendo em troca um pagamento — que pouco a pouco vai diminuindo —, até o dia em que encontra novas oportunidades e os deixa.

Se transferirmos isso para as relações humanas, podemos ter: o patrão ganancioso, o trabalhador e o fruto do seu trabalho, o salário.

Como a produção é sempre a mesma, e o salário fica cada vez menor, o patrão acumula cada vez mais riqueza. Podemos, então, chegar à ideia de "exploração".

Note-se que, a partir de figuras, chegamos ao tema. Se fosse o texto motivador de uma prova dissertativa, teríamos de escrever sobre "exploração".

10.4. DISSERTAÇÃO OBJETIVA

A apresentação de uma ideia pode ser feita de duas maneiras: subjetiva ou objetivamente.

Quando simplesmente expomos nossas ideias sem intenção alguma, estamos trabalhando com a subjetividade.

Quando expomos nossas ideias com a intenção de convencer o outro a respeito delas, com a intenção de persuadir o outro, estamos trabalhando com a objetividade.

A **dissertação objetiva é aquela que** leva o leitor a aceitar as ideias de quem a escreve, ou seja, aquela que **convence, prova, persuade**. Para isso, então, é necessário que se empreguem alguns recursos argumentativos.

10.4.1. Argumentação

Argumentar é fornecer razões para que se aceite aquilo que se está dizendo, para que se aceite a tese proposta, o posicionamento assumido frente a um tema. **Argumentar é persuadir, levar o outro a aderir ao que se diz.**

Argumentação, de acordo com a etimologia da palavra *argumento*, vem do latim *argumentum*, palavra formada com o tema *argu-* (como em *arguto, argúcia, argênteo*), e significa "fazer brilhar", "fazer cintilar". Argumento é, então, tudo aquilo que ressalta, faz brilhar, faz cintilar uma ideia; é o procedimento linguístico utilizado com o intuito de se fazer aceitar o que está sendo dito, persuadir, levar a crer.

A argumentação pode estar **baseada na estrutura da realidade, no consenso, em fatos ou no raciocínio lógico**. Vejamos passo a passo cada um desses aspectos.

10.4.1.1. Argumento baseado na estrutura da realidade

Nesse tipo de argumentação usamos as **relações de causa e efeito ou de pessoa e ato**.

Se afirmamos que "estudar com afinco, com dedicação" faz com que "sejamos aprovados no concurso", estamos trabalhando com causa e efeito. Se dizemos: "Investir na boa educação e bem-estar do menor hoje é formar cidadãos de bem para o futuro." — utilizamos um argumento baseado na estrutura da realidade (causa e efeito).

Já na relação de pessoa e ato, está em foco a reputação do indivíduo em dado domínio. O prestígio de uma pessoa serve de base para o argumento de autoridade.

O argumento de autoridade é a citação dos pontos de vista de um autor reconhecido (pode ser também uma revista, um jornal etc.) em determinado campo da experiência como meio de prova em favor de uma tese.

Isso acontece quando escrevemos: "O tratamento da Aids no Brasil é referência para todos os outros países, conforme afirmou o Dr. Drauzio Varella."; ou, então, "O ministro teve um enriquecimento muito elevado nos últimos quatro anos, de acordo com matéria publicada no jornal *Folha de S.Paulo*".

10.4.1.2. Argumento baseado no consenso

É aquele aceito por todos por representar **verdade universal, um axioma**. Quando dizemos que a Terra é azul, estamos trabalhando com um fato. Ao afirmarmos que a menor distância entre dois pontos é a reta, trabalhamos com um fato.

Criança que estuda tem um futuro promissor — isso é um fato.

Agora, não podemos cair no equívoco dos lugares-comuns: o crime não compensa, o brasileiro é preguiçoso, os políticos não prestam. Isso é um erro.

10.4.1.3. Argumento baseado em fatos

É o argumento apoiado em **elementos da realidade**. Se dizemos apenas "João é bom motorista", não há força em nossa fala, mas se dizemos "João é bom motorista. Nesses 25 anos de caminhoneiro, nunca sofreu ou causou um acidente.", esse dado da realidade comprova a tese de que "João é bom motorista".

Podemos ainda trabalhar com o **exemplo (do particular para o geral)** ou com a **ilustração (do geral para o particular)**:

"Na semana passada, vários secretários da administração pública municipal foram presos, por corrupção passiva. Existe corrupção em nossa cidade." — exemplo: partimos de um caso particular para elaborarmos uma tese geral.

"Os nossos jogadores de futebol, assim que começam a se destacar aqui em nosso país, logo são vendidos para times internacionais. É o que aconteceu com Ronaldo Fenômeno, que passou a maior parte de sua carreira no exterior." — ilustração: partimos de um fato genérico para um caso particular.

10.4.1.4. Argumento lógico

É o argumento que utiliza a estrutura dos **raciocínios lógicos formais**, baseia-se em relações nem sempre verdadeiras — por isso alguns estudiosos classificam esse argumento de *quase lógico*.

Podemos exemplificar de maneira bem simples:

"Se todas as aves têm penas, e o pinguim é uma ave; logo, o pinguim tem penas."

"Se a Constituição garante que todos são iguais perante a lei, meu cliente não pode sofrer tal discriminação."

Ou, de maneira mais sutil, "Mulher de amigo meu é homem".

"Os amigos dos meus amigos são meus amigos."

"Há excelentes atrizes no Brasil, mas Fernanda Montenegro é Fernanda Montenegro."

Incluem-se aqui os ***prós e contras***: que trabalham com **argumentos aplicáveis ou não aplicáveis à comprovação de uma tese**, por exemplo: "O aborto pode dar à mulher o direito de decidir se deseja ou não ser mãe naquele momento, mas trará a ela uma série de problemas com os quais deverá conviver pelo restante de sua vida, e não se trata apenas de problemas somáticos, serão problemas psicológicos, talvez, mais nefastos que os de saúde".

> **Curiosidade:** Eis uma aula de redação dada pelo Padre Antonio Vieira.
>
> *Sermão da Sexagésima*[3]
>
> O sermão há de ser duma só cor, há de ter um só objeto, um só assunto, uma só matéria. Há de tomar o pregador uma só matéria, há de defini-la para que se conheça, há de dividi-la para que se distinga, há de prová-la com a Escritura, há de declará-la com a razão, há de confirmá-la com o exemplo, há de amplificá-la com as causas, com os efeitos, com as circunstâncias, com as conveniências que se hão de seguir, com os inconvenientes que se devem evitar, há de responder às dúvidas, há de satisfazer às dificuldades, há de impugnar e refutar com toda a força da eloquência os argumentos contrários, e depois disso há de colher, há de apertar, há de concluir, há de persuadir, há de acabar. Isto é sermão, isto é pregar, e o que não é isto é falar de mais alto. Não

---

[3] VIEIRA, Pe. Antonio. *Os sermões*. São Paulo: Difel, 1968. VI, p. 99.

> nego nem quero dizer que o sermão não haja de ter variedade de discursos, mas esses hão de nascer todos da mesma matéria, e continuar e acabar nela.
>
> Note que Pe. Vieira trata de alguns recursos argumentativos:
> a) fala de autoridade:
> "há de prová-la com a Escritura"
> b) raciocínio lógico:
> "há de declará-la com a razão"
> c) exemplificação:
> "há de confirmá-la com o exemplo"
> d) prós e contras:
> "há de amplificá-la com as causas, com os efeitos, com as circunstâncias, com as conveniências que se hão de seguir, com os inconvenientes que se devem evitar".

10.4.2. Defeitos da argumentação

Ao produzirmos o texto, devemos tomar cuidado para não incorrer em alguns erros comuns. Alguns deles são:

10.4.2.1. Tautologia

É a **repetição** (desnecessária) de uma ideia, a redundância:
"Fumar faz mal à saúde, porque prejudica o organismo."
"O homem, que pensa, é racional, e assim age de acordo com sua consciência."

10.4.2.2. Noção semiformalizada

Consiste no emprego de palavras, expressões, **conceitos que se usam de maneira equivocada:**
"Se apareceram ciganos no seu bairro, cuidado! Eles podem roubar sua casa e raptar seus filhos." — há uma noção de que os ciganos são pessoas más, que roubam e raptam crianças.

"Essa terra é terra de ninguém, uma bagunça só, sem lei, sem ordem: isso é anarquia!" — há uma noção equivocada sobre "anarquia".

10.4.2.3. Noção confusa

É o uso de **palavra com extensão de sentido muito ampla**, dando margem a interpretações diversas. Vejamos o exemplo encontrado em Platão & Fiorin:[4]
"— Reagan, em defesa da *liberdade* dos povos latino-americanos, solicita ao Congresso americano verbas para apoiar os movimentos contrários ao governo da Nicarágua.

---

[4] SAVIOLI, Francisco Platão; FIORIN, José Luiz. *Para entender o texto* — leitura e redação. 6. ed. São Paulo: Ática, 1998.

— Daniel Ortega, presidente da Nicarágua, em nome da *liberdade* dos povos latino-americanos, solicita, na ONU, sanções contra os Estados Unidos pelo apoio que vêm dando aos movimentos contrários ao governo revolucionário."

A palavra "liberdade" tem um vasto campo de sentido, por isso a noção confusa nos exemplos dados. Para evitar isso precisamos delimitar o sentido do termo que queremos empregar: "Liberdade, do ponto de vista...".

10.4.2.4. Generalização

É o emprego das **totalidades indeterminadas:**
"Todo político é corrupto."
"No Brasil a população é muito feliz."
"Não existe pessoa que não se preocupe com o futuro."

Para evitar isso devemos empregar as expressões partitivas: "Alguns políticos são corruptos"; "Boa parte da população brasileira é feliz"; "A maioria das pessoas se preocupa com o futuro".

10.4.2.5. Erro pelo exemplo ou ilustração

É o **uso indevido**, por descuido ou desconhecimento, **de exemplos e ilustrações**.

"Metade da população brasileira vive com menos de um salário mínimo" — esse dado não corresponde à realidade. Antes de usarmos um exemplo ou ilustração, precisamos saber de sua veracidade.

"Há vários exemplos, na história recente do Brasil, de luta pela liberdade; Tiradentes é um deles" — se o texto foi escrito no século 18 é um bom exemplo, mas se foi escrito no século 21, peca pelo uso do adjetivo "recente".

10.4.2.6. Erro pela conclusão

Esse erro surge quando, ao construirmos um raciocínio lógico, empregamos **premissas falsas**.

"Todas as aves voam. A galinha é uma ave. Logo: a galinha voa." — está errado, pois "galinha" não voa. O problema está na premissa "Todas as aves voam." Nem todas as aves voam; existem aves que não voam.

10.4.3. Discurso dissertativo de caráter científico

A dissertação objetiva requer que se utilize o **nível formal da linguagem.**[5] **Para atingirmos esse nível, devemos deixar de lado alguns itens (mesmo considerados corretos pela gramática normativa) e utilizar outros.**

Vejamos o que não se pode usar e quais os recursos empregados para suprir essas ausências.

---

[5] Releia no capítulo sobre "Interpretação de Texto" os Níveis de Linguagem.

NÃO SE USAM:	USAM-SE:
▫ **1.ª pessoa do singular:** Acredito ser a pena de morte... / Na minha opinião, a pena de morte é...	▫ **1.ª pessoa do plural:** Acreditamos ser a pena de morte... / Na nossa opinião, a pena de morte é... ▫ **sujeito indeterminado:** Acreditam ser a pena de morte... / Acredita-se que a pena de morte é... ▫ **sujeito paciente:** A pena de morte é vista... ▫ **oração sem sujeito:** Há a pena de morte como...
▫ **conotação/gíria** — sentido figurado (metáforas, ironias etc.)	▫ **denotação** — palavras empregadas em seu sentido real

10.5. PROGRESSÃO DISCURSIVA

Um **bom texto** deve obedecer a duas regras básicas: **apresentar continuidade semântica** e **ter progressão de ideias**. Isso pode parecer paradoxal, mas não o é. A continuidade semântica é obtida pela unidade temática, e a progressão, pelo acréscimo de informação nova.

Essa continuidade temática foi vista na Interpretação de Texto, é a coerência. É ela que mantém a unidade e dá conta da produção de sentido do texto, é ela que faz um texto ser um texto. Porém, como dissemos no capítulo sobre Interpretação, não se pode repetir ideias, não se pode repetir segmentos de mesmo significado. Cada segmento deve somar uma informação nova à informação dada. Por isso o texto é a organização de partes distintas que produzem um conjunto uniforme.

Vejamos alguns exemplos:

"Estou começando a me sentir vazia, desesperançosa e oca. O vazio me invade e sinto um tremendo vazio dentro de mim."[6]

"Cada recessão tem um custo violentíssimo permanente, que dura para sempre, para a sociedade."[7]

Esses são textos circulares — tautológicos —, em que se repetem as ideias. Não devemos construir um texto assim.

Vejamos agora, para efeito de comparação, um bom texto de José de Alencar.

"A tarde ia morrendo.
O sol declinava no horizonte e deitava-se sobre as grandes florestas, que iluminava com os seus últimos raios.
A luz frouxa e suave do ocaso, deslizando pela verde alcatifa, enrolava-se como ondas de ouro e de púrpura sobre a folhagem das árvores.
Os espinheiros silvestres desatavam as flores alvas e delicadas; e o ouricuri abria suas palmas mais novas, para receber no seu cálice o orvalho da noite. Os animais retarda-

---

[6] ROCCO, Maria Thereza Fraga. *Crise na linguagem:* redação no vestibular. São Paulo: Mestre Jou, 1981.
[7] BIONDI, Aloysio. *Shopping News*, 25.05.1995.

dos procuravam a pousada, enquanto a juriti, chamando a companheira, soltava os arrulhos doces e saudosos com que se despede do dia.

Um concerto de notas graves saudava o pôr do sol e confundia-se com o rumor da cascata, que parecia quebrar a aspereza de sua queda e ceder à doce influência da tarde. Era a Ave-Maria."[8]

Note-se que cada frase acrescenta uma informação nova à descrição do cair da tarde. Isso é um bom texto.

Para que não fiquem dúvidas a respeito da progressão textual, releia os itens "Coesão" e "Coerência" em "Interpretação de Texto".

10.6. DICAS PARA SE ESCREVER BEM

A internet é hoje uma ferramenta de pesquisa imprescindível, porém devemos tomar cuidado com aquilo que encontramos, pois nem sempre a fonte é confiável. Nas páginas virtuais encontramos de tudo um pouco, algumas coisas muito boas e algumas coisas muito ruins, por isso é sempre necessário usar o bom senso na hora de citar algo retirado desse meio.

Numa dessas pesquisas, deparei-me com algumas dicas para se escrever bem. Tentei localizar o autor dessas dicas, mas sem resultado. Percebi que muitas pessoas divulgaram tais dicas, sem mencionar a fonte. Como são muito eficientes, eu as utilizo aqui também. São elas:

- Vc. deve evitar ao máx. abrev. etc.
- Desnecessário faz-se empregar estilo de escrita demasiadamente rebuscado, segundo deve ser do conhecimento inexorável dos copidesques. Tal prática advém de esmero excessivo que beira o exibicionismo narcisístico.
- Anule aliterações altamente abusivas.
- "não se esqueça das maiúsculas", como já dizia dona loreta, minha professora lá no colégio alexandre de gusmão, no ipiranga.
- Evite lugares-comuns assim como o diabo foge da cruz.
- Estrangeirismos estão *out*; palavras de origem portuguesa estão *in*.
- Chute o balde no emprego de gíria, mesmo que sejam maneiras, tá ligado?
- Palavras de baixo calão podem transformar seu texto numa merda.
- Nunca generalize: generalizar, em todas as situações, sempre é um erro.
- Evite repetir a mesma palavra, pois essa palavra vai ficar uma palavra repetitiva. A repetição da palavra vai fazer com que a palavra repetida desqualifique o texto no qual a palavra se encontra repetida.
- Não abuse nas citações. Como costuma dizer meu amigo: "Quem cita os outros não tem ideias próprias".
- Frases incompletas podem causar...

---

[8] ALENCAR, José de. *O Guarani*. 20. ed. São Paulo: Ática, 1996.

- Não seja redundante, não é preciso dizer a mesma coisa de formas diferentes; isto é, basta mencionar cada argumento uma só vez. Em outras palavras, não fique repetindo a mesma ideia.
- Seja mais ou menos específico.
- Frases com apenas uma palavra? Jamais!
- Use a pontuação corretamente o ponto e a vírgula especialmente será que ninguém sabe mais usar o sinal de interrogação
- Quem precisa de perguntas retóricas?
- Conforme recomenda a A.G.O.P, nunca use siglas desconhecidas.
- Exagerar é cem bilhões de vezes pior do que a moderação.
- Evite mesóclises. Repita comigo: "mesóclises: evitá-las-ei!"
- Analogias na escrita são tão úteis quanto chifres numa galinha.
- Não abuse das exclamações! Nunca! Seu texto fica horrível!
- Evite frases exageradamente longas, pois estas dificultam a compreensão da ideia contida nelas, e, concomitantemente, por conterem mais de uma ideia central, o que nem sempre torna o seu conteúdo acessível, forçando, desta forma, o pobre leitor a separá-las em seus componentes diversos, de forma a torná-las compreensíveis, o que não deveria ser, afinal de contas, parte do processo da leitura, hábito que devemos estimular através do uso de frases mais curtas.
- Cuidado com hortografia, para não estrupar a língua portuguêza.
- Seja incisivo e coerente, ou não.

10.7. TÉCNICA DE REDAÇÃO

Para se escrever um bom texto é preciso planejamento.

Seguem abaixo dez passos para a produção de um bom texto.

- 1.º passo:

Definir o tema e o posicionamento perante ele.

Algumas provas de redação nos apresentam os textos motivadores e o tema específico que se deve seguir. Outras provas dão-nos apenas o texto motivador. Nesse caso, para se chegar ao tema, devemos perceber a ideia central do texto. Depois disso, assumir um posicionamento diante dele. Não é possível escrever sobre algo sem tomar um partido, uma linha de raciocínio e sem definir um ponto de chegada. Isso tudo deve ser feito antes de começar a escrever, para que o texto não se torne vago.

- 2.º passo:

Relacionar, em forma de tópicos, todos os assuntos ligados ao tema.

É o que costumamos chamar de "brainstorming". Agora que já se tem o tema definido, devem-se anotar todas as ideias relacionadas ao tema, sem nenhuma preocupação, sem nenhuma censura, sem nenhum desenvolvimento, pois assim você estará ampliando seu contato com o tema. Faça isso em forma de tópicos, de forma breve, sem se estender no desenvolvimento da ideia, apenas para assegurar-se de que haja assunto para o seu texto.

■ 3.º passo:
Cortar alguns assuntos da relação preparada no passo anterior.

Agora é o momento da reflexão, da censura, do bom senso. Neste passo, você deve reler um a um os assuntos elencados e verificar se eles podem ou não fazer parte do seu texto. Seja criterioso, verifique se aquele item merece ser utilizado ou desprezado. Uma maneira de chegar a essa decisão é perguntar a você mesmo sobre cada item: Eu sei falar disso? Isso é relevante para o meu tema? Isso é de fácil desenvolvimento, ou despenderei muito tempo para tentar explanar tal assunto? Isso vai ao encontro do meu posicionamento? Isso pode contrariar o meu posicionamento? Isso, apesar de estar ligado ao tema, pode causar alguma divagação dentro do meu texto? Isso é importante, ou representa uma ideia secundária? Ao utilizar isso eu me mantenho dentro do tema, ou crio um viés para o texto? Ao responder a essas perguntas com consciência e segurança, você cortará muitos itens e deixará muitos outros; deixará justamente os mais relevantes para o seu texto.

■ 4.º passo:
Agrupar os assuntos que se relacionam em blocos de ideias.

Até aqui você fez uma coleta aleatória de ideias e definiu as que devem ou não fazer parte do seu texto. Chegou a hora de começar a ordená-las. O primeiro nível de organização é juntar as ideias que se correlacionam, pois se você escreve o seu texto as utilizando na sequência em que as relacionou corre o risco de repetir uma ou outra ideia em parágrafos diferentes; e isso não deve acontecer — cada parágrafo deve trazer um assunto, que não pode ser apresentado em outro. Aqui sua redação já começa a tomar forma. Releia os itens que você "deixou" na sua redação, algum deles se relaciona com outro? Um traz o mesmo teor ideológico de outro ou outros? Isso faz com que você organize os itens listados em blocos, e cada bloco então representa um parágrafo.

■ 5.º passo:
Organizar os blocos de assuntos numa sequência lógico-progressiva.

É preciso dar ao seu texto uma progressão, para isso você deve dar uma sequência lógica aos parágrafos do seu texto, ou seja, uma sequência lógica aos blocos resultantes do 4.º passo. Você deve trabalhar com as ideias de causa e consequência, anterioridade e posterioridade — veja o que vem antes e o que pode ser consequência. Fazendo isso, você não corre o risco de se perder na escrita do seu texto, pois ele se desenvolverá de maneira linear, o que é bom para qualquer redação. Nesse passo, você já tem pronto todo o desenvolvimento de sua redação, de forma sintética, mas pronto e organizado.

■ 6.º passo:
Criar o parágrafo de introdução.

No 1.º passo se pensou apenas no tema e no posicionamento, porém, ainda não se redigiu propriamente o parágrafo de introdução. O momento de fazer isso é agora, pois você já tem consciência de tudo que estará no seu texto, assim fica mais fácil criar a introdução. Lembre-se de que ela deve ser clara, concisa e objetiva, e deve apresentar o seu posicionamento. Não se perca em divagações, não tente provar nenhuma ideia nesse parágrafo, pois isso você faz no desenvolvimento.

■ 7.º passo:
Escrever os parágrafos de desenvolvimento.
Todas as ideias que você utilizará no seu texto já estão relacionadas, selecionadas, agrupadas e sequencializadas; resta agora transformar aqueles "blocos" do 5.º passo em frases, orações, períodos. A partir da ideia predefinida, acrescente verbos, adjetivos, advérbios, ou seja, dê materialidade à sua ideia, transforme-a em períodos — simples ou compostos.

■ 8.º passo:
Escrever a conclusão.
Seu texto já está pronto, falta apenas finalizá-lo. A melhor maneira de fazer isso é retornar ao tema e reafirmar seu posicionamento frente a ele. Para isso basta que se faça uma paráfrase do parágrafo de introdução. Você deve escrever as mesmas coisas da introdução, com outras palavras, sem mais nem menos. É assim que se faz uma boa conclusão.

■ 9.º passo:
Revisão.
Você preparou um rascunho e, durante o fluxo de ideias, não se preocupou muito com alguns aspectos formais do texto. Chegou a hora de verificar isso: faça uma revisão gramatical quanto a: ortografia, acentuação, pontuação, concordância, regência, crase, colocação pronominal. Verifique também a organização das frases, evitando assim ambiguidades. Observe se não há repetição de palavras e outros vícios como rimas, ecos, aliterações. Tudo isso se faz nesse momento de releitura do texto pronto.

■ 10.º passo:
Passar a limpo.
Seu texto está pronto, deve ser passado para a folha a ser entregue ao examinador. Lembre-se de que a estética é um fator importante: faça a marcação adequada dos parágrafos, respeite as margens esquerda e direita (justificadas), utilize letra legível e evite rasuras.

Vejamos isso tudo na prática. Vamos produzir uma redação como as solicitadas por várias bancas examinadoras.
Proposta de Redação
Escreva um texto dissertativo sobre a ideia apresentada no texto abaixo.

A identidade da mulher e do homem na sociedade atual[9]
Maria Anunciação Souza (com adaptações)

Por muitos e muitos anos, homens e mulheres tinham papéis muito bem definidos, e que eram encarados quase que como destinos inevitáveis. Era o homem quem decidia

---

[9] SOUZA, Maria Anunciação. Disponível em: <http://www.webartigos.com/articles/29575/A-Identidade-da-Mulher-e-do-Homem-na-Sociedade-Atual-/pagina1.html#ixzz1PBHTvD6k>. Publicado em: 7 dez. 2009. Acesso em: 13 jul. 2011.

com quem iria se casar, quantos filhos teria, onde a família iria morar e tantas outras decisões estabelecidas ao homem, pelas tradições culturais da sociedade. Ele era o "cabeça" do casal, o "chefe" da família, o "mantenedor" das necessidades dos filhos e da mulher, tendo sob sua responsabilidade a manutenção de um abrigo, dando proteção e alimento.

Tudo era decidido pelo homem e para o homem. E assim, o homem era ensinado, desde a tenra idade, a ser forte, autoconfiante, dedicado ao trabalho, ensinado a viver uma relação de dominador no ambiente (com a submissão da mulher), a ter sob domínio rígido os seus sentimentos pessoais, a "possuir" a mulher como objeto exclusivo, somente ele ter prazer nas relações sexuais, ou até ter outras mulheres. No trabalho e na sociedade, o homem era valorizado pelo sucesso que obtinha, pelo poder sobre as pessoas e coisas, em especial pela quantidade que obtinha de dinheiro e bens materiais, pela competição que fazia com outros. E com essa escala de valores incutida nele, o homem acreditava que seu valor pessoal se media pelo sucesso profissional, pelo dinheiro e pelo seu desempenho sexual.

A mulher nem sempre desempenhou as mesmas funções do homem na sociedade. O máximo que se permitia à mulher era ser professora ou somente exercer o papel de dona de casa, mãe e esposa. Dessa forma, ela vivia em função do homem, por isso era pouco valorizada. Era inferiorizada, não tinha voz na família e nem na sociedade e, por séculos, foi impedida de ter uma profissão, de votar e ser votada, de escolher o marido etc.

Se em outras épocas, ela ficava circunscrita às paredes de sua casa, hoje a mulher "abandonou" o lar e foi para o mercado de trabalho objetivando compor a renda familiar.

Quando se criou a necessidade de a mulher enfrentar o mercado de trabalho, ela aos poucos conquistou seu espaço. Hoje a mulher exerce várias funções. Além de dona de casa, mãe e esposa, ela tem sua profissão. Assim sendo, atualmente a mulher exerce todas as funções que antes eram executadas pelo homem, conquistando seu espaço. Está à frente das grandes pesquisas tecnológicas e científicas mundiais mostrando sua capacidade.

Sabe-se que a mulher exerce dupla função. Se ela é capaz de exercer tudo que o homem executava, cabe ao homem deixar de lado o preconceito e ajudá-la nas tarefas diárias.

A realidade atual está colocando desafios para muitos homens que ainda não estão conscientes dos novos papéis que a sociedade moderna está a lhes atribuir, para que modifiquem sua atuação como homem: um homem que, com a mulher (em qualquer situação, seja de casal, profissional ou social), estabeleça uma relação de igualdade e de respeito e não mais como agia antes — com atitudes de poder, de mando e de dominação.

Os desafios estão aí na sociedade atual, para a mudança dos papéis do homem e da mulher. Mas, é necessário que ambos acordem para essa necessidade de quebra de paradigmas, que experimentem novas formas de comportamento.

Lembre-se de que aquilo que faremos a seguir é um exemplo de utilização da técnica. Portanto, as conclusões a que chegarmos serão *possibilidades* apenas; cada pessoa pode ter uma opinião diferente a respeito do mesmo fato.

■ 1.º passo:
Definir o tema e o posicionamento frente a ele.
As imagens/figuras que aparecem no nosso texto motivador são:

— homem
— mulher
— papel social masculino
— papel social feminino
— transformações sociais
— desafios da sociedade atual
— adaptação da mulher à nova realidade
— adaptação do homem à nova realidade
— convivência harmoniosa

A partir dessas imagens/figuras podemos fazer abstrações: o homem deixa de ser o todo-poderoso; a mulher passa a ter voz na sociedade; é necessário que ambos se adaptem a essa nova constituição social.

Chegamos ao tema: *As transformações nos papéis sociais feminino e masculino.*

Agora, devemos estabelecer um posicionamento: se o texto de Maria Anunciação Souza fala de *mudanças e afirma que devemos nos adaptar a elas para que a vida seja harmoniosa*, o melhor a fazer é seguir essa direção argumentativa — para evitar polêmica.[10] Então vamos falar das "transformações nos papéis sociais feminino e masculino" de forma positiva, reafirmando a necessidade de adaptação e convivência harmônica entre os sexos.

■ 2.º passo:
Relacionar, em forma de tópicos, todos os assuntos ligados ao tema.
Tudo que vier à memória será anotado. Vamos lá:

— mulher no mercado de trabalho
— aumento no número de divórcios
— dupla jornada da mulher
— educação dos filhos
— homem em profissões femininas
— machismo
— feminismo
— mulher em profissões masculinas
— mulher na política
— mulher ajudando na renda familiar
— mulher na universidade
— homem metrossexual
— novas formas de constituição das famílias

---

[10] Você pode assumir qualquer posicionamento, até mesmo contrariando o argumento do texto motivador, mas é muito mais fácil seguir o direcionamento dado por ele.

— mulher provedora do lar
— diferenças salariais entre homem e mulher
— assédio sexual
— a mulher com direito ao voto
— sociedade capitalista
— divisão de tarefas domésticas
— eletrodomésticos que facilitam a vida em casa
— Lei Maria da Penha
— homem submisso
— direitos adquiridos pela mulher

Cremos ter feito uma boa lista, por isso vamos ao próximo passo.

■ 3.º passo:
Cortar alguns assuntos da relação preparada no passo anterior.
Agora sejamos criteriosos para eliminar aqueles itens sobre os quais não queremos/podemos falar.

— mulher no mercado de trabalho
— ~~aumento no número de divórcios~~
— dupla jornada da mulher
— educação dos filhos
— homem em profissões femininas
— ~~machismo~~
— ~~feminismo~~
— mulher em profissões masculinas
— ~~mulher na política~~
— mulher ajudando na renda familiar
— mulher na universidade
— ~~homem metrossexual~~
— ~~novas formas de constituição das famílias~~
— mulher provedora do lar
— diferenças salariais entre homem e mulher
— ~~assédio sexual~~
— ~~a mulher com direito ao voto~~
— ~~sociedade capitalista~~
— divisão de tarefas domésticas
— ~~eletrodomésticos que facilitam a vida em casa~~
— ~~Lei Maria da Penha~~
— ~~homem submisso~~
— direitos adquiridos pela mulher

■ 4.º passo:
Agrupar os assuntos que se relacionam em blocos de ideias.
Vejamos os itens que restaram, e o que se junta a que:

— mulher no mercado de trabalho
— dupla jornada da mulher
— educação dos filhos
— homem em profissões femininas
— mulher em profissões masculinas
— mulher ajudando na renda familiar
— mulher na universidade
— mulher provedora do lar
— diferenças salariais entre homem e mulher
— divisão de tarefas domésticas
— direitos adquiridos pela mulher

Relendo os itens acima, percebamos alguns núcleos informativos. Um núcleo evidente é o núcleo "casa", pois temos: "educação dos filhos", "divisão de tarefas" etc. Outro núcleo é o do "trabalho": "mulher no mercado de trabalho" etc. Outro núcleo e o dos "direitos", pois temos "direitos adquiridos pelas mulheres".

Façamos, então, o seguinte agrupamento:

— dupla jornada da mulher / educação dos filhos / divisão de tarefas domésticas / mulher provedora do lar
— homem em profissões femininas / mulher em profissões masculinas / mulher no mercado de trabalho / mulher ajudando na renda familiar / diferenças salariais entre homem e mulher
— mulher na universidade / direitos adquiridos pela mulher

Não se esqueça de que isso é um exemplo, outras possibilidades existem.

■ 5.º passo:
Organizar os blocos de assuntos numa sequência lógico-progressiva.
Vejamos o que é causa e o que é consequência.

a) A mulher primeiro divide as tarefas domésticas com o homem, depois vai para o mercado de trabalho, depois conquista os seus direitos?

b) A mulher primeiro conquista os seus direitos, depois divide as tarefas domésticas com o homem, depois vai para o mercado de trabalho?

c) A mulher primeiro vai para o mercado de trabalho, depois conquista os seus direitos, depois divide as tarefas domésticas com o homem?

Vamos optar por:

— Primeiro a mulher vai para o mercado de trabalho.
— Em seguida começa a dividir as tarefas domésticas com os homens.
— E por fim conquista seus plenos direitos.

Então nossa organização será:

— homem em profissões femininas / mulher em profissões masculinas / mulher no mercado de trabalho / mulher ajudando na renda familiar / diferenças salariais entre homem e mulher

— dupla jornada da mulher / educação dos filhos / divisão de tarefas domésticas / mulher provedora do lar
— mulher na universidade / direitos adquiridos pela mulher

Agora é necessário organizar os blocos internamente:

— a) mulher no mercado de trabalho / b) mulher ajudando na renda familiar / mulher em profissões masculinas / c) homem em profissões femininas / d) diferenças salariais entre homem e mulher
— a) dupla jornada da mulher / b) divisão de tarefas domésticas / c) educação dos filhos / d) mulher provedora do lar
— a) mulher na universidade / b) direitos adquiridos pela mulher

■ 6.º passo:
Criar o parágrafo de introdução.

A sociedade passa por transformação que se reflete no comportamento do homem e da mulher. É necessário que ambos se adaptem à nova organização social para garantir uma convivência harmoniosa.

■ 7.º passo:
Escrever os parágrafos de desenvolvimento.

Houve um tempo em que o homem trabalhava na rua e a mulher cuidava da casa. Hoje isso está mudando. A mulher, cada vez mais, se posiciona no mercado de trabalho, ou para alcançar a sua independência financeira ou para ajudar na renda familiar, pois nem sempre é possível satisfazer as novas necessidades da vida moderna com o salário de apenas uma pessoa em casa — no caso, o marido. Vemos muitas mulheres assumindo profissões antes dominadas exclusivamente por homens — Maria Anunciação Souza, em artigo publicado no *site* webartigos.com, afirma: "Se em outras épocas, ela ficava circunscrita às paredes de sua casa, hoje a mulher 'abandonou' o lar e foi para o mercado de trabalho objetivando compor a renda familiar". Há também homens desempenhando funções que antes eram exclusivas das mulheres. Apesar dessa boa relação no mercado de trabalho, a mulher ainda sofre discriminação salarial. Algumas mulheres desempenhando a mesma função que um homem chegam a receber salário até 30% menor. Isso tende a mudar, pois estamos caminhando para a igualdade.

Como a mulher sempre foi a "dona de casa", ela ainda sofre — muitas vezes — com a dupla jornada, pois além de dar expediente no trabalho ainda tem os afazeres domésticos. Muitos homens conscientes hoje já dividem com as mulheres as tarefas domésticas, criando assim uma relação mais justa. Atualmente, não só a mulher cuida dos filhos como também o homem — no passado a mulher cuidava da educação e o homem da provisão financeira —; algumas mulheres até assumem sozinhas a provisão do lar, conquistando, assim, independência financeira.

Com essa luta diária e essa vontade de assumir um lugar diferente na sociedade, as mulheres se empenharam em aumentar seu grau de instrução. Hoje, no Brasil, o número de universitárias é maior que o de universitários, de acordo com dados do Censo do IBGE de 2010. Isso mostra que elas têm lutado por direitos e conquistado muitos deles.

Exemplo disso é a criação da Lei Maria da Penha. A Constituição Federal de 1988 garante isso: direitos iguais entre os sexos.

■ 8.º passo:
Escrever a conclusão.

Para que vivam em harmonia, é preciso que homem e mulher aceitem as mudanças do mundo moderno e comportem-se de acordo com essa nova realidade.

■ 9.º passo:
Revisão.

■ 10.º passo:
Passar a limpo.
Eis a redação pronta, ou melhor, uma possível redação pronta.

A sociedade passa por transformação que se reflete no comportamento do homem e da mulher. É necessário que ambos se adaptem à nova organização social para garantir uma convivência harmoniosa.

Houve um tempo em que o homem trabalhava na rua e a mulher cuidava da casa. Hoje isso está mudando. A mulher, cada vez mais, se posiciona no mercado de trabalho, ou para alcançar a sua independência financeira ou para ajudar na renda familiar, pois nem sempre é possível satisfazer as novas necessidades da vida moderna com o salário de apenas uma pessoa em casa — no caso, o do marido. Vemos muitas mulheres assumindo profissões antes dominadas exclusivamente por homens — Maria Anunciação Souza, em artigo publicado no *site* webartigos.com, afirma: "Se em outras épocas, ela ficava circunscrita às paredes de sua casa, hoje a mulher 'abandonou' o lar e foi para o mercado de trabalho objetivando compor a renda familiar". Há também homens desempenhando funções que antes eram exclusivas das mulheres. Apesar dessa boa relação no mercado de trabalho, a mulher ainda sofre discriminação salarial. Algumas mulheres desempenhando a mesma função que um homem chegam a receber salário até 30% menor. Isso tende a mudar, pois estamos caminhando para a igualdade.

Como a mulher sempre foi a "dona de casa", ela ainda sofre — muitas vezes — com a dupla jornada, pois além de dar expediente no trabalho ainda tem os afazeres domésticos. Muitos homens conscientes hoje já dividem com as mulheres as tarefas domésticas, criando assim uma relação mais justa. Atualmente, não só a mulher cuida dos filhos como também o homem — no passado a mulher cuidava da educação e o homem da provisão financeira —; algumas mulheres até assumem sozinhas a provisão do lar, conquistando, assim, independência financeira.

Com essa luta diária e essa vontade de assumir um lugar diferente na sociedade, as mulheres se empenharam em aumentar seu grau de instrução. Hoje, no Brasil, o número de universitárias é maior que o de universitários, de acordo com dados do Censo do IBGE de 2010. Isso mostra que elas têm lutado por direitos e conquistado muitos deles. Exemplo disso é a criação da Lei Maria da Penha. A Constituição Federal de 1988 garante isso: direitos iguais entre os sexos.

Para que vivam em harmonia, é preciso que homem e mulher aceitem as mudanças do mundo moderno e comportem-se de acordo com essa nova realidade.

10.8. TEMAS DE ATUALIDADES

A maioria das provas de redação exige do candidato conhecimento de atualidades, para que possa desenvolver o seu texto. Para isso, é preciso estar inteirado constantemente sobre economia, política, cultura, entre outros assuntos.

Quando se fala em atualidades, pensa-se nos últimos seis meses que antecedem a data da prova, e a maneira mais eficiente de se chegar a isso é a leitura de jornais e revistas, mas também temos como meios disponíveis a televisão, o rádio, a internet e até mesmo a conversa com amigos.

Mantenha-se informado das coisas do mundo e você fará uma boa prova.

Vejamos algumas provas, para termos uma ideia da diversidade de assuntos cobrados em provas discursivas.

■ **FCC — Administrador — fev./2010**
1. Atente para o seguinte texto:

Afirmam alguns, com frequência, que os efeitos das secas prolongadas constituem um flagelo da natureza; mas outros afirmam que esses efeitos ocorrem em razão de omissões humanas. A lógica manda concluir que se o homem é capaz de alterar tragicamente o clima da Terra, tornando-a inabitável, será também capaz de fazer o contrário, influindo nele em benefício da vida. O fato é que já não há mais tempo para hesitação: precisamos decidir agora se confiamos o futuro da humanidade a um destino supostamente natural ou se iniciamos a construção histórica desse futuro.

2. Escreva uma dissertação expondo, de modo claro e coerente, seu ponto de vista a respeito das ideias contidas no texto.
3. Sua dissertação deverá ter no mínimo 20 e no máximo 30 linhas.

■ **FCC — TRF 1.ª R. — Analista Judiciário — Administrativo — mar./2011**
Atenção: Deverão ser rigorosamente observados os limites mínimo de 20 (vinte) linhas e máximo de 30 (trinta) linhas, sob pena de perda de pontos a serem atribuídos à Redação.

Para os destinos de uma sociedade, é indiferente conceber a máquina como um engenho a serviço do homem, ou o homem como um apêndice da máquina?

Redija uma dissertação em que você, apresentando argumentos claros e consistentes, defenda seu ponto de vista sobre a questão acima proposta.

■ **FCC — TRT 4.ª R. — Técnico Judiciário — fev./2011**
Atenção: Deverão ser rigorosamente observados os limites mínimo de 20 (vinte) linhas e máximo de 30 (trinta) linhas, sob pena de perda de pontos a serem atribuídos à Redação.

Considere a situação abaixo descrita:

Alguns funcionários de uma empresa combinam almoçar juntos. Sentam-se à mesa do restaurante, fazem seus pedidos e cada um tira seu celular do bolso ou da bolsa. Conversando ao celular, fazem sua rápida refeição, pagam estendendo o cartão ao garçom e lado a lado, ainda ao celular, retornam à empresa.

Essa situação pode ser vista, ou não, como emblemática da vida contemporânea.
Redija um texto dissertativo acerca dessa questão.

■ **FCC — TRT 4.ª R. — Analista Judiciário — fev./2011**
Atenção: Deverão ser rigorosamente observados os limites mínimo de 20 (vinte) linhas e máximo de 30 (trinta) linhas, sob pena de perda de pontos a serem atribuídos à Redação.

Cientistas sociais dos EUA chegaram a algumas conclusões sobre como as pessoas reagem em situações de catástrofes e emergências naquele país. A primeira delas é que, ao contrário do que sugere o senso comum, vítimas costumam reagir com racionalidade aos acontecimentos. Pânico contagiante, fuga em massa, saques, ainda que possam ocorrer de forma esporádica, constituem o que autores como Enrico Quarantelli e Henry Fisher chamam de "mitologia do desastre". Emergências, dizem, tendem a despertar o altruísmo das pessoas, não o lobo que existe dentro de cada um de nós.
(Adaptado de Hélio Schwartsman. *Folha de S.Paulo.*
Opinião. Sábado, 15 de janeiro de 2011, p. 2)

Redija uma dissertação acerca do papel da mídia na criação e perpetuação de mitos. Utilize argumentos que revelem coerência e espírito crítico no tratamento do tema.

■ **FCC — TRE/SE — Analista Judiciário — Área Judiciária — nov./2008**
1. Leia com atenção os dois textos seguintes:

Texto I
O aquecimento global — essa terrível ameaça que, segundo alguns, paira sobre o nosso planeta — é contestado por grupos de cientistas, que acham que o problema não é assim tão devastador. Esses grupos aconselham que se gaste dinheiro em investimentos que visem à eliminação da fome e à cura da Aids.
(Adaptado de Fernando Gabeira. *Folha de S.Paulo,* 24.02.2007)

Texto II
Seja qual for a extensão dos males que nossa civilização já causou ao planeta, o certo é que precisamos repensar o próprio conceito de civilização. As evidências do aquecimento global já fazem se sentir. Não seria a primeira (mas talvez venha a ser a mais grave) das catástrofes geradas pelo ser humano.

(Valdomiro Tosti, inédito)

2. Escreva uma dissertação, na qual você deverá expor seu ponto de vista acerca do tema comum a esses dois textos.
3. Sua dissertação deverá ter no mínimo 20 e no máximo 30 linhas, considerando-se letra de tamanho regular.

■ **FCC — TCEAM — Assistente de Controle Externo — maio/2008**
As manifestações culturais — com suas diversidades em cada uma das regiões brasileiras — podem constituir-se em instrumento de transformação social.
Redija um texto dissertativo em que seja discutida a afirmação acima. Defenda sua opinião com argumentos pertinentes.
A redação deverá ter a extensão mínima de 20 linhas e a máxima de 30.

■ **FCC — TRT 15.ª R. — Analista Judiciário — Área Judiciária**
Atenção: A redação deverá ter a extensão mínima de 20 linhas e a máxima de 30 linhas.

O direito à informação é um dos sustentáculos do mundo democrático. Sem esse direito, ou usufruindo-o de modo apenas relativo, não temos como compreender e julgar situações, pessoas e decisões que, de algum modo, têm influência em nossa vida. Não se entende, portanto, que haja quem defenda restrições à liberdade de imprensa. A liberdade dos meios de comunicação não lhes pertence: é a liberdade de todos nós.

Com base no que diz o texto acima, redija uma dissertação na qual se discuta, de modo claro e coerente, com argumentos, a afirmação seguinte: "Os órgãos de imprensa apenas espelham a realidade".

■ **NCE — Agência Nacional de Transportes Terrestres**
É bastante comum a discussão sobre a existência de pedágio nas estradas; o governo apresenta suas razões, as empresas privadas responsáveis defendem a cobrança e o usuário reclama contra ela. Afinal, quem tem razão?

Apresente você sua visão do fato, levando em conta os vários argumentos envolvidos, num texto argumentativo de aproximadamente **20 linhas**. Tenha cuidado com a clareza, a seleção qualitativa de seus argumentos, a estruturação global do texto e a correção de linguagem.

■ **Cespe-UnB — ANS/MS — Especialista em Regulação de Saúde Suplementar — Especialidade: Direito**
Nesta prova — que vale dez pontos —, faça o que se pede, usando o espaço indicado no presente caderno para rascunho. Em seguida, transcreva o texto para a folha de TEXTO DEFINITIVO da prova discursiva, no local apropriado, pois *não serão avaliados fragmentos de texto escritos em locais indevidos.*

Qualquer fragmento de texto além da extensão máxima de **30 linhas** será desconsiderado.

Na folha de *texto definitivo*, identifique-se apenas na capa, pois não *será avaliado* texto que tenha qualquer assinatura ou marca identificadora fora do local apropriado.

IstoÉ — Por que é tão difícil cuidar da saúde?
Drauzio Varella — Somos ótimos planejadores a curto prazo. Mas e pensar como estará o corpo daqui a cinco anos? Nós não sabemos fazer isso porque não foi essencial para a nossa sobrevivência. A humanidade tem cinco milhões de anos. O que adiantava pensar dali a cinco anos? O cara tinha de pensar no almoço dele. As preocupações eram imediatas.

IstoÉ, 02.03.2005 (com adaptações)

Crianças indígenas estão morrendo menos. Segundo a Fundação Nacional da Saúde (FUNASA), em 1999, de cada mil crianças nascidas, 112 morriam antes de completar um ano. Hoje, a média nacional é de 46 óbitos para cada mil nascimentos. Investimentos em unidades de saúde, em saneamento básico e em ações como a distribuição de medicamentos nas aldeias estão ajudando a reduzir esse índice.

IstoÉ, 02.03.2005 (com adaptações)

O virologista francês Luc Montaignier é um homem gentil, do tipo conciliador. Na carreira, porém, pula de polêmica em polêmica. Recentemente, voltou à arena: publicou um artigo no jornal *Le Monde* em que afirma estar convencido, apesar da falta de evidências definitivas, de que a poluição, os alimentos industrializados e os produtos químicos são, sim, prováveis causadores de doenças crônicas como o câncer.

Veja, 23.02.2005 (com adaptações)

Saiu nos jornais: finalmente a Justiça brasileira concedeu a um rapaz o direito de receber uma indenização do Estado de São Paulo por ter sido equivocadamente submetido a um tratamento de choque em um hospital psiquiátrico, tendo ficado com graves sequelas.

André Petry. O país do desamparo. *Veja,* 16.02.2005 (com adaptações)

O programa de imunização brasileiro é considerado um dos melhores do mundo. Com um investimento modesto em relação ao benefício apresentado, o país erradicou a poliomielite e a varíola e diminuiu drasticamente os casos de difteria e rubéola. Além das 11 vacinas encontradas na rede pública, existem outras que, por motivos econômicos, são distribuídas gratuitamente apenas a pacientes com necessidades especiais. Doenças como catapora, meningite ou pneumonia, por exemplo, podem ser evitadas com imunizações encontradas em clínicas particulares.

Época, 28.03.2005 (com adaptações)

Considerando que os textos acima têm caráter unicamente motivador, redija um texto dissertativo-argumentativo desenvolvendo o seguinte tema: "Saúde: uma questão individual e (ou) coletiva".

■ **Cespe-UnB — DPF/DGP — Concurso Público Nacional — Escrivão de Polícia Federal**

Nesta prova — que vale cinco pontos —, faça o que se pede, usando o espaço indicado no presente caderno para rascunho. Em seguida, transcreva o texto para a folha de TEXTO DEFINITIVO da prova discursiva, no local apropriado, pois **não serão avaliados fragmentos de texto escritos em locais indevidos**.

Qualquer fragmento de texto além da extensão máxima de **30 linhas** será desconsiderado.

Atenção! Na folha de **texto definitivo**, identifique-se apenas na capa, pois **não será avaliado** texto que tenha qualquer assinatura ou marca identificadora fora do local apropriado.

Este momento que atravessamos, marcado por antagonismos étnicos, econômicos e socioculturais, transforma-se em um desafio para todos os cidadãos que desejam uma sociedade mais justa e igual. Fazem-se necessárias, mais do que nunca, discussões e reflexões em busca de saídas para as grandes questões sociais humanas.

A construção da paz. Ano 10, n. 14, jan./jun. 2001, <http://www.uneb.br/educacao/resumorevista> (com adaptações)

100 questões
Excelente a última reportagem especial ("100 questões para entender o mundo", 23 de junho). Ficou muito bem registrado que os desafios superados pela comunidade mun-

dial nas últimas décadas ensinam que é, sim, possível vencermos o drama da desigualdade, promover a tolerância e associar prosperidade com justiça, desde que todas as nações se reconheçam como partícipes soberanos e legítimos dessa nova conjuntura.

Hugo Lins Coelho, Recife: *Veja,* Cartas, 30.06.2004 (com adaptações)

Pesquisa ouviu 3.500 jovens de 15 a 24 anos de idade em todos os estados brasileiros. Leia abaixo alguns dos aspectos que compõem o retrato da juventude do país.

Qual o problema que mais o preocupa atualmente?

Violência/criminalidade — 27%
Desemprego/futuro profissional — 26%
Drogas — 8%
Educação — 6%
Família — 6%
Saúde — 6%
Crise financeira — 5%

Pensando em uma sociedade ideal, qual desses valores seria o mais importante?

Temor a Deus — 17%
Respeito ao meio ambiente — 12%
Igualdade de oportunidades — 12%
Religiosidade — 10%
Respeito a diferenças — 8%
Solidariedade — 8%
Justiça social — 7%

IstoÉ, 05.05.2004 (com adaptações)

Considerando que a humanidade dos humanos reside no fato de serem racionais, dotados de vontade livre, de capacidade para a comunicação e para a vida em sociedade, de capacidade para interagir com a natureza e com o tempo, nossa cultura e sociedade nos definem como sujeitos do conhecimento e da ação, localizando a violência em tudo que reduz um sujeito à condição de objeto.

Do ponto de vista ético, somos pessoas e não podemos ser tratados como coisa. A ética é normativa exatamente por isso: visa impor limites e controles ao risco permanente da violência.

Marilena Chauí. *Convite à filosofia.* São Paulo: Ática, 1995, p. 337 (com adaptações)

Considerando que as ideias apresentadas nos fragmentos de textos acima têm caráter unicamente motivador, redija um texto dissertativo, posicionando-se acerca do tema seguinte e utilizando, necessariamente, o recurso da exemplificação.

"A sociedade não é o retrato apenas de seus governantes, é o retrato de seus cidadãos, em destaque, de suas elites. É o nosso retrato, do Brasil todo, de todos nós."

Sérgio Abranches

■ **Cespe-UnB — DPF/DGP — Concurso Público Nacional — Delegado de Polícia Federal**

Atenção! Na folha de **texto definitivo**, identifique-se apenas na capa, pois não **será avaliado** texto que tenha qualquer assinatura ou marca identificadora fora do local.

Texto I
A onda de violência que vivemos hoje deve-se a incontáveis motivos. Um deles parece-me especialmente virulento: o desinvestimento cultural na ideia do "próximo".

Substituímos a prática de reflexão ética pelo treinamento nos cálculos econômicos; brindamos alegremente o "enterro" das utopias socialistas; reduzimos virtude e excelência pessoais a sucesso midiático; transformamos nossas universidades em máquinas de produção padronizada de diplomas e teses; multiplicamos nossos "pátios dos milagres", esgotos a céu aberto, analfabetos, delinquentes e, por fim, aderimos à lei do mercado com a volúpia de quem aperta a corda do próprio pescoço, na pressa de encurtar o inelutável fim.

Voltamos as costas ao mundo e construímos barricadas em torno do idealizado valor de nossa intimidade. Fizemos de nossas vidas claustros sem virtudes; encolhemos nossos sonhos para que coubessem em nossas ínfimas singularidades interiores; vasculhamos nossos corpos, sexos e sentimentos com a obsessão de quem vive um transe narcísico e, enfim, aqui estamos nós, prisioneiros de cartões de crédito, carreiras de cocaína e da dolorosa consciência de que nenhuma fantasia sexual ou romântica pode saciar a voracidade com que desejamos ser felizes. Sozinhos em nossa descrença, suplicamos proteção a economistas, policiais, especuladores e investidores estrangeiros, como se algum deles pudesse restituir a esperança no "próximo" que a lógica da mercadoria devorou.

Jurandir Freire Costa. *Folha de S.Paulo*, 22.09.1996 (com adaptações)

Texto II
Inesgotável, o repertório do tráfico para roubar-nos a dignidade revive as granadas. Três delas ganharam a rua no curto intervalo de cinco dias, atiradas com a naturalidade de estalinho junino. Não explodiram por sorte, inabilidade ou velhice. Mas detonaram em nossas barbas o deboche repetido com a métrica cotidiana da violência: é guerra. Uma de suas raízes alimenta-se da disseminação de armas de fogo entre os traficantes, ferida aberta à sombra de varizes socioeconômicas, cuja cicatrização agoniza no mofo de desencontros e desinteresses políticos. Como o natimorto dueto entre os governos estadual e federal para reaver armamento militar em favelas do Rio: muita encenação, nenhuma palha movida.

Doutor em combate, não precisa sê-lo para ver: urge desarmar o adversário. (Um adversário aparelhado até os dentes, cujo desplante avança como formiga no açúcar.) Caminho que exige a orquestração entre força e inteligência, prevenção e ataque — regidos pela convergência de esforços políticos, indispensável para se vencer uma guerra.

Editorial. *Jornal do Brasil*, 16.09.2004 (com adaptações)

Redija um texto dissertativo a respeito da violência, estabelecendo relações entre as ideias expressas nos textos I e II acima.

■ **Cespe-UnB — DPF/DGP — Concurso Público Regional — Agente de Polícia Federal**

Nesta prova — que vale cinco pontos —, faça o que se pede, usando o espaço indicado no presente caderno para rascunho. Em seguida, transcreva o texto para a folha de

TEXTO DEFINITIVO da prova discursiva, no local apropriado, pois **não serão avaliados fragmentos de texto escritos em locais indevidos**.

Qualquer fragmento de texto além da extensão máxima de **trinta** linhas será desconsiderado.

Atenção! Na folha de **texto definitivo**, identifique-se apenas na capa, pois não **será avaliado** texto que tenha qualquer assinatura ou marca identificadora fora do local apropriado.

> Inúmeras são as dificuldades e os desafios que caracterizam o exercício pleno e satisfatório das importantes atribuições da Polícia Federal, tendo em vista a dimensão continental do território brasileiro, as especificidades e diversidades regionais, bem como as disponibilidades de efetivo humano e infraestrutura.
>
> A atuação do Departamento de Polícia Federal (DPF) requer plena sintonia entre seus setores internos, principalmente no que diz respeito à agilidade de informações e à comunicação instantânea, de modo que não se prejudique o chamado princípio da oportunidade, especialmente na repressão a modalidades diversas do crime organizado e em situações emergenciais.
>
> Pode-se afirmar que, nos pontos de entrada e saída de bens e de pessoas no Brasil, são exercidas as atribuições constitucionais do DPF, no que se refere a infrações penais em detrimento de bens, serviços e interesses da União, infrações com repercussão interestadual ou internacional, tráfico ilícito de entorpecentes e drogas afins, contrabando e descaminho de órgãos humanos ou bens artísticos de valor histórico, entre outras situações que podem significar perigo para a população brasileira.
>
> Disponível em: <http://www1.jus.com.br/doutrina/texto>.
> Acesso em: ago. 2004 (com adaptações)

Considerando que as ideias do texto acima têm caráter unicamente motivador, redija um texto dissertativo (máximo 25 linhas), posicionando-se acerca do seguinte tema: "A importância da atuação da polícia federal brasileira na preservação do direito à vida".

■ **Cespe-UnB — DPF/DGP — Concurso Público Regional — Escrivão de Polícia Federal**

Nesta prova — que vale cinco pontos —, faça o que se pede, usando o espaço indicado no presente caderno para rascunho. Em seguida, transcreva o texto para a folha de TEXTO DEFINITIVO da prova discursiva, no local apropriado, pois **não serão avaliados fragmentos de texto escritos em locais indevidos**.

Qualquer fragmento de texto além da extensão máxima de **trinta** linhas será desconsiderado.

Atenção! Na folha de **texto definitivo**, identifique-se apenas na capa, pois não **será avaliado** texto que tenha qualquer assinatura ou marca identificadora fora do local apropriado.

> Depois de cuidadoso tratamento estatístico, os autores de uma pesquisa em Nova Iorque verificaram que, independentemente dos fatores de risco (a renda familiar, a possível existência de desinteresse paterno pela sorte dos filhos, os níveis de violência na comunidade em que viviam, a escolaridade dos pais e a presença de transtornos psiquiátricos nas crianças), o número de horas que um adolescente com idade média de 14

anos fica diante da televisão, por si só, está significativamente associado à prática de assaltos e à participação em brigas com vítimas e em crimes de morte mais tarde, quando atinge a faixa etária dos 16 aos 22 anos.

Internet: <http://www.drauziovarella.com.br> (com adaptações)

Na revista *Science*, Craig Anderson, da Universidade de Iowa, responsabiliza a imprensa por apresentar até hoje como controverso um debate que deveria ter sido encerrado anos atrás. Segundo o especialista, esse comportamento é comparável ao mantido por décadas diante da discussão sobre as relações entre o cigarro e o câncer de pulmão, quando a comunidade científica estava cansada de saber e de alertar a população para isso. Seis das mais respeitadas associações médicas norte-americanas (entre as quais as de pediatria, psiquiatria, psicologia e a influente American Medical Association) publicaram, em 2001, um relatório com a seguinte conclusão sobre o assunto: "Os dados apontam de forma impressionante para uma conexão causal entre a violência na mídia e o comportamento agressivo de certas crianças".

Idem. Ibidem.

Os valores transmitidos pelo sistema educacional seriam, na visão de Pinheiro Guimarães, os "da produção material e da maximização do consumo individual do ser humano como unidade de trabalho e não como cidadão político-solidário, digno de uma vida espiritual superior". Ele vê essa "vida espiritual superior" prejudicada pelos "programas degradantes e idiotizantes de televisão", atividade que consome, segundo sua conta, mais de 80% do tempo livre do cidadão comum. "Esse tempo foi capturado pela televisão, que os estados e os governos têm tratado como uma atividade econômica normal e não como um veículo com influência extraordinária sobre a sociedade e seu imaginário".

Merval Pereira. O imaginário social. In: *O Globo*, 07.08.2004 (com adaptações)

Considerando que as ideias apresentadas nos textos acima têm caráter unicamente motivador, redija um texto dissertativo, posicionando-se acerca do tema seguinte: "A influência da televisão no imaginário social".

■ **Cespe-UnB — DPF/DGP — Concurso Público Regional — Delegado de Polícia Federal**

Nesta prova — que vale cinco pontos —, faça o que se pede, usando o espaço indicado no presente caderno para rascunho. Em seguida, transcreva o texto para a folha de TEXTO DEFINITIVO da prova discursiva, no local apropriado, pois **não serão avaliados fragmentos de texto escritos em locais indevidos**.

Qualquer fragmento de texto além da extensão máxima de **trinta** linhas será desconsiderado.

Atenção! Na folha de **texto definitivo**, identifique-se apenas na capa, pois não **será avaliado** texto que tenha qualquer assinatura ou marca identificadora fora do local apropriado.

As portas foram abertas e as invasões, os roubos e as agressões diminuíram. Pelo menos em educação, essa afirmação não soa contraditória. Números do governo do estado de São Paulo mostram que um programa que permite a utilização das escolas aos fins de semana pela comunidade fez cair os índices de violência.

As mais significativas reduções foram registradas nos meses de janeiro e fevereiro, período das férias escolares. Este ano, mesmo nessa época, havia atividades nos fins de semana em escolas estaduais. A diminuição nos casos de violência foi de 56% e de 33%, em cada mês. "Uma escola com pouco diálogo com a comunidade vira um símbolo de dominação. As depredações e invasões muitas vezes são motivadas por essa rejeição", diz a educadora da Universidade de São Paulo, Sílvia Colello.

Internet: <http://www.jcsol.com.br> (com adaptações)

Os aterradores números da violência no Rio entre 1983 e 1994, em pesquisa do ISER, são apontados como sendo resultantes de diversos fatores, tais como as perdas econômicas da década de 80, o agravamento das diferenças sociais no ambiente urbano (com a expansão das favelas), a crise dos serviços públicos e o início do aumento da população jovem que forma, justamente, o grupo mais exposto aos riscos da violência.

No entanto, houve uma queda de 35% nos últimos 6 anos. A partir da segunda metade dos anos noventa, a taxa de homicídios por 100.000 habitantes declina ininterruptamente.

A pesquisa aponta, entre os fatores importantes que contribuíram na diminuição dessa taxa: o surgimento de movimentos sociais proativos, de grande escala, como a Campanha contra a Fome e o Viva Rio, que mobilizaram a cidade para o enfrentamento dos seus problemas; a multiplicação de projetos sociais nos bairros pobres, por ações governamentais e não governamentais, sobretudo para crianças e jovens, na área educacional; e a organização das comunidades por meio de associações de moradores, ONGs, entidades religiosas, beneficentes, culturais e recreativas.

Internet: <http://www.fgvsp.br> (com adaptações)

Considerando que as ideias apresentadas nos textos acima têm caráter unicamente motivador, redija um texto dissertativo, posicionando-se acerca do tema a seguir: "O fortalecimento das redes de relações sociais como forma de redução da violência urbana".

■ **Cespe-UnB — ABIN — Concurso Público — Analista de Informações**

Nesta prova — que vale cinco pontos —, faça o que se pede, usando o espaço indicado no presente caderno para rascunho. Em seguida, transcreva o texto para a folha de TEXTO DEFINITIVO da prova discursiva, no local apropriado, pois **não serão avaliados fragmentos de texto escritos em locais indevidos**.

Qualquer fragmento de texto além da extensão máxima de **trinta** linhas será desconsiderado.

Atenção! Na folha de **texto definitivo**, identifique-se apenas na capa, pois não **será avaliado** texto que tenha qualquer assinatura ou marca identificadora fora do local apropriado.

O sistema de inteligência artificial criado por brasileiros para o Conselho de Segurança da Organização das Nações Unidas (ONU) — chamado de Olimpo — foi selecionado em um universo de 762 outros trabalhos, de todas as partes do mundo, pelo comitê científico da 5.a Conferência Internacional de Sistemas de Informação de Empresas.

A metodologia empregada chama-se Pesquisa Contextual Estruturada e usa um sistema de extração de informação de textos combinado com a técnica de inteligência artificial conhecida como raciocínio baseado em casos (RBC). Permite fazer buscas rápidas em textos de documentos com base no conhecimento e não apenas em palavras-chave. Isso quer dizer que, mesmo que o documento não contenha a palavra digitada na pergunta feita pelo usuário, a busca será feita, com base no conceito contido naquela palavra ou em ideias semelhantes a ela.

De acordo com Hugo Hoeschl, coordenador do trabalho, "é estratégico o Brasil ser detentor de uma tecnologia tão forte, com denso reconhecimento internacional, desenvolvida especialmente para ser aplicada em segurança". Por sua rapidez e precisão, o sistema de busca "é importante para todos os organismos da ONU e fornecerá significativos benefícios para a solução de conflitos internacionais".

Liana John. Internet: <http://www.estadao.com.br/ciencia/noticias/2003/jan/07/79.htm> (com adaptações)

A origem remota da Atividade de Inteligência no Brasil, outrora denominada Atividade de Informações, ocorreu com o advento do Conselho de Defesa Nacional, mediante o Decreto n. 17.999, de 29 de novembro de 1927. Esse Conselho, constituído pelo presidente da República e pelos ministros de Estado, tinha por destinação, entre outras, a tarefa de "coordenar a produção de conhecimentos sobre questões de ordem financeira, econômica, bélica e moral referentes à defesa da Pátria". Como fica claro na missão, interessava ao governo a produção de informações com finalidade precípua de defender a Pátria, isto é, informações vinculadas a interesses estratégicos de segurança do Estado.

Internet: <http://www.abin.gov.br/abin/historico.jsp>

Considerando que as ideias apresentadas nos textos acima têm caráter unicamente motivador, redija um texto dissertativo, posicionando-se acerca do seguinte tema: "A informação como fator estratégico de segurança".

■ **Cespe-UnB — DPF/DGP — Concurso Público — Papiloscopista Policial Federal**

Nesta prova — que vale cinco pontos —, faça o que se pede, usando o espaço indicado no presente caderno para rascunho. Em seguida, transcreva o texto para a folha de TEXTO DEFINITIVO da prova discursiva, no local apropriado, pois **não serão avaliados fragmentos de texto escritos em locais indevidos.**

Qualquer fragmento de texto além da extensão máxima de **trinta** linhas será desconsiderado.

Atenção! Na folha de **texto definitivo**, identifique-se apenas na capa, pois não **será avaliado** texto que tenha qualquer assinatura ou marca identificadora fora do local apropriado.

Segundo o professor Sérgio Hadad, da PUC-SP, "não há exemplo na história da humanidade em que o analfabetismo tenha sido superado sem uma política pública de qualidade".

Salvatore Santagada. Zero Hora, 20.03.1999

Vivemos atualmente sob o impacto de profundas transformações socioculturais. A revolução informacional e outras inovações tecnológicas vêm permitindo conquistas notáveis na área do conhecimento. Nunca um número tão grande de informações esteve tão disponível, as ferramentas auxiliares da inteligência humana, tão aperfeiçoadas, enfim, nunca houve tão intenso borbulhar do saber. Resta, portanto, indagarmo-nos: o que fazer com tudo isso?

Como lidar com tanta informação sem se perder em excessos e novos equívocos? Como agregar conhecimento humano e encontrar uma nova síntese civilizacional que aponte novas diretrizes para um mundo que se torna cada vez mais complexo e se interroga como superar o turbilhão de dificuldades existentes em quase todos os setores da vida social no panorama global?

Precisamos rever nossas concepções pedagógicas, procurando ultrapassar os comodismos que nos limitam ao saber estéril. A informação que não é atualizada, avaliada e utilizada para transformar e aprimorar a sociedade é informação inútil. O ensino, portanto, deve estar ancorado na realidade, motivando alunos e professores a encontrarem novas formas de vida social, que não perpetuem injustiças e opressões.

Valmor Bolan. *Jornal VS*, abril 1999

Tomando como motivadores o texto inicial da prova objetiva de Conhecimentos Básicos e os excertos acima, redija um texto dissertativo, posicionando-se acerca das vantagens de utilização da tecnologia na educação, em um contexto sociocultural em que é elevado o número de analfabetos.

■ Cespe-UnB — CREA/DF — Advogado

Nesta prova — que vale dez pontos —, faça o que se pede, usando o espaço indicado no presente caderno para rascunho. Em seguida, transcreva o texto para a folha de TEXTO DEFINITIVO da prova discursiva, no local apropriado, pois **não serão avaliados fragmentos de texto escritos em locais indevidos**.

Qualquer fragmento de texto além da extensão máxima de **trinta** linhas será desconsiderado.

Atenção! Na folha de **texto definitivo**, identifique-se apenas na capa, pois não **será avaliado** texto que tenha qualquer assinatura ou marca identificadora fora do local apropriado.

Cultura da abundância, o mal das águas

Os recursos hídricos tornaram-se cada vez mais escassos nos últimos 20, 30 anos, derrubando os mitos de que a água é abundante no planeta e é um recurso renovável. Com o crescimento da população e a intensa urbanização, tais recursos ficaram escassos em quantidade e qualidade, mais difíceis e complexos de se obter e conservar, e mais caros para distribuir, prover e ampliar.

Ainda não há números que retratem um quadro nacional da qualidade das águas. Os padrões e critérios variam por região, o que se soma a outra dificuldade no dimensionamento deste quadro: identificar os maiores poluidores, qual é o quinhão de responsabilidade das diferentes fontes de degradação. Outro complicador é o significativo impacto na natureza da chamada "poluição difusa", também de difícil identificação. Trata-se dos detritos e sucatas do chão das cidades, dos pavimentos, erosões, lixo de rua, óleo de avenidas e rodovias, tudo que é carreado do chão pelas chuvas, diretamente para os rios, com potencial poluidor significativo e crescente.

Época. "Informe publicitário", 30.06.2003, p. 73 (com adaptações)

Considerando que as ideias apresentadas no texto acima têm caráter unicamente motivador, redija um texto dissertativo, posicionando-se acerca do seguinte tema: "Água, substância decisiva para a manutenção da vida".

■ **Cespe-UnB — MRE/IRBr/CNPq — Programa de Ação Afirmativa — Bolsas-Prêmio de Vocação para a Diplomacia**

Em cada parte da prova discursiva — cada uma delas valendo **quinze** pontos —, faça o que se pede, usando o espaço indicado no presente caderno para rascunho. Em seguida, transcreva o texto para a folha de TEXTO DEFINITIVO da prova discursiva, no local apropriado, pois **não serão avaliados fragmentos de texto escritos em locais indevidos**.

Qualquer fragmento de texto além da extensão máxima de **trinta** linhas será desconsiderado.

Atenção! Na folha de **texto definitivo**, identifique-se apenas na capa, pois não **será avaliado** texto que tenha qualquer assinatura ou marca identificadora fora do local apropriado.

Leia os textos a seguir.

Quando o cidadão descobre que ele é o princípio do que existe e pode existir com sua participação, começa a surgir a democracia. Cidadania e democracia andam de mãos dadas e não existem separadas. Cidadania não é individualismo, mas afirmação de cada um em sua relação de solidariedade com os outros. Cidadania e democracia estão baseadas em princípios éticos e têm o infinito como limite. Não existe limite para a solidariedade, a liberdade, a igualdade, a participação e a diversidade. A democracia é uma obra inesgotável.

Herbert de Souza. Democracia e cidadania. In: Carla Rodrigues (Org.). *Democracia: cinco princípios e um fim*. São Paulo: Moderna, 1996, p. 66 (com adaptações)

Não tem como você estereotipar alguém como negro só por causa da cor. No fundo, todo brasileiro é meio negro.

Flávio Martins, 19 anos, aluno de Letras, UnB. *Correio Braziliense*, 10.06.2003

A rigor, mesmo as vozes contrárias à política de cotas admitem que a situação é injusta e precisa ser revertida, mas não à custa do direito dos outros ou do princípio da igualdade e da isonomia dos brasileiros, independentemente de credo político, religioso ou raça.

Revista do Livro Universitário, março/abril 2003 (com adaptações)

Considerando que as ideias apresentadas nos textos acima têm caráter unicamente motivador, redija um texto dissertativo, posicionando-se acerca do seguinte tema: "Identidade étnica e construção da cidadania".

■ **Cespe-UnB — PCRR — Nível Superior — Delegado de Polícia Civil**

Nesta prova — que vale dez pontos —, faça o que se pede, usando o espaço indicado no presente caderno para rascunho. Em seguida, transcreva o texto para a folha de TEXTO DEFINITIVO da prova discursiva, no local apropriado, pois **não serão avaliados fragmentos de texto escritos em locais indevidos**.

Qualquer fragmento de texto além da extensão máxima de **trinta** linhas será desconsiderado.

Atenção! Na folha de **texto definitivo**, identifique-se apenas na capa, pois não **será avaliado** texto que tenha qualquer assinatura ou marca identificadora fora do local apropriado.

Muitas constituições foram criadas de modo a fazer com que as pessoas acreditassem que todas as leis estabelecidas atendiam a desejos expressos pelo povo. Mas a verdade é que não só nos países autocráticos, como naqueles supostamente mais livres, as leis não foram feitas para atender a vontade da maioria, mas sim a vontade daqueles que detêm o poder. Portanto, elas serão sempre, e em toda parte, aquelas que mais vantagens possam trazer à classe dominante e aos poderosos. Em toda parte e sempre, as leis são impostas utilizando os inúmeros meios capazes de fazer que algumas pessoas se submetam à vontade de outras. E nisso há violência: exigir que determinadas regras sejam cumpridas e obrigar determinadas pessoas a cumpri-las.

Não é a violência simples, que alguns homens usam contra seus semelhantes em momentos de paixão; é uma violência organizada, usada por aqueles que têm o poder nas mãos para fazer que os outros obedeçam à sua vontade.

Assim, a essência da legislação está no fato de que aqueles que controlam a violência organizada dispõem de poderes para forçar os outros a obedecê-los, fazendo aquilo que eles querem que seja feito.

Leon Tolstoi. A violência das leis.
In: *A escravidão de nosso tempo.* (com adaptações)

O desejo de colocar em prática um programa que combata a fome e a miséria é uma unanimidade que vem de longe. O que se discute atualmente é como torná-lo eficiente o bastante para que não seja apenas mais um projeto de boas intenções, com resultados passageiros.

Afonso Capelas Jr. O desafio número um.
In: *Revista do Livro Universitário*, dez. 2002 (com adaptações)

O direito humano à alimentação é o direito que todo indivíduo tem de obter uma alimentação adequada, em quantidade e qualidade.

Elisabetta Recine. É preciso identificar os famintos.
In: *UnB Revista*, jan./mar. 2003, p. 63

Mais perigosa que a força bruta é aquela que brota da indiferença da sociedade ante as violações dos direitos da pessoa humana.

Martin Luther King

Considerando que as ideias apresentadas nos textos das provas objetivas e nos fragmentos acima têm caráter unicamente motivador, redija um texto dissertativo, posicionando-se acerca do seguinte tema: "Combate à fome: questão de direito e de justiça".

■ **Cespe-UnB — MJ/DPF/ANP/DRS — Agente de Polícia Federal**

Na prova a seguir, que vale **cinco** pontos, faça o que se pede, usando o espaço indicado no presente caderno para rascunho. Em seguida, transcreva o texto para a folha de

TEXTO DEFINITIVO da prova discursiva, no local apropriado, pois **não serão avaliados fragmentos de texto escritos em locais indevidos**. Utilize, no mínimo, **trinta** e, no máximo, **sessenta** linhas. Qualquer prova com extensão aquém da mínima de **trinta** linhas **efetivamente escritas** será apenada e qualquer fragmento de texto além da extensão máxima de **sessenta** linhas será desconsiderado.

Atenção! Na folha de **texto definitivo**, identifique-se apenas na capa, pois não **será avaliado** texto que tenha qualquer assinatura ou marca identificadora fora do local apropriado.

A sociedade organizada segundo os parâmetros do dinheiro e do trabalho, ao mesmo tempo que cria a figura do trabalhador, cria também a figura do vagabundo, do delinquente, do trabalhador que não deu certo e que frequentemente "esbarra" na lei, do criminoso em potencial. Essas são as pessoas que estarão mais sujeitas à perseguição e à punição.

Andréa Buoro et al. *Violência urbana* — dilemas e desafios.
São Paulo: Atual, 1999, p. 27

Art. 5.º Todos são iguais perante a lei, sem distinção de qualquer natureza, garantindo-se aos brasileiros e aos estrangeiros residentes no País a inviolabilidade do direito à vida, à liberdade, à igualdade, à segurança e à propriedade, nos termos seguintes:
(...)
III — ninguém será submetido a tortura nem a tratamento desumano ou degradante;

Constituição da República Federativa do Brasil, 1988

Considerando que as ideias apresentadas acima e nos textos da prova objetiva têm caráter unicamente motivador, redija um texto dissertativo, posicionando-se acerca do seguinte tema: "O combate à violência deve ser feito com imparcialidade e respeito ao ser humano".

■ **Cespe-UnB — DPF/DGP — Agente de Polícia Federal**

Nesta prova — que vale cinco pontos —, faça o que se pede, usando o espaço indicado no presente caderno para rascunho. Em seguida, transcreva o texto para a folha de TEXTO DEFINITIVO da prova discursiva, no local apropriado, pois **não serão avaliados fragmentos de texto escritos em locais indevidos**.

Qualquer fragmento de texto além da extensão máxima de **trinta** linhas será desconsiderado.

Atenção! Na folha de **texto definitivo**, identifique-se apenas na capa, pois não **será avaliado** texto que tenha qualquer assinatura ou marca identificadora fora do local apropriado.

Pedindo uma pizza em 2009
Telefonista: — Pizza Hot, boa noite!
Cliente: — Boa noite, quero encomendar pizzas...
Telefonista: — Pode me dar o seu NIDN?
Cliente: — Sim, o meu número de identificação nacional é 6102-1993-8456-54632107.

Telefonista: — Obrigada, Sr. Lacerda. Seu endereço é Av. Paes de Barros, 1988 ap. 52 B e o número de seu telefone é 5494-2366, certo? O telefone do seu escritório da Lincoln Seguros é o 5745-2302 e o seu celular é 9266-2566.

Cliente: — Como você conseguiu essas informações todas?

Telefonista: — Nós estamos ligados em rede ao Grande Sistema Central.

Cliente: — Ah, sim, é verdade! Eu queria encomendar duas pizzas, uma quatro queijos e outra calabresa...

Telefonista: — Talvez não seja uma boa ideia...

Cliente: — O quê?

Telefonista: — Consta na sua ficha médica que o Sr. sofre de hipertensão e tem a taxa de colesterol muito alta. Além disso, o seu seguro de vida proíbe categoricamente escolhas perigosas para a sua saúde.

Cliente: — É, você tem razão! O que você sugere?

Telefonista: — Por que que o Sr. não experimenta a nossa pizza Superlight, com tofu e rabanetes? O Sr. vai adorar!

Cliente: — Como é que você sabe que vou adorar?

Telefonista: — O Sr. consultou o site "Recettes Gourmandes au Soja" da Biblioteca Municipal, dia 15 de janeiro, às 14:27h, onde permaneceu ligado à rede durante 39 minutos. Daí a minha sugestão...

Cliente: — OK, está bem! Mande-me duas pizzas tamanho-família!

Telefonista: — É a escolha certa para o Sr., sua esposa e seus 4 filhos, pode ter certeza.

Cliente: — Quanto é?

Telefonista: — São R$ 49,99.

Cliente: — Você quer o número do meu cartão de crédito?

Telefonista: — Lamento, mas o Sr. vai ter que pagar em dinheiro. O limite do seu cartão de crédito já foi ultrapassado.

Cliente: — Tudo bem, eu posso ir ao Multibanco sacar dinheiro antes que chegue a pizza.

Telefonista: — Duvido que consiga, o Sr. está com o saldo negativo no banco.

Cliente: — Meta-se com a sua vida! Mande-me as pizzas que eu arranjo o dinheiro. Quando é que entregam?

Telefonista: — Estamos um pouco atrasados, serão entregues em 45 minutos. Se o Sr. estiver com muita pressa pode vir buscá-las, se bem que transportar duas pizzas na moto não é aconselhável, além de ser perigoso...

Cliente: — Mas que história é essa, como é que você sabe que eu vou de moto?

Telefonista: — Peço desculpas, mas reparei aqui que o Sr. não pagou as últimas prestações do carro e ele foi penhorado. Mas a sua moto está paga, e então pensei que fosse utilizá-la.

Cliente: — @#%/§@&?#>§/%#!!!!!!!!!!!!!

Telefonista: — Gostaria de pedir ao Sr. para não me insultar... não se esqueça de que o Sr. já foi condenado em julho de 2006 por desacato em público a um Agente Regional.

Cliente: — (Silêncio)

Telefonista: — Mais alguma coisa?

Cliente: — Não, é só isso... não, espere... não se esqueça dos 2 litros de Coca-Cola que constam na promoção.

Telefonista: — Senhor, o regulamento da nossa promoção, conforme citado no artigo 3095423/12, nos proíbe de vender bebidas com açúcar a pessoas diabéticas...
Cliente: — Aaaaaaaahhhhhhhh!!!!!!!!!!!! Vou me atirar pela janela!!!
Telefonista: — E machucar o joelho? O Sr. mora no andar térreo!

Luis Fernando Veríssimo

Considerando que o texto acima tem caráter unicamente motivador, redija um texto dissertativo, posicionando-se a respeito do tema a seguir: "O avanço da tecnologia da informação e o respeito à privacidade do indivíduo".

■ **Cespe-UnB — IRBr — 2.ª Fase — Terceiro Secretário da Carreira de Diplomata**

Na prova a seguir, faça o que se pede, usando, caso julgue necessário, as páginas correspondentes do caderno de rascunho. Em seguida, transcreva os textos para as respectivas folhas do **CADERNO DE TEXTOS DEFINITIVOS**, nos locais apropriados, pois **não serão avaliados fragmentos de texto escritos em locais indevidos**. Respeite os limites mínimos e máximos de palavras estabelecidos.

ATENÇÃO! Nas **folhas do caderno de textos definitivos**, identifique-se apenas na capa, pois **não serão avaliados** os textos que tenham qualquer assinatura ou marca identificadora fora do local apropriado.

Leia os textos I, II e III abaixo.

Texto I

Divagação sobre as ilhas
Carlos Drummond de Andrade

Quando me acontecer alguma pecúnia, passante de um milhão de cruzeiros, compro uma ilha; não muito longe do litoral, que o litoral faz falta; nem tão perto, também, que de lá possa eu aspirar a fumaça e a graxa do porto. Minha ilha (e só de a imaginar já me considero seu habitante) ficará no justo ponto de latitude e longitude que, pondo-me a coberto dos ventos, sereias e pestes, nem me afaste demasiado dos homens nem me obrigue a praticá-los diuturnamente. Porque esta é a ciência e, direi, a arte do bem viver; uma fuga relativa, e uma não muito estouvada confraternização.

De há muito sonho esta ilha, se é que não a sonhei sempre. Se é que a não sonhamos sempre, inclusive os mais agudos participantes. Objetais-me: "Como podemos amar as ilhas, se buscamos o centro mesmo da ação?" Engajados, vosso engajamento é a vossa ilha, dissimulada e transportável. Por onde fordes, ela irá convosco. Significa a evasão daquilo para que toda alma necessariamente tende, ou seja, a gratuidade dos gestos naturais, o cultivo das formas espontâneas, o gosto de ser um com os bichos, as espécies vegetais, os fenômenos atmosféricos. Substitui, sem anular. Que miragens vê o iluminado no fundo de sua iluminação?... Supõe-se político, e é um visionário. Abomina o espírito de fantasia, sendo dos que mais o possuem. Nessa ilha tão irreal, ao cabo, como as da literatura, ele constrói a sua cidade de ouro, e nela reside por efeito da imaginação, administra-a, e até mesmo a tiraniza. Seu mito vale o da liberdade nas ilhas. E, contentor do mundo burguês, que outra coisa faz senão aplicar a técnica do sonho, com que os sensíveis dentre os burgueses que se acomodam à realidade, elidindo-a?

A ilha que traço agora a lápis neste papel é materialmente uma ilha, e orgulha-se de sê-lo. Pode ser abordada. Não pode ser convertida em continente. Emerge do pélago com a graça de uma flor criada para produzir-se sobre a água. Marca assim o seu isolamento, e como não tem bocas de fogo nem expedientes astuciosos para rechaçar o estrangeiro, sucede que este isolamento não é inumano. Inumano seria desejar, aqui, dos morros litorâneos, um cataclismo que sovertesse tão amena, repousante, discreta e digna forma natural, inventada para as necessidades de ser no momento exato em que se farta de seus espelhos, amigos como inimigos.

E por que nos seduz a ilha? As composições de sombra e luz, o esmalte da relva, a cristalinidade dos regatos — tudo isso existe fora das ilhas, não é privilégio dela. A mesma solidão existe, com diferentes pressões, nos mais diversos locais, inclusive os de população densa, em terra firme e longa. Resta ainda o argumento da felicidade — "aqui eu não sou feliz", declara o poeta, para enaltecer, pelo contraste, a sua Pasárgada: mas será que se procura realmente nas ilhas uma ocasião de ser feliz, ou um modo de sê-lo? E só se alcançaria tal mercê, de índole extremamente subjetiva, no regaço de uma ilha, e não igualmente em terra comum?

Quando penso em comprar uma ilha, nenhuma dessas excelências me seduz mais que as outras, nem todas juntas constituem a razão de meu desejo. Sou pouco afeiçoado à natureza, que em mim se reduz quase que a uma paisagem moral, íntima, em dois ou três tons, só que latejante em todas as partículas. A solidão, carrego-a no bolso, e nunca me faltou menos do que quando, por obrigações de ofício, me debruçava incessantemente sobre a vida dos outros. E felicidade não é em rigor o que eu procuro. Não. Procuro uma ilha, como já procurei uma noiva.

A ilha me satisfaz por ser uma porção curta de terra (falo de ilhas individuais, não me tentam aventuras marajoaras), um resumo prático, substantivo, dos estirões deste vasto mundo, sem os inconvenientes dele, e com a vantagem de ser quase ficção sem deixar de constituir uma realidade. A casa de campo é diferente. A continuidade do solo torna-a um pobre complemento dessas propriedades individuais ou coletivas, públicas ou particulares, em que todo o desgosto, toda a execrabilidade, toda a mesquinhez da coisa possuída, taxada, fiscalizada, trafegada, beneficiada, herdada, conspurcada, se nos apresenta antes que a vista repare em qualquer de seus eventuais encantos. A casa junto ao mar, que já foi razoável delícia, passou a ser um pecado, depois que se desinventou a relação entre homem, paisagem e moradia. Tudo forma uma cidade só, torpe e triste, mais triste talvez que torpe. O progresso técnico teve isto de retrógrado: esqueceu-se completamente do fim a que se propusera, ou devia ter-se proposto. Acabou com qualquer veleidade de amar a vida, que ele tornou muito confortável, mas invisível. Fez-se numa escala de massas, esquecendo-se do indivíduo, e nenhuma central elétrica de milhões de kW será capaz de produzir aquilo de que precisamente cada um de nós carece na cidade excessivamente iluminada: uma certa penumbra. O progresso nos dá tanta coisa, que não nos sobra nada nem para pedir nem para desejar nem para jogar fora. Tudo é inútil e atravancador. A ilha sugere uma negação disto.

A ilha deve ser o *quantum satis* selvagem, sem bichos superiores à força e ao medo do homem. Mas precisa ter bichos, principalmente os de plumagem gloriosa, com alguns exemplares mais meigos. As cores do cinema enjoam-nos do colorido, e só uma cura de autenticidade nos reconciliará com os nossos olhos doentes. Já que não há mais vestidos de cores puras e naturais (de que má pintura moderna se vestem as mulheres do nosso tempo?), peçamos a araras e periquitos, e a algum suave pássaro de colo mimoso, que nos propiciem as sensações delicadas de uma vista voluptuosa, minudente e repousada.

Para esta ilha sóbria não se levará bíblia nem se carregarão discos. Algum amigo que saiba contar histórias está naturalmente convidado. Bem como alguma amiga de voz doce ou quente, que não abuse muito dessa prenda. Haverá pedras à mão — cascalho miúdo — que se possa lançar ao céu, a título de advertência, quando demasiada arte puser em perigo o ruminar bucólico da ilha. Não vejo inconveniente na entrada sub--reptícia de jornais. Servem para embrulho, e nas costas do noticiário político ou esportivo há sempre um anúncio de filme em *reprise*, invocativo, ou qualquer vaga menção a algum vago evento que, por obscuro mecanismo, desperte em nós fundas e gratas emoções retrospectivas. Nossa vida interior tende à inércia. E bem-vinda é a provocação que lhe avive a sensibilidade, impelindo-a aos devaneios que formam uma crônica particular do homem, passada muitas vezes dentro dele, somente, mas compensando em variedade ou em profundeza o medíocre da vida social.

Serão admitidos poetas? Em que número? Se foram proscritos das repúblicas ideais e das outras, pareceria cruel bani-los também da ilha de recreio. Contudo, devem comportar-se como se poetas não fossem: pondo de lado os tiques profissionais, o tecnicismo, a excessiva preocupação literária, o misto de esteticismo e frialdade que costuma necrosar os artistas. Sejam homens razoáveis, carentes, humildes, inclinados à pesca e à corrida a pé, saibam fazer alguma coisa simples para o estômago, no fogão improvisado. Não levem para a ilha os problemas de hegemonia e ciúme.

*

Por aí se observa que a ilha mais paradisíaca pede regulamentação e que os perigos da convivência urbana estão presentes. Tanto melhor, porque não se quer uma ilha perfeita, senão um modesto território banhado de água por todos os lados e onde não seja obrigatório salvar o mundo.

A ideia de fuga tem sido alvo de crítica severa e indiscriminada nos últimos anos, como se fosse ignominioso, por exemplo, fugir de um perigo, de um sofrimento, de uma caceteação. Como se devesse o homem consumir-se numa fogueira perene, sem carinho para com as partes cândidas ou pueris dele mesmo, que cumpre preservar principalmente em vista de uma possível felicidade coletivista no futuro. Se se trata de harmonizar o homem com o mundo, não se vê porque essa harmonia só será obtida através do extermínio generalizado e da autopunição dos melhores. Pois afinal, o que se recomenda aos homens é apenas isto: "Sejam infelizes, aborreçam o mais possível aos seus semelhantes, recusem-se a qualquer comiseração, façam do ódio um motor político. Assim atingirão o amor." Obtida a esse preço a cidade futura, nela já não haveria o que amar.

Chega-se a um ponto em que convém fugir menos da malignidade dos homens do que da sua bondade incandescente. Por bondade abstrata nos tornamos atrozes. E o pensamento de salvar o mundo é dos que acarretam as mais copiosas — e inúteis — carnificinas.

Estas reflexões descosidas procuram apenas recordar que há motivos para ir às ilhas, quando menos para não participar de crimes e equívocos mentais generalizados. São motivos éticos, tão respeitáveis quanto os que impelem à ação o temperamento sôfrego. A ilha é meditação despojada, renúncia ao desejo de influir e de atrair. Por ser muitas vezes uma desilusão, paga-se relativamente caro. Mas todo o peso dos ataques desfechados contra o pequeno Robinson moderno, que se alongou das rixas miúdas, significa tão somente que ele tinha razão em não contribuir para agravá-las. Em geral, não se pedem companheiros, mas cúmplices. E este é o risco da convivência ideológica.

Por outro lado, há um certo gosto em pensar sozinho. É ato individual, como nascer e morrer.

A ilha é, afinal de contas, o refúgio último da liberdade, que em toda parte se busca destruir. Amemos a ilha.

Passeios na ilha: subúrbios da calma. In: *Obra completa*, p. 625-628.

Texto II

Post-scriptum *sobre as sociedades de controle*
Gilles Delleuze

Foucault situou as *sociedades disciplinares* nos séculos XVIII e XIX; atingem seu apogeu no início do século XX. Elas procedem à organização dos grandes meios de confinamento. O indivíduo não cessa de passar de um espaço fechado a outro, cada um com suas leis: primeiro a família, depois a escola ("você não está mais na sua família"), depois a caserna ("você não está mais na escola"), depois a fábrica, de vez em quando o hospital, eventualmente a prisão, que é o meio de confinamento por excelência. É a prisão que serve de modelo analógico: a heroína de *Europa 51* pode exclamar, ao ver operários, "pensei estar vendo condenados...". Foucault analisou muito bem o projeto ideal dos meios de confinamento, visível especialmente na fábrica: concentrar; distribuir no espaço; ordenar no tempo; compor no espaço-tempo uma força produtiva cujo efeito deve ser superior à soma das forças elementares. Mas o que Foucault também sabia era da brevidade deste modelo: ele sucedia às *sociedades de soberania* cujo objetivo e funções eram completamente diferentes (açambarcar, mais do que organizar a produção, decidir sobre a morte mais do que gerir a vida); a transição foi feita progressivamente, e Napoleão parece ter operado a grande conversão de uma sociedade na outra. Mas as disciplinas, por sua vez, também conheceriam uma crise, em favor de novas forças que se instalavam lentamente e que se precipitariam depois da Segunda Guerra mundial: sociedades disciplinares é o que não éramos mais, o que deixávamos de ser.

Encontramo-nos numa crise generalizada de todos os meios de confinamento, prisão, hospital, fábrica, escola, família. A família é um "interior", em crise como qualquer outro interior, escolar, profissional etc. Os ministros competentes não param de anunciar reformas supostamente necessárias. Reformar a escola, reformar a indústria, o hospital, o exército, a prisão; mas todos sabem que estas instituições estão condenadas, num prazo mais ou menos longo. Trata-se apenas de gerir sua agonia e ocupar as pessoas, até a instalação das novas forças que se anunciam. São as *sociedades de controle* que estão substituindo as sociedades disciplinares. "Controle" é o nome que Burroughs propõe para designar o novo monstro, e que Foucault reconhece como nosso futuro próximo. Paul Virilio também analisa sem parar as formas ultrarrápidas de controle ao ar livre, que substituem as antigas disciplinas que operavam na duração de um sistema fechado. Não cabe invocar produções farmacêuticas extraordinárias, formações nucleares, manipulações genéticas, ainda que elas sejam destinadas a intervir no novo processo. Não se deve perguntar qual é o regime mais duro, ou o mais tolerável, pois é em cada um deles que se enfrentam as liberações e as sujeições. Por exemplo, na crise do hospital como meio de confinamento, a setorização, os hospitais-dia, o atendimento em domicílio puderam marcar de início novas liberdades, mas também passaram a integrar mecanismos de controle que rivalizam com os mais duros confinamentos. Não cabe temer ou esperar, mas buscar novas armas.

II. Lógica

Os diferentes internatos ou meios de confinamento pelos quais passa o indivíduo são variáveis independentes: supõe-se que a cada vez ele recomece do zero, e a linguagem comum a todos esses meios existe, mas é *analógica*. Ao passo que os diferentes modos de controle, os controlados, são variações inseparáveis, formando um sistema de geometria variável cuja linguagem é *numérica* (o que não quer dizer necessariamente binária). Os confinamentos são *moldes*, distintas moldagens, mas os controles são uma *modulação*, como uma moldagem autodeformante que mudasse continuamente, a cada instante, ou como uma peneira cujas malhas mudassem de um ponto a outro. (...)

Nas sociedades de disciplina não se parava de recomeçar (da escola à caserna, da caserna à fábrica), enquanto nas sociedades de controle nunca se termina nada, a empresa, a formação, o serviço sendo os estados metaestáveis e coexistentes da mesma modulação, como que de um deformador universal. Kafka, que já se instalava no cruzamento dos dois tipos de sociedade, descreveu em *O processo* as formas jurídicas mais temíveis: a *quitação aparente* das sociedades disciplinares (entre dois confinamentos), a *moratória ilimitada* das sociedades de controle (em variação contínua) são dois modos de vida jurídicos muito diferentes, e se nosso direito, ele mesmo em crise, hesita entre ambos, é porque saímos de um para entrar no outro. As sociedades disciplinares têm dois polos: a assinatura que indica o *indivíduo*, e o número de matrícula que indica sua posição numa *massa*. É que as disciplinas nunca viram incompatibilidade entre os dois, e é ao mesmo tempo que o poder é massificante e individuante, isto é, constitui num corpo único aqueles sobre os quais se exerce, e molda a individualidade de cada membro do corpo (Foucault via a origem desse duplo cuidado no poder pastoral do sacerdote — o rebanho e cada um dos animais —, mas o poder civil, por sua vez, iria converter-se em "pastor" laico por outros meios). Nas sociedades de controle, ao contrário, o essencial não é mais uma assinatura nem um número, mas uma cifra, ao passo que as sociedades disciplinares são reguladas por *palavras de ordem* (tanto do ponto de vista da integração quanto da resistência). A linguagem numérica do controle é feita de cifras, que marcam o acesso à informação, ou a rejeição. Não se está diante do par massa-indivíduo. Os indivíduos tornaram-se *"dividuais"*, divisíveis, e as massas tornaram-se amostras, dados, mercados ou *"bancos"*. É o dinheiro que talvez melhor exprima a distinção entre as duas sociedades, visto que a disciplina sempre se referiu a moedas cunhadas em ouro — este servia de medida-padrão —, ao passo que o controle remete a trocas flutuantes, modulações que fazem intervir como cifra uma percentagem de diferentes amostras de moeda. A velha toupeira monetária é o animal dos meios de confinamento, mas a serpente o é das sociedades de controle. Passamos de um animal a outro, da toupeira à serpente, no regime em que vivemos, mas também na nossa maneira de viver e nas nossas relações com outrem. O homem da disciplina era um produtor descontínuo de energia, mas o homem do controle é antes ondulatório, funcionando em órbita, num feixe contínuo. Por toda parte o *surf* já substituiu os antigos *esportes*.

L'Autre Journal, n. 1, maio/1990. In: *Conversações*, p. 219-226.

Texto III

[Do livre-arbítrio]
Fernando Pessoa

A ideia do LIVRE-ARBÍTRIO, na minha opinião, tem o seu princípio na aplicação ao mundo moral da ideia primitiva e natural de *liberdade física*. Esta aplicação, esta analogia é inconsciente; e é também falsa. É, repito, um daqueles erros inconscientes que nós cometemos; um daqueles falsos raciocínios nos quais tantas vezes e tão naturalmente caímos. Schopenhauer mostrou que a primitiva noção de liberdade é a "ausência de obstáculos", uma noção puramente física. E na nossa concepção humana de liberdade a noção persiste. Ninguém toma um idiota, ou louco por responsável. Por quê? Porque ele concebe uma coisa no cérebro como um obstáculo a um verdadeiro juízo.

A ideia de liberdade é uma ideia puramente metafísica.

A ideia primária é a ideia de responsabilidade que é somente a aplicação da ideia de causa, pela referência de um efeito à sua Causa. "Uma pessoa bate-me; eu bato àquela em defesa." A primeira atingiu a segunda e matou-a. Eu vi tudo. Essa pessoa é a Causa da morte da outra. Tudo isto é inteiramente verdade.

Assim se vê que a ideia de livre-arbítrio não é de modo algum primitiva; essa responsabilidade, fundada numa legítima mas ignorante aplicação do princípio de Causalidade, é a ideia realmente primitiva. Ao princípio o homem não é consciente senão da liberdade física. Ao princípio não há um tal estado metafísico da mente. A ideia de liberdade apareceu pela razão, é metafísica, portanto, sujeita a erro.

A opinião popular, pelo que vimos, põe o elemento real de liberdade moral no juízo, na consideração, no poder de percepção, para distinguir o bem do mal, para os discutir mentalmente. Mas esta afirmação é falsa. A concepção popular é esta: esse *juízo* é o que considera uma coisa, decidindo se ela é boa ou má. Na opinião popular, é esta faculdade que nos diz que uma coisa é boa ou má; é, pensa-se, o elemento do bem em nós. O povo pensa que, se eu noto que uma ação é má e não obstante eu a pratico, eu sou réu do mal.

A ideia de liberdade moral não é de modo nenhum primitiva, nem mesmo de hoje, na mente popular, ou hipoteticamente, em qualquer mente culta que ignore inteiramente a questão. É uma ideia adquirida pela razão, uma ideia filosófica. Primitivamente não há nem senso moral de liberdade nem um senso de determinismo. É inútil pensar que um selvagem tenha um senso de liberdade moral.

O homem é um animal perfeito e o único senso primitivo neste caso é o senso de liberdade física. "Eu posso fazer o que quero." Disto não há dúvida, evidentemente. Até agora eu não estou prisioneiro, nem paralítico, nem ligado por qualquer obstáculo físico, eu sou *livre*: posso fazer o que quero. "Mas posso eu querer o que quero e não querer nada mais?" Eis aqui a grande questão. Ora, esta inconsciência primitiva, para que lado pende mais: para o livre-arbítrio ou para o determinismo?

[Manuscrito 1906?] Ideias filosóficas.
In: *Obras em prosa*, p. 536-537 (com adaptações)

Parte I — Redação

Valendo-se da leitura dos textos I, II e III, disserte sobre o tema suscitado por Rui Barbosa no seguinte trecho:

A presunção de liberdade, com efeito, não é apenas um direito natural na acepção mais ou menos arbitrária ligada a esse vocábulo pela escola metafísica que procura o ideal do direito numa concepção abstrata da natureza humana, mas no sentido histórico. Ela é a expressão de uma necessidade orgânica das relações do homem com o homem entre as sociedades iniciadas na civilização.

Extensão: de 400 a 500 palavras (valor: setenta pontos).

Parte II — Resumo

Resuma o conceito de "liberdade" formulado exclusivamente nos textos I, II e III. Extensão: de 200 a 250 palavras (valor: trinta pontos).

10.9. TEMAS TÉCNICOS

Algumas redações cobram temas técnicos, ou seja, o tema para a redação é um dos assuntos constantes no conteúdo programático da prova objetiva, para um cargo específico.

Vejamos abaixo alguns exemplos. Note que o tema da redação tem a ver com o cargo em si, ou seja, com os conhecimentos técnicos que o cargo exige.

■ **FCC — Advogado — Nossa Caixa — fev./2011**

1. Sua redação deve ter no mínimo 20 e no máximo 30 linhas, considerando-se letra de tamanho regular.

2. Discorra fundamentadamente sobre o conceito, a natureza jurídica e a finalidade da ação monitória.

■ **Cespe-UnB — Assistente CNPq — 2011**

Faça o que se pede a seguir, usando o espaço para rascunho indicado no presente caderno. Em seguida, transcreva o texto para a FOLHA DE TEXTO DEFINITIVO DA PROVA DISCURSIVA, no local apropriado, pois não serão avaliados fragmentos de texto escritos em locais indevidos.

Qualquer fragmento de texto além da extensão máxima de linhas disponibilizadas será desconsiderado.

Na folha de texto definitivo, identifique-se apenas no cabeçalho da primeira página, pois não será avaliado texto que tenha qualquer assinatura ou marca identificadora fora do local apropriado.

Nas organizações, a criação de um programa de gestão de documentos tem, entre outras, a finalidade de estabelecer procedimentos para o controle do fluxo de documentos que são produzidos e recebidos. A distribuição aos diversos setores da organização, o registro e o controle da tramitação desses documentos constituem atividades, hoje, sob a responsabilidade de uma unidade específica, chamada protocolo ou protocolo e arquivo, comunicação administrativa, documentação e comunicação administrativa, entre outras denominações.

Considerando o fragmento de texto acima, que tem caráter unicamente motivador, redija um texto dissertativo sobre as atividades de protocolo nas organizações, abordando, necessariamente, os seguintes aspectos:

— entrada e saída de documentos;
— registro de documentos;
— tramitação de documentos.

■ **FCC — TRT 14.ª R. — Analista Judiciário — Especialidade Tecnologia da Informação — abr./2011**

Atenção: A Prova Discursiva — Redação deverá ter extensão mínima de 20 e máxima de 30 linhas.

1. Defina a UML e o polimorfismo.
2. Relacione:

a. os componentes básicos principais utilizados nos diagramas de caso de uso e de sequência.

b. os compartimentos principais utilizados na representação de uma classe.

3. Descreva o principal objetivo das camadas de transporte, de enlace e de rede do modelo de referência OSI.

■ **Tribunal Regional Eleitoral — Santa Catarina**

A democracia contemporânea é representativa, em substituição à democracia direta criada nos tempos da Grécia clássica, sendo marcada pelo direito de votar e ser votado.

O sistema eleitoral brasileiro, tendo adotado a representação proporcional em seu antigo Código Eleitoral, mantém atualmente disciplinamento de coligações em conformidade com a Lei n. 9.504/97, que trata das eleições.

Discorra sobre a abrangência das coligações nas eleições, não somente admitidas para as eleições obedientes ao princípio proporcional, mas também previstas atualmente na legislação eleitoral, e, ainda, esclareça sobre a denominada "verticalização das eleições", conforme é reconhecida pelo egrégio Tribunal Superior Eleitoral.

■ **Cespe-UnB — IBAMA — Regulação, Controle, Fiscalização, Licenciamento e Auditoria Ambiental**

Nesta prova — que vale dez pontos, faça o que se pede, usando o espaço indicado no presente caderno para rascunho. Em seguida, transcreva o texto para a folha de TEXTO DEFINITIVO da prova discursiva, no local apropriado, pois **não serão avaliados fragmentos de textos escritos em locais indevidos**.

Qualquer fragmento de texto além da extensão máxima de **trinta** linhas será desconsiderado.

Na folha de **texto definitivo**, identifique-se apenas na capa, pois não **será avaliado** texto que tenha qualquer assinatura ou marca identificadora fora do local apropriado.

Foi realizado o estudo de impacto ambiental da construção de uma pequena central hidrelétrica (PCH) em uma bacia hidrográfica de região do cerrado, com diferentes alternativas de localização de barragens em meio à rede de drenagem da bacia. Nessa bacia hidrográfica, verificam-se diversas formas de uso e ocupação da terra, manchas de vegetação nativa distribuídas em isolados espaciais e grande concentração de áreas de preservação permanente.

Como o estudo deveria considerar múltiplos impactos, entre os técnicos contratados para compor a equipe e trabalho, um deles enfocaria um único aspecto: conservação da biodiversidade terrestre. A tarefa desse técnico era explicar como tal estudo deveria ser conduzido para avaliar o impacto das diversas alternativas de execução do empreendimento sobre a conservação da biodiversidade terrestre e apresentar um resultado conclusivo para a tomada de decisão, considerando que a barragem e a consequente formação de reservatório, mesmo nas PCHs, representam uma fragmentação do hábitat.

Foram admitidas três possibilidades de localização da PCH e duas alternativas de quotas para o nível máximo do reservatório para cada localização da PCH. Como referência de impacto, foi considerada uma espécie de mamífero de ambiente arbóreo com deslocamento severamente limitado em cursos d'água largos e ambientes antrópicos e limitado parcialmente em área de campo sujo.

Considerando essa situação hipotética, redija um texto dissertativo em que constem, em ordem sequencial, as etapas do trabalho a ser realizado pelo técnico, a execução por geoprocessamento e breve justificativa técnica, de forma a apontar um resultado conclusivo para a tomada de decisão para a situação descrita acima.

10.10. ESTUDO DE CASOS

O estudo de casos é um tipo de exercício de redação em que **o candidato resolve um problema proposto**, geralmente em no máximo vinte linhas.

A resposta **deve seguir todos os preceitos vistos até aqui para a dissertação:** introdução, desenvolvimento e conclusão, porém — como se trata de resposta a um problema proposto — deve-se fazer isso **tudo em um único parágrafo**.

A resposta terá, então: uma frase síntese (introdução), em que se apresenta o problema; frase de desenvolvimento, em que se resolve o problema; e uma frase conclusiva.

Vejamos isso em alguns textos:

Texto I
Gente bem qualificada é um ativo com importância cada vez mais óbvia. Nestes primeiros anos do novo milênio, passados os solavancos provocados pelas reestruturações, fusões, aquisições, trocas de mão de obra por tecnologias e com a estrada pavimentada pelas crescentes exportações de produtos nacionais — alimentos, bebidas, couro, têxteis, sucos, calçados e vestuário —, a indústria brasileira de bens de consumo busca avidamente capitais humanos de alta qualidade para suas necessidades presentes e futuras. As empresas mais conscientes de que tais carências podem afetar bastante a sustentação do crescimento acelerado do setor têm bastante claro que a gestão do capital humano, numa perspectiva temporal de longo prazo, é tão crítica para o êxito empresarial quanto dispor de fundos a custo competitivo, tecnologia avançada e clientes satisfeitos. Gente bem qualificada e motivada é um ativo cuja importância é cada vez mais óbvia para os que investem na indústria de bens de consumo e fator decisivo para se obter níveis de desempenho diferenciados.[11]

---

[11] RAMIREZ, Francisco Ropero. *Gazeta Mercantil*, 22.06.2005.

Texto II
A população sertaneja é e será monarquista por muito tempo, porque no estádio inferior da evolução social em que se acha, falece-lhe a precisa capacidade mental para compreender e aceitar a substituição do representante concreto do poder pela abstração que ele encarna, pela lei. Ela carece instintivamente de um rei, de um chefe, de um homem que a dirija, que a conduza e, por muito tempo ainda, o Presidente da República, os presidentes dos estados, os chefes políticos locais serão o seu rei, como, na sua inferioridade religiosa, o sacerdote e as imagens continuam a ser os seus deuses. Serão monarquistas como são fetichistas, menos por ignorância do que por um desenvolvimento intelectual, ético e religioso, insuficiente ou incompleto.[12]

Texto III
Li que a espécie humana é um sucesso sem precedentes. Nenhuma outra com uma proporção parecida de peso e volume se iguala à nossa em termos de sobrevivência e proliferação. E tudo se deve à agricultura. Como controlamos a produção do nosso próprio alimento, somos a primeira espécie na história do planeta a poder viver fora de seu ecossistema de nascença. Isso nos deu mobilidade e a sociabilidade que nos salvaram do processo de seleção, que limitou outros bichos de tamanho equivalente. É por isso que não temos mudado muito, mas não nos extinguimos.[13]

Esses trechos poderiam ser separados em três parágrafos: introdução, desenvolvimento e conclusão. Vejamos como ficam:

Texto I — reescrito
Gente bem qualificada é um ativo com importância cada vez mais óbvia.

Nestes primeiros anos do novo milênio, passados os solavancos provocados pelas reestruturações, fusões, aquisições, trocas de mão de obra por tecnologias e com a estrada pavimentada pelas crescentes exportações de produtos nacionais — alimentos, bebidas, couro, têxteis, sucos, calçados e vestuário —, a indústria brasileira de bens de consumo busca avidamente capitais humanos de alta qualidade para suas necessidades presentes e futuras. As empresas mais conscientes de que tais carências podem afetar bastante a sustentação do crescimento acelerado do setor têm bastante claro que a gestão do capital humano, numa perspectiva temporal de longo prazo, é tão crítica para o êxito empresarial quanto dispor de fundos a custo competitivo, tecnologia avançada e clientes satisfeitos.

Gente bem qualificada e motivada é um ativo cuja importância é cada vez mais óbvia para os que investem na indústria de bens de consumo e fator decisivo para se obter níveis de desempenho diferenciados.

Texto II — reescrito
A população sertaneja é e será monarquista por muito tempo.

No estádio inferior da evolução social em que se acha, falece-lhe a precisa capacidade mental para compreender e aceitar a substituição do representante concreto do

---

[12] NINA RODRIGUES, Raimundo. *As coletividades anormais*. São Paulo: Nacional, 1939.
[13] VERÍSSIMO, Luis Fernando. Recursos Humanos. In: Roitmam, Ari (Org.). *O desafio ético*. Rio de Janeiro: Garamond, 2000.

poder pela abstração que ele encarna, pela lei. Ela carece instintivamente de um rei, de um chefe, de um homem que a dirija, que a conduza e, por muito tempo ainda, o Presidente da República, os presidentes dos estados, os chefes políticos locais serão o seu rei, como, na sua inferioridade religiosa, o sacerdote e as imagens continuam a ser os seus deuses.

Serão monarquistas como são fetichistas, menos por ignorância do que por um desenvolvimento intelectual, ético e religioso, insuficiente ou incompleto.

Texto III — reescrito
Li que a espécie humana é um sucesso sem precedentes.

Nenhuma outra com uma proporção parecida de peso e volume se iguala à nossa em termos de sobrevivência e proliferação. E tudo se deve à agricultura. Como controlamos a produção do nosso próprio alimento, somos a primeira espécie na história do planeta a poder viver fora de seu ecossistema de nascença. Isso nos deu mobilidade e a sociabilidade que nos salvaram do processo de seleção, que limitou outros bichos de tamanho equivalente.

É por isso que não temos mudado muito, mas não nos extinguimos.

> **Curiosidade:** Outra informação importante: mesmo que se faça uma pergunta que deva ser respondida, você deve dar a resposta organizando um parágrafo dissertativo, como acabamos de ver. Não comece a sua resposta com os tradicionais "Sim, porque..." ou "Não, porque...".
> Se a questão do estudo de caso for "O homem é sempre um ser racional?", você jamais escreverá: "Sim, porque ele..." ou "Não, às vezes ele...". Sua resposta deve ser: "O homem é sempre um ser racional, pois..." ou "O homem nem sempre é um ser racional, pois...".

Vejamos agora alguns exemplos de provas em que se cobrou o estudo de casos.

■ Tribunal Regional Eleitoral — Santa Catarina

Através de ações de liderança, a ata administrativa pode estabelecer as condições necessárias para que os colaboradores sintam-se à vontade e possibilitar a concretização de um sistema de gestão de qualidade.

Escreva uma redação, utilizando o mínimo de 10 (dez) e o máximo de 20 (vinte) linhas na folha de respostas da prova discursiva, a respeito dos princípios de gestão da qualidade que podem ser empregados por parte da alta administração para a melhoria contínua do serviço eleitoral.

■ Fundação ESAG — Tribunal Regional Eleitoral — Espírito Santo

1. O artigo 37, da Constituição Federal, estabelece princípios de direito administrativo que devem ser obedecidos pela administração pública direta e indireta de qualquer dos Poderes da União, dos Estados, do Distrito Federal e dos Municípios. O artigo 2.º, da Lei 9.784, de 29 de janeiro de 1999, que regula o processo administrativo no âmbito da Administração Pública Federal, especifica os princípios de direito administrativo que devem ser obedecidos pela Administração Pública. Escreva um texto, em forma de redação, utilizando-se de 10 (dez) a 15 (quinze) linhas da **folha de respostas da prova discursiva**, iniciando na linha 1 (um), citando cada um dos princípios estabelecidos por

estes artigos 37, da Constituição Federal, e 2.º, da Lei 9.784/1999, e dando os respectivos conceitos.

2. A respeito das emendas que o poder legislativo pode inserir no projeto de lei da lei orçamentária, descreva, em forma de redação, utilizando-se de 10 (dez) a 15 (quinze) linhas da **folha de respostas da prova discursiva**, iniciando na linha 16 (dezesseis), os prazos e condições estabelecidos pela Constituição Federal para que as mesmas possam ser consideradas normais.

■ **Fundação ESAG — Tribunal Regional Eleitoral do Paraná — Analista Judiciário — Área Administrativa — 2004**

1. O eleitor que deixar de votar nas eleições e não se justificar perante a Justiça Eleitoral incorrerá em multa imposta pelo Juiz Eleitoral.

— Qual o prazo para o eleitor justificar a sua ausência?

— Cite restrições impostas por lei ao eleitor que não votou, não se justificou devidamente ou não recolheu a respectiva multa imposta pela Justiça Eleitoral.

Escreva um texto, em forma de redação, utilizando-se de 10 (dez) a 15 (quinze) linhas da **folha de respostas da prova discursiva**, iniciando na linha 1 (um), respondendo ao questionamento acima.

2. A respeito dos estágios de despesa orçamentária, legalmente exigidos, têm-se o empenho, a liquidação e o pagamento. Escreva, em forma de redação, utilizando-se de 10 (dez) a 15 (quinze) linhas da **folha de respostas da prova discursiva**, iniciando na linha 16 (dezesseis), a respeito de cada um deles e da sequência a respeitar quando se trata de realizar uma despesa orçamentária.

11

PROVAS SIMULADAS

> *A conclusão é o momento de atar as pontas, não as duas pontas da vida, restaurando na velhice a adolescência, como queria Dom Casmurro, mas as intenções e o produto, mostrando como neste estão aquelas.*
> José Luiz Fiorin

Para um bom desempenho em provas, é fundamental não somente estudar a teoria, mas treinar o que se estudou com exercícios.

Após cada parte deste livro você encontrou questões, com respostas comentadas que ajudaram na fixação dos conceitos, tanto da gramática quanto da interpretação de texto, redação oficial e redação discursiva. Depois desse trabalho de fixação, é importante testar os conhecimentos acumulados.

Pensando nisso, preparamos 35 provas simuladas, envolvendo todos os assuntos apresentados na obra. Elas representam o estilo das principais empresas preparadoras de exames, tais como: Cesgranrio, Cespe-UnB, Cetro Consulplan, Esaf, FCC, FGV, NCE-UFRJ, Vunesp, entre outras.

Essas provas simuladas apresentam, cada uma, dez questões sobre vários assuntos, para que você possa ter uma ideia clara e inequívoca de como é uma prova moderna de Língua Portuguesa.

Elas devem ser resolvidas paulatinamente, para que você observe a sua crescente melhoria no desempenho das resoluções: resolva uma prova simulada, volte à teoria, revise o conteúdo, refaça os exercícios e, em seguida, resolva outra prova simulada. Esse trabalho de revisão é que fará com que o seu desempenho de estudante melhore dia a dia.

Durante todo o livro, as respostas das questões foram colocadas logo após cada uma delas, pois assim facilitamos o trabalho de fixação de conceitos. Como o intuito destas provas simuladas é testar o seu conhecimento, o gabarito das questões é colocado ao final de cada prova, para que assim você possa dedicar um tempo à resolução e, depois disso, conferir acertos e erros.

Lembre-se de que não basta conferir o gabarito. Para que aumente o seu número de acertos a cada prova, é preciso que, ao errar uma questão, você volte à teoria, revise conceitos e refaça exercícios.

Por fim, vale frisar que, além das provas simuladas no livro físico, existem ainda outras 35 que ficarão disponíveis de maneira online. Para acessá-las, basta escanear o *QRCode* abaixo ou utilizar o *link*:

PROVAS SIMULADAS
https://uqr.to/1xyfk

Então, bom treino!

Prova Simulada 1

Leia o texto abaixo para responder à questão 1.

Duas pesquisas mostram que as políticas sociais e de combate à fome implementadas pelo governo federal começam a apresentar resultados concretos na melhoria das condições de vida do povo brasileiro. Um estudo da Fundação Getulio Vargas (FGV), intitulado "Miséria em Queda", baseado em dados da Pesquisa Nacional por Amostra de Domicílio (PNAD), do IBGE, confirmou que a miséria no Brasil caiu em 2004, e atingiu o nível mais baixo desde 1992. O número de pessoas que estão abaixo da linha da pobreza passou de 27,26% da população, em 2003, para 25,08%, em 2004. Em 1992, esse percentual era de 35,87%. É considerado abaixo da linha da pobreza quem pertence a uma família com renda inferior a R$ 115 mensais, valor considerado o mínimo para garantir a alimentação de uma família. O estudo da FGV mostrou que o índice de miséria no Brasil caiu 8%, de 2003 para 2004, deixando o país com a menor proporção de miseráveis desde 1992.

1. Assinale a opção que não constitui continuação coesa e coerente para o texto acima.
 a) A cobertura destes dois programas alcança os bolsões de pobreza das zonas mais distantes dos grandes centros, reduzindo bastante a miséria no país.
 b) O coordenador do estudo da FGV atribuiu a queda da pobreza ao crescimento econômico do país e listou fatores como estabilidade da inflação, reajuste do salário mínimo, recuperação do mercado de trabalho, aumento da geração de empregos formais e, ainda, o aumento da presença do Estado na economia, com uma maior transferência de renda para a sociedade.
 c) O aumento da taxa de escolarização da população tem sido fundamental para a redução da desigualdade entre ricos e pobres.
 d) Há uma nova geração de programas sociais que está fazendo a sociedade brasileira enxergar que é preciso dar mais a quem tem menos e entre os exemplos estão o programa Bolsa Família e o programa de aposentadoria rural.
 e) A redução da taxa de pobreza foi fortemente influenciada pela queda na distância entre os ricos e pobres no Brasil, registrada em três anos consecutivos. Somente em 2004, a desigualdade caiu duas vezes mais do que no ano anterior.
(Adaptado de *Em Questão*, n. 379 — Brasília, 30 de novembro de 2005)

Leia o texto abaixo para responder à questão 2.

Haverá (1) incentivo para o aprimoramento da tecnologia nacional de produção do combustível biodiesel. Para o desenvolvimento de pesquisas e processos de produção ***foi destinado (2)*** R$ 16 milhões do Ministério da Ciência e Tecnologia (MCT). ***Parte (3)*** desses recursos ***está sendo aplicada (4)*** na formação da Rede Brasileira de Tecnologia de Biodiesel (RBTB), formada por universidades e instituições de pesquisa de 23 estados, e no reforço de infraestrutura ***laboratorial (5)*** para monitorar a qualidade do biodiesel.
(Adaptado de *Em Questão*, n. 261 — Brasília, 08 de dezembro de 2004)

2. Assinale a opção que corresponde a erro gramatical.
 a) 1
 b) 2
 c) 3
 d) 4
 e) 5

Leia o texto abaixo para responder às questões 3 e 4.

As pesquisas desenvolvidas nos vários centros nacionais e internacionais, tanto em animais quanto em seres humanos, têm demonstrado que o tratamento regenerativo com células--tronco está deixando de ser uma utopia, podendo tornarse importante recurso para o tratamento de diversas doenças. As pesquisas mostram que essas células têm potencial capaz de reparar as alterações determinadas pelas doenças que provocam perda ou diminuição da capacidade funcional de determinados órgãos do nosso corpo. Assim, especula-se que os

transplantes de células-tronco possam vir a beneficiar doenças do coração, doenças neurovegetativas, degeneração celular ligada ao envelhecimento e a tratar certas formas de câncer, como as leucemias.
(O Globo, 11.03.2006. José Barbosa Filho e Roberto Benchimol Barbosa)

3. Assinale a opção correta em relação às formas verbais do texto.
   a) "têm" (1.º período) está no plural para concordar com "seres humanos".
   b) "está deixando de ser" (1.º período) concorda com "células-tronco".
   c) "provocam" (2.º período) está no plural para concordar com "pesquisas" (2.º período).
   d) "especula-se" (3.º período) apresenta sujeito implícito.
   e) "a tratar" (3.º período) forma locução verbal com "possam vir" (3.º período).

4. Assinale a opção que está de acordo com as ideias do texto.
   a) O tratamento com células-tronco já se tornou importante recurso para o tratamento de doenças.
   b) As células-tronco provocam diminuição da capacidade funcional de determinados órgãos.
   c) O tratamento com células-tronco pode vir a tornar-se recurso para reparar os danos à saúde causados por diversas doenças.
   d) Os transplantes de células-tronco já beneficiam doenças do coração e doenças neurovegetativas.
   e) As células-tronco já tratam, principalmente, certas formas de câncer, como as leucemias.

Leia o texto abaixo para responder à questão 5.

Há (1) os que defendem um governo universal; essa seria, de acordo com certos teóricos, a única forma de eliminar as guerras, de construir uma paz durável, **se não (2)** eterna. Outros teóricos apontam a impossibilidade de governo universal **sobre (3)** uma História construída nos fundamentos da desigualdade. A paz só pode ser obtida entre sociedades iguais, e as sociedades nunca **serão (4)** iguais. Se houver a provável igualdade econômica, sempre haverá a desigualdade cultural, e, por fim, os deuses **tão pouco (5)** são iguais.
(Adaptado de Mauro Santayana, Jornal do Brasil, 11.03.2006)

5. Assinale a opção que corresponde a erro gramatical, no texto acima.
   a) 1
   b) 2
   c) 3
   d) 4
   e) 5

Leia o texto abaixo para responder à questão 6.

Para incentivar a fabricação do biodiesel, o Banco Nacional de Desenvolvimento Econômico e Social (BNDES) **vai financiar** até 90% dos itens passíveis de apoio para projetos com o Selo Combustível Social e até 80% para os demais projetos. Os recursos **serão destinados** a todas as fases de produção, como a agrícola, a fabricação do óleo bruto, o armazenamento e a aquisição de máquinas. A partir do próximo ano, **estarão** à disposição R$ 100 milhões para linhas de financiamento pelo Programa Nacional de Fortalecimento da Agricultura Familiar (Pronaf) **para o cultivo da** matéria-prima do combustível renovável. Estima-se que 250 mil famílias de agricultores familiares e assentados da reforma agrária **participam** da produção de oleaginosas para atender o mercado de B2.

6. Assinale a substituição necessária para que o texto acima fique gramaticalmente correto.
   a) "vai financiar" por **financiará**
   b) "serão destinados" por **destinar-se-ão**
   c) "estarão" por **vão estar**
   d) "para o cultivo da" por **para que se cultive**
   e) "participam" por **participem**

7. Assinale a opção que preenche respectiva e corretamente as lacunas do texto.

O século XXI desponta com a atenção da comunidade científica voltada **(1)** pesquisas que visam aprimorar os conhecimentos sobre a biologia celular. A aplicação racional **(2)** conhecimentos possibilitará o surgimento de uma nova modalidade de tratamento de doenças: a terapêutica celular regenerativa, **(3)** base será o emprego das chamadas células-tronco. **(4)** sua capacidade regenerativa, estas células se apresentam como potencialmente habilitadas para restituir o estado funcional de órgãos doentes **(5)** forem implantadas.

(*O Globo,* 11.03.2006. José Barbosa Filho e Roberto Benchimol Barbosa)

a) para as / desses / cuja / Em face de / em que
b) a / dos / que a / Face à / nos quais
c) às / de / tais qual / Diante de / no que
d) nas / de / com a / À frente de / em quais
e) perante as / dos / da qual / Diante à / em cujos

Leia o texto abaixo para responder à questão 8.

O Brasil é sócio fundador do FMI desde 1944 e o pagamento antecipado da dívida não vai alterar o bom relacionamento entre essa instituição e o País. Além das relações normais previstas no Artigo IV do Estatuto do Fundo para todos os países-membros, _____ que deverão ter impacto importante em outros países-membros, notadamente no que concerne ao Projeto Piloto de Investimento e à implementação do Manual de Contas Públicas. Além disso, o Brasil dará prosseguimento ao diálogo que vem mantendo com o Fundo sobre a conveniência de desenvolver mecanismos que fortaleçam a arquitetura financeira mundial e amenizem os impactos de choques sobre a conta de capital das economias abertas.

(Adaptado de *Em Questão,* n. 387 — Brasília, 26 de dezembro de 2005)

8. Assinale a opção que completa o texto acima com coesão e coerência.

a) alguns dos projetos conjuntos
b) o Brasil continuará desenvolvendo projetos conjuntos
c) determinados projetos conjuntos
d) o desenvolvimento de determinados projetos conjuntos
e) o Brasil e o desenvolvimento conjunto de projetos

9. Assinale a opção em que há erro.

a) A crise de 2002 reduziu significativamente o fluxo de recursos externos no Brasil e elevou bastante o riscopaís, indicador de confiança do investidor estrangeiro num determinado país.
b) Em 2003, houve um ajuste fiscal mais firme para controlar a inflação, a expansão do crédito doméstico e o aumento da demanda externa por produtos brasileiros, fato que permitiu a retomada do crescimento da economia em 2004.
c) As políticas de ajuste ainda permitiram a diminuição de dívida líquida do setor público de 57,2% do PIB, no final de 2003, para 51,8%, no fim do ano passado.
d) Para continuar a crescer de forma sustentável é necessário recuperar os investimentos e ampliar a capacidade de atrairem recursos estrangeiros.
e) Para enfrentar esses desafios, são necessários os esforços para equilibrar as contas da Previdência Social, reduzir o Imposto sobre Produtos Industrializados (IPI), implementar a nova Política Industrial, Tecnológica e de Comércio Exterior e aprovar a lei das Parcerias Público-Privadas.

(Adaptado de *Em Questão,* n. 355 — Brasília, 12 de setembro de 2005)

10. Assinale a opção em que o emprego dos sinais de pontuação está correto.

a) Motoristas e montadoras de automóveis, não terão que desembolsar mais recursos com a mudança para o biodiesel, pois esse combustível não exige nenhuma alteração nos motores dos veículos.
b) A Associação Nacional dos Fabricantes de Veículos Automotores (Anfavea), assegurou a garantia dos motores dos veículos que utilizarem o biodiesel misturado ao diesel na proporção de 2%, como foi autorizado.

c) Além disso, o combustível renovável poderá ser usado, em substituição ao óleo diesel em usinas termelétricas, na geração de energia elétrica em comunidades de difícil acesso, como é o caso de diversas localidades na região Norte.
d) Para autorizar o uso do biodiesel no mercado nacional, o governo, editou um conjunto de atos legais que tratam dos percentuais de mistura do biodiesel ao diesel, da forma de utilização e do regime tributário.
e) Tal regime, considera a diferenciação das alíquotas com base na região de plantio, nas oleaginosas e na categoria de produção (agronegócio e agricultura familiar). O governo cria também o Selo Combustível Social e isenta a cobrança do Imposto sobre Produtos Industrializados (IPI).

(Adaptado de *Em Questão*, n. 261 — Brasília, 08 de dezembro de 2004)

GABARITO

1. "a".
2. "b".
3. "e".
4. "c".
5. "e".
6. "e".
7. "a".
8. "b".
9. "d".
10. "c".

Prova Simulada 2

Atenção: As questões de números 1 a 6 referem-se ao texto que segue.

Propósitos e liberdade

Desde que nascemos e a nossa vida começou, não há mais nenhum ponto zero possível. Não há como começar do nada. Talvez seja isso que torna tão difícil cumprir propósitos de Ano-Novo. E, a bem da verdade, o que dificulta realizar qualquer novo propósito, em qualquer tempo.

O passado é como argila que nos molda e a que estamos presos, embora chamados imperiosamente pelo futuro. Não escapamos do tempo, não escapamos da nossa história. Somos pressionados pela realidade e pelos desejos. Como pode o ser humano ser livre se ele está inexoravelmente premido por seus anseios e amarrado ao enredo de sua vida? Para muitos filósofos, é nesse conflito que está o problema da nossa liberdade.

Alguns tentam resolver esse dilema afirmando que a liberdade é a nossa capacidade de escolher, a que chamam livre-arbítrio. Liberdade se traduziria por ponderar e eleger entre o que quero e o que não quero ou entre o bem e o mal, por exemplo. Liberdade seria, portanto, sinônimo de decisão.

Prefiro a interpretação de outros pensadores, que nos dizem que somos livres quando agimos. E agir é iniciar uma nova cadeia de acontecimentos, por mais atrelados que estejamos a uma ordem anterior. Liberdade é, então, começar o improvável e o impensável. É sobrepujar hábitos, crenças, determinações, medos, preconceitos. Ser livre é tomar a iniciativa de principiar novas possibilidades. Desamarrar. Abrir novos tempos.

Nossa história e nosso passado não são nem cargas indesejadas, nem determinações absolutas. Sem eles, não teríamos de onde sair, nem para onde nos projetar. Sem passado e sem história, quem seríamos? Mas não é porque não pudemos (fazer, falar, mudar, enfrentar...) que jamais poderemos. Nossa capacidade de dar um novo início para as mesmas coisas e situações é nosso poder original e está na raiz da nossa condição humana. É ela que dá à vida uma direção e um destino. Somos livres quando, ao agir, recomeçamos.

Nossos gestos e palavras, mesmo inconscientes e involuntários, sempre destinam nossas vidas para algum lugar. A função dos propósitos é transformar esse agir, que cria destinos, numa ação consciente e voluntária. Sua tarefa é a de romper com a casualidade aparente da vida e apagar a impressão de que uma mão dirige nossa existência.

Os propósitos nos devolvem a autoria da vida.

(Dulce Critelli, *Folha de S.Paulo*, 24.01.2008)

1. A autora defende a tese de que afirmamos nossa liberdade quando
a) formulamos propósitos que nos libertam plenamente de nossas memórias e das experiências vividas.
b) formulamos a intenção de agir para provar nossa capacidade de dominar e exercer o nosso livre-arbítrio.
c) passamos a agir com a determinação de abrir caminhos que representem novas possibilidades.
d) condicionamos nossas ações à personalidade que viemos constituindo e cristalizando ao longo da vida.
e) orientamos nossa ação pela escolha de valores definidos previamente como imperativos morais.

2. Considere as seguintes afirmações:
I. Ao sustentar que *Não há como começar do nada*, a autora deixa implícito que somos fatalmente conduzidos para um destino já traçado.
II. O conflito que, para muitos filósofos, se traduz como *problema da nossa liberdade* é o que se estabelece entre as amarras do passado e o anseio de ser livre.
III. O fracasso em iniciativas passadas não deve impedir que as retomemos, pois é essa insistência que atesta nossa liberdade.

Em relação ao texto, está correto SOMENTE o que se afirma em
a) I.
b) II.
c) III.
d) I e II.
e) II e III.

3. Ao dar ênfase ao caráter consciente e voluntário dos nossos propósitos, a autora coloca-se contra
a) a subordinação nossa à força dos acasos.
b) a tentação de sobrepujarmos fortes determinações.
c) a nossa tendência para retomar antigas iniciativas.
d) o caprichoso hábito de nunca voltarmos atrás.
e) a possibilidade de nos valermos do livre-arbítrio.

4. Numa outra redação de um segmento do 5.º parágrafo do texto, estará correta e coerente com o sentido original a seguinte construção:
Sem nossa história e nosso passado, não teríamos
a) de onde prover, nem aonde nos inclinarmos.
b) por onde começar, nem espaço para nos expandirmos.
c) aonde começar, nem aonde alcançarmos projeção.
d) por onde provermos, nem lugar aonde nos fixarmos.
e) onde dar início, nem aonde progredirmos.

5. É a liberdade que dá à vida *uma direção*.
O termo em destaque na frase acima exerce a mesma função sintática do termo em destaque em:
a) Sem passado e sem história, poderíamos ser *livres*?
b) Liberdade seria, a meu ver, um sinônimo *de decisão*.
c) Somos livres *a cada vez que*, agindo, recomeçamos.
d) Liberdade seria, pois, começar *o improvável*.
e) *A liberdade* nos liberta, o passado é argila que nos molda.

6. Assinale a opção incorreta em relação ao trecho abaixo:
Prefiro a interpretação de outros pensadores, que nos dizem que somos livres quando agimos. E agir é iniciar uma nova cadeia de acontecimentos, por mais atrelados que estejamos a uma ordem anterior. Liberdade é, então, começar o improvável e o impensável. É sobrepujar hábitos, crenças, determinações, medos, preconceitos. Ser livre é tomar a iniciativa de principiar novas possibilidades. Desamarrar. Abrir novos tempos.
a) O verbo **preferir**, na primeira oração, tem a mesma classificação sintática que o verbo **assistir** na frase: "Nem sempre assistem com atenção os médicos o seu paciente".
b) o primeiro "que" do trecho introduz uma oração explicativa.
c) o segundo "que" do trecho introduz uma oração restritiva.
d) podemos substituir o ponto-final após agimos (1.º período) por vírgula, sem prejuízo sintático ou semântico para o texto.
e) todas as palavras do trecho estão corretamente acentuadas.

7. Em relação ao texto, assinale a opção correta.
É preciso que sejam adotadas medidas indispensáveis para dar continuidade ao crescimento, entre elas os investimentos necessários à nossa infraestrutura (energia elétrica, portos, rodovias e ferrovias), a melhoria no nível da educação, aprovação das reformas tributária, sindical, previdenciária e trabalhista e a desburocratização dos serviços públicos. Sem isso, estaremos condenados à costumeira gangorra de sempre, com números bons num ano e ruins no outro, eternos dependentes dos humores da economia mundial.
Ao contrário do que previam os pessimistas, no final do século passado, o processo de globalização está favorecendo o comércio exterior de países como o Brasil, que tem ainda muitas áreas inaproveitadas para expansão da lavoura.

(*Jornal do Commercio* (PE), 12.01.2008)

a) A substituição dos parênteses por travessões prejudicaria a correção gramatical do período.
b) O sinal indicativo de crase em "à costumeira" justifica-se pela regência de "estaremos".
c) A expressão "costumeira gangorra" está sendo empregada em sentido denotativo.
d) O emprego da primeira pessoa do plural em "nossa" e "estaremos" indica que o autor fala em nome de um departamento do governo.
e) A vírgula após "Brasil" justifica-se por ser a oração subsequente subordinada adjetiva explicativa.

8. Assinale a opção em que o trecho do *Valor Econômico* (15.01.2008 — com adaptações) apresenta erro gramatical.
   a) Várias lições foram aprendidas com o apagão de 2001 e não há dúvida de que a situação em que o País se encontra para prevenir e enfrentar a eventual repetição de cortes forçados de energia são muito melhores que as de sete anos atrás.
   b) Há pelo menos dois anos o abastecimento de gás natural deixou de ser confiável, e não será pela proximidade de escassez de energia que o problema mudará de natureza.
   c) A questão da necessidade de medidas de economia de energia, sejam elas quais forem — inclusive a que deveria ser item permanente de todos os governos, todos os anos: a racionalização do uso —, passou a ser encarada pelo governo como um desafio.
   d) O modelo energético atual privilegiou a garantia de fornecimento da energia e a modicidade tarifária para novos empreendimentos. Tem pontos fortes e fracos, como todos os modelos. Ele é estadista e centralizador, sem que, por isso, esteja condenado à ineficiência.
   e) Ao contrário, a previsibilidade de todo o sistema é hoje maior, embora isto tampouco seja uma garantia de que as necessidades do futuro serão atendidas por medidas adequadas no presente. Se o planejamento for seguido à risca, a situação da oferta do gás tem condições de melhorar em 2008.

9. Assinale o trecho do texto adaptado do *Jornal do Commercio* (PE), de 12.01.2008, que apresenta erro de regência.
   a) Depois de um longo período em que apresentou taxas de crescimento econômico que não iam além dos 3%, o Brasil fecha o ano de 2007 com uma expansão de 5,3%, certamente a maior taxa registrada na última década.
   b) Os dados ainda não são definitivos, mas tudo sugere que serão confirmados. A entidade responsável pelo estudo foi a conhecida Comissão Econômica para a América Latina (Cepal).
   c) Não há dúvida de que os números são bons, num momento em que atingimos um bom superávit em conta corrente, em que se revela queda no desemprego e até se anuncia a ampliação de nossas reservas monetárias, além da descoberta de novas fontes de petróleo.
   d) Mesmo assim, olhando-se para os vizinhos de continente, percebe-se que nossa performance é inferior a que foi atribuída à Argentina (8,6%) e a alguns outros países com participação menor no conjunto dos bens produzidos pela América Latina.
   e) Nem é preciso olhar os exemplos da China, Índia e Rússia, com crescimento acima desses patamares. Ao conjunto inteiro da América Latina, o organismo internacional está atribuindo um crescimento médio, em 2007, de 5,6%, um pouco maior do que o do Brasil.

10. Assinale a opção em que o trecho foi transcrito com erro de pontuação.
    a) Ao longo dos últimos anos, na reforma do Judiciário, o Congresso municiou o Supremo com ferramentas novas para imprimir maior eficácia ao sistema. A corte, entretanto, as vem utilizando com certa timidez.
    b) A mais poderosa dessas armas é o efeito vinculante. Trata-se de dispositivo que permite ao Supremo editar súmulas fixando jurisprudência que deve obrigatoriamente ser seguida pelas instâncias inferiores da Justiça e pela administração pública.
    c) Criado em 2004 e regulamentado dois anos depois, o mecanismo só foi utilizado em três ocasiões, nenhuma delas envolvendo conteúdo muito controverso.
    d) Caminho semelhante segue o princípio da repercussão geral, que possibilita ao STF, recusar recursos extraordinários e agravos em ações com baixa relevância social, no entendimento da maioria dos ministros.
    e) Associadas, a edição de novas súmulas vinculantes e a exclusão das matérias sem repercussão geral teriam o condão de livrar o Judiciário de milhares de processos repetitivos, cujo desfecho já é conhecido de antemão.

(*Folha de S.Paulo*, 02.02.2008)

GABARITO

1. "c".
2. "e".
3. "a".
4. "b".
5. "d".
6. "c".
7. "e".
8. "a".
9. "d".
10. "d".

Prova Simulada 3

Texto para as questões de 1 a 5

O conceito de verdade tem sido abordado e compreendido de diferentes formas por diversos pensadores e por diversas escolas filosóficas. Os filósofos gregos começaram a buscar a verdade em relação ou oposição à falsidade, ilusão, aparência. De acordo com essa concepção, a verdade estaria inscrita na essência, sendo idêntica à realidade e acessível apenas ao pensamento, e vedada aos sentidos. Assim, um elemento necessário à verdade era a "visão inteligível"; em outras palavras, o ato de revelar, o próprio desvelamento.

Já para os romanos, a verdade era Veritas, a veracidade. O conceito era sempre aplicado, isto é, remetia a uma história vivida que pudesse ou não ser comprovada. Essa concepção de verdade subordinavaa, portanto, à possibilidade de uma verificação. A formulação do problema do "critério de verdade" ocupou os adeptos da gnosiologia, aqueles que se dedicavam ao estudo das relações do pensamento, e de seu enunciado, sua forma de tradução na comunicação humana com o objeto ou fato real, em que se buscava uma relação de correspondência. Para a lógica, o interesse circunscreviase na correção e(ou) coerência semântica do discurso, da enunciação, descartando a reflexão sobre o mundo objetivo.

Para o filósofo Heidegger, as verdades são respostas que o homem dá ao mundo. Ressaltese a utilização do termo no plural, quando o conceito de verdade perde o critério do absoluto e(ou) do indivisível. Portanto, não haveria mais uma verdade filosófica, mas várias verdades. Esse sentido mais pluralista também é defendido por Foucault, para quem o significado de verdade seria o de expressão de determinada época, cada qual com sua verdade e seu discurso.

(Iluska Coutinho. *O conceito de verdade e sua utilização no jornalismo* — Disponível em: <www.metodista.br/unesco/gcsb>, com adaptações)

1. Assinale a opção correspondente à frase do texto que representa a síntese de suas ideias.
   a) "O conceito de verdade tem sido abordado e compreendido de diferentes formas por diversos pensadores e por diversas escolas filosóficas."
   b) "Os filósofos gregos começaram a buscar a verdade em relação ou oposição à falsidade, ilusão, aparência."
   c) "Assim, um elemento necessário à verdade era a 'visão inteligível'; em outras palavras, o ato de revelar, o próprio desvelamento."
   d) "A formulação do problema do 'critério de verdade' ocupou os adeptos da gnosiologia".

2. No texto, um fato ou estado considerado em sua realidade está expresso pelo verbo destacado em
   a) "a verdade *estaria* inscrita" (1.º parágrafo).
   b) "o interesse *circunscrevia*-se" (2.º parágrafo).
   c) "não *haveria* mais uma verdade filosófica" (3.º parágrafo).
   d) "o significado de verdade *seria* o de expressão" (3.º parágrafo).

3. A respeito do texto, julgue os itens seguintes, e assinale uma das opções.
   I. Tanto para os gregos como para os lógicos, a verdade constituía uma reflexão, acessível aos sentidos, não ilusória sobre o mundo.
   II. Em latim, o conceito de verdade estava associado à experiência e dependia de verificação.
   III. Para filósofos mais modernos, a verdade relaciona homem e mundo e varia nas diferentes épocas e discursos.

   a) Apenas o item I está certo.
   b) Apenas o item III está certo.
   c) Apenas os itens I e II estão certos.
   d) Apenas os itens II e III estão certos.

4. Assinale a opção correta a respeito do emprego da crase nas estruturas linguísticas do texto.
   a) No segundo período do texto, mantêm-se as relações semânticas, bem como a correção gramatical, ao se inserir à antes de "ilusão" e antes de "aparência".

b) No 1.º parágrafo, tanto o uso da crase em "à realidade" como da contração em "ao pensamento" justificam-se pelas relações de regência de "idêntica".
c) No 2.º parágrafo, preservam-se as relações de regência de "remetia", bem como a correção gramatical do texto, ao se inserir um sinal indicativo de crase em "a uma história".
d) A retirada do sinal indicativo de crase em "à possibilidade" (2.º parágrafo) provocaria erro gramatical e incoerência nas ideias do texto, por transformar objeto indireto em objeto direto na oração.

5. Assinale a opção incorreta a respeito da função textual das estruturas linguísticas do texto.
   a) 1.º parágrafo — No encadeamento dos argumentos do texto, a expressão "essa concepção" remete à ideia anterior, de "verdade em relação ou oposição à falsidade, ilusão, aparência".
   b) 1.º parágrafo — A expressão "em outras palavras" tem a função de introduzir uma explicação ou um esclarecimento sobre como o conceito de "visão inteligível" deve ser compreendido.
   c) 2.º parágrafo — O desenvolvimento das ideias do texto mostra que a expressão "gnosiologia" deve ser interpretada como sinônimo de "critério de verdade".
   d) 3.º parágrafo — Na organização da coesão textual, as duas ocorrências do vocábulo "mais" associam as ideias das orações em que ocorrem às dos parágrafos anteriores, mas sua omissão não prejudicaria a correção ou a coerência textuais.

Texto para as questões de 6 a 8.
A ciência moderna teve de lutar com um inimigo poderoso: os monopólios de interpretação, fossem eles a religião, o estado, a família ou o partido. Foi uma luta travada com enorme êxito e cujos resultados positivos vão ser indispensáveis para criar um conhecimento emancipatório pósmoderno. O fim dos monopólios de interpretação é um bem absoluto da humanidade.
No entanto, como a ciência moderna colonizou as outras formas de racionalidade, destruindo, assim, o equilíbrio dinâmico entre regulação e emancipação, em detrimento desta, o êxito da luta contra os monopólios de interpretação acabou por dar lugar a um novo inimigo, tão temível quanto o anterior, e que a ciência moderna não podia senão ignorar: a renúncia à interpretação, paradigmaticamente patente no utopismo automático da tecnologia e também na ideologia e na prática consumistas.
(Boaventura de Sousa Santos. *A crítica da razão indolente*. São Paulo: Cortez, 2007, p. 95, com adaptações)

6. Depreende-se da argumentação do texto que
   a) a criação de um conhecimento pós-moderno apoia-se na utopia da ideologia e da prática consumista.
   b) tanto uma interpretação monopolizada quanto a falta de interpretação são prejudiciais à humanidade.
   c) tanto a ciência moderna quanto outras formas de racionalidade prejudicaram a luta contra os monopólios de interpretação.
   d) o fim dos monopólios de interpretação teve como uma de suas consequências o enfraquecimento da religião, do Estado, da família e dos partidos.

7. Assinale a opção correspondente à proposta de substituição para o texto que provoca erro ou incoerência textual.
   a) *fosse* em lugar de "fossem eles" (1.º parágrafo)
   b) *seus* em lugar de "cujos" (1.º parágrafo)
   c) *Acabarem os monopólios de interpretação* em lugar de "O fim dos monopólios de interpretação" (1.º parágrafo)
   d) *deixar de* em lugar de "senão" (2.º parágrafo)

8. No desenvolvimento das ideias do texto, introduz-se uma ideia de causa com o uso
   a) de "para" em "para criar um conhecimento emancipatório pós-moderno".
   b) de "como" em "como a ciência moderna colonizou as outras formas de racionalidade".
   c) de "destruindo" em "destruindo, assim, o equilíbrio dinâmico entre regulação e emancipação".
   d) do sinal de dois-pontos depois de "ignorar" em "e que a ciência moderna não podia senão ignorar: a renúncia à interpretação".

Texto para as questões 9 e 10.

Por muitos anos, pensávamos compreender o que era interpretado, o que era uma interpretação; inquietávamonos, eventualmente, a propósito de uma dificuldade em particular, ocorrida no trabalho de interpretação. Nada mais. Atualmente, não temos certeza, já não estamos tão certos. O conflito de ideologias fez com que indagássemos sobre o que quer dizer uma interpretação e duvidássemos sobre o que estávamos fazendo ou teríamos de fazer.

Em vez desse tratamento que era dado à questão da interpretação, a Teoria Crítica ou o Criticismo insiste em trabalhar com as palavras que estão inscritas em determinada página.

(Célio Garcia. Graças à letra "soft", a estrutura "hard" dura.
In: Hugo Mari et al. (Org.). *Estruturalismo, memória e repercussões.*
Belo Horizonte: UFMG/Diadorim, p. 192, com adaptações)

9. Assinale a opção incorreta a respeito do uso dos sinais de pontuação no texto.
    a) Na conexão de ideias, a conjunção **e** desempenharia a mesma função da vírgula depois de "interpretado" (1.º período) e poderia substituí-la sem prejudicar a correção do texto.
    b) A substituição das duas vírgulas que demarcam a explicação "a propósito de uma dificuldade em particular" (1.º período) pelo duplo travessão preservaria a correção gramatical e a coerência textual.
    c) Respeita-se a relação entre as ideias do texto e mantém-se sua correção gramatical com a substituição do ponto depois de "certos" (2.º período) pelo sinal de dois-pontos, fazendo os necessários ajustes na inicial maiúscula.
    d) No 1.º período do 2.º parágrafo, a inserção de uma vírgula depois de "tratamento" preservaria a correção do texto, mas deixaria de marcar o caráter restritivo da oração iniciada por "que era".

10. Preserva-se a correção gramatical e a coerência das ideias do texto
    a) ao se deslocar o pronome átono em "inquietávamo-nos" (1.º período) para antes do verbo, escrevendo *nos inquietava*.
    b) ao se inserir *que tenha sido* antes de "ocorrida" (1.º período).
    c) ao se substituir "fez com que indagássemos" (3.º período) por *fez-nos indagarem*.
    d) ao se retirar "que era" (2.º parágrafo).

GABARITO

1. "a".
2. "b".
3. "d".
4. "a".
5. "c".
6. "b".
7. "d".
8. "b".
9. "b".
10. "d".

Prova Simulada 4

Leia o texto abaixo para responder às questões 1 e 2.

Uma das condições principais da pós-modernidade é o fato de ninguém poder ou dever discuti-la como condição histórico-geográfica. Com efeito, nunca é fácil elaborar uma avaliação crítica de uma situação avassaladoramente presente. Os termos do debate, da descrição e da representação são, com frequência, tão circunscritos que *parece não haver como escapar* de interpretações que não sejam autorreferenciais. É convencional nestes dias, por exemplo, descartar toda *sugestão de que* a "economia" (como quer que se entenda essa palavra vaga) possa ser determinante da vida cultural, *mesmo* "em última instância". O estranho na produção cultural pós-moderna é o ponto até o qual a mera procura de lucros é determinante em primeira instância.

(David Harvey, *Condição pós-moderna*, p. 301, com adaptações)

1. Assinale a relação lógica que não se depreende do texto.
a) Ser uma situação presente é causa de não se poder discutir a pós-modernidade.
b) Elaborar uma avaliação crítica implica debater, descrever e representar.
c) Se há produção cultural, há a busca de lucros.
d) Se a pós-modernidade fosse uma condição histórico-geográfica, a economia seria determinante na vida cultural.
e) Interpretações autorreferenciais são frequentes como resultado de avaliações críticas de uma situação presente.

2. Avalie as seguintes afirmações a respeito das estruturas linguísticas do texto (em destaque) para assinalar a opção correta.

I. O singular do verbo da primeira oração do texto deve-se à expressão "Uma das"; se, em seu lugar, fossem empregados termos que mantivessem o sujeito no plural, por exemplo, **Entre as**, o verbo deveria ser flexionado necessariamente no plural.

II. A opção pelo verbo "parece", iniciando a oração, exige o emprego de uma forma impessoal de verbo no seu desenvolvimento; daí o uso de singular em "não haver como escapar".

III. O emprego da preposição **de** é obrigatório antes da conjunção integrante "que", pois aí se inicia uma oração subordinada que completa a ideia de "sugestão".

IV. A palavra "mesmo", empregada com valor adverbial de **ainda que**, sugere que o autor antecipa uma rejeição ao argumento que explicita na oração anterior.

A quantidade de itens corretos é
a) 0.
b) 1.
c) 2.
d) 3.
e) 4.

3. Assinale a opção que preenche corretamente as lacunas do texto.

Para incentivar o cumprimento dos Objetivos de Desenvolvimento do Milênio no Brasil, o presidente Luiz Inácio Lula da Silva lançou o Prêmio ODM BRASIL. A iniciativa do governo federal em conjunto com o Movimento Nacional pela Cidadania e Solidariedade e o Programa das Nações Unidas para o Desenvolvimento (PNUD) vai selecionar e dar visibilidade **(1)** experiências em todo o país que estão contribuindo para o cumprimento dos Objetivos de Desenvolvimento do Milênio (ODM), como **(2)** erradicação da extrema pobreza e **(3)** redução da mortalidade infantil. Os ODM fazem parte de um compromisso assumido, perante **(4)** Organização das Nações Unidas, por 189 países de cumprir **(5)** 18 metas sociais até o ano de 2015.

(*Em Questão*, Subsecretaria de Comunicação Institucional da SecretariaGeral da Presidência da República, n. 390 — Brasília, 06 de janeiro de 2006)

a) a, à, à, a, às.
b) as, a, a, à, as.
c) às, à, a, à, às.
d) a, a, a, a, as.
e) as, a, a, à, às.

4. As opções trazem propostas de continuidade ao trecho abaixo, diferentemente redigidas. Assinale a que contém erro de regência e/ou de concordância.

Como ninguém quer falar em aumento de impostos, todos se aferram à expressão mágica: reforma tributária. O tema evoca um país moderno, com distribuição mais justa dos valores arrecadados.

(Gustavo Krieger, Agenda necessária e agenda possível, *Correio Braziliense*, 07.01.2008, p. 4)

a) Bonito na retórica. Quando o assunto chega à mesa de discussões, o clima muda. O governo federal não quer dividir seu caixa. Estados e Municípios sempre querem mais dinheiro.
b) É bonito até chegar à mesa de discussões. Aí ninguém quer perder. Ao contrário: todos lutam para aumentar sua fatia do bolo.
c) Tudo vai bem até o assunto chegar à mesa de discussões. União, Estados e Municípios se digladiam para não perderem nenhuma partezinha do que arrecadam. O que querem mesmo é ganhar mais.
d) Todos concordam até se sentarem na mesa de discussões, quando se inicia os mais acalorados debates. Ninguém quer perder. Estados e Municípios buscam aumentar seu quinhão na nova divisão do dinheiro arrecadado.
e) Falar em reforma tributária é bonito. O xis da questão é botá-la no papel, quando os interesses da União, Estados e Municípios se chocam na busca de uma fatia maior do bolo para cada um.

Leia o texto abaixo para, em seguida, responder à questão 5.

O ser humano não pode ser definido em relação a ele mesmo, porque não é um sujeito isolado, vive em relação com as coisas, com os outros e com o mundo, mesmo antes de pensar e de falar. Esta presença não é somente observável como também um fato vivido, isto é, quer dizer que o ser humano se manifesta no ser a cada instante. Nessa responsabilidade, inclui, às vezes, o eu e, às vezes, o outro, num equilíbrio que se faz de uma parte entre poder cuidar de si mesmo e, de outra, poder cuidar dos demais. Através dessa construção coletiva, os homens fazem e criam sua história e, nessa construção-criação, o cuidado torna-se um processo, não apenas um ato. Ato este que envolve o cuidar de si e do outro, mais o cuidado como possibilidade de continuidade da espécie, gozar a vida com qualidade e com liberdade.

(Adaptado de Carlos Altemir Schmitt, *O cuidado e a responsabilidade:* reflexão sobre a ética estabelecida no mundo do consumo desmedido, disponível em: <www.crescer.org>)

5. Assinale a proposta de paráfrase para fragmentos do texto que respeita a correção gramatical e a coerência da argumentação.

a) Primeiro período sintático:
Por não ser um sujeito isolado, não se pode definir o ser humano em relação à ele mesmo. Daí decorre que, mesmo antes de pensar e de falar, ele vive em relação com as coisas, com os outros e com o mundo.
b) Segundo período sintático:
O ser humano instantaneamente manifesta-se no ser; o que significa que esta presença observável é também um vívido fato.
c) Terceiro período sintático:
O equilíbrio se dá entre poder cuidar de si mesmo, de um lado, e poder cuidar dos demais, de outro, e tal responsabilidade, às vezes, inclui tanto o eu quanto o outro.
d) Quarto período sintático:
Na construção-criação de sua estória — por meio dessa construção coletiva — o ato extrapola o processo no cuidado de fazer e criar estória.
e) Quinto período sintático:

O cuidado como possibilidade de dar continuidade na espécie, e também de gozar a vida com qualidade, usufruindo da liberdade agrega o ato de cuidar de si e do outro.

6. Assinale o trecho que constitui uma síntese adequada ao texto.

A tradição dominante em nossa historiografia conduziu os melhores espíritos a uma espécie de "história oficial" singularmente desprendida de intenções interpretativas e, em particular, muito sujeita a converter os atos declarados e as aspirações ideais conscientes dos agentes históricos em realidade histórica última, tão irredutível quão verdadeira em si mesma. A reação a esse padrão deficiente e deformado de descrição histórica é recente e ainda não conseguiu criar uma perspectiva de interpretação histórica livre de etnocentrismos, criticamente objetiva e aberta a certas categorias analíticas fundamentais. Por isso, aí reina uma confusão conceitual e metodológica prejudicial a qualquer tentativa de investigação macrossociológica.

(Florestan Fernandes, A revolução burguesa no Brasil. In: *Intérpretes do Brasil*, v. 3, Rio de Janeiro: Nova Aguilar, p. 1.509)

a) Os melhores espíritos, sem intenções interpretativas, convertem as aspirações ideais em realidade histórica irredutível. A reação à descrição histórica não conseguiu livrar-se de etnocentrismos nem do prejuízo a qualquer investigação macrossociológica.
b) A tradição em nossa historiografia preferiu adotar a "história oficial" como realidade histórica. A reação a essa descrição equivocada é recente e ainda não conseguiu criar uma perspectiva mais objetiva, livre de etnocentrismos e teoricamente aberta. Por isso, predomina aí confusão conceitual e metodológica que prejudica a investigação macrossociológica.
c) A historiografia tradicional conduziu as descrições históricas a uma verdade irredutível. Esse padrão deficiente e deformado é recente e ainda não mudou a perspectiva das categorias analíticas. Assim, a confusão conceitual e metodológica tenta uma investigação macrossociológica.
d) A tradição historiográfica desprendeu-se de intenções interpretativas e converteu os agentes históricos em verdade irredutível. A reação é recente e ainda não se livrou do etnocentrismo e criou uma perspectiva mais aberta. O predomínio da conceituação na metodologia atrapalha a investigação macrossociológica.
e) Há uma "história oficial" desprendida de intenções interpretativas, sujeita a converter os agentes históricos em realidade histórica última. A reação é recente, mais objetiva, aberta a certas categorias analíticas. Essas conceituações metodológicas predominam e tentam uma investigação macrossociológica.

7. Os trechos abaixo constituem um texto, mas estão desordenados. Ordene-os nos parênteses e assinale a opção correta.

( ) Seu existencialismo, assentado no postulado filosófico de que "a existência precede a essência", naturalmente era de compreensão restrita.
( ) Sartre foi do existencialismo ao maoísmo e arrastou, com ele, as mentes mais agudas e os corações mais sensíveis.
( ) Pôs-se assim, ele, o grande libertário, a serviço de um dos grandes tiranos do século XX.
( ) Entretanto, o filósofo entregou-se ao maoísmo na última etapa da vida. Coerente, sempre, em viver cada opção doutrinária, foi vender na rua jornal afinado com o novo credo.
( ) Mas, pela rama, dava para entender que, se a vida era absurda, melhor era curti-la, e assim todo mundo queria ser existencialista.

(Roberto Pompeu de Toledo, *Revista Veja*, 06.04.2005, p. 142)

a) 5.º, 1.º, 2.º, 3.º, 4.º
b) 4.º, 3.º, 5.º, 1.º, 2.º
c) 1.º, 5.º, 3.º, 2.º, 4.º
d) 3.º, 4.º, 2.º, 5.º, 1.º
e) 2.º, 1.º, 5.º, 4.º, 3.º

8. Julgue se os trechos do texto abaixo estão gramaticalmente corretos e responda ao que se pede:
   I. Todos os modelos, em maior ou menor grau fracassaram. O socialismo, ao em vez de oferecer o paraíso, criou um inferno sob a forma de estados totalitários, baseados na repressão policial e na ação da polícia política.
   II. O capitalismo, longe de criar oportunidades iguais para que todos os indivíduos pudessem competir entre si, criou mecanismos cruéis de concentração de riqueza nas mãos de poucos, expulsando da esfera do consumo milhões de seres humanos famintos e miseráveis.
   III. Os modelos intermediários criaram algumas "ilhas de prosperidade" (como os países escandinavos), possíveis por circunstâncias muito específicas de sua história e cultura, mas não conseguiram oferecer uma alternativa séria a países grandes e pobres como o Brasil.

   (José Arbex e Cláudio Júlio Tognoli, Mundo pós-moderno, São Paulo: Scipione, p. 17)
   Estão corretos
   a) I e II.
   b) II e III.
   c) I e III.
   d) I, II e III.
   e) apenas o II.

9. Assinale a opção que preenche as lacunas do texto de forma gramaticalmente correta e coerente.
O saldo da balança comercial (exportações menos importações) brasileira de 2005 alcançou US$ 44,76 bilhões, valor **(1)** registrado na história do país. O resultado positivo, 33% maior que o atingido em 2004, **(2)** ao desempenho expressivo das exportações e importações. As vendas externas tiveram incremento **(3)** US$ 24 bilhões no ano passado e fecharam 2005 com US$ 118,3 bilhões. Já as importações totalizaram US$ 73,545 bilhões no ano passado. Os resultados recordes mostram **(4)**, apesar da valorização do real frente ao dólar, a corrente de comércio do país (exportações mais importações) não **(5)** de crescer com a diversificação de pauta exportadora, aumento do número de países que compram os produtos brasileiros e o crescimento da participação de estados com pouca tradição nas vendas externas.

(Em Questão, Subsecretaria de Comunicação Institucional da SecretariaGeral da Presidência da República, n. 390 — Brasília, 06 de janeiro de 2006)

   a) não / se devem / demais de / -lhe / deixa
   b) nunca antes / devem-se / mais que / -se / pára
   c) nunca / deve-se / superior a / que / para
   d) não / deveu-se / de mais / de cujo / cessa
   e) nem / devia-se / maior que / qual / termina

Leia o seguinte texto para responder à questão 10.
As normas jurídicas embasadas nos valores éticos e que traduzem os procedimentos e as vivências mais fortes e consolidados da coletividade tendem a ter a adesão espontânea da maioria das pessoas que nelas se sentem representadas. É o sentimento de identidade nacional, de pátria, sem o qual a coesão social se esgarça e abre as portas para o caminho do individualismo, do salve-se quem puder, da corrupção, da violência. A consolidação desse sentimento pressupõe, além das leis, uma ação constante, coordenada pelo Estado, com a participação da sociedade, dos organismos intermediários e das famílias, num processo de educação cívica, nacional, patriótica.

(Adaptado de Patrus Ananias, Civilização pelo Estado, Correio Braziliense, 09.01.2005)

10. Considere tanto a correção gramatical quanto a coerência textual para julgar como falsas (F) ou verdadeiras (V) as seguintes possibilidades de continuidade para o texto:

( ) Apesar das nossas diferenças e divergências, todos os compatriotas de boa vontade somos irmãos no sonho e no trabalho de construir uma nação à altura dos nossos melhores sentimentos.
( ) Por isso, a fragilidade da condição humana revela que a história da humanidade é sempre a história das pessoas inseridas na comunidade política: na hegemonia de nações economicamente mais consolidadas.
( ) Se, por um lado, egoísmo e instinto natural buscam ao rompimento das relações de coesão nacional e reforçar o individualismo, por outro nossos valores éticos consolidados almejam construir uma nação democrática e justa.
( ) Quando se evidenciou a incapacidade do sistema de globalização planejar em uma perspectiva mais ampla e elevada dos vínculos humanos e os conflitos sociais buscou-se um outro sucedâneo para o Estado.

A sequência obtida é
a) V — F — F — F.
b) V — F — V — F.
c) V — V — F — F.
d) F — F — V — F.
e) F — V — V — F.

GABARITO
1. "d".
2. "b".
3. "d".
4. "d".
5. "c".
6. "b".
7. "e".
8. "b".
9. "c".
10. "a".

Prova Simulada 5

As questões de números 1 a 10 referem-se ao texto que segue.

Práticas e convenções

Os direitos e deveres estabelecem-se primeiro na prática, depois por convenção. O senso do que é justo, do que é socialmente desejável, mesmo do que é moral, firma-se em valores culturais, cujo acatamento coletivo muitas vezes demanda as prescrições de um código. Ocorre que a legitimidade desse código pode vir a se tornar mera e vazia convenção, quando seus postulados já não refletem a evolução dos fatos da cultura. As revisões dos dispositivos da lei fazem-se, por vezes, com tal atraso, que apenas retiram de um texto caduco aquilo que as pessoas há muito removeram de suas práticas sociais.

As recentes alterações no Código Civil brasileiro, elogiáveis em tantos aspectos, estão longe de representar algum avanço mais profundo, refletindo, apenas hoje, valores que, na prática social, firmaram-se há décadas. No que diz respeito ao papel da mulher na modernidade, essas alterações não fazem mais que formalizar (quase diria: envergonhadamente) direitos conquistados ao longo das lutas feministas, desde que a mulher tomou para si a tarefa que lhe cabia: demarcar com clareza e soberania o território de sua atuação, território que há muito é seu, não por convenção, mas pela ação cotidiana que se fez histórica.

(Diógenes Torquato, inédito)

1. Segundo o texto, as práticas sociais e o estabelecimento dos textos legais
   a) ocorrem, simultaneamente, com influências recíprocas.
   b) constituem, respectivamente, o plano das convenções e o plano da vida cultural.
   c) ocorrem, simultaneamente, sem influência de um em outro.
   d) constituem, respectivamente, o plano da vida cultural e o plano das convenções.
   e) constituem, respectivamente, o plano dos valores ideais e o plano dos valores históricos.

2. Considere as seguintes afirmações:
   I. As recentes alterações no Código Civil brasileiro, no que diz respeito ao papel da mulher na sociedade moderna, revelam-se anacrônicas, ignorando direitos há muito firmados na prática.
   II. As lutas feministas constituem um claro exemplo de que, antes de se sistematizarem num texto legal, os valores e os direitos se afirmam na prática das ações sociais.
   III. A legitimidade de um código legal depende de que este se apresente sem nenhum defeito formal, constituindose plenamente numa clara convenção.

   Em relação ao texto está correto SOMENTE o que se afirma em
   a) I.
   b) II.
   c) III.
   d) I e II.
   e) II e III.

3. Para preencher de modo correto a lacuna da frase, o verbo indicado entre parênteses deverá adotar uma forma do *plural* em:
   a) As normas que num código legal se _____ (estipular) devem acompanhar a prática das ações sociais.
   b) As recentes alterações que _____ (haver) no Código Civil brasileiro são elogiáveis em muitos aspectos.
   c) Não nos _____ (dizer) respeito definir o que é ou não é legítimo, se não distinguimos entre o que é e o que não é um fato social.
   d) Se dos postulados dos códigos _____ (nascer) todo direito, a justiça humana seria uma simples convenção.
   e) Ao longo das lutas feministas tanta coisa se _____ (conquistar) que muitos dispositivos legais se tornaram imediatamente obsoletos.

4. Os tempos verbais estão adequadamente articulados na frase:
   a) As mulheres muito lutariam para que possam ter seus direitos respeitados.
   b) Esses valores se instituíram na prática, e só muito depois houveram sido formalizados.
   c) Firma-se o senso do que é justo à proporção que passassem os anos.
   d) São de se elogiar as alterações apresentadas pelo Código que recentemente se lançou.
   e) Coube às mulheres lutar para que sejam reconhecidos os direitos que lhes negássemos.

5. A expressão *de cujo* preenche corretamente a lacuna da frase:
   a) É um processo de luta _____ sucesso muitas se empenham.
   b) As novidades do novo Código Civil, _____ muito se falou, são um tanto tímidas.
   c) As lutas feministas, _____ sucesso ninguém mais duvida, travaram-se ao longo de muitas décadas.
   d) A grande tarefa do legislador, _____ esforço devemos reconhecer, é acompanhar a evolução dos fatos da cultura.
   e) As práticas sociais, _____ valor nenhum outro deveria se sobrepor, são por vezes ignoradas.

6. É preciso *corrigir* a redação da seguinte frase:
   a) Li o novo código e, no fundamental, nada tenho a lhe opor.
   b) É louvável, reconheça-se, a coragem com que as feministas pioneiras se lançaram à luta.
   c) Os povos primitivos orientam-se por uma tradição de valores mais precisos e mais permanentes que os nossos.
   d) Há sempre quem discuta as leis; mais difícil é haver quem discuta os valores já estabelecidos na prática social.
   e) Se contra fatos não há argumentos, esta é uma afirmação autoritária, na qual não se deve recorrer.

7. Está inteiramente clara e correta a redação da frase:
   a) É na constância da prática que os valores culturais se retificam, confirmando-se assim como valores onde sua legitimidade torna-se indiscutível.
   b) Embora elogiáveis sobre muitos aspectos, as alterações do novo código não obtivera mais do que buscar acompanhar fatos há muito consolidados.
   c) O autor do texto ao tratar de práticas e convenções está referindo às ações nas quais cujos seus valores nem sempre são imediatamente acompanhados pela legislação vigorosa.
   d) A demarcação de um campo de direitos não prescinde de muita luta, tal como pode observar quem venha acompanhando o processo das batalhas feministas.
   e) Não obstante haja quem o discorde, muitos acreditam que o que é justo decorre do texto legal, não se passando o mesmo com a prática das ações.

8. A necessidade ou não do sinal de crase está inteiramente observada na frase:
   a) Deve-se à luta das feministas o respeito aos direitos que cabem também às outras parcelas de injustiçados que integram a nossa sociedade.
   b) Encontra-se a disposição dos interessados a nova edição do Código Civil, à qual, aliás, já se fizeram objeções à torto e à direito.
   c) À vista do que dispõe o novo código, não caberá à ninguém a condição "natural" de cabeça de casal, à qual, até então, se reservava para o homem.
   d) Pode ser que à curto prazo o novo código esteja obsoleto em vários pontos, à exemplo do que ocorreu com o antigo.
   e) Não se impute à uma mulher a culpa de não ter lutado por seus direitos; todas as pressões sociais sempre a conduziram àquela "virtuosa" resignação.

9. A única frase corretamente construída é:
   a) Espero que Vossa Excelência aprecieis o novo código.
   b) Se o senhor preferir, aguardarei que termines a leitura integral do código.
   c) Se passares os olhos pela nova redação, poderá ver que são pequenas as alterações.
   d) Conserva contigo esse exemplar do novo código; não vá perdê-lo, por favor.
   e) Se Vossa Senhoria não fizer objeção, levo-lhe ainda hoje a nova redação do código.

10. Considere os seguintes casos:

I. Os homens, que ignoram os direitos da mulher, passarão a acatá-los. Os homens que ignoram os direitos da mulher passarão a acatálos.
II. Somente, agora o Código Civil brasileiro incorporou as mudanças ocorridas. Somente agora o Código Civil brasileiro incorporou as mudanças ocorridas.
III. O valor de um código, estabelecido por convenção, deve ser comprovado na prática. O valor de um código estabelecido por convenção deve ser comprovado na prática.

A alteração na pontuação provoca alteração de sentido em
a) I, somente.
b) I e II, somente.
c) I e III, somente.
d) II e III, somente.
e) I, II e III.

GABARITO

1. "d".
2. "b".
3. "a".
4. "d".
5. "c".
6. "e".
7. "d".
8. "a".
9. "e".
10. "e".

Prova Simulada 6

1. Assinale a opção incorreta quanto aos sentidos veiculados no trecho abaixo.

Ser cidadão é entrar em um nó de relações. É simples: ao pedir nota fiscal, evita-se a sonegação e aumentase a arrecadação pública que, em tese, permite ao governo investir em rodovias, hospitais, escolas, segurança etc. Quando se recusa a propina ao guarda, moraliza-se o aparato policial.
Cidadania supõe consciência de responsabilidade cívica. Nada mais anticidadania do que essa lógica de que não vale a pena chover no molhado. Vale. Experimente recorrer à defesa do consumidor, escrever para jornais e autoridades. Querem os políticos corruptos que passemos a eles cheque em branco para continuar a tratar a coisa pública como negócio privado. E fazemos isso ao torcer o nariz para a política, com aquela cara de nojo.

(Frei Betto, Educar para a cidadania, *Caros Amigos*, maio 2008)

a) O autor emprega a expressão metafórica "chover no molhado" no sentido de "duplicar o esforço" para se conseguir algo.
b) Seguindo as ideias do autor, constitui atitude cidadã reivindicar dos políticos em quem votamos o cumprimento de suas promessas de campanha.
c) A expressão "entrar em um nó de relações", no contexto em que aparece, refere-se ao desencadeamento das diversas ações que provoca um simples pedido de nota fiscal.
d) Segundo as ideias do texto, passar um "cheque em branco" aos políticos corruptos é não agir com responsabilidade cívica.
e) Na lógica do autor, não saber o nome do político em quem se votou nas últimas eleições é uma atitude anticidadã.

2. Assinale a asserção correta em relação aos sentidos e expressões linguísticas do trecho.

Derrotada sistematicamente nos tribunais superiores, a Advocacia-Geral da União (AGU) resolveu editar um pacote com oito súmulas, reconhecendo direitos dos servidores públicos federais. O gesto põe fim a pendências jurídicas que se arrastavam havia décadas e serve de alento para quem ainda busca reaver ou manter benefícios funcionais. Com as súmulas, os advogados públicos ficam automaticamente desobrigados a contestar decisões desfavoráveis. (...) Esclarece a AGU: "O servidor sabia que se entrasse na Justiça ganharia, mas a União, por dever, mesmo sabendo que perderia, tinha de recorrer. As oito medidas acabam com isso". Entre as súmulas está a que reconhece o direito de pagamento do auxílio-alimentação retroativo ao servidor em férias ou licença entre outubro de 1996 e dezembro de 2001.

(Luciano Pires, *Correio Braziliense*, 20.09.2008, p. 23, com adaptações)

a) O particípio "Derrotada" e o gerúndio "reconhecendo" (ambos no 1.º período) constam no texto com sujeito oculto.
b) No lugar do sintagma "O gesto" (2.º período) poderia ser empregado, sem prejuízo da coerência textual, qualquer dos sintagmas **Este ato, Tal medida, O feito**.
c) O segmento "que se arrastavam havia décadas" (2.º período) é resumido, sem incorreção gramatical, da seguinte maneira: **de haviam décadas**.
d) Reescreve-se, mantendo-se a correção gramatical e a coerência textual, o período "para quem ainda busca reaver ou manter benefícios funcionais" (2.º período) do seguinte modo: **para que se reavenham ou mantenham benefícios funcionais**.
e) Substitui-se, com correção gramatical e sem alteração de sentido, o segmento "ficam automaticamente desobrigados a contestar decisões desfavoráveis" (3.º período) por: **não ficam automaticamente obrigados a ratificar decisões favoráveis**.

3. De acordo com o texto, assinale a opção correta.
Valor: O sr. espera uma piora da crise financeira global?
Fernando Cardim: O que estamos assistindo agora no mercado financeiro dos EUA é altamente preocupante. Em menos de duas semanas, após o governo Bush injetar US$ 200 bilhões nas duas casas hipotecárias, quebra o Lehman Brothers, quarto maior banco de inves-

timento local, e é vendido, preventivamente, em apenas dois dias, o Merrill Lynch, banco de investimento independente. E a maior seguradora do mundo, a AIG, está ameaçada. Isso abre uma frente nova na crise. As seguradoras são grandes fornecedoras de CDS para os bancos comerciais. O CDS é um derivativo de crédito que serve como seguro. Quando os bancos fazem empréstimos e os tomadores não pagam eles recorrem às seguradoras para recuperar os valores dos empréstimos. Uma quebradeira nas seguradoras pode significar que a segurança do sistema bancário está sem proteção, os bancos estão nus.

(Valor Econômico, 18.09.2008)

   a) A expressão "estamos assistindo" indica que o entrevistado fala em nome exclusivamente dos representantes do Governo.
   b) As vírgulas após "Brothers" e após "local" justificam-se por isolar aposto explicativo.
   c) O pronome "eles", em "eles recorrem às seguradoras", é elemento coesivo que se refere ao antecedente "tomadores".
   d) O sinal indicativo de crase em "às seguradoras" justifica-se pela regência de "fazem" (em "fazem empréstimos e os tomadores não pagam eles recorrem às seguradoras") e pela presença de artigo definido feminino plural.
   e) A expressão "estão nus" está sendo empregada em sentido denotativo ou literal.

4. Com base no texto, assinale a opção correta.

No caso do Brasil, o potencial de contaminação das expectativas de crescimento pela crise externa concentrase em três ameaças: a economia real ser atingida por forte contenção de liquidez, o que diminuirá a oferta de capital para manter os investimentos, o consumo interno sofrer abalos com a perda acelerada do preço das *commodities*, o que tenderá a reduzir o lucro dos exportadores, e a volta do déficit em conta corrente, com pressão sobre o câmbio e reflexos na inflação.

O momento é oportuno para o Brasil encontrar medidas que amenizem os efeitos de uma eventual tempestade internacional. As preocupações não são infundadas. O risco de escassez de crédito externo para as empresas brasileiras é um exemplo. Acertadamente, o governo já estuda meios para compensar uma eventual paralisia do crédito internacional, por meio de fontes internas, como empréstimos do BNDES.

(Jornal do Brasil, 18.09.2008, Editorial)

   a) O emprego da aglutinação da preposição com artigo definido feminino em "pela crise" justifica-se pela regência de "crescimento" (1.º período do 1.º parágrafo).
   b) A substituição de "concentra-se" (1.º período do 1.º parágrafo) por **está concentrado** prejudica a correção gramatical do período.
   c) A redação **O momento é oportuno para que o Brasil encontre medidas** (1.º período do 2.º parágrafo) prejudica a correção gramatical do período.
   d) Estaria gramaticalmente correta e de acordo com as informações originais do texto a redação: **As preocupações têm fundamento** (2.º período do 2.º parágrafo).
   e) As palavras "risco" (3.º período do 2.º parágrafo) e "eventual" (3.º período do 2.º parágrafo) reforçam a ideia de que haverá paralisia de crédito internacional.

5. Assinale a opção em que o termo destacado está gramaticalmente correto.

O Brasil vem gradativamente progredindo no que diz respeito **à (1)** administrar o bem público. No século passado, estava arraigado **à (2)** comportamentos administrativos viciosos, **aos quais (3)** priorizavam os interesses do administrador e de quem mais lhe **conveniesse (4)**, ficando de lado a real finalidade do serviço público, que é servir **o (5)** público.

   a) 1
   b) 2
   c) 3
   d) 4
   e) 5

6. Assinale a opção que corresponde a erro gramatical.

Passaram-se (1) anos até que a América do Sul pudesse **livrar-se (2)** das ditaduras que dominaram o continente, sobretudo na segunda metade do século 20. O custo foi alto, com opressão e mortes. Por isso, faz sentido o apoio que nove presidentes de países do bloco, reunidos em Santiago do Chile, na primeira cúpula da União de Nações Sul-Americanas (Unasul), deram **ao (3)** governo Evo Morales, legitimamente eleito e confirmado **em um referendo (4)** popular realizado há pouco tempo. Tirando os exageros anti-imperialistas do coronel Hugo Chávez — que procura enxergar nos levantes bolivianos o dedo da política externa americana como forma de capturar a crise para a própria agenda e, com isso, livrar-se do isolamento — os mandatários souberam manter o tom de diálogo que **utilizou (5)** para a transição em seus países na hora de apoiar o colega andino.

(Adaptado de *O Globo*, 17.09.2008, Editorial)

    a) 1
    b) 2
    c) 3
    d) 4
    e) 5

7. Assinale o trecho inteiramente correto quanto à sintaxe de construção do período, morfossintaxe, adequação vocabular, pontuação, clareza e concisão.
    a) O internauta, hoje, passou de receptivo para um usuário ativo. Passouse, então, a criar os seus próprios conteúdos em vez de apenas buscar informações. Com isso, as redes sociais vêm crescendo cada vez mais a cada dia que se passa.
    b) É necessário que se saiba o que os internautas vêm dizendo sobre as empresas nas redes virtuais, para que possa traçar estratégias para reverter quadros críticos e saber se os consumidores estão insatisfeitos com suas compras.
    c) Nas grandes empresas, os consultores de tecnologia da informação (TI) vêm exercendo uma função cada vez mais estratégica, para o que se exige conhecimento técnico dos processos de negócio dos clientes e capacidade de formulação de soluções tecnológicas para os problemas detectados.
    d) O consultor de TI não deve mais atuar sozinho dentro das organizações; é necessário que ele sempre esteja informado do que acontece dentro da organização na qual trabalha. Ele deve atuar juntamente com outros setores para que possa, cada vez mais, conhecer os processos de negócio de seus clientes para que juntos possam achar uma solução na qual atenda às reais necessidades.
    e) O consultor de TI tem o papel de mostrar para o cliente quais são as opções de TI que o cliente pode ter e de que forma a tecnologia pode ajudá-lo a melhorar o seu negócio, ao mesmo tempo no qual se poderá auxiliálo informando metodologias que poderiam ser utilizadas para que possa organizar e melhorar os seus processos internos.

8. Os trechos abaixo constituem um texto adaptado do jornal *Valor Econômico*, 16 de setembro de 2008. Assinale a opção em que há erro gramatical.
    a) A recente convulsão social na Bolívia mostra que é insuficiente para o Brasil criar planos de contingência para lidar com a renintente instabilidade política do vizinho.
    b) A imaturidade da democracia boliviana, que, na semana passada, parece ter repetido mais uma vez a tradição de flertar com o abismo e recuar ligeiramente em seguida, mostra a necessidade de alternativas ao principal fornecedor de gás natural para a economia brasileira.
    c) É de se perguntar se não é hora de criar rapidamente uma estratégia para anular por completo o eventual impacto, na economia brasileira, de um estancamento no fluxo do gasoduto Brasil-Bolívia.
    d) Desde a nacionalização dos hidrocarbonetos, feita de maneira agressiva e propagandística pelo governo Evo Morales em 2006, a Petrobras adotou providências para minimizar a dependência do gás boliviano.
    e) Iniciou a construção de instalações para conversão de gás natural liquefeito (GNL), arquivou os planos de ampliação do gasoduto Brasil-Bolívia, reduziu os investimentos em território boliviano ao necessário para manter o fornecimento atual e pôs em prática seus planos para aumentar a extração de gás da Bacia de Santos.

9. Aponte o trecho com pontuação correta.

a) Se o Estado estabeleceu o incentivo à prorrogação da licença-maternidade às trabalhadoras de empresas privadas, deve, bem antes, dar-lhes o exemplo e admitir, desde já, a obrigação para si. Aliás, porque públicos também são os fundos que financiam a política de incentivo, realizados mediante renúncia fiscal, é incongruente pensar que, de um lado, o poder público possa incentivar as empresas, com fundos públicos, e, de outro, não se submeta ao objeto incentivado, arcando-o com os mesmos fundos.

b) Se o Estado, estabeleceu o incentivo à prorrogação da licença-maternidade às trabalhadoras de empresas privadas, deve, bem antes, dar-lhes o exemplo e admitir, desde já, a obrigação para si, aliás porque públicos também são os fundos que financiam a política de incentivo, realizados mediante renúncia fiscal, é incongruente pensar que, de um lado, o poder público possa incentivar as empresas, com fundos públicos, e, de outro, não se submeta ao objeto incentivado, arcando-o com os mesmos fundos.

c) Se, o Estado estabeleceu o incentivo à prorrogação da licença-maternidade às trabalhadoras de empresas privadas deve, bem antes, dar-lhes o exemplo e admitir, desde já, a obrigação para si; aliás, porque públicos também são os fundos que financiam a política de incentivo realizados mediante renúncia fiscal, é incongruente pensar que, de um lado, o poder público possa incentivar as empresas, com fundos públicos, e, de outro, não se submeta ao objeto incentivado, arcando-o com os mesmos fundos.

d) Se o Estado estabeleceu o incentivo à prorrogação da licença-maternidade às trabalhadoras de empresas privadas, deve, bem antes, dar-lhes o exemplo e admitir desde já a obrigação para si. Aliás, porque públicos também são os fundos, que financiam a política de incentivo, realizados mediante renúncia fiscal, é incongruente pensar, que de um lado, o poder público possa incentivar as empresas, com fundos públicos, e, de outro, não se submeta ao objeto incentivado, arcando-o com os mesmos fundos.

e) Se o Estado estabeleceu o incentivo à prorrogação da licença-maternidade às trabalhadoras de empresas privadas, deve, bem antes, dar-lhes o exemplo e admitir, desde já, a obrigação para si, aliás porque, públicos também são os fundos que financiam a política de incentivo, realizados mediante renúncia fiscal; é incongruente pensar, que de um lado o poder público possa incentivar as empresas com fundos públicos e, de outro, não se submeta ao objeto incentivado, arcando-o com os mesmos fundos.

(Jean P. Ruzzarin, Direito & Justiça, *Correio Braziliense*, 29.09.2008, com adaptações)

10. As opções trazem propostas de continuidade ao trecho abaixo, diferentemente redigidas. Assinale a que contém erro de regência e/ou de concordância.

Como ninguém quer falar em aumento de impostos, todos se aferram à expressão mágica: reforma tributária. O tema evoca um país moderno, com distribuição mais justa dos valores arrecadados.

(Gustavo Krieger, Agenda necessária e agenda possível, *Correio Braziliense*, 07.01.2008, p. 4)

a) Bonito na retórica. Quando o assunto chega à mesa de discussões, o clima muda. O governo federal não quer dividir seu caixa. Estados e Municípios sempre querem mais dinheiro.

b) É bonito até chegar à mesa de discussões. Aí ninguém quer perder. Ao contrário: todos lutam para aumentar sua fatia do bolo.

c) Tudo vai bem até o assunto chegar à mesa de discussões. União, Estados e Municípios se degladiam para não perderem nenhuma partezinha do que arrecadam. O que querem mesmo é ganhar mais.

d) Todos concordam até se sentarem à mesa de discussões, quando se iniciam os mais acalorados debates. Ninguém quer perder. Estados e Municípios buscam aumentar seu quinhão na nova divisão do dinheiro arrecadado.

e) Falar em reforma tributária é bonito. O xis da questão é botá-la no papel, quando os interesses da União, Estados e Municípios se chocam na busca de uma fatia maior do bolo para cada um.

GABARITO

1. "a".
2. "b".
3. "b".
4. "d".
5. "e".
6. "e".
7. "c".
8. "a".
9. "a".
10. "c".

Prova Simulada 7

Leia o texto abaixo para responder à questão 1.

A Pesquisa Nacional por Amostra de Domicílio, realizada pelo IBGE, revelou que a renda das famílias parou de cair em 2004, interrompendo uma trajetória de queda que acontecia desde 1997, e que houve diminuição do grau de concentração da renda do trabalho. Enquanto a metade da população ocupada que recebe os menores rendimentos teve ganho real de 3,2%, a outra metade, que tem rendimentos maiores, teve perda de 0,6%. Os resultados da PNAD revelaram, também, que o Brasil melhorou em itens como número de trabalhadores ocupados, participação das mulheres no mercado de trabalho, indicadores da área de educação e melhoria das condições de vida.

1. Assinale a opção que não constitui continuação coesa e coerente para o texto acima.
   a) Para o secretário de Avaliação e Gestão da Informação do Ministério do Desenvolvimento Social, o resultado da pesquisa revela muito mais do que um aumento de renda: "A desigualdade no Brasil não se alterava desde 88. A população mais pobre do Brasil está ganhando mais se comparada à população mais rica, ou seja, a riqueza no Brasil está se desconcentrando. Essa é a melhor notícia. O Brasil está redistribuindo melhor a sua riqueza."
   b) Entretanto, as ações na área de educação, saúde e transferência de dinheiro, por exemplo, foram responsáveis pelo resultado.
   c) A expectativa é que, no próximo ano, a diminuição da miséria no País seja ainda maior por causa das ações voltadas para os indígenas e quilombolas.
   d) O assessor especial da Presidência da República, José Graziano, avaliou que esses números comprovam que o País está mudando. "Esses resultados revertem uma máxima histórica no nosso país de que os ricos ficavam cada vez mais ricos e os pobres cada vez mais pobres."
   e) A PNAD é a mais completa pesquisa anual sobre as condições de vida da população, mostra um retrato do país e, em 2004, foi estendida para as áreas rurais dos estados de Rondônia, Acre, Amazonas, Roraima, Pará e Amapá, alcançando a cobertura completa do território nacional.

(Adaptado de *Em Questão*, n. 379 — Brasília, 30 de novembro de 2005)

2. O secretário de Biodiversidade e Florestas do Ministério do Meio Ambiente destacou que, desde 2003, na Amazônia, o Governo Federal elevou em 27% a área *sobre (1)* proteção da União. Até o momento, mais de 85 mil quilômetros quadrados foram destinados para novas reservas de proteção integral e *de uso (2)* sustentável, implementadas em zonas de conflito e de expansão da fronteira agrícola. Com as novas unidades de conservação *criadas (3)*, a área protegida na Amazônia chega a 390 mil quilômetros quadrados, apenas em reservas federais, *o que (4)* equivale à soma das áreas da Itália e de Portugal aproximadamente. Também houve a homologação de 93 mil quilômetros quadrados de áreas indígenas e a criação de 3,76 mil quilômetros quadrados de Assentamentos Sustentáveis, *onde (5)* a produção agrícola ocorre em harmonia com o uso sustentável da floresta.

(Adaptado de *Em Questão,* n. 381 — Brasília, 07 de dezembro de 2005)

Assinale a opção que corresponde a erro gramatical.
   a) 1
   b) 2
   c) 3
   d) 4
   e) 5

3. Assinale a opção que preenche corretamente as lacunas do texto.
Durante o ano passado, o montante destinado pelo Banco do Brasil **(1)** concessão de crédito atingiu R$ 101,8 bilhões, um crescimento de 14,9% em relação **(2)** 2004. Esse resultado consolidou **(3)** posição do banco de líder na concessão de crédito no país com 15,3% de participação no mercado. Os recursos destinados pelo BB **(4)** empréstimos beneficiam pessoas físicas e micro e pequenas empresas, favorecem o financiamento do agronegócio e da produção

dos agricultores familiares, bem como **(5)** exportações brasileiras e outras atividades produtivas que promovem o desenvolvimento regional.

(Adaptado de *Em Questão*, n. 409 — Brasília, 13 de março de 2006)

a) a, a, à, a, às
b) à, à, a, a, às
c) a, a, à, à, as
d) à, a, a, a, as
e) à, à, à, a, as

Leia o texto abaixo para responder à questão 4.

O governo federal **tem estabelecido** ações para promover as exportações brasileiras. A primeira delas foi **desburocratizar o** procedimento de exportação, **reduzindo a** documentação exigida, **eliminando autorizações prévias e consolidando** em um único documento todas as normas **relativas à** exportação.

(Adaptado de *Em Questão*, n. 288 — Brasília, 04 de março de 2005)

4. Assinale a substituição que prejudica a correção gramatical no texto acima.
a) "tem estabelecido" por **vem estabelecendo**
b) "desburocratizar o" por **a desburocratização do**
c) "reduzindo a" por **que reduziu a**
d) "eliminando autorizações prévias e consolidando" por **pela eliminação de autorizações prévias e pela consolidação**
e) "relativas à" por **que têm relação com a**

5. Assinale a opção que preenche respectiva e corretamente as lacunas do texto a seguir.

Ninguém pode opor-se às virtudes de São Paulo, **(1)** as do trabalho e da iniciativa empresarial, na vitoriosa aliança **(2)** imigrantes que trouxeram a técnica e algum capital e brasileiros de todo o país, **(3)** constituíram seu grande exército de operários. Mas só a federação garante o país contra as seduções de hegemonia e previne os despotismos, que, **(4)** serem manhosos, não deixam de ser tirânicos. Em sua viagem aos Estados Unidos, bem depois de Tocqueville, Lord Acton identifica, **(5)** poder dos estados, a grande força moderadora do governo central e a maior garantia da aplicação dos princípios democráticos.

(Adaptado de Mauro Santayana, *Jornal do Brasil*, 10.03.2006)

a) como / com os / cujo / ao / ao
b) entre elas / entre os /que / por / no
c) tais como / pelos / os quais / de / em
d) haja vista / sobre os / os que / além de / do
e) seja / dos / no que / com / com

Leia o texto abaixo para responder às questões 6 e 7.

O Brasil tem potencial para **se transformar** em um dos maiores produtores de biodiesel do mundo e um grande exportador. Os Estados Unidos e alguns países da Europa já são consumidores do biodiesel. **A União Europeia definiu como meta que**, até 2005, 2% dos combustíveis utilizados devem ser renováveis e, em 2010, esse valor deverá ser de 5,75%. **Como o continente** não tem área de cultivo suficiente nem capacidade industrial instalada para atingir esses patamares, surgem as oportunidades de exportação do combustível pelo Brasil. O biodiesel ainda vai contribuir para melhorar a qualidade do ar nas grandes cidades **pela** redução do uso de combustíveis derivados de petróleo. O uso de fontes energéticas renováveis e que não poluam o meio ambiente faz parte do Mecanismo de Desenvolvimento Limpo (MDL), **uma das diretrizes** do Protocolo de Quioto.

(Adaptado de *Em Questão*, n. 261 — Brasília, 08 de dezembro de 2004)

6. Assinale a opção incorreta em relação ao texto.

a) A substituição de "se transformar" por **ser transformado** mantém a correção gramatical do período.
b) A redação **Foi definido como meta pela União Europeia que**... mantém a correção gramatical do período.
c) Entre o período iniciado por "Como o continente..." e o período anterior, subentende-se uma relação que pode ser representada por **Entretanto**.
d) Ao se substituir "pela" pela estrutura **por meio da** prejudica-se a correção gramatical do período.
e) A inserção de **que é** antes de "uma das diretrizes" mantém a coesão e a coerência do período.

7. Assinale a opção que não está de acordo com as informações do texto.
   a) O fato de o biodiesel poluir o meio ambiente é um fator que diminui as chances de exportação brasileira.
   b) O fato de os Estados Unidos e parte da Europa já serem consumidores de biodiesel favorece as exportações brasileiras.
   c) A meta definida pela União Europeia quanto à utilização de combustíveis renováveis é favorável às exportações brasileiras.
   d) O fato de o continente europeu não contar com área de cultivo suficiente nem capacidade industrial de produção de combustíveis nos níveis requeridos favorece as exportações brasileiras.
   e) As exportações brasileiras são favorecidas pelas diretrizes do Protocolo de Quioto que propugnam pelo uso de fontes energéticas renováveis.
   (Adaptado de *Em Questão*, n. 261 — Brasília, 08 de dezembro de 2004)

8. Os trechos abaixo constituem um texto. Assinale a opção que apresenta erro gramatical.
   a) O problema do Brasil é, desde a primeira assembleia constituinte, de 1823, o da descentralização do poder. O absolutismo de Pedro I levou à resistência das jornadas de abril de 1831 e à abdicação do imperador.
   b) Com o Ato Adicional, de 1834, tentou-se amenizar o domínio de São Paulo e da cidade do Rio de Janeiro sobre o Império, o que foi contido pela regulamentação de Araújo Lima. A inteligência arguta de Tavares Bastos denunciou os abusos da centralização em 1860, e o Manifesto Republicano, dez anos depois, inicia-se com a reivindicação federalista.
   c) Nunca é demais repetir que durante três décadas seguidas, a partir de 1817, em Pernambuco, até 1848, na mesma Província, brasileiros de todas as regiões foram compelidos a lutar pela autonomia provincial — e essa necessidade o obrigou a retomar as armas, no período republicano, na Revolução Federalista do Rio Grande do Sul, em 1893.
   d) A rebelião gaúcha foi derrotada pelas tropas federais enviadas por Floriano, apesar da bravura de seus combatentes e da força doutrinária de Gaspar da Silveira Martins. A questão federalista voltou, em seguida, ao fermentar a Guerra do Contestado, iniciada entre Paraná e Santa Catarina.
   e) Essa guerra converteu-se em um dos mais importantes conflitos sociais do Brasil, entre 1911 e 1916, contribuiu para as rebeliões militares dos anos 20 e desembocou na Revolução de 30 — esta claramente contra os interesses hegemônicos de São Paulo.
   (Adaptado de Mauro Santayana, *Jornal do Brasil*, 10.03.2006)

9. Assinale a opção gramaticalmente correta.
   a) O paranoico militante não têm nenhuma consciência de seu desejo de ser Deus. Ele simplesmente está fundido — e confundido — com esse desejo, sob forma de sua realização concreta e imediata.
   b) O paranoico não tem desejo de ser Napoleão, ele os é, com as extravagantes consequências de praxe.
   c) Seja como for, qualquer um de nós, na posse, no uso e no gozo da ordem da linguagem, pode criar um mundo à imagem e semelhança das mais desvairadas ambições e fantasias.
   d) A representação significa, de uma parte, minha possibilidade racional e consciente de operar sobre o mundo, à partir de uma avaliação que o reverencie em sua concretude e realidade.
   e) Mas, de outra parte, ela é também a minha possibilidade mais radical de alienação e de extravio. Posso, através dela dar as costas ao real, desfigurá-lo, desrespeitá-lo, traí-lo, negá-lo.

(Adaptado de Hélio Pellegrino)

10. Assinale a opção que apresenta erro de regência.
   a) A evolução da arquitetura se caracteriza pelas suas obras mais importantes, aquelas que, especulando na técnica, se fizeram diferentes e inovadoras.
   b) E, quando dela nos ocupamos, vale a pena voltar ao passado e sentir como a ideia da obra de arte se integrava nas razões utilitárias da arquitetura, fazendo-a mais rica, mais bela, com suas colunatas, seus ornamentos, pinturas, esculturas.
   c) Com o advento do concreto armado, a arquitetura se modificou inteiramente. As paredes, que antes sustentavam os edifícios, passaram a simples material de vedação, surgindo a estrutura independente, a fachada de vidro.
   d) A curva, a curva generosa a que os antigos tanto procuravam com seus arcos, cúpulas, *voûtes* e abóbadas espetaculares assumiu uma nova e surpreendente dimensão e, com ela, os requintes da técnica: o protendido, as cascas, os grandes espaços livres e os balanços extraordinários.
   e) Uma arquitetura mais livre e vazada se oferecia a todos os arquitetos que quisessem inovar e se aventurar por novos caminhos.

(Adaptado de Oscar Niemeyer)

GABARITO

1. "b".
2. "a".
3. "d".
4. "d".
5. "b".
6. "d".
7. "a".
8. "c".
9. "c".
10. "d".

Prova Simulada 8

1. Em artigo publicado no *Correio Braziliense* (20.09.2008), Emir Sader refuta a pregação de campanha de um candidato a vereador no Rio de Janeiro, o qual defende que *"o IPTU arrecadado em seu bairro tem que ser aplicado no seu bairro"*. Reconhecendo que o sistema tributário brasileiro comete injustiças ao isentar dos ricos e cobrar da imensa massa da população que vive do trabalho, Emir Sader afirma ser *"fundamental combater o egoísmo tributário — este sim, populista, demagógico — de tantas campanhas eleitorais"*.
Aponte a asserção que não serve de argumento favorável nem de sustentação à crítica e às ponderações de Emir Sader.
   a) O tema tributário — quem paga, quem recebe, de quem o Estado arrecada, a quem deve beneficiar — tem profundo viés de classe: nem sempre os recursos são direcionados para as políticas públicas que beneficiam os mais necessitados.
   b) Pouco importam ao candidato populista e demagógico as necessidades do conjunto da cidade, mesmo sabendo que a cidade tem subúrbios, favelas e bairros da periferia, onde vive majoritariamente a população hipossuficiente.
   c) A questão tributária se presta à exploração demagógica do egoísmo. Sai na frente o candidato que prega menos impostos, não importando se podem faltar professores nas escolas públicas ou médicos nos hospitais públicos.
   d) Pregar que cada bairro utilize os recursos no próprio bairro significa que os ricos financiarão os ricos; e os pobres, que constituem a maioria da população, terão de se arranjar com o pouco que seus bairros arrecadarem.
   e) Devido ao montante de suas dívidas para com o Estado, devem merecer o benefício da isenção e de outras formas de não pagamento de impostos os bancos, as grandes empresas e os ricos.

2. Assinale o segmento inteiramente correto quanto à morfossintaxe, concordância, regência e coerência textual.
   a) O esgotamento do modelo de administração burocrática, que primava excessivamente pelo respeito as normas e procedimentos internos do setor público, tolhia a criatividade e a autonomia dos profissionais encarregados de ações que melhor atendesse as demandas da sociedade.
   b) Devido ao esgotamento do modelo de administração burocrática, que primava excessivamente pelo respeito as normas e procedimentos internos do setor público, inibiam-se a criatividade e a autonomia dos profissionais encarregados de ações que melhor atendesse as demandas da sociedade.
   c) O esgotamento do modelo de administração burocrática, que primava excessivamente pelo respeito às normas e procedimentos internos do setor público, obstavam-se a criatividade e a autonomia dos profissionais encarregados de ações que melhor atendessem às demandas da sociedade.
   d) Com o esgotamento do modelo de administração burocrática, que se regia excessivamente pelo respeito às normas e procedimentos internos do setor público, fomentou-se a criatividade e a autonomia dos profissionais encarregados de ações que melhor atendessem as demandas da sociedade.
   e) Após o esgotamento do modelo de administração burocrática que oprimia excessivamente pelo respeito às normas e procedimentos internos do setor público, impedia a criatividade e a autonomia dos profissionais encarregados de ações que melhor atendessem às demandas da sociedade.

3. Os trechos abaixo constituem um texto adaptado do Editorial do *Jornal do Brasil*, 18.09.2008. Assinale a opção em que há erro gramatical.
   a) A elevação dos termômetros da crise nos mercados financeiros — que emite sinais perturbadores de que será longa e ruidosa — tem encontrado lenitivos consideráveis na economia brasileira.
   b) Essa constatação, no entanto, não aplaca as exigências impostas ao país: é preciso encontrar mecanismos sólidos de redução dos habituais riscos de contaminação.
   c) De que a saúde da economia brasileira vai bem só as mentes insensatas discordarão. É incontestável que o Brasil exibe hoje índices de vulnerabilidade bem mais baixos do que os que apresentava à alguns anos.

d) As perspectivas são positivas e os indicadores econômicos são favoráveis para a expansão econômica contínua e segura.
e) Tanto é que a taxa de investimento no segundo trimestre deste ano registrou crescimento de 5,4% em relação ao trimestre anterior, permitindo expansão de 1,4% do PIB entre os dois períodos.

4. Assinale a opção que constitui continuação coesa e coerente para o texto abaixo.

Faz vinte anos que foi promulgada a Constituição de 1988, chamada "cidadã" pelo então presidente da Assembleia Nacional Constituinte, Ulysses Guimarães. Pode haver algum exagero nesse epíteto. Mas hoje está claro que a Constituição de 1988 promoveu um avanço no conceito de cidadania. "Ela contribuiu para sua popularização", diz o historiador José Murilo de Carvalho, da Universidade Federal do Rio de Janeiro (UFRJ). "E introduziu instrumentos legais importantes de afirmação democrática". Ao mesmo tempo, a Constituição ficou incompleta.

a) Por isso, em 1988, a Constituição trouxe inovações que hoje parecem triviais. Durante mais de 150 anos, os analfabetos — maioria ou um número expressivo da população — estiveram excluídos da vida política.
b) Até hoje, sofre um aperfeiçoamento contínuo que leva muitos a considerá-la uma "colcha de retalhos" em eterna reforma, descolada da realidade de uma economia moderna.
c) Pois a Constituição garantiu a eles o direito ao voto, assim como aos menores entre 16 e 18 anos. Também concedeu a todo cidadão o direito de saber todas as informações que o governo guarda sobre ele, um recurso conhecido como *habeas data*.
d) Para atendê-los, depois da Constituição, foram elaborados nos anos seguintes um novo Código Civil, o Código de Defesa do Consumidor, o Estatuto da Criança e do Adolescente e o Estatuto do Idoso.
e) Tanto é que o racismo passou a ser considerado crime inafiançável. Há ainda um capítulo inovador sobre meio ambiente e uma legislação sobre a questão indígena que, se não evita conflitos pontuais, pelo menos protege a minoria.

(Leandro Loyola, *Revista Época*, 17.09.2008)

5. Os trechos a seguir constituem um texto adaptado do Editorial do *Jornal do Brasil*, 15.09.2008, que estão desordenados. Ordeneos nos parênteses e assinale a opção correspondente.

( ) O resultado desse levantamento aponta para uma elevação da temperatura e para a redução das chuvas em parte da Floresta Amazônica, o que poderia transformar, nas próximas décadas, a maior e mais importante reserva de biodiversidade mundial num imenso semiárido.

( ) Estudo apresentado em Belém pelo Instituto Nacional de Pesquisas Espaciais (INPE) revela dados alarmantes sobre a devastação em dois Estados da Federação: o Pará e o Maranhão, que, somados, correspondem a 18% do território brasileiro e a 30% da Amazônia Legal.

( ) Explicando melhor esse resultado: o documento mostra que o clima da região se tornará cada vez mais quente e seco, com reduções de chuva que podem ficar entre 2 e 4 milímetros por dia, no período de 2071-2100, quando comparado com o atual clima da região.

( ) Se no plano interno o país conseguir reverter o cenário dramático antecipado pelos relatórios, alcançar um relativo grau de crescimento sustentável e mantiver a política de incentivo aos biocombustíveis, o país terá um enorme *handicap* na hora de cobrar das nações mais ricas, historicamente as maiores responsáveis pela poluição global, mas também as mais reticentes quanto à aceitação de metas de redução de gases poluentes, o uso racional dos recursos naturais.

( ) A temperatura deve aumentar em toda a região leste do Pará até o Nordeste, chegando a até 7 graus nas regiões do leste da Amazônia e no norte do Maranhão (levando-se em consideração um cenário mais pessimista, com alta concentração de gases do efeito estufa) ou a até 4 graus acima do atual, em condições mais otimistas.

a) 2, 3, 1, 5, 4
b) 4, 3, 2, 1, 5
c) 4, 5, 3, 2, 1
d) 2, 1, 3, 5, 4
e) 4, 1, 2, 3, 5

6. Assinale o trecho inteiramente correto quanto à morfossintaxe e à pontuação.
   a) Hoje em dia a população é participativa. Ela é quem decide onde o orçamentoparticipativo deve ser aplicado, e o melhor o cidadão cobra, busca o resultado, quer saber onde foi empregado os seus tributos.
   b) Administrar visando resultados é bom para todos, o país ganha, os servidores estão mais satisfeitos porque sabe que o serviço que ele está prestando é de qualidade, servindo de motivação para que esse servidor busque cada vez mais a capacitação.
   c) Entendo que a velocidade que as mudanças vêm ocorrendo, tanto no campo econômico, político, social que se processa de maneira muito rápida, ou os novos gerentes acompanham todo esse mecanismo de desenvolvimento ou tendem a desaparecerem.
   d) Hoje se depara com o processo da globalização, com isso consequentemente se exige melhores gestores e mais aperfeiçoamento das ações gerenciais, novos padrões de comportamento, estabelecimento de novas técnicas, aperfeiçoamento constante e manter dentro da competitividade e modernidade desejadas.
   e) Ademais de dominar os conhecimentos técnicos de sua área de atuação, um bom gestor deve saber exercer a liderança com flexibilidade; ter habilidade para solucionar conflitos; mostrar aptidão para trabalhar em equipe; ter desenvolvidas a sensibilidade e a intuição; mas, acima de tudo, pautar suas ações sob o manto da ética e da justiça social.

7. Assinale a opção correta em relação à classificação do "se".

Embora a recuperação da confiança tenha sido modesta em setembro, é possível que a tendência positiva se **(1)** acentue no final do ano, se **(2)** a queda do juro básico se **(3)** transferir para o crédito ao consumo e se **(4)** os salários reais continuarem a se **(5)** recuperar devido à contenção da inflação, que eleva o poder aquisitivo.

(*O Estado de S. Paulo*, **04.10.2005, Editorial**)

   a) 1 — conjunção condicional
   b) 2 — pronome reflexivo
   c) 3 — índice de indeterminação do sujeito
   d) 4 — conjunção condicional
   e) 5 — palavra expletiva ou de realce

Leia o texto abaixo para responder à questão 8.

Em março de 2005, o acordo com o FMI não foi renovado, resultado do sucesso do ajuste na economia promovido pelo governo federal nesses dois anos, que, entre outras coisas, permitiu a queda da relação dívida pública/PIB por dois anos seguidos, ao mesmo tempo em que a distribuição de renda melhorava e se criavam 100.000 empregos formais por mês. Com a economia continuando a se fortalecer nos meses seguintes (mais exportações, menos inflação), a decisão de quitar integralmente a dívida com o Fundo de forma antecipada pôde ser tomada com toda a segurança, trazendo benefícios para a melhora da imagem do país e a diminuição do custo de captação da dívida pública.

(Adaptado de *Em Questão*, n. 387 — Brasília, 26 de dezembro de 2005)

8. Assinale a opção que não completa o período abaixo de acordo com as ideias do texto acima.
Foi possível dispensar a renovação do acordo com o FMI em decorrência de
   a) sucesso do reajuste na economia promovido pelo governo federal.
   b) queda da dívida pública/PIB por dois anos seguidos.
   c) melhoria da distribuição de renda e criação de 100.000 empregos por mês.
   d) fortalecimento da economia — mais exportações e menos inflação.
   e) melhora da imagem do país no exterior.

Leia o texto abaixo para responder à questão 9.

Ninguém melhor do que Voltaire definiu a real essência da democracia quando escreveu: "Posso não concordar com uma só palavra do que dizes, mas defenderei até à morte o teu direito de dizê-las". Ter ideias e comportamentos políticos ou sociais diversos de outros indivíduos não significa, necessariamente, transformá-los em inimigos ferrenhos. Afinal, o que se combate são as ideias do outro e não sua pessoa.

(Adaptado de Alfredo Ruy Barbosa, *Jornal do Brasil*, 11.03.2006)

9. Em relação ao texto acima, assinale a opção incorreta.
   a) A eliminação do termo "do" depois de "melhor" mantém a correção gramatical do período.
   b) O emprego de segunda pessoa em "teu" concorda com o emprego de "dizes".
   c) Em "transformá-los", a forma pronominal " -los" retoma a ideia explicitada em "outros indivíduos".
   d) Em "o que se combate", o termo "o" pode, sem prejuízo gramatical para o período, ser substituído pelo pronome **aquilo**.
   e) A substituição de "se combate" por **era combatido** mantém a correção gramatical e as informações originais do período.

Leia o texto abaixo para responder à questão 10.

Memórias do cárcere, **na versão cinematográfica, (1)** explora mais desenvoltamente a linguagem artística e as possibilidades que estão ao alcance do cinema de fragmentar a realidade para, em seguida, recompor o concreto nos diversos níveis em que ele aparece na percepção, na cabeça e na história dos homens. Quem ama o livro por ele mesmo não vai recuperá-lo no filme. **Quem ama as várias verdades (2)** que Graciliano Ramos enfrentou com hombridade e coragem **irá ver (3)** no filme uma engenhosa e íntegra transposição do livro. Seria pouco dizer que **completam-se (4)** ambos. Nelson Pereira dos Santos explora a técnica cinematográfica como Graciliano Ramos, a técnica literária, **ou seja, (5)** como recurso de descoberta da verdade, arma de denúncia intelectual e instrumento de luta política.

(Florestan Fernandes)

10. Assinale a opção em que o segmento destacado apresenta erro gramatical.
    a) 1.
    b) 2.
    c) 3.
    d) 4.
    e) 5.

GABARITO

1. "e".
2. "d".
3. "c".
4. "b".
5. "d".
6. "e".
7. "d".
8. "e".
9. "e".
10. "d".

Prova Simulada 9

1. Assinale a opção que não preenche corretamente a lacuna do texto.

Outra medida que promove a pequena e média empresa brasileira é a instalação pela Agência de Promoção de Exportações do Brasil — APEX de um centro de distribuição de produtos nacionais, em Miami, Estados Unidos. O centro tem espaço para armazenagem de produtos, um *showroom* e um escritório comercial e administrativo. As empresas podem ficar instaladas por um período de 12 a 18 meses para a consolidação de seus produtos no mercado, _____ a ideia é reduzir a distância entre as empresas e seus clientes estrangeiros. O próximo centro será instalado na Alemanha no segundo semestre deste ano.

(Adaptado de *Em Questão*, n. 288 — Brasília, 04 de março de 2005)

   a) uma vez que
   b) porquanto
   c) pois
   d) conquanto
   e) já que

2. Assinale a opção que preenche corretamente as lacunas do texto a seguir.

A carteira de crédito do Banco do Brasil destinada ao agronegócio atingiu R$ 35,7 bilhões em 2005 — crescimento de 18,9% em relação ao ano anterior. **(1)** mostra que o banco manteve a parceria com o setor atingido no ano passado pela perda de produção **(2)** longos períodos de seca, **(3)** baixa cotação no preço das *commodities* (produtos agropecuários e minérios cotados internacionalmente, como soja e suco de laranja) e pela valorização do real **(4)** dólar. O banco ainda prorrogou dívidas do setor no valor de R$ 2,7 bilhões. Para os agricultores familiares o BB liberou R$ 4,3 bilhões ano passado pelo Programa Nacional de Fortalecimento da Agricultura Familiar (Pronaf). **(5)** programa do governo federal financia o custeio e o investimento de atividades produtivas de pequenos agricultores em todo o país.

(Adaptado de *Em Questão*, n. 409 — Brasília, 13 de março de 2006)

   a) Esse incremento / em decorrência de / pela / em relação ao / Esse
   b) Essa ampliação / por causa de / à frente / o / Tal
   c) Tal aumento / em consequência de / na / diante do / Cujo
   d) Esse crescimento / já que houve / da / em frente o / Um
   e) Tal incremento / uma vez que houve / de / diante o / O

3. Assinale a opção que apresenta erro gramatical.

   a) Ao longo dos séculos, a política tem sido considerada, pelos economistas e pelos militares, fator de perturbação da paz e da ordem.
   b) Nos governos, e isso tem sido vezo histórico, os economistas pregam a austeridade, combatem a solidariedade para com os mais pobres, defendem a ideia de que o êxito é destinado aos mais dotados, pela natureza e pela posição social.
   c) Mas se um governo universal, com o consentimento de todos os seres humanos, parecem utópicos, o governo imperial é experiência histórica repetida e sofrida.
   d) Impérios, sempre os houve; da mesma forma que houve rebeliões dos dominados. Quase sempre, a humanidade conseguiu impedir um império que fosse universal.
   e) Houve sempre duas potências maiores, em cada tempo, que disputaram a hegemonia, e isso permitiu às nações suportarem, fosse pela esperança, fosse pela mútua contenção, a submissão permanente e completa a um ou outro centro do poder.

(Adaptado de Mauro Santayana, *Jornal do Brasil*, 11.03.2006)

4. Assinale a opção em que há emprego indevido de palavra.

   a) O desmatamento nos nove estados da Amazônia Brasileira caiu 31% no período 2004/2005, passando de 27.200 km² para 18.900 km².
   b) A redução na derrubada da floresta foi anunciada pelo Ministério do Meio Ambiente, com base em levantamentos realizados por satélite sob a orientação do Instituto Nacional de Pesquisas Espaciais (Inpe).

c) A última queda no índice havia ocorrido entre 19961997, onde o volume de floresta abatida caiu 27%.
d) Os dados apontam queda acentuada do desmate nas áreas próximas à rodovia Cuiabá-Santarém (BR-163), onde houve maior intervenção do Governo Federal por meio do Plano de Ação para Prevenção e Controle do Desmatamento na Amazônia, do qual participam 13 ministérios.
e) Os números também indicam leve crescimento do desmatamento apenas no sudeste do Pará e no sul do Amazonas. É a primeira vez, em 17 anos de monitoramento da Amazônia, que os dados sobre desmatamento são apresentados no mesmo ano em que são levantados.

(Adaptado de *Em Questão*, n. 381 — Brasília, 07 de dezembro de 2005)

5. O Governo Federal autorizou o uso comercial do biodiesel. Feito à *base de (1)* mamona, soja, dendê, girassol (oleaginosas), o novo combustível poderá ter 2% adicionados ao diesel de petróleo para o uso *em (2)* veículos automotivos. Essa mistura é chamada de B2. Com o biodiesel o setor de energia no Brasil inicia uma nova fase. O uso do novo combustível *trará (3)* ganhos sociais, econômicos e ambientais para o país, ao *privilegiar (4)* a participação da agricultura familiar, *geraria (5)* emprego e renda no campo, ao permitir a redução das importações de diesel de petróleo e ao melhorar a qualidade do ar nos grandes centros urbanos.

(Adaptado de *Em Questão*, n. 261 — Brasília, 08 de dezembro de 2004)

Assinale a opção que corresponde a erro gramatical.
a) 1
b) 2
c) 3
d) 4
e) 5

Leia o texto abaixo para responder à questão 6.

As vantagens sociais do biodiesel **dizem respeito à** geração de emprego e renda no campo e na indústria nacional. O cultivo da mamona, dendê, girassol, soja e de outras oleaginosas vão gerar emprego e renda, especialmente para os agricultores familiares. O governo federal está apostando no crescimento gradual da nova cadeia de combustível **à partir do** incentivo **à inclusão** social de agricultores familiares e assentados da reforma agrária, principalmente no Norte e Nordeste. O biodiesel produzido com base na mamona e no dendê fornecidos por agricultores familiares das regiões Norte, Nordeste e do semiárido **terá** 100% de redução do PIS/COFINS. Os demais agricultores familiares de todo o país terão diminuição percentual de 89,6%. Outro ganho é a redução das importações de diesel. Hoje, o Brasil importa 10% desse combustível. O uso do biodiesel **possibilitará** ao Brasil uma economia anual de aproximadamente US$ 160 milhões (R$ 432 milhões) na importação do diesel.

(Adaptado de *Em Questão*, n. 261 — Brasília, 08 de dezembro de 2004)

6. Para que o texto acima fique gramaticalmente correto é necessário substituir
    a) "dizem respeito à" por **se referem à**.
    b) "à partir do" por **por meio do**.
    c) "à inclusão" por **a inclusão**.
    d) "terá" por **vai ter**.
    e) "possibilitará" por **vai possibilitar**.

7. Assinale a opção em que há erro de pontuação.
    a) Entre março de 2004 e fevereiro de 2005, as exportações brasileiras ultrapassaram a marca dos US$ 100 bilhões, um recorde histórico para o país.
    b) A meta do Governo Federal, alcançada com quase dois anos de antecedência mostra o vigor das vendas do país para o mercado externo.
    c) Exportação em alta significa favorecer o desenvolvimento do país e, portanto, a geração de emprego, de renda. Para o sucesso desse trabalho, as microempresas contam com o apoio do Sebrae (Serviço Brasileiro de Apoio às Micro e Pequenas Empresas) e da APEX-Brasil (Agência de Promoção de Exportações do Brasil) na capacitação de funcionários e na consultoria técnica.

d) O aumento nas exportações é um dos fatores principais para o saldo positivo referente à criação de postos de trabalho no Brasil. Em 2004, foram 1,5 milhão de novas vagas com carteira assinada, e essa tendência permanece este ano.
e) Em janeiro, foram criadas 115.972 vagas formais, melhor resultado para o período desde 1992. Conforme dados do Instituto Brasileiro de Geografia e Estatística (IBGE), a população ocupada em janeiro deste ano em seis regiões metropolitanas cresceu 4,1% em relação ao mesmo período de 2004.
(Adaptado de *Em Questão,* n. 288 — Brasília, 04 de março de 2005)

Para responder às questões de 8 a 10, leia o texto abaixo, escrito por José Sergio Gabrielli de Azevedo, Presidente da Petrobras; tratase do texto de apresentação do *Código de Ética do Sistema Petrobras,* disponível no site oficial da Liquigás.

O Sistema Petrobras vem a público apresentar seu Código de Ética. A presente versão é resultado de uma ampla revisão, realizada num processo participativo e representativo, que envolveu empregados e empregadas das diversas Unidades do Sistema, em todas as regiões do País, em seminários de formação e em participações por meio eletrônico.

O objetivo deste Código de Ética é definir com clareza os princípios éticos que norteiam as ações do Sistema Petrobras e os compromissos de conduta do Sistema, tanto da parte institucional como da parte dos seus empregados e empregadas, explicitando o sentido ético de sua Missão, Visão e Plano Estratégico.

Expressando a busca de coerência entre o discurso e a prática, este Código de Ética apresentase também como um compromisso público do Sistema Petrobras de fazer valer estes princípios em práticas concretas cotidianas.

Assim sendo, o Sistema Petrobras posiciona-se ao lado das melhores práticas de empresas do setor no mercado internacional, que se empenham pelo desenvolvimento sustentável e comprometem-se em fazer dos empreendimentos econômicos iniciativas que também promovam o desenvolvimento ambiental, social, cultural e ético das sociedades. Este compromisso ético levou a Petrobras a conquistar, em setembro de 2006, o direito de compor o Índice Mundial Dow Jones de Sustentabilidade, usado como parâmetro para análise dos investidores sócio e ambientalmente responsáveis. Nesse mesmo sentido, pode ser considerado também uma continuidade da adesão que, em outubro de 2003, a Petrobras fez com relação aos Princípios do Pacto Global da ONU.

Estou certo de que a apresentação pública deste Código de Ética e seu cumprimento contribuirão para fortalecer uma nova cultura empresarial, voltada para o desenvolvimento sustentável, com responsabilidade social e ambiental, no Brasil e nos países onde o Sistema Petrobras atua.

8. Assinale a alternativa que contenha afirmações coerentes com as apresentadas no texto de José Sergio Gabrielli de Azevedo.
  a) Dentre outros aspectos, o Código de Ética da Petrobras se destaca porque, desde sua primeira versão, foi formulado com a participação de seus colaboradores, por meio de um processo participativo e representativo.
  b) Empresas como a Petrobras acreditam que práticas associadas ao desenvolvimento sustentável e iniciativas que promovem o desenvolvimento ambiental, social, cultural e ético das sociedades precedem os interesses meramente econômicos e a obtenção de lucros.
  c) Por meio do Código de Ética do Sistema Petrobras, aspira-se à coerência entre discurso e prática; o documento é um compromisso público do Sistema Petrobras, por mais que revele a vontade da corporação em fazer valer estes princípios em práticas concretas cotidianas.
  d) O direito de compor o Índice Mundial Dow Jones de Sustentabilidade e a adesão da Petrobras, em outubro de 2003, aos Princípios do Pacto Global da ONU são indicadores claros de seu compromisso com valores como a responsabilidade social e ambiental.
  e) A publicação da mais nova versão do Código de Ética do Sistema Petrobras faz que a empresa seja líder no que diz respeito às melhores práticas de empresas do setor no mercado internacional.

9. **Levando em consideração as afirmações do texto e as orientações da gramática normativa tradicional, é correto afirmar que**
   a) a oração "A presente versão é resultado de uma ampla revisão", do primeiro parágrafo, pode ser reescrita, preservando-se o sentido do texto original, sem que ocorra erro gramatical, da seguinte maneira: "A presente versão é resultado de ampla revisão".
   b) no trecho "realizada num processo participativo e representativo, **que** envolveu empregados e empregadas das diversas Unidades do Sistema", do primeiro parágrafo, o pronome destacado referese ao aposto que o antecede.
   c) no trecho "O objetivo **deste** Código de Ética é definir com clareza os princípios éticos", do segundo parágrafo, o termo destacado, segundo a gramática normativa, deveria ser substituído por "desse".
   d) o trecho "definir com clareza os princípios éticos que norteiam as ações do Sistema Petrobras", do segundo parágrafo, pode ser reescrito, preservando-se o sentido do texto original, sem que ocorra erro gramatical, da seguinte maneira: "definir com clareza os princípios éticos, que norteiam as ações do Sistema Petrobras".
   e) o trecho "tanto da parte institucional como da parte dos seus empregados e empregadas", do segundo parágrafo, sofrerá alteração de sentido se for reescrito da seguinte maneira: "tanto da parte institucional como da parte de seus empregados e empregadas".

10. **Levando em consideração as afirmações do texto e as orientações da gramática normativa tradicional, é correto afirmar que**
    a) a oração "Expressando a busca de coerência entre o discurso e a prática", que abre o terceiro parágrafo, pode ser reescrita, preservando-se o sentido do texto original, sem que ocorra erro gramatical, da seguinte maneira: "Conquanto expresse a busca de coerência entre o discurso e a prática".
    b) na oração "Expressando a busca **de** coerência entre o discurso e a prática", que abre o terceiro parágrafo, se a palavra destacada for substituída por "por", haverá intensificação da ideia de empenho ou esforço no ato de buscar.
    c) no terceiro parágrafo, as palavras "coerência", "prática", "Código", "Ética", "também" e "princípios" foram acentuadas de acordo com a mesma regra.
    d) a oração "fazer valer estes princípios em práticas concretas cotidianas", do terceiro parágrafo, não pode ser reescrita da seguinte maneira, de acordo com as regras da gramática normativa: "fazer estes princípios valerem em práticas concretas cotidianas".
    e) se quisermos, na frase "fazer valer **estes princípios** em práticas concretas cotidianas", do terceiro parágrafo, substituir o termo destacado por pronome, utilizaremos, obrigatoriamente, um pronome pessoal do caso reto, já que o termo exerce a função de sujeito da segunda oração.

GABARITO
1. "d".
2. "a".
3. "c".
4. "c".
5. "e".
6. "b".
7. "b".
8. "d".
9. "a".
10. "b".

Prova Simulada 10

1. Em relação às ideias do texto, assinale a opção correta.

Um tema objeto de alguns painéis no recém-encerrado Fórum Econômico Mundial foi a desigualdade na distribuição de renda no mundo globalizado, mesmo durante o processo em que milhões de pessoas saíram da pobreza na última década nas diversas partes do mundo emergente, da China à Rússia e à América Latina. Muito além dos aspectos puramente econômicos, o tema foi tratado como uma questão política, assim como cultural e mesmo "emocional", já que a percepção de distribuição injusta seria mais importante do que uma medida puramente econômica. Se não for atacada, a questão da pobreza pode se transformar, segundo alguns especialistas, em uma crise mundial. Como exemplo, foi lembrado que a previsão é que a população do globo vai ser de 12 bilhões por volta de 2100 e, se nada for feito, cerca de metade pode estar na pobreza, o que seria "insustentável".

A melhora social propiciada pelo crescimento econômico generalizado, se por um lado demonstra as vantagens da economia globalizada, por outro estimula o aumento do consumo por populações que estavam fora desse circuito, o que traz problemas na cadeia de distribuição de alimentos, e estimula o justo desejo por maior participação nos frutos do desenvolvimento, exacerbando a percepção da injustiça na distribuição de renda, tanto entre países quanto entre cidadãos.

(Merval Pereira, *O Globo*, 31.01.2008)

    a) O Fórum Econômico Mundial ignora a desigualdade na distribuição de renda no mundo globalizado.
    b) Na última década, uma parcela insignificante da população mundial saiu da linha de pobreza.
    c) A inserção de parcela antes excluída das vantagens do desenvolvimento promove problemas na cadeia de distribuição de alimentos.
    d) O desejo de maior participação nos frutos do desenvolvimento atenua a injustiça na distribuição da renda.
    e) As vantagens da economia globalizada são disfarçadas pela melhora social propiciada pelo crescimento econômico.

2. Se havia alguma dúvida sobre a forte desaceleração no ritmo de atividade da economia americana, os mais recentes pronunciamentos das autoridades monetárias — entre as quais o próprio presidente do Federal Reserve, Ben Bernanke — e dados estatísticos deixaram claro que é preciso ficar muito atento para o comportamento dos mercados nos Estados Unidos este ano. Um dos alertas foi a baixa geração de empregos em dezembro. As autoridades estão preocupadas com o risco de recessão e isso já se reflete nos programas dos précandidatos dos partidos Republicano e Democrata à Casa Branca.

(O Globo, 15.01.2008, Editorial)

Subentende-se das ideias e informações do texto que
    a) não há mais crença na desaceleração da economia americana.
    b) a baixa geração de emprego em dezembro reforça a ideia da desaceleração da economia americana.
    c) os dados estatísticos reforçam a ideia da aceleração da economia americana.
    d) os políticos não se preocupam com a situação recessiva da economia americana.
    e) as autoridades não deixam dúvidas de que será forte, este ano, o ritmo de atividade da economia americana.

3. Assinale a opção que não constitui continuação coesa, coerente e gramaticalmente correta para o texto abaixo.

O combate à fome e à pobreza foi adotado pelo governo federal, a partir de 2003, como política de governo. Dentro dessa política, por exemplo, foi criado o Programa Bolsa Família, que beneficia mais da metade das famílias pobres do país. O programa é de responsabilidade do Ministério do Desenvolvimento Social e Combate à Fome, que tem hoje o maior orçamento já investido no Brasil para combater a fome e promover o desenvolvimento Social — R$ 17 bilhões.

    (Em Questão, Subsecretaria de Comunicação Institucional da Secretaria-Geral da Presidência da República, n. 390 — Brasília, 06 de janeiro de 2006)

   a) Há atualmente programas de distribuição de renda em 100% do território nacional, proporcionando o acesso à alimentação e movimentando a economia local.
   b) Uma ação importante, feita em parceria com a Articulação no Semiárido (ASA), é o Programa de Construção de Cisternas. Foram 50.248 cisternas construídas na região do semiárido com investimentos diretos do governo federal no valor de R$ 72 milhões entre junho de 2003 e março de 2005.
   c) Outra meta é a garantia de que até 2015 todas as crianças terminem um ciclo completo de ensino. Nesse caso, de acordo com o relatório, o Brasil caminha para a universalização do ensino fundamental. Em 2002, 93,8% das crianças de 7 a 14 anos frequentavam a escola de 1.ª a 8.ª série.
   d) Mas o grande problema do País ainda é a qualidade de ensino e o alto índice de analfabetos. Dados do Sistema Nacional de Avaliação da Educação Básica (Saeb), de 2001, mostram que 59% dos alunos da 4.ª série não desenvolveram habilidades elementares de leitura.
   e) Além das ações governamentais, para o cumprimento dos Objetivos de Desenvolvimento do Milênio é necessário o estabelecimento de parcerias. Nesse sentido o governo brasileiro tem buscado o apoio da iniciativa privada e de organizações da sociedade civil, bem como tem estabelecido parcerias com outras nações que também firmaram o mesmo pacto para o alcance das metas sociais.

4. Assinale a opção em que há erro.
   a) O saldo da balança comercial (exportações menos importações) brasileira de 2005 alcançou US$ 44,76 bilhões, valor nunca registrado na história do país.
   b) O resultado positivo, 33% maior que o atingido em 2004, deve-se ao desempenho expressivo das exportações e importações.
   c) As vendas externas tiveram incremento superior à US$ 24 bilhões no ano passado e fecharam 2005 com US$ 118,3 bilhões.
   d) Já as importações totalizaram US$ 73,545 bilhões no ano passado.
   e) Os resultados recordes mostram que apesar da valorização do real frente ao dólar, a corrente de comércio do país (exportações mais importações) não para de crescer com a diversificação de pauta exportadora, aumento do número de países que compram os produtos brasileiros e o crescimento da participação de estados com pouca tradição nas vendas externas.

    (Em Questão, Subsecretaria de Comunicação Institucional da Secretaria-Geral da Presidência da República, n. 390 — Brasília, 06 de janeiro de 2006)

5. Assinale a opção que reproduz corretamente as ideias contidas no trecho abaixo.

Estudo feito por cientistas dinamarqueses revelou que pessoas que bebem moderadamente e são fisicamente ativas têm menor risco de morte por doenças cardiovasculares do que aquelas que não bebem e são inativas. Esta é a primeira pesquisa a avaliar a influência combinada de atividades físicas e de ingestão regular de álcool.
   a) Indivíduos que não bebem nem se exercitam têm risco menor de apresentar doenças cardiovasculares do que os bebedores moderados fisicamente ativos.
   b) A ingestão moderada de álcool combinada com atividades físicas mostrou-se mais eficaz para a saúde do coração do que a abstenção alcoólica somada à inatividade.
   c) Manter-se fisicamente ativo e beber moderadamente causam mais riscos na redução de risco de doenças do coração do que abster-se de álcool mas frequentar academias de ginástica.
   d) Estudo dinamarquês revelou que a combinação de álcool, independentemente da quantidade ingerida, com exercitação física causa menos risco à saúde do que a não ingestão somada à inatividade.
   e) Combinar atividade física com álcool apresenta maior perigo para a saúde do coração do que a exercitação moderada somada à abstenção alcoólica.

6. Assinale a opção em que o trecho do *Valor Econômico* (15.01.2008 — com adaptações) apresenta erro gramatical.
   a) Várias lições foram aprendidas com o apagão de 2001 e não há dúvida de que a situação em que o País se encontra para prevenir e enfrentar a eventual repetição de cortes forçados de energia são muito melhores que as de sete anos atrás.
   b) Há pelo menos dois anos o abastecimento de gás natural deixou de ser confiável, e não será pela proximidade de escassez de energia que o problema mudará de natureza.
   c) A questão da necessidade de medidas de economia de energia, sejam elas quais forem — inclusive a que deveria ser item permanente de todos os governos, todos os anos: a racionalização do uso —, passou a ser encarada pelo governo como um desafio.
   d) O modelo energético atual privilegiou a garantia de fornecimento da energia e a modicidade tarifária para novos empreendimentos. Tem pontos fortes e fracos, como todos os modelos. Ele é estatista e centralizador, sem que, por isso, esteja condenado à ineficiência.
   e) Ao contrário, a previsibilidade de todo o sistema é hoje maior, embora isto tampouco seja uma garantia de que as necessidades do futuro serão atendidas por medidas adequadas no presente. Se o planejamento for seguido à risca, a situação da oferta do gás tem condições de melhorar em 2008.

7. Assinale o trecho do texto adaptado do *Jornal do Commercio* (PE), de 12.01.2008, que apresenta erro de regência.
   a) Depois de um longo período em que apresentou taxas de crescimento econômico que não iam além dos 3%, o Brasil fecha o ano de 2007 com uma expansão de 5,3%, certamente a maior taxa registrada na última década.
   b) Os dados ainda não são definitivos, mas tudo sugere que serão confirmados. A entidade responsável pelo estudo foi a conhecida Comissão Econômica para a América Latina (Cepal).
   c) Não há dúvida de que os números são bons, num momento em que atingimos um bom superávit em conta-corrente, em que se revela queda no desemprego e até se anuncia a ampliação de nossas reservas monetárias, além da descoberta de novas fontes de petróleo.
   d) Mesmo assim, olhando-se para os vizinhos de continente, percebe-se que nossa performance é inferior a que foi atribuída a Argentina (8,6%) e a alguns outros países com participação menor no conjunto dos bens produzidos pela América Latina.
   e) Nem é preciso olhar os exemplos da China, Índia e Rússia, com crescimento acima desses patamares. Ao conjunto inteiro da América Latina, o organismo internacional está atribuindo um crescimento médio, em 2007, de 5,6%, um pouco maior do que o do Brasil.

8. Assinale a opção correta a respeito dos sentidos e dos elementos linguísticos do texto abaixo.
Estamos nos deparando com uma cantilena a nos cobrar sobre o voto consciente. Quanto aos candidatos, todos são bons até que nos provem o contrário. Há muitos interesses em jogo, é preciso que saibamos distingui-los. Na campanha, alguém nos falou que iria votar a favor ou contra a CPMF? Da mesma forma, alguém nos disse que iria votar a favor da cobrança de contribuição ao aposentado? É um cheque em branco que nós damos aos partidos, que durante quatro anos irão manobrar os votos de suas bancadas, que nem sempre são favoráveis ao povo que os elegeu. O povo funciona como massa de manobra, e as tribunas no parlamento como um palanque político eleitoral. Na verdade, o que menos interessa é o povo.
(Antonio Pereira, Londrina (PR), Sr. Redator, *Correio Braziliense*, 30.12.2007, p. 14)
   a) O autor do texto é um missivista insatisfeito com o redator do *Correio Braziliense*.
   b) Estão incluídas na cantilena a que se refere o Sr. Antonio Pereira as mensagens eletrônicas enviadas pelo povo aos parlamentares pedindo-lhes para votarem contra a prorrogação da CPMF.
   c) Está no mesmo tempo e modo verbal de "saibamos" a forma: **adiremos**, do verbo **aderir**.
   d) O adjetivo "favoráveis" em "que nem sempre são favoráveis ao povo que os elegeu" refere-se ao termo "votos".
   e) Ocorre elipse do verbo "funcionar" no trecho "... e as tribunas no parlamento...", que é entendido assim: ... **e as tribunas funcionam no parlamento**...

9. Assinale a opção que reescreve as expressões destacadas no trecho abaixo com vocabulário e morfossintaxe condizentes com a norma escrita formal da Língua Portuguesa.

Em sua última reunião, o Conselho Deliberativo da UNACON colocou em pauta as condições de trabalho de analistas e técnicos em todas as regiões do Brasil. **(1) Depois de ouvir o que atrapalhava o seu trabalho**, o Conselho deliberou encaminhar à CGU um relato dessas dificuldades, com sugestões **(2) para ficar mais fácil** as operações de controle e finanças nos Estados.

- a) (1) Ao ouvir os tropeços que trazia óbices no seu trabalho,
  (2) para deixar mais efetivo
- b) (1) Ao ter ciência das dificuldades que se interpunham no decorrer das atividades,
  (2) para tornar mais viáveis
- c) (1) Depois de saber que obstáculos pelos quais passavam em seu trabalho,
  (2) de como desobstaculizar
- d) (1) Assim que tomaram conhecimento de tudo o que impedia a realização do trabalho,
  (2) corretivas a efetivar
- e) (1) Cientificandose dos entraves em prol do bom desempenho de suas atividades,
  (2) evitáveis desses entraves para

10. Assinale a opção em que o trecho foi transcrito com erro de pontuação.
    - a) Ao longo dos últimos anos, na reforma do Judiciário, o Congresso municiou o Supremo com ferramentas novas para imprimir maior eficácia ao sistema. A corte, entretanto, as vem utilizando com certa timidez.
    - b) A mais poderosa dessas armas é o efeito vinculante. Tratase de dispositivo que permite ao Supremo editar súmulas fixando jurisprudência que deve obrigatoriamente ser seguida pelas instâncias inferiores da Justiça e pela administração pública.
    - c) Criado em 2004 e regulamentado dois anos depois, o mecanismo só foi utilizado em três ocasiões, nenhuma delas envolvendo conteúdo muito controverso.
    - d) Caminho semelhante segue o princípio da repercussão geral, que possibilita ao STF, recusar recursos extraordinários e agravos em ações com baixa relevância social, no entendimento da maioria dos ministros.
    - e) Associadas, a edição de novas súmulas vinculantes e a exclusão das matérias sem repercussão geral teriam o condão de livrar o Judiciário de milhares de processos repetitivos, cujo desfecho já é conhecido de antemão.

(Folha de S.Paulo, 02.02.2008)

GABARITO
1. "c".
2. "b".
3. "d".
4. "c".
5. "b".
6. "a".
7. "d".
8. "e".
9. "b".
10. "d".

Prova Simulada 11

1. Assinale a asserção errada quanto aos sentidos e aos elementos linguísticos do trecho abaixo.

Quando se achava que o Brasil já tinha visto tudo o que poderia ver em matéria de impostos, aconteceu algo jamais ocorrido antes neste país: um imposto que existia deixou de existir. Impostos, como é bem sabido, podem mudar de nome, podem aumentar ou diminuir (em geral, aumentam), podem passar de uma esfera a outra dentro da administração pública, mas uma vez criados ficam aí para sempre. Eis que, justo às vésperas do Natal, o governo não consegue obter do Senado os votos de que precisava para manter viva a CPMF, "contribuição" que era obrigatória e que, sob o disfarce de "provisória", vinha tirando uma lasca de cada cheque emitido no país desde o remoto ano de 1996.

(J. R. Guzzo. O fim de uma mentira, *Exame*, 31.12.2007, p. 66)

 a) A extinção de um imposto no Brasil é apresentada no texto como algo surpreendente, como um fato inusitado.
 b) O emprego da expressão "como é bem sabido", no contexto em que está, dá a entender que a informação que vem a seguir não deve ser novidade para o leitor.
 c) A oração "ficam aí para sempre" é substituível por: **nunca deixam de existir**, sem prejuízo do sentido original do texto.
 d) O adjetivo "remoto" aplicado ao ano de 1996 favorece o entendimento de que o autor considera muito longo o tempo em que vigorou a CPMF.
 e) O emprego das aspas em "contribuição" reforça o sentido de que a CPMF era essencial para a melhoria da saúde pública no Brasil.

2. Assinale a opção que completa, com correção gramatical, o espaço do texto abaixo.

O êxodo de jogadores de futebol brasileiros para o exterior é uma tendência difícil de ser revertida a curto prazo. O que se observa é ainda mais calamitoso. Eles estão partindo para qualquer timezinho do exterior cada vez mais cedo, cada vez mais novos, sejam bons ou não. Se os clubes _____ tantos atletas para pequenos times da Europa ou de outros continentes.
 a) fossem mais bem administrados, não irão
 b) fossem melhor administrados, não vão
 c) forem mais bem administrados, não iriam
 d) fossem mais bem administrados, não iriam
 e) forem melhor administrados, não irão

3. Assinale a opção em que o trecho do texto adaptado do *Valor Econômico*, 11.01.2008, apresenta erro gramatical.

 a) O resultado conjunto de estouro da bolha imobiliária e de uma bolha de crédito construída por empréstimos surpreendentemente generosos e amplos está sendo o corte da capacidade de endividamento do consumidor americano.
 b) Recessão ou crescimento muito baixo — a economia americana parece condenada nos próximos trimestres a esta sina. À medida que se aprofundam a crise no mercado imobiliário residencial, seus efeitos se espalham por toda a economia.
 c) Um dos grandes problemas é que os EUA acostumaram-se a essa via para crescer, deixando atrás de si um grande déficit no comércio e outro buraco nas contas públicas, ambos hoje cadentes.
 d) A acentuada perda de fôlego da economia americana coloca desafios consideráveis para as autoridades monetárias. A arma tradicional da redução dos juros é agora de duvidosa eficácia e não pode ser usada livremente.
 e) A desordem criada pelos grandes bancos no mercado de crédito teve como consequência perdas bilionárias em seus balanços. Ao que parece, há ainda muitos papéis invendáveis dentro das grandes instituições — mas fora dos balanços.

4. Assinale a opção que preenche corretamente as lacunas do texto.

As perspectivas para o mercado agrícola continuam boas. Os preços internacionais estão **(1)** nível alto, **(2)** devem manter-se ao longo deste ano, em razão de fatores **(3)** o bom desempenho das economias dos países em desenvolvimento, o uso de matérias-primas agrícolas **(4)** produção de combustíveis e a redução da oferta de alguns produtos **(5)** problemas climáticos.

a) em um / em que / tais como / afim da / sob
b) em / a que / seja / na / causadores de
c) no / onde / tais / com a / sem
d) num / no qual / como / para a / por causa de
e) a / por que / com / em uma / por

5. Assinale a opção que preenche corretamente as lacunas do texto.

Para incentivar o cumprimento dos Objetivos de Desenvolvimento do Milênio no Brasil, o presidente Luiz Inácio Lula da Silva lançou o Prêmio ODM BRASIL. A iniciativa do governo federal em conjunto com o Movimento Nacional pela Cidadania e Solidariedade e o Programa das Nações Unidas para o Desenvolvimento (PNUD) vai selecionar e dar visibilidade **(1)** experiências em todo o país que estão contribuindo para o cumprimento dos Objetivos de Desenvolvimento do Milênio (ODM), como **(2)** erradicação da extrema pobreza e **(3)** redução da mortalidade infantil. Os ODM fazem parte de um compromisso assumido, perante **(4)** Organização das Nações Unidas, por 189 países de cumprir **(5)** 18 metas sociais até o ano de 2015.

(*Em Questão*, Subsecretaria de Comunicação Institucional da Secretaria-Geral
da Presidência da República, n. 390 — Brasília, 06 de janeiro de 2006)

a) a, à, à, a, às.
b) as, a, a, à, as.
c) às, à, a, à, às.
d) a, a, a, a, as.
e) as, a, a, à, às.

6. Assinale a opção em que o trecho foi transcrito com correção gramatical.

a) Mesmo com toda a turbulência nos mercados financeiros internacionais, os prognósticos para a economia brasileira, em 2008 apontam para o crescimento.
b) Talvez não chegue ao patamar de 2007, pela necessidade de se conterem um pouco a demanda interna para evitar que a inflação derivada dos alimentos contamine outros preços.
c) Há dez anos, a situação seria totalmente diferente. O que mudou? Em primeiro lugar, o próprio perfil da economia mundial. Nações classificadas na categoria de emergentes conseguiram, de lá para cá melhorar significativamente o quadro de seus balanços de pagamento.
d) Mas a grande maioria dos analistas econômicos não acredita que o Brasil possa estar entre os países mais atingidos por uma crise financeira externa.
e) Aumentaram exportações, reduziram dívidas em valores absolutos ou relativos, ampliou as reservas cambiais, e se transformaram também em mercados relevantes dentro do comércio mundial.

(*O Globo*, 29.01.2008)

7. Assinale a opção que completa as lacunas do trecho abaixo, respeitando os princípios de coerência, correção gramatical e adequação vocabular.

O servidor envolvido na prática de **(1)** disciplinares, objeto de processo administrativo, **(2)** a respeito dos depoimentos das testemunhas, **(3)** o inquérito jungirse ao princípio do contraditório.

(Disponível em: <http://www.cgu.gov.br/Publicacoes/RevistaCGU>.
Acesso em: 11 jan. 2008)

a) transgressões / tem de contrariar-se / em caráter de
b) infrações / há de ser notificado / em consequência de
c) inflações / deve tomar conhecimento / em virtude de
d) ilícitos / há que cientificar / em razão de
e) violações / tem de prevenir / em decorrência de

8. Assinale a asserção incorreta a respeito da organização das ideias do texto, seus sentidos e elementos linguísticos.

Seriam os furtos inconhos da espécie humana? Isso mesmo que deu para entender: inconhos, frutos que nascem pegados a outros. O trocadilho furtos/frutos saiu-me sem querer. Peço desculpas e repito a pergunta: nasceria o furto inconho, acoplado, pegado à espécie humana? Sim, porque as coisas que vemos aí, das mais humildes funções aos mais altos escalões, sugerem que o furto seja tão necessário quanto o oxigênio para a sobrevivência de nossa espécie.

(Eduardo Almeida Reis, Furtos inconhos, *Correio Braziliense*, 10.01.2008, p. 6)

a) Ao explicar o significado de "inconhos", o autor está acionando a função metalinguística da linguagem.
b) Iniciar texto com pergunta, como acontece nesse texto, é um recurso estilístico que desobriga o autor de responder, deixando ao leitor o processamento mental da resposta.
c) Ocorre também trocadilho em: Na vida tudo passa, até uva passa.
d) Há segmentos no texto em que o autor se dirige diretamente ao leitor.
e) Ocorre comparação de igualdade no texto.

9. Abaixo estão recomendações para evitar o estresse. Assinale a opção na qual os verbos estão conjugados, corretamente, na terceira pessoa do singular.

a) Saboreie a vida, dai mais valor a suas experiências.
b) Para e medite. Põe uma uva-passa na boca. Note textura, cheiro e sabor.
c) Invista em prazeres: ouça música, leia, dê-se o direito de não fazer nada.
d) Fique atenta à respiração. Inspira e expira lentamente.
e) Aprende a dizer não. Peça ajuda sempre que necessário.

(Cristina Nabuco, Para desacelerar, *Cláudia*, junho 2007, p. 227)

10. Assinale a opção em que o trecho do Editorial de *O Estado de S. Paulo* (14.01.2008 — com adaptações) foi transcrito com erro gramatical.

a) Estudos preliminares indicam que o setor de agronegócios alcançou, no ano passado, um saldo superior a US$ 50 bilhões em seu comércio exterior, sendo mais uma vez o grande responsável pelo bom desempenho da balança comercial do País.
b) Segundo a consultoria Tendências, com exportações de US$ 61 bilhões e importações de US$ 8,7 bilhões, o superávit do agronegócio brasileiro ficou em US$ 52,3 bilhões, bem superior ao saldo de toda a balança comercial, que ficou em US$ 40,04 bilhões.
c) É muito provável que também em 2008 o agronegócio tenha papel decisivo no desempenho da balança comercial brasileira, embora as empresas de consultoria já identifique alguns fatores que podem afetar o crescimento de suas exportações.
d) Entre 1994 e 2004, o agronegócio registrou continuamente saldos comerciais maiores do que o total da balança brasileira. A série foi interrompida em 2005 e 2006, quando seu superávit representou de 85% a 90% do superávit total.
e) Os bons preços dos principais produtos agroindustriais exportados pelo Brasil em 2007 devem manterse em 2008, embora não sejam esperadas muitas altas expressivas.

GABARITO

1. "e".
2. "d".
3. "b".
4. "d".
5. "d".
6. "d".
7. "b".
8. "b".
9. "c".
10. "c".

Prova Simulada 12

Texto para as questões de 1 a 5.

Podemos distinguir dois tipos de processos imaginativos: o que parte da palavra para chegar à imagem visual e o que parte da imagem visual para chegar à expressão verbal. Com relação à arte literária, perguntemo-nos: como se forma o imaginário de uma época em que a literatura, já não mais se referindo a uma autoridade ou tradição que seria sua origem ou seu fim, visa antes à novidade, à originalidade, à invenção? Parece-me que, nessa situação, a questão da prioridade da imagem visual ou da expressão verbal (que é mais ou menos como o problema do ovo e da galinha) se inclina decididamente para a imagem visual. Entretanto, que futuro estará reservado à imaginação individual nessa que se convencionou chamar "a civilização da imagem"? O poder de evocar imagens *in absentia* continuará a desenvolver-se em uma humanidade cada vez mais inundada pelo dilúvio das imagens pré-fabricadas?

Antigamente, a memória visiva do indivíduo estava limitada ao patrimônio de suas experiências diretas e a reduzido repertório de imagens refletidas pela cultura; a possibilidade de dar forma a mitos pessoais nascia do modo pelo qual os fragmentos dessa memória se combinavam entre si em abordagens inesperadas e sugestivas. Hoje, somos bombardeados por uma quantidade de imagens tal, que não conseguimos mais distinguir a experiência direta daquilo que vimos há poucos segundos na televisão.

Estamos correndo o perigo de perder uma faculdade humana fundamental: a capacidade de pôr em foco visões de olhos fechados, de fazer brotar cores e formas de um alinhamento de caracteres alfabéticos negros sobre uma página branca, de "pensar" por imagens. Penso em uma possível pedagogia da imaginação que nos habitue a controlar a própria visão interior sem sufocá-la e sem, por outro lado, deixá-la cair em confuso e passageiro fantasiar, mas permitindo que as imagens se cristalizem em forma bem definida, memorável, autossuficiente.

Seja como for, todas as "realidades" e as "fantasias" só podem tomar forma por meio da escrita, na qual exterioridade e interioridade, mundo e ego, experiência e fantasia aparecem compostos pela mesma matéria verbal; as visões polimorfas obtidas através dos olhos e da alma encontram-se contidas nas linhas uniformes de caracteres minúsculos ou maiúsculos, de pontos, de vírgulas, de parênteses; páginas inteiras de sinais alinhados, encostados uns nos outros como grãos de areia, representando o espetáculo variegado do mundo em uma superfície sempre igual e sempre diversa, como as dunas impelidas pelo vento do deserto.

(Ítalo Calvino. *Seis propostas para o próximo milênio*. Visibilidade. Tradução de Ivo Barroso. São Paulo: Companhia das Letras, 1990, com adaptações)

1. De acordo com o desenvolvimento das ideias do texto, é correto afirmar que
   a) a literatura atual contribui para a formação do imaginário dos indivíduos ao reportarse fundamentalmente às tradições das quais se originou.
   b) os segmentos "O poder de evocar imagens *in absentia*" e "a capacidade de (...) 'pensar' por imagens" são definições que o autor apresenta para uma única faculdade humana fundamental.
   c) não havia, em épocas passadas, novidade nem criatividade na imaginação dos indivíduos, pois a memória visual destes era limitada às experiências diretas de cada um deles e ao mundo figurativo transmitido pela cultura.
   d) o que se vê hoje na televisão passou a ser uma experiência direta do indivíduo com os acontecimentos, em contraposição ao grande número de imagens que fazem parte do cotidiano das pessoas.
   e) o autor chega à conclusão de que a imagem predomina na atualidade e que, por isso, ela é o ponto de partida para a escrita.

2. No primeiro parágrafo, é apresentado o seguinte comentário entre parênteses: "que é mais ou menos como o problema do ovo e da galinha". Com esse comentário, o autor
   a) imprime ao texto um tom misterioso, o que justifica o emprego de parênteses.
   b) enfatiza sua hesitação ao comparar as discussões, o que se evidencia no emprego da expressão "mais ou menos".

c) compara a questão abordada no texto com outra estabelecida como tipicamente polêmica, ou seja, aquela acerca da qual é muito difícil se chegar a uma resposta consensual.
d) imprime relevância à inclinação da imaginação individual para a imagem na chamada "civilização da imagem".
e) antecipa que não apresentará opinião a respeito da questão que menciona, por ser controvertida.

3. Acerca da estruturação dos parágrafos e dos períodos do texto, assinale a opção incorreta.
   a) Um dos parágrafos é iniciado por um verbo no modo subjuntivo.
   b) O primeiro período do segundo parágrafo contém um verbo na voz reflexiva recíproca.
   c) No terceiro parágrafo, é apresentada uma proposta para se evitar o perigo anunciado no início desse parágrafo.
   d) No último parágrafo, compõem-se enumerações por meio do emprego da vírgula e do ponto e vírgula.
   e) Todos os parágrafos apresentam linguagem formal e todas as palavras do texto foram empregadas em seu sentido denotativo.

4. **Assinale a opção em que a substituição da(s) palavra(s) sublinhada(s) pela(s) palavra(s) apresentada(s) entre parênteses não provocaria erro gramatical ou alteração nos sentidos do texto.**
   a) "**o** que parte da palavra para chegar à imagem visual e **o** que parte da imagem visual para chegar à expressão verbal" (aquele / aquele)
   b) "Hoje, somos bombardeados por uma quantidade de imagens tal, **que** não conseguimos mais distinguir a experiência direta daquilo que vimos há poucos segundos na televisão" (porque)
   c) "Penso em uma possível pedagogia da imaginação que nos habitue a controlar a **própria** visão interior sem sufocá-la" (mesma)
   d) "todas as 'realidades' e as 'fantasias' só podem tomar forma **por meio da** escrita" (perante)
   e) "encostados uns nos outros **como** grãos de areia" (por exemplo)

5. **Assinale a opção em que, na alteração feita em trecho do texto, verifica-se o correto emprego do acento indicativo de crase.**
   a) A literatura já não mais se refere à autoridades ou tradições que seriam sua origem ou seu fim.
   b) O poder de provocar imagens *in absentia* continuará a se desenvolver, à priori, em uma humanidade cada vez mais inundada pelo dilúvio das imagens pré-fabricadas?
   c) A memória visiva do indivíduo estava limitada ao patrimônio de suas experiências diretas e à imagens refletidas pela cultura.
   d) Penso em uma possível pedagogia da imaginação que nos controle à própria visão interior sem sufocá-la.
   e) Seja como for, às realidades e às fantasias somam-se as leituras por meio da escrita.

6. **Assinale a opção que apresenta um período escrito com correção gramatical.**
   a) Há, portanto, um conjunto grande de ocupações que cresceu e permaneceu à margem de um sistema de proteção legal, o que permite que empresas mantenham relações de trabalho informais com os profissionais que lhes prestam serviços.
   b) Contudo, essas tendências verificadas na última década do século passado, representaram um retrocesso nas relações de trabalho, haja visto a prevalência de redução de custo nas metas traçadas pelas grandes empresas.
   c) Vislumbrase, todavia, um movimento crescente das empresas rumo as relações de trabalho ilegais, porquanto ainda informais, dado que a CLT, já obsoleta, apenas abriga os trabalhadores submetidos ao regime formal de trabalho.
   d) Logo, é possível prever que, consoante o atual dinamismo da economia brasileira, a legislação trabalhista, à partir deste momento, pode ser reformada, de maneira a incluir a proteção aos trabalhadores não assalariados.
   e) Enfim, entendo que nunca assistiu-se no Brasil, afora o regime escravocrata, a relações de trabalho tão selvagens, quanto as representadas pela terceirização dos serviços, tendência que, gradativamente, impõe-se como predominante.

7. Assinale a opção que está de acordo com as regras de concordância nominal e verbal.
   a) Apesar das campanhas governamentais em favor da legalidade das relações de trabalho, existe, ainda, no Brasil, muitos trabalhadores que, mesmo sendo assalariados, não tem carteira de trabalho, ou seja, se submetem a formas ilegais de trabalho.
   b) Conforme análises de especialistas da área do trabalho, verificamse, nas relações trabalhistas brasileiras, várias distorções que se originaram na ausência de legislação específica para determinadas ocupações no mundo do trabalho.
   c) Fazem bem mais de 50 anos que foi promulgado, após muitas reivindicações dos trabalhadores, a CLT, mas ainda se observa, no Brasil, que muitas empresas resistem a cumprir seus deveres como empregadores de trabalhadores assalariados.
   d) Os que defendem os direitos dos trabalhadores afirmam que devem haver, em nosso país, leis que disponham sobre as novas formas de trabalho autônomo e coíbam o estabelecimento de relações informais de trabalho por aqueles que detém poder de oferecer empregos.
   e) Grande parte dos grandes empresários relutou em considerar ilegal ou informal, apesar das evidências em contrário, as relações de trabalho que eles mantêm com os chamados novos autônomos.

Atenção: As questões de números 8 a 10 baseiam-se no texto a seguir.

Por "imaginário" entendemos um conjunto de imagens visuais e verbais gerado por uma sociedade (ou parcela desta) na sua relação consigo mesma, com outros grupos humanos e com o universo em geral. Todo imaginário é, portanto, coletivo, não podendo ser confundido com imaginação, atividade psíquica individual. Tampouco se pode reduzir o imaginário à somatória de imaginações. Obviamente estas também se manifestam em quadros históricos, pois, mesmo ao imaginar, cada indivíduo não deixa de ser membro de uma sociedade e de seus valores objetivos e subjetivos. Porém, por englobar o denominador comum das imaginações, o imaginário as supera, interfere nos mecanismos da realidade palpável (política, econômica, social, cultural) que alimenta a própria imaginação.

Mais precisamente, o imaginário faz a intermediação entre a realidade psíquica profunda da sociedade (aquilo que os historiadores às vezes chamam de mentalidade) e a realidade material externa. Desta, o imaginário leva para a primeira os elementos que na longa duração histórica podem transformá-la; daquela, leva para a segunda as formas possíveis de leitura da sociedade sobre ela mesma. Neste trânsito circular, os instintos, os sentimentos, as sensações, traduzidos culturalmente, adaptam-se à realidade objetiva, e assim formulados são reprocessados pela realidade psíquica. Resultante do entrecruzamento de um ritmo histórico muito lento (mentalidade), com outro bem mais ágil (cultura), o imaginário estabelece pontes entre tempos diferentes. A modalidade do imaginário que foca sua atenção em um passado indefinido para explicar o presente é o que chamamos mito. Aquela que projeta no futuro as experiências históricas do grupo — concretas e idealizadas, passadas e presentes — é ideologia. A terceira modalidade, que parte do presente na tentativa de antecipar ou preparar um futuro, que é recuperação de um passado idealizado, é utopia.

Naturalmente os limites entre essas formas de imaginário são movediços. Tais formas jamais existiriam historicamente em estado puro, e com frequência cada uma delas acaba por assumir as funções das outras. Diante disso, muitas vezes é preferível utilizar a denominação genérica — imaginário — às particulares (mito, ideologia, utopia), que encobrem recortes conceituais problemáticos. O importante é que toda sociedade é, ao mesmo tempo, produtora e produto de seus imaginários. Logo, a verdadeira história, aquela que considera o homem na sua complexidade e totalidade, encontrase na articulação entre a realidade vivida externamente e a realidade vivida oniricamente.

(Hilário Franco Júnior. *Cocanha*. A história de um país imaginário.
São Paulo: Companhia das Letras, 1998, p. 1617)

8. No fragmento citado, Franco Júnior
   a) alude à transformação das noções de *mito*, *ideologia* e *utopia*, destacando o paulatino processo de baralhamento por que elas passam no campo dos estudos históricos.

b) aponta os movimentos relevantes no processo de emergência do conceito contemporâneo de *imaginário*, realçando sua especificidade em face de conceitos mais genéricos.
c) concebe as questões terminológicas como secundárias em sua área de estudo, pois os conceitos com que nela se opera são movediços e impedem qualquer tentativa de especificação vocabular.
d) estabelece fronteiras e intersecções entre palavras do vocabulário corrente, deslocandoas para um específico quadro de reflexões — o da história.
e) propõe que sempre se observem as divergências assinaladas pelos termos *mito*, *ideologia* e *utopia*, a fim de preservar o rigor com que a história deve abordar a complexidade do homem.

9. De acordo com o texto,
   a) as atividades psíquicas individuais estão desvinculadas do *imaginário*, na medida em que elas são o lugar de plena independência do sujeito, o autônomo domínio de vivências oníricas pessoais.
   b) a *realidade palpável*, em suas diferentes manifestações, existe apenas em função do processo de interferência recíproca que se verifica entre *imaginário* e *imaginação*.
   c) a realidade externa ao indivíduo é combustível das atividades psíquicas, e estas, por sua vez, colaboram para a conformação dos conjuntos de imagens compartilhados pelos diferentes grupos.
   d) o termo *imaginário* é impreciso, pois não permite estabelecer hierarquias entre a realidade por ele nomeada e os outros modos de ordenação onírica do mundo, como aquele que recebe o rótulo de *mito*.
   e) a verdadeira história leva em conta, mais do que os fatos objetivos, livres da interferência do imaginário, a dimensão dos sonhos individuais e coletivos que constituem a essência do ser humano.

10. No segundo parágrafo, o autor
    a) defende que o imaginário, ao coordenar durações históricas longas e breves, costura, na dimensão onírica, cronologias que, na realidade palpável, seriam independentes.
    b) retifica as informações contidas na abertura do texto, pois se dá conta da inadequação de tudo o que afirmou até ali.
    c) estabelece uma tipologia para a realidade, ao cindi-la em universo psicológico interior e condições físicas de existência do indivíduo.
    d) propõe que *instintos*, *sentimentos* e *sensações* sejam manifestações culturais, isto é, ocorrências adaptáveis à realidade psíquica e não à objetiva.
    e) afirma que o trânsito entre a mente humana e a realidade, propiciado pelo imaginário, impede que se distingam as características de uma e outra.

GABARITO
1. "b".
2. "c".
3. "e".
4. "a".
5. "e".
6. "a".
7. "b".
8. "d".
9. "c".
10. "a".

Prova Simulada 13

1. Conforme as ideias do texto, assinale a opção correta.

O industrial brasileiro entrou em 2008 otimista, prevendo um bom nível de atividade para o primeiro semestre, segundo a sondagem recém-divulgada pela Confederação Nacional da Indústria (CNI).

A pesquisa foi realizada em 22 Estados, com executivos de 1.394 empresas, entre os dias 2 e 22 de janeiro. Este último detalhe é especialmente importante: a expectativa dos entrevistados, aparentemente, não foi afetada pelo noticiário sobre a crise internacional e sobre o risco de uma recessão nos Estados Unidos. A grande aposta, segundo o levantamento, é no dinamismo do mercado interno, porque há pessimismo quanto à evolução das exportações — mas essa avaliação já foi encontrada na edição anterior da sondagem, no trimestre anterior.

A boa disposição do empresariado foi confirmada pelos últimos números da Fiesp, distribuídos na quarta-feira, um dia depois de a CNI divulgar sua sondagem. No ano passado, o nível de atividade da indústria paulista foi 6,1% superior ao de 2006 e o dinamismo conservou-se até o último mês. Em dezembro, o nível de atividade ficou 7% acima do registrado um ano antes.

(*O Estado de S. Paulo*, 31.01.2008)

a) A crise internacional e o risco de recessão nos Estados Unidos afetaram a expectativa positiva do industrial brasileiro.
b) Desde o trimestre anterior à sondagem, os industriais já estavam otimistas em relação às exportações.
c) Os números divulgados pela Fiesp estão em desacordo com a sondagem divulgada pela CNI.
d) O nível de atividade da indústria paulista em 2007 não confirma o otimismo demonstrado pelos industriais para 2008.
e) Os entrevistados apostam no dinamismo do mercado interno e desacreditam na evolução das exportações.

2. Conforme as ideias do texto, assinale a opção correta.

O crescimento econômico, por si só, não tem sido suficiente para melhorar as condições no mundo do trabalho, nem mesmo para conter o aumento do número de desempregados (em 2006, o total de desempregados no mundo era de 187 milhões; no ano passado, apesar do crescimento de 5,2% da economia mundial, o total subiu para 189,9 milhões de pessoas). Daí, segundo a OIT, a necessidade de os governos agirem para assegurar que o progresso econômico se transforme num fator de inclusão social e não de aumento das desigualdades, como ocorre em muitos países. Na avaliação da OIT, a crise atual é diferente das anteriores. Esta surgiu no mundo industrializado e, ao contrário do que aconteceu com as crises da década passada, não afetou de maneira notável os demais países — pelo menos até agora. Não há, porém, nenhuma segurança de que esse quadro se manterá. A questão, diz a OIT, é como o mercado de trabalho em todo o mundo reagirá à redução da atividade econômica. "Este será o ano das incertezas", resumiu o Diretor-Geral da OIT.

(*O Estado de S. Paulo*, 29.01.2008)

a) O crescimento econômico melhora as condições no mundo do trabalho e contém o aumento do número de desempregados.
b) O crescimento de 5,2% da economia mundial assegurou a diminuição do número de desempregados.
c) O mercado de trabalho em todo o mundo reagirá de forma positiva à redução da atividade econômica nos países industrializados.
d) A atual crise que surgiu nos países industrializados afetou severamente outros países.
e) Em muitos países, o progresso econômico tem-se tornado um fator de aumento das desigualdades sociais.

3. De acordo com as ideias do texto, assinale a opção correta.

O rápido crescimento da economia mundial nos últimos anos gerou milhões de empregos, mas nem assim foi possível evitar o aumento do número de desempregados, porque a quantidade de vagas abertas não foi suficiente para abrigar todos os que chegaram ao mercado de trabalho no período. O que acontecerá ao longo de 2008, quando o desempenho econômico em todo o mundo deve ser pior do que o dos anos anteriores, ainda que não aconteça a recessão nos Estados Unidos? O resultado, de acordo com pesquisa que a Organização Internacional do Trabalho (OIT) acaba de divulgar, pode ser o acréscimo de 5 milhões de pessoas ao contingente de desempregados em todo o mundo.

O informe anual da OIT *Tendências Mundiais do Emprego* faz uma avaliação prudente do quadro econômico atual. Mesmo o aumento do número de desempregados que projeta para este ano não chega a ser estatisticamente relevante. No ano passado, cerca de 3 bilhões de pessoas estavam empregadas em todo o mundo. Os desempregados, de acordo com a OIT, representavam 6% da força de trabalho total. Se em 2008 o número de desempregados aumentar em 5 milhões, o índice subirá para 6,1%, variação muito pequena.

Mas a questão não é meramente estatística. O desemprego já atinge quase 200 milhões de pessoas e suas famílias. Além disso, a falta de emprego não é o único problema que afeta os trabalhadores e suas famílias no mundo inteiro. Boa parte dos que integram o grupo dos empregados vive em situação muito difícil.

(*O Estado de S. Paulo*, 29.01.2008)

   a) O problema do desemprego foi resolvido pelo rápido crescimento da economia mundial nos últimos anos.
   b) Se houver um acréscimo de 5 milhões de desempregados, o índice mundial de desemprego ficará em torno de 6,1% da força de trabalho total.
   c) A Organização Internacional do Trabalho prevê que o contingente de desempregados no mundo chegue a 5 milhões de pessoas.
   d) A situação dos trabalhadores empregados é em geral muito satisfatória.
   e) A quantidade de vagas abertas foi suficiente para abrigar todos os que chegavam ao mercado de trabalho.

4. Assinale a opção que preenche corretamente as lacunas do texto, adaptado de *O Estado de S. Paulo*, 05.02.2008.

Os resultados do trabalho de fiscalização da Receita Federal no ano passado impressionam. Por práticas de "evasão fiscal" — **(1)** sonegação de impostos, apuração indevida de impostos e contribuições a serem recolhidas, erros e omissões nas declarações do Imposto de Renda, entre outras —, a Receita autuou no ano passado 522 mil contribuintes, **(2)** pessoas jurídicas e físicas, 42% **(3)** número de autuações emitidas em 2006. Mais notável ainda é o aumento do valor das autuações. Elas totalizaram R$ 108 bilhões, 80% mais do que o total do ano anterior. O combate rigoroso **(4)** sonegação de qualquer tipo é dever da Receita e uma demonstração de respeito **(5)** contribuintes que cumprem rigorosamente suas obrigações com o Fisco. O uso de mecanismos mais eficazes nesse trabalho reduz substancialmente a margem para a sonegação e para outros atos considerados ilícitos pela Receita e pela Justiça, **(6)** resulta em aumentos de arrecadação que, pelo menos em tese, poderiam abrir o caminho para a redução do peso dos impostos, taxas e contribuições sobre as finanças dos contribuintes honestos.

   a) como; entre; mais do que o; à; aos; e.
   b) sejam; sejam; maior que; contra a; com os; porém.
   c) tais como; as; do; da; pelos; entretanto.
   d) seja; ou; mais que o; a; para com; mas.
   e) por exemplo; de; pelo; pela; nos; porque.

5. Assinale a opção em que o trecho do texto de *O Globo*, 31.01.2008, foi transcrito com erro gramatical.

   a) A acumulação de superávits primários nas contas públicas, uma política que teve início no último trimestre de 1998, depois do abalo causado na economia brasileira por uma crise financeira que teve seu estopim na Rússia, vem dando frutos nos últimos anos, com redução do déficit e da dívida da União, estados, municípios e companhias estatais em relação ao PIB.

b) Em 2008, segundo dados do Banco Central, a dívida líquida do setor público recuou para o equivalente a 42,8% do Produto Interno Bruto, o mais baixo percentual apurado desde 1999. E o déficit total do setor público, no valor total de R$ 58 bilhões, caiu para 2,27% do PIB.

c) Com a redução de suas necessidades de financiamento, o setor público pode renovar mais facilmente seu endividamento, e, nesse caso, o mercado tende a aceitar o pagamento de taxas de rentabilidade mais baixas para os títulos do Tesouro.

d) Para 2008, o Banco Central projeta nova queda na dívida líquida, e queda também do déficit, que encolheria para 1,2% do PIB. Mantendo essa tendência, ao fim de 2009 ou no decorrer de 2010, o déficit desapareceria, equilibrando-se as contas públicas e estancando-se completamente o crescimento da dívida.

e) A diminuição da dívida como proporção do PIB, assim como do déficit público total, significa que o Estado passou a avançar menos sobre os recursos disponíveis para financiar o setor privado. Isso viabiliza a ampliação dos investimentos, que pode ser financiado pelo aumento da poupança interna.

6. Assinale o trecho do texto, adaptado de *O Estado de S. Paulo*, 06.02.2008, que apresenta erro gramatical.

a) Turistas estrangeiros gastaram no Brasil, conforme os registros do Banco Central, o valor recorde de US$ 4,953 bilhões no ano passado, 14,7% mais do que em 2006.

b) Não se estranhe, pois, que o déficit na conta do turismo tenha mais que dobrado, passando de US$ 1,448 bilhão para US$ 3,258 bilhões.

c) Ainda assim, o balanço cambial do turismo piorou, pois as despesas de brasileiros no exterior aumentaram 42% entre 2006 e 2007, passando de US$ 5,764 bilhões para US$ 8,211 bilhões.

d) Real valorizado e aumento do emprego e da renda são fatores que estimularam as viagens dos brasileiros ao exterior, ao contrário do que ocorreu com os turistas que vem ao Brasil, que pagaram suas despesas com dólares desvalorizados.

e) O que não se justifica é o fato de o Brasil ocupar um modestíssimo 59.º lugar entre os 124 países pesquisados pelo Fórum Econômico Mundial, de Davos, no ano passado. E que o setor de turismo tenha um peso tão pequeno na atividade econômica do País, da ordem de 2,8% do PIB, ante cerca de 11% em Portugal e na Espanha.

7. Os trechos a seguir constituem um texto adaptado de *Zero Hora* (RS), 11.02.2008. Assinale a opção que apresenta erro gramatical.

a) Os mundos cultural, econômico, financeiro e até rural giram em torno do que ocorre nessas concentrações que, pelo menos desde a Idade Média, foram adquirindo feição própria e mostrando problemas específicos.

b) A concentração mundial das populações nas cidades, fenômeno historicamente recente, torna essas aglomerações o centro nervoso das sociedades. A problemática das cidades concentra a própria problemática da sociedade.

c) As cidades são o cenário cada vez mais exclusivo em que, pelo desejo de progresso das sociedades, se realiza os direitos e se concretiza a ambição democrática e republicana de tratar a todos igualmente.

d) Questões como a educação, o trabalho, o lazer, o convívio, a assistência social, a produção ambiental, o transporte, entre muitíssimas outras, têm nas cidades suas expressões mais agudas. Desenvolvimento sustentável é uma expressão que faz sentido para os planejadores das cidades de hoje e de amanhã.

e) Para metrópoles europeias ou norte-americanas, essa expressão pode significar uma preocupação fundamental na preservação do ambiente, ao passo que para os demais continentes ela tem um sentido social inevitável, voltado para a necessidade de superação de gargalos sociais e para a conquista de patamares mínimos de dignidade.

8. Assinale a opção que corresponde a erro gramatical.

O Brasil encerrou o ano de 2007 **com (1)** resultados animadores. O País conseguiu gerar **mais de (2)** 1,6 milhão de postos de trabalho. **Acerca de (3)** 42% foram empregados com carteira de trabalho assinada no setor privado. O desemprego nas regiões metropolitanas ficou **em** torno de **(4)** 9,5%, **ante (5)** 10% em 2006. Os rendimentos médios subiram cerca de 3% em termos reais. Em quatro anos o aumento foi de quase 8%.

(José Pastore, O Estado de S. Paulo, 05.02.2008)

a) 1
b) 2
c) 3
d) 4
e) 5

9. A norma culta da Língua Portuguesa está plenamente respeitada em:
a) Ao divulgar os resultados, eles cometeram um grande deslise: deixaram de dar os créditos e agradecerem aos historiadores que acessoraram na busca dos dados contextuais da pesquisa.
b) A ideia de diferençar ideologia de utopia, estabelecendo que uma e outra promovem conjunções específicas das instâncias temporais, é o principal mérito do texto.
c) Visto as circunstâncias em que os termos devem ser compreendidos, precavejam-se empregando o mais abrangente.
d) Muitos não interviram na discussão por acreditar que dela não se tiraria resultados proveitosos para a atuação prática na área de historiografia.
e) Aquelas discussões filosóficas nos entreteram por horas a fio, ainda que não tivessem haver com nossas pesquisas específicas.

10. O texto está clara e corretamente redigido em:
a) O imaginário é inseparável do homem e lhe segue em todos os seus atos; é o instrumento graças o qual o indivíduo modela o seu pensamento, seus sentimentos, emoções, esforços e vontades, o instrumento onde ele influencia e é influenciado, a base última e mais profunda da sociedade.
b) Antes de o primeiro despertar de nossa conciência, o imaginário já ressoava, a volta de nós, pronto para envolver os primeiros germes frágeis de nosso pensamento e a nos acompanhar inseparavelmente através do nosso existir. Ele está conosco desde às mais humildes ocupações da vida cotidiana até aos momentos mais sublimes.
c) Sem dúvida, acredita-se, quando trata-se da técnica interna de comparação de imaginários, estar lidando-se com o mesmo, mas isso é ilusão. Não é o próprio imaginário, mas seus *disiecta membra*, as imaginações, que impedem apreender a totalidade transcendental que é o primeiro.
d) O imaginário não poderia ser descrito como simples sistema de imagens, posto que a finalidade que o atribuímos, por suposição, faz dele, antes de mais nada, um sistema de representação, que diferencia, conforme a estrutura interna, dos demais.
e) Percebe-se que o imaginário deve ser analisado de um modo particular em cada uma das comunidades consideradas, o que só se pode compreender da seguinte forma: ele é ordenado, articulado, formado de modos diferentes segundo as diferenças culturais.

GABARITO

1. "e".
2. "e".
3. "b".
4. "a".
5. "e".
6. "d".
7. "c".
8. "c".
9. "b".
10. "e".

Prova Simulada 14

1. Assinale a substituição necessária para tornar o texto gramaticalmente correto.

A defesa do ambiente é um daqueles temas que, no discurso, todos **apoiam**. Mas basta colocar, de um lado, a chance de **auferir** lucros e, de outro, a preservação das florestas, para se verificar o **quão** frágil é o compromisso com esta última. Esse fenômeno se dá em praticamente todos os níveis, desde o **mau** fiscal do Ibama que fecha os olhos para crimes ambientais em troca de propina até o grande agricultor que não hesita em torcer as normas jurídicas para extrair delas a interpretação que **o** permita desflorestar a maior área possível.

(Adaptado de *Folha de S.Paulo*, 21.06.2005, Editorial)

a) apoiam > apóiam
b) auferir > obter
c) quão > quanto
d) mau > mal
e) o > lhe

2. Assinale a opção incorreta em relação às estruturas do texto.

É natural que cada grupo **procure** fazer valer os seus interesses. O problema do **desmatamento** é que **ele** é a expressão de uma visão predatória e de curto prazo que **vai de encontro** à lei e ao interesse geral da nação. É fundamental, portanto, **encontrar** fórmulas sustentáveis que aliem desenvolvimento e preservação dos recursos naturais do país.

(*Folha de S.Paulo*, 21.06.2005, Editorial)

a) O emprego do subjuntivo em "procure" justifica-se por expressar uma possibilidade de ação.
b) O pronome "ele" retoma a ideia de "desmatamento".
c) A expressão "vai de encontro à" equivale semanticamente a **vai ao encontro da**.
d) A conjunção "portanto" pode iniciar corretamente o período, com ajustes nas maiúsculas e minúsculas e na colocação das vírgulas.
e) A substituição de "encontrar" por **que sejam encontradas** mantém a correção gramatical do período.

3. O trecho abaixo contém erros no que respeita ao emprego da norma gramatical padrão. Para saná-los, foram propostas seis alterações. Analise-as e responda ao que se pede.

Nas últimas décadas, a intensificação das pesquisas de opinião e a ampliação da divulgação, pelos meios de comunicação (dos quais merece destaque a televisão, em particular), do que acontece no cenário econômico serviu para mostrar que "as expectativas" dos indivíduos inteveem nos resultados das medidas econômicas. Se o trabalhador crê que a economia vai crescer, ele procura um emprego com vantagens superiores às do seu emprego anterior. Do mesmo modo, se o empresário acredita no crescimento futuro, faz investimentos para ampliar seu negócio.

Alterações propostas:
I. Nas linhas 3 e 4, substituir "dos quais" por: **dentre os quais**.
II. Na linha 6, conjugar o verbo "servir" na 3.ª pessoa do plural.
III. Inserir uma vírgula após o sintagma "cenário econômico" (linhas 5 e 6).
IV. Passar o verbo "ir" para o presente do subjuntivo (linha 9).
V. Substituir a forma verbal "inteveem" por: **interferem** (linha 7).
VI. Na linha 11, substituir a combinação "às do" por: **as de**.

As alterações que efetivamente contribuem para eliminar erros gramaticais do trecho são:
a) I, II, IV, V e VI
b) II e V
c) II, IV, V e VI
d) I, III, IV e VI
e) III, IV e V

4. Os trechos abaixo constituem um texto, mas estão desordenados. Ordene-os nos parênteses e indique a sequência correta.
( ) Por exemplo: os regimes de câmbio, hoje, são diferenciados, e as moedas de cada país-
-membro têm trajetórias, às vezes, muito distintas uma das outras, causando desequi-
líbrios que afetam a competitividade das empresas.
( ) Como superar essa dificuldade? No futuro, os bancos centrais do Mercosul precisarão
promover ação mais coordenada. Sistemas tributários terão de ser ajustados. E os mercados de crédito não poderão limitar-se às fronteiras nacionais.
( ) Como instrumento de integração econômica do Cone Sul, ainda há um longo caminho
a percorrer pelo Mercosul, até porque os paísesmembros têm de concluir processos de
ajustes internos que lhes permitam, mais adiante, ter políticas articuladas.
( ) São avanços que exigem tempo e amadurecimento político. Pelos passos já dados, o
Mercosul está predestinado a avançar, e não voltar atrás.
( ) Dessa forma, no lugar de complementaridade do sistema produtivo, capaz de proporcionar ganhos de escala para a conquista de terceiros mercados, a competição se acirra
dentro do próprio bloco, gerando atritos.

(*O Globo*, 22.06.2005, Editorial)

a) 2.º, 4.º, 1.º, 5.º, 3.º
b) 3.º, 2.º, 1.º, 5.º, 4.º
c) 4.º, 3.º, 2.º, 1.º, 5.º
d) 3.º, 2.º, 1.º, 4.º, 5.º
e) 5.º, 1.º, 3.º, 4.º, 2.º

5. Assinale a opção gramaticalmente incorreta.
a) As pesquisas costumam colocar a mídia, os bancos e as igrejas entre as instituições que teriam mais credibilidade, enquanto os governos, os parlamentos e os partidos estariam entre
os mais mal avaliados.
b) Os teóricos da nova tendência buscam apoiarse nas pesquisas para fortalecer suas teses.
c) Alegam que a política é dominada por questões de curto prazo e de caráter eleitoral, enquanto o Banco Central encara questões de longo prazo, de maior profundidade, que exigem capacidade técnica de decisão.
d) As taxas de juros, as políticas monetárias, a questão da inflação estariam entre as matérias
que deveriam ser definidas em nível técnico.
e) O mesmo aconteceria com temas como os do meio ambiente, da previdência, da saúde, da
educação, que deveriam estar submetidos à especialistas.

(Adaptado de Emir Sader, *Jornal do Brasil*, 19.06.2005)

6. Assinale a opção em que ambas as propostas apresentadas completam as lacunas do trecho abaixo com correção gramatical, coesão e coerência textuais.

Enquanto houver falta de força de trabalho, **(a)**, os novos direitos conquistados se efetivam para a quase totalidade dos assalariados. Mas a situação muda completamente **(b)** e **(c)**. Nessas fases da conjuntura, a competição pelos poucos empregos disponíveis faz com que **(d)**, o que só podem fazer trabalhando como "informais". É o que estamos assistindo hoje no Brasil: **(e)**, um número ainda maior trabalha sem registro e sem os direitos consignados na CLT.

(Paul Singer, *Folha de S.Paulo*, 30.04.2005)

a) 1. que caracteriza períodos de intenso crescimento econômico
   2. que distinguese a economia em ritmo de aceleração
b) 1. quando a economia estagna
   2. nos períodos em que a economia para de crescer
c) 1. grande número de trabalhadores é atingido pelo desemprego
   2. grande número de trabalhadores são atingidos pela falta de emprego
d) 1. os trabalhadores sujeitem a renunciar aos direitos obtidos em lei
   2. os trabalhadores se disponham a abrir mão de seus direitos legais
e) 1. ademais de muitos trabalhadores estejam desempregados
   2. além de muitos trabalhadores estarem desempregados

7. Assinale a opção que apresenta a ideia principal do trecho abaixo.

Gente bem qualificada é um ativo com importância cada vez mais óbvia. Nestes primeiros anos do novo milênio, passados os solavancos provocados pelas reestruturações, fusões, aquisições, trocas de mão de obra por tecnologias e com a estrada pavimentada pelas crescentes exportações de produtos nacionais — alimentos, bebidas, couros, têxteis, sucos, calçados e vestuário —, a indústria brasileira de bens de consumo busca avidamente capitais humanos de alta qualidade para suas necessidades presentes e futuras. As empresas mais conscientes de que tais carências podem afetar a sustentação do crescimento acelerado do setor têm bastante claro que a gestão do capital humano, numa perspectiva temporal de longo prazo, é tão crítica para o êxito empresarial quanto dispor de fundos a custos competitivos, tecnologia avançada e clientes satisfeitos. Gente bem qualificada e motivada é um ativo cuja importância é cada vez mais óbvia para os que investem na indústria de bens de consumo e fator decisivo para se obter níveis de desempenho diferenciados.

(Francisco I. Ropero Ramirez, *Gazeta Mercantil*, 22.06.2005)

a) No novo milênio, já passaram os solavancos provocados pelas reestruturações, fusões e aquisições.
b) No início deste milênio, houve troca de mão de obra por tecnologias, fator decisivo para a sustentação do crescimento das empresas.
c) As exportações de produtos nacionais — alimentos, bebidas, couros, têxteis, sucos, calçados e vestuário — estão em franco crescimento.
d) No mundo empresarial, é importante dispor de fundos a custos competitivos, tecnologia avançada e clientes satisfeitos.
e) Gente bem qualificada e motivada, ativo cuja importância é óbvia, é fator decisivo para que sejam obtidos níveis de desempenho diferenciados.

8. Assinale a opção gramaticalmente correta.

a) O capital humano precisa ter as capacitações necessárias para competir, liderar e cumprir as expectativas de um mercado, hoje cada vez mais exigente. Naturalmente, as empresas líderes do setor, já perceberam isso, e alguns conhecem suas prioridades para a gestão de pessoas num mercado em disputa globalizada.
b) Ao que tudo indica, pelo ritmo de investimento, aquelas empresas que tardarem em dar-se conta disso ficará irremediavelmente para trás.
c) A ênfase em capital humano pode ser explicada, em parte, pela acelerada geração de novas tecnologias e de conhecimentos e pelas transformações vividas pela indústria de bens de consumo em todo o mundo.
d) A administração de tais conhecimentos em contínuo desenvolvimento é e continuará a ser importante diferencial competitivo. A indústria de bens de consumo, assim como outros setores altamente competitivos, já superou a muito tempo o foco nos processos e nas transações.
e) Hoje o setor se caracteriza, sim, por processos industriais complexos, alto investimento em pesquisa e desenvolvimento, mas é sobretudo em suas estratégias mercadológicas e de distribuição que se encontra os avanços mais notáveis.

(Adaptado de Francisco I. Ropero Ramirez, *Gazeta Mercantil*, 22.06.2005)

9. Assinale a versão do texto que apresenta truncamento sintático.

a) Só uma reforma política com a participação da população, baseada em princípios éticos e democráticos, poderá atender as reais necessidades da sociedade. O estabelecimento da lista partidária fechada, o financiamento público e o fortalecimento dos partidos, a discussão do pacto federativo e da representação dos Estados no Congresso Nacional e a reforma do Estado são pontos importantes para a reforma política de que necessitamos.
b) Só uma reforma política, baseada em princípios éticos e democráticos, com a participação da população, poderá atender às reais necessidades da sociedade. Entre os pontos importantes para a reforma política de que necessitamos, estão o estabelecimento da lista partidária fechada, o financiamento público e o fortalecimento dos partidos, a discussão do pacto federativo e da representação dos Estados no Congresso Nacional e a reforma do Estado.

c) Só poderá atender as reais necessidades da sociedade uma reforma política com a participação da população, baseada em princípios éticos e democráticos. São pontos importantes para a reforma política de que necessitamos: o estabelecimento da lista partidária fechada, o financiamento público e o fortalecimento dos partidos, a discussão do pacto federativo e da representação dos Estados no Congresso Nacional e a reforma do Estado.

d) O estabelecimento da lista partidária fechada, o financiamento público e o fortalecimento dos partidos, a discussão do pacto federativo e da representação dos Estados no Congresso Nacional e a reforma do Estado são pontos importantes para a reforma política de que necessitamos. Só uma reforma política com a participação da população, baseada em princípios éticos e democráticos, poderá atender às reais necessidades da sociedade.

e) Só uma reforma política com a participação da população, poderá atender às reais necessidades da sociedade, baseada em princípios éticos e democráticos. Alguns pontos importantes para a reforma política de que necessitamos quais sejam: o estabelecimento da lista partidária fechada, o financiamento público e o fortalecimento dos partidos, a discussão do pacto federativo e da representação dos Estados no Congresso Nacional e a reforma do Estado.

(Adaptado de cardeal Dom Geraldo Majella Agnelo, *Folha de S.Paulo*, 21.06.2005)

10. Os segmentos transcritos abaixo são partes sequenciadas de um texto. Aponte o segmento inteiramente correto quanto à organização sintática, emprego dos sinais de pontuação e propriedade no uso dos vocábulos.

a) Ética dos políticos soa, para a maioria de nossos concidadãos, como um oximoro. Seria uma ética com desconto, deficitária, complacente, ante à verdadeira ética: a da vida privada.

b) Esse é um fenômeno brasileiro (em nosso país, as virtudes são privadas, e os vícios, públicos), de Terceiro Mundo (idem) e, cada vez mais, mundial (ibidem). Vivemos a descrença na ágora, no espaço público.

c) Ao político depreciado, chamase maquiavélico. No meio milênio que se passou desde "O Príncipe", Maquiavel simbolizou o político sem escrúpulos na expressão, que não é dele, segundo o qual os fins justificariam os meios.

d) Numa leitura "moderna" de Maquiavel, podemse discernir uma ética com vistas a resultados de outra que respeita os valores. A primeira seria uma ética da responsabilidade; a segunda de princípios. Políticos consideram os resultados prováveis de suas ações. Cientistas estimam os valores.

e) Por extensão, passouse a transferir o que se aplicam aos cientistas para os homens privados em geral: as exigências de respeito a valores incondicionais valem mais a indivíduos privados do que a homens públicos, do qual é axioma a famosa frase de Mandeville: "Vícios privados, benefícios públicos".

(Renato Janine Ribeiro, *Folha de S.Paulo*, 17.07.2005, com modificações)

GABARITO

1. "e".
2. "c".
3. "b".
4. "a".
5. "e".
6. "c".
7. "e".
8. "c".
9. "e".
10. "b".

Prova Simulada 15

1. Assinale a opção que corresponde a erro gramatical.

O princípio que **nortea (1)** o Mercosul é muito simples: a união faz a força. Separados, os países desta região do planeta certamente **teriam (2)** hoje menos voz e poder de barganha nas negociações multilaterais que **vêm (3)** definindo as regras do comércio internacional. E, sem objetivo comum, **continuariam (4)** nutrindo rivalidades regionais sem sentido. Como acordo de livre comércio, o Mercosul é um sucesso, **pois (5)** gerou intercâmbio considerável entre os países membros e os associados.

(*O Globo*, 22.06.2005, Editorial, com adaptação)

a) 1
b) 2
c) 3
d) 4
e) 5

2. Assinale a opção que corresponde a erro gramatical ou de grafia.

Diante da atual mediocridade da representação política, é **necessária (1)** a participação e a organização da sociedade, operando uma profunda mudança em nossa cultura política. **Quanto maior (2)** o individualismo, mais frágeis são os governos. As regras formais constitucionais não são suficientes para **freiar (3)** os vícios **exacerbados (4)** pelo poder. As organizações da sociedade devem ter o poder de vigiar e cobrar prestação de contas. Por isso, em vez de desacreditar da política, devemos agir em corresponsabilidade, com coragem, lucidez e **discernimento (5)** num grande mutirão para abrir caminho para um país democrático, justo, desenvolvido e pacífico.

(Adaptado de cardeal Dom Geraldo Majella Agnelo, *Folha de S.Paulo*, 21.06.2005)

a) 1
b) 2
c) 3
d) 4
e) 5

3. Assinale a opção que não constitui continuação coesa, coerente e gramaticalmente correta para o texto abaixo.

A oportunidade e a ameaça encontram-se no mesmo ponto: o imperativo de fazer da causa verde tema central, não periférico, de nossa estratégia de desenvolvimento. Para isso, um futuro governo brasileiro deve comprometer-se com a promoção de todo o espectro de biotecnologias, desde as energéticas até as medicinais. Na fidelidade a esse compromisso, deve

a) recorrer, sem dogma, tanto à iniciativa privada quanto ao empreendimento público, assegurando neste critério de concorrência econômica, gestão profissional, autonomia decisória (com participação das populações diretamente atingidas) e experimentalismo institucional e técnico.
b) promover o que convém em todas as áreas da economia depende da multiplicação de elos diretos entre os setores mais avançados e os mais atrasados de nossa produção e de nossa força de trabalho, cada um desses elos como uma fonte ao mesmo tempo de empregos novos e de ganhos de produtividade nos empregos existentes.
c) começar a comercializar os produtos dessas iniciativas, em todo o mundo, não sob o controle de multinacionais, mas sob nosso controle, como resultados e recursos de um modelo de industrialização e de desenvolvimento que interessará a muitos.
d) desenvolver a Amazônia não como parque ou como cenário de uma atividade agropastoril ou extrativa predatória e autodestrutiva, mas como grande laboratório coletivo desse experimento nacional.
e) organizar a proteção do ambiente em todo o país, fora dos parques nacionais, para não ficar no regime binário: parque ou valetudo. E deve transformar esse encontro do brasileiro com

a natureza brasileira em palco privilegiado do aprofundamento de nossa democracia, mostrando como se podem conjugar perícia técnica, realismo econômico e participação social.
(Adaptado de Roberto Mangabeira Unger, *Folha de S.Paulo*, 21.06.2005)

4. Aponte a opção que finaliza com correção gramatical o trecho abaixo.
O desenvolvimento científico e tecnológico tem, de fato, uma coerência imanente fundamental. O seu temido desvirtuamento decorre sempre de fatores acidentais, alheios portanto à sua lógica intrínseca e fatal que, levada às últimas consequências, é sempre a favor e não contra o homem, porquanto não somente somos parte integrante do processo, mas o seu remate. Se a televisão, por exemplo, pode revelarse aborrecida ou nociva, _____.
(Lúcio Costa, *O novo humanismo científico e tecnológico*)

a) não é que o deve ser necessariamente, mas porque o critério do seu emprego a torna assim.
b) não é que deva sê-lo necessariamente, mas por que o critério do seu emprego a torna assim.
c) não é porque seja-o necessariamente, mas por que o critério do seu emprego torna-a assim.
d) não é que a deve ser necessariamente, mas porque o critério do seu emprego torna-a assim.
e) não é que deve sê-la necessariamente, mas por que o critério do seu emprego torna-a assim.

5. Assinale o parágrafo gramaticalmente correto e dotado de organização sintática irrepreensível, a constar de um relatório elaborado no âmbito da Administração Pública, que visa justificar o aumento nas despesas com horas extras verificado em determinada Secretaria.

a) Em consequência da necessidade de disponibilização de tempo para os trabalhos preparativos da participação de nossa instituição na Mostra de Publicações Oficiais, a ser realizada em setembro, no Rio, o que gerou um natural acúmulo de trabalho nas atividades da competência de cada Serviço desta Secretaria de Administração de Pessoal, o Diretor de Pessoal ampliou a jornada diária de trabalho, por mais duas horas, para realizarem serviço extraordinário nos dias não úteis desse mês.
b) A necessidade de dispor de mais tempo para os trabalhos relativos a participação de nossa instituição na Mostra de Publicações Oficiais, que será realizada em setembro, no Rio, além do trabalho rotineiro desta Secretaria, nossos servidores tiveram de enfrentar acúmulo de trabalho nas atividades que competem a cada Serviço, o que os levou a ampliar a jornada diária de trabalho por mais duas horas, contabilizadas como hora extra.
c) Em contrapartida aos trabalhos relativos a participação de nossa instituição na Mostra de Publicações Oficiais, em setembro próximo, no Rio de Janeiro, que gerou um previsível acúmulo de trabalho nas atividades de competência de cada Serviço desta Secretaria de Administração de Pessoal, o Diretor de Pessoal autorizou a ampliação da jornada diária de trabalho, por mais duas horas, e a convocação de mais servidores para a realização de serviço extraordinário nos dias não úteis.
d) Consciente da necessidade de os servidores desta Secretaria de Administração de Pessoal despenderem tempo adicional voltado para os preparativos da participação de nossa instituição na Mostra de Publicações Oficiais, a ser realizada em setembro, no Rio, o Diretor de Pessoal autorizou a ampliação da jornada diária de trabalho, nos dias úteis de agosto, por mais duas horas, bem como convocou servidores da Secretaria para realizarem serviço extraordinário nos dias não úteis desse mês.
e) Tendo em vista o acúmulo de trabalho gerado nesta Secretaria devido à participação de nossa instituição na Mostra de Publicações Oficiais, a ser realizada em setembro, no Rio, o que fez sobrepor às atividades de competência de cada Serviço da Secretaria de Administração de Pessoal, o Diretor de Pessoal houve por bem ampliar a jornada diária de trabalho, por mais duas horas, e autorizar a realização de horas extras nos dias não úteis do mês findo.

6. Assinale a opção que está de acordo com as ideias do texto abaixo.
Infelizmente, há muitas pessoas que ingressam na política para facilitar seus negócios, defender interesses escusos ou mesmo obter imunidade parlamentar para encobrir delitos e crimes. Com meios suficientes para financiar as despesas da campanha eleitoral, essas pessoas, muitas vezes, conseguem êxito e não se submetem ao controle da disciplina partidária. Essas são as figuras que dão à política a conotação de atividade indigna, senão imoral. Dois outros fatores abrem campo para a corrupção: a facilidade para a criação de novos partidos

e o excessivo número de cargos em comissão. A pulverização de partidos leva a recorrer-se à troca de votos por concessões e favorecimentos nem sempre de interesse coletivo. Já os quase 30 mil cargos preenchidos por nomeação política pouco contribuem para a coordenação das políticas públicas do governo, porque se tornam moeda de troca para a aglutinação partidária e a formação da base de apoio. Nosso atual sistema presidencial, de fato, foi concebido para atender aos anseios dos donos do poder e não para viabilizar políticas de bem-estar social. Urge, pois, uma reforma política radical conforme as exigências éticas de uma democracia, que inclui, além da representatividade política, o atendimento das demandas sociais e econômicas do povo.

(Cardeal Dom Geraldo Majella Agnelo, *Folha de S.Paulo*, 21.06.2005)

a) Os cargos em comissão são preenchidos por nomeação, o que favorece a aglutinação partidária e a formação da base de apoio.
b) A pulverização de partidos permite a representação popular mais ampla e o atendimento aos interesses coletivos.
c) Há três fatores que favorecem a corrupção: pessoas que ingressam na política com interesses pessoais escusos, facilidade de criação de partidos e excessivo número de cargos em comissão.
d) O atual sistema presidencial foi idealizado para viabilizar políticas de bem-estar social e não para atender aos anseios dos donos do poder.
e) Uma reforma política radical deve ser postergada para que obedeça às exigências éticas de uma democracia.

7. Assinale a opção que apresenta trecho do texto com erro gramatical.
a) Mais do que nunca, a indústria do seguro precisa desenvolver produtos que busquem essencialmente a eficácia.
b) É preciso que os segurados tenham convicção de que tomaram a medida certa ao decidirem pelo seguro e estejam permanentemente confiantes de que, quando precisarem, terão suas necessidades atendidas.
c) Para isso, é necessário que a comunicação seja cada vez melhor, aprimorando constantemente a relação de confiança que deve existir entre as partes.
d) Também os compradores de seguros, os segurados, precisam entender o seguro na sua essência para fazer uso, de maneira correta e na medida certa, do serviço que contratou, não esperando nem mais nem menos do que têm direito.
e) Em síntese, as relações entre segurados, seguradoras e todos os que operam o segmento precisam ser cada vez mais positivas, transparentes, éticas em todos os sentidos, voltadas para o aperfeiçoamento dessa extraordinária instituição chamada seguro.

(Adaptado de Mauro César Batista, *Gazeta Mercantil*, 22.06.2005)

8. Assinale o segmento construído com organização sintática escorreita.
a) Note-se, em primeiro lugar, que todas as abordagens a respeito da questão penitenciária em nosso país giram em torno, exclusivamente, dos efeitos do crime. Encara-se o delito como fato irreversível, perante os quais só nos resta atuar após a sua ocorrência.
b) Há uma propagação persistente, diria até obstinada, da ideologia da repressão como o instrumento único de combate ao crime. Entendam-se como repressão os mecanismos retributivos utilizados face o cometimento do delito.
c) A cultura repressiva vem acompanhada da divulgação, pelos meios que mais atingem a massa — filmes e novelas —, da violência como único meio de reação às frustrações e decepções a que o mundo nos oferece.
d) É verdade que Estado e sociedade pouco fazem para dar à prisão um sentido utilitário e construtivo. Investem no encarceramento, mas desatendem as necessidades e exigências do sistema em relação à ressocialização do egresso.
e) Assiste-se a um paradoxo. O cidadão exige punição, quer soluções para a questão penitenciária, mas afastase dos presos e dos egressos, sequer admite a construção de presídios em sua cidade. Falta-lhes a coragem de passar da exclusão discriminatória para a ação inclusiva.

(Antônio Cláudio Mariz de Oliveira, *Folha de S.Paulo*, 06.06.2005, com modificações)

9. Assinale a opção em que o trecho de um relatório da CGU está transcrito com pontuação, grafia e morfossintaxe corretas.

a) Apesar das justificativas apresentadas pela recorrente, os argumentos não foram o bastante para elidir a questão, em razão da qual, mantemos o posicionamento no sentido de que a parceria de trabalho trata-se de Contrato, e não, de Convênio.
b) Apesar das justificativas apresentadas pela recorrente, os argumentos não foram suficientes para elidir a questão, em razão do que mantemos o posicionamento segundo o qual a parceria de trabalho deu-se na forma de Contrato, e não de Convênio.
c) Apesar das justificativas apresentadas pela recorrente, os argumentos não foram satisfatórios para ilidir a questão, em cuja razão, mantemos o posicionamento no sentido de que a parceria de trabalho se tratou de Contrato, e, não, de Convênio.
d) Apesar das justificativas exposadas pela recorrente, os argumentos foram insanáveis para extinguir a questão, em cuja razão houvemos por bem manter o posicionamento segundo o qual a parceria se trata de Contrato, e não de Convênio.
e) Apesar das justificativas oferecidas pela recorrente, os argumentos não foram convincentes os suficientes a ponto de ilidir a questão, e, em razão disso, decidimos manter o posicionamento no sentido de que a parceria ocorreu sob a forma de Contrato, e, não, de Convênio.

(Adaptado de <http://www.cgu.gov.br/Contas/2005/relatorio.pdf>. Acesso em 11 jan. 2008)

10. Os trechos abaixo constituem um texto, mas estão desordenados. Ordene-os nos parênteses e assinale a sequência correta.

( ) Mas esse mercado ainda é pequeno, quando comparado com as necessidades financeiras das empresas brasileiras, e seu desempenho e sua expansão estão condicionados a diferentes fatores, alguns dos quais externos, como a confiança dos investidores internacionais no futuro da economia do país.

( ) O plano tem, como metas principais, a melhora da fiscalização, a educação do investidor, a redução dos custos de registro das operações, o aumento da concorrência no mercado de capitais e a modernização da própria CVM.

( ) A Comissão de Valores Mobiliários (CVM), encarregada de assegurar o funcionamento eficiente e regular do mercado de ações, aprovou, pela primeira vez desde que foi criada há 28 anos, um plano que, a ser posto em prática até 2007, revela-se importante por seu ineditismo e por suas diretrizes.

( ) Um tal mercado acionário eficiente, que negocie um volume crescente de papéis, atraia mais investidores e ofereça às empresas uma fonte de obtenção de capitais menos onerosa do que os financiamentos bancários, contribuiria para acelerar o crescimento econômico.

(Editorial, *O Estado de S. Paulo*, 19.06.2005)

a) 4.º, 2.º, 1.º, 3.º
b) 3.º, 2.º, 1.º, 4.º
c) 1.º, 4.º, 3.º, 2.º
d) 3.º, 1.º, 2.º, 4.º
e) 4.º, 3.º, 1.º, 2.º

GABARITO

1. "a".
2. "c".
3. "b".
4. "a".
5. "d".
6. "c".
7. "d".
8. "d".
9. "b".
10. "a".

Prova Simulada 16

Leia o texto abaixo, extraído do livro *A cabeça do brasileiro*, de Alberto Carlos Almeida, para responder às questões 1 e 2.

Existe destino e grande parte dele está nas mãos de Deus. Somente a família é confiável. Se o governo não faz a parte dele, então não há por que fazer a sua parte. Essas frases expressam fatalismo, uma visão familista e falta de espírito público. Características que já foram identificadas por cientistas sociais como atributos marcantes nas sociedades mediterrâneas e ibéricas.

No caso do Brasil, apesar da mistura de raças, o país é, com certeza, uma invenção portuguesa. E, como tal, herdou o fatalismo religioso de origem católica, a noção de importância da família nas relações sociais e a ideia de que o espaço público não é de ninguém. Essas concepções também povoam nossas interpretações sobre a sociedade.

Há grande contraste com a matriz social anglo-saxã de origem protestante. A predestinação calvinista fez com que povos como o norte-americano agissem no mundo por meio do trabalho. Nos países anglo-saxões, o indivíduo tudo pode, principalmente quando em associação com outros indivíduos. Sua extrema mobilidade geográfica só é possível porque os laços familiares, quando comparados a outras relações de confiança, não são demasiado fortes. Nesses países, a palavra *community* tem um significado bem diferente da nossa "comunidade", muitas vezes eufemismo para favela ou área de moradias populares. *Community*, para os anglo-saxões, é um espaço sobre o qual todos têm responsabilidade.

Tais noções, que podem ser atribuídas ao molde religioso — católico *versus* protestante —, podem também ser associadas ao esforço educacional. Nesse sentido, os anglo-saxões empreenderam uma das maiores mobilizações sociorreligiosas de que se tem notícia. Segundo versões massificadas da teologia protestante, a ignorância é obra do demônio, é prima-irmã de Satanás.

Em sociedades pouco escolarizadas, ao contrário, é onde se encontram mais frequentemente fatalistas avessos à noção republicana de espaço público. É o que acontece no Brasil, onde essa é a visão dominante entre a população: simplesmente 1/3 dos adultos acredita que Deus decide o destino dos homens, sem espaço para a mão humana.

Esse contingente, somado aos 28% que acham que, apesar do destino estar nas mãos de Deus, o homem tem uma pequena capacidade de modificá-lo, resulta que 60% da população acreditam que grande parte do que acontece com os homens está fora de seu controle. No extremo oposto, apenas 14% da população adulta brasileira acreditam que não há nenhum desígnio além da capacidade humana de definir sua própria vida.

(Alberto Carlos Almeida. *A cabeça do brasileiro*, Rio de Janeiro: Record, 2007)

1. A respeito do fragmento do texto de Alberto Carlos Almeida, é afirmação correta, tanto em relação ao texto quanto em relação à gramática, que
   a) o fatalismo, a visão familista e a falta de espírito público são características inerentes ao povo brasileiro que, apesar de gerarem alguns problemas, como a falta de responsabilidade de nossa população pelo espaço coletivo, não pode ser mudado.
   b) a matriz social anglo-saxã, de origem protestante, e a predestinação calvinista foram fundamentais para que os povos anglo-saxões, especialmente os norte-americanos, valorizasse o trabalho e rejeitasse os laços familiares, o que lhe deu mobilidade geográfica notável.
   c) a comparação entre sociedades mediterrâneas e ibéricas, de um lado, e anglo-saxãs, de outro, revela que há a seguinte correlação entre valorização da educação e fatalismo: quanto maior a importância da educação na sociedade, menor será o número de indivíduos fatalistas.
   d) a comparação entre sociedades mediterrâneas e ibéricas, de um lado, e anglo-saxãs, de outro, é fundamental para a compreensão do texto, cuja finalidade é persuadir o leitor de que é preciso fugir às raízes mediterrâneas e ibéricas para que o Brasil modernize.

e) a função da comparação entre sociedades mediterrâneas e ibéricas, de um lado, e anglo-saxãs, de outro, é apenas valorizar traços culturais autenticamente brasileiros. Em outras palavras, o autor adimira a matriz cultural nacional, apesar de ver nela algumas consequências nefastas.

2. **Levando em consideração as afirmações do texto e as orientações da gramática normativa tradicional, é correto afirmar que**
   a) no trecho "É **o** que acontece no Brasil, onde essa é **a** visão dominante entre a população", do quinto parágrafo, as palavras destacadas têm a mesma função sintática e pertencem à mesma classe gramatical.
   b) no trecho "simplesmente 1/3 dos adultos **acredita** que Deus decide o destino dos homens", do quinto parágrafo, o verbo destacado é transitivo direto.
   c) o primeiro verbo do texto, por expressar existência, não tem sujeito, caracterizando, assim, uma oração sem sujeito.
   d) o início do primeiro período do sexto parágrafo pode ser redigido da seguinte maneira, preservandose o sentido do texto original e respeitando as regras gramaticais: "A soma desse contingente aos 28% que acham que — apesar de o destino estar nas mãos de Deus — o homem tem uma pequena capacidade de modificá-lo resulta que...".
   e) nos trechos "60% da população **acreditam**" e "apenas 14% da população adulta brasileira **acreditam**", é proibida a flexão das formas verbais destacadas no singular.

Para responder às questões 3 e 4, leia o primeiro parágrafo do romance *Budapeste*, **de Chico Buarque.**

Devia ser proibido debochar de quem se aventura em língua estrangeira. Certa manhã, ao deixar o metrô por engano numa estação azul igual à dela, com um nome semelhante à estação da casa dela, telefonei da rua e disse: aí estou chegando quase. Desconfiei na mesma hora que tinha falado besteira, porque a professora me pediu para repetir a sentença. Aí estou chegando quase... havia provavelmente algum problema com a palavra quase. Só que, em vez de apontar o erro, ela me fez repeti-lo, repeti-lo, repeti-lo, depois caiu numa gargalhada que me levou a bater o fone. Ao me ver à sua porta teve novo acesso, e quanto mais prendia o riso na boca, mais se sacudia de rir com o corpo inteiro. Disse enfim ter entendido que eu chegaria pouco a pouco, primeiro o nariz, depois uma orelha, depois um joelho, e a piada nem tinha essa graça toda. Tanto é verdade que Kriska ficou meio triste e, sem saber pedir desculpas, roçou com a ponta dos dedos meus lábios trêmulos. Hoje porém posso dizer que falo o húngaro com perfeição, ou quase. Quando de noite começo a murmurar sozinho, a suspeita de um ligeiríssimo sotaque aqui e ali muito me aflige. Nos ambientes que frequento, onde discorro em voz alta sobre temas nacionais, emprego verbos raros e corrijo pessoas cultas, um súbito acento estranho seria desastroso. Para tirar a cisma, só posso recorrer a Kriska, que tampouco é muito confiável; a fim de me segurar ali comendo em sua mão, como talvez deseje, sempre me negará a última migalha. Ainda assim, volta e meia lhe pergunto em segredo: perdi o sotaque? Tinhosa, ela responde: pouco a pouco, primeiro o nariz, depois uma orelha... E morre de rir, depois se arrepende, passa as mãos no meu pescoço e por aí vai.
(Chico Buarque, *Budapeste*, São Paulo: Companhia das Letras, 2003)

3. **Levando em consideração as afirmações do texto e as orientações da gramática normativa tradicional, é correto afirmar que**
   a) nas orações "ao deixar o metrô por engano numa estação azul igual à d**ela**, com um nome semelhante à estação da casa d**ela**" e "porque **a** professora me pediu para repetir a sentença", os termos destacados não se referem à mesma personagem.
   b) na oração "ao deixar o metrô por engano numa estação azul igual **à** dela", o uso do acento grave no termo destacado se deve à fusão de preposição regida por verbo com um artigo definido.
   c) a leitura do texto permite inferir que a frase "aí estou chegando quase" foi proferida, durante conversa telefônica, pelo narrador e em língua portuguesa, o que causou estranheza à professora.

d) para a tradição gramatical, a regência do verbo "pedir", na frase "porque a professora me pediu para repetir a sentença" é viciosa.
e) nas duas ocorrências nas frases "a professora **me** pediu para repetir a sentença" e "Ao **me** ver à sua porta teve novo acesso", o pronome destacado exerce a mesma função sintática.

4. **Levando em consideração as afirmações do texto e as orientações da gramática normativa tradicional, é incorreto afirmar que**
   a) na frase "Hoje **porém** posso dizer que falo o húngaro com perfeição", é obrigatório que a conjunção destacada seja isolada por vírgulas, para que a frase se torne gramaticalmente correta.
   b) na frase "Nos ambientes **que** frequento", o pronome relativo destacado poderia ser substituído, sem prejuízo para a gramática do texto, por "quais".
   c) a frase "roçou com a ponta dos dedos meus lábios trêmulos" estará adequada gramaticalmente, se for reescrita da seguinte maneira: "roçou-me os lábios trêmulos com a ponta dos dedos".
   d) as frases "comendo em sua mão" e "sempre me negará a última migalha" podem ser entendidas, respectivamente, como "dependendo das lições dela" e "sempre me negará uma explicação definitiva".
   e) no trecho "sempre **me** negará a última migalha. Ainda assim, volta e meia **lhe** pergunto", os pronomes destacados exercem a mesma função sintática.

5. **Analise as propostas de correção gramatical para o trecho de relatório abaixo e, a seguir, assinale a única opção que, em vez de corrigir, introduz erro ao trecho.**

Procedemos o exame dos atos de gestão da unidade XX, ocorridos no período de 1.º de janeiro a 31 de dezembro de 2005, por seleção de itens, em atendimento à legislação federal aplicável as diversas áreas e atividades examinados, com verificação, quanto à legitimidade dos documentos e dos atos de gestão que deu origem ao atual processo.
(Disponível em: <http://www.cgu.gov.br/Contas/2005/relatorio.pdf>, com alterações)

   a) Acrescentar preposição ao verbo "Procedemos", escrevendo-o assim: **Procedemos ao**.
   b) Reescrever o trecho da linha 3 com acento grave no "as". Assim: **aplicável às diversas áreas**.
   c) Acentuar graficamente a palavra "itens", escrevendo-a assim: **ítens**.
   d) Flexionar o adjetivo "examinados" no feminino. Assim: **examinadas**.
   e) Passar para o plural o verbo "deu", reescrevendo-o assim: **deram**.

6. **Cada um dos itens abaixo contém trechos adaptados de textos publicados no site oficial da Liquigás. Em todos eles, exceto em um, foi introduzido pelo menos um erro gramatical. Assinale a alternativa que respeita as regras da gramática normativa tradicional.**
   a) O projeto Efluente Zero é uma das iniciativas estratégicas da Gerência Geral de Saúde, Meio Ambiente e Segurança (GGSMS), e tem, como finalidade eliminar o descarte no ambiente dos efluentes gerados nas atividades dos Centros Operativos da Liquigás.
   b) A implantação de sistemas de tratamento capazes de gerar água com a qualidade requerida para reúso no próprio processo produtivo é o princípio desse projeto inovador, cuja importância para o meio ambiente é indiscutível.
   c) O reaproveitamento da água tratada nos processos internos e a ausência de descarte no ambiente traz dois grandes benefícios no aspecto ambiental: contribui para a prevenção da poluição e para a redução da captação de água, preservando os recursos naturais.
   d) A primeira fase do projeto consistiu da definição das diretrizes e da implantação de dois pilotos em Natal e Cascavel. Com a conclusão desses dois pilotos e a comprovação do bom funcionamento do sistema, GGSMS iniciou a elaboração de um projeto capaz de subsidiar à implantação nos demais Centros Operativos.
   e) O projeto Efluente Zero, consolida a posição da Liquigás como uma empresa socialmente e ambientalmente responsável, agregando a preservação ambiental à melhoria da eficiência operacional da Companhia.

7. **Assinale a opção em que o trecho retirado da *Folha de S.Paulo* (15.01.2008 — com adaptações) apresenta erro no emprego da vírgula.**

a) A inflação oficial, medida pelo IPCA, registrou alta de 4,46% em 2007, bastante próxima ao centro da meta, que é de 4,5%.
b) A elevação dos preços foi puxada pelos alimentos, que ficaram 10,79% mais caros.
c) A alimentação contribuiu com cerca de metade do índice.
d) Os analistas econômicos projetam uma taxa de inflação de 4,29% para 2008, segundo o boletim "Focus". Permaneceria, assim, abaixo do centro da meta.
e) Essa alta reflete uma demanda doméstica e mundial aquecida por problemas na oferta de alguns produtos e, o uso crescente de áreas de lavouras para a produção de combustível.

8. O texto abaixo é adaptado de *O Estado de S.Paulo*, 12.01.2008. Assinale o trecho que apresenta erro gramatical.
    a) Embora tenham registrado o expressivo crescimento de 49,2% em 2007, as vendas de máquinas agrícolas, no total de 38,3 mil unidades, ainda ficaram abaixo do recorde registrado em 2004, de cerca de 43 mil unidades.
    b) A Associação Nacional dos Fabricantes de Veículos Automotores (Anfavea), que reúne também os fabricantes de máquinas agrícolas, acredita que, na próxima safra, a atividade no campo se manterá intensa, com aumento da área plantada e da produção de grãos.
    c) Prevê que, neste ano, as vendas crescerão cerca de 15% em relação às de 2007, resultado muito bom. As novas estimativas do governo para a próxima safra justificam a previsão dos fabricantes.
    d) Se ela se confirmar, as vendas do setor alcançarão, e provavelmente superaram, os níveis de 2002 e 2004, o período de melhor desempenho do setor em toda a história, e ao qual se seguiu uma abrupta queda, parcialmente revertida no ano passado.
    e) Os fabricantes de máquinas agrícolas confessam-se surpreendidos com os resultados de 2007. Esperavam o crescimento das vendas, mas como disse o vice-presidente da Anfavea para a área de máquinas agrícolas, Milton Rego, "o que surpreendeu foi o vigor da recuperação".

9. Assinale a opção inteiramente correta quanto à grafia, pontuação e morfossintaxe.
    a) O cerceiamento de defesa, por ser um fato, não se presume; porém, deve ser demonstrado, diante do contexto do processo disciplinar.
    b) O cerceiamento de defesa — por ser um fato, não se presume —; porém, tem de ser demonstrado, face ao contexto do processo disciplinar.
    c) O cerceiamento de defesa, por ser um fato, não se presume. Porém, há que ser demonstrado, em face do contexto do processo disciplinar.
    d) O cerceamento de defesa (por ser um fato) não se presume, porém, carece de ser demonstrado, face ao contexto do processo disciplinar.
    e) O cerceamento de defesa, por ser um fato, não se presume. Porém, há de ser demonstrado, em face do contexto do processo disciplinar.

(Disponível em: <http://www.cgu.gov.br/Publicações/RevistaCGU>. Acesso em: 11 jan. 2008)

10. Marque a opção corretamente pontuada.
    a) Febre amarela: a culpa é do macaco. Dizem uns: não, a culpa não é do macaco, dizem outros. E as vacinas? Sempre em quantidade insuficiente.
    b) Febre amarela? A culpa é do macaco, dizem uns; não, a culpa não é do macaco, dizem outros; e as vacinas? Sempre em quantidade insuficiente.
    c) Febre amarela! A culpa é do macaco, dizem uns. Não a culpa, não é do macaco, dizem outros — e as vacinas, sempre em quantidade insuficiente.
    d) Febre amarela... A culpa é do macaco? Dizem, uns não: a culpa não é do macaco. Dizem, outros: e as vacinas, sempre, em quantidade insuficiente.
    e) Febre amarela — a culpa é do macaco — dizem uns. Não a culpa não é do macaco. Dizem outros: e as vacinas... sempre em quantidade insuficiente!

GABARITO

1. "c".
2. "d".
3. "d".

4. "b".
5. "c".
6. "b".
7. "e".
8. "d".
9. "e".
10. "b".

Prova Simulada 17

1. Assinale o segmento do texto retirado de *O Globo*, 06.02.2008, transcrito corretamente, sem erro gramatical.

a) Nas seis maiores regiões metropolitanas, o índice apurado pelo IBGE caíram para a faixa de 7% em dezembro, o mais baixo da série estatística iniciada em 2002, com a adoção de uma nova metodologia. Na Grande São Paulo, segundo a Fundação Seade, a parcela de trabalhadores sem emprego formal caiu para 14% (índice que chegou a ultrapassar 19% há poucos anos).
b) Mesmo com um aumento significativo da população economicamente ativa — ou seja, pessoas que havia desistido de procurar emprego voltaram ao mercado de trabalho — da ordem de 2%, houve redução dos índices de desemprego.
c) Depois de vários anos com baixo crescimento e insuficiente geração de empregos, a economia brasileira conseguiu, em 2007, expandir-se em ritmo próximo à média mundial. E o resultado foi ainda mais animador porque a criação de empregos bateu recorde, com mais de 1,6 milhão de contratações com carteira assinada.
d) Os salários não aumentaram em igual proporção, pois o mercado ainda estava na fase de absorção de mão de obra. Ainda assim, os rendimentos dos trabalhadores praticamente encostou nos valores de 1995, período áureo do Plano Real.
e) Tudo indica que esse processo de recuperação continuará se a economia brasileira conseguir sustentar taxas anuais de crescimento acima de 4%, e isso dependerá de ajustes macro e microeconômicos. E deixar o mercado funcionar são o melhor caminho para que esses ajustes se concretizem.

2. Assinale a opção que constitui continuação coesa e coerente para o trecho do texto retirado do *Jornal do Brasil*, 28.01.2008.

O Brasil tem na China um de seus maiores e mais estratégicos parceiros comerciais no planeta. Não por acaso, ambas as nações se alinham entre os quatro países emergentes abrigados sob a sigla Bric (os outros são a Rússia e a Índia). As compras e vendas de ambos os lados saltaram de US$ 1,54 bilhão em 1999 para mais de US$ 23 bilhões no ano passado.

a) Os brasileiros exportam minério de ferro e soja aos bilhões. Vendem também aviões fabricados pela Embraer, café, torneiras elétricas, cachaça, calçados, algodão. Importam máquinas industriais. Também adquirem toalhas e brinquedos produzidos por chineses, e negociados aqui com a etiqueta de marcas brasileiras.
b) E os encargos sociais que elevam até o dobro o custo de cada funcionário brasileiro. Está certo que deixou de citar o fato de os empregados chineses arcarem com uma carga horária humilhante e terem pouco ou nenhum direito trabalhista.
c) O fato, contudo, é que os quase 60 tributos — entre taxas, impostos e contribuições — cobrados no Brasil desestimulam o investimento. E não é de hoje que o país cobra a modernização das leis do trabalho.
d) Ao responder por que é mais barato fabricar na China e comercializar aqui (tática já adotada por empresas brasileiras e centenas de outras no mundo) cita, em primeiro lugar, a carga tributária — a brasileira corresponde a 36% do Produto Interno Bruto; a chinesa, a 17,5%.
e) As reformas tributária e trabalhista estão na pauta brasileira há anos. A primeira, volta à agenda política este ano, no embalo do fim da Contribuição Provisória sobre Movimentação Financeira e da urgência de o governo abrir uma frente para recriar a CPMF via Congresso.

3. Assinale a opção incorreta em relação às ideias do texto.

Com a passagem da manufatura para a indústria, a produtividade do trabalho humano deu um grande salto, provocando uma larga dispensa de mão de obra. Legiões de trabalhadores desempregados alargavam o mar dos excluídos. Para muitos deles, a máquina passou a ser vista como a grande inimiga. E surgiram explosivas campanhas de quebramáquinas. Até que as ideias se ajustaram na campanha internacional pela jornada de oito horas de trabalho, como uma forma de estabelecer um novo equilíbrio entre a produtividade-hora e a jornada diária de trabalho, atenuando os rigores da exploração capitalista. Com altos e baixos e à custa de sangue e mortes, a chamada "semana inglesa", com as 48 horas semanais, terminou se impondo em todo o mundo.

Na década de 70 as centrais sindicais europeias, ante os novos patamares de produtividade do trabalho, acompanhadas das ondas de demissão, levantaram a bandeira da jornada de 35 horas semanais, sob o lema de "trabalhar menos para trabalharem todos". Na década de 80 a reivindicação foi assimilada. E no Brasil, a Constituição de 1988 acompanhou a tendência, consagrando a jornada de 44 horas semanais. Daquela época até agora, a produtividade continuou avançando com a telemática, a bioengenharia, a robótica, a informática e as novas formas de organização e gerenciamento da força de trabalho. E as demissões continuaram se alargando em todo o mundo, ampliando os contingentes do chamado exército industrial de reserva.

(Marcelo Mário de Melo, *Jornal do Commercio* (PE), 31.01.2008)

a) Os ajustes para manter a semana de trabalho em torno de 44 horas garantiram o decréscimo das demissões e o pleno emprego no mundo ocidental.
b) A chamada "semana inglesa", com jornada de 48 horas semanais, foi uma conquista dos trabalhadores alcançada com muita luta.
c) Para assegurar emprego para mais trabalhadores, as centrais sindicais europeias, a partir da década de 70, defenderam a jornada semanal de 35 horas.
d) A Constituição brasileira de 1988, acompanhando a tendência mundial, consagrou a jornada semanal de trabalho de 44 horas.
e) O advento da máquina na indústria provocou uma grande onda de desemprego, pois a produtividade do trabalho aumentou exigindo menos mão de obra.

4. Assinale a opção que constitui continuação coesa e coerente para o trecho retirado do *Correio Braziliense*, 06.02.2008.

Com 2 milhões de quilômetros quadrados, o cerrado é insurgência fitogeográfica do tipo savana de incalculável biodiversidade vegetal e animal estendida sobre nove estados do Brasil: São Paulo, Minas Gerais, Goiás, Distrito Federal, Mato Grosso, Mato Grosso do Sul, Bahia, Maranhão e Piauí. Há tempos se encontra ameaçado pelo avanço de monoculturas (soja a mais visível), pecuária extensiva, desmatamento, queimadas, carvoaria e outras formas de predação.

Agora, relatório do Projeto de Conservação e Utilização Sustentável da Diversidade Biológica Brasileira (Probio) revela dado alarmante sobre a depredação no espaço geográfico do Distrito Federal.

a) Assim mesmo porque as atividades agressivas ainda não avançaram sobre terrenos mais acidentados (morros) e as últimas áreas de preservação.
b) Nesse período de tempo, as causas que levam à destruição da paisagem típica, a explosão demográfica figura como a principal. De fato, previsto para acolher contingente estimado em 500 mil pessoas, o DF conta hoje com 2,4 milhões de moradores.
c) Põem em risco o regime de chuvas, a normalidade das variações de temperatura e o abastecimento de água.
d) Nada menos de 362 mil hectares da cobertura floral da área já foram removidos. Em outros termos: apenas 37% da vegetação original permanecem intocados.
e) Entre essas consequências da violência ao sensível equilíbrio ecológico nos tratos de transição entre a mata e o campo — função do cerrado —, a impermeabilização dos solos e o desaparecimento de insurgências hídricas são as mais funestas.

5. Assinale a justificativa para os sinais de pontuação que está incorreta.

Uma conjuntura contraditória cria hoje desafios para a política econômica: de um lado, a crise bancária **americana,** que está-se transformando em recessão e terá efeitos negativos sobre a economia brasileira; de outro, o aquecimento da economia **brasileira,** que levou a um pequeno aumento da inflação. Diante dessas **evidências,** a ortodoxia e o mercado financeiro têm uma resposta única: aumentar a taxa de **juros,** acompanhando a curva dos juros no mercado futuro.

Mas estão paralisados porque sabem que a recessão americana implicará redução de investimentos e de atividade econômica no Brasil e porque o presidente **Lula,** uma vez que o risco de os empresários começarem a segurar seus investimentos é **real,** recomenda a seus auxiliares econômicos que monitorem com cuidado a economia brasileira para evitar surpresas.

(Luiz Carlos Bresser-Pereira, *Folha de S.Paulo*, 28.01.2008)

O emprego de vírgula após

a) "americana" justifica-se porque a oração subsequente é adjetiva explicativa.
b) "juros" justifica-se porque a oração subsequente é reduzida de gerúndio.
c) "evidências" justifica-se porque isola adjunto adverbial anteposto à oração principal.
d) "brasileira" justifica-se por isolar a oração subsequente, que é adjetiva restritiva.
e) "Lula" e após "real" justifica-se porque a oração isolada é subordinada adverbial causal intercalada.

6. Assinale a opção em que o trecho adaptado de *O Estado de S. Paulo*, 26.01.2008, foi transcrito de forma gramaticalmente correta.

a) O setor que mais empregou foi o de serviços, onde foram abertas 587,1 mil vagas (crescimento de 5,29% em relação a 2006). A maioria desses postos foram criadas no comércio, administração de imóveis e serviços técnico-profissionais (249,3 mil, com aumento de 8,91% sobre 2006), bem como nos serviços de alojamento, alimentação e manutenção (170,2 mil, + 4,13%).
b) Esse crescimento recorde, foi consequência da aceleração do ritmo de desenvolvimento de todos os setores da atividade econômica, em todas as regiões do País, e da formalização do emprego.
c) O emprego com carteira assinada cresceu 5,85% em 2007, com a criação de 1,617 milhão de postos de trabalho formais, segundo o Cadastro Geral de Empregados e Desempregados (Caged) do Ministério do Trabalho.
d) Isso se deve, em grande parte, ao aquecimento das atividades de construção civil, onde a remuneração é inferior a média dos salários pagos no setor de serviços, mas que têm repercussão em uma grande variedade de atividades.
e) O segundo maior gerador líquido de vagas formais foi o comércio propriamente dito, com 405 mil postos formais. O crescimento de 6,56% em relação a 2006 foram obtidos, em parte, graças à formalização de empregos preexistentes, o que trouxe inegáveis vantagens para empregados que passaram a ter direito a assistência médica, férias, 13.º salário, recolhimento previdenciário e Fundo de Garantia do Tempo de Serviço (FGTS).

7. Assinale a opção que dá continuidade ao trecho transcrito abaixo, respeitadas a coerência entre as ideias e a morfossintaxe da norma escrita padrão.

Os homens públicos brasileiros aceitam, com naturalidade, a permanência na vida brasileira de coisas injustas, como os impostos que comem quase 40% de tudo o que o Brasil produz _____.

a) de cuja parte significativa se destina a oferecer serviços à população mais necessitada.
b) em favor dos quais se disponibiliza a população serviços de qualidade inferior.
c) e em troca dos quais se oferecem serviços de qualidade infame.
d) por via do aumento de impostos já existente ou da criação de novos.
e) na má gestão dos recursos públicos.

(Com base em J. R. Guzzo, *O fim de uma mentira*, *Exame*, 31.12.2007, p. 67)

8. Os trechos abaixo constituem um texto (Leandro Konder, *Jornal do Brasil*, 12.01.2008), mas estão desordenados. Ordeneos, indique a ordem dentro dos parênteses e assinale a opção que corresponde à ordem correta.

( ) Para sublinhar sua decisão de uma recusa radical daquilo que acontecia no mundo germânico, modificou seu nome do alemão Karpfen para o francês Carpeaux.
( ) Sua vida tinha se tornado impossível na Áustria que Hitler tinha anexado à Alemanha.
( ) Em agosto de 1939, Carpeaux chegou ao Brasil fugindo da Holanda, em companhia de sua mulher, dona Helena.
( ) Carpeaux, de fato, era católico e tinha aspectos conservadores em seu pensamento. Mas a acusação era grotesca, pois o homem tinha vindo para cá, fugindo do nazismo.

( ) Um grupo de jovens de esquerda, percebendo que Carpeaux, em seus artigos, criticava o marxismoleninismo, acusouo de ser um simpatizante do nazismo.

a) 3, 2, 1, 5, 4
b) 5, 4, 2, 1, 3
c) 4, 3, 2, 1, 5
d) 1, 5, 3, 2, 4
e) 4, 3, 1, 2, 5

9. Assinale a opção que não serve de título para o trecho abaixo por reproduzir erradamente informação aí contida.

Por trás dos números recordes de geração de emprego formal no governo Lula, o mercado de trabalho com carteira assinada avança em ocupações de baixa escolaridade e salários menores, enquanto, em nome da globalização e dos ganhos de produtividade das empresas, posições mais bem remuneradas nas áreas de supervisão e gerência tendem à atrofia.

(Julianna Sofia, *Folha de S.Paulo*, 06.01.2008, B1)

a) Baixa qualificação puxa alta do emprego
b) Criação de vagas se deu em ocupações que exigem menos qualificação
c) Aumento de remuneração atinge as posições de trabalho globalizado
d) Crescimento atual do emprego favorece mão de obra de baixa escolaridade
e) Acanham-se no atual quadro de trabalho as funções de gerência e supervisão

10. Em relação ao texto, assinale a opção correta.

Preocupados com o mau desempenho recente das exportações do Brasil para os Estados Unidos, exportadores e especialistas em comércio exterior **preveem** um período de maiores dificuldades para os próximos meses. O desaquecimento da economia americana é a causa mais óbvia que **apontam** de um menor crescimento das compras no Brasil. O favoritismo do Partido Democrata também é citado por alguns exportadores como um fator que pode dificultar as exportações brasileiras, **pois** os democratas são considerados mais conservadores **do que seus rivais** republicanos em matéria de comércio exterior — o que, ressalve-se, nem sempre foi comprovado na prática. Qualquer que seja o efeito prático desses fatores sobre as exportações brasileiras para o mercado americano, o governo brasileiro pouco ou nada poderá fazer para **contê-los**.

(*O Estado de S. Paulo*, 13.01.2008, Editorial)

a) A forma verbal "preveem" está no plural para concordar com "Estados Unidos".
b) A forma verbal "apontam" está no plural para concordar com "próximos meses".
c) O termo "pois" pode, sem prejuízo para a correção gramatical, ser substituído por **porque**, **porquanto** ou **conquanto**.
d) Em "do que seus rivais" a eliminação de "do" prejudica a correção gramatical do período.
e) Em "contê-los", "-los" retoma o antecedente "fatores".

GABARITO
1. "c".
2. "a".
3. "a".
4. "d".
5. "d".
6. "c".
7. "c".
8. "a".
9. "c".
10. "e".

Prova Simulada 18

Texto para as questões de 1 a 5

Formalidade bate recorde

Dados do Cadastro Geral de Empregados e Desempregados (CAGED) divulgados ontem pelo Ministério do Trabalho e Emprego (MTE) apontam para a criação de 554 mil postos de trabalho com carteira assinada no primeiro trimestre deste ano, o que representa recorde histórico para esse período. A série de dados do CAGED tem início em 1992. Contra os três primeiros meses de 2007, quando foram criadas 399 mil vagas (recorde anterior), segundo informações do MTE, o crescimento no número de empregos formais criados foi de 38,7%. "Esse primeiro trimestre, como dizem meus filhos, bombou", afirmou o ministro do Trabalho a jornalistas. Para o ano de 2008 fechado, o ministro manteve a previsão de criação de 1,8 milhão de postos de trabalho com carteira assinada. "Vai ser novo recorde, apesar da taxa de juros", disse ele em referência à decisão do Comitê de Política Monetária (COPOM) do Banco Central de elevar os juros de 11,25% para 11,75% ao ano. Em 2007, recorde para um ano fechado, foram criados 1,61 milhão de empregos formais.

Segundo o ministro, a demanda interna permanece "muito aquecida". "Esse aumento de 0,5 ponto percentual na taxa de juros, até chegar ao consumidor, demora. Quem compra fogão, geladeira e carro a prazo vai perceber um aumento real de juros maior do que 0,5 ponto percentual. Pode haver uma diminuição na escalada de compra de bens duráveis", disse ele. Para o ministro do Trabalho, a decisão do COPOM de subir os juros neste mês, e nos subsequentes, conforme projeção do mercado financeiro, pode impactar um pouco a criação de empregos formais mais para o final de 2008. "Esses próximos três meses vão continuar sendo muito fortes na criação de empregos com carteira assinada", avaliou ele.

O ministro do Trabalho classificou a decisão do COPOM de subir os juros de "precipitada". "É um erro imaginar que há inflação no Brasil. Temos alguns produtos subindo de preços, como o trigo e outros produtos, por causa das chuvas, ou falta de chuvas. Os preços dos bens duráveis (fogões, geladeiras e carros, por exemplo, que são impactados pela decisão dos juros) não estão aumentando", disse ele a jornalistas. O ministro avaliou, entretanto, que o impacto maior se dará nas operações de comércio exterior. Isso porque a decisão sobre juros tende a trazer mais recursos para o Brasil e, com isso, pressionar para baixo o dólar. Dólar baixo, por sua vez, estimula importações e torna as vendas ao exterior mais caras. Por conta principalmente do dólar baixo, a balança comercial teve queda de 67% no superávit (exportações menos importações) no primeiro trimestre deste ano. A criação de empregos formais no primeiro trimestre deste ano cresceu em quase todos os setores da economia. No caso da indústria de transformação, por exemplo, foram criadas 146 mil vagas nos três primeiros meses deste ano, contra 110 mil em igual período de 2007.

(*Tribuna do Brasil*, 11.04.2008. Disponível em: <http://www.tribunadobrasil.com.br>, com adaptações)

1. De acordo com o texto,
   a) já foram criados 1,8 milhão de empregos com carteira assinada no primeiro trimestre de 2008.
   b) a elevação da taxa de juros poderá influenciar negativamente a criação de novos empregos, segundo o ministro do Trabalho.
   c) os preços dos eletrodomésticos e dos automóveis vão ter um aumento real de 0,5 por cento em 2008.
   d) a demanda interna aquecida provocará uma diminuição de compra de bens duráveis pelos consumidores.
   e) a indústria de transformação foi o setor da economia que mais cresceu em 2007.

2. Assinale a opção que contém uma informação correta a respeito da estrutura do texto.
   a) O texto representa a transcrição completa da entrevista feita por jornalistas ao ministro do Trabalho.

b) Observam-se, claramente, no texto, argumentos em favor do aumento da criação de postos de trabalho nas indústrias de bens duráveis.
c) A intercalação entre os dados a respeito do crescimento da oferta de empregos e as opiniões do ministro do Trabalho sobre esse tema caracteriza a estrutura do texto.
d) O texto é introduzido por meio de uma narração, em que são apresentados o personagem (ministro) e o tempo da narrativa (o primeiro trimestre de 2008).
e) No segundo parágrafo, é desenvolvido o seguinte tópico frasal: "Dados do Cadastro Geral de Empregados e Desempregados (...) recorde histórico para esse período".

3. Com referência às ideias e às estruturas do texto, assinale a opção correta.
   a) De acordo com a argumentação textual, verifica-se que os dados do CAGED são produzidos pelo COPOM.
   b) A palavra "Formalidade", no título do texto, remete aos postos de trabalho em que é efetuado registro na carteira de trabalho dos empregados.
   c) Na frase que se inicia por "A série" (linha 4), a substituição da forma verbal no presente pela forma correspondente no pretérito perfeito alteraria o sentido do texto.
   d) De acordo com a ortografia oficial, a palavra "recorde" admite a grafia alternativa **record**, que deve ser lida como palavra proparoxítona, a exemplo do que ocorre nos textos de muitos telejornais.
   e) Na linha 13, a expressão "demanda interna" refere-se ao aumento de postos de trabalho de que trata o primeiro parágrafo do texto.

4. As conjunções destacadas nos trechos a seguir estão associadas a uma determinada interpretação. Assinale a opção que apresenta trecho do texto seguido de interpretação correta da conjunção destacada.
   a) "**quando** foram criadas 399 mil vagas" — proporcionalidade.
   b) "**como** dizem meus filhos" — comparação.
   c) "É um erro imaginar **que** há inflação no Brasil" — consequência.
   d) "O ministro avaliou, **entretanto**, que o impacto maior" — oposição.
   e) "Isso **porque** a decisão sobre juros tende a trazer mais recursos para o Brasil" — conclusão.

5. O texto apresenta uma oração na voz passiva no trecho:
   a) "A série de dados do CAGED tem início em 1992".
   b) "... o crescimento no número de empregos formais criados foi de 38,7%".
   c) "Pode haver uma diminuição na escalada de compra de bens duráveis".
   d) "Os preços dos bens duráveis (...) não estão aumentando".
   e) "No caso da indústria de transformação, por exemplo, foram criadas 146 mil vagas".

Texto para as questões de 6 a 8.
A raça humana
Gilberto Gil
A raça humana é
Uma semana
Do trabalho de Deus.
A raça humana é a ferida acesa
Uma beleza, uma podridão
O fogo eterno e a morte
A morte e a ressurreição.
A raça humana é o cristal de lágrima
Da lavra da solidão
Da mina, cujo mapa
Traz na palma da mão.
A raça humana risca, rabisca, pinta
A tinta, a lápis, carvão ou giz
O rosto da saudade
Que traz do Gênesis

Dessa semana santa
Entre parênteses
Desse divino oásis
Da grande apoteose
Da perfeição divina
Na grande síntese.
A raça humana é
Uma semana
Do trabalho de Deus.

6. No texto, que é a letra de uma canção, o verbo ser encontra-se no presente do indicativo porque o autor pretende:
   a) marcar fatos que ocorrerão em um futuro próximo.
   b) expressar ações habituais dos seres humanos que ainda não foram concluídas.
   c) dar vida a fatos ocorridos no passado, como se fossem atuais.
   d) apresentar uma condição ou situação como permanente.
   e) enunciar fatos que ocorrem no momento em que o texto é escrito.

7. A respeito do emprego dos pronomes relativos, assinale a opção correta.
   a) É correto colocar artigo após o pronome relativo **cujo** (**cujo o** mapa, por exemplo).
   b) O relativo **cujo** expressa lugar, motivo pelo qual aparece no texto ligado ao substantivo **mapa** na expressão "cujo mapa" (verso 10).
   c) O pronome **cujo** é invariável, ou seja, não apresenta flexões de gênero e número.
   d) O pronome relativo **quem**, assim como o relativo **que**, tanto pode referir-se a pessoas quanto a coisas em geral.
   e) O pronome relativo **que** admite ser substituído por **o qual** e suas flexões de gênero e número.

8. Com referência à ortografia oficial e às regras de acentuação de palavras, assinale a opção *incorreta*.
   a) Os vocábulos **lágrima** e **Gênesis** seguem a mesma regra de acentuação.
   b) As palavras **oásis** e **lápis** são acentuadas pelo mesmo motivo.
   c) A grafia correta do verbo correspondente a **ressurreição** é **ressucitar**.
   d) Apesar de a grafia correta do verbo **poetizar** exigir o emprego da letra "z", o feminino de **poeta** é grafado com s.
   e) O vocábulo **traz** corresponde apenas a uma das formas do verbo **trazer**; a forma **trás** é empregada na indicação de lugar (equivale a **parte posterior**).

9. Assinale a opção em que a frase apresenta o emprego correto do acento grave indicativo de crase.
   a) Isto não interessa à ninguém.
   b) Não costumamos comprar roupas à prazo.
   c) O estudante se dirigiu à diretoria da escola.
   d) Caminhamos devagar até à entrada do estabelecimento.
   e) Essa é a instituição à que nos referimos na conversa com o presidente.

10. Julgue os fragmentos de texto apresentados nos itens abaixo quanto à concordância verbal.
    I. De acordo com o respectivo estatuto, a proteção à criança e ao adolescente não constituem obrigação exclusiva da família.
    II. Na redação da peça exordial, deve haver indicações precisas quanto à identificação das partes bem como do representante daquele que figurará no polo ativo da eventual ação.
    III. A legislação ambiental prevê que o uso de água para o consumo humano e para a irrigação de culturas de subsistência são prioritários em situações de escassez.
    IV. A administração não pode dispensar a realização do EIA, mesmo que o empreendedor se comprometa expressamente a recuperar os danos ambientais que, por ventura, venham a causar.

V. A ausência dos elementos e requisitos a que se referem o CPC pode ser suprida de ofício pelo juiz, em qualquer tempo e grau de jurisdição, enquanto não for proferida a sentença de mérito.

A quantidade de itens certos é igual a:
a) 1.
b) 2.
c) 3.
d) 4.
e) 5.

GABARITO

1. "b".
2. "c".
3. "b".
4. "d".
5. "e".
6. "d".
7. "e".
8. "c".
9. "c".
10. "a".

Prova Simulada 19

Atenção: As questões de números 1 a 10 referem-se ao texto abaixo:

Cuidado: o uso desse aparelho pode produzir violência

A revista **Science** publicou, em 2002, o relatório de uma pesquisa coordenada por Jeffrey Johnson, da Universidade de Colúmbia, em Nova York. O estudo mostra uma relação significativa entre o comportamento violento e o número de horas que um sujeito (adolescente ou jovem adulto) passa assistindo à TV.

Pela pesquisa de Johnson, os televisores deveriam ser comercializados com um aviso, como os maços de cigarros: cuidado, a exposição prolongada à tela desse aparelho pode produzir violência.

Estranho? Nem tanto. É bem provável que a fonte de muita violência moderna seja nossa insubordinação básica: ninguém quer ser ou continuar sendo quem é. Podemos proclamar nossa nostalgia de tempos mais resignados, mas duvido que queiramos ou possamos renunciar à divisão constante entre o que somos e o que gostaríamos de ser.

Para alimentar nossa insatisfação, inventamos a literatura e, mais tarde, o cinema. Mas a invenção mais astuciosa talvez tenha sido a televisão. Graças a ela, instalamos em nossas salas uma janela sobre o devaneio, que pode ser aberta a qualquer instante e sem esforço.

Pouco importa que fiquemos no *zapping** ou que paremos para sonhar em ser policiais, gângsteres ou apenas nós mesmos (um pouco piores) no **Big Brother**. A TV confirma uma ideia que está sempre conosco: existe outra dimensão, e nossas quatro paredes são uma jaula. A pesquisa de Johnson constata que, à força de olhar, podemos ficar a fim de sacudir as barras além do permitido. Faz sentido.

* *zapping* = uso contínuo do controle remoto.

(Contardo Calligaris, *Terra de ninguém*)

1. Em relação à pesquisa coordenada por Jeffrey Johnson, o autor do texto manifesta
    a) sua inteira estranheza, uma vez que tem convicções diametralmente opostas às do pesquisador.
    b) sua inteira concordância, detalhando todos os elementos da pesquisa e colando-se à argumentação dela.
    c) o acolhimento da conclusão geral da pesquisa, mas não deixa de trilhar um caminho reflexivo pessoal sobre o fenômeno observado.
    d) sua parcial concordância, pois julga que o pesquisador se valeu de uma argumentação bastante estranha, nem sempre coerente.
    e) sua plena discordância, uma vez que não vê qualquer relação entre assistir à TV e as eventuais atitudes de violência do público televisivo.

2. Considere as afirmações abaixo.
    I. Na pesquisa de Jeffrey Johnson, ficou claro que é um exagero estabelecer uma relação de causa e efeito entre a exposição prolongada a programas de TV e atitudes de violência.
    II. De acordo com o autor do texto, a literatura e o cinema já estimulavam, antes do surgimento da TV, os mesmos níveis de violência social.
    III. O autor do texto defende a ideia de que a mídia pode estimular ações de violência que são geradas por nossa insatisfação com nós mesmos.

    É correto o que se afirma em:
    a) I, II e III.
    b) I e II, apenas.
    c) II e III, apenas.
    d) II, apenas.
    e) III, apenas.

3. **Preserva-se plenamente a concordância verbal na frase:**

a) Caberia comercializarem-se os televisores com uma advertência expressa sobre o perigo que representa as exposições contínuas à tela de uma TV.
b) Boa parte dos atos de violência provém, de acordo com a pesquisa, das muitas horas que dedica aos programas de TV uma pessoa.
c) Seriam da responsabilidade dos programas de TV certas incitações à violência, a se crerem nas conclusões da pesquisa realizada.
d) Todo aquele que, assistindo continuamente à TV, costumam valer-se dos recursos do *zapping*, abrem janelas sobre o devaneio.
e) Não se atribuam tão somente à TV as atitudes de violência que se vem disseminando nos grandes centros urbanos.

4. Está correto o emprego de ambos os elementos destacados na frase:
   a) A relação significativa **cuja** se demonstrou na pesquisa se dá entre o comportamento violento e a audiência **à** TV.
   b) A insubordinação básica **em que** se refere o autor do texto derivaria **da** insatisfação dos nossos recalcados desejos.
   c) A invenção moderna mais astuciosa, **de cujos** efeitos trata o autor do texto, teria sido não **a do** cinema, mas a da TV.
   d) O hábito do *zapping*, **com cujo** nos acostumamos, é um dos responsáveis pela abertura rápida de janelas **sobre o** nosso devaneio.
   e) A conclusão **de que** nossa sala é uma jaula, **com que** chegou o autor do texto, não deixa de ser bastante provocadora e radical.

5. Está clara, coerente e correta a redação da seguinte frase:
   a) Sempre haverá quem discorde de que a literatura fosse inventada de modo que, assim a suprimíssemos com nossas insatisfações, ou vice-versa.
   b) Quanto à nostalgia de tempos mais resignados, da qual poucos se insurgem, ela costuma frequentemente ser proclamada.
   c) É pela suspeita de haverem umas novas dimensões, além da que vivemos, que se chega à conclusão de não precisarmos subordinarmos os devaneios.
   d) Julga o autor do texto que nos insubordinamos contra as barras de nossa jaula quando nos alimentamos de devaneios propiciados pela TV.
   e) Afirma-se no texto que faz sentido concluir-se de que a pesquisa de Johnson vai de encontro às teses confirmadas por este pesquisador.

6. Está inteiramente correta a pontuação do período:
   a) Primeiro, inventamos a literatura e em seguida o cinema, mas nenhum desses meios, teria alcançado influenciar-nos tanto como a TV.
   b) O fato de imaginarmos que há uma dimensão além das nossas paredes é decisivo, para que reconheçamos na TV, o poder de abrir tantas janelas.
   c) Por mais confortável que seja, o *zapping* constitui na verdade, um meio de tentar suprir com rapidez nossa fome, insaciável de imagens.
   d) Queremos por vezes imaginar que somos policiais ou gângsteres, mas, preferiríamos ser nós mesmos, sentirmo-nos — por assim dizer completos.
   e) O autor preocupa-se, sobretudo, com a tese de que nossa violência tem origem em nossa divisão interna, responsável maior por nossas rebeldias.

7. Jeffrey Johnson realizou uma pesquisa, e o autor do texto, ao *comentar essa pesquisa*, *acrescentou a essa pesquisa* elementos de sua convicção pessoal, que *tornam essa pesquisa* ainda mais instigante aos olhos do público.
Evitamse as viciosas repetições da frase acima substituindose os elementos em destaque, segundo a ordem em que se apresentam, por:
   a) comentá-la — acrescentou-lhe — a tornam
   b) a comentar — lhe acrescentou — lhe tornam
   c) comentar-lhe — acrescentou-lhe — tornam-a
   d) comentá-la — acrescentou-a — tornam-na
   e) a comentar — acrescentou-lhe — tornam-lhe

8. Estão adequados o emprego e a flexão de todas as formas verbais na frase:
a) Se as pesquisas bem realizadas sempre intervissem no comportamento das pessoas, o estudo ao qual se aplicou Johnson teria algum efeito sobre o público.
b) Imergem da pesquisa de Johnson alguns dados reveladores quanto à ação da TV sobre nós, mas é possível que outros fatores hajam de modo determinante sobre o nosso comportamento.
c) Quem revir as várias pesquisas sobre a relação entre TV e comportamento haverá de se deparar com resultados que talvez constituam motivo para algum alarme.
d) Jamais conveio às emissoras de TV divulgar essas pesquisas, que quase sempre as encriminam como responsáveis pela multiplicação da violência social.
e) Se as violências que provêm do hábito de assistir à TV se saneiassem por conta de alguma regulamentação governamental, seria o caso de pedir providências às autoridades.

9. O verbo indicado entre parênteses deverá flexionar-se numa forma do *singular* para preencher corretamente a lacuna da frase:
a) Quase ninguém, entre os que se _____ (**valer**) do controle remoto, resiste à tentação de passar velozmente por todos os canais de TV.
b) Se aos governantes não _____ (**caber**) tomar providências para regulamentar a programação de TV, a quem, então, caberá?
c) Se a ninguém _____ (**preocupar**) os efeitos de se ficar colado a uma tela de TV, a todos intranquiliza a onda crescente de violências.
d) Embora a cada um de nós _____ (**afetar**) as imagens nostálgicas de um passado íntegro, passamos, na fase adulta, a nos sentir divididos.
e) Os que não gostam de TV jamais _____ (**haver**) de se lamentar por terem aberto janelas sobre seus próprios devaneios.

10. É preciso *corrigir* a redação da seguinte frase:
a) A menos que haja outros fatores, boa parte das violências modernas adviram pela atenção excessiva consignada à TV.
b) Conquanto haja outros fatores responsáveis pela expansão da violência, a responsabilidade da TV não é pequena.
c) Ainda que não seja a única responsável, a TV está entre as causas principais das atitudes violentas que marcam nossa sociedade.
d) De programas violentos da TV costuma advir alguma inspiração para atos de violência, tais como os que se multiplicam hoje em dia.
e) Talvez fosse o caso — para se avaliar a pesquisa de Johnson — de se estudar o comportamento de comunidades que não têm acesso à TV.

GABARITO
1. "c".
2. "e".
3. "b".
4. "c".
5. "d".
6. "e".
7. "a".
8. "c".
9. "b".
10. "a".

Prova Simulada 20

Leia o texto abaixo para responder à questão 1.

De maneira simplificada, **o orçamento é composto não apenas de contas e números (1), mas também (2)** de expressões que descrevem os propósitos e as ações de governo (melhoria da saúde da população, redução das desigualdades regionais, promoção das exportações, desenvolvimento do ensino fundamental etc.), **aos quais são alocados determinados valores (3)**, considerando os insumos necessários à sua realização. Portanto, o orçamento público é o elo entre os recursos financeiros e a atividade do Estado, que busca implementar suas políticas públicas. **Se (4)** as receitas previstas forem arrecadadas tempestivamente, as despesas forem realizadas de acordo com o planejado, e as ações envolvidas produzirem as consequências esperadas, então, teoricamente, os propósitos consignados no orçamento serão alcançados. Assim é possível determinar até que ponto as previsões postuladas no orçamento **se (5)** tornam verdadeiras.

(Disponível em: <http://www.lrf.com.br>)

1. Assinale a afirmação incorreta em relação aos segmentos destacados no texto.
   a) 1 — apresenta a ideia principal do texto.
   b) 2 — é uma locução conjuncional aditiva.
   c) 3 — a preposição que antecede o pronome relativo foi corretamente empregada.
   d) 4 — é uma conjunção subordinativa condicional substituível pela conjunção sinônima **caso**.
   e) 5 — é pronome reflexivo e pode assumir, nessa frase, posição enclítica.

Leia o texto abaixo para responder à questão 2.

A implantação do Sistema Integrado de Administração Financeira do Governo Federal/SIAFI **foi viabilizada** a partir da criação da Secretaria do Tesouro Nacional — STN, vinculada ao Ministério da Fazenda, por meio do Decreto n. 92.452, de 10 de março de 1986, com o objetivo de promover a modernização e a integração dos sistemas de programação financeira, de execução orçamentária e de contabilidade dos órgãos e entidades públicas do Governo Federal. Para desincumbir-se de suas atribuições, **recebeu** competente autorização para contratar, junto ao Serviço Federal de Processamento de Dados — SERPRO, a implementação de um sistema computacional que **fornecesse** todas as informações necessárias, de maneira segura e rápida.
Superando dificuldades de toda **ordem,** a STN, em conjunto com o SERPRO, Empresa Pública prestadora de serviço na área de informática, **criou** as condições para que o SIAFI **fosse** implantado em tempo reconhecidamente curto (cerca de 6 meses), entrando em operação a partir de 01 de janeiro de 1987.

(James Giacomoni, *Orçamento Público*)

2. Em relação ao texto acima, assinale a opção incorreta.
   a) A substituição de "foi viabilizada" por **viabiliza-se** mantém a correção gramatical e as informações originais do período.
   b) O sujeito de "recebeu" está determinado no texto.
   c) A substituição de "fornecesse" por **viesse a fornecer** mantém a correção gramatical do período.
   d) O emprego de vírgula após "ordem" justifica-se por isolar oração anteposta à principal.
   e) A forma verbal "criou" pode ser substituída por **cria**, desde que a forma verbal "fosse" também seja alterada.

3. Assinale a opção que constitui sequência gramaticalmente correta para o trecho a seguir.
Em síntese, a gestão fiscal é verificada nos seguintes princípios:
   a) garantir que a aplicação de recursos seja feita com a adoção de uma margem de segurança que permita ao Ente absorver os casos fortuitos sem acrescer o volume da dívida pública.

b) garantir que as necessidades e anseios da sociedade, quanto a atuação governamental, sejam compatibilizados com a receita própria efetiva do Ente, ou seja custeamento das ações estatais com seus próprios recursos, prevenindo a ocorrência de déficits permanentes, recorrentes e crescentes.
c) gerir organizadamente a dívida, no principal e seus custos, evitando que a arrecadação seje desequilibrada com tais gastos.
d) assegurar a arrecadação efetiva de todos recursos a que o Ente tem direito, por meio da adoção de uma política tributária previsível e estável.
e) limitar os gastos continuados de modo à impedir impactos financeiros negativos no futuro, através medidas compensatórias a esses gastos.

(James Giacomoni, *Orçamento Público*)

4. Leia o texto abaixo e as afirmações que se fazem acerca dele. Em seguida responda ao que se pede:

Orçamento público é o instrumento de gestão de maior relevância e provavelmente o mais antigo da administração pública. Partindo da intenção inicial de controle, no Brasil, **reveste-se (1)** de formalidades legais. Passa pela análise e aprovação do Poder Legislativo, composto de representantes da sociedade. Como a proposta do orçamento é sempre do Chefe do Poder Executivo (Presidente, Governador e Prefeito), sua aprovação pelo Legislativo tem o condão de autorizar os gastos a serem feitos no ano a que **se refere (2)**. Pelo menos em tese, é como **se (3)** a própria sociedade estivesse autorizando a atuação do Estado, já que as despesas só poderão ser realizadas **se (4)** tiverem sido fixadas no orçamento. Quanto às receitas, nada impede que seja arrecadado mais (ou menos) que o previsto. Aliás, é em função da arrecadação da receita que as despesas serão realizadas. Caso a arrecadação seja inferior ao previsto, **procede-se (5)** ao contingenciamento de despesas, isto é, são priorizados os gastos já autorizados no orçamento. E quando há excesso de arrecadação, novas despesas podem ser realizadas, mas é necessária sempre prévia autorização do Poder Legislativo para tanto.

(Disponível em: <http://www.lrf.com.br>)

Os pronomes em destaque classificamse como:
1 — pronome reflexivo.
2 — parte integrante do verbo, pois é pronominal.
3 — conjunção comparativa = como se.
4 — conjunção condicional.
5 — índice de indeterminação do sujeito.

Das classificações acima, estão corretas:
a) 1, 2 e 3.
b) 2, 3 e 4.
c) 4 e 5.
d) nenhuma.
e) todas.

Leia o texto abaixo para responder à questão 5.

Quanto à sua natureza jurídica, no Brasil, o orçamento público é apenas autorizativo. Isso quer dizer que o gestor somente pode realizar a despesa pública **se essa tiver (1)** prevista na lei orçamentária, **mas a mera previsão no orçamento não vincula a execução da despesa (2)**. Ou seja, **o fato de a despesa estar prevista na Lei Orçamentária (3)** não obriga o governante a realizá-la. **Se o governo fez (4)** a devida previsão de despesa para a construção de rodovias, poderá levar a efeito sua intenção, tendo em vista a existência da dotação respectiva. Não está, entretanto, obrigado a proceder à empreitada, podendo desistir da obra, **caso julgue oportuno e conveniente (5)**.

(Disponível em: <http://www.lrf.com.br>)

5. Em relação ao texto acima, assinale a opção que está incorretamente empregada, de acordo com o contexto.
   a) 1.
   b) 2.
   c) 3.
   d) 4.
   e) 5.

6. Assinale a opção que preenche respectiva e corretamente as lacunas do texto a seguir.

   O orçamento público é uma lei _____, entre outros aspectos, exprime em termos financeiros a alocação dos recursos públicos. Tratase de um instrumento de planejamento _____ espelha as decisões políticas, estabelecendo as ações prioritárias para o atendimento das demandas da sociedade, _____ escassez de recursos. Apresenta múltiplas funções — de planejamento, contábil, financeira e de controle.

   (Disponível em: <http://www.lrf.com.br>)
   a) cuja, o qual, diante da.
   b) a qual, que, dada à.
   c) em que, no qual, devido a.
   d) na qual, com cujo se, com a.
   e) que, que, em face da.

7. Assinale a opção em que trecho do texto apresenta erro de pontuação.
   a) A PNAD (realizada pelo IBGE) revelou que a renda das famílias parou de cair em 2004 — interrompendo uma trajetória de queda que acontecia desde 1997 —, e que houve diminuição do grau de concentração da renda do trabalho.
   b) Enquanto a metade da população ocupada — que recebe os menores rendimentos — teve ganho real de 3,2%, a outra metade, que tem rendimentos maiores, teve perda de 0,6%.
   c) Os resultados da PNAD revelaram também que o Brasil melhorou em itens como número de trabalhadores ocupados, participação das mulheres no mercado de trabalho, indicadores da área de educação e melhoria das condições de vida.
   d) Assessor especial da Presidência da República, José Graziano avaliou que esses números comprovam que o país está mudando. "Esses resultados revertem uma máxima histórica: no nosso país, os ricos ficavam cada vez mais ricos e os pobres, cada vez mais pobres".
   e) Graziano ressalta que a PNAD é a mais completa pesquisa anual sobre as condições de vida da população mostra um retrato do país, e, em 2004, ela também foi estendida para as áreas rurais dos estados de Rondônia, Acre, Amazonas, Roraima, Pará e Amapá, alcançando a cobertura completa do território nacional.

   (Em Questão, n. 379 — Brasília, 30 de novembro de 2005)

8. Assinale a opção em que não há problema sintático nem ortográfico.
   a) A crise de 2002 reduziu significativamente o fluxo de recursos externos no Brasil e elevou bastante o riscopaís, indicador de confiança do investidor extrangeiro num determinado país.
   b) Em 2003, houve um ajuste fiscal mais firme para controlar a inflação, a expansão do crédito doméstico e o aumento da demanda externa por produtos brasileiros, fato que permitiu a retomada do crescimento da economia em 2004.
   c) As políticas de ajuste ainda permitiram a diminuição de dívida líquida do setor público de 57,2% do PIB, no final de 2003 para 51,8%, no fim do ano passado.
   d) Para continuar a crescer de forma sustentável é necessário recuperar os investimentos e ampliar a capacidade de atrair recursos estrangeiros.
   e) Para enfrentar esses desafios, é necessário os esforços para equilibrar as contas da Previdência Social, reduzir o Imposto sobre Produtos Industrializados (IPI), implementar a nova Política Industrial, Tecnológica e de Comércio Exterior e aprovar a lei das Parcerias Público-Privadas.

   (Adaptado de Em Questão, n. 355 — Brasília, 12 de setembro de 2005)

9. Em relação ao texto a seguir, assinale a opção que não corresponde a erro gramatical.

Não **constitue (1)** surpresa a verificação de que os municípios com maior índice de anulação de votos têm pontos comuns. Um deles: a taxa de analfabetismo duas ou três vezes superior **à do (2)** resto do país. Outro: a localização em zonas de baixo Índice de Desenvolvimento Humano (IDH) — indicador que mede renda, longevidade e instrução. São localidades pobres **cujo o (3)** destino, se não houver revolução de 180 graus na forma de encarar a educação, **os (4) condenam (5)** a se afastar cada vez mais dos progressos da civilização.
(*Correio Braziliense*, 17.10.2006)

a) 1
b) 2
c) 3
d) 4
e) 5

10. Assinale a opção que apresenta erro morfossintático ou de impropriedade vocabular.

a) A evolução da arquitetura se caracteriza pelas suas obras mais importantes, aquelas que, especulando na técnica, se fizeram diferentes e inovadoras.
b) E, quando dela nos ocupamos, vale a pena voltar ao passado e sentir como a ideia da obra de arte se integrava às razões utilitárias da arquitetura, fazendoa mais rica, mais bela, com suas colunatas, ornamentos, pinturas, esculturas.
c) Com o advento do concreto armado, a arquitetura se modificou inteiramente. As paredes, que antes sustentavam os edifícios, passaram a simples material de vedação, surgindo a estrutura independente, a fachada de vidro.
d) A curva generosa que os antigos tanto procuravam com seus arcos, cúpulas, e abóbadas espetaculares assumiu uma nova e surpreendente dimensão e, com ela, os requintes da técnica: os grandes espaços livres e os balanços extraordinários.
e) Uma arquitetura mais livre e vazada se oferecia à todos os arquitetos que quisessem inovar e se aventurar por novos caminhos.

(Adaptado de Oscar Niemeyer)

GABARITO
1. "d".
2. "a".
3. "a".
4. "e".
5. "a".
6. "e".
7. "e".
8. "d".
9. "b".
10. "e".

Prova Simulada 21

Leia o texto abaixo para responder à questão 1.

O desenvolvimento de graus mais altos de governabilidade em um contexto de legitimidade política depende tanto da construção de uma ordem democrática estável quanto da constituição de uma série de instituições estáveis e idôneas que intermedeiem, por um lado, a opinião pública amorfa e manipulável e os interesses privados e setoriais capazes de **mobilizá-la** e, por outro, o Estado. Essas instituições são necessárias não somente do lado da sociedade civil, como os partidos políticos, os meios de comunicação de massa, as associações profissionais e sindicais, os grupos de interesses organizados etc., como também do lado do Estado, **através** da constituição de um funcionalismo público motivado e "cioso" de suas responsabilidades, de um Poder Judiciário zeloso de sua competência e independência, e assim por diante.

(Simon Schwartzman, *Bases do autoritarismo brasileiro*, Prefácio da 3.ª edição revisada e ampliada, São Paulo: Campus, 1988, com adaptações)

1. Considerando os sentidos e as estruturas linguísticas do texto acima, assinale a opção correta.
   a) De acordo com o texto, a governabilidade sujeita-se aos interesses privados e setoriais.
   b) Depreende-se do texto que a opinião pública é manipulada tanto pelo Estado quanto por interesses particulares.
   c) O autor do texto registra a importância de o Poder Judiciário ser independente.
   d) Os vocábulos "mobilizá-la" e "através" são acentuados em atendimento a diferentes regras de acentuação gráfica.
   e) Para o autor do texto, quanto mais se adquire legitimidade política, maior é o grau de governabilidade conquistado.

Leia o texto abaixo para responder à questão 2.

A ideia de que cada pessoa tem um caráter único e potencialidades sociais que podem ou não se realizar é alheia à cultura prémoderna. Na Europa medieval, a linhagem, o gênero, o *status* social e outros atributos relevantes da identidade eram relativamente fixos. Eram necessárias transições entre os vários estágios da vida, mas elas eram governadas por processos institucionalizados e o papel do indivíduo neles era relativamente passivo. Em certo sentido, o "indivíduo" não existia nas culturas tradicionais e a individualidade não era prezada. Só com o surgimento das sociedades modernas e, mais particularmente, com a diferenciação da divisão do trabalho, foi que o indivíduo separado se tornou um ponto de atenção.

(Anthony Giddens, *Modernidade e identidade*, p. 74, com adaptações)

2. Considerando o texto acima, assinale a opção que completa com correção gramatical e coerência a frase abaixo.

A individualidade só passa a ser levada em consideração
   a) devido à fixidez dos atributos da identidade na cultura prémoderna.
   b) a partir da diferenciação da divisão do trabalho nas sociedades modernas.
   c) porque potencialidades podem, ou não, se realizar em transições.
   d) apesar do papel relativamente passivo do indivíduo na modernidade.
   e) com a existência do indivíduo nas culturas tradicionais com atributos fixos.

3. Fragmentos do artigo Pela busca do desenvolvimento, de Fernando Cardim de Carvalho (*Folha de S.Paulo*, 18.10.2003), foram adaptados para compor os itens a seguir. Assinale a opção em que há impropriedade sintática.
   a) E, nesse processo, cada lado tenta mostrar sua posição como mais forte do que realmente é, tentando convencer o oponente de sua própria fraqueza.
   b) Formalmente, qualquer processo de negociação envolve questões de duas naturezas: uma, de princípios; outra, de eficiência.

c) Na prática, essas duas dimensões se confundem. Muitas vezes a busca de estratégias eficientes de negociações acabam sendo apenas um véu a cobrir a incapacidade de defender princípios.
d) Já a eficiência diz respeito aos modos de negociação, já que tal processo raramente é de modo transparente.
e) Na primeira, define-se o que se almeja obter, mas também, e principalmente, os limites do aceitável, do que se pode oferecer.

4. Os trechos abaixo constituem um texto. Assinale a opção em que não há problema morfossintático.
a) Como consultor de imagem, o jornalista Mário Rosa adverte que escândalos sempre existirão, mas hoje elementos específicos do mundo moderno acabaram por criar uma nova era.
b) "A dimensão e o seu impacto devastador transformam-se numa marca exclusiva dos nossos tempos", ressalta o autor, que atribui ao impacto profundo do escândalo sobre políticos, empresários, marcas e até celebridades a diversas causas.
c) Segundo ele, o avanço da tecnologia tornou-se cada vez mais tênue a fronteira entre as esferas pública e privada. "A noção entre público e privado sofreu grande transformação."
d) "Uma conversa privada a dois, é algo mais público do que um evento com centenas de pessoas." Uma outra causa da era do escândalo é a revolução tecnológica das duas últimas décadas.
e) Uma informação é capaz de varrer o mundo em poucos segundos e alcançar uma dimensão arrazadora, principalmente quando ela está relacionada a imagem ou reputação de uma empresa ou de um líder.

(*IstoÉ*, 10.09.2003, com adaptações)

5. Assinale a opção que não apresenta redação condizente com as normas do português padrão.
a) Há 30 anos, por exemplo, a Irlanda era um país pobre, com elevado índice de analfabetismo e população pouco educada: figurava entre os últimos na Europa. Entre os países que apresentaram bons resultados, pelo menos três estavam em situação parecida com a brasileira há três décadas. Não tivemos a mesma história porque preferimos outras prioridades.
b) Ao analisarmos a vergonha de estarmos entre os piores países do mundo em educação, esquecemos-nos de analisar aqueles que estão entre os primeiros.
c) Desde então, a Irlanda investiu contínua e prioritariamente na educação de seu povo. O resultado está no mesmo relatório que envergonhou o Brasil: a Irlanda é hoje um dos países com a melhor educação, entre todos os países do mundo.
d) No lugar de mais infraestrutura econômica e desperdício em prédios públicos, a decisão foi a de que o país concentraria seus investimentos, ao longo das décadas seguintes, independentemente de resultados eleitorais, em três objetivos: saúde de qualidade e gratuita para todos, educação de excelência para todos e ciência e tecnologia de ponta.
e) Quando surgiu a possibilidade de ingresso na Comunidade Econômica Europeia, em 1973, os três partidos políticos irlandeses da época reuniram um grupo de pessoas, escolhidas entre personalidades nacionais e dirigentes políticos, para responder a uma pergunta: o que fazer para a Irlanda se transformar num país desenvolvido, voltado para o futuro?

(Cristovam Buarque)

6. O trecho abaixo apresenta segmentos destacados. Assinale a opção que corresponde a erro.

A primeira vaga da globalização, iniciada com a formação dos Estados modernos **à época das grandes navegações (1)**, demonstra, de modo eloquente, **a (2)** dificuldade de se entregar, por inteiro, a um projeto de matiz mundial sem se deixar envolver, na totalidade, pela sua engrenagem, isto é, sem deixar de sofrer as consequências dela derivadas. **Aqueles que, (3)** no presente — ou mesmo num passado recente — adotam uma postura de cega adesão aos termos impostos pelas organizações financeiras internacionais, **vêm pagando (4)** um preço extremamente alto por não concederem atenção aos ensinamentos da história, e o Brasil não foge **à (5)** regra.

(Adaptado de Fernando Magalhães, *A globalização e as lições da história*)

a) 1.
b) 2.
c) 3.
d) 4.
e) 5.

7. Assinale a opção correta em relação à pontuação.
a) A Receita Federal iniciou auditoria nas declarações de rendimentos dos integrantes de suposta quadrilha desbaratada em operação da Polícia Federal.
b) Tal quadrilha estava sob a investigação de suspeita de enriquecimento ilícito — juízes, advogados, agentes e delegados da Polícia Federal —.
c) Iniciada a pedido do Ministério Público, a auditoria está sendo realizada pela superintendência do Fisco, em São Paulo e não há prazo para a conclusão das investigações.
d) Com informações e documentos recolhidos pela PF, os auditores da Receita estão cruzando os rendimentos, declarados com dados da CPMF.
e) Se ficar constatado que passaram pelas contas quantias incompatíveis com a renda declarada, a Receita irá solicitar, quebra do sigilo bancário.

8. Abaixo estão dispostas partes de um texto que tem como título Trabalho escravo com apoio federal (adaptado de *Globo online*). Assinale a opção que apresenta erro.
a) A Organização Internacional do Trabalho (OIT) constatou, em estudo recém-concluído, que os bancos públicos ainda financiam empresas que exploram mão de obra escrava no país. O BNDES, o Banco do Brasil e o Banco da Amazônia (Basa), além de órgãos públicos como a Sudam e a Sudene, concedem créditos a empresas envolvidas com esse tipo de crime.
b) A pesquisa da OIT foi feita com base em dados de 1997 a 2002 e entrevistas com cerca de sete mil trabalhadores resgatados da condição de escravidão. O perfil das vítimas desse tipo de trabalho no país é de jovens, analfabetos e pessoas sem sequer registro civil. Mais de 80% das vítimas de trabalho escravo e degradante não têm registro civil.
c) Para a OIT, embora o problema aconteça no âmbito das relações trabalhistas, também é uma grave violação dos direitos humanos, porque envolve o cerceamento da liberdade das pessoas.
d) As condições geográficas do local em que estão submetidas (30, 40 quilômetros de distância da cidade) e a presença de guardas armados as impedem de fugir.
e) Uma das ações previstas no programa da OIT é a instalação de projetos pilotos, a partir de 2004, nos municípios aonde há mais aliciamento. A meta inicial é inserir cerca de 200 trabalhadores no mercado formal de emprego.

9. Assinale a opção que contém erro.
a) É expediente rotineiro na hierarquia do crime organizado armar o braço de crianças e adolescentes para matar pessoas. Utilizar menores em empreitadas criminosas tem constituído regra no mundo do crime.
b) Não sofrendo de nenhum transtorno cognitivo sério, jovens de 16 anos são suficientemente capazes de entender postulados simples como "matar alguém é crime", sendo igualmente aptos a compreender que se praticarem tal ação serão punidos com a prisão.
c) A inimputabilidade penal de crianças e adolescentes contribui não só para converter-lhes em sicários do crime organizado, mas também funciona — o que é mais grave — como exortação para que novos grupos venham sentar praça na delinquência.
d) A lei estaria mais sintonizada com os anseios da sociedade se homicidas, ou autores de latrocínio entre 16 e 18 anos de idade, fossem avaliados por comissões de especialistas para lhes ser imputada a devida medida socioeducativa.
e) A vida e a intangibilidade física das pessoas são os bens mais valiosos protegidos pela ordem jurídica. Logo, não devem ceder tal primazia a outro pressuposto de direito.
(Baseado em Josemar Dantas, A lei penal e adolescentes, *Correio Braziliense*, D&J, 17.11.2003)

10. Está transcrito abaixo um trecho (com adaptações) da crônica *Meditações sobre o amor*, de Rachel de Queiroz — escritora brasileira. Leia os trechos e assinale aquele que apresenta erro de natureza gramatical.

a) Não é a todos que apresenta-se oportunidade de amar, nem encontra-se capacidade de amar em todos a quem a oportunidade apresenta-se.
b) É mister que se reúnam capacidade e oportunidade, oportunidade e pessoa.
c) Quanto ao objeto do amor, isso é somenos.
d) Todos sabem que é melhor amado aquele que menos o merece, ou aquele que nem sequer tem consciência do amor alheio por si.
e) Porque jamais os olhos ou a inteligência ajudam o coração amante, ou, se ajudam, fazem-no de modo passivo: apagando-se, deixando de enxergar e de discernir, fugindo ao exercício do seu ofício natural que é prevenir o dono contra surpresas e maus passos.

GABARITO

1. "c".
2. "b".
3. "c".
4. "a".
5. "b".
6. "c".
7. "a".
8. "e".
9. "c".
10. "a".

Prova Simulada 22

Leia o texto abaixo para responder à questão 1.

Do Painel do Leitor da *Folha de S.Paulo* de 08.01.2006 transcreve-se a seguinte mensagem:
Antônio Negri e Giuseppe Cocco foram muito precisos e felizes no artigo de 5/1 ao destacarem como o programa Bolsa Família tem contribuído para diminuir a desigualdade e o seu caráter de embrião de uma renda universal e cidadã, sobretudo ao concluírem com a sugestão de que o governo Lula deveria colocar sua própria prática na perspectiva de aceleração do processo de democratização, apontando para a incondicionalidade.
Já existe o instrumento legal para isso. É a lei 10.835, sancionada pelo presidente em 08.01.2004. Ela institui, por etapas, começando pelos mais necessitados, a critério do Poder Executivo, uma renda básica de cidadania, ou seja, o direito de todas as pessoas no Brasil, incondicionalmente, receberem uma renda para atender as suas necessidades vitais.
O Executivo definirá o seu valor levando em conta o grau de desenvolvimento do país.
(Eduardo Matarazzo Suplicy, senador — PT/SP, São Paulo, SP)

1. Assinale a opção que contém asserção falsa a respeito da compreensão das ideias do texto e das inferências permitidas por uma leitura correta.
a) O autor inicia sua mensagem tecendo um elogio a Antônio Negri e Giuseppe Cocco pelo teor do artigo escrito por eles.
b) Pelas palavras da mensagem, deduz-se que os autores concluem seu artigo recomendando ao governo Lula que se aproveite de sua prática com o programa Bolsa Família para acelerar o processo de democratização, por meio da concessão de renda universal.
c) É louvável, da perspectiva do autor da mensagem, o referido artigo ter atribuído ao programa Bolsa Família a peculiaridade de ser a semente da qual pode germinar a instituição de uma renda básica de cidadania.
d) A menção à Lei n. 10.835/2004 é uma forma de o senador Suplicy indicar o caminho legal à consecução da sugestão feita pelos autores do artigo ao governo Lula.
e) No contexto em que se encontra, entende-se que o substantivo "incondicionalidade", que significa "adesão irrestrita", aponta para a doação de uma renda que atenda às necessidades de todo brasileiro, independentemente de quanto custe sua sobrevivência.

2. Assinale o segmento que dá continuidade ao texto, respeitando a coerência, a coesão e a correção gramatical.
O meu segundo contato com a massa proletária de Pernambuco foi em uma assembleia, que presidi, de fundação da União Cosmopolita, nome dado ao sindicato dos trabalhadores da Pernambuco Tramways. Não obstante o entusiasmo que dominava o ambiente, observei que havia certa apreensão, se não receio da atitude que viesse a tomar a companhia contra os empregados ali reunidos, muito particularmente contra os que mais se tinham salientado como promotores da organização. Não era sem motivo que temessem qualquer ato de hostilidade porque sabiam, por experiência própria, quanto aquela empresa era autoritária e inacessível em atendê-los fosse no que fosse, _____.
a) tanto mais em permitir que se associassem para a defesa de direitos que ela jamais suportaria que pudessem ter a veleidade de os reivindicar.
b) quanto mais em anuir aquela associação na luta por direitos que ela nunca iria concedê-los.
c) com muito mais razão em aceitar que se tivessem reunido os empregados numa associação para pleitear direitos que ela jamais pensasse em conceder.
d) mormente agora, em que haviam conseguido congregar-se num sindicato para a conquista de direitos que ela teria de lhes reivindicar.
e) principalmente num caso de sublevação, em que os empregados se fortaleciam na defesa de direitos que ela nunca imaginou viesse eles lutar a favor.
(Joaquim Pimenta, *Retalhos do Passado*, Rio, 1949, p. 197, com adaptações)

**3. O texto abaixo apresenta cinco segmentos destacados, identificados com letras de (a) a (e). Em cada opção, encontra-se uma reescritura do respectivo segmento destacado. Assinale a única reescritura que atende aos requisitos da norma padrão da língua escrita e às exigências textuais de coesão e coerência.

Pesquisas mostram que hoje a honestidade é um dos principais critérios de avaliação quando os cidadãos escolhem candidatos em eleições. Há quem diga com alguma razão que a distinção honesto/desonesto substituiu as antigas guerras ideológicas entre esquerda e direita, **(a) cujas fronteiras se confundiram diante da onda de pragmatismo na política.** Seja como for, é fato que existe um mercado político em torno da demanda por mais honestidade. **(b) O discurso anticorrupção tomou conta dos debates não somente na época das eleições.** O tema da corrupção é manejado com facilidade por integrantes de todo o espectro ideológico, da esquerda à direita. **(c) Para os primeiros, a corrupção é a captura do Estado, para os últimos é sinal da deterioração moral da sociedade.** Também influencia as discussões sobre políticas públicas e as finanças do Estado. **(d) Diante da escassez de recursos novos e do comprometimento dos orçamentos públicos com gastos programados,** a discussão na área de políticas públicas gira basicamente em torno da questão da qualidade dos gastos comprometidos. **(e) Ora, a qualidade dos gastos públicos está intimamente ligada a problemas de desperdício e desvio de recursos em benefício próprio, portanto, à corrupção.**

(Bruno Wilhem Speck, Porque a corrupção tornouse uma doença,
Pensa/CB, 04.06.2005, p. 4)

  a) cujos os limites ficaram tênues em virtude da maré de pragmatismo que tomou conta da política.
  b) Clamar pela ética passou a ser um tópico presente na agenda do país não apenas em períodos de eleição.
  c) Sendo a corrupção, para os esquerdistas, um ato de usurpação do Estado: para a direita ela é índice da decadência moral da sociedade.
  d) Face a insuficiência de dinheiro novo com o contingenciamento dos orçamentos públicos com despesas vinculadas.
  e) Pois, o modo como se gasta o dinheiro público, tem relação estreita com questões de gastança desenfreada e recursos direcionados para destinatários indevidos, por conseguinte, para a malversação.

4. Estão transcritos abaixo trechos do artigo *O Brasil tem futuro?*, de Jaime Pinsky. Assinale a opção que apresenta a paráfrase do segmento destacado que atende a estes dois requisitos: 1) mantém o sentido original e 2) constróise em linguagem escorreita.

  a) A pergunta cabe: nosso país tem futuro? Podemos, de fato, acreditar num Brasil diferente e melhor do que temos? **Ou estamos condenados a servir de lastro para as naves do progresso que insistem em não se fixar por aqui?**
  Ou estamos fadados a ser o peso morto que se alija das embarcações que para cá insistem em arribar, trazendo o progresso para nossos portos?
  b) **Trata-se de pensar se o Brasil tem chances de chegar entre os mais bem colocados no campeonato mundial de desenvolvimento,** justiça social, infraestrutura, saúde e educação de qualidade para todos, estradas decentes, cidades organizadas, respeito ao cidadão e respeito do cidadão pelo coletivo.
  É o caso de se cogitar se nosso país disporá das oportunidades para estar entre os países campeões de desenvolvimento...
  c) **Os brasileiros, quem somos, afinal?** Uma turma de explorados pelo capital internacional, um povo sem vocação para o capitalismo moderno, um bando de incompetentes hipócritas, uma cambada de salafrários hipócritas, um grupo irreversível de desunidos?
  Cabe perguntar sobre a identidade que no final iremos assumir.
  d) Nossa inconsequência e baixo sentido de cidadania fazem com que sejamos radicais **no discurso a respeito de temas sobre os quais temos pouca possibilidade de interferir,** mas não passemos de comodistas com relação a situações cotidianas sobre as quais temos condições (além de direito e dever) de modificar.
  ... quando tratemos de assuntos cuja possibilidade de interferência a temos pouca...

e) Mudanças ocorrem não por acaso, mas como fruto de vontade forte. Uma lembrança histórica: a escravidão se manteve no Brasil até quase o final do século 19 **não apenas porque assim o desejavam meia dúzia de grandes latifundiários, mas porque estava largamente espalhada pelo país.**
... devido não apenas à vontade de um pequeno grupo de proprietários de terras, mas também porque se alastrara por todos lugares.

(*Correio Braziliense*, 08.01.2006, p. 17)

5. **Assinale o segmento morfossintaticamente correto, sobretudo quanto ao que estabelece a norma padrão da língua escrita nos capítulos da concordância e da regência.**
   a) O projeto de lei que visa melhorar a regulamentação da interceptação, da interrupção, da escuta e da gravação de comunicações telefônicas e das que lhes são equiparadas não representa, de modo algum, uma forma de censura à imprensa.
   b) Como vem sendo noticiada, a captação de dados de informática têm sofrido ataques constantes de criminosos que, com avançados meios tecnológicos, tem perpetrado grampos e gravações ilícitas de conversas e comunicações de dados.
   c) O projeto de lei tem não só a preocupação de punir àquele que realiza o ato ilícito mas também quem, de qualquer forma, utiliza do que é obtido com esse crime.
   d) Não se punem apenas o ato de furtar ou roubar bens, mas também o receptador que, sem praticar o furto ou o roubo, se valem do bem (objeto do crime) para uso pessoal ou para obter lucro.
   e) A imprensa brasileira, que tem atendido tão honradamente com os princípios de legalidade, não vai querer anuir a sedução de incentivar os grampos ilegais para utilizar o produto desse crime como matériaprima de seu trabalho.

(Trechos adaptados de Maurício Z. de Moraes, Avanço para proteger os cidadãos, *Folha de S.Paulo*, 21.01.2006, A3)

6. **Ao texto original, foram feitas alterações morfossintáticas. Assinale a opção que apresenta o único trecho que restou inteiramente correto, quanto aos ditames da norma padrão da língua escrita e às exigências textuais de coesão e coerência.**
   a) No crescimento do PIB, no ano de 2004, teve significativa importância a expansão do consumo interno e do investimento, e não apenas o das exportações, como em surtos de crescimento anteriores.
   b) Foram responsável, internamente, por essa expansão: o consumo das famílias que cresceu 4,3% ao ano e o crescimento do investimento da ordem da mais alta taxa desde o final de 1997, bem como das exportações de bens e serviços.
   c) A resposta à indagação sobre é viável sustentar taxas de crescimento do PIB real em torno dos 5% ao ano é a de um sim. Mas temos de torcer para que não ocorrem acidentes externos com fortes impactos negativos.
   d) Ademais, é fundamental que se atue para elevar nossas taxas de poupança e de investimento a níveis compatíveis com a sustentação do crescimento — o que exige a criação de um ambiente favorável ao investimento e ampliação da capacidade de mobilizar poupança, especialmente a doméstica.
   e) A poupança doméstica necessita de ser estimulada para assegurar um crescimento elevado e duradouro do PIB real. A poupança privada requer políticas que lhe estimulem.

(Charles C. Mueller, *UnB Revista*, ano IV, n. 11, maio/jun./jul. 2005, com modificações)

7. **A pichação é uma das expressões mais visíveis da invisibilidade humana. São mais do que rabiscos. São uma forma de estabelecer uma relação de pertencimento com a comunidade — mesmo que por meio da agressão — e, ao mesmo tempo, de dar ao autor um sentido de autoidentidade.**

(Gilberto Dimenstein, *Folha de S.Paulo*, 21.01.2006)

Sobre esse trecho, são feitas quatro declarações. Analise-as e assinale, a seguir, a opção correta em relação a elas.
   I. A norma escrita culta permite também uma outra forma de concordância na expressão partitiva da primeira linha, que é: **uma das expressões mais visível**.

II. Nos dois períodos iniciados pela forma verbal "São", a concordância verbal se faz com o predicativo do sujeito.
III. O verbo "dar", na penúltima linha, está empregado como bitransitivo, constando da frase seus dois objetos: o direto e o indireto.
IV. Os dois verbos antecedidos de preposição: "de estabelecer..." e "de dar", coordenados entre si, estão subordinados ao mesmo termo.

A opção correta é:
a) São verdadeiras as quatro declarações.
b) São verdadeiras apenas duas declarações: II e IV.
c) Apenas III e IV são declarações verdadeiras.
d) Três declarações são verdadeiras: II, III e IV.
e) A I é a única declaração verdadeira.

8. Indique a opção que preenche com correção as lacunas numeradas no texto abaixo.

A colonização jamais correspondeu, entre nós, **(1)** necessidades do trabalho; correspondeu sempre, sim, **(2)** necessidade da produção, ou, mais realmente à necessidade das colheitas, isto é, **(3)** necessidades de dinheiro pronto e de dinheiro fácil, que é o que sustenta as culturas, nas regiões onde se encontram colonos. No dia em que se abrir guerra **(4)** ociosidade e se oferecerem garantias **(5)** gente do campo, afluirá para o trabalho remunerado grande parte da população, hoje mantida **(6)** da bondade alheia.
(Adaptado de Alberto Torres, *As fontes da vida no Brasil*, Rio de Janeiro, 1915, p. 47)

a) às, a, às, a, a, a custas da
b) às, à, as, à, a, às custas da
c) as, à, as, a, à, a custas da
d) a, a, às, à, a, a custa da
e) a, à, às, à, à, à custa da

9. A frase que está redigida totalmente em conformidade com a norma culta da Língua Portuguesa é:
a) Ao ler o abaixo-assinado, ele espantou-se pela quantidade expressiva de assinaturas que o mesmo trazia como também, pela justeza das reinvindicações que nele continha.
b) O jurista interpretou sociologicamente os fatos, ressaltando a dificuldade que as elites econômicas e políticas têm em reconhecer um mundo que não se paute pelos valores mercadológicos.
c) Há de surgir elementos que lhes permitam enxergar a mudança no sistema de tributação como forma de garantir a retenção de recursos que o município há tempos precisa para assistir adequadamente à população.
d) O fato que, realmente, ele necessitou receber cuidados especiais naquela ocasião tão trágica não justifica que lhe enxerguem agora como um dependente costumaz.
e) O que o motivou àqueles comentários desabonadores para o artigo foi o autor ter preferido as posturas empíricas do que as teóricas quando analisava a relação do passado colonial do país às suas condições econômicas atuais.

10. A frase que respeita completamente o padrão culto da Língua é:
a) Muitos se empenharam por inocentar, por votação secreta, os colegas mergulhados nas mais inomináveis bandalheras, como a recepção de propinas para o apoio em projetos, a captação de luvas para o filiamento partidário, ou na conquista de obras e funções públicas pela via das malas cheias de dinheiro.
b) Os criminosos se utilizaram, em suas ações corruptas e corruptoras, do símbolo da justiça social, apelando para a comoção populacional face o sofrimento humano daquela gente famélica, mas, em verdade auferiram do dinheiro público que sentem falta os setores da saúde e ensino.
c) Não desejaria absolver os que encaram os cargos públicos como manancial de vantagens, privilégios e prebendas, ou como ferramenta de enriquecimento pessoal; tais cargos constituem espaço privilegiado de labor pela sociedade e de defesa dos interesses coletivos.

d) Instruiu-nos para que nos mantêssemos impassíveis diante de previsíveis manifestações de violência naquele ambiente, pois o acordo que estava em andamento ratificaria as eventuais e desnecessárias discordâncias internas que temíamos enfrentar.
e) Num tempo em que os casamentos mau-sucedidos perderam a razão de ser, por não mais se mostrar indissolúvel, causa espécie que uma pessoa pública possa ainda conspucar sua ética à partir de uma relação clandestina de adultério.

GABARITO

1. "e".
2. "a".
3. "b".
4. "b".
5. "a".
6. "d".
7. "c".
8. "e".
9. "b".
10. "c".

Prova Simulada 23

1. Assinale a opção que preenche corretamente as lacunas do texto.

Para incentivar o cumprimento dos Objetivos de Desenvolvimento do Milênio no Brasil, o presidente Luiz Inácio Lula da Silva lançou o Prêmio ODM BRASIL. A iniciativa do governo federal em conjunto com o Movimento Nacional pela Cidadania e Solidariedade e o Programa das Nações Unidas para o Desenvolvimento (PNUD) vai selecionar e dar visibilidade **(1)** experiências em todo o país que estão contribuindo para o cumprimento dos Objetivos de Desenvolvimento do Milênio (ODM), como **(2)** erradicação da extrema pobreza e **(3)** redução da mortalidade infantil. Os ODM fazem parte de um compromisso assumido, perante **(4)** Organização das Nações Unidas, por 189 países de cumprir **(5)** 18 metas sociais até o ano de 2015.

(*Em Questão*, Subsecretaria de Comunicação Institucional da Secretaria-Geral da Presidência da República, n. 390 — Brasília, 06 de janeiro de 2006)

a) a, à, à, a, às
b) as, a, a, à, as
c) às, à, a, à, às
d) a, a, a, a, as
e) as, a, a, à, às

2. Assinale a opção que preenche corretamente as lacunas do texto.

O prêmio Objetivos de Desenvolvimento do Milênio consiste em uma das estratégias adotadas pelo governo brasileiro para **(1)** administrações locais, empresas públicas e privadas e organizações da sociedade civil no desenvolvimento de ações, programas e projetos que **(2)** efetivamente para que essas metas **(3)** atingidas. **(4)** três categorias disputadas: uma para ações de governos municipais, outra para iniciativas de organizações (entre as quais **(5)** órgãos públicos e privados e entidades não governamentais) e a última para destaques individuais e coletivos (pessoas ou entidades públicas ou privadas).

(*Em Questão*, Subsecretaria de Comunicação Institucional da Secretaria-Geral da Presidência da República, n. 390 — Brasília, 06 de janeiro de 2006)

a) dar estímulo a, contribuem, serem, São, enquadram
b) estimulando, contribuíssem, forem, Seriam, enquadra
c) estimular, contribuam, sejam, Serão, se enquadram
d) estimularia, contribuem, são, Vão ser, enquadramse
e) estimulasse, contribuam, serão, Seriam, enquadrase

3. Assinale a substituição que provoca erro gramatical.

O Plano de Prevenção e Combate ao Desmatamento na Amazônia Legal, implantado pelo Governo Federal em 2003, **fez cair o (1)** desmatamento na região em 31% no último ano. Imagens de satélite do Instituto Nacional de Pesquisas Espaciais (Inpe) mostram que a área desmatada despencou de 27.200 km² para 18.900 km². A queda ocorreu nos nove estados da Amazônia Legal, sobretudo Pará, Mato Grosso e Rondônia, considerados críticos. A redução foi igualmente significativa no entorno da BR163 (rodovia Cuiabá-Santarém), **sob regime (2)** severo de fiscalização. Os dados **resultaram (3)** da comparação do desmatamento no período de agosto de 2004 a julho de 2005 com igual período anterior. O resultado indica **o acerto das (4)** políticas públicas em curso e que envolvem fiscalização, ordenamento fundiário e territorial, criação de áreas protegidas (foram criados 85 km² de unidades de conservação em áreas de conflito, homologados 93 mil km² de terras indígenas e criados 3,76 mil km² de projetos de assentamentos sustentáveis), além da previsão de investimentos em infraestrutura e conversão da atividade econômica na região, **com vistas à substituição da (5)** extração predatória pelo desenvolvimento sustentável da floresta.

(*Em Questão* n. 381, Brasília, 07 de dezembro de 2005, com adaptações)

a) 1 — provocou a queda do
b) 2 — que estão sob o regime
c) 3 — são resultantes
d) 4 — que estão certas as
e) 5 — com o objetivo de substituir a

Leia o texto abaixo para responder às questões 4 e 5.

Uma das condições principais da pós-modernidade é o fato de ninguém poder ou dever discuti-la como condição histórico-geográfica. Com efeito, nunca é fácil elaborar uma avaliação crítica de uma situação avassaladoramente presente. Os termos do debate, da descrição e da representação são, com frequência, tão circunscritos que **parece não haver como escapar** de interpretações que não sejam autorreferenciais. É convencional nestes dias, por exemplo, descartar toda **sugestão de que** a "economia" (como quer que se entenda essa palavra vaga) possa ser determinante da vida cultural, **mesmo** "em última instância". O estranho na produção cultural pós-moderna é o ponto até o qual a mera procura de lucros é determinante em primeira instância.

(David Harvey, *Condição pós-moderna*, p. 301, com adaptações)

4. Assinale a relação lógica que não se depreende do texto.
   a) Ser uma situação presente é causa de não se poder discutir a pósmodernidade.
   b) Elaborar uma avaliação crítica implica debater, descrever e representar.
   c) Se há produção cultural, há a busca de lucros.
   d) Se a pós-modernidade fosse uma condição histórico-geográfica, a economia seria determinante na vida cultural.
   e) Interpretações autorreferenciais são frequentes como resultado de avaliações críticas de uma situação presente.

5. Avalie as seguintes afirmações a respeito das estruturas linguísticas do texto para assinalar a opção correta.
   I. O singular do verbo da primeira oração do texto deve-se à expressão "Uma das"; se, em seu lugar, fossem empregados termos que mantivessem o sujeito no plural, como por exemplo, **Entre as**, o verbo deveria ser flexionado necessariamente no plural.
   II. A opção pelo verbo "parece", iniciando a oração, exige o emprego de uma forma impessoal de verbo no seu desenvolvimento; daí o uso de singular em "não haver como escapar".
   III. O emprego da preposição **de** é obrigatória antes da conjunção integrante "que", pois aí se inicia uma oração subordinada que completa a ideia de "sugestão".
   IV. A palavra "mesmo", empregada com valor adverbial de **ainda que**, sugere que o autor antecipa uma rejeição ao argumento que explicita na oração anterior.

   A quantidade de itens corretos é
   a) 0
   b) 1
   c) 2
   d) 3
   e) 4

6. Os trechos seguintes foram adaptados do texto *Modernidade, identidade e a cultura de fronteira*, de Boaventura de Sousa Santos.

Assinale a opção em que o texto foi transcrito respeitando as regras gramaticais da norma de padrão culto da língua portuguesa.
   a) O que há de característico na atual crise de regulação social é que ela ocorre sem perda de hegemonia da dominação capitalista. Em outras palavras: ao contrário do que sucedeu em épocas anteriores, a crise de regulação é também uma crise de emancipação, o que constitui afinal uma outra manifestação do colapso das energias emancipatórias.

b) A dificuldade em aceitar ou suportar as injustiças e as irracionalidades da sociedade capitalista dificulta, em vez de facilitar a possibilidade de pensar uma sociedade melhor que esta. Daí que fosse profunda a crise de um pensamento estratégico de emancipação.
c) Na medida em que existiu de fato, o processo de descontextualização e de universalização das identidades e das práticas contribuiu contraditoriamente para as classes dominadas pudessem formular projetos universais e globais de emancipação.
d) Ao contrário, o novo contextualismo e particularismo tornam difíceis pensar estrategicamente a emancipação. As lutas locais e as identidades contextuais tendem a privilegiar pelo pensamento tático em detrimento do pensamento estratégico.
e) A globalização do capital ocorre simultaneamente a localização do proletariado. Por outro lado, na crise do pensamento estratégico emancipatório da modernidade mais que uma crise de princípios, é uma crise de sujeitos sociais.

Leia o seguinte texto para responder às questões 7 e 8.

As normas jurídicas embasadas nos valores éticos e que **traduzem os procedimentos e as vivências** mais fortes e consolidados da coletividade tendem a ter a adesão espontânea da maioria das **pessoas** que **nelas** se sentem representadas. É o sentimento de identidade nacional, de pátria, sem o qual a coesão social se esgarça e abre as portas para o caminho do individualismo, do **salvese** quem puder, da corrupção, da violência. A consolidação desse sentimento pressupõe, além das leis, uma ação constante, coordenada pelo Estado, com a participação da sociedade, dos organismos intermediários e das famílias, num processo de educação cívica, nacional, patriótica.

(Adaptado de Patrus Ananias, Civilização pelo Estado, Correio Braziliense, 09.01.2005)

7. Considere tanto a correção gramatical quanto a coerência textual para julgar como falsas (*F*) ou verdadeiras (*V*) as seguintes possibilidades de continuidade para o texto:

( ) Apesar das nossas diferenças e divergências, todos os compatriotas de boa vontade somos irmãos no sonho e no trabalho de construir uma nação à altura dos nossos melhores sentimentos.
( ) Por isso, a fragilidade da condição humana revela que a história da humanidade é sempre a história das pessoas inseridas na comunidade política: na hegemonia de nações economicamente mais consolidadas.
( ) Se, por um lado, egoísmo e instinto natural buscam ao rompimento das relações de coesão nacional e reforçar o individualismo, por outro nossos valores éticos consolidados almejam construir uma nação democrática e justa.
( ) Quando se evidenciou a incapacidade do sistema de globalização planejar em uma perspectiva mais ampla e elevada dos vínculos humanos e os conflitos sociais buscou-se um outro sucedâneo para o Estado.

A sequência obtida é
a) V — F — F — F
b) V — F — V — F
c) V — V — F — F
d) F — F — V — F
e) F — V — V — F

8. Julgue as seguintes afirmações a respeito das relações de concordância entre os termos do texto:

I. A flexão de plural em "traduzem" justifica-se pelo plural em "valores éticos".
II. Porque no termo "os procedimentos e as vivências" há a inclusão de nome masculino, o termo "consolidados" precisa ser flexionado no masculino.
III. O emprego do feminino plural em "nelas" justifica-se pelo feminino plural de "pessoas".
IV. O pronome indicativo de indeterminação de sujeito em "salve-se" exige que o verbo seja flexionado no singular.

A quantidade de itens corretos é

a) 0
b) 1
c) 2
d) 3
e) 4

Leia o texto abaixo para, em seguida, responder às questões 9 e 10.

O **ser (1)** humano não pode ser definido em relação a ele mesmo, porque não é um sujeito isolado, vive em relação com as coisas, com os outros e com o mundo, mesmo antes de **pensar (2)** e de falar. Esta presença não é somente observável como também um fato vivido, isto é, quer dizer que o ser humano se manifesta no **ser (3)** a cada instante. Nessa responsabilidade, inclui, às vezes, o eu e, às vezes, o outro, num equilíbrio que se faz de uma parte entre poder **cuidar (4)** de si mesmo e, de outra, poder cuidar dos demais. Através dessa construção coletiva, os homens fazem e criam sua história e, nessa construção-criação, o cuidado torna-se um processo, não apenas um ato. Ato este que envolve o **cuidar (5)** de si e do outro, mais o cuidado como possibilidade de continuidade da espécie, gozar a vida com qualidade e com liberdade.

(Adaptado de Carlos Altemir Schmitt, *O cuidado e a responsabilidade*: reflexão sobre a ética estabelecida no mundo do consumo desmedido. Disponível em: <http//www.crescer.org>)

9. Assinale o termo destacado do texto que apresenta ambivalência, ou seja, para conferir coerência ao texto, tanto pode receber a interpretação de substantivação do verbo quanto a interpretação de substantivo concreto.
a) "ser" (1)
b) "pensar" (2)
c) "ser" (3)
d) "cuidar" (4)
e) "cuidar" (5)

10. Assinale a proposta de paráfrase para fragmentos do texto que respeita a correção gramatical e a coerência da argumentação.
a) Primeiro período sintático: Por não ser um sujeito isolado, não se pode definir o ser humano em relação a ele mesmo. Daí decorre que, mesmo antes de pensar e de falar, ele vive em relação com as coisas, com os outros e com o mundo.
b) Segundo período sintático: O ser humano manifesta-se instantaneamente no ser; o que significa que esta presença observável é também um vívido fato.
c) Terceiro período sintático: O equilíbrio se dá entre poder cuidar de si mesmo, de um lado, e poder cuidar dos demais, de outro, e tal responsabilidade, às vezes, inclui tanto o eu quanto o outro.
d) Quarto período sintático: Na construção-criação de sua história — por meio dessa construção coletiva — o ato extrapola o processo no cuidado de fazer e criar história.
e) Quinto período sintático: O cuidado como possibilidade de dar continuidade na espécie, e também de gozar a vida com qualidade, usufruindo da liberdade agrega o ato de cuidar de si e do outro.

GABARITO

1. "d".
2. "c".
3. "b".
4. "d".
5. "c".
6. "a".

7. "a".
8. "b".
9. "c".
10. "c".

Prova Simulada 24

Atenção: As questões de números 1 a 10 referem-se ao texto que segue.

Macacos intelectuais

A partir de estudos realizados com primatas não humanos, publicados nos anos 60, a defesa dogmática de que a inteligência seria um dom exclusivo do *Homo sapiens* tornou-se insustentável. Entender a inteligência de que tanto nos orgulhamos como resultado de milhões de anos de seleção natural obedece à lógica evolutiva, visto que a evolução não cria características especiais para favorecer ou prejudicar nenhuma espécie. Como atestam os dinossauros, a natureza é madrasta impiedosa.

De onde emergiu a consciência humana?

A resposta é bem simples: da consciência dos animais.

Não há justificativa para considerá-la como propriedade exclusiva da espécie humana, respondeu Ernst Mayr, o biólogo mais influente do século passado. Aceita essa premissa, na última década, o foco da primatologia se deslocou para o estudo das características únicas dos seres humanos. Afinal, não se tem notícia de outros animais que componham sinfonias ou resolvam equações de segundo grau.

Para alguns, nossa capacidade de trocar a recompensa imediata por outra futura (sem a qual nem sequer iríamos à escola) é que nos diferencia de animais mais impulsivos. Outros argumentam que a paciência necessária para aguardar resultados mais promissores também tem raízes evolutivas, e que, em certas situações experimentais, somos mais imediatistas do que os chimpanzés. Embora chimpanzés possam dar manifestações incontestáveis de paciência para aguardar resultados de suas ações, entre eles falta uma típica característica humana: o altruísmo desinteressado. Há evidências claras da existência de comportamentos cooperativos e de altruísmo em outras espécies, mas eles estão sempre associados a interesses de reciprocidade. O verdadeiro altruísmo parece exigir níveis elevados de cognição, que envolvem a capacidade de decifrar o estado mental do outro.

(Adaptado de Drauzio Varella, *Folha de S.Paulo*)

1. No primeiro parágrafo, o autor afirma que *a evolução não cria características especiais para favorecer ou prejudicar nenhuma espécie* **a fim de justificar**
   a) a lógica do processo de seleção natural.
   b) a evidente primazia da inteligência humana.
   c) o orgulho alimentado pelo *Homo sapiens*.
   d) os acasos que regem a ordem evolutiva.
   e) o dogmatismo de quem exalta a espécie humana.

2. Atente para as seguintes afirmações:
   I. A resposta à pergunta *De onde emergiu a consciência humana?* vem em favor da hipótese de que a inteligência seria um dom exclusivo da nossa espécie.
   II. O texto faz crer que não há razão para se considerar que existam atributos exclusivos dos seres humanos.
   III. Uma das características próprias da espécie humana seria, para alguns, a capacidade de agir em função de objetivos não imediatos.

   Em relação ao texto, está correto o que se afirma APENAS em
   a) I.
   b) II.
   c) III.
   d) I e II.
   e) II e III.

3. No último parágrafo, o paralelo estabelecido entre chimpanzés e homens concorre para atestar o fato de que
   a) é típico da espécie humana o cooperativismo por interesse.

b) nosso altruísmo vai além de um comportamento cooperativo.
c) os homens desconhecem o interesse de reciprocidade.
d) há outros primatas capazes de níveis elevados de cognição.
e) mais de uma espécie é capaz de decifrar o estado mental do semelhante.

4. No contexto da frase *"Aceita essa premissa*, na última década, o foco da primatologia se deslocou para o estudo das características únicas dos seres humanos", a expressão destacada deve ser entendida como
   a) consideração de uma hipótese.
   b) expressão de uma consequência.
   c) formulação de uma condição.
   d) afirmação de fato verificado.
   e) suposição a ser contraditada.

5. As normas de concordância estão plenamente observadas na frase:
   a) Não se admitem que hajam nascido, em quaisquer outras espécies, seres capazes de compor sinfonias.
   b) Ressalte-se, no universo dos primatas, as ações que deixam claro seus interesses numa cooperação recíproca.
   c) Seguiu-se à aceitação da premissa do influente biólogo Ernst Mayr alguns deslocamentos no foco dos estudos de primatologia.
   d) A troca de recompensas imediatas por outras futuras alinham-se entre as características típicas da nossa espécie.
   e) Uma das peculiaridades dos verdadeiros altruístas consiste em buscarem decifrar a necessidade íntima do semelhante.

6. Está adequada a correlação entre tempos e modos verbais na frase:
   a) Ainda que chimpanzés demonstrem algumas aptidões semelhantes às nossas, nenhuma equivalia ao desinteressado altruísmo humano.
   b) Tão logo se admitiu a premissa de Ernst Mayr, deslocara-se o foco principal dos estudos de primatologia.
   c) Uma vez que haja paciência para aguardar resultados promissores, o imediatismo será relegado a um segundo plano.
   d) Se houvesse altruísmo em outras espécies, perde-se um forte argumento em favor do diferencial humano.
   e) Caso os chimpanzés disponham de um nível elevado de cognição, não há por que considerar que não pudessem compor sinfonias.

7. Está clara, coerente e correta a redação da seguinte frase:
   a) Sequer deixaríamos de frequentar à escola no caso de trocarmos a recompensa imediata por uma outra que só o futuro viesse a vislumbrar.
   b) Há muitos que argumentam de que mesmo entre os chimpanzés ocorre a paciência necessária, de acordo com as raízes evolutivas.
   c) Comportamentos altruístas ou mesmo desinteressados não se observa em todas as espécies, constituindo-se conforme peculiaridade humana.
   d) Evidências de comportamento cooperativo notam-se em outras espécies, mas apenas os seres humanos são capazes de um autêntico altruísmo.
   e) Não obstante Ernst Mayr tenha concluído de que a consciência humana emerge dos animais, o foco da primatologia estuda nossas características.

8. Entender a inteligência *de que* tanto nos orgulhamos como resultado de milhões de anos de seleção natural obedece *à* lógica evolutiva (...).
Os elementos destacados podem permanecer na frase acima caso se substitua
   a) orgulhamos por **ufanamos** e obedece por **é acreditar**.
   b) nos orgulhamos por **demonstramos** e obedece por **é dar fé**.
   c) nos orgulhamos por **lisonjeamos** e obedece por **acata**.
   d) nos orgulhamos por **vangloriamos** e obedece por **se pauta**.
   e) orgulhamos por **gabamos** e obedece por **revela adesão**.

9. Está inteiramente correta a pontuação da seguinte frase:
   a) A realização de estudos com primatas não humanos, tem revelado que a inteligência ao contrário do que se pensa, não é nosso dom exclusivo.
   b) A conclusão é, na verdade, surpreendente: a consciência humana, longe de ser um dom sobrenatural, emerge da consciência dos animais.
   c) Ernst Mayr, eminente biólogo do século passado não teve dúvida em afirmar que, a nossa consciência, é uma evolução da consciência dos animais.
   d) Sejam sinfonias sejam equações de segundo grau, há operações que de tão sofisticadas, não são acessíveis à inteligência de outros animais.
   e) O que caracteriza efetivamente o verdadeiro altruísmo, é o comportamento cooperativo que se adota, de modo desinteressado.

10. NÃO admite transposição para a voz passiva a construção verbal da seguinte frase:
    a) A inteligência está longe de ser um dom exclusivo da espécie humana.
    b) Os primatas não trocam a recompensa imediata por outra mais distante.
    c) O altruísmo autêntico sempre exige níveis elevados de cognição.
    d) Os chimpanzés manifestam gestos de inequívoca paciência.
    e) A premissa de Ernst Mayr obteve grande acolhimento no século passado.

GABARITO
1. "a".
2. "c".
3. "b".
4. "d".
5. "e".
6. "c".
7. "d".
8. "e".
9. "b".
10. "a".

Prova Simulada 25

Atenção: As questões de números 1 a 6 referemse ao texto que segue.

Do abuso das palavras

Quando o célebre La Rochefoucauld disse que o amor-próprio é o princípio de todas as nossas ações, como a ignorância da verdadeira significação desse termo amor-próprio levantou pessoas contra esse ilustre pensador! Tomou-se o amorpróprio como orgulho e vaidade e imaginou-se, por conseguinte, que La Rochefoucauld colocava no vício a fonte de todas as virtudes. No entanto, era fácil perceber que o amor-próprio, ou o amor de si, não era outra coisa a não ser um sentimento gravado em nós pela natureza; que esse sentimento se transformava em cada homem em vício ou virtude, segundo os gostos e as paixões que o dominavam; e que o amorpróprio, diferentemente modificado, produzia igualmente o orgulho e a modéstia.

O conhecimento dessas ideias teria preservado La Rochefoucauld da censura tão repetida de que ele via a humanidade de modo por demais pessimista; na verdade, ele a conheceu tal qual ela é. Concordo com que a visão nítida da indiferença de quase todos os homens a nosso respeito é um espetáculo desolador para a nossa vaidade, mas, enfim, é preciso tomar os homens como são: irritar-se com os efeitos de seu amor-próprio é queixar-se dos aguaceiros da primavera, dos ardores do verão, das chuvas de outono e das geadas do inverno.

(Helvétius, *Os Pensadores*)
Nota: La Rochefoucauld e Helvétius são pensadores franceses dos séculos XVII e XVIII, respectivamente.

1. De acordo com Helvétius, a afirmação de La Rochefoucauld a respeito do amor-próprio não foi compreendida porque as pessoas
   a) não admitiam que alguém pudesse desenvolver esse bom sentimento.
   b) não entendiam que esse sentimento era visto como um princípio natural.
   c) imaginavam que o orgulho e a vaidade fossem sinônimos entre si.
   d) preferiam crer que os homens não adquirem vícios ao longo da vida.
   e) não aceitavam que um sentimento tão nobre implicasse a degradação.

2. Comentando a afirmação de La Rochefoucauld a respeito do amor-próprio, Helvétius lembra que esse sentimento
   a) é um estigma que nos marca e nos impede de fazer escolhas morais.
   b) é o responsável por todas as ações das quais acabamos por nos arrepender.
   c) identifica as pessoas que demonstram alta preocupação ética em seus atos.
   d) desenvolve-se em nós consoante a natureza das diferentes paixões.
   e) é um efeito cultural irremovível e inevitável da vida em sociedade.

3. O verbo indicado entre parênteses deverá flexionar-se numa forma do plural para preencher de modo correto a lacuna da frase:
   a) Há sempre forte oposição às ideias que ____ (**propagar**) um pensador implacável como La Rochefoucauld.
   b) O que resulta em virtudes ou vícios humanos ____ (**advir**) das formas pelas quais canalizamos nossos afetos.
   c) A um mais elevado comportamento moral do homem não ____ (**tolher**) apenas as fraquezas pessoais, mas também os impulsos da natureza.
   d) Não obstante não ____ (**deixar**) de haver opções em nosso caminho, os ditames da nossa natureza exercem um papel fundamental a cada escolha.
   e) Tantas recriminações ____ (**haver**) às ideias de La Rochefoucauld que Helvétius acabou se irritando com a ignorância das pessoas.

4. No contexto do segundo parágrafo, o segmento *mas, enfim, é preciso tomar os homens como são* pode ser substituído, sem prejuízo para o sentido e a correção, por:
   a) porém, afinal de contas, é preciso tomá-los como são.
   b) portanto, e por fim, é preciso os tomar como sejam.
   c) no entanto, é preciso ainda tomá-los como são.

d) porém, que fazer, é preciso tomar-lhes como são.
e) no entanto, por isso, é preciso tomar-lhes como sejam.

5. Atente para as seguintes afirmações:
I. Todo homem tem amor-próprio.
II. O amorpróprio é uma marca da natureza.
III. As marcas da natureza são incontornáveis.

As afirmações acima articulam-se de modo claro, correto e coerente na frase:
a) Sendo uma marca da natureza, todo homem tem amor-próprio, incontornável como os demais.
b) Todo homem tem amor-próprio, que é uma das marcas da natureza, mesmo quando são incontornáveis.
c) Por serem incontornáveis as marcas da natureza, o mesmo ocorre com todo homem que tem amor-próprio.
d) Como marca da natureza, o amor-próprio é incontornável, tal como acontece com os homens.
e) O amor-próprio, que tem todo homem, é uma marca da natureza, incontornável como as outras.

6. O emprego e a grafia de todas as palavras estão corretos na frase:
a) É difícil haver uma recepção concensual do sentido das palavras: Helvétius surprendeu-se com o atribuído a *amor-próprio*.
b) O mal entendimento do termo *amor-próprio* concitou Helvétius a investir contra os detratores de La Rochefoucauld.
c) Mesmo o mais exitoso filósofo tem de enfrentar os empecilhos criados por pessoas sem qualquer envergadura intelectual.
d) La Rochefoucauld, celebrizado por seu verve de humor, criou máximas que transporam as fronteiras do tempo e do espaço.
e) As pessoas indignadas, que assacavam as ideias de La Rochefoucauld, justificavam o fato alegando ser o filósofo um nilista impedernido.

Atenção: As questões de números 7 a 10 referem-se ao texto que segue.

Sobre o romance *Galvez*, Imperador do Acre, de Márcio Souza

A paisagem pode ser luxuriante, intrincada, retorcida, mas o romancista recusa-lhe as lianas do aparato verbal. Pretende antes de tudo caricaturar as aventuras do ciclo da borracha, sem convocar adjetivos para compor estrondos estilísticos.
Nem as lendas do inferno verde, nem as lendas do celeiro mundial. O romancista Márcio Souza prefere o retrospecto irônico, que às vezes faz espocar um sarcasmo, como as rolhas de champanha francês e os foguetes anunciadores do advento do século XX nos confins do Acre. Cearenses ocuparam a região duas vezes maior que Portugal. No dizer do autor, "empurraram a fronteira com a própria miséria". E dali vem a mais fina borracha que resulta em contas bancárias na Suíça, temporadas líricas, bordéis tumultuosos, tangos e maxixes ao piano, diamantes a faiscarem no colo farto de damas pelintras.

(Hélio Pólvora, *Veja*)

7. Em seu comentário crítico, Hélio Pólvora afirma que o romance em questão desenvolve-se
a) numa linguagem inspirada na exuberância da realidade representada.
b) num estilo fielmente colado ao dos documentos históricos sobre a região.
c) na imaginação fantasiosa e crítica com a qual o autor narra sua vida.
d) numa narração marcada por humor muitas vezes ácido e caricaturesco.
e) no discurso borbulhante e retórico dos novos ricos da região.

8. Atente para as seguintes afirmações:
I. **Lianas do aparato verbal** e **estrondos estilísticos** são recursos recusados pela linguagem de Márcio Souza em seu romance.

II. Expressões como **inferno verde** e **celeiro mundial** conotam visões estereotipadas da região amazônica.
III. O verbo *espocar* é utilizado em mais de um sentido, no contexto do segundo parágrafo.

Em relação ao texto, está correto o que se afirma em
a) I, II e III.
b) I e II, apenas.
c) I e III, apenas.
d) II e III, apenas.
e) III, apenas.

9. Considerando-se o contexto, têm sentido contrastante os seguintes elementos:
   a) **luxuriante** e **intrincada**.
   b) **caricaturar** e **espocar um sarcasmo**.
   c) **temporadas líricas** e **a própria miséria**.
   d) **bordéis tumultuosos** e **damas pelintras**.
   e) **champanha francês** e **foguetes anunciadores**.

10. A forma *por que* preenche corretamente a lacuna da frase:
    a) Os cearenses expandiram as fronteiras _____ movidos pelas mais duras necessidades.
    b) Um dos motivos _____ Hélio Pólvora se agradou desse romance é a visão original do autor.
    c) Márcio Souza decidiu-se pelo humor _____ se dispôs a fazer de seu livro uma sátira histórica.
    d) O livro de Márcio Souza fez sucesso pela inteligência e pelo humor, não há outro _____ .
    e) Muitos se escandalizaram com o romance, mas se recusaram a dizer o _____ .

GABARITO

1. "b".
2. "d".
3. "c".
4. "a".
5. "e".
6. "c".
7. "d".
8. "a".
9. "c".
10. "b".

Prova Simulada 26

O texto abaixo serve de base para as questões 1 e 2.

O setor público não é feito **apenas** de filas, atrasos, burocracia, ineficiência e reclamações. A sétima edição do Prêmio de Gestão Pública, coordenado pelo Ministério do Planejamento, mostra que o serviço público federal **também** é capaz de oferecer serviços com qualidade de primeiro mundo. De 74 instituições públicas inscritas, 13 foram selecionadas por **ter** conseguido, ao longo dos anos, implantar e manter práticas e rotinas de gestão capazes de melhorar de forma crescente seus resultados, **tornando-os referências nacionais**. O perfil dos premiados mostra **que** o que está em questão não é tamanho, visibilidade ou importância estratégica, mas, sim, a capacidade de fazer com que as engrenagens da máquina funcionem de forma eficiente, constante e muito bem controlada.

(Ilhas de Excelência, *IstoÉ*, 02.03.2005, com adaptações)

1. A argumentação do texto não permite inferir que
   a) A melhora de resultados é critério para uma instituição pública se tornar referência nacional.
   b) A capacidade de funcionar de forma eficiente, constante e bem controlada pode resultar em serviços de qualidade.
   c) A qualidade de primeiro mundo em gestão pública tem como critérios a visibilidade e a importância estratégica da instituição.
   d) A qualidade de serviços do primeiro mundo constitui parâmetro para avaliação da qualidade de serviços públicos federais no Brasil.
   e) A premiação considerou como qualidade a implantação e a manutenção de práticas de rotina que melhoram os resultados da gestão.

2. Assinale a opção incorreta a respeito das estruturas linguísticas do texto.
   a) A retirada do advérbio "apenas" preserva a correção gramatical do texto, mas altera as relações significativas entre os argumentos.
   b) A supressão do advérbio "também" preserva a correção gramatical, mas retira do texto a ideia pressuposta de que o serviço público oferece serviços que não são de qualidade.
   c) A substituição da forma não flexionada de "ter" pelo infinitivo flexionado correspondente, **terem**, respeita as regras gramaticais e preserva a coerência textual.
   d) A retirada do pronome do termo "tornando-os" preserva a correção gramatical e a coerência textual, deixando subentendido o objeto de "referências nacionais".
   e) No último período do texto, a substituição do primeiro "que" pelo sinal de dois-pontos preserva a correção gramatical e a coerência argumentativa do texto, com a vantagem de evitar uma repetição de palavra.

O texto abaixo serve de base para as questões 3 e 4.

Santo Agostinho (354-430), um dos grandes formuladores do catolicismo, uniu a teologia **à filosofia**. **Sua** contribuição para o estudo das taxas de juros, ainda que involuntária, foi tremenda. Em suas *Confissões*, o bispo de Hipona, filho de Santa Mônica, **conta** que, **ainda adolescente**, clamou a Deus que lhe concedesse a castidade e a continência e fez uma ressalva — ansiava por essa graça, mas não de imediato. Ele admitiu que receava perder a concupiscência natural da puberdade. A atitude de Santo Agostinho traduz impecavelmente a urgência do ser humano em viver o aqui e agora. Essa atitude alia-se ao desejo de adiar quanto puder a dor e arcar com as consequências do desfrute presente — sejam elas de ordem financeira ou de saúde. É justamente essa urgência que explica a predisposição das pessoas, empresas e países a pagar altas taxas de juros para usufruir o mais rápido possível **seu objeto de desejo**.

[Viver agora, pagar depois (fragmento).
In: Economia e Negócios, *Veja*, 30.03.2005, p. 90]

3. Assinale a opção correta com base no que se depreende do texto.
   a) Na adolescência, o bispo de Hipona foi concupiscente.

b) O clamor de Santo Agostinho a Deus incluía o adiamento dos prazeres libidinosos.
c) A predisposição para o pagamento de altas taxas de juros é causa da urgência de se querer viver intensamente o momento presente.
d) A atitude tomada pelo filósofo católico, na adolescência, diferenciava-o dos demais homens e prenunciava a santificação futura.
e) O teólogo e filósofo do catolicismo contribuiu significativamente para a formulação do conceito das taxas de juros, ainda que fosse contrário à matéria.

4. Julgue as afirmações a respeito do texto como verdadeiras (V) ou falsas (F), para marcar, a seguir, a opção correta.
( ) Em virtude do paralelismo sintático, o acento grave, em "à filosofia", poderia ser eliminado.
( ) Estaria garantida a correção gramatical do texto se o pronome possessivo que inicia o segundo período fosse substituído, nessa mesma posição, pelo pronome "cujo", flexionado no feminino (cuja), e o ponto fosse substituído por uma vírgula.
( ) Haveria alteração do sentido original do texto se a expressão "ainda adolescente" fosse deslocada para a posição imediatamente posterior à forma verbal "conta".
( ) Dada a relação de sentido que se estabelece no período, a conjunção "e" (em destaque no terceiro período) poderia ser substituída, mantendo-se a coerência textual, pela conjunção "mas" precedida de vírgula.
( ) O complemento verbal "seu objeto de desejo" poderia vir precedido da preposição "de", atendendo-se à regência do verbo "usufruir".

A sequência correta obtida é:
a) V, F, F, V, V
b) F, V, V, V, F
c) V, V, F, F, V
d) V, F, V, F, F
e) F, F, V, V, V

O texto abaixo serve de base para as questões 5 e 6.

Os teóricos, ao dizerem que os indivíduos são cronicamente insatisfeitos porque são consumistas, não estão constatando um fato, mas emitindo um julgamento moral, isto é, a satisfação psicológica obtida com a compra de objetos é interpretada como insatisfação, porque seria um tipo de realização emocional espúrio. Em outras palavras, supõe-se que existe uma forma mais nobre de satisfação emocional que se perderia no contato com o mundo dos artefatos, ou então, como nos autores de orientação marxista, que a insatisfação é inevitável quando o sujeito é expropriado do que ele próprio produz e coagido a comprar os objetos produzidos pelos proprietários do capital. Em suma, pode existir satisfação com os objetos de uso, mas, não, com os de troca, ou seja, com a mercadoria.

(Texto adaptado de Jurandir Freire Costa, *O vestígio e a aura*: corpo e consumismo na moral do espetáculo, p. 203)

5. Assinale a afirmativa que está de acordo com o que argumenta o autor do texto.
a) Na análise do ser humano e de sua conduta pessoal e social, deve haver mais rigor, para que não prevaleçam as crenças e os fatos sejam examinados com objetividade.
b) Aqueles que criticam as leis de mercado, como os marxistas, por exemplo, elaboram análises equivocadas a respeito dos estados psicológicos do ser humano.
c) É verdadeiro o pressuposto de que é espúria a satisfação emocional resultante da compra de objetos, mas a relação de causa e efeito entre esses dois fatos é falsa.
d) A mercadoria, vilã da satisfação plena do indivíduo, é referida por grande parte dos teóricos como a forma mais nobre de satisfação emocional.
e) Os teóricos não estariam emitindo julgamento de valor se, ao contrário do que afirmam sobre a insatisfação crônica dos indivíduos, declarassem que, apesar de insatisfeitos, os indivíduos continuam consumistas.

6. Assinale o trecho que dá continuidade ao texto de forma coerente e que atende à prescrição gramatical.
a) Não é no entanto, espúria, como julgam os teóricos, a satisfação por meio do consumo de artefatos. Trata-se a questão de afastar da análise as interferências ideológicas, com vistas à retratar com exatidão a realidade psicológica sob escopo.
b) Não há como negar que a sociedade de mercado exige que uma análise dessa natureza se baseie em outro paradigma da psicologia, conquanto a satisfação dos indivíduos esteja diretamente relacionada às determinações da sociedade dentro da qual ele se insere.
c) Como é visível, a hipótese da insatisfação vem a reboque da crítica ao universo da mercadoria. A intrusão de objetos de troca na esfera mental seria a responsável pelo bloqueio ou distorção do movimento natural das emoções. Não se pode, contudo, fundamentar críticas a visões do mundo com base em afirmações psicológicas inexatas.
d) Ainda que a insatisfação seja inerente ao ser humano, há que se verificar porque terá ele buscado refúgio nas mercadorias para experimentar estados de plena satisfação. Enquanto que uns, preconceituosos, abominam o mercado, e nenhum deles rejeitam os prazeres e facilidades obtidos com os artefatos modernos, outros vivem insatisfeitos e excluídos do mercado.
e) Conforme se observa, a moral é capaz de obscurecer a análise dos fatos e manter a sociedade sob o manto das crenças, estas, sim, possibilidade de satisfação inquestionável, onde o indivíduo dispondo do sonho, pode criar realidades utópicas e buscar alcançá-las.

7. Assinale o trecho do texto abaixo que se apresenta gramaticalmente correto.
a) A sociedade sem exploração é, antes de tudo, uma sociedade do trabalho, uma sociedade que todos tenham garantidos o direito ao trabalho, vivam do seu trabalho. Isto significa que, de alguma forma, todos se tornem trabalhadores e ninguém viva da exploração do trabalho alheio.
b) Uma sociedade desse tipo elimina a exploração, fazendo com que ninguém possa viver do trabalho dos outros. Significa que ninguém dispõem do privilégio de possuir capital, negado a grande maioria.
c) Assim, as máquinas, instalações, matérias-primas — isto é, os meios de produção — não poderia ser propriedade privada mas, propriedade democrática do conjunto da sociedade.
d) Uma sociedade desse tipo choca-se frontalmente com o capitalismo, que se apoia estruturalmente na propriedade privada dos meios de produção, o que significa a separação entre capital e trabalho.
e) Esta separação implica que a minoria tenha acesso a capital — sob qualquer forma de dinheiro ou de empresas, industriais, agrárias, comerciais ou de outro tipo —, e a grande maioria, dispondo apenas de seus braços para sobreviver, sejam obrigados a submeter-se à exploração do capital.
(Adaptado de Emir Sader, A Exploração. In: *7 pecados do capital*. Rio de Janeiro: Record, 1999)

8. Assinale a opção em que foram plenamente respeitadas as prescrições gramaticais.
a) Em certo sentido, a cultura capitalista reduziu na prática, os princípios do liberalismo, do utilitarismo, ou do pragmatismo político-filosófico, a defesa da ganância de uns poucos, em prejuízo à justiça humanitária, defendida pelos ideais republicanos e democráticos. Nada disso porém, autoriza à depreciação mental do sujeito *comprista* dos séculos XIX e XX.
b) Do ponto de vista marxista, pode-se falar, se for o caso, de uma amoralidade na produção e da venda dos objetos, mas não no ato da compra. O próprio produtor/vendedor, ao se tornar comprador muda de posição intencional em relação à mercadoria. Ao produzir/vender, quer apenas lucrar; ao comprar, pode querer atingir objetivos outros, que não o lucro.
c) A imagem do burguês, indiferente ao bem comum e obcecado pelo consumo de objetos, é uma ideia feita, que não sobrevive ao testemunho da história. Nem o hábito de comprar mercadorias, nem a ambição da felicidade interior revelou-se contrário à experiência de realização emocional e a de propósitos éticos.
d) Em algumas análises, o que se critica é a utilização dos objetos para os propósitos de autorrealização emocional. Os objetos, em virtude da sedução do consumo, usurpam a função

dos bens simbólicos ou se prestam apenas à celebração do narcisismo. Todavia verifica-se que essa não foi a prática histórica dos compradores. Os objetos foram usados para fins de desenvolvimento emocional e também para se atingirem outros objetivos.
e) Os compradores setecentistas adquiriram avidamente livros, telas de pintar, entre outros. Esses objetos foram usados de forma, digamos, egoísta, mas serviram, igualmente, à expressão de pretensões éticas e estéticas válidas para todos. Falamos, hoje, em paroxismo consumista, considerando-o causa de desorientação pessoal e violência social. Entretanto, se for verdade que tal exarcerbação existe, sugiro, que sua origem não esteja na natureza alienante das mercadorias, mas na redefinição de nossos ideais de felicidade.

(Itens adaptados de Jurandir Freire Costa)

9. Assinale a opção em que se percebe linguagem escorreita.
   a) Na nossa rotina diária, cada vez mais a informação digitalizada é predominante. Ela se apresenta durante o laser ou durante o trabalho.
   b) Vivemos a era da Tecnologia da Informação e da Comunicação (TIC). O setor de TIC avança rapidamente todos dias.
   c) Ficamos horas frente a tela do computador. Ora digitamos textos, ora pesquisamos informações nos milhares de sítios cada vez mais especializados e completos.
   d) São prontamente obtidas informações on-line das mais importantes revistas científicas especializadas. Também o são informações dos principais jornais e revistas.
   e) Começa a fazer parte da nossa vida o chamado comércio eletrônico. Ele nos permite adquirirmos os mais variados produtos com o mínimo esforço.

(Trechos adaptados de Wanderley de Souza. Tecnologia da Informação e Comunicação. *Jornal do Brasil*, 02.04.2005)

10. Assinale em que ordem os seguintes fragmentos, adaptados de Roberto de Aguiar, *Ética e Direitos Humanos*, em *Desafios Éticos*, p. 63-64, devem ser escritos de modo a compor um texto coeso e coerente.
   I. Nesse quadro, alguns direitos humanos passam a ser paradigmáticos: o direito à liberdade, o direito à segurança pessoal, o direito a um julgamento justo, o direito à privacidade, à inviolabilidade do domicílio, à nacionalidade, à propriedade, à livre expressão do pensamento, entre outros.
   II. Sua única missão era a de transformar o mundo por seu trabalho.
   III. O homem do iluminismo era um desterrado. Ele já não tinha mais a segurança de um cosmos hierarquizado medieval, não possuía a segurança de Deus e era considerado como um átomo individual, que financiava a produção ou vendia sua força de trabalho.
   IV. É a partir disso que a ciência passa a ter importância crescente, a fim de melhorar os processos produtivos, renovar a organização dos poderes e manter os trabalhadores com um mínimo de condições para produzir.
   a) I, IV, II, III
   b) III, I, IV, II
   c) IV, II, I, III
   d) II, III, IV, I
   e) III, II, I, IV

GABARITO

1. "c".
2. "d".
3. "a".
4. "e".
5. "a".
6. "c".

7. "d".
8. "d".
9. "d".
10. "e".

Prova Simulada 27

Atenção: As questões de números 1 a 10 baseiam-se no texto apresentado abaixo.

O futuro do nosso petróleo

A recente confirmação da descoberta, anunciada inicialmente em 2006, de reservas expressivas de petróleo leve de boa qualidade e gás na Bacia de Santos é uma notícia auspiciosa para todos os brasileiros. A possibilidade técnica de extrair petróleo a mais de 6 mil metros de profundidade eleva o prestígio que a Petrobras já detém, com reconhecido mérito, no restrito clube das megaempresas mundiais de petróleo e energia, onde é vista como a pequena, mas muito respeitada, irmã. (...)

O Brasil tem uma grande oportunidade à frente, por dois motivos. Mais do que com dificuldades de exploração e de extração, o mundo sofre com a falta de capacidade de refino moderno, para produzir derivados com baixos teores de enxofre e aromáticos. Ao mesmo tempo, confirma-se em nosso hemisfério a cruel realidade de que as reservas de gás de Bahia Blanca, ao sul de Buenos Aires, se estão esgotando. Isso sem contar o natural aumento da demanda argentina por gás. Estas reservas têm sido, até agora, a grande fonte de suprimento de resinas termoplásticas para toda a região, sendo cerca de um terço delas destinado ao Brasil. A delimitação do Campo de Tupi e outros adjacentes na Bacia de Santos vem em ótima hora, quando estes dois fantasmas nos assombram, abrindo, ao mesmo tempo, novas oportunidades. O gás associado de Tupi, na proporção de 15% das reservas totais, é úmido e rico em etano, excelente matéria-prima para a petroquímica. Queimá-lo em usinas térmicas para gerar eletricidade ou para uso veicular seria um enorme desperdício.

Outra oportunidade reside em investimentos maciços em capacidade de refino. O mundo está sedento por gasolina e diesel especiais, mais limpos, menos poluentes. O maior foco desta demanda são os Estados Unidos, que consomem 46% de toda a gasolina do planeta, mas esta é uma tendência que se vem espalhando como fogo em palha. O Brasil ainda tem a felicidade de dispor de etanol de biomassa produzido de forma competitiva, que pode somar-se aos derivados de petróleo para gerar produtos de alto valor ambiental.

(Adaptado de Plínio Mario Nastari, *O Estado de S. Paulo*, Economia, B2, 28.12.2007)

1. Queimá-lo em usinas térmicas para gerar eletricidade ou para uso veicular seria um enorme desperdício (final do 2.º parágrafo).

A opinião do articulista no segmento transcrito acima se justifica pelo fato de que
 a) na Argentina, além de haver aumento da demanda por petróleo, as reservas de gás encontram-se em processo de esgotamento.
 b) os Estados Unidos são os maiores consumidores da gasolina produzida no planeta, tendência que ainda vem aumentando.
 c) as possibilidades técnicas de extração de petróleo a mais de 6 mil metros de profundidade ampliam o prestígio mundial da Petrobras.
 d) as reservas recém-descobertas na Bacia de Santos contêm gás de excelente qualidade para a indústria petroquímica.
 e) o Brasil dispõe de etanol de biomassa que, somado aos derivados de petróleo, diminui a poluição do meio ambiente.

2. O Brasil tem uma grande oportunidade à frente, por dois motivos (início do 2.º parágrafo).

Ocorre no contexto a retomada da afirmativa acima na frase:
 a) Mais do que com dificuldades de exploração e de extração...
 b) ... para produzir derivados com baixos teores de enxofre e aromáticos.
 c) Estas reservas têm sido, até agora, a grande fonte de suprimento de resinas termoplásticas para toda a região...
 d) Estas reservas têm sido, até agora, a grande fonte de suprimento de reservas termoplásticas...
 e) A delimitação do Campo de Tupi e outros adjacentes na Bacia de Santos vem em ótima hora, quando estes dois fantasmas nos assombram...

3. *Isso* sem contar o natural aumento da demanda argentina por gás (2.º parágrafo).

O pronome grifado substitui corretamente, considerando-se o contexto,
   a) as dificuldades de exploração e extração de petróleo.
   b) o esgotamento das reservas argentinas de gás.
   c) a produção de derivados com baixos teores de enxofre e aromáticos.
   d) a grande oportunidade comercial que o Brasil tem pela frente.
   e) a exportação de gás da Argentina para o Brasil.

4. O emprego das vírgulas assinala a ocorrência de uma ressalva em:
   a) ... onde é vista como a pequena, mas muito respeitada, irmã.
   b) ... que a Petrobras já detém, com reconhecido mérito, no restrito clube...
   c) ... de que as reservas de gás de Bahia Blanca, ao sul de Buenos Aires, se estão esgotando.
   d) ... abrindo, ao mesmo tempo, novas oportunidades.
   e) O gás associado de Tupi, na proporção de 15% das reservas totais, é úmido e rico em etano...

5. ... que *consomem* 46% de toda a gasolina do planeta... (3.º parágrafo).

O mesmo tipo de complemento exigido pelo verbo grifado acima está na frase:
   a) ... o mundo sofre com a falta de capacidade de refino moderno...
   b) ... e outros adjacentes na Bacia de Santos vem em ótima hora...
   c) Outra oportunidade reside em investimentos maciços em capacidade de refino.
   d) ... mas esta é uma tendência que se vem espalhando como fogo em palha.
   e) ... para gerar produtos de alto valor ambiental.

6. O mundo está *sedento* por gasolina e diesel especiais... (3.º parágrafo).

O mesmo tipo de regência exigido pelo termo grifado acima encontra-se na expressão:
   a) notícia auspiciosa para todos os brasileiros.
   b) de reservas expressivas de petróleo leve de boa qualidade.
   c) no restrito clube das megaempresas mundiais de petróleo e energia.
   d) as reservas de gás de Bahia Blanca.
   e) resinas termoplásticas para toda a região.

7. Mais do que com dificuldades de exploração e de extração, o mundo sofre com a falta de capacidade de refino moderno, para produzir derivados com baixos teores de enxofre e aromáticos (2.º parágrafo).

A afirmativa acima aparece reescrita em outras palavras, com clareza e correção, sem alteração do sentido original, em:
   a) São maiores as dificuldades de exploração e de extração de petróleo no mundo, além da capacidade de refino moderno, com baixos teores de enxofre e aromáticos.
   b) A necessidade de refino moderno para produzir derivados com baixos teores de enxofre e aromáticos iguala as dificuldades de extração e de produção.
   c) A falta de capacidade de refino moderno para a produção de derivados com baixos teores de enxofre e aromáticos supera as dificuldades de exploração e de extração do petróleo.
   d) As dificuldades de exploração e de extração no mundo estão na capacidade de refino moderno, para produzir petróleo com baixos teores de enxofre e aromáticos.
   e) A exploração e a extração de petróleo no mundo sofre com a falta de capacidade de refino moderno, com derivados com baixos teores de enxofre e aromáticos.

8. O termo grifado que poderia ser corretamente empregado na forma de *feminino plural*, sem alteração do sentido original, é:
   a) A recente confirmação da descoberta, **anunciada** inicialmente em 2006...
   b) ... é uma notícia **auspiciosa** para todos os brasileiros.
   c) A possibilidade **técnica** de extrair petróleo a mais de 6 mil metros de profundidade...
   d) ... sendo cerca de um terço delas **destinado** ao Brasil.
   e) ... de dispor de etanol de biomassa **produzido** de forma competitiva...

9. ... de que as reservas de gás de Bahia Blanca, ao sul de Buenos Aires, *se estão esgotando* (2.º parágrafo).

A forma verbal grifada acima pode ser corretamente substituída, sem prejuízo do sentido original, por:
a) está para esgotar.
b) vai ser esgotado.
c) estão sendo esgotadas.
d) vinham sendo esgotadas.
e) vem esgotando.

10. A concordância verbo-nominal está inteiramente correta na frase:
a) Urge que seja definido as metas de oferta de energia em quantidade suficiente e preço adequado, para impulsionar o desenvolvimento do país.
b) É imprescindível que se cumpram os acordos firmados em relação à oferta de energia e aos preços adequados, e que se atenda ao aumento da demanda.
c) Uma política fiscal aplicada sobre as ofertas de energia devem controlar o cumprimento dos contratos que se estabeleceu nesse setor.
d) Os países importadores de derivados de petróleo paga o preço estabelecido na Europa, o que gera efeitos negativos na economia.
e) Existe metas brasileiras que foram estabelecidas em relação à autossuficiência em petróleo e o momento oferece a oportunidade de cumprilas satisfatoriamente.

GABARITO
1. "d".
2. "e".
3. "b".
4. "a".
5. "e".
6. "a".
7. "c".
8. "d".
9. "c".
10. "b".

Prova Simulada 28

Atenção: As questões de números 1 a 10 referem-se ao texto que segue.

Propósitos e liberdade

Desde que nascemos e a nossa vida começou, não há mais nenhum ponto zero possível. Não há como começar do nada. Talvez seja isso que torna tão difícil cumprir propósitos de Ano-Novo. E, a bem da verdade, o que dificulta realizar qualquer novo propósito, em qualquer tempo.

O passado é como argila que nos molda e a que estamos presos, embora chamados imperiosamente pelo futuro. Não escapamos do tempo, não escapamos da nossa história. Somos pressionados pela realidade e pelos desejos. Como pode o ser humano ser livre se ele está inexoravelmente premido por seus anseios e amarrado ao enredo de sua vida? Para muitos filósofos, é nesse conflito que está o problema da nossa liberdade.

Alguns tentam resolver esse dilema afirmando que a liberdade é a nossa capacidade de escolher, a que chamam livre-arbítrio. Liberdade se traduziria por ponderar e eleger entre o que quero e o que não quero ou entre o bem e o mal, por exemplo. Liberdade seria, portanto, sinônimo de decisão.

Prefiro a interpretação de outros pensadores, que nos dizem que somos livres quando agimos. E agir é iniciar uma nova cadeia de acontecimentos, por mais atrelados que estejamos a uma ordem anterior. Liberdade é, então, começar o improvável e o impensável. É sobrepujar hábitos, crenças, determinações, medos, preconceitos. Ser livre é tomar a iniciativa de principiar novas possibilidades. Desamarrar. Abrir novos tempos.

Nossa história e nosso passado não são nem cargas indesejadas, nem determinações absolutas. Sem eles, não teríamos de onde sair, nem para onde nos projetar. Sem passado e sem história, quem seríamos? Mas não é porque não pudemos (fazer, falar, mudar, enfrentar...) que jamais poderemos. Nossa capacidade de dar um novo início para as mesmas coisas e situações é nosso poder original e está na raiz da nossa condição humana. É ela que dá à vida uma direção e um destino. Somos livres quando, ao agir, recomeçamos.

Nossos gestos e palavras, mesmo inconscientes e involuntários, sempre destinam nossas vidas para algum lugar. A função dos propósitos é transformar esse agir, que cria destinos, numa ação consciente e voluntária. Sua tarefa é a de romper com a casualidade aparente da vida e apagar a impressão de que uma mão dirige nossa existência.

Os propósitos nos devolvem a autoria da vida.

(Dulce Critelli, *Folha de S.Paulo*, 24.01.2008)

1. A autora defende a tese de que afirmamos nossa liberdade quando
   a) formulamos propósitos que nos libertam plenamente de nossas memórias e das experiências vividas.
   b) formulamos a intenção de agir para provar nossa capacidade de dominar e exercer o nosso livre-arbítrio.
   c) passamos a agir com a determinação de abrir caminhos que representem novas possibilidades.
   d) condicionamos nossas ações à personalidade que viemos constituindo e cristalizando ao longo da vida.
   e) orientamos nossa ação pela escolha de valores definidos previamente como imperativos morais.

2. Considerando-se o contexto, traduz-se corretamente o sentido de uma expressão do texto em:
   a) **argila que nos molda** = barro a que impomos forma.
   b) **inexoravelmente premido** = indiscutivelmente atento.
   c) **na raiz da nossa condição humana** = nossa radical condicionalidade.
   d) **determinações absolutas** = condicionantes irrevogáveis.
   e) **romper com a casualidade** = desconsiderar a causa.

3. Considerando-se o contexto, na frase "É *ela* que dá à vida uma direção e um destino", o pronome destacado está diretamente vinculado à expressão
   a) ... raiz da nossa condição humana.
   b) Nossa capacidade de dar um novo início...
   c) ... nossa condição humana.
   d) Nossa história...
   e) ... uma nova cadeia de acontecimentos...

4. A autora poderia ter optado, corretamente, pela seguinte redação da frase em que formula sua preferência:
   a) Prefiro muito mais a interpretação destes pensadores do que àqueles.
   b) A minha preferência é mais da interpretação destes pensadores que a daqueles.
   c) À interpretação daqueles pensadores não tenho como deixar de preferir a destes.
   d) Prefiro à destes, em vez da interpretação daqueles pensadores.
   e) É para mim preferível, em vez da interpretação daqueles pensadores, à que defendem estes.

5. É a liberdade que dá à vida *uma direção*.
O termo destacado na frase acima exerce a mesma função sintática do termo destacado em:
   a) Sem passado e sem história, poderíamos ser **livres**?
   b) Liberdade seria, a meu ver, um sinônimo **de decisão**.
   c) Somos livres **a cada vez que**, agindo, recomeçamos.
   d) Liberdade seria, pois, começar **o improvável**.
   e) **A liberdade** nos liberta, o passado é argila que nos molda.

6. Nossa história e nosso passado não são *nem cargas indesejadas, nem determinações absolutas*.
Mantém-se o sentido e a correção da frase acima substituindo-se o segmento destacado por
   a) nem tanto cargas indesejadas quanto determinações absolutas.
   b) cargas indesejadas, nem ao menos determinações absolutas.
   c) cargas indesejadas, assim como não são determinações absolutas.
   d) nem cargas indesejadas, quando não determinações absolutas.
   e) nem mesmo cargas indesejadas, quanto mais determinações absolutas.

7. Está inteiramente correta a pontuação da seguinte frase:
   a) É realmente muito difícil, cumprir propósitos de Ano-Novo, pois não há como de fato alguém começar algo inteiramente do nada.
   b) É realmente muito difícil: cumprir propósitos de Ano-Novo; pois não há como, de fato, alguém começar algo inteiramente do nada.
   c) É, realmente, muito difícil — cumprir propósitos de Ano-Novo: pois não há como de fato, alguém começar algo inteiramente do nada.
   d) É, realmente, muito difícil cumprir propósitos de Ano-Novo, pois não há como, de fato, alguém começar algo inteiramente do nada.
   e) É realmente muito difícil, cumprir propósitos de Ano-Novo; pois não há como de fato alguém começar algo, inteiramente do nada.

8. A transposição para a voz passiva é possível apenas em:
   a) Novos gestos incutem à nossa vida um novo sentido.
   b) A liberdade aposta, sempre, em novas possibilidades.
   c) Na nossa capacidade de escolha estaria a nossa liberdade.
   d) A resolução desse dilema depende de uma grave decisão.
   e) As ideias fatalistas conspiram contra as ações libertárias.

9. Considere as afirmações a seguir:
   I. Os homens desejam ser livres.
   II. Os homens prendem-se ao seu passado.
   III. Desejo de liberdade e amarras do passado tornam os homens conflituosos.

   Essas afirmações articulam-se com coerência, clareza e correção em:

a) Os homens tornam-se conflituosos, tendo em vista que desejam ser livres, porquanto se prendem ao seu passado.
b) Por se prenderem ao passado, assim como desejam ser livres, os homens tornam-se conflituosos.
c) Embora desejando ser livres e prendendose ao seu passado, os homens tornam-se conflituosos.
d) O que torna conflituosos os homens é que desejam ser livres estando presos ao seu passado.
e) Conquanto querendo ser livres, mesmo presos ao seu passado, tornam-se os homens conflituosos.

10. *E, a bem da verdade, o que dificulta realizar qualquer novo propósito, em qualquer tempo.*

Na frase acima, levando-se em conta o contexto do primeiro parágrafo,
a) a expressão *a* **bem da verdade** assume o sentido de **por outro lado**.
b) está elíptica a expressão **Talvez seja isso**.
c) **novo propósito** é sujeito de **começar**.
d) a expressão **o que** retoma a expressão **tão difícil cumprir**.
e) **em qualquer tempo** é complemento da forma verbal **dificulta**.

GABARITO
1. "c".
2. "d".
3. "b".
4. "c".
5. "d".
6. "c".
7. "d".
8. "a".
9. "d".
10. "b".

Prova Simulada 29

Atenção: As questões de números 1 a 10 referem-se ao texto que segue.

Propósitos e liberdade

Desde que nascemos e a nossa vida começou, não há mais nenhum ponto zero possível. Não há como começar do nada. Talvez seja isso que torna tão difícil cumprir propósitos de Ano--Novo. E, a bem da verdade, o que dificulta realizar qualquer novo propósito, em qualquer tempo.

O passado é como argila que nos molda e a que estamos presos, embora chamados imperiosamente pelo futuro. Não escapamos do tempo, não escapamos da nossa história. Somos pressionados pela realidade e pelos desejos. Como pode o ser humano ser livre se ele está inexoravelmente premido por seus anseios e amarrado ao enredo de sua vida? Para muitos filósofos, é nesse conflito que está o problema da nossa liberdade.

Alguns tentam resolver esse dilema afirmando que a liberdade é a nossa capacidade de escolher, a que chamam livrearbítrio. Liberdade se traduziria por ponderar e eleger entre o que quero e o que não quero ou entre o bem e o mal, por exemplo. Liberdade seria, portanto, sinônimo de decisão.

Prefiro a interpretação de outros pensadores, que nos dizem que somos livres quando agimos. E agir é iniciar uma nova cadeia de acontecimentos, por mais atrelados que estejamos a uma ordem anterior. Liberdade é, então, começar o improvável e o impensável. É sobrepujar hábitos, crenças, determinações, medos, preconceitos. Ser livre é tomar a iniciativa de principiar novas possibilidades. Desamarrar. Abrir novos tempos.

Nossa história e nosso passado não são nem cargas indesejadas, nem determinações absolutas. Sem eles, não teríamos de onde sair, nem para onde nos projetar. Sem passado e sem história, quem seríamos? Mas não é porque não pudemos (fazer, falar, mudar, enfrentar...) que jamais poderemos. Nossa capacidade de dar um novo início para as mesmas coisas e situações é nosso poder original e está na raiz da nossa condição humana. É ela que dá à vida uma direção e um destino. Somos livres quando, ao agir, recomeçamos.

Nossos gestos e palavras, mesmo inconscientes e involuntários, sempre destinam nossas vidas para algum lugar. A função dos propósitos é transformar esse agir, que cria destinos, numa ação consciente e voluntária. Sua tarefa é a de romper com a casualidade aparente da vida e apagar a impressão de que uma mão dirige nossa existência.

Os propósitos nos devolvem a autoria da vida.

(Dulce Critelli, *Folha de S.Paulo*, 24.01.2008)

1. Considere as seguintes afirmações:

I. Ao sustentar que **Não há como começar do nada**, a autora deixa implícito que somos fatalmente conduzidos para um destino já traçado.

II. O conflito que, para muitos filósofos, se traduz como **problema da nossa liberdade** é o que se estabelece entre as amarras do passado e o anseio de ser livre.

III. O fracasso em iniciativas passadas não deve impedir que as retomemos, pois é essa insistência que atesta nossa liberdade.

Em relação ao texto, está correto SOMENTE o que se afirma em
a) I.
b) II.
c) III.
d) I e II.
e) II e III.

2. Ao dar ênfase ao caráter consciente e voluntário dos nossos propósitos, a autora coloca-se contra
a) a subordinação nossa à força dos acasos.
b) a tentação de sobrepujarmos fortes determinações.
c) a nossa tendência para retomar antigas iniciativas.

d) o caprichoso hábito de nunca voltarmos atrás.
e) a possibilidade de nos valermos do livre-arbítrio.

3. **Estão plenamente respeitadas as normas de concordância verbal na frase:**
   a) É muito difícil que se cumpra os propósitos que, invariavelmente, se formula a cada início de ano.
   b) Enredam-se nas tramas das próprias memórias todo aquele que não busca abrir, para si mesmo, novos tempos e novas experiências.
   c) A cada vez que dá impulso a uma nova cadeia de acontecimentos, os homens se tornam autores de seu próprio destino.
   d) Não deveriam caber às pessoas tomar suas próprias iniciativas, em vez de se submeterem à força do acaso?
   e) Aos que não submete a força imperiosa das experiências passadas estende-se a possibilidade de abrir novos tempos.

4. **Nossos gestos e palavras, *mesmo* inconscientes e involuntários, sempre destinam nossas vidas para algum lugar.**
   A palavra destacada na frase acima está empregada com função e sentido diferentes em:
   a) É comum que o mesmo homem que enuncia novos propósitos logo renuncie a eles.
   b) Não me submeto ao destino, mesmo quando intimidado pelos fatos.
   c) Mesmo submetido a fortes pressões, ele não hesita em abrir caminhos.
   d) Mesmo sabendo que não serão cumpridos, vivemos formulando novos propósitos.
   e) Crê na mão que conduz o destino mesmo quem reconhece que isso leva à extrema passividade.

5. **Numa outra redação de um segmento do 5.º parágrafo do texto, estará correta e coerente com o sentido original a seguinte construção:**
Sem nossa história e nosso passado, não teríamos
   a) de onde prover, nem aonde nos inclinarmos.
   b) por onde começar, nem espaço para nos expandirmos.
   c) aonde começar, nem aonde alcançarmos projeção.
   d) por onde provermos, nem lugar aonde nos fixarmos.
   e) onde dar início, nem aonde progredirmos.

6. **Ser livre é tomar a iniciativa de principiar novas possibilidades. Desamarrar. Abrir novos tempos.**
   No trecho acima, entende-se que **Desamarrar** e **Abrir novos tempos** exercem a mesma função sintática de
   a) a iniciativa de principiar.
   b) tomar a iniciativa.
   c) ser livre.
   d) de principiar novas possibilidades.
   e) novas possibilidades.

7. **Está correto o emprego de *ambos* os elementos destacados na frase:**
   a) **Aquele** que deseja cumprir novos propósitos não podem faltar iniciativas **em que** levem a alguma ação.
   b) O passado, **em cujo** nos moldamos, é como a argila, **à qual** forma os bonecos se submetem.
   c) A trama do destino, **em que** tantos atribuem o peso da fatalidade, esvaziaria qualquer iniciativa **de que** viéssemos a tomar.
   d) A capacidade de escolher, **da qual** muitos identificam o livre-arbítrio, não tem a mesma relevância **com que** se reveste a iniciativa de uma ação.
   e) Os mesmos fatos do passado **a que** estamos atrelados podem nos incitar a um recomeço, **de que** sempre temos tanta necessidade.

8. **Formular propósitos? Quem apenas *formula propósitos*, quem *atribui aos propósitos* uma força mágica e não *encaminha os propósitos* para uma ação imediata, não recomeça nada, de fato.**
   Evitam-se as abusivas repetições do texto acima substituindo-se os elementos destacados, na ordem dada, por:

a) formula-os — os atribui — encaminha-lhes
b) os formula — os atribui — os encaminha
c) os formula — lhes atribui — os encaminha
d) lhes formula — lhes atribui — encaminha-os
e) formula-os — lhes atribui — lhes encaminha

9. Estão corretos o emprego e a grafia de todas as palavras em:
   a) A inverossimilhança dos nossos enfáticos propósitos de Ano-Novo constitui uma prova de que, via de regra, somos uns inconsequentes.
   b) Há quem formule com tanta desfaçateza seus propósitos de Ano-Novo que acaba provocando em todos um mixto de irrisão e pena.
   c) Não há porquê imaginar que nos baste divizar imagens do futuro para que elas venham a se tornar uma inextricável realidade.
   d) O dilema que constitue nosso desejo de liberdade diante de amarras entrincadas está diretamente associado à questão da liberdade.
   e) É prazeirosa a experiência de quem formula propósitos e promove ações que vão de encontro aos mesmos.

10. **O elemento destacado tem valor causal em:**
    a) Os propósitos nos devolvem **a autoria da vida**.
    b) Liberdade seria, portanto, **sinônimo de decisão**.
    c) Talvez seja isso que torna tão difícil **cumprir propósitos de Ano-Novo**.
    d) Sem história e sem passado, **quem seríamos**?
    e) Somos livres quando, **ao agir**, recomeçamos.

GABARITO

1. "e".
2. "a".
3. "e".
4. "a".
5. "b".
6. "b".
7. "e".
8. "c".
9. "a".
10. "e".

Prova Simulada 30

Atenção: As questões de números 1 a 10 referem-se ao texto que segue.

No coração do progresso

Há séculos a civilização ocidental vem correndo atrás de tudo o que classifica como **progresso**. Essa palavra mágica aplica-se tanto à invenção do aeroplano ou à descoberta do DNA como à promoção do papai no novo emprego. "Estou fazendo progressos", diz a titia, quando enfim acerta a mão numa velha receita. Mas quero chegar logo ao ponto, e convidar o leitor a refletir sobre o sentido dessa palavra, que sempre pareceu abrir todas as portas para uma vida melhor.

Quando, muitos anos atrás, num daqueles documentários de cinema, via-se uma floresta sendo derrubada para dar lugar a algum empreendimento, ninguém tinha dúvida em dizer ou pensar: é o progresso. Uma represa monumental era progresso. Cada novo produto químico era um progresso. As coisas não mudaram tanto: continuamos a usar indiscriminadamente a palavrinha mágica. Mas não deixaram de mudar um pouco: desde que a Ecologia saiu das academias, divulgou-se, popularizou-se e tornou-se, efetivamente, um conjunto de iniciativas em favor da preservação ambiental e da melhoria das condições da vida em nosso pequenino planeta.

Para isso, foi preciso determinar muito bem o sentido de **progresso**. Do ponto de vista material, considera-se ganho humano apenas aquilo que concorre para equilibrar a ação transformadora do homem sobre a natureza e a integridade da vida natural. **Desenvolvimento**, sim, mas **sustentável**: o adjetivo exprime uma condição, para cercear as iniciativas predatórias. Cada novidade tecnológica há de ser investigada quanto a seus efeitos sobre o homem e o meio em que vive. Cada intervenção na natureza há de adequar-se a um planejamento que considere a qualidade e a extensão dos efeitos.

Em suma: já está ocorrendo, há algum tempo, uma avaliação ética e política de todas as formas de progresso que afetam nossa relação com o mundo e, portanto, a qualidade da nossa vida. Não é pouco, mas ainda não é suficiente. Aos cientistas, aos administradores, aos empresários, aos industriais e a todos nós — cidadãos comuns — cabe a tarefa cotidiana de zelarmos por nossas ações que inflectem sobre qualquer aspecto da qualidade de vida. A tarefa começa em nossa casa, em nossa cozinha e banheiro, em nosso quintal e jardim — e se estende à preocupação com a rua, com o bairro, com a cidade. "Meu coração não é maior do que o mundo", dizia o poeta. Mas um mundo que merece a atenção do nosso coração e da nossa inteligência é, certamente, melhor do que este em que estamos vivendo.

Não custa interrogar, a cada vez que alguém diz **progresso**, o sentido preciso — talvez oculto — da palavra mágica empregada.

(Alaor Adauto de Mello)

1. Centraliza-se, no texto, uma concepção de *progresso*, segundo a qual este deve ser
   a) equacionado como uma forma de equilíbrio entre as atividades humanas e o respeito ao mundo natural.
   b) identificado como aprimoramento tecnológico que resulte em atividade economicamente viável.
   c) caracterizado como uma atividade que redunde em maiores lucros para todos os indivíduos de uma comunidade.
   d) definido como um atributo da natureza que induz os homens a aproveitarem apenas o que é oferecido em sua forma natural.
   e) aceito como um processo civilizatório que implique melhor distribuição de renda entre todos os agentes dos setores produtivos.

2. Considere as seguintes afirmações:
   I. A banalização do uso da palavra **progresso** é uma consequência do fato de que a Ecologia deixou de ser um assunto acadêmico.

II. A expressão **desenvolvimento sustentável** pressupõe que haja formas de desenvolvimento nocivas e predatórias.

III. Entende o autor do texto que a magia da palavra **progresso** advém do uso consciente e responsável que a maioria das pessoas vem fazendo dela.

Em relação ao texto está correto APENAS o que se afirma em
a) I.
b) II.
c) III.
d) I e II.
e) II e III.

3. ... desde que a Ecologia saiu das academias, divulgou-se, popularizou-se e tornou-se, efetivamente, um conjunto de iniciativas em favor da preservação ambiental e da melhoria das condições da vida em nosso pequenino planeta.

De acordo com a afirmação acima,
a) a perda de estatuto científico da Ecologia propiciou a popularização de seus princípios e trouxe maiores benefícios para todos.
b) a melhoria nas condições de vida do nosso planeta popularizou as teses científicas defendidas no âmbito da Ecologia.
c) a Ecologia só foi reconhecida como ciência a partir do momento em que se popularizou o sentido da palavra **progresso**.
d) as iniciativas que redundaram na melhoria da relação entre o homem e o meio advieram da prática de fundamentos da Ecologia.
e) as iniciativas em favor da preservação ambiental acabaram por retirar a Ecologia dos currículos acadêmicos mais elitistas e conservadores.

4. Cada intervenção na natureza *há* de adequar-se a um planejamento pelo qual se *garanta* que a qualidade da vida *seja* preservada.

Os tempos e os modos verbais da frase acima continuarão corretamente articulados caso se substituam as formas sublinhadas, na ordem em que surgem, por
a) houve — garantiria — é
b) haveria — garantiu — teria sido
c) haveria — garantisse — fosse
d) haverá — garantisse — e
e) havia — garantiu — é

5. A frase que **NÃO** admite transposição para a voz passiva é:
a) Essa palavra sempre teria aberto as portas de uma vida melhor.
b) Continuamos a usar indiscriminadamente a palavrinha mágica.
c) O adjetivo **sustentável** exprime uma condição para **desenvolvimento**.
d) Cabe aos cientistas e a todos nós zelar pela qualidade da vida.
e) Sempre se deverá avaliar o sentido preciso dessa palavra mágica.

6. As normas de concordância verbal estão plenamente respeitadas na frase:
a) Já faz muitos séculos que se vêm atribuindo à palavra **progresso** algumas conotações mágicas.
b) Deve-se ao fato de usarmos muitas palavras sem conhecer seu sentido real muitos equívocos ideológicos.
c) Muitas coisas a que associamos o sentido de **progresso** não chega a representarem, de fato, qualquer avanço significativo.
d) Se muitas novidades tecnológicas houvesse de ser investigadas a fundo, veríamos que são irrelevantes para a melhoria da vida.
e) Começam pelas preocupações com nossa casa, com nossa rua, com nossa cidade a tarefa de zelarmos por uma boa qualidade da vida.

7. Está correto o emprego de *ambas* as expressões destacadas na frase:

a) **De tudo** aquilo que classificamos como progresso costumamos atribuir o sentido de um tipo de ganho **ao qual** não queremos abrir mão.
b) É preferível deixar intacta a mata selvagem **do que** destruí-la em nome de um benefício **em que** quase ninguém desfrutará.
c) A titia, **cuja a** mão enfim acertou numa velha receita, não hesitou em ver como *progresso* a operação **à qual** foi bem sucedida.
d) A precisão **da qual** se pretende identificar o sentido de uma palavra depende muito do valor de contexto **a que** lhe atribuímos.
e) As inovações tecnológicas **de cujo** benefício todos se aproveitam representam, efetivamente, o avanço **a que** se costuma chamar progresso.

8. A frase em que ocorre uma relação de causa e consequência é:
   a) Já está ocorrendo, há algum tempo, uma avaliação ética e política de todas as formas de progresso.
   b) Viam-se florestas sendo derrubadas sem qualquer justificativa minimamente aceitável.
   c) Popularizaram-se, desde que a Ecologia saiu das academias, muitas medidas em favor da preservação ambiental.
   d) A tarefa começa em nosso pequeno mundo, em nossos arredores, ao contrário dos que acham que só as grandes intervenções têm sentido.
   e) O último apelo do autor do texto é que avaliemos bem o sentido da palavra **progresso** a cada vez que a empregarmos.

9. Está clara e correta a redação da seguinte frase:
   a) Caso não se determine bem o sentido da palavra progresso, pois que é usada indiscriminadamente, ainda assim se faria necessário que reflitamos sobre seu verdadeiro sentido.
   b) Ao dizer o poeta que seu coração não é maior do que o mundo, devemos nos inspirar para que se estabeleça entre este e o nosso coração os compromissos que se reflitam numa vida melhor.
   c) Nada é desprezível no espaço do mundo, que não mereça nossa atenção quanto ao fato de que sejamos responsáveis por sua melhoria, seja o nosso quintal, nossa rua, enfim, onde se esteja.
   d) Todo desenvolvimento definido como sustentável exige, para fazer jus a esse adjetivo, cuidados especiais com o meio ambiente, para que não venham a ser nocivos seus efeitos imediatos ou futuros.
   e) Tem muita ciência que, se saísse das limitações acadêmicas, acabariam por se revelarem mais úteis e mais populares, em vista da Ecologia, cujas consequências se sente mesmo no âmbito da vida prática.

10. Está inteiramente correta a pontuação do seguinte período:
    a) Toda vez que é pronunciada, a palavra progresso, parece abrir a porta para um mundo, mágico de prosperidade garantida.
    b) Por mínimas que pareçam, há providências inadiáveis, ações aparentemente irrisórias, cuja execução cotidiana é, no entanto, importantíssima.
    c) O prestígio da palavra progresso, deve-se em grande parte ao modo irrefletido, com que usamos e abusamos, dessa palavrinha mágica.
    d) Ainda que traga muitos benefícios, a construção de enormes represas, costuma trazer também uma série de consequências ambientais que, nem sempre, foram avaliadas.
    e) Não há dúvida, de que o autor do texto aderiu a teses ambientalistas segundo as quais, o conceito de progresso está sujeito a uma permanente avaliação.

GABARITO

1. "a".
2. "b".
3. "d".
4. "c".

5. "d".
6. "a".
7. "e".
8. "c".
9. "d".
10. "b".

Prova Simulada 31

Atenção: As questões de números 1 a 8 baseiam-se no texto apresentado abaixo.

A cultura, e consequente organização social, política e econômica dominante na sociedade contemporânea, ainda é aquela que começou a nascer no século XVI, quando um conjunto de inovações tecnológicas num contexto histórico favorável contribuiu para o início do enterro do Antigo Regime, no qual a Terra estava no centro do universo, a ordem social era imutável e a Igreja junto com o poder absolutista tinha o monopólio da informação.

A prensa de Gutenberg estava entre as inovações tecnológicas que contribuíram para a ascensão do mundo burguês. E os seus principais produtos — o livro e o jornal — foram entendidos durante muitos anos pela ordem dominante como ferramentas subversivas. Esta subversão gestou e gerou o mundo em que vivemos. Um mundo onde a iniquidade social ainda incomoda e assusta, mas no qual todas as barreiras para a geração de riqueza e de conhecimento foram derrubadas, num processo que também gerou a onda de inovação que estamos vivendo e a possibilidade de darmos o próximo salto.

Não é função da indústria pensar a educação. A missão de qualquer empresa é lutar com todas as suas forças para crescer e se perpetuar. Mesmo quando isso vai de encontro aos interesses da comunidade em que ela está inserida. Ela jamais poderá pensar com a devida isenção numa plataforma de serviços focada em educação.

Por isso mesmo, nenhum representante da indústria de tecnologia poderia ter sido pioneiro num projeto de educação fundamentado nas profundas e dramáticas mudanças que a cibernética tem trazido para as nossas vidas.

(Trecho do artigo do jornalista Rodrigo Lara Mesquita,
O Estado de S. Paulo, A2, 04.05.2007)

1. É correto inferir do texto que seu autor,
   a) como jornalista que é, questiona a importância do livro e do jornal no mundo contemporâneo, como instrumentos essenciais para a divulgação do conhecimento.
   b) ao apontar a importância de algumas inovações tecnológicas do mundo moderno, reconhece a importância da cibernética para os projetos educacionais.
   c) pensando em um projeto de educação eficaz, afasta qualquer possibilidade de envolvimento de empresas, a despeito do interesse que elas possam demonstrar.
   d) ao reconhecer a inoperância do empresariado, especialmente na área da cibernética, ignora o impacto que essa tecnologia poderia causar em um projeto educacional.
   e) como defensor do desenvolvimento tecnológico, propõe uma educação voltada especificamente para a indústria da informática, base da integração social.

2. E os seus principais produtos — o livro e o jornal — foram entendidos durante muitos anos pela ordem dominante como *ferramentas subversivas* (2.º parágrafo).

É correto afirmar, a respeito da expressão grifada acima, que **o livro e o jornal**
   a) eram temidos em razão da possibilidade de disseminação de conhecimentos antes reservados e restritos a uma classe privilegiada.
   b) representavam o pensamento e, portanto, o modo de vida da época, com os valores de uma classe ascendente, a burguesia.
   c) eram utilizados pela classe dominante para divulgarem as novidades que surgiam, no contexto histórico daquele momento.
   d) deram início a uma série de inovações tecnológicas que possibilitaram o avanço social e econômico durante o século XVI.
   e) foram e ainda permanecem como símbolos das desigualdades sociais, especialmente decorrentes da incapacidade de leitura no mundo contemporâneo.

3. O segmento que se encontra transcrito com outras palavras, mas com o mesmo sentido original é:
   a) **num contexto histórico favorável** = com todas as facilidades existentes.
   b) **tinha o monopólio da informação** = mantinha-se bem informada.

c) **onde a iniquidade social ainda incomoda e assusta** = onde não se estabeleceu a igualdade social.
d) **que também gerou a onda de inovação** = que deu início a transformações inovadoras.
e) **quando isso vai de encontro aos interesses da comunidade** = quando atende aos interesses do meio social.

4. Está INCORRETA a afirmação que se faz a respeito dos parágrafos do texto:
   a) O 1.º parágrafo traça, de maneira rápida e sintética, um painel histórico e cultural existente numa determinada época.
   b) Observa-se, especialmente no 2.º parágrafo, o emprego de palavras que adquirem sentido particular, percebido no contexto em que se encontram.
   c) O 3.º parágrafo constitui, em síntese, um argumento que justifica a opinião que vem exposta no 4.º parágrafo.
   d) A articulação sintático-semântica que se estabelece entre o 3.º e o 4.º parágrafos é de causa e consequência.
   e) No 4.º parágrafo o autor defende a ideia de que a indústria se torne responsável também por projetos educacionais voltados para o desenvolvimento social.

5. A forma verbal *singular* que também poderia ter sido empregada corretamente no plural está destacada na frase
   a) ... a ordem social **era** imutável...
   b) ... e a Igreja junto com o poder absolutista **tinha** o monopólio da informação.
   c) ... num processo que também **gerou** a onda de inovação...
   d) ... quando isso **vai** de encontro aos interesses da comunidade...
   e) ... em que ela **está** inserida.

6. Não é função da indústria *pensar a educação* (início do 3.º parágrafo).
A função sintática da oração destacada acima é a mesma do termo, também grifado, na frase:
   a) ... no qual **a Terra** estava no centro do universo...
   b) ... que contribuíram **para a ascensão do mundo burguês**.
   c) ... num processo que também gerou **a onda de inovação**...
   d) ... e a possibilidade de darmos **o próximo salto**.
   e) ... nenhum representante da indústria de tecnologia poderia ter sido **pioneiro**...

7. A concordância está inteiramente correta na frase:
   a) Os efeitos do uso do computador na educação cresce exponencialmente ao se ultrapassar as fronteiras da escola, criandose novas formas de interesse.
   b) Viagens virtuais simuladas em computador torna possível às crianças sobrevoar regiões distantes do planeta e perceber o interior de uma célula em detalhes microscópicos.
   c) Quando bem usados, os computadores têm contribuído de forma decisiva para despertar o interesse pela leitura, com a inclusão de imagens animadas e de recursos sonoros nos livros digitais.
   d) O efeito revolucionário do uso de computadores nas salas de aula tornaram-no essenciais em projetos de pesquisas que busca ultrapassar as fronteiras geográficas, reduzindo as distâncias.
   e) Com os computadores em rede, as etapas de uma experiência de física pode ser dividida e também é possível longos debates sobre assuntos diversificados.

8. *Ninguém, em sã consciência, negará o fato.*

A computação e a conectividade estarão a cada dia mais presentes na educação.

Acredita-se que a tecnologia fornece novas janelas potenciais para a aprendizagem e o desenvolvimento do indivíduo.

Será necessário viabilizar projetos de inclusão digital nas escolas.

O processo de coesão entre as frases acima, articulando-as corretamente em um único período, deverá ocorrer da seguinte maneira:

a) Ninguém, em sã consciência, negará o fato onde a computação e a conectividade estarão a cada dia mais presentes na educação, à proporção que se acredita de que a tecnologia fornece novas janelas potenciais para a aprendizagem e o desenvolvimento do indivíduo, será necessário viabilizar projetos de inclusão digital nas escolas.
b) Ninguém, em sã consciência, negará o fato que a computação e a conectividade estarão a cada dia mais presentes na educação, enquanto que se acredita que a tecnologia fornece novas janelas potenciais para a aprendizagem e o desenvolvimento do indivíduo, onde será necessário viabilizar projetos de inclusão digital nas escolas.
c) Ninguém, em sã consciência, negará o fato, o qual a computação e a conectividade estarão a cada dia mais presentes na educação caso se acredita-se que a tecnologia fornece novas janelas potenciais para a aprendizagem e o desenvolvimento do indivíduo, sendo que será necessário viabilizar projetos de inclusão digital nas escolas.
d) Ninguém, em sã consciência, negará o fato de que a computação e a conectividade estarão a cada dia mais presentes na educação e, se se acredita que a tecnologia fornece novas janelas potenciais para a aprendizagem e o desenvolvimento do indivíduo, será necessário viabilizar projetos de inclusão digital nas escolas.
e) Ninguém, em sã consciência, negará o fato que a computação e a conectividade estarão a cada dia mais presentes na educação, já que se acredita-se que a tecnologia fornece novas janelas potenciais para a aprendizagem e o desenvolvimento do indivíduo, onde será necessário viabilizar projetos de inclusão digital nas escolas.

9. Para uns, o objeto final, a mira de todo esforço, o ponto de chegada *assume* relevância tão capital...
O verbo está flexionado no singular porque
   a) houve um deslize em relação ao que dispõe a norma culta.
   b) pode ocorrer concordância com o predicativo do sujeito, que está no singular.
   c) se excluíram os dois termos anteriores, que apresentam sentido de oposição entre si.
   d) os termos que constituem o sujeito formam uma série de expressões de sentido equivalente.
   e) um só termo pode sintetizar toda a frase, embora não esteja explícito no contexto.

10. *Vive* dos espaços ilimitados, dos projetos vastos, dos horizontes distantes.
O mesmo tipo de exigência quanto ao complemento do verbo grifado acima está na frase:
   a) ... que enxerga primeiro a dificuldade a vencer...
   b) ... mede todas as possibilidades de esperdício...
   c) ... que sente ânimo de praticar...
   d) ... terá por imorais e detestáveis as qualidades próprias do aventureiro...
   e) ... coube ao espírito do trabalho (...) papel muito limitado, quase nulo.

GABARITO

1. "b".
2. "a".
3. "d".
4. "e".
5. "b".
6. "a".
7. "c".
8. "d".
9. "d".
10. "e".

Prova Simulada 32

Atenção: As questões de números 1 a 10 referem-se ao texto seguinte.

A agressividade de todos nós

Todos temos, em algum grau, tendência para comportamentos agressivos. Se os números mostram o quanto são raras as doenças que levam à agressividade extrema, os neurocientistas apresentam uma teoria estatisticamente muito mais provável para o desencadeamento da violência em pessoas aparentemente normais. Segundo o neurologista Renato Sabbatini, da Universidade Estadual de Campinas, cerca de dois terços do aprendizado humano derivam da interação social. "O cérebro nada mais é que um processador de dados que, por meio de comparações e identificações, assimila e adapta as atitudes repetidas no meio em que vivemos", afirma. Ou seja: uma cena vista com muita frequência, desde pequeno, leva a concluir que isso é certo, independentemente de a cena ser seu pai cometendo um delito ou sua mãe cuidando de crianças carentes.

Renato explica, no entanto, que esse arcabouço de memória é colocado em xeque cada vez que somos confrontados com uma situação nova, desconfortável ou potencialmente perigosa. "Todos nós temos a violência entre o rol de respostas disponíveis em nosso banco de dados. Faz parte do nosso instinto de autopreservação. Diante de uma ofensa acionamos uma luta entre os estímulos que nos levam à agressão e as travas que detêm esses impulsos. São travas morais, éticas, afetivas e racionais. O importante é saber qual estímulo é capaz de ativar esse comportamento", diz. A educação moral e os valores em que acreditamos podem conter esses rompantes. A afetividade também.

A pressão do grupo social em que o indivíduo vive é outro fator importante para desempatar essa guerra interna de nervos. A necessidade de aceitação coletiva é muito mais efetiva nas decisões individuais do que imaginamos e pode, em situações-limite, predominar sobre qualquer mecanismo cerebral. Há essa necessidade primitiva, nos seres humanos, de serem aceitos pelos outros e se sentirem pertencentes a um grupo. Isso é tão essencial quanto alimentar-se, matar a sede ou dormir.

(Adaptado de Tatiana Bonumá, *Super Interessante*, edição 184, p. 589. São Paulo: Abril, janeiro de 2003)

1. O texto justifica a nossa *tendência para comportamentos agressivos* com o argumento de que
   a) nossas funções cerebrais desconhecem padrões ou modelos de conduta.
   b) nossas decisões partem da importância absoluta que nos damos como indivíduos.
   c) nossas respostas instintivas de autopreservação podem ser violentas.
   d) o meio em que vivemos ensina-nos a violência mascarada pela afetividade.
   e) o meio em que vivemos não tem força para conter nossos instintos primitivos.

2. Considerandose o contexto, traduz-se corretamente o sentido de uma frase ou expressão do texto em:
   a) derivam da interação social = **têm precedência sobre as relações sociais**
   b) arcabouço da memória = **estrutura das funções mnemônicas**
   c) potencialmente perigosa = **imaginariamente hostil**
   d) rol de respostas disponíveis = **simulação de reações possíveis**
   e) podem conter esses rompantes = **têm como franquear tais instintos**

3. Estão plenamente respeitadas as normas de concordância verbal na frase:
   a) Toda cena que vemos repetir-se várias vezes, como observadores atentos e sistemáticos, podem condu-zirnos a uma espécie de aprendizado instintivo.
   b) São múltiplas e variadas as respostas de que dispõem cada um dos seres humanos para os mais diferentes estímulos.
   c) Não houvéssemos de considerar a pressão dos instintos e impulsos de autopreservação, talvez não nos deixássemos levar pelas reações súbitas e violentas.
   d) Não houvessem respostas instintivas e violentas armazenadas em nossa memória, teríamos mais tempo para ponderar nossas decisões.

e) Aos seres humanos não competem decidir, inteira e racionalmente, acerca do tipo de resposta que devem dar a um estímulo.

4. NÃO admite transposição para a voz passiva a construção do seguinte segmento:
a) os neurocientistas apresentam uma teoria.
b) seu pai cometendo um delito.
c) podem conter esses rompantes.
d) há essa necessidade primitiva nos seres humanos.
e) acionamos uma luta.

5. Está correto o emprego da expressão sublinhada na frase:
a) São variadas as reações agressivas **de que** nos induzem nossos impulsos de autopreservação.
b) A necessidade de aceitação coletiva, **de cuja** somos bastante carentes, é uma das travas da nossa agressividade.
c) Por vezes, a agressividade **com que** nos permitimos é tamanha que chegamos a não nos reconhecer em nossa reação.
d) Não fossem os limites **aos quais** nos impõem as travas sociais, seríamos ainda mais violentos em nossas reações.
e) Nem sempre os valores **com cuja** força contamos podem ser decisivos para a orientação dos nossos atos.

6. Está clara e correta a redação do seguinte comentário sobre o texto:
a) Da leitura desse texto depreende-se quanto pode ser feroz a batalha entre a força dos instintos e nossa tentativa de controlar essa força que advem deles.
b) A afetividade não é um elemento inóquo, pois ela entra como um controlador à medida em que é eficaz em relação as forças que nos levam a dar vazão aos nossos instintos.
c) Segundo as considerações do neurologista, devem-se atribuir aos meios de interação social alguma parcela de responsabilidade ao controle de nossas agressões.
d) A cada momento onde nos deparamos diante de uma situação nova, nossa incapacidade de responder imediatamente traz o risco de sermos hostis aos nossos semelhantes.
e) Assusta-nos admitir que o cérebro não é mais que um processador de dados, embora dependa também dele o armazenamento das travas que detêm nossos piores impulsos.

7. A educação moral e os valores em que acreditamos podem conter esses rompantes.
Preserva-se o sentido da afirmação acima, numa outra redação correta e coerente, na frase:
a) Esses impulsos podem ser contidos pela educação moral e pelos valores a que damos fé.
b) Tais repentes podem ser preservados com a educação moral e com os valores que nós acreditamos.
c) Esses gestos bruscos podem administrar-se pela educação moral e pelos valores que nos persignamos.
d) Tais repentes podem ser estancados graças à educação moral como aos valores em que perseguimos.
e) Esses impulsos podem ser aparados mediante à educação moral e os valores em que temos crença.

8. Está inteiramente correta a pontuação do seguinte período:
a) Comportamentos agressivos fazem parte da nossa natureza, como também faz parte dela a criação de certos mecanismos que, aqui e ali, detêm nossos impulsos.
b) Tanto a afetividade, quanto a moral e a razão constituem aqueles controladores, que nos impedem quase sempre de chegarmos aos atos de exacerbada violência.
c) Se a violência está efetivamente, entre as respostas estocadas em nosso cérebro, o máximo que podemos fazer, não é eliminá-la, mas controlá-la.
d) Não há dúvida, de que seríamos mais violentos caso não nos regulasse a aprovação, que necessitamos reconhecer do grupo social a que pertencemos.
e) Como processador de dados, que é o cérebro, não discrimina valores pois, apenas acaba repetindo padrões de comportamento assimilados em nossa experiência.

9. Todos os verbos estão corretamente flexionados na frase:

a) Estará se enganando quem supor que contém plenamente seus piores impulsos.
b) Proveem de seu passado essa irritabilidade e essa agressividade que o caracterizam.
c) Se ele conseguir freiar seus repentes de fúria, sentir-nos-emos aliviados.
d) Todos nós conviemos em que seria aconselhável que ele detivesse sua fúria.
e) Uma vez que eles não reteram seus impulsos, notificá-los-emos judicialmente.

10. O verbo indicado entre parênteses deverá flexionar-se obrigatoriamente numa forma do *plural* para preencher com correção a lacuna da frase:

a) É nas travas morais, éticas e racionais que se _____ (**encontrar**) o que pode deter nossos impulsos mais violentos.
b) É melhor que se _____ (**admitir**) nossas inclinações violentas; pior seria qualquer tentativa de camuflá-las.
c) Às pressões do grupo social _____ (**responder**) todo o nosso esforço para sermos aceitos.
d) Não _____ (**caber**) às funções cerebrais estabelecer a distinção entre o que é justo e o que é injusto.
e) Todas as vezes que se _____ (**buscar**) impor limite aos impulsos violentos, a resposta primeira é a de uma violência ainda maior.

GABARITO

1. "c".
2. "b".
3. "c".
4. "d".
5. "e".
6. "e".
7. "a".
8. "a".
9. "d".
10. "b".

Prova Simulada 33

Atenção: As questões de números 1 a 10 baseiam-se no texto apresentado abaixo.

Liberdade minha, liberdade tua

Uma professora do meu tempo de ensino médio, a propósito de qualquer ato de indisciplina ocorrido em suas aulas, invocava a sabedoria da frase "A liberdade de um termina onde começa a do outro". Servia-se dessa velha máxima para nos lembrar limites de comportamento. Com o passar do tempo, esqueci-me de muita coisa da História que ela nos ensinava, mas jamais dessa frase, que naquela época me soava, ao mesmo tempo, justa e antipática. Adolescentes não costumam prezar limites, e a ideia de que a nossa (isto é, a minha...) liberdade termina em algum lugar me parecia inaceitável. Mas eu também me dava conta de que poderia invocar a mesma frase para defender aguerridamente o meu espaço, quando ameaçado pelo outro, e isso a tornava bastante justa... Por vezes invocamos a universalidade de um princípio por razões inteiramente egoístas.

Confesso que continuo achando a frase algo perturbadora, provavelmente pelo pressuposto que ela encerra: o de que os espaços da liberdade individual estejam distribuídos e demarcados de forma inteiramente justa. Para dizer sem meias palavras: desconfio do postulado de que todos sejamos igualmente livres, ou de que todos dispomos dos mesmos meios para defender nossa liberdade. Ele parece traduzir muito mais a aspiração de um ideal do que as efetivas práticas sociais. O egoísmo do adolescente é um mal dessa idade ou, no fundo, subsiste como um atributo de todas?

Acredito que uma das lutas mais ingentes da civilização humana é a que se desenvolve, permanentemente, contra os impulsos do egoísmo humano. A lei da sobrevivência na selva — lei do instinto mais primitivo — tem voz forte e procura resistir aos dispositivos sociais que buscam controlá-la. Naquelas aulas de História, nossa professora, para controlar a energia desbordante dos jovens alunos, demarcava seu espaço de educadora e combatia a expansão do nosso território anárquico. Estava ministrando-nos na prática, ao lembrar os limites da liberdade, uma aula sobre o mais crucial desafio da civilização.

(Valdeci Aguirra, inédito)

1. A frase invocada nas aulas de História constitui o centro das presentes reflexões do autor do texto, que a explora, fundamentalmente, como expressão
   a) da dificuldade que aflige os adolescentes, quando tentam justificar seu egoísmo alegando os mais nobres princípios.
   b) da ambiguidade medular dos processos históricos, representada na indecisão entre a escolha da liberdade ou da justiça.
   c) das atribuições que todo professor bem intencionado precisa enfrentar, diante de jovens rebeldes e problemáticos.
   d) dos impasses que a civilização provoca, ao pretender conciliar a fragilidade dos instintos e o sentimento da liberdade.
   e) da histórica batalha que se trava entre os nossos impulsos mais primitivos e a necessária estruturação da ordem social.

2. Está clara e correta esta nova redação de uma frase do texto:
   a) Com vistas ao controle de nossos ímpetos, ela se propunha debelar-se contra o nosso insipiente anarquismo.
   b) Ela atribuía o sentido da velha frase ao propósito de refrear nossos atos de fraglante indisciplina.
   c) Ao ouvir aquela frase, que nunca mais me esqueci, soava-me a um só tempo tão justa quanto antipática.
   d) O que essa frase me causa espécie está na pressuposição de haver nela uma justa distribuição dos espaços de liberdade.
   e) Afirmo, sem tergiversar: custa-me crer que disponhamos todos dos mesmos meios para preservar nossa liberdade.

3. Considerando-se o sentido geral e conclusivo do texto, o título *Liberdade minha, liberdade tua* tem significação equivalente à da seguinte formulação:
   a) Nossas liberdades exercem-se paralelamente.
   b) Minha liberdade nada tem a ver com a tua.
   c) A minha e a tua liberdade devem conciliar-se.
   d) A tua e a minha liberdade são essencialmente a mesma.
   e) Tua liberdade acaba por eliminar a minha.

4. Atente para as afirmações abaixo.
   I. No primeiro parágrafo, a última frase expressa uma verdade geral que se depreendeu da análise de uma situação particular.
   II. No segundo parágrafo, a perturbação confessada pelo autor do texto advém do reconhecimento de que todos os adolescentes são egoístas.
   III. No terceiro parágrafo, a lei do mais forte é invocada para explicar por que idealizamos os nossos mais primitivos instintos.

   Em relação ao texto, está correto APENAS o que se afirma em
   a) I.
   b) II e III.
   c) I e II.
   d) III.
   e) II.

5. Os dois casos de emprego de reticências, no primeiro parágrafo, têm em comum o fato de servirem a um enunciado
   a) que conclui a lógica da argumentação em curso.
   b) independente e sem consecução lógica.
   c) cuja intenção é expressar uma ironia.
   d) que ratifica a afirmação imediatamente anterior.
   e) sem conexão lógica com a afirmação anterior.

6. Considerando-se o contexto, a alternativa em que NÃO se traduz com equivalência de sentido uma expressão do texto é:
   a) resistir aos dispositivos sociais (3.º parágrafo) = sublevar as imposturas da sociedade.
   b) Servia-se dessa velha máxima (1.º parágrafo) = recorria a esse antigo adágio.
   c) para defender aguerridamente (1.º parágrafo) = a fim de resguardar com denodo.
   d) desconfio do postulado (2.º parágrafo) = suspeito da premissa.
   e) subsiste como um atributo (2.º parágrafo) = remanesce como uma característica.

7. Atente para as frases abaixo.
   I. Todos queremos defender nossa liberdade, torná-lhe imune a qualquer restrição, proclamar-lhe aos quatro ventos.
   II. Sim, o egoísmo é uma inclinação natural, mas acatar-lhe é curvar-se a um instinto primitivo; cumpre, a todo custo, restringi-lo a violência.
   III. As palavras daquela frase ressoaram fortemente em nossa consciência arrogante, abalaram-na, retiraram-lhe o falso triunfalismo.

   Está plenamente adequado o emprego de pronomes em
   a) III, apenas.
   b) I, II e III.
   c) I e II, apenas.
   d) II e III, apenas.
   e) I e III, apenas.

8. No contexto, estabelecem entre si uma oposição de sentido os seguintes segmentos:
   a) limites da liberdade e crucial desafio da civilização.
   b) prezar limites e demarcava seu espaço.

c) aspiração de um ideal e efetivas práticas sociais.
d) energia desbordante e expansão do nosso território anárquico.
e) não costumam prezar limites e território anárquico.

9. O verbo indicado entre parênteses deverá flexionar-se no *plural* para preencher corretamente a lacuna da frase:
   a) Um desafio que aos homens sempre se ____ (**impor**), em razão dos seus impulsos egoístas, está em respeitar o espaço alheio.
   b) ____ (**costumar**) seguir os nossos atos de indisciplina a invocação das sábias palavras daquela velha frase.
   c) Entre os adolescentes não ____ (**ser**) de hábito respeitar os limites da liberdade individual.
   d) A ninguém da classe ____ (**deixar**) de tocar, naquela época, seus alertas contra o nosso anarquismo.
   e) Nas aulas em que ____ (**caber**) invocá-las, a professora repetia as palavras daquele velho ditado.

10. É preciso *corrigir*, por incoerente, a redação da seguinte frase:
   a) A par das lições de História, a professora nos ministrava as de conduta, que acabaram por se revelar as mais duradouras.
   b) A menos que se considere a realidade prática, nos ideais buscamos projetar os valores que a aperfeiçoariam.
   c) Aquela frase sempre me pareceu perturbadora, conquanto tenham variado as razões para assim considerá-la.
   d) Ainda que se considerem naturais certos impulsos egoístas, há que combatê-los e tentar superá-los.
   e) Malgrado a tendência anárquica dos jovens, muitos se mostram receptivos à máxima que postula limites para a liberdade.

GABARITO

1. "e".
2. "e".
3. "c".
4. "a".
5. "c".
6. "a".
7. "a".
8. "c".
9. "d".
10. "b".

Prova Simulada 34

Atenção: As questões de números 1 a 6 baseiam-se no texto apresentado abaixo.

Legalidade e legitimidade

A **legalidade** funda-se em um forte conceito ético, que é a **legitimidade**. O poder que impõe a legalidade deve ser um poder legítimo. Modernamente, não se aceita mais a legalidade como conceito meramente formal. Para que a limitação à esfera individual seja válida, deve ser o poder que a impõe legítimo.

Os estados de regimes políticos autoritários possuem uma esfera de poder hipertrofiada em relação ao direito. Com isso, a legitimidade do poder torna-se questionável. As limitações impostas à liberdade, por conseguinte, não seriam éticas, legítimas e, portanto, o direito fundamental estaria sendo desrespeitado. O legalismo cego e formal pode tornar-se arma para referendar abuso de poder e restrição ilegítima às liberdades individuais. Percebe-se, então, que, a despeito de ser atualmente o direito fundamental de liberdade assegurado em documentos legais ao redor do mundo, existe uma conotação ética que lhe serve de razão última e principal.

A restrição à liberdade pela legalidade deve ser formalmente e materialmente válida: formalmente, quanto às regras preestabelecidas de formação, limites e conteúdo da lei; materialmente, quanto à legitimidade tanto das regras preestabelecidas quanto do poder que impõe as leis e que se encarrega de garantir seu cumprimento.

O conteúdo das leis é também fonte de considerações éticas. Pode uma lei ser formalmente válida e emanada de poder legítimo, e mesmo assim ser moralmente considerada inválida, enquanto limitadora do conteúdo das liberdades. Daí concluir-se que a legitimidade do poder não é suficiente para que a legalidade seja legítima; é necessário também que o conteúdo das leis seja expressão da soberania popular.

(Adaptado de Marco Aurélio Alves Adão, Procurador da República. Disponível em: <http://jus2.uol.com.dr/doutrina/texto.asp?id=19>)

1. Depreende-se da leitura do texto que a legalidade e a legitimidade
   a) estabelecem entre si uma relação hipotética e meramente formal.
   b) devem articular-se para estabelecer um forte conceito ético.
   c) derivam de uma mesma fonte ética, razão pela qual é difícil distingui-las.
   d) estabelecem entre si, na ordem dada, uma relação de causa e efeito.
   e) devem articular-se de modo que a segunda embase a primeira.

2. O desenvolvimento do terceiro parágrafo se dá de modo a enfatizar
   a) a subordinação do aspecto material ao aspecto formal.
   b) o aspecto formalmente válido da restrição à liberdade.
   c) o aspecto materialmente válido da restrição à liberdade.
   d) a independência entre o aspecto formal e o material.
   e) a equivalência de importância entre o aspecto formal e o material.

3. Os estados de regimes políticos autoritários possuem uma esfera de poder hipertrofiada em relação ao direito.

Na frase acima (2.º parágrafo), afirma-se que
   a) o autoritarismo próprio dos estados hipertrofia o poder político em face da esfera do direito.
   b) a identificação de um estado autoritário se estabelece quando a hipertrofia da esfera da política implica a hipertrofia do campo do direito.
   c) a esfera do direito, nos regimes políticos autoritários, resulta atrofiada em relação à do poder do estado.
   d) a esfera do direito, nos regimes políticos autoritários, é parte da atrofia da esfera do poder estatal.
   e) o poder abusivo do estado é a razão pela qual o direito é excluído dos regimes políticos autoritários.

4. Atente para as afirmações abaixo.

I. O legalismo, tomado em sentido estrito e puramente formal, pode vir a ser um dispositivo nocivo, inteiramente alheio aos princípios éticos.

II. É inadmissível que ocorram na esfera do direito, qualquer que seja a circunstância, restrições às liberdades individuais.

III. A legitimidade do poder é uma condição necessária e bastante para tornar o conteúdo das leis uma expressão da vontade popular.

Em relação ao texto, está correto APENAS o que se afirma em
a) II e III.
b) I e II.
c) III.
d) II.
e) I.

5. Está correta a seguinte observação sobre uma passagem do texto:
a) Em **"e mesmo assim ser moralmente considerada inválida"** (4.º parágrafo), o elemento destacado pode ser substituído por **e não obstante isso**.
b) Em **"Para que a limitação à esfera individual seja válida"** (1.º parágrafo), expressa-se a causa de uma consequência desejável.
c) Em **"deve ser o poder que a impõe legítimo"** (1.º parágrafo), o termo destacado pode ser substituído por **legitimamente**.
d) Em **"As limitações impostas à liberdade, por conseguinte, não seriam éticas"** (2.º parágrafo), a expressão destacada indica uma premissa.
e) Em **"A restrição à liberdade pela legalidade deve ser formalmente e materialmente válida"** (3.º parágrafo), o termo destacado qualifica *liberdade*.

6. Está plenamente adequada a pontuação da frase:
a) Uma lei poderá ser, formalmente, mas não moralmente válida, no caso de vir a limitar em essência, o conteúdo da liberdade.
b) No caso de o conteúdo das leis, não expressar a soberania popular estará prejudicada a legitimidade do poder.
c) Torna-se questionável, a legitimidade do poder, quando ocorre uma hipertrofia: da esfera política em relação à do direito.
d) Não são éticas as limitações impostas à liberdade, quando, desrespeitado o direito fundamental, pela ação abusiva e autoritária do estado.
e) Pode o legalismo abstruso e formal tornar-se, eventualmente, uma arma, servindo de referendo para o abuso de poder ou para indevidas restrições.

Atenção: As questões de números 7 a 10 baseiam-se no texto apresentado abaixo.

Acerca de Montaigne

Montaigne, o influente filósofo francês do século *XVI*, foi um conservador, mas nada teve de rígido ou estreito, muito menos de dogmático. Por temperamento, foi bem o contrário de um revolucionário; certamente faltaramlhe a fé e a energia de um homem de ação, o idealismo ardente e a vontade. Seu conservadorismo aproxima-se, sob certos aspectos, do que no século *XIX* viria a ser chamado de liberalismo.

Na concepção política de Montaigne, o indivíduo deve ser deixado livre dentro do quadro das leis, e a autoridade do Estado deve ser a mais leve possível. Para o filósofo, o melhor governo será o que menos se fizer sentir; assegurará a ordem pública sem invadir a vida privada e sem pretender orientar os espíritos. Montaigne não escolheu as instituições sob as quais viveu, mas resolveu respeitá-las, a elas obedecendo fielmente, como achava correto num bom cidadão e súdito leal. Que não lhe pedissem mais do que o exigido pelo equilíbrio da razão e pela clareza da consciência.

(Adaptado da introdução aos *Ensaios*, de Montaigne. Tradução de Sergio Milliet. São Paulo: Abril, Os Pensadores, 1972)

7. Há no primeiro parágrafo afirmações que induzem o leitor a identificar:
   I. um conservador típico como alguém rígido, limitado e dogmático.
   II. um revolucionário como alguém ativo, idealista, dotado de fé, energia e vontade.
   III. um conservador do século XVI com um liberal do século XIX.

   Completa corretamente o enunciado desta questão o que está em
   a) I e III, apenas.
   b) II, apenas.
   c) I, II e III.
   d) I e II, apenas.
   e) II e III, apenas.

8. Quando o autor afirma que Montaigne foi bem o contrário de um revolucionário, está buscando destacar
   a) a contribuição do pensador como um entusiasta da soberania do Estado.
   b) o individualismo que norteou sua conduta e seu pensamento político.
   c) o conservadorismo e o anacronismo do pensamento do filósofo.
   d) a influência que o filósofo exerceu sobre as instituições da época.
   e) a franca insurgência do pensador contra as tendências libertárias da época.

9. Na concepção política de Montaigne,
   a) a ausência do Estado se justifica quando os ideais da vida privada são por si mesmos capazes de orientar a instância pública.
   b) o governo, em sua disposição liberal, deve atuar como uma espécie de mentor ideológico da esfera individual.
   c) o Estado, como instituição pública, deve adequar-se ao papel que lhe atribui a vontade soberana da população.
   d) as leis que emanam do Estado devem ser respeitadas pelos cidadãos, em cuja vida privada ele evitará interferir.
   e) os bons e leais cidadãos devem obediência às instituições, ainda que com sacrifício dos ditames da consciência e da racionalidade.

10. Está clara e correta a redação do seguinte comentário sobre o texto:
    a) Montaigne pronuncia-se contra as restrições, quando as mesmas ocorrem na vida privada, com exigências contrárias à razão de sua consciência.
    b) Como sugere o autor do texto, encontra-se em Montaigne raízes de um pensamento liberal, vindo a se constituir propriamente no século XIX.
    c) Ainda quando não admitisse interferência do Estado na vida privada, de modo algo paradoxal, Montaigne obedecia lealmente a essas leis.
    d) Se Montaigne não foi responsável pelas instituições vijentes, por outro lado também as acatava, como súdito bom e fiel que prezava ser.
    e) O aspecto liberal do pensamento de Montaigne revela-se, sobretudo, quando defende a esfera individual e os valores da vida privada.

GABARITO

1.	"e".
2.	"e".
3.	"c".
4.	"e".
5.	"a".
6.	"e".
7.	"d".
8.	"b".
9.	"d".
10.	"e".

PROVA SIMULADA 35

Atenção: As questões de números 1 a 10 baseiam-se no texto apresentado abaixo.

Sobre a efemeridade das mídias

Um congresso recente, em Veneza, dedicou-se à questão da efemeridade dos suportes de informação, desde a tábua de argila, o papiro e o pergaminho até o livro impresso e os atuais meios eletrônicos. O livro impresso, até agora, demonstrou que sobrevive bem por 500 anos, mas só quando se trata de livros feitos de papel de trapos. A partir de meados do século XIX, passou-se ao papel de polpa de madeira, e parece que este tem uma vida máxima de 70 anos (com efeito, basta consultar jornais ou livros dos anos de 1940 para ver como muitos se desfazem ao ser folheados). Há muito tempo se realizam estudos para salvar todos os livros que abarrotam nossas bibliotecas; uma das soluções mais adotadas é escanear todas as páginas e passá-las para um suporte eletrônico.

Mas aqui surge outro problema: todos os suportes para a transmissão e a conservação de informações, da foto ao filme, do disco à memória do computador, são mais perecíveis que o livro. As velhas fitas cassete com pouco tempo de uso se enrolavam todas, e saíam mascadas; as fitas de vídeo perdiam as cores e a definição com facilidade. Tivemos tempo suficiente para ver quanto podia durar um disco de vinil sem ficar riscado demais, mas não para verificar quanto dura um CD-ROM, que, saudado como a invenção que substituiria o livro, ameaça sair rapidamente do mercado, porque podemos acessar on-line os mesmos conteúdos por um custo menor. Sabemos que todos os suportes mecânicos, elétricos ou eletrônicos são rapidamente perecíveis, ou não sabemos quanto duram e provavelmente nunca chegaremos a saber. Basta um pico de tensão, um raio no jardim para desmagnetizar uma memória. Se houvesse um apagão bastante longo, não poderíamos usar nenhuma memória eletrônica.

Os suportes modernos parecem criados mais para a difusão do que para a conservação das informações. É possível que, dentro de alguns séculos, a única forma de ler notícias sobre o passado continue sendo a consulta a um velho e bom livro. Não, não sou um conservador reacionário. Gravei em disco rígido portátil de 250 *gigabytes* as maiores obras-primas da literatura universal. Mas estou feliz porque os livros continuam em minha biblioteca — uma garantia para quando os instrumentos eletrônicos entrarem em pane.

(Adaptado de Umberto Eco, UOL — Notícias, NYT, 26.04.2009)

1. É correto deduzir das afirmações do texto que
   a) a confiabilidade de suportes simples pode superar a dos mais complexos.
   b) a limitação da mídia eletrônica revela-se na transmissão de informações.
   c) já houve tempo suficiente para se precisar a durabilidade do disco rígido.
   d) a obsolescência de todos os suportes de informação tem a mesma causa.
   e) os livros feitos de papel de trapo não resistem mais que cinco séculos.

2. Analisando diferentes mídias, o autor tem sua atenção voltada, sobretudo, para
   a) o grau de obsolescência dos livros antigos, mormente os centenários.
   b) a conservação dos livros, que se vem revelando cada vez mais precária.
   c) o conservadorismo de quem rejeita os suportes modernos de informação.
   d) a preservação das informações, quaisquer que sejam seus suportes.
   e) a fidedignidade das informações que circulam em suportes eletrônicos.

3. Atente para as seguintes afirmações:
   I. No primeiro parágrafo, afirma-se que vem sendo processada a cópia eletrônica de livros para preservar a massa de informações dos volumes que lotam nossas bibliotecas.
   II. No segundo parágrafo, considera-se não apenas a efemeridade dos últimos suportes de mídia, mas também aspectos éticos envolvidos na transmissão de informações on-line.
   III. No terceiro parágrafo, o autor sugere que informações impressas em livro estão mais seguras do que as que se veem processando em suportes mais avançados.

   Está correto o que se afirma em

a) III, apenas.
b) II e III, apenas.
c) I, II e III.
d) I e II, apenas.
e) I e III, apenas.

4. O autor nega que seja *um conservador reacionário* — negativa que pode ser justificada atentando-se para o segmento
   a) consulta a um velho e bom livro.
   b) Gravei em disco rígido portátil.
   c) mais para a difusão do que para a conservação das informações.
   d) única forma de ler notícias sobre o passado.
   e) os livros continuam em minha biblioteca.

5. Está adequada a correlação entre tempos e modos verbais na frase:
   a) O autor nos lembra que as velhas fitas cassete, com o uso constante, enrolavam-se e mascavam-se, o que logo as tinha tornado obsoletas.
   b) Caso fosse outro o tema do congresso realizado em Veneza, o autor, amante dos livros, provavelmente não o havia tomado para comentar.
   c) Terá sido uma surpresa para muita gente inteirar-se do fato de que, antigamente, livros se confeccionarão com papel feito de trapos.
   d) Talvez a ninguém ocorresse, antes de ler esse texto, que a durabilidade dos velhos livros pudesse ser reconhecidamente superior à dos novos suportes.
   e) A cada vez que surge um novo suporte de informações, ter-se-ia a impressão de que ele se revelasse o mais seguro e mais duradouro.

6. Está clara e correta a redação do seguinte comentário sobre o texto:
   a) Umberto Eco, reconhecido ensaísta italiano, dedica-se com frequência à analisar temas modernos, de cujo estudo muito tem colaborado.
   b) Muita gente ignora o fato revelado pelo autor, no qual se informa que já houve livros cuja fabricação se valia de um resistente papel de trapos.
   c) Em Veneza realizou-se o congresso aonde se discutiu a questão de que a efemeridade dos suportes de informação revela-se bastante precária.
   d) Ainda há muitos livros em sebos, feitos de papel de polpa de madeira, que provaram ter resistido há mais de cem anos de impressão.
   e) O autor, um intelectual italiano que já não é jovem, pôde comprovar e comparar a qualidade e a durabilidade de diversos suportes de informação.

7. As normas de concordância verbal estão plenamente respeitadas na construção da seguinte frase:
   a) Diferentemente do que ocorre com livros muito antigos, que se vêm revelando muito resistentes, os de hoje ressentem-se do uso constante.
   b) Caso deixassem de haver as grandes bibliotecas de hoje, é possível que os homens do futuro não pudessem interpretar plenamente a nossa cultura.
   c) Confia-se a um suporte eletrônico incontáveis informações, mas não se podem avaliar com segurança quanto tempo permanecerão disponíveis.
   d) Ainda que só venha a restar da nossa época algumas boas bibliotecas, elas serão suficientes para dar notícia do que pensamos e criamos.
   e) Atribuem-se a picos de tensão ou raios ocasionais a causa de muita perda de informações, que se julgavam preservadas numa memória eletrônica.

8. Na frase "Mas aqui surge outro *problema*", o termo em destaque exerce a mesma função sintática que o termo destacado em:
   a) Não, não sou um conservador **reacionário**.
   b) Tivemos **tempo** suficiente para ver quanto podia durar um disco de vinil...
   c) ... as **fitas** de vídeo perdem as cores e a definição com facilidade.
   d) Um congresso recente, em Veneza, dedicouse à questão da **efemeridade** dos suportes de informação...

e) Sabemos que todos os suportes mecânicos, elétricos ou eletrônicos, são rapidamente **perecíveis**...

9. *Os suportes modernos parecem criados mais para a difusão do que para a conservação das informações.* Preserva-se o sentido essencial da frase acima nesta outra correta redação:
   a) Difundir, mas não conservar, eis o que se conclui acerca dos suportes modernos, criados para vincular informações.
   b) Criados os suportes modernos, revelaramse mais produtivos quanto à difusão do que para conservar as informações.
   c) É na difusão, e não na conservação das informações, que os suportes modernos revelam maior eficácia.
   d) Uma vez que foram criados para difundir informações, os suportes modernos tem sua conservação muito menos eficaz.
   e) Embora criados para difundir e conservar as informações, os suportes modernos não revelam a mesma eficácia.

10. Verifica-se correta transposição de uma para outra voz verbal no seguinte caso:
    a) **os livros continuam em minha biblioteca** (3.º parágrafo) = os livros têm continuado em minha biblioteca.
    b) **podemos acessar os mesmos conteúdos** = os mesmos conteúdos podem ser acessados.
    c) **dedicou-se à questão** (1.º parágrafo) = a ela foi dedicada.
    d) **se realizam estudos** (1.º parágrafo) = estudos sejam realizados.
    e) **Gravei (...) obras-primas** (3.º parágrafo) = tinham sido gravadas obras-primas.

GABARITO
1. "a".
2. "d".
3. "e".
4. "b".
5. "d".
6. "e".
7. "a".
8. "c".
9. "c".
10. "b"..

REFERÊNCIAS

ACADEMIA BRASILEIRA DE LETRAS. *Vocabulário Ortográfico da Língua Portuguesa.* 5. ed. Rio de Janeiro: Global, 2009.

ALMEIDA, Napoleão Mendes de. *Dicionário de questões vernáculas.* 3. ed. São Paulo: Ática, 1996.

──────. *Gramática metódica da Língua Portuguesa.* 35. ed. São Paulo: Saraiva, 1988.

ANTUNES, Irandé. *Lutar com palavras:* coesão e coerência. São Paulo: Parábola Editorial, 2005 (Coleção Na ponta da língua, v. 13).

BASILIO, Margarida. *Teoria lexical.* 7. ed. São Paulo: Ática, 2004 (Série Princípios).

BECHARA, Evanildo. *Moderna Gramática Portuguesa.* 37. ed. Rio de Janeiro: Lucerna, 2004.

──────. *O que muda com o novo Acordo Ortográfico.* Rio de Janeiro: Nova Fronteira/Lucerna, 2008.

──────. *Gramática escolar da Língua Portuguesa.* 2. ed. Rio de Janeiro: Nova Fronteira, 2010.

BELTRÃO, Mariúsa; BELTRÃO, Odacir. *Correspondência:* linguagem & comunicação: oficial, comercial, bancária, particular. 19. ed. São Paulo: Atlas, 1993.

BLIKSTEIN, Izidoro. *Técnicas de comunicação escrita.* 20. ed. São Paulo: Ática, 2004 (Série Princípios).

BRASIL. Presidência da República (1988). *Constituição Federal.* Disponível em: <http://www.planalto.gov.br/ccivil_03/constituicao/constituicao.htm>. Acesso em: 13 jul. 2011.

──────. *Manual de redação da Presidência da República.* 2. ed. ver. atualizada. Brasília, 2002.

BRONCKART, Jean-Paul. *Atividade de linguagem, textos e discursos:* por um interacionismo sócio-discursivo. Tradução de Anna Rachel Machado. São Paulo: EDUC, 2003.

CAGLIARI, Luiz Carlos. *Alfabetização & linguística.* 9. ed. São Paulo: Scipione, 1996.

CAMARA JR., Joaquim Mattoso. *Dicionário de linguística e gramática.* 8. ed. Petrópolis: Vozes, 1978.

CAMPEDELLI, Samira Youssef; SOUZA, Jesus Barbosa. *Literatura, produção de textos & gramática.* São Paulo: Saraiva, 1998.

CARVALHO, Dolores; NASCIMENTO, Manoel. *Gramática histórica.* 7. ed. São Paulo: Ática, 1971.

CEGALLA, Domingos Paschoal. *Dicionário de dificuldades da língua portuguesa.* 2. ed. rev. e ampl. Rio de Janeiro: Nova Fronteira, 1999.

──────. *Novíssima gramática da língua portuguesa.* 43. ed. São Paulo: Nacional, 2000.

CEREJA, William Roberto; MAGALHÃES, Thereza Cochar. *Português:* linguagem, gramática e redação. v. 1. 2. ed. São Paulo: Atual, 1994.

CITELLI, Adilson. *Linguagem e persuasão.* 16. ed. rev. e atual. São Paulo: Ática, 2005 (Série Princípios).

CUNHA, Antonio Geraldo da. *Dicionário etimológico Nova Fronteira da língua portuguesa.* 2. ed. Rio de Janeiro: Nova Fronteira, 1986.

CUNHA, Celso Ferreira da. *Gramática de Língua Portuguesa.* 11. ed. Rio de Janeiro: FAE, 1985.

──────; Cintra, Luís Filipe Lindley. *Nova gramática do português contemporâneo.* 2. ed. Rio de Janeiro: Nova Fronteira, 2000.

FARACO, Carlos Emílio; MOURA, Francisco Marto. *Gramática* — fonética e fonologia, morfologia, sintaxe, estilística. 4. ed. rev. ampl. São Paulo: Ática, 1990.

FÁVERO, Leonor Lopes. Competência textual e ensino de leitura. *Anais do V Congresso de Leitura do Brasil*. Campinas: Unicamp, 1985.

———. *Coesão e coerência textuais*. 10. ed. São Paulo: Ática, 2005 (Série Princípios).

———; KOCH, Ingedore Grunfeld Villaça. *Linguística textual:* introdução. 3. ed. São Paulo: Cortez, 1994.

———; ANDRADE, Maria Lúcia da Cunha Victório Oliveira; AQUINO, Zilda Gaspar Oliveira de. *Oralidade e escrita:* perspectiva para o ensino de língua materna. 4. ed. São Paulo: Cortez, 2003.

FERREIRA, Aurélio Buarque de Holanda. *Novo dicionário Aurélio da língua portuguesa*. 3. ed. Rio de Janeiro: Nova Fronteira, 1999.

FERREIRA, Reinaldo M. *Correspondência comercial e oficial*. São Paulo: Ática, 1984.

FIORIN, José Luiz. Modos de organização do discurso: a narração, a descrição e a dissertação. In: MARTINS, Ângela Maria et al. *Diário de classe v. 3*. São Paulo: FDE, 1994, p. 61-70.

———. *As astúcias da enunciação* — as categorias de pessoa, espaço e tempo. 2. ed. São Paulo: Ática, 2002.

———. *Elementos de análise do discurso*. 12. ed. São Paulo: Contexto, 2004 (Coleção Repensando a Língua Portuguesa).

———; SAVIOLI, Francisco Platão. *Para entender o texto* — leitura e redação. 6. ed. São Paulo: Ática, 1998.

FOUCAULT, Michel. *A ordem do discurso*. 11. ed. Tradução de Laura Fraga de Almeida Sampaio. São Paulo: Loyola, 2004.

GARCIA, Othon M. *Comunicação em prosa moderna*. Rio de Janeiro: Fundação Getulio Vargas, 1985.

GERALDI, João Wanderley. *Linguagem e ensino:* exercício de militância e divulgação. Campinas: Mercado das Letras, 1996.

GUIDIN, Márcia Lígia; JENKINO, Lilian. *Verbos sob medida:* 6.500 verbos conjugados em português. São Paulo: Nova Alexandria, 2006.

GUIMARÃES, Elisa. Da conectividade textual. In: BASTOS, Neusa Barbosa (Org.). *Língua Portuguesa, uma visão em mosaico*. São Paulo: IP-PUC-SP/EDUC, 2002, p. 225-33 (Série Eventos).

HOUAISS, Antonio (Org.). *Grande Dicionário Houaiss da Língua Portuguesa*. Rio de Janeiro: Objetiva, 2009.

ILARI, Rodolfo; GERALDI, João Wanderley. *Semântica*. 10. ed. São Paulo: Ática, 2004 (Série Princípios).

KASPARY, Adalberto José. *Redação oficial:* normas e modelos. 10. ed. ver. atual. ampl. Porto Alegre: Prodil, 1993.

KLEIMAN, Ângela. *Texto e leitor:* aspectos cognitivos da leitura. 9. ed. Campinas: Pontes, 2004.

KOCH, Ingedore Grunfeld Villaça; TRAVAGLIA, Luiz Carlos. *A coerência textual*. São Paulo: Contexto, 1990.

———. *A coesão textual*. 19. ed. São Paulo: Contexto, 2004.

———; TRAVAGLIA, Luiz Carlos. *Texto e coerência*. 9. ed. São Paulo: Cortez, 2003.

———; ELIAS, Vanda Maria. *Ler e compreender:* os sentidos do texto. 2. ed. São Paulo: Contexto, 2006.

LEITE, Cília Coelho Pereira (Madre Olívia). Gramática de texto e sintaxe-semântica. In: LEITE, Cília Coelho Pereira; FÁVERO, Leonor Lopes; SILVEIRA, Regina Cecília Pagliuchi (Org.). *Sintaxe-semântica base para gramática de texto*. São Paulo: Cortez, 1985 (Série Gramática portuguesa na pesquisa e no ensino, v. 10).

LUFT, Celso Pedro. *A vírgula*. 2. ed. São Paulo: Ática, 1998.

⸻. *Dicionário prático de regência nominal*. 4. ed. São Paulo: Ática, 2003.

⸻. *Dicionário prático de regência verbal*. 8. ed. São Paulo: Ática, 2003.

MAIA, João Domingues. *Literatura:* textos & técnica. São Paulo: Ática, 1996.

MARCUSCHI, Luiz Antonio. *Linguística de texto, o que é e como se faz*. Recife: Universidade Federal de Pernambuco, 1983 (Série Debates, v. 1).

⸻. O processo de referenciação na produção discursiva. In: HORA, Demerval da; CHRISTIANO, Elizabeth (Org.). *Estudos linguísticos:* realidade brasileira. João Pessoa: Ideia, 1999.

⸻. *Da fala para a escrita*: atividades de retextualização. 4. ed. São Paulo: Cortez, 2003.

MARTINO, Agnaldo Sérgio de. *Língua Portuguesa*. 2. ed. São Paulo: Central de Concursos, 2005.

⸻. *Interpretação de textos:* ensino superior. 2. ed. São Paulo: Central de Concursos, 2005.

⸻. *Interpretação de textos:* ensino médio. 2. ed. São Paulo: Central de Concursos, 2005.

⸻. *Interpretação de textos:* ensino fundamental. 3. ed. São Paulo: Central de Concursos, 2005.

⸻. *Redação oficial*. São Paulo: Central de Concursos, 2005.

⸻. *Coesão e coerência na interpretação de texto em provas de concursos públicos*. Tese de Mestrado. São Paulo: Pontifícia Universidade Católica, 2008.

MARTINS, Dileta Silveira; ZILBERKNOP, Lúbia Scliar. *Português instrumental*. 16. ed. rev. ampl. Porto Alegre: Sagra: DC Luzzatto, 1994.

MEDEIROS, João Bosco. *Correspondência:* técnicas de comunicação criativa. 11. ed. São Paulo: Atlas, 1996.

⸻. *Redação científica:* a prática de fichamentos, resumos, resenhas. 2. ed. São Paulo: Atlas, 1996.

MINISTÉRIO DA EDUCAÇÃO (Brasil). *COLIP — Comissão de Língua Portuguesa*. Disponível em: <http://portal.mec.gov.br/sesu>. Acesso em: 13 jul. 2011. [Link: Políticas e Programas.]

MINISTÉRIO DA EDUCAÇÃO E CULTURA (Brasil). *Anteprojeto de simplificação e unificação da nomenclatura gramatical brasileira*. Rio de Janeiro: CADES, 1957.

⸻. *Nomenclatura gramatical brasileira*. Rio de Janeiro: CADES, 1958.

NÁUFEL, José. *Novo dicionário jurídico brasileiro*. 8. ed. São Paulo: Ícone, 1989.

PARANÁ. Arquivo Público. *Manual de comunicação escrita oficial do Estado do Paraná*. Curitiba: Imprensa Oficial/DEAP, 2001.

REIS, Otelo. *Breviário da conjugação de verbos*. 38. ed. Rio de Janeiro: Francisco Alves, 1978.

ROCHA LIMA, Carlos Henrique da. *Gramática normativa da língua portuguesa*. 43. ed. Rio de Janeiro: José Olympio, 2003.

⸻; BARBADINHO NETO, Raimundo. *Manual de redação*. 5. ed. Rio de Janeiro: FAE, 1994.

SABBAG, Eduardo de Moraes. *Redação forense e elementos de gramática*. 4. ed. São Paulo: Revista dos Tribunais. 2011.

SANT'ANNA, Affonso Romano de. *Paródia, paráfrase e cia*. 7. ed. São Paulo: Ática, 2003 (Série Princípios).

SAUSSURE, Ferdinand de. *Curso de linguística geral*. Tradução de Antonio Chelini, José Paulo Paes e Izidoro Blikstein. 26. ed. São Paulo: Cultrix, 2004.

SILVEIRA, Regina Cecília Pugliuchi; LEITE, Cília Coelho Pereira (Madre Olívia). Relações/valores textuais. In: LEITE, Cília Coelho Pereira; FÁVERO, Leonor Lopes; SILVEIRA, Regina Cecília Pugliuchi (Org.). *Sintaxe-semântica base para gramática de texto*. São Paulo: Cortez, 1985 (Série Gramática portuguesa na pesquisa e no ensino, v. 10).

SMITH, Frank. *Leitura significativa*. 3. ed. Porto Alegre: Artmed, 1999.
SOLÉ, Isabel. *Estratégias de leitura*. 6. ed. Porto Alegre: Artmed, 1998.
VASCONCELOS, Joaquim Antônio. *Como redigir documentos e atos oficiais*. Belo Horizonte: Vega, 1972.